Deliktische Gehilfenhaftung und Haftung wegen Organisationsverschuldens nach russischem und deutschem Recht im Rechtsvergleich

Studien zum vergleichenden und internationalen Recht -
Comparative and International Law Studies

Band 203

PETER LANG

Natalia Chor

Deliktische Gehilfenhaftung und Haftung wegen Organisationsverschuldens nach russischem und deutschem Recht im Rechtsvergleich

PETER LANG

Bibliografische Information der Deutschen Nationalbibliothek
Die Deutsche Nationalbibliothek verzeichnet diese Publikation in der Deutschen Nationalbibliografie; detaillierte bibliografische Daten sind im Internet über http://dnb.d-nb.de abrufbar.

Zugl.: Köln, Univ., Diss., 2018

D 38
ISSN 0930-4746
ISBN 978-3-631-79527-9 (Print)
E-ISBN 978-3-631-79694-8 (E-PDF)
E-ISBN 978-3-631-79695-5 (EPUB)
E-ISBN 978-3-631-79696-2 (MOBI)
DOI 10.3726/b15929

Peter Lang – Berlin · Bern · Bruxelles · New York · Oxford · Warszawa · Wien

Diese Publikation wurde begutachtet.

www.peterlang.com

Meiner Familie

VORWORT

Die vorliegende Arbeit wurde im Sommersemester 2017 von der Rechtswissenschaftlichen Fakultät der Universität zu Köln als Dissertation angenommen. Das Manuskript wurde im Frühjahr 2017 abgeschlossen.

Zum Zweck der Veröffentlichung wurde die Arbeit an einigen Stellen überarbeitet, ergänzt und aktualisiert. Neuere Rechtsprechung und neueres Schrifttum wurden im Wesentlichen bis Anfang Dezember 2018 berücksichtigt.

In erster Linie bedanke ich mich herzlichst bei meinem verehrten Doktorvater, Herrn Professor Dr. Heinz-Peter Mansel, für die hervorragende Betreuung des Promotionsvorhabens, für viele sehr wertvolle Ratschläge und für seine stete Diskussionsbereitschaft. Für die vielfache fachliche sowie persönliche Förderung und dafür, dass er mir in jedem Promotionsstadium mit Rat und Tat zur Verfügung stand, danke ich ihm von ganzem Herzen.

Mein herzlicher Dank gilt auch Herrn Professor Dr. Martin Avenarius für die Übernahme und die zügige Erstellung des Zweitgutachtens sowie für hilfreiche Hinweise.

Ferner danke ich sehr dem Zentrum für Internationale Beziehungen der Rechtswissenschaftlichen Fakultät der Universität zu Köln, der Rechtswissenschaftlichen Fakultät der Universität zu Köln, der Dr. Carl-Arthur Pastor-Stiftung sowie der Dr. Wilhelm Westhaus-Stiftung, deren großzügige finanzielle Förderung ich während der Erstellung dieser Arbeit in verschiedenen Zeitperioden erfahren durfte.

Den Herausgebern gilt mein weiterer herzlicher Dank für die ehrenvolle Aufnahme der Arbeit in die Schriftenreihe „Studien zum vergleichenden und internationalen Recht/Comparative and International Law Studies".

Mein besonderer Dank gebührt meinen Eltern und meiner ganzen Familie, die mich in jeder Hinsicht und jederzeit vorbehaltlos unterstützt haben. Ein großer Dank gilt meinem Mann dafür, dass er mir stets Rückhalt gegeben hat. Meiner Familie ist diese Arbeit gewidmet.

Köln, im Dezember 2018
Natalia Chor

INHALTSÜBERSICHT

INHALTSVERZEICHNIS

LITERATURVERZEICHNIS

Vorbemerkungen zu den russischsprachigen Quellen:

1. Bei *russischen normativen Rechtsakten* ist es üblich, die offizielle Quelle der Erstveröffentlichung jeweils mit den Angaben zu den letzten Änderungen anzugeben. Die Quellenangabe erfolgt nur bei der ersten Erwähnung des entsprechenden Rechtsaktes im Text. Russische Rechtsakte sind in der Regel nach Artikeln systematisiert und werden dementsprechend im Text mit „Art." zitiert. Alle normativen Rechtsakte, die in dieser Untersuchung verwendet wurden, wurden in der jeweils geltenden Fassung verwendet, es sei denn, etwas anderes ist im Text ausdrücklich angegeben.
2. Bei *russischen juristischen Kommentaren* wird kein mit dem deutschen vergleichbares System mit Randnummern verwendet. Aus diesem Grund wird üblicherweise unter Angabe der Seitennummer zitiert. Bei den artikelweisen Kommentaren wird zur Vereinfachung des Auffindens relevanter Stellen auf den jeweiligen Gesetzesartikel und auf die Nummer der Anmerkung (soweit vorhanden) oder auf den Absatz zum konkreten Artikel verwiesen. Anderenfalls erfolgt der Verweis auf eine Seite.
3. Bei *russischen Zeitschriften* ist es üblich, Jahrgang und Heftnummer anzugeben, weil die Seiten in der Regel in den Heften nicht durchgehend nummeriert werden. Deswegen ist in dieser Arbeit bei den russischen Zeitschriften nach dem Titel der entsprechenden Zeitschrift stets Jahrgang und Heftnummer („Nr.") angegeben. Daraufhin folgt die Seitenzahl mit „S." entsprechend der in Russland üblichen Zitierung. In den Fußnoten werden dabei die Anfangsseite eines relevanten Beitrags und die genaue Seite angegeben, auf die Bezug genommen wird. Im Literaturverzeichnis ist die Zitierweise von Aufsätzen aus den russischsprachigen Zeitschriften nicht angegeben, weil diese in den Fußnoten unter der Angabe des Autors, des Titels der Zeitschrift, des Jahrgangs, der Nummer und der Seitenzahlen erfolgt. Bei den *Beiträgen aus den Sammelwerken* ist dagegen die Zitierweise im Literaturverzeichnis angegeben.
4. Was die *Zitierweise der Autorennamen* betrifft, ist anzumerken, dass die Namen in Russland aus drei Teilen bestehen (Familienname, Vorname und Vatersname). Die Angabe des Vatersnamens ist bedeutsam, weil mehrere Personen den gleichen Familien- und Vornamen haben können. Die Zitierweise der Autorennamen unter der Angabe des vollen Familiennamens und lediglich der Initialen für Vor- und Vatersname eines Autors ist in Russland üblich. Aus diesem Grunde sind die Autoren im Literaturverzeichnis auf diese Weise (nur mit den Initialen) angegeben. Die russischen Autorennamen sowie Titel von russischsprachigen Veröffentlichungen, Zeitschriften usw. sind in der

DIN-Transliteration mit der Übersetzung in den eckigen Klammern angegeben.

5. *Russische Gerichtsentscheidungen* werden mit der Abkürzung des Gerichts, dem Datum und der Nummer der entsprechenden Entscheidung sowie unter Angabe der Fundstelle zitiert. Bei russischen Gerichtsentscheidungen wird kein mit dem deutschen vergleichbares System mit Randnummern oder mit Textziffern verwendet. Bei elektronischen Veröffentlichungen erfolgt aus diesem Grund keine Konkretisierung der angegebenen Fundstelle durch Angabe der genauen Stelle, auf die Bezug genommen wird. Wurde eine Entscheidung in einer Zeitschrift abgedruckt, wird die entsprechende Zeitschrift mit dem Jahr, der Nummer und der Seitenzahl (die Anfangsseite der Entscheidung und die genaue relevante Seite) angegeben. Die Entscheidungen des Zivilkassationsdepartements des Dirigierenden Senats des Russischen Reiches werden unter Angabe des Datums und der Nummer der Entscheidung aus der folgenden offiziellen Ausgabe der Entscheidungen zitiert: Rešenija Kassacionnogo Departamenta Pravitel'stvujuščego Senata [Entscheidungen des Zivilkassationsdepartements des Dirigierenden Senats], Sankt Petersburg: Druckerei des Dirigierenden Senats, unter Angabe des Jahres der Ausgabe und der Seitenzahlen.
6. Die russischen Städte (im Literaturverzeichnis und bei Bezeichnungen von russischen Gerichten) sowie Bezirke (etwa bei den Angaben zu russischen Gerichten) werden nicht in der DIN-Transliteration, sondern in der für diese Städte und Bezirke in Deutschland üblichen Bezeichnung, soweit vorhanden, wiedergegeben.
7. Die juristische Datenbank „Konsul'tantPlus" stellt eine juristische Datenbank ähnlich wie BeckOnline oder Juris dar. Der größte Teil der Rechtsprechung wird nur in elektronischer Form veröffentlicht. Die Rechtsprechung, die nicht in Zeitschriften veröffentlicht wurde, sondern in elektronischer Form in dieser Datenbank vorhanden ist, wird mit Verweis auf diese Datenbank zitiert. Die Rechtsprechung in der juristischen Datenbank „Konsul'tantPlus" ist frei zugänglich unter www.consultant.ru: an Wochentagen ab 20 bis 24 Uhr (Moskauer Zeit) sowie am Wochenende und an den gesetzlichen russischen Feiertagen jederzeit (Stand: 1. Dezember 2018).

Abova, T.E./Kabalkin, A.Ju. (Hrsg.): Naučno-praktičeskij kommentarij k Graždanskomu kodeksu Rossijskoj Federacii. V 2 t. T. 1. Časti I, II GK RF [Wissenschaftlich-praktischer Kommentar zum Zivilgesetzbuch der Russischen Föderation. In 2 Bänden. Band 1. Teile I, II ZGB RF], 7. Auflage, Moskau 2012. (zitiert: Abova/Kabalkin/*Bearbeiter*, Anm. zu Art.)

Abramov, N.A.: O vine chozjajstvennych organizacij pri narušenii dogovornych objazatel'stv [Über das Verschulden der wirtschaftlichen Organisationen bei Verletzung der vertraglichen Verpflichtungen], SGiP 1982, Nr. 1, S. 36–42.

ders.: Vina tret'ich lic kak osoboe uslovie otvetstvennosti chozorganov [Verschulden Dritter als besondere Haftungsvoraussetzung von Wirtschaftsorganen], SGiP 1976, Nr. 4, S. 30–34.

Afonina, I.Ju.: K voprosu o material'nych i processual'nych aspektach prezumpcii viny v graždanskom prave [Zur Frage über materielle und prozessuale Aspekte der Verschuldensvermutung im Zivilrecht], in: Juridičeskaja otvetstvennost': teorija i praktika. Sbornik materialov rossijskoj naučno-praktičeskoj konferencii [Juristische Haftung: Theorie und Praxis. Sammlung der Materialien der russischen wissenschaftlich-praktischen Konferenz] (19. November 2010), Ufa 2011, S. 152–154. (zitiert: *Afonina*, Juristische Haftung)

Agarkov, M.M.: K voprosu o dogovornoj otvetstvennosti [Zur Frage über die vertragliche Haftung], in: *Agarkov, M.M.*, Izbrannye trudy po graždanskomu pravu. V 2 t. T. 2: Obščee učenie ob objazatel'stvach i ego otdel'nych vidach [Ausgewählte Werke zum Zivilrecht. In 2 Bänden. Band 2: Allgemeine Lehre über die Schuldverhältnisse und deren einzelne Arten], Moskau 2012, S. 244–303. (zitiert: *Agarkov*, Ausgewählte Werke II)

ders.: Objazatel'stva iz pričinenija vreda (Dejstvujuščee pravo i zadači Graždanskogo kodeksa SSSR) [Verpflichtungen aus der Schadenszufügung (Geltendes Recht und Ziele des Zivilgesetzbuches der UdSSR)], in: *Agarkov, M.M.*, Izbrannye trudy po graždanskomu pravu. V 2 t. T. 2: Obščee učenie ob objazatel'stvach i ego otdel'nych vidach [Ausgewählte Werke zum Zivilrecht. In 2 Bänden. Band 2: Allgemeine Lehre über die Schuldverhältnisse und deren einzelne Arten], Moskau 2012, S. 459–493. (zitiert: *Agarkov*, Ausgewählte Werke II)

Agarkov, M.M./Genkin, D.M. (Hrsg.): Graždanskoe pravo, tom 1 [Zivilrecht, Band 1], Moskau 1944. (zitiert: Agarkov/Genkin/*Bearbeiter*, Zivilrecht I)

Albrecht, Annette: Die deliktische Haftung für fremdes Verhalten im französischen und deutschen Recht. Eine rechtsvergleichende Untersuchung unter besonderer Berücksichtigung der Blieck-Rechtsprechung der *Cour de cassation*, Tübingen 2013. (zitiert: *Albrecht*, Die deliktische Haftung)

Alekseev, S.S./Stepanov, S.A. (Hrsg.): Graždanskoe pravo: učebnik [Zivilrecht: Lehrbuch], 4. Auflage, Moskau, Ekaterinburg 2018. (zitiert: Alekseev/Stepanov/*Bearbeiter*, Zivilrecht)

Alexiou, Konstantin: Zur Haftung für Verrichtungsgehilfen im deutschen Recht im Vergleich zum französischen und griechischen Recht, Diss. Freiburg im Breisgau 1970. (zitiert: *Alexiou*, Zur Haftung für Verrichtungsgehilfen)

Anisimov, L.N. (Hrsg.): Kommentarij k Trudovomu kodeksu Rossijskoj Federacii s učëtom Postanovlenija Konstitucionnogo Suda RF ot 15.03.2005 Nr. 3-П [Kommentar zum Arbeitsgesetzbuch der Russischen Föderation unter Berücksichtigung der Entscheidung des Verfassungsgerichts der RF vom 15.03.2005 Nr. 3-П], Moskau 2006. (zitiert: Anisimov/*Bearbeiter*, Kommentar zum ArbGB RF, Anm. zu, S.)

Antimonov, B.S.: Graždanskaja otvetstvennost' za vred, pričinënnyj istočnikom povyšennoj opasnosti [Zivilhaftung für den durch eine Quelle erhöhter Gefahr zugefügten Schaden], Moskau 1952. (zitiert: *Antimonov*, Zivilhaftung)

ders.: Osnovanija dogovornoj otvetstvennosti socialističeskich organizacij [Grundlagen der vertraglichen Haftung der sozialistischen Organisationen], Moskau 1962. (zitiert: *Antimonov*, Grundlagen)

Arzinger, Rainer/Galander, Tanja: Russisches Wirtschaftsrecht, 2. Auflage, Berlin 2002. (zitiert: *Arzinger/Galander*, Russisches Wirtschaftsrecht, 2. Auflage (2002)) [Folgeauflage fortgeführt von und im Literaturverzeichnis unter *Galander, Tanja*]

Asknazij, S.I.: Nekotorye voprosy graždansko-pravovoj otvetstvennosti [Einige Fragen der zivilrechtlichen Haftung], in: *Venediktov, A.V. (Hrsg.)*, Voprosy sovetskogo prava: učënye zapiski Leningradskogo gosudarstvennogo universiteta [Fragen des sowjetischen Rechts: wissenschaftliche Beiträge der Leningrader Staatsuniversität], Serie der Rechtswissenschaften, Nr. 151, Heft 4, Leningrad 1953, S. 158–185. (zitiert: *Asknazij*, Fragen des sowjetischen Rechts)

Astašov, S.V./Bugaenko, N.V./Kratenko, M.V.: Praktika primenenija zakonodatel'stva ob objazatel'nom strachovanii graždanskoj otvetstvennosti vladel'cev transportnych sredstv [Anwendungspraxis der Gesetze über obligatorische Versicherung der Zivilhaftung der Halter von Transportmitteln], Transportnoe pravo [Transportrecht] 2008, Nr. 1, S. 20–30.

Bachrach, D.N.: Imuščestvennaja otvetstvennost' gosudarstvennych organov za vred, pričinënnyj dejstvijami ich dolžnostnych lic graždanam [Materielle Haftung staatlicher Organe für den durch Handlungen von ihren Amtspersonen den Bürgern zugefügten Schaden], SGiP 1968, Nr. 11, S. 19–26.

Baktimirova, T.V.: Prezumpcija vinovnosti v graždanskom prave [Verschuldensvermutung im Zivilrecht], Diss. Moskau 2006. (zitiert: *Baktimirova*, Verschuldensvermutung)

Ballerstedt, Kurt: Handels- und gesellschaftsrechtliche Probleme der Organschaft (Teil I), DB 1956, 813–815.

ders.: Zur Haftung für culpa in contrahendo bei Geschäftsabschluss durch Stellvertreter, AcP 151 (1950/1951), 501–531.

Bamberger, Heinz Georg/Roth, Herbert (Hrsg.): Kommentar zum Bürgerlichen Gesetzbuch, Band 2 (§§ 611–1296, AGG, ErbbauRG, WEG), 3. Auflage, München 2012. (zitiert: BaRoth/*Bearbeiter*, §, Rn.)

Bar, Christian von: Anmerkung zu LG Göttingen, Urteil v. 17.12.1980 - 8 O 197/79, VersR 1981, 760–761.

ders.: Empfiehlt es sich, die Voraussetzungen der Haftung für unerlaubte Handlungen mit Rücksicht auf die gewandelte Rechtswirklichkeit und die Entwicklungen in Rechtsprechung und Lehre neu zu ordnen? Wäre es insbesondere zweckmäßig, die Grundtatbestände der §§ 823 Absätze 1 und 2, § 826 BGB zu erweitern oder zu ergänzen?, in: *Bundesminister der Justiz (Hrsg.)*, Gutachten und Vorschläge zur Überarbeitung des Schuldrechts, Band II, Köln 1981, S. 1681–1778. (zitiert: *v. Bar*, Gutachten II)

ders.: Entwicklungen und Entwicklungstendenzen im Recht der Verkehrs(sicherungs)pflichten, JuS 1988, 169–174.

ders.: Gemeineuropäisches Deliktsrecht, Band I: Die Kernbereiche des Deliktsrechts, seine Angleichung in Europa und seine Einbettung in die Gesamtrechtsordnungen, München 1996. (zitiert: *v. Bar*, Gemeineuropäisches Deliktsrecht, Band I, Rn.)

ders.: Gemeineuropäisches Deliktsrecht, Band II: Schaden und Schadenersatz, Haftung für und ohne eigenes Fehlverhalten, Kausalität und Verteidigungsgründe, München 1999. (zitiert: *v. Bar*, Gemeineuropäisches Deliktsrecht, Band II, Rn.)

ders.: Konturen des Deliktsrechtskonzeptes der Study Group on a European Civil Code - Ein Werkstattbericht, ZEuP 2001, 515–532.

ders.: Principles of European Law: Non-Contractual Liability Arising out of Damage Caused to Another (PEL Liab. Dam.), München 2009. (zitiert: *v. Bar*, PEL Liab. Dam.)

ders.: Verkehrspflichten: richterliche Gefahrsteuerungsgebote im deutschen Deliktsrecht, Köln u.a. 1980. (zitiert: *v. Bar*, Verkehrspflichten)

Baraš, Ja.: Praktika rassmotrenija gosarbitražami sporov, vytekajuščich iz pričinenija vreda [Anwendungspraxis der staatlichen Schiedsgerichte zu

Streitigkeiten, die aus der Schadenszufügung entstehen], Sovetskaja justicija [Sowjetische Justiz] 1969, Nr. 3, S. 24–25.

Baumbach, Adolf/Lauterbach, Wolfgang/Albers, Jan/Hartmann, Peter: Zivilprozessordnung, 77. Auflage, München 2019. (zitiert: BLAH/*Hartmann*, §, Rn.)

Baumgärtel, Gottfried: Beweislastpraxis im Privatrecht: die Schwierigkeiten der Beweislastverteilung und die Möglichkeiten ihrer Überwindung, Köln u.a. 1996. (zitiert: *Baumgärtel*, Beweislastpraxis, Rn.)

Baumgärtel, Gottfried/Laumen, Hans-Willi/Prütting, Hanns (Hrsg.): Handbuch der Beweislast: Bürgerliches Gesetzbuch, Schuldrecht Besonderer Teil III, 3. Auflage, Köln 2010. (zitiert: Baumgärtel/*Bearbeiter*, Handbuch der Beweislast, §, Rn.)

Baums, Theodor: Haftung für Verrichtungsgehilfen nach deutschem und schweizerischem Recht, in: Festschrift für Rudolf Lukes, Köln u.a. 1989, S. 623–638. (zitiert: *Baums*, FS Lukes)

Baur, Fritz: Zur dogmatischen Einordnung der Haftung für „Verrichtungsgehilfen", Karlsruher Forum 1962, 14–16.

Beljakova, Anastasija M.: Objazatel'stva iz pričinenija vreda v rossijskom prave XVII veka [Verpflichtungen aus der Schadenszufügung im russischen Recht des XVII. Jahrhunderts], Diss. Nischni Nowgorod 2006. (zitiert: *Beljakova*, Verpflichtungen aus der Schadenszufügung)

Beljakova, Anna M.: Imuščestvennaja otvetstvennost' za pričinenie vreda [Materielle Haftung für die Schadenszufügung], Moskau 1979. (zitiert: *Beljakova*, Materielle Haftung)

dies.: Graždansko-pravovaja otvetstvennost' za pričinenie vreda. Teorija i praktika [Zivilrechtliche Haftung für die Schadenszufügung. Theorie und Praxis], Moskau 1986. (zitiert: *Beljakova*, Zivilrechtliche Haftung)

dies.: Vozmeščenie vreda, pričinënnogo istočnikom povyšennoj opasnosti [Ersatz des Schadens, der durch eine Quelle erhöhter Gefahr zugefügt wurde], Moskau 1967. (zitiert: *Beljakova*, Schadensersatz)

Belov, V.A. (Hrsg.): Graždanskoe pravo. Aktual'nye problemy teorii i praktiki: v 2 t. T. 1 [Zivilrecht. Aktuelle Probleme der Theorie und der Praxis: in 2 Bänden. Band 1], 2. Auflage, Moskau 2018. (zitiert: Belov/*Bearbeiter*, Zivilrecht)

Benöhr, Hans-Peter: Zur außervertraglichen Haftung im gemeinen Recht, in: Festschrift für Max Kaser, München 1976, S. 689–713. (zitiert: *Benöhr*, FS Kaser)

Bergmann, Karl Otto/Pauge, Burkhard/Steinmeyer, Heinz-Dietrich (Hrsg.): Gesamtes Medizinrecht, 3. Auflage, Baden-Baden 2018. (zitiert: NK-Medizinrecht/*Bearbeiter*, §, Rn.)

Bergmann, Wilfried: Der Zweite Teil des russischen Zivilgesetzbuches – ein Kompromiss zwischen Möglichem und Wünschenswertem, in: *Osteuropa-Institut der Freien Universität Berlin und Deutsche Stiftung für internationale rechtliche Zusammenarbeit e.V. Bonn (Hrsg.)*, Zivilgesetzbuch der Russischen Föderation (Zweiter Teil) von 1995, Berlin 2000, S. 31–38. (zitiert: *Bergmann*, ZGB RF II)

Bernhöft: Diskussionsbeitrag, in: Verhandlungen des 17. Deutschen Juristentages, Band 2, Berlin 1885, S. 121–124. (zitiert: *Bernhöft*, 17. DJT, Band 2)

Bobrova, D.V.: Problemy deliktnoj otvetstvennosti v sovetskom graždanskom prave [Probleme der deliktischen Haftung im sowjetischen Zivilrecht], Habil. Kiew 1988. (zitiert: *Bobrova*, Probleme der deliktischen Haftung)

Böhmer, Emil: Künstliche Konstruktionen zur Umgehung des § 831 BGB, MDR 1964, 968-971.

ders.: Zum Entlastungsbeweis nach § 831 Abs. 1 Satz 2 BGB, MDR 1958, 745–746.

Braginskij, M.I.: K voprosu ob otvetstvennosti za čužie dejstvija po sovetskomu graždanskomu pravu [Zur Frage über die Haftung für fremde Handlungen nach sowjetischem Zivilrecht], in: *Rjasencev, V.A./Micheev, I.M./Rachmilovič, V.A. (Hrsg.)*, Trudy VJUZI. Tom 1: Voprosy graždanskogo prava i političeskoj ėkonomii [Schriften des juristischen Allunionsferninstituts. Band 1: Fragen des Zivilrechts und der politischen Ökonomie], Moskau 1961, S. 3-84. (zitiert: *Braginskij*, Schriften des AFI)

ders.: Vlijanie dejstvij drugich (tret'ich) lic na socialističeskie graždanskie pravootnošenija [Der Einfluss der Handlungen anderer (dritter) Personen auf die sozialistischen Zivilrechtsverhältnisse], Autorreferat Habil. Leningrad 1962. (zitiert: *Braginskij*, Autorreferat)

Braginskij, M.I./Vitrjanskij, V.V.: Dogovornoe pravo. Kniga pervaja: Obščie položenija [Vertragsrecht. Erstes Buch: Allgemeine Bestimmungen], 3. Auflage, Moskau 2011. (zitiert: Braginskij/Vitrjanskij/*Bearbeiter*, Vertragsrecht I)

Brandes, Thomas: Die Haftung für Organisationspflichtverletzung, Frankfurt am Main u.a. 1994. (zitiert: *Brandes*, Die Haftung für Organisationspflichtverletzung)

Brandi, Hermann: Die zivilrechtliche Stellung der Organgesellschaft, Diss. Göttingen 1931. (zitiert: *Brandi*, Organgesellschaft)

Bratus', S.N.: Sub''ekty graždanskogo prava [Subjekte des Zivilrechts], Moskau 1950. (zitiert: *Bratus'*, Subjekte)

Bratus', S.N./Sadikov, O.N. (Hrsg.): Kommentarij k Graždanskomu kodeksu RSFSR [Kommentar zum Zivilgesetzbuch der RSFSR], 3. Auflage, Moskau 1982. (zitiert: Bratus'/Sadikov/*Bearbeiter*, Kommentar ZGB RSFSR, Anm. zu Art.)

Breidenbach, Stephan: Handbuch Wirtschaft und Recht in Osteuropa, Band 3, München 2017. (zitiert: Breidenbach/*Bearbeiter*, Handbuch Wirtschaft und Recht in Osteuropa III)

Brockhaus: Enzyklopädie, Band 20, 21. Auflage, Leipzig, Mannheim 2006. (zitiert: *Brockhaus*, Enzyklopädie)

Brüggemeier, Gert: Deliktsrecht, Baden-Baden 1986. (zitiert: *Brüggemeier*, Deliktsrecht, Rn.)

ders.: Organisationshaftung – Deliktsrechtliche Aspekte innerorganisatorischer Funktionsdifferenzierung, AcP 191 (1991), 33–68.

Bulaevskij, B.A.: Prezumpcija viny v deliktnych objazatel'stvach: nekotorye voprosy teorii [Verschuldensvermutung bei deliktischen Verpflichtungen: einige Fragen der Theorie], in: *Doronina, N.G. (Hrsg.)*, Juridičeskaja otvetstvennost': sovremennye vyzovy i rešenija: materialy dlja VIII Ežegodnych naučnych čtenij pamjati professora S.N. Bratusja [Juristische Haftung: moderne Herausforderungen und Lösungen: Materialien der VIII. Jährlichen wissenschaftlichen Lesungen in Erinnerung an Professor S.N. Bratus'], Moskau 2013, S. 57–62. (zitiert: *Bulaevskij*, Juristische Haftung)

Bundesministerium der Justiz: Referentenentwurf eines Gesetzes zur Änderung und Ergänzung schadensersatzrechtlicher Vorschriften, Wortlaut, I, Karlsruhe 1967. (zitiert: *Bundesministerium der Justiz*, Referentenentwurf I)

Bundesministerium der Justiz: Referentenentwurf eines Gesetzes zur Änderung und Ergänzung schadensersatzrechtlicher Vorschriften, Begründung, II, Karlsruhe 1967. (zitiert: *Bundesministerium der Justiz*, Referentenentwurf II)

Caemmerer, Ernst von: Diskussionsbeitrag, Karlsruher Forum 1962, 23–24.

ders.: Reformprobleme der Haftung für Hilfspersonen, ZfRV 14 (1973), 241–261.

ders.: Wandlungen des Deliktsrechts, in: *Leser, Hans G. (Hrsg.)*, Gesammelte Schriften, Band 1, Rechtsvergleichung und Schuldrecht, Tübingen 1968, S. 452–553. (zitiert: *v. Caemmerer*, GesSchr I)

Canaris, Claus-Wilhelm: Die Produzentenhaftpflicht in dogmatischer und rechtspolitischer Sicht, JZ 1968, 494–507.

ders.: Schutzgesetze – Verkehrspflichten – Schutzpflichten, in: Festschrift für Karl Larenz, München 1983, S. 27–110. (zitiert: *Canaris*, FS Larenz)

Castro, Alexander de Faria e: Die Merkmale der unerlaubten Handlung im sowjetischen Zivilrecht unter Berücksichtigung ihrer historischen Entwicklung, Tübingen, Basel 1969. (zitiert: *Castro*, Die Merkmale der unerlaubten Handlung)

Čerepachin, B.B.: Voleobrazovanie i voleiz''javlenie juridičeskogo lica [Willensbildung und Willenserklärung einer juristischen Person], Pravovedenie [Rechtswissenschaft] 1958, Nr. 2, S. 43–50.

Creifelds, Carl/Weber, Klaus (Hrsg.): Rechtswörterbuch, 22. Auflage, München 2017. (zitiert: Creifelds/Weber/*Bearbeiter*, Rechtswörterbuch)

Čukreev, A.A.: Problema ustanovlenija viny juridičeskogo lica ili individual'nogo predprinimatelja v neprimenenii kontrol'no-kassovoj techniki [Das Problem der Feststellung des Verschuldens einer juristischen Person oder eines Einzelunternehmers bei Nichtanwendung von Registerkassen], Finansovoe pravo [Finanzrecht] 2005, Nr. 12, S. 25–28.

Danilova, E.N.: Otvetstvennost' dolžnika za dejstvija tret'ich lic, učastvujuščich v ispolnenii dogovora [Haftung des Schuldners für Handlungen dritter Personen, die an der Vertragserfüllung teilnehmen], Moskau 1913. (zitiert: *Danilova*, Haftung des Schuldners)

Deckert, Martina R.: Die Verkehrspflichten, Jura 1996, 348–354.

Deetz: Der Haftungsgrund bei den unerlaubten Handlungen des BGB, insbesondere bei § 831, Gruchot 64 (1920), 161–185.

Deutsch, Erwin: Das Organisationsverschulden des Krankenhausträgers, NJW 2000, 1745–1749.

ders.: Fahrlässigkeit und erforderliche Sorgfalt: eine privatrechtliche Untersuchung, 2. Auflage, Köln u.a. 1995. (zitiert: *Deutsch*, Fahrlässigkeit, §, S.)

Deutsch, Erwin/Ahrens, Hans-Jürgen: Deliktsrecht: unerlaubte Handlungen, Schadensersatz, Schmerzensgeld, 6. Auflage, München 2014. (zitiert: *Deutsch/Ahrens*, Deliktsrecht, Rn.)

Diederichsen, Uwe: Zum Entlastungsbeweis für Verrichtungsgehilfen, ZRP 1968, 60–61.

Diele, Maria: Haftpflichtrisiko und Schadensverteilung bei sogenannten Gefälligkeitsfahrten, Diss. Freiburg i.Br. 1959. (zitiert: *Diele*, Haftpflichtrisiko)

Dotova, O.: Praktika sudov po delam o vozmeščenii za uveč'e [Die Rechtsprechung zu Fällen wegen Ersatzes bei einer Körperverletzung], Sovetskaja justicija [Sowjetische Justiz] 1959, Nr. 2, S. 38–43.

Dreyer: Gutachten über die Frage: Wie weit hat der Arbeitgeber für das Verschulden seiner Arbeiter zu haften?, in: Verhandlungen des 17. Deutschen Juristentages, Band 1, Berlin 1884, S. 46–124. (zitiert: *Dreyer*, 17. DJT, Band 1)

Drujinina, Nadejda: Die Entwicklung des Russischen Haftungsrechts: von den Anfängen bis zur Gegenwart, Göttingen 2004. (zitiert: *Drujinina*, Die Entwicklung des Russischen Haftungsrechts)

Egorov, N.D./Sergeev, A.P. (Hrsg.): Kommentarij k Graždanskomu kodeksu Rossijskoj Federacii. Čast' pervaja (postatejnyj) [Kommentar zum Zivilgesetzbuch der Russischen Föderation. Erster Teil (nach Artikeln)], 3. Auflage, Moskau 2006. (zitiert: Egorov/Sergeev/*Bearbeiter*, Teil 1, Anm. zu Art.)

Ehricke, Ulrich: Das abhängige Konzernunternehmen in der Insolvenz: Wege zur Vergrößerung der Haftungsmasse abhängiger Konzernunternehmen im Konkurs und Verfahrensfragen. Eine rechtsvergleichende Analyse, Tübingen 1998. (zitiert: *Ehricke*, Das abhängige Konzernunternehmen)

Ėrdelevskij, A.M.: Kompensacija moral'nogo vreda: analiz i kommentarij zakonodatel'stva i sudebnoj praktiki [Kompensation des moralischen Schadens: Analyse und Kommentar zu Gesetzen und der Rechtsprechung], 3. Auflage, Moskau 2007. (zitiert: *Ėrdelevskij*, Kompensation des moralischen Schadens)

Erdsiek, Gerhard: Die Problematik des § 831 BGB und seine Einwirkung auf unsere Vertrags- und Amtshaftung: ein Beitrag zur Reform des Haftungsrechts, JJB 8 (1967/68), 36–62.

Erman, Walter Alexander: Bürgerliches Gesetzbuch, Band 2: §§ 762–2385, 15. Auflage, Köln 2017. (zitiert: Erman/*Bearbeiter*, §, Rn.)

Esser, Josef: Anmerkung zu BGH, Urteil v. 6.11.1956 - VI ZR 71/56, MDR 1957, 215–216.

ders.: Grundlagen und Entwicklung der Gefährdungshaftung: Beiträge zur Reform des Haftpflichtrechts und zu seiner Wiedereinordnung in die Gedanken des allgemeinen Privatrechts, 2. Auflage, München 1969. (zitiert: *Esser*, Gefährdungshaftung)

Esser, Josef/Schmidt, Eike: Schuldrecht, Band 1: Allgemeiner Teil, Teilband 2: Durchführungshindernisse und Vertragshaftung, Schadensausgleich und Mehrseitigkeit beim Schuldverhältnis, 8. Auflage, Heidelberg 2000. (zitiert: *Esser/Schmidt*, Schuldrecht I/2, §)

Esser, Josef/Weyers, Hans-Leo: Schuldrecht, Band 2: Besonderer Teil, Teilband 2: Gesetzliche Schuldverhältnisse, 8. Auflage, Heidelberg 2000. (zitiert: *Esser/Weyers*, Schuldrecht II/2, §)

Eubel, Paul: Die Haftung des Geschäftsherrn für den Gehilfen nach deutschem und japanischem Recht, Frankfurt am Main 1981. (zitiert: *Eubel*, Die Haftung des Geschäftsherrn)

European Group on Tort Law: Principles of European Tort Law, ZEuP 2004, 427–432.

Feder, Ernst: Verantwortlichkeit für fremdes Verschulden nach dem Bürgerlichen Gesetzbuche, Berlin 1902. (zitiert: *Feder*, Verantwortlichkeit)

Flejšic, E.A.: O graždanskoj otvetstvennosti za povreždenie zdorov'ja [Über die zivilrechtliche Haftung für einen Gesundheitsschaden], SGiP 1954, Nr. 8, S. 23–33.

dies.: Objazatel'stva iz pričinenija vreda i iz neosnovatel'nogo obogaščenija [Verpflichtungen aus der Schadenszufügung und aus der ungerechtfertigten

Bereicherung], Moskau 1951. (zitiert: *Flejšic*, Verpflichtungen aus der Schadenszufügung)

dies.: Otvetstvennost' gosudarstvennych organov za imuščestvennyj vred, pričinjaemyj dolžnostnymi licami [Haftung der staatlichen Organe für den durch Amtspersonen zugefügten Vermögensschaden], Moskau 1948. (zitiert: *Flejšic*, Haftung der staatlichen Organe)

dies.: Otvetstvennost' organizacij za dejstvija ich rabotnikov [Haftung von Organisationen für Handlungen ihrer Arbeitnehmer], in: *Samoščenko, I.S. (Chefred.)*, Učenye zapiski VNIISZ [Wissenschaftliche Beiträge des Wissenschaftlichen Allunionsforschungsinstituts der sowjetischen Gesetzgebung], Heft 4, Moskau 1965, S. 143–157. (zitiert: *Flejšic*, Wissenschaftliche Beiträge des WASG)

Fondaminskij, I.D.: Otvetstvennost' za dejstvija drugich lic v objazatel'stvach iz pričinenija vreda po sovetskomu pravu [Haftung für Handlungen anderer Personen in den Schadensersatzverpflichtungen nach sowjetischem Recht], Diss. Swerdlowsk 1948. (zitiert: *Fondaminskij*, Haftung)

Fritsch, Heinz: Zur neueren Dogmengeschichte der privatrechtlichen Gehilfenhaftung, Diss. Münster 1956. (zitiert: *Fritsch*, Dogmengeschichte)

Fuchs, Maximilian/Preis, Ulrich: Sozialversicherungsrecht, 2. Auflage, Köln 2009. (zitiert: *Fuchs/Preis*, Sozialversicherungsrecht, §)

Galander, Tanja: Russisches Wirtschaftsrecht: Leitfaden für die Unternehmenstätigkeit, 3. Auflage, Stuttgart 2016. (zitiert: Galander/*Bearbeiter*, Russisches Wirtschaftsrecht) [Vorauflage unter *Arzinger, Rainer/Galander, Tanja*]

Garbrecht, Georg: Bericht aus der Tätigkeit der IRZ-Stiftung, WIRO 1994, 104.

Gautschi, G.: Diskussionsbeitrag, Karlsruher Forum 1962, 27–28.

Geigel, Reinhart: Der Haftpflichtprozess mit Einschluss des materiellen Haftpflichtrechts, 27. Auflage, München 2015. (zitiert: Geigel/*Bearbeiter*, Der Haftpflichtprozess, Kapitel, Rn.)

Gejchman, V.L. (Hrsg.): Naučno-praktičeskij kommentarij k Trudovomu kodeksu RF [Wissenschaftlich-praktischer Kommentar zum Arbeitsgesetzbuch der RF], 9. Auflage, Moskau 2013. (zitiert: Gejchman/*Bearbeiter*, Kommentar zum ArbGB RF, Art., S.)

Gierke, Otto von: Der Entwurf eines bürgerlichen Gesetzbuchs und das deutsche Recht, Leipzig 1889. (zitiert: *v. Gierke*, Entwurf)

Gjurdžan, O.M.: Objazatel'stva po vozmeščeniju vnedogovornogo vreda meždu socialističeskimi organizacijami [Die außervertraglichen Schadensersatzverpflichtungen zwischen sozialistischen Organisationen], Diss. Moskau 1987. (zitiert: *Gjurdžan*, Die außervertraglichen Schadensersatzverpflichtungen)

Gottwald, Peter: Zur Wahrung von Geschäftsgeheimnissen im Zivilprozeß, BB 1979, 1780–1787.

Grišaev, S.P./Ėrdelevskij, A.M. (Hrsg.): Kommentarij k Graždanskomu kodeksu Rossijskoj Federacii (časti pervoj) [Kommentar zum Zivilgesetzbuch der Russischen Föderation (des ersten Teils)], Moskau 2005. (zitiert: Grišaev/Ėrdelevskij/*Bearbeiter*, ZGB RF I, Abs./Anm. zu Art.)

Grišaev, S.P./Ėrdelevskij, A.M. (Hrsg.): Kommentarij k Graždanskomu kodeksu Rossijskoj Federacii (časti vtoroj) [Kommentar zum Zivilgesetzbuch der Russischen Föderation (des zweiten Teils)], Moskau 2006. (zitiert: Grišaev/Ėrdelevskij/*Bearbeiter*, ZGB RF II, Anm. zu Art.)

Grunewald, Barbara: Können Gesellschaften Verrichtungsgehilfen iSv § 831 I 1 BGB sein?, NZG 2018, 481–484.

Guev, A.N.: Graždanskoe pravo: učebnik: v 3 t. T. 2 [Zivilrecht: Lehrbuch: in 3 Bänden. Band 2], Moskau 2006. (zitiert: *Guev*, Zivilrecht II)

Günther, Dirk-Carsten: Der Regress des Sachversicherers, 6. Auflage, Karlsruhe 2015. (zitiert: *Günther*, Der Regress des Sachversicherers)

Gurevič, M.G.: Obsuždenie proektov Osnov graždanskogo zakonodatel'stva SSSR i sojuznych respublik [Diskussionsbeitrag zu den Entwürfen der Grundlagen der Zivilgesetzgebung der UdSSR und der Unionsrepubliken], SGiP 1961, Nr. 3, S. 108–109.

Gusakov, A.: Delikty i dogovory: istoriko-juridičeskoe issledovanie [Delikte und Verträge: eine historisch-juristische Untersuchung], Moskau 1896. (zitiert: *Gusakov*, Delikte und Verträge)

Gussakovskij, P.N.: Voznagraždenie za vred, pričinënnyj nedozvolennymi dejanijami [Ersatz für den Schaden, der durch die unerlaubten Handlungen zugefügt wurde], Žurnal ministerstva justicii [Zeitschrift des Justizministeriums] 1912, Nr. 9, S. 1–39.

Gutenberg, Erich: Unternehmensführung. Organisation und Entscheidungen, Wiesbaden 1962. (zitiert: *Gutenberg*, Unternehmensführung)

Habersack, Mathias/Zickgraf, Peter: Deliktsrechtliche Verkehrs- und Organisationspflichten im Konzern, ZHR 182 (2018), 252–295.

Hamburger, Georg: Die Organgesellschaft, in: *Genzmer, Erich u.a. (Hrsg.)*, Gedächtnisschrift für Emil Seckel, Berlin 1927, S. 261–344. (zitiert: *Hamburger*, Gedächtnisschrift Seckel)

Hassold, Gerhard: Die Lehre vom Organisationsverschulden, JuS 1982, 583–587.

Hauss, Fritz: Referat zum Thema: Empfiehlt es sich, die Haftung für schuldhaft verursachte Schäden zu begrenzen? Kann für den Umfang der Schadensersatzpflicht auf die Schwere des Verschuldens und die Tragweite der verletzten Norm abgestellt werden?, in: Verhandlungen des 43. Deutschen

Juristentages, Band II (Sitzungsberichte), Teil C, Tübingen 1962, C23–C45. (zitiert: *Hauss*, 43. DJT)

Heidemann, Thomas: Unternehmenshaftung in Russland: die Haftung von Unternehmen auf Schadensersatz nach dem Recht der Rußländischen Föderation unter Berücksichtigung des Deliktsrechts, Arbeitsrechts und Umweltrechts sowie Einbeziehung von Fragen der Produkthaftung, Karlsruhe 1994. (zitiert: *Heidemann*, Unternehmenshaftung)

Heinze, Meinhard: Zur Verteilung des Schadensrisikos bei unselbständiger Arbeit, NZA 1986, 545–554.

Heiss, Klaus: Der dezentralisierte Entlastungsbeweis und die Versuche zu seiner Überwindung, Diss. München 1969. (zitiert: *Heiss*, Entlastungsbeweis)

Helm, Johann Georg: Rechtsfortbildung und Reform bei der Haftung für Verrichtungsgehilfen, AcP 166 (1966), 389–408.

Herzog, B.: § 831 BGB im Konzernrecht, AcP 133 (1931), 52–69.

Hilgers, Marc Oliver: Schadensverantwortung und Unternehmensorganisation: § 823 Abs. 1 BGB als zentrale Haftungskategorie einer von der Rechtsform unabhängigen Außenhaftung des Unternehmens, Frankfurt am Main u.a. 2002. (zitiert: *Hilgers*, Schadensverantwortung)

Hoffmann, Hagen: Die Außenhaftung von Unternehmen nach § 831 BGB und § 31 BGB, Frankfurt am Main u.a. 2009. (zitiert: *Hoffmann*, Außenhaftung)

Horn, Adolf: Die Gehilfenhaftung für mangelhafte Aufsicht und Organisation nach § 823 und § 831 BGB, Diss. Köln 1968. (zitiert: *Horn*, Die Gehilfenhaftung)

Horn, Jens: Die Entstehung der Vorschriften zur Gehilfenhaftung im Bürgerlichen Gesetzbuch, Leipzig o. J. (zitiert: *Horn*, Die Entstehung der Vorschriften)

Hübner, H.: Diskussionsbeitrag, Karlsruher Forum 1962, 24.

Illarionova, T.I.: V zaščitu principa otvetstvennosti za vinu v chozjajstvennych otnošenijach [Zum Schutz des Verschuldenshaftungsprinzips bei Wirtschaftsbeziehungen], in: *Varul, P.A./Rebane, I.A. (Hrsg.)*, Juridičeskaja otvetstvennost': problemy i perspektivy. Trudy po pravovedeniju. Učenye zapiski Tartuskogo gosudarstvennogo universiteta [Juristische Haftung: Probleme und Perspektiven. Schriften der Rechtswissenschaft. Wissenschaftliche Beiträge der Staatsuniversität zu Tartu], Heft 852, Tartu 1989, S. 87–95. (zitiert: *Illarionova*, Wissenschaftliche Beiträge)

dies.: Vina organizacii kak uslovie otvetstvennosti v porjadke stat'i 445 GK [Verschulden einer Organisation als Haftungsvoraussetzung nach Art. 445 ZGB], in: *Semenov, V.M. (Hrsg.)*, Sbornik aspirantskich rabot [Sammelband der Doktorandenschriften], Heft 14, Swerdlowsk 1972, S. 213–220. (zitiert: *Illarionova*, Sammelband der Doktorandenschriften)

Ioffe, O.S.: Objazatel'stva po vozmeščeniju vreda [Schadensersatzverpflichtungen], 2. Auflage, Leningrad 1952. (zitiert: *Ioffe*, Schadensersatzverpflichtungen)

ders.: Otvetstvennost' po sovetskomu graždanskomu pravu [Haftung nach sowjetischem Zivilrecht], in: *Ioffe, O.S.*, Izbrannye trudy: V 4 t. T.I. Pravootnošenie po sovetskomu graždanskomu pravu. Otvetstvennost' po sovetskomu graždanskomu pravu [Ausgewählte Werke: In 4 Bänden. Band I. Rechtsverhältnis nach sowjetischem Zivilrecht. Haftung nach sowjetischem Zivilrecht], Sankt Petersburg 2003, S. 187–572. (zitiert: *Ioffe*, Ausgewählte Werke I)

ders.: Objazatel'stvennoe pravo [Schuldrecht], in: *Ioffe, O.S.*, Izbrannye trudy: V 4 t. T.III. Objazatel'stvennoe pravo [Ausgewählte Werke: In 4 Bänden. Band III. Schuldrecht], Sankt Petersburg 2004, S. 47–832. (zitiert: *Ioffe*, Ausgewählte Werke III)

Jacobi, Erwin: Betrieb und Unternehmen als Rechtsbegriffe, in: Festschrift der Leipziger Juristenfakultät für Victor Ehrenberg, Leipzig 1927, S. 1–39. (zitiert: *Jacobi*, FS Ehrenberg)

Jahnke, Jürgen: Haftungs- und Verschuldensbeschränkungen bei der Abwicklung von Haftpflichtfällen, VersR 1996, 294–305.

Jaičkov, K.K.: Objazatel'stva iz pričinenija vreda [Schadensersatzverpflichtungen], Moskau 1939. (zitiert: *Jaičkov*, Schadensersatzverpflichtungen)

Jakobs, Horst Heinrich/Schubert, Werner (Hrsg.): Die Beratung des Bürgerlichen Gesetzbuchs in systematischer Zusammenstellung der unveröffentlichten Quellen: Recht der Schuldverhältnisse III (§§ 652 bis 853), Berlin, New York 1983. (zitiert: Jakobs/Schubert/*Bearbeiter*, Die Beratung des BGB, §, (S.))

Jarošenko, K.B.: Otvetstvennost' socialističeskich organizacij za vred, pričinënnyj ich rabotnikami [Haftung der sozialistischen Organisationen für den von ihren Arbeitnehmern zugefügten Schaden], Diss. Moskau 1969. (zitiert: *Jarošenko*, Haftung)

Jauernig, Othmar: Bürgerliches Gesetzbuch, Kommentar, 17. Auflage, München 2018. (zitiert: Jauernig/*Bearbeiter*, §, Rn.)

Jhering, Rudolph von: Das Schuldmoment im römischen Privatrecht, Giessen 1867. (zitiert: *Jhering*, Das Schuldmoment)

Judel'son, K.S.: Osnovnye problemy prava regressa v sovetskom graždanskom prave [Hauptprobleme des Regresses im sowjetischen Zivilrecht], in: *Goljakov, I.T. (Hrsg.)*, Učenye trudy VIJUN [Wissenschaftliche Schriften des Allunionsinstituts der Rechtswissenschaften], Heft IX, Moskau 1947, S. 178–238. (zitiert: *Judel'son*, Wissenschaftliche Schriften)

ders.: Problema dokazyvanija v sovetskom graždanskom processe [Das Problem der Beweisführung im sowjetischen Zivilprozess], Moskau 1951. (zitiert: *Judel'son*, Beweisführung)

Kaminskaja, P.D.: Osnovanija otvetstvennosti po dogovornym objazatel'stvam [Haftungsgrundlagen bei den vertraglichen Schuldverhältnissen], in: *Novickij, I.B. (Hrsg.)*, Voprosy graždanskogo prava [Fragen des Zivilrechts], Moskau 1957, S. 56–144. (zitiert: *Kaminskaja*, Fragen des Zivilrechts)

Karinskij, S.S.: K voprosu o material'noj otvetstvennosti rabočich i služaščich za uščerb, pričinënnyj imi tret'im licam v svjazi s vypolneniem trudovych objazannostej [Zur Frage über materielle Haftung der Arbeitnehmer und Dienstpersonen für den Schaden, der von ihnen im Zusammenhang mit der Erfüllung der Arbeitspflichten Dritten zugefügt wurde], SGiP 1951, Nr. 9, S. 70–73.

Karpovič, V.D. (Hrsg.): Kommentarij časti vtoroj Graždanskogo kodeksa Rossijskoj Federacii dlja predprinimatelej [Kommentar des zweiten Teils des Zivilgesetzbuches der Russischen Föderation für Unternehmer], Moskau 1996. (zitiert: Karpovič/*Bearbeiter*, Kommentar)

Kaser, Max: Das römische Privatrecht, erster Abschnitt: das altrömische, das vorklassische und klassische Recht, 2. Auflage, München 1971. (zitiert: *Kaser*, Das römische Privatrecht I, § (S.))

Katzenmeier, Christian: Anmerkung zu BGH, Urteil v. 7.11.2006 – VI ZR 206/05, JZ 2007, 642–644.

ders.: Arzthaftung, Tübingen 2002. (zitiert: *Katzenmeier*, Arzthaftung)

ders.: Grundlagen und Entwicklungen des Organisationsverschuldens, ZaeFQ 101 (2007), 531–535.

Kauffmann, Walter: Die Gehilfenhaftung im französischen Deliktsrecht: Entwicklungen und Erfahrungen im Hinblick auf das deutsche Recht und dessen Referentenentwurf von 1967 zu § 831 BGB, Diss. Mainz 1973. (zitiert: *Kauffmann*, Die Gehilfenhaftung)

Kern, Bernd-Rüdiger: Organisationsverschulden – Ausdruck institutioneller Sorgfaltspflichtverletzungen, MedR 2000, 347–351.

Kischel, Uwe: Vorsicht, Rechtsvergleichung!, ZVglRWiss 104 (2005), 10–30.

Kleindiek, Detlef: Deliktshaftung und juristische Person: zugleich zur Eigenhaftung von Unternehmensleitern, Tübingen 1997. (zitiert: *Kleindiek*, Deliktshaftung)

Koenen, Martin: Die Zurechnung von Organverhalten bei juristischen Personen. Insbesondere zur Haftung der abordnenden Körperschaft gemäß §§ 116, 93 AktG i.V.m. § 31 BGB und zur Systematik der §§ 117, 317 AktG, Diss. Köln 1991. (zitiert: *Koenen*, Die Zurechnung von Organverhalten)

König, Carsten: Deliktshaftung von Konzernmuttergesellschaften, AcP 217 (2017), 611–686.

Koršunova, N.P.: Aktual'nye problemy deliktnoj otvetstvennosti juridičeskogo lica za vred, pričinënnyj ego rabotnikom: sravnitel'nyj analiz rossijskogo i nemeckogo pravovogo regulirovanija [Aktuelle Probleme der deliktischen Haftung einer juristischen Person für den von ihrem Arbeitnehmer zugefügten Schaden: vergleichende Analyse des russischen und deutschen Rechts], in: Tradicii i novacii v sisteme sovremennogo rossijskogo prava [Traditionen und Neuerungen im System des modernen russischen Rechts]: Sammelband der Thesen der internationalen zwischenhochschulischen wissenschaftlich-praktischen Konferenz von jungen Wissenschaftlern, Moskau 2009, S. 193–195. (zitiert: *Koršunova*, Traditionen und Neuerungen 2009)

dies.: Osobennosti osvoboždenija dolžnika ot dogovornoj otvetstvennosti za dejstvija tret'ich lic pri vozloženii na nich ispolnenija dogovornogo objazatel'stva i za dejstvija ego rabotnikov [Besonderheiten der Befreiung des Schuldners von der vertraglichen Haftung für Handlungen dritter Personen bei der Übertragung ihnen der Erfüllung der Vertragsverpflichtung und für Handlungen seiner Arbeitnehmer], Gosudarstvo i pravo: aktual'nye voprosy istorii i sovremennosti: marijskij juridičeskij vestnik [Staat und Recht: aktuelle Fragen der Geschichte und der Gegenwart: marischer juristischer Anzeiger] 2007, Nr. 5, S. 187–194.

dies.: Otdel'nye aspekty deliktnoj otvetstvennosti juridičeskogo lica ili graždanina za vred, pričinënnyj ego rabotnikom: sravnitel'nyj analiz rossijskogo i nemeckogo pravovogo regulirovanija [Einzelne Aspekte der deliktischen Haftung einer juristischen Person oder eines Bürgers für den von ihrem (seinem) Arbeitnehmer zugefügten Schaden: vergleichende Analyse des russischen und deutschen Rechts], in: Tradicii i novacii v sisteme sovremennogo rossijskogo prava [Traditionen und Neuerungen im System des modernen russischen Rechts]: Sammelband der Thesen der internationalen zwischenhochschulischen wissenschaftlich-praktischen Konferenz von jungen Wissenschaftlern, Moskau 2010, S. 207–209. (zitiert: *Koršunova*, Traditionen und Neuerungen 2010)

dies.: Uslovija deliktnoj otvetstvennosti juridičeskogo lica ili graždanina za vred, pričinënnyj ego rabotnikom: sravnitel´nyj analiz rossijskogo i nemeckogo prava [Voraussetzungen der deliktischen Haftung einer juristischen Person oder eines Bürgers für den von ihrem (seinem) Arbeitnehmer zugefügten Schaden: vergleichende Analyse des russischen und deutschen Rechts], in: Tradicii i novacii v sisteme sovremennogo rossijskogo prava [Traditionen und Neuerungen im System des modernen russischen Rechts]: Sammelband der Thesen der internationalen zwischenhochschulischen wissenschaftlich-praktischen Konferenz von Studenten und Doktoranden, Moskau 2008, S. 172–173. (zitiert: *Koršunova*, Traditionen und Neuerungen 2008)

Kötz, Hein/Wagner, Gerhard: Deliktsrecht, 13. Auflage, München 2016. (zitiert: *Kötz/Wagner*, Deliktsrecht, Rn.)

Kozlova, N.V.: Pravosub''ektnost' juridičeskogo lica [Die Rechtssubjektivität der juristischen Person], Moskau 2005. (zitiert: *Kozlova*, Die Rechtssubjektivität der juristischen Person)

Krasavčikov, O.A.: Vozmeščenie vreda, pričinënnogo istočnikom povyšennoj opasnosti [Ersatz des Schadens, der durch eine Quelle erhöhter Gefahr zugefügt wurde], Moskau 1966. (zitiert: *Krasavčikov*, Ersatz des Schadens)

Kraševinnikov, P.V. (Hrsg.): Objazatel'stva vsledstvie pričinenija vreda: Postatejnyj kommentarij glavy 59 Graždanskogo kodeksa Rossijskoj Federacii [Schadensersatzverpflichtungen: Kommentar nach Artikeln zum Kapitel 59 des Zivilgesetzbuchs der Russischen Föderation], Moskau 2009. (zitiert: Kraševinnikov/*Bearbeiter*, Kommentar, Anm. zu Art.)

Kronstein, Heinrich: Die abhängige juristische Person, München, Berlin, Leipzig 1931. (zitiert: *Kronstein*, Die abhängige juristische Person)

Krüger, Wilfried: Organisation der Unternehmung, 3. Auflage, Stuttgart, Berlin, Köln 1994. (zitiert: *Krüger*, Organisation der Unternehmung)

Kupisch, Berthold: Die Haftung für Verrichtungsgehilfen (§ 831 BGB), JuS 1984, 250–256.

Kurennoj, A.M./Mavrin, S.P./Safonov V.A./Chochlov, E.B. (Hrsg.): Kommentarij k Trudovomu kodeksu Rossijskoj Federacii [Kommentar zum Arbeitsgesetzbuch der Russischen Föderation], 3. Auflage, Moskau 2015. (zitiert: Kurennoj/Mavrin/Safonov/Chochlov/*Bearbeiter*, Kommentar zum ArbGB RF, Anm. zu Art.)

Kuznecova, O.A.: Prezumpcii v graždanskom prave [Präsumtionen im Zivilrecht], 2. Auflage, Sankt Petersburg 2004. (zitiert: *Kuznecova*, Präsumtionen im Zivilrecht)

Landwehr, Götz: Die Haftung der juristischen Person für körperschaftliche Organisationsmängel, AcP 164 (1964), 482–516.

Langenmeijer, G.E.: Diskussionsbeitrag, Karlsruher Forum 1962, 28.

Langheid, Theo: Helfen und Haften, in: Festschrift für Hans-Jochem Lüer zum 70. Geburtstag, München 2008, S. 103–113. (zitiert: *Langheid*, FS Lüer)

Langheid, Theo/Wandt, Manfred (Hrsg.): Münchener Kommentar zum Versicherungsvertragsgesetz, Band 2: §§ 100–216 VVG, 2. Auflage, München 2017. (zitiert: Langheid/Wandt/*Bearbeiter*, §, Rn.)

Langheid, Theo/Rixecker, Roland/Gal, Jens/Muschner, Jens: Versicherungsvertragsgesetz mit Einführungsgesetz und VVG-Informationspflichtenverordnung: Kommentar, 5. Auflage, München 2016. (zitiert: Langheid/Rixecker/*Bearbeiter*, §, Rn.)

Larenz, Karl/Canaris, Claus-Wilhelm: Lehrbuch des Schuldrechts, Band 2: Besonderer Teil, 2. Halbband, 13. Auflage, München 1994. (zitiert: *Larenz/Canaris*, Schuldrecht II/2, §)

dies.: Methodenlehre der Rechtswissenschaft, 3. Auflage, Berlin u.a. 1995. (zitiert: *Larenz/Canaris*, Methodenlehre)

Lemhöfer, Bernt: Viel Licht, mancher Schatten. Zum Referentenentwurf eines Gesetzes zur Änderung und Ergänzung schadensersatzrechtlicher Vorschriften, VersR 1967, 1126–1136.

Leonhard, Rudolf: Gutachten über die Frage: Wie weit hat der Arbeitgeber für das Verschulden seiner Arbeiter zu haften? (code civ. art. 1384), in: Verhandlungen des 17. Deutschen Juristentages, Band 1, Berlin 1884, S. 337–394. (zitiert: *Leonhard*, 17. DJT, Band 1)

Leser, Hans G.: Zu den Instrumenten des Rechtsgüterschutzes im Delikts- und Gefährdungshaftungsrecht, AcP 183 (1983), 568–602.

Leßmann, Herbert: Haftung für schädigendes Drittverhalten, JA 1980, 193–200.

Li, Čževu: Unikal'nost' principa viny v rossijskom deliktnom prave [Einzigartigkeit des Verschuldensprinzips im russischen Deliktsrecht], Vestnik Sankt-Peterburgskogo universiteta [Anzeiger der Sankt Petersburger Universität] 2012, Serie 14, Vypusk [Heft] 4, S. 32–41.

Lippert, Hans-Dieter: Das Organisationsverschulden in Hochschulklinika – zivilrechtliche Aspekte, NJW 1984, 2606–2611.

Littbarski, Sigurd: Interdependenz zwischen Gefälligkeit, Haftung und Haftpflichtversicherung?, VersR 2004, 950–958.

Löning, George A.: Die Haftung für Verrichtungsgehilfen im künftigen Recht der unerlaubten Handlungen, in: *Nipperdey, Hans Carl (Hrsg.)*, Grundfragen der Reform des Schadenersatzrechts: 1. Arbeitsbericht des Ausschusses für Personen-, Vereins- und Schuldrecht der Akademie für Deutsches Recht, Unterausschuß für Schadenersatzrecht, München, Berlin 1940, S. 50–63. (zitiert: *Löning*, Grundfragen der Reform)

Lübbe, Horst: Beiträge zur Auslegung des § 831 BGB, Göttingen 1931. (zitiert: *Lübbe*, Beiträge zur Auslegung)

Magnus, Ulrich: Vergleich der Vorschläge zum Europäischen Deliktsrecht, ZEuP 2004, 562–580.

Majdanik, L.A./Sergeeva, N.Ju.: Material'naja otvetstvennost' za povreždenie zdorov'ja [Materielle Haftung für Gesundheitsschädigung], Moskau 1968. (zitiert: *Majdanik/Sergeeva*, Materielle Haftung)

Majorova, T.: DTP proizošlo na služebnom avtomobile [Verkehrsunfall hat sich mit dem Dienstwagen ereignet], Biznes-advokat [Wirtschaftsanwalt] 2004, Nr. 3, S. 5.

Makovskij, A.L.: Code Civil Francii i kodifikacija graždanskogo prava v Rossii (svjazi v prošlom, problemy vlijanija i soveršenstvovanija) [Code Civil Frankreichs und Kodifizierung des Zivilrechts in Russland (Verbindungen in der Vergangenheit, Probleme des Einflusses und der Vervollkommnung)], VVAS RF 2005, Nr. 2, S. 137–148.

Malein, N.S.: Imuščestvennaja otvetstvennost' v chozjajstvennych otnošenijach [Materielle Haftung in Wirtschaftsbeziehungen], Moskau 1968. (zitiert: *Malein*, Materielle Haftung)

ders.: Pravonarušenie: Ponjatie, pričiny, otvetstvennost' [Die Rechtsverletzung: Begriff, Ursachen, Haftung], Moskau 1985. (zitiert: *Malein*, Die Rechtsverletzung)

Marmulenko, V.V.: Problemy primenenija prezumpcii viny pričinitelja vreda v sudebnoj praktike [Probleme der Anwendung der Präsumtion des Verschuldens des Schädigers in der Rechtsprechung], in: Pravo i sovremennost'. Problemy i puti rešenija: materialy konferencii molodych učënych, aspirantov i studentov [Recht und Gegenwart. Probleme und Lösungswege: Materialien der Konferenz der jungen Wissenschaftler, Doktoranden und Studenten] (Wladiwostok, 18. April 2006), Wladiwostok 2006, S. 242–245. (zitiert: *Marmulenko*, Recht und Gegenwart)

Martinek, Michael: Repräsentantenhaftung. Die Organhaftung nach § 31 BGB als allgemeines Prinzip der Haftung von Personenverbänden für ihre Repräsentanten – Ein Beitrag zum System der Verschuldenszurechnung, Berlin 1979. (zitiert: *Martinek*, Repräsentantenhaftung)

Matusche-Beckmann, Annemarie: Das Organisationsverschulden, Tübingen 2001. (zitiert: *Matusche-Beckmann*, Das Organisationsverschulden)

Matveev, G.K.: Ob osnovanijach dogovornoj otvetstvennosti chozorganov [Über die Gründe der Vertragshaftung der Wirtschaftsorgane], SGiP 1988, Nr. 8, S. 36–44.

ders.: Osnovanija graždanskopravovoj otvetstvennosti [Die Gründe der zivilrechtlichen Haftung], Moskau 1970. (zitiert: *Matveev*, Die Gründe der zivilrechtlichen Haftung)

ders.: Vina v sovetskom graždanskom prave [Das Verschulden im sowjetischen Zivilrecht], Kiew 1955. (zitiert: *Matveev*, Das Verschulden)

Mayer, Otto: Gutachten über die Frage: Wie weit hat der Arbeitgeber für das Verschulden seiner Arbeiter zu haften? (Code civ. Art. 1384), in: Verhandlungen des 17. Deutschen Juristentages, Band 1, Berlin 1884, S. 125–136. (zitiert: *Mayer*, 17. DJT, Band 1)

Medicus, Dieter: Zum Anwendungsbereich der Übernehmerhaftung nach § 831 Abs. 2 BGB, in: Festschrift für Erwin Deutsch, Köln u.a. 1999, S. 291–304. (zitiert: *Medicus*, FS Deutsch)

Medicus, Dieter/Lorenz, Stephan: Schuldrecht I, Allgemeiner Teil, 21. Auflage, München 2015. (zitiert: *Medicus/Lorenz*, Schuldrecht I, Rn.)

Medicus, Dieter/Lorenz, Stephan: Schuldrecht II, Besonderer Teil, 18. Auflage, München 2018. (zitiert: *Medicus/Lorenz*, Schuldrecht II, §, Rn.)

Medvedev, M.: Otvetstvennost' chozjajstvennych tovariščestv i proizvodstvennych kooperativov za vred, pričinënnyj ich učrediteljami (členami) [Haftung der Wirtschaftspersonengesellschaften und Produktionsgenossenschaften für den von ihren Gründern (Mitgliedern) zugefügten Schaden], Rossijskaja justicija [Russische Justiz] 2002, Nr. 8, S. 20–21.

Meise, Agnes: Zivilrechtliche Probleme der Organgesellschaft, Berlin 1935. (zitiert: *Meise*, Organgesellschaft)

Mertens, Hans-Joachim: Deliktsrecht und Sonderprivatrecht – Zur Rechtsfortbildung des deliktischen Schutzes von Vermögensinteressen, AcP 178 (1978), 227–262.

ders.: Der Referentenentwurf zur Änderung des Schadensersatzrechts, FamRZ 1968, 130–136.

Meyer, Justus: Haftungsbeschränkung im Recht der Handelsgesellschaften, Berlin u.a. 2000. (zitiert: *Meyer*, Haftungsbeschränkung)

Meyer, Th.: Kritische Streifzüge in das Gebiet der unerlaubten Handlungen, Das Recht 1924, 277–281.

Militareva, Ju.E.: Dogovornaja otvetstvennost' socialističeskich organizacij [Vertragliche Haftung der sozialistischen Organisationen], in: *Genkin, D.M. (Hrsg.)*, Voprosy sovetskogo graždanskogo prava: sbornik statej [Fragen des sowjetischen Zivilrechts: Beitragssammlung], Moskau 1955, S. 5–41. (zitiert: *Militareva*, Beitragssammlung)

Milochova, A.V.: Graždansko-pravovaja otvetstvennost' vsledstvie pričinenija vreda [Zivilrechtliche Haftung für Schadenszufügung], Diss. Moskau 2004. (zitiert: *Milochova*, Zivilrechtliche Haftung für Schadenszufügung)

Mitglieder des Bundesgerichtshofes (Hrsg.): Das Bürgerliche Gesetzbuch: mit besonderer Berücksichtigung der Rechtsprechung des Reichsgerichts und des Bundesgerichtshofes; Kommentar, Band I (§§ 1–240), 12. Auflage, Berlin, New York 1982. (zitiert: RGRK/*Bearbeiter*, §, Rn.)

Mitglieder des Bundesgerichtshofes (Hrsg.): Das Bürgerliche Gesetzbuch: mit besonderer Berücksichtigung der Rechtsprechung des Reichsgerichts und des Bundesgerichtshofes; Kommentar, Band II, Teil 5 (§§ 812–831), 12. Auflage, Berlin, New York 1989. (zitiert: RGRK/*Bearbeiter*, §, Rn.)

Moskalev, A.V.: Otvetstvennost' chozjaev i „veritelej" za dejstvija slug i poverennych [Haftung von Herren und „Vollmachtgebern" für Handlungen der Diener und Bevollmächtigten], Žurnal ministerstva justicii [Zeitschrift des Justizministeriums] 1912, Nr. 4, S. 1–25.

Motsch, Richard: Schadensverhütung, Schadensersatz und ungerechtfertigte Bereicherung in den beiden deutschen Staaten, in: *Zieger, Gottfried/Westen, Klaus (Hrsg.)*, Das Zivilrecht in beiden deutschen Staaten: Unterschiede, Parallelentwicklung, Vergleich, Köln u.a. 1990, S. 143–169. (zitiert: *Motsch*, Das Zivilrecht in beiden deutschen Staaten)

Mozolin, V.P. (Hrsg.): Graždanskoe pravo: učebnik: v 3 t. T. 1 [Zivilrecht: Lehrbuch: in 3 Bänden. Band 1], 2. Auflage, Moskau 2016. (zitiert: Mozolin/*Bearbeiter*, Zivilrecht I)

Mozolin, V.P. (Hrsg.): Graždanskoe pravo: učebnik: v 3 t. T. 2 [Zivilrecht: Lehrbuch: in 3 Bänden. Band 2], 2. Auflage, Moskau 2016. (zitiert: Mozolin/*Bearbeiter*, Zivilrecht II)

Mozolin, V.P. (Hrsg.): Graždanskoe pravo. Čast' vtoraja: Učebnik [Zivilrecht. Zweiter Teil: Lehrbuch], 1. Auflage, Moskau 2004. (zitiert: Mozolin/*Bearbeiter*, Zivilrecht II, 1. Auflage (2004))

Mozolin, V.P./Maleina, M.N. (Hrsg.): Kommentarij k Graždanskomu kodeksu Rossijskoj Federacii, časti pervoj [Kommentar zum Zivilgesetzbuch der Russischen Föderation, des ersten Teils], Moskau 2006. (zitiert: Mozolin/Maleina/*Bearbeiter*, Teil 1, Anm. zu Art.)

Mugdan, Benno (Hrsg.): Die gesamten Materialien zum Bürgerlichen Gesetzbuch für das Deutsche Reich, Band I, Einführungsgesetz und Allgemeiner Teil, Berlin 1899. (zitiert: *Mugdan* I, S.)

Mugdan, Benno (Hrsg.): Die gesamten Materialien zum Bürgerlichen Gesetzbuch für das Deutsche Reich, Band II, Recht der Schuldverhältnisse, Berlin 1899. (zitiert: *Mugdan* II, S.)

Münchener Kommentar: Münchener Kommentar zum Bürgerlichen Gesetzbuch, Band 1: Allgemeiner Teil (§§ 1–240, AllgPersönlR, ProstG, AGG), 8. Auflage, München 2018. (zitiert: MüKo/*Bearbeiter*, §, Rn.)

Münchener Kommentar: Münchener Kommentar zum Bürgerlichen Gesetzbuch, Band 2: Schuldrecht – Allgemeiner Teil (§§ 241–432), 7. Auflage, München 2016. (zitiert: MüKo/*Bearbeiter*, §, Rn.)

Münchener Kommentar: Münchener Kommentar zum Bürgerlichen Gesetzbuch, Band 4: Schuldrecht – Besonderer Teil II, 7. Auflage, München 2016. (zitiert: MüKo/*Bearbeiter*, §, Rn.)

Münchener Kommentar: Münchener Kommentar zum Bürgerlichen Gesetzbuch, Band 6: Schuldrecht – Besonderer Teil IV (§§ 705–853,

Partnerschaftsgesellschaftsgesetz, Produkthaftungsgesetz), 7. Auflage, München 2017. (zitiert: MüKo/*Bearbeiter*, §, Rn.)

Münchener Kommentar: Münchener Kommentar zum Bürgerlichen Gesetzbuch, Band 5: Schuldrecht - Besonderer Teil III (§§ 705–853, Partnerschaftsgesellschaftsgesetz, Produkthaftungsgesetz), 3. Auflage, München 1997. (zitiert: MüKo/*Bearbeiter*, 3. Auflage (1997), §, Rn.)

Murav'eva, E.V.: Graždansko-pravovaja otvetstvennost' v sfere medicinskoj dejatel'nosti [Zivilrechtliche Haftung im Bereich der medizinischen Tätigkeit], Diss. Rostow am Don 2004. (zitiert: *Murav'eva*, Zivilrechtliche Haftung)

Musielak, Hans-Joachim/Voit, Wolfgang (Hrsg.): Zivilprozessordnung mit Gerichtsverfassungsgesetz, 15. Auflage, München 2018. (zitiert: Musielak/Voit/*Bearbeiter*, §, Rn.)

Neumann-Duesberg, Horst: Die verlegerischen Gefahrenabwendungspflichten. Insbesondere die betriebliche und körperschaftliche Organisationspflicht, NJW 1966, 624–630.

ders.: Kritik der Rechtskonstruktion einer „körperschaftlichen Organisationspflicht", NJW 1966, 715–717.

Niethammer, Günther: Entwicklung der Haftung für Gehilfenhandeln unter besonderer Berücksichtigung der dogmengeschichtlichen Grundlagen der deliktischen Gehilfenhaftung in der neueren Privatrechtsgeschichte, Diss. München 1973. (zitiert: *Niethammer*, Entwicklung der Haftung)

Nipperdey, Hans Carl: Entwurf einer deutschen Schadensordnung, in: *Nipperdey, Hans Carl (Hrsg.)*, Grundfragen der Reform des Schadenersatzrechts: 1. Arbeitsbericht des Ausschusses für Personen-, Vereins- und Schuldrecht der Akademie für Deutsches Recht, Unterausschuß für Schadenersatzrecht, München, Berlin 1940, S. 90–92. (zitiert: *Nipperdey*, Grundfragen der Reform)

Nitschke, Manfred: Die Anwendbarkeit des im § 31 BGB enthaltenen Rechtsgedankens auf alle Unternehmensträger. Zugleich ein Beitrag zur Reform des § 831 BGB, NJW 1969, 1737–1742.

Novickij, I.B./Lunc, L.A.: Obščee učenie ob objazatel'stve [Die allgemeine Lehre über das Schuldverhältnis], Moskau 1950. (zitiert: *Novickij/Lunc*, Die allgemeine Lehre)

Nußberger, Angelika: Die Frage nach dem *tertium comparationis*. Zu den Schwierigkeiten einer rechtsvergleichenden Analyse des russischen Rechts, ROW 1998, 81–88.

Ojgenzicht, V.A.: Juridičeskoe lico i trudovoj kollektiv: Suščnost'. Povedenie. Otvetstvennost' [Juristische Person und Arbeitskollektiv: Wesen.

Verhalten. Haftung], Duschanbe 1988. (zitiert: *Ojgenzicht*, Juristische Person und Arbeitskollektiv)

Orlovskij, Ju.P. (Hrsg.): Kommentarij k Trudovomu kodeksu Rossijskoj Federacii (kratkij, postatejnyj) [Kommentar zum Arbeitsgesetzbuch der Russischen Föderation (Kurzkommentar, nach Artikeln)], 3. Auflage, Moskau 2017. (zitiert: Orlovskij/*Bearbeiter*, Kommentar zum ArbGB RF, Anm. zu Art.)

Osipova, N.V.: Nekotorye voprosy, voznikajuščie pri rassmotrenii del o vozmeščenii pričinënnogo vreda [Einige Fragen, die bei Verhandlung der Schadensersatzfälle entstehen], VVAS RF 2004, Nr. 9, S. 143–149.

Osteuropa-Institut der Freien Universität Berlin und Deutsche Stiftung für internationale rechtliche Zusammenarbeit e.V. Bonn (Hrsg.): Zivilgesetzbuch der Russischen Föderation (Zweiter Teil) von 1995, Berlin 2000. (zitiert: Osteuropa-Institut der Freien Universität Berlin/*Bearbeiter*, ZGB RF II)

Ostheim, Rolf: Organisation, Organschaft und Machthaberschaft im Deliktsrecht juristischer Personen, in: *Faistenberger, Christoph/Mayrhofer, Heinrich (Hrsg.)*, Privatrechtliche Beiträge, Gedenkschrift Franz Gschnitzer, Aalen 1969, S. 317–336. (zitiert: *Ostheim*, Gedenkschrift Gschnitzer)

Ostwald, Walther: Der Erfüllungsdiener. Eine Studie, vornehmlich zu den §§ 278, 831 BGB mit Ausblicken auf das soziale Arbeitsrecht, Berlin, Leipzig 1920. (zitiert: *Ostwald*, Der Erfüllungsdiener)

Otnjukova, G.D.: Otvetstvennost' rukovoditelja chozjajstvennogo obščestva za narušenija v sfere predprinimatel'skoj dejatel'nosti [Haftung des Leiters einer Wirtschaftsgesellschaft für Verletzungen im Bereich der unternehmerischen Tätigkeit], Civilist [Zivilrechtswissenschaftler] 2005, Nr. 1, S. 50–56.

Palandt, Otto: Bürgerliches Gesetzbuch, 78. Auflage, München 2019. (zitiert: Palandt/*Bearbeiter*, §, Rn.)

Palandt, Otto: Bürgerliches Gesetzbuch, 68. Auflage, München 2009. (zitiert: Palandt/*Bearbeiter*, 68. Auflage (2009), §, Rn.)

Pallmann, Hans-Dietrich: Rechtsfolgen aus Gefälligkeitsverhältnissen, Diss. Regensburg 1971. (zitiert: *Pallmann*, Rechtsfolgen aus Gefälligkeitsverhältnissen)

Panin, S.A. (Hrsg.): Kommentarij k Trudovomu kodeksu Rossijskoj Federacii [Kommentar zum Arbeitsgesetzbuch der Russischen Föderation], Moskau 2002. (zitiert: Panin/*Bearbeiter*, Kommentar zum ArbGB RF, Anm. zu Art.)

Petrov, I.N.: Otvetstvennost' chozorganov za narušenija objazatel'stv [Haftung der Wirtschaftsorgane für Verpflichtungsverletzungen], Moskau 1974. (zitiert: *Petrov*, Haftung der Wirtschaftsorgane)

Pirvic, Ė.Ė.: Značenie viny, slučaja i nepreodolimoj sily v graždanskom prave [Bedeutung des Verschuldens, des Zufalls und der höheren Gewalt im

Zivilrecht], Sankt Petersburg 1895. (zitiert: *Pirvic*, Bedeutung des Verschuldens)

Pleyer, Klemens: Die Einstandspflicht des Unternehmers für seine Mitarbeiter im Rahmen des § 1004 BGB, AcP 161 (1962), 500–515.

Poelzig, Dörte: Die Haftung des Herstellers und des Vertriebsunternehmens im deutsch-russischen Wirtschafts- und Handelsverkehr, Baden-Baden 2005. (zitiert: *Poelzig*, Die Haftung des Herstellers)

Poljakov, I.N.: Otvetstvennost' po objazatel'stvam vsledstvie pričinenija vreda [Haftung in den Schuldverhältnissen infolge einer Schadenszufügung], Moskau 1998. (zitiert: *Poljakov*, Haftung)

Popel'skij, V.: Otvetstvennost' organizacii za vred, pričinënnyj po vine eë rabotnikov [Haftung einer Organisation für den durch Verschulden ihrer Arbeitnehmer zugefügten Schaden], Sovetskaja justicija [Sowjetische Justiz] 1965, Nr. 6, S. 19–21.

Prazdnov, A.N.: Normativnye osnovanija graždansko-pravovoj otvetstvennosti voennych organizacij za vred, pričinënnyj voennoslužaščimi pri ispolnenii služebnych objazannostej [Normative Gründe der zivilrechtlichen Haftung der militärischen Organisationen für den Schaden, der durch Militärangehörige bei der Erfüllung der Dienstpflichten zugefügt wurde], Voenno-juridičeskij žurnal [Militärisch-juristische Zeitschrift] 2006, Nr. 9, S. 17–20.

Prölss, Erich R./Martin, Anton: Versicherungsvertragsgesetz, 30. Auflage, München 2018. (zitiert: Prölss/Martin/*Bearbeiter*, §, Rn.)

Prölss, Jürgen: Beweiserleichterungen im Schadensersatzprozess, Karlsruhe 1966. (zitiert: *Prölss*, Beweiserleichterungen)

Prütting, Hanns: Gegenwartsprobleme der Beweislast: eine Untersuchung moderner Beweislasttheorien und ihrer Anwendung insbesondere im Arbeitsrecht, München 1983. (zitiert: *Prütting*, Beweislast)

Prütting, Hanns/Gehrlein, Markus (Hrsg.): Zivilprozessordnung: Kommentar, 10. Auflage, Köln 2018. (zitiert: PG/*Bearbeiter*, §, Rn.)

Prütting, Hanns/Wegen, Gerhard/Weinreich, Gerd (Hrsg.): Bürgerliches Gesetzbuch: Kommentar, 13. Auflage, Köln 2018. (zitiert: PWW/*Bearbeiter*, §, Rn.)

Puchta, Georg Friedrich: Pandekten, 12. Auflage, Leipzig 1877. (zitiert: *Puchta*, Pandekten, §, S.)

Puginskij, B.I.: Otvetstvennost' chozjajstvennych organizacij i ich rukovoditelej [Haftung der Wirtschaftsorganisationen und ihrer Leiter], Moskau 1981. (zitiert: *Puginskij*, Haftung)

ders.: Primenenie principa viny pri regulirovanii chozjajstvennoj dejatel'nosti [Anwendung des Verschuldensprinzips bei Regulierung der wirtschaftlichen Tätigkeit], SGiP 1979, Nr. 10, S. 63–70.

Rabel, Ernst: Deutsches und amerikanisches Recht, RabelsZ 16 (1951), 340–359.

Rabinovič, F.L.: Vina kak osnovanie dogovornoj otvetstvennosti predprijatija [Das Verschulden als Grund der vertraglichen Haftung des Betriebs], Moskau 1975. (zitiert: *Rabinovič*, Das Verschulden)

Rachmilovič, V.A.: K voprosu o soderžanii i značenii graždanskoj viny [Zur Frage über den Inhalt und die Bedeutung des zivilrechtlichen Verschuldens], in: *Rjasencev, V.A. (Hrsg.)*, Učënye zapiski VJUZI [Wissenschaftliche Beiträge des juristischen Allunionsferninstituts], Heft 5: Voprosy graždanskogo prava [Fragen des Zivilrechts], Moskau 1958, S. 117–138. (zitiert: *Rachmilovič*, Wissenschaftliche Beiträge des AFI)

Raiser, L.: Diskussionsbeitrag, Karlsruher Forum 1962, 26.

Rajcher, V.K.: Pravovye voprosy dogovornoj discipliny v SSSR [Die rechtlichen Fragen der Vertragsdisziplin in der UdSSR], Leningrad 1958. (zitiert: *Rajcher*, Die rechtlichen Fragen)

Rasch, Harold: Deutsches Konzernrecht, 5. Auflage, Köln u.a. 1974. (zitiert: *Rasch*, Deutsches Konzernrecht)

Rehbinder, Eckard: Konzernaußenrecht und allgemeines Privatrecht. Eine rechtsvergleichende Untersuchung nach deutschem und amerikanischem Recht, Bad Homburg, Berlin, Zürich 1969. (zitiert: *Rehbinder*, Konzernaußenrecht)

Reinhardt, R.: Diskussionsbeitrag, Karlsruher Forum 1962, 26–27.

Renner, Cornelius: Die deliktische Haftung für Hilfspersonen in Europa, Berlin 2002. (zitiert: *Renner*, Die deliktische Haftung)

Rjasencev, V.A. (Hrsg.): Sovetskoe graždanskoe pravo: Učebnik. V 2-ch častjach. Č. I [Sowjetisches Zivilrecht: Lehrbuch. In 2 Teilen. Teil I], 3. Auflage, Moskau 1986. (zitiert: Rjasencev/*Bearbeiter*, Sowjetisches Zivilrecht I)

Rosenberg, Leo/Schwab, Karl Heinz/Gottwald, Peter: Zivilprozessrecht, 18. Auflage, München 2018. (zitiert: *Rosenberg/Schwab/Gottwald*, §, Rn.)

Rovnyj, V.V.: Problema „konkurencii iskov" v sovremennom graždanskom prave [Das Problem der „Anspruchskonkurrenz" im modernen Zivilrecht], GiP 2003, Nr. 3, S. 96–100.

Rüffer, Wilfried/Halbach, Dirk/Schimikowski, Peter (Hrsg.): Versicherungsvertragsgesetz: Handkommentar, 3. Auflage, Baden-Baden 2015. (zitiert: HK-VVG/*Bearbeiter*, §, Rn.)

Sadikov, O.N.: Nekotorye položenija teorii sovetskogo graždanskogo prava [Einige Bestimmungen der Theorie des sowjetischen Zivilrechts], SGiP 1966, Nr. 9, S. 15–24.

ders.: Otvetstvennost' za dejstvija tret'ich lic v graždanskom prave [Die Haftung für Handlungen von Dritten im Zivilrecht], SGiP 1982, Nr. 8, S. 16–24.

Sadikov, O.N. (Hrsg.): Kommentarij k Graždanskomu kodeksu Rossijskoj Federacii časti pervoj (postatejnyj) [Kommentar zum Zivilgesetzbuch der Russischen Föderation des ersten Teils (nach Artikeln)], 3. Auflage, Moskau 2008. (zitiert: Sadikov/*Bearbeiter*, Teil 1, Abs./Anm. zu Art.)

Sadikov, O.N. (Hrsg.): Kommentarij k Graždanskomu kodeksu Rossijskoj Federacii časti vtoroj (postatejnyj) [Kommentar zum Zivilgesetzbuch der Russischen Föderation des zweiten Teils (nach Artikeln)], 5. Auflage, Moskau 2008. (zitiert: Sadikov/*Bearbeiter*, Teil 2, Anm. zu Art.)

Saenger, Ingo (Hrsg.): Zivilprozessordnung, 7. Auflage, Baden-Baden 2017. (zitiert: Saenger/*Bearbeiter*, §, Rn.)

Samoščenko, I.S.: Ponjatie pravonarušenija po sovetskomu zakonodatel'stvu [Begriff der Rechtsverletzung nach sowjetischer Gesetzgebung], Moskau 1963. (zitiert: *Samoščenko*, Rechtsverletzung)

Sannikova, L.V.: Dogovor najma truda v Rossii [Der Vertrag über die Einstellung der Arbeitskräfte in Russland], Moskau 1999. (zitiert: *Sannikova*, Arbeitsvertrag)

Sarbaš, S.V.: Ispolnenie dogovornogo objazatel'stva [Erfüllung der vertraglichen Verpflichtung], Moskau 2005. (zitiert: *Sarbaš*, Erfüllung der vertraglichen Verpflichtung)

Schlechtriem, Peter: Organisationsverschulden als zentrale Zurechnungskategorie, in: Festschrift für Wolfgang Heiermann zum 60. Geburtstag, Wiesbaden, Berlin 1995, S. 281–292. (zitiert: *Schlechtriem*, FS Heiermann)

Schlierf, Herbert: Der Haftungsausschluss bei der Gefälligkeitsfahrt, Diss. München 1962. (zitiert: *Schlierf*, Haftungsausschluss)

Schmidt, Eike: Zur Dogmatik des § 278 BGB – Zugleich einige kritische Bemerkungen zur geplanten Reform des § 831 BGB, AcP 170 (1970), 502–533.

Schmitz, Frank Walter: Die deliktische Haftung für Arbeitnehmer: ein Beitrag zur deliktischen Verhaltenszurechnung, Berlin 1994. (zitiert: *Schmitz*, Haftung für Arbeitnehmer)

Schreiber, Klaus: Haftung bei Gefälligkeiten, Jura 2001, 810–814.

Schulze, Reiner (Schriftleitung) u.a.: Bürgerliches Gesetzbuch: Handkommentar, 10. Auflage, Baden-Baden 2019. (zitiert: HK-BGB/*Bearbeiter*, §, Rn.)

Seiler, Hans Hermann: Die deliktische Gehilfenhaftung in historischer Sicht, JZ 1967, 525–529.

Šepel', T.V.: Vina kak uslovie graždansko-pravovoj otvetstvennosti za pričinenie vreda [Verschulden als Voraussetzung der zivilrechtlichen Haftung für Schadenszufügung], in: *Šepel', T.V. (Hrsg.)*, Aktual'nye problemy gosudarstva i prava [Aktuelle Probleme des Staates und des Rechts], Nowokusnezk 2005, S. 9–15. (zitiert: *Šepel'*, Aktuelle Probleme)

Sergeev, A.P. (Hrsg.): Graždanskoe pravo: učebnik: v 3 t. T. 1 [Zivilrecht: Lehrbuch: in 3 Bänden. Band 1], 2. Auflage, Moskau 2018. (zitiert: Sergeev/*Bearbeiter*, Zivilrecht I)

Sergeev, A.P. (Hrsg.): Graždanskoe pravo: učebnik: v 3 t. T. 3 [Zivilrecht: Lehrbuch: in 3 Bänden. Band 3], 2. Auflage, Moskau 2018. (zitiert: Sergeev/*Bearbeiter*, Zivilrecht III)

Simitis, Spiros: Gutachten über die Frage: Soll die Haftung des Produzenten gegenüber dem Verbraucher durch Gesetz, kann sie durch richterliche Fortbildung des Rechts geordnet werden? In welchem Sinne?, in: Verhandlungen des 47. Deutschen Juristentages, Band I (Gutachten), Teil C, München 1968, C7–C98. (zitiert: *Simitis*, 47. DJT)

Sinajskij, V.I.: Russkoe graždanskoe pravo [Russisches Zivilrecht], Moskau 2002. (zitiert: *Sinajskij*, Russisches Zivilrecht)

Šiškin, S.K.: Otvetstvennost' za vred, pričinënnyj dejatel'nost'ju, sozdajuščej povyšennuju opasnost' dlja okružajuščich. Teorija i praktika [Haftung für den Schaden, der durch die für die anderen eine erhöhte Gefahr schaffende Tätigkeit zugefügt wird. Theorie und Praxis], Moskau 2007. (zitiert: *Šiškin*, Haftung)

Škatulla, V.I. (Hrsg.): Kommentarij k Trudovomu kodeksu Rossijskoj Federacii [Kommentar zum Arbeitsgesetzbuch der Russischen Föderation], 6. Auflage, Moskau 2009. (zitiert: Škatulla/*Bearbeiter*, Kommentar zum ArbGB RF, Anm. zu Art.)

Smirnov, V.T.: Graždanskaja otvetstvennost' gosudarstvennych predprijatij za pričinenie uveč'ja ili smerti rabotnikam [Zivilhaftung der staatlichen Betriebe für Verursachung der Behinderung oder des Todes der Mitarbeiter], Moskau 1957. (zitiert: *Smirnov*, Zivilhaftung der staatlichen Betriebe)

ders.: K ponjatiju regressnych objazatel'stv [Zu dem Begriff der Regressverpflichtungen], Pravovedenie [Rechtswissenschaft] 1960, Nr. 1, S. 62–72.

ders.: Objazatel'stva, voznikajuščie iz pričinenija vreda [Die Verpflichtungen aus der Schadenszufügung], Leningrad 1973. (zitiert: *Smirnov*, Die Verpflichtungen aus der Schadenszufügung)

ders.: Obosnovanie deliktnoj otvetstvennosti juridičeskich lic [Begründung der Deliktshaftung juristischer Personen], in: *Čerepachin, B.B./Ioffe, O.S./Tolstoj, Ju.K. (Hrsg.)*, Problemy graždanskogo i administrativnogo prava [Probleme des Zivil- und Verwaltungsrechts], Leningrad 1962, S. 254–274. (zitiert: *Smirnov*, Probleme des Zivil- und Verwaltungsrechts)

ders.: Regressnye iski v objazatel'stvach iz pričinenija vreda [Regressklagen bei den Verpflichtungen aus unerlaubten Handlungen], Moskau 1960. (zitiert: *Smirnov*, Regressklagen)

Smirnov, V.T./Sobčak, A.A.: Obščee učenie o deliktnych objazatel'stvach v sovetskom graždanskom prave [Die allgemeine Lehre über deliktische Schuldverhältnisse im sowjetischen Zivilrecht], Leningrad 1983. (zitiert: *Smirnov/Sobčak*, Die allgemeine Lehre)

Smirnova, M.A.: Sootnošenie dogovornoj i deliktnoj otvetstvennosti v graždanskom prave Rossijskoj Federacii [Verhältnis der vertraglichen und deliktischen Haftung zueinander im Zivilrecht der Russischen Föderation], in: *Abova, T.E. (Hrsg.)*, Juridičeskie lica. Otvetstvennost' za narušenie objazatel'stv [Juristische Personen. Haftung für Verletzung der Verpflichtungen], Moskau 2004, S. 167–177. (zitiert: *Smirnova*, Juristische Personen)

Snežanskaja, N.N.: Specifika trudovych dogovorov s rabotnikami, rabotajuščimi u rabotodatelej – fizičeskich lic [Besonderheiten der Arbeitsverträge mit den Arbeitnehmern, die bei den Arbeitgebern – natürlichen Personen arbeiten], Vestnik Omskogo juridičeskogo instituta [Anzeiger des juristischen Instituts von Omsk] 2010, Nr. 2 (13), S. 42–45.

Soergel, Hans Theodor: Bürgerliches Gesetzbuch, Band 1: Allgemeiner Teil 1 (§§ 1–103), 13. Auflage, Stuttgart u.a. 2000. (zitiert: Soergel/*Bearbeiter*, §, Rn.)

Soergel, Hans Theodor: Bürgerliches Gesetzbuch, Band 3/2: Schuldrecht 1/2 (§§ 243–304), 13. Auflage, Stuttgart 2014. (zitiert: Soergel/*Bearbeiter*, §, Rn.)

Soergel, Hans Theodor: Bürgerliches Gesetzbuch, Band 12: Schuldrecht 10 (§§ 823–853, ProdHaftG, UmweltHG), 13. Auflage, Stuttgart 2005. (zitiert: Soergel/*Bearbeiter*, §, Rn.)

Soldatenko, O.M.: Graždansko-pravovoe regulirovanie otvetstvennosti za vred, pričinënnyj istočnikom povyšennoj opasnosti [Zivilrechtliche Regulierung der Haftung für Schaden, der durch eine Quelle erhöhter Gefahr zugefügt wurde], Diss. Saratow 2002. (zitiert: *Soldatenko*, Zivilrechtliche Regulierung der Haftung)

Solotych, Stefanie: Das Zivilgesetzbuch der Russischen Föderation, Erster Teil, 2. Auflage, Baden-Baden 1997. (zitiert: *Solotych*, ZGB RF I)

Solotych, Stefanie: Das Zivilgesetzbuch der Russischen Föderation, Zweiter Teil, Baden-Baden 2001. (zitiert: *Solotych*, ZGB RF II)

Sommer, Bernd: Schuldenhaftung für abhängige juristische Personen, Diss. Freiburg i. Br. 1936. (zitiert: *Sommer*, Schuldenhaftung)

Spindler, Gerald: Unternehmensorganisationspflichten – Zivilrechtliche und öffentlich-rechtliche Regelungskonzepte, 2. Auflage, Göttingen 2011. (zitiert: *Spindler*, Unternehmensorganisationspflichten)

Stankewitz, Jens-Dieter: Aufsichtspflichten nach §§ 823 und 831 BGB, Diss. Hamburg 1968. (zitiert: *Stankewitz*, Aufsichtspflichten nach §§ 823 und 831 BGB)

Staudinger, Julius von: Kommentar zum Bürgerlichen Gesetzbuch, Erstes Buch, Allgemeiner Teil 2 (§§ 21–79), Neubearbeitung, Berlin 2005. (zitiert: Staudinger/*Bearbeiter*, §, Rn.)

Staudinger, Julius von: Kommentar zum Bürgerlichen Gesetzbuch, Zweites Buch, Recht der Schuldverhältnisse, Unerlaubte Handlungen 1, Teilband 2 (§§ 823 E-I, 824, 825), Neubearbeitung, Berlin 2009. (zitiert: Staudinger/*Bearbeiter*, §, Rn.)

Staudinger, Julius von: Kommentar zum Bürgerlichen Gesetzbuch, Zweites Buch, Recht der Schuldverhältnisse (§§ 830–838 (Haftung mehrerer Schädiger, Tierhalter-, Gebäudehaftung)), Neubearbeitung, Berlin 2018. (zitiert: Staudinger/*Bearbeiter*, §, Rn.)

Staudinger, Julius von: Kommentar zum Bürgerlichen Gesetzbuch, Zweites Buch, Recht der Schuldverhältnisse (§§ 830–838), Neubearbeitung, Berlin 2002. (zitiert: Staudinger/*Bearbeiter*, Neubearbeitung (2002), §, Rn.)

Steindorff, Ernst: Repräsentanten- und Gehilfenversagen und Qualitätsregelungen in der Industrie, AcP 170 (1970), 93–132.

Stepanov, S.A. (Hrsg.): Graždanskoe pravo: učebnik: v 2 t. Tom 1 [Zivilrecht: Lehrbuch: in 2 Bänden. Band 1], 2. Auflage, Moskau 2018. (zitiert: Stepanov/*Bearbeiter*, Zivilrecht I)

Stoll, Hans: Haftungsverlagerung durch beweisrechtliche Mittel, AcP 176 (1976), 145–196.

ders.: Zum Rechtfertigungsgrund des verkehrsrichtigen Verhaltens, JZ 1958, 137–143.

Suchanov, E.A.: Kto vozmestit pričinënnyj uščerb? [Wer ersetzt den zugefügten Schaden?], Moskau 1989. (zitiert: *Suchanov*, Wer ersetzt den zugefügten Schaden?)

Suchanov, E.A. (Hrsg.): Rossijskoe graždanskoe pravo: Učebnik: V 2 t. T. I: Obščaja čast'. Veščnoe pravo. Nasledstvennoe pravo. Intellektual'nye prava. Ličnye neimuščestvennye prava [Zivilrecht: Lehrbuch: In 2 Bänden. Band I: Allgemeiner Teil. Sachenrecht. Erbrecht. Intellektuelle Rechte. Persönliche Nichtvermögensrechte], 4. Auflage, Moskau 2016. (zitiert: Suchanov/*Bearbeiter*, Zivilrecht I)

Suchanov, E.A. (Hrsg.): Rossijskoe graždanskoe pravo: Učebnik: V 2 t. T. II: Objazatel'stvennoe pravo [Zivilrecht: Lehrbuch: In 2 Bänden. Band II: Schuldrecht], 4. Auflage, Moskau 2016. (zitiert: Suchanov/*Bearbeiter*, Zivilrecht II)

Švarc, Ch.I.: Objazatel'stva iz pričinenija vreda [Verpflichtungen aus der Schadenszufügung], Moskau 1954. (zitiert: *Švarc*, Verpflichtungen aus der Schadenszufügung) *ders.*: Značenie viny v objazatel'stvach iz pričinenija vreda [Bedeutung des Verschuldens in den Verpflichtungen aus der Schadenszufügung], Moskau 1939. (zitiert: *Švarc*, Bedeutung des Verschuldens)

Tarchov, V.A.: Otvetstvennost' po sovetskomu graždanskomu pravu [Haftung nach sowjetischem Zivilrecht], Saratow 1973. (zitiert: *Tarchov*, Haftung)

Tebrjaev, A.A.: Vnedogovornaja (deliktnaja) otvetstvennost' i mery zaščity za pričinenie vreda istočnikami povyšennoj opasnosti [Außervertragliche (deliktische) Haftung und Schutzmaßnahmen für Schadenszufügung durch Quellen erhöhter Gefahr], Diss. Sankt Petersburg 2002. (zitiert: *Tebrjaev*, Außervertragliche Haftung)

Thomas, Heinz/Putzo, Hans: Zivilprozessordnung, 39. Auflage, München 2018. (zitiert: Thomas/Putzo/*Bearbeiter*, §, Rn.)

Tjutrjumov, I.M. (Hrsg.): Graždanskoe Uloženie. Projekt Vysočajše učreždënnoj Redakcionnoj Komissii po sostavleniju Graždanskogo Uloženija. Tom 2 [Zivilgesetzbuch. Entwurf der Hoheitlich gegründeten Redaktierungskommission für das Ausarbeiten des Zivilgesetzbuches. Band 2], Sankt Petersburg 1910. (zitiert: *Tjutrjumov*, Entwurf II)

ders.: Zakony graždanskie s raz''jasnenijami Pravitel'stvujuščego Senata i kommentarijami russkich juristov. Kniga vtoraja [Zivilgesetze mit Erläuterungen des Dirigierenden Senats und Kommentaren russischer Juristen. Zweites Buch], Moskau 2004. (zitiert: *Tjutrjumov*, Zivilgesetze)

Tolstoj, V.S.: Ispolnenie objazatel'stv [Erfüllung der Verpflichtungen], Moskau 1973. (zitiert: *Tolstoj*, Erfüllung der Verpflichtungen)

Tröger, Tobias: Arbeitsteilung und Vertrag. Verantwortlichkeit für das Fehlverhalten Dritter in Vertragsbeziehungen, Tübingen 2012. (zitiert: *Tröger*, Arbeitsteilung)

Vasin, V.N./Kazancev, V.I.: Graždanskoe pravo. Obščaja čast'. Osobennaja čast'. S kommentarijami i primerami iz praktiki [Zivilrecht. Allgemeiner Teil. Besonderer Teil. Mit Kommentaren und Beispielen aus der Praxis], Moskau 2007. (zitiert: *Vasin/Kazancev*, Zivilrecht)

Venediktov, A.V.: Gosudarstvennaja socialističeskaja sobstvennost' [Staatliches sozialistisches Eigentum], Moskau, Leningrad 1948. (zitiert: *Venediktov*, Staatliches sozialistisches Eigentum)

Vollmer, Lothar: Haftungsbefreiende Übertragung von Verkehrssicherungspflichten. Ein Problem der Haftungszurechnung und -kanalisierung, JZ 1977, 371–376.

Weber, Horst Matthias: Die geplante Neuregelung des § 831 BGB und die Möglichkeiten der Erweiterung des Haftungsbereichs in § 278 BGB, Diss. Köln 1964. (zitiert: *Weber*, Neuregelung)

Weber-Häusermann, Elisabeth: Haftung für Hilfspersonen. Eine rechtsvergleichende Untersuchung zu neuen Verantwortungsformen im deutschen und schweizerischen Recht, Diss. Zürich 1984. (zitiert: *Weber-Häusermann*, Haftung für Hilfspersonen)

Weigert, Hans Werner: Die außervertragliche Haftung von Großbetrieben für Angestellte: eine rechtsvergleichende Untersuchung, Berlin 1925. (zitiert: *Weigert*, Die außervertragliche Haftung)

Weimar, Robert: Betriebliche Organisationsmängel als Haftungstatbestand, Der Versicherungsnehmer 1958, 143.

Weitnauer, H.: Gedanken zu Stand und Reform des Schadenersatzrechts, VersR 1963, 101–113.

Werner, Alfred: Anmerkung zum Urteil des Reichsgerichts vom 25.02.1930 - VI 122/29, JW 1930, 1963–1964.

Westermann, Harry: Haftung für fremdes Handeln, JuS 1961, 333–343.

Wicke, Hartmut: Respondeat Superior: Haftung für Verrichtungsgehilfen im römischen, römisch-holländischen, englischen und südafrikanischen Recht, Berlin 2000. (zitiert: *Wicke*, Respondeat Superior)

Willoweit, Dietmar: Die Rechtsprechung zum Gefälligkeitshandeln, JuS 1986, 96–107.

ders.: Schuldverhältnis und Gefälligkeit - Dogmatische Grundfragen, JuS 1984, 909–916.

Wimmer-Leonhardt, Susanne: Konzernhaftungsrecht. Die Haftung der Konzernmuttergesellschaft für die Tochtergesellschaften im deutschen und englischen Recht, Tübingen 2004. (zitiert: *Wimmer-Leonhardt*, Konzernhaftungsrecht)

Wolany, J.: Diskussionsbeitrag, Karlsruher Forum 1962, 27.

Wolff, Hans J.: Organschaft und juristische Person: Untersuchungen zur Rechtstheorie und zum öffentlichen Recht, Band 1 - Juristische Person und Staatsperson. Kritik, Theorie und Konstruktion, Aalen 1968 (berichtigter Neudruck der Ausgabe Berlin 1933). (zitiert: *Wolff*, Organschaft und juristische Person I)

Wölk, Cornelia Stefanie: Das Deliktsrecht Rußlands nach dem neuen Zivilgesetzbuch, Frankfurt am Main 2003. (zitiert: *Wölk*, Das Deliktsrecht Russlands)

Zander, Heinz: Die Haftung für Verrichtungsgehilfen. Ihre Schwächen und die Versuche der Rechtsprechung und Rechtswissenschaft, diesen abzuhelfen. Ein Vergleich des deutschen, schweizerischen und österreichischen Rechts, Diss. Tübingen 1966. (zitiert: *Zander*, Die Haftung für Verrichtungsgehilfen)

Zänker, Stefan: Die Haftung der Unternehmer, der Unternehmensangehörigen und anderer Personen in der gesetzlichen Unfallversicherung, Karlsruhe 2004. (zitiert: *Zänker*, Die Haftung der Unternehmer)

Zilken, Franz: Notwendigkeit einer Reform des § 831 BGB (Haftung für den Verrichtungsgehilfen), Diss. Köln 1940. (zitiert: *Zilken*, Reform)

Zöller, Richard: Zivilprozessordnung, 32. Auflage, Köln 2018. (zitiert: Zöller/*Bearbeiter*, §, Rn.)

Zweigert, Konrad/Kötz, Hein: Einführung in die Rechtsvergleichung: auf dem Gebiete des Privatrechts, 3. Auflage, Tübingen 1996. (zitiert: *Zweigert/Kötz*, Rechtsvergleichung, §, S.)

Zwiehoff, Gabriele: Strafrechtliche Aspekte des Organisationsverschuldens, MedR 2004, 364–373.

ABKÜRZUNGSVERZEICHNIS

a.A.	andere Ansicht
a.E.	am Ende
Abs.	Absatz
AcP	Archiv für die civilistische Praxis
AFI	Juristisches Allunionsferninstitut
AGG	Allgemeines Gleichbehandlungsgesetz
AktG	Aktiengesetz
AllgPersönlR	Allgemeines Persönlichkeitsrecht
ALR	Das Allgemeine Landrecht für die preußischen Staaten
Alt.	Alternative
AMG	Gesetz über den Verkehr mit Arzneimitteln (Arzneimittelgesetz)
Anh.	Anhang
Anm.	Anmerkung
ArbG	Arbeitsgericht
ArbGB RF	Arbeitsgesetzbuch der Russischen Föderation
ArbPO RF	Arbitrageprozessordnung der Russischen Föderation
Art./Artt.	Artikel
BAG	Bundesarbeitsgericht
BAGE	Entscheidungen des Bundesarbeitsgerichts
BaRoth	*Bamberger, Heinz Georg/Roth, Herbert (Hrsg.),* Kommentar zum Bürgerlichen Gesetzbuch
BB	Der Betriebs-Berater
BGB	Bürgerliches Gesetzbuch
BGH	Bundesgerichtshof
BGHZ	Entscheidungen des Bundesgerichtshofs in Zivilsachen
BLAH	*Baumbach, Adolf/Lauterbach, Wolfgang/Albers, Jan/ Hartmann, Peter,* Zivilprozessordnung
BVerfG	Bundesverfassungsgericht

BVerfGE	Entscheidungen des Bundesverfassungsgerichts
BVS RF	Bjulleten' Verchovnogo Suda Rossijskoj Federacii [Informationsblatt des Obersten Gerichts der RF]
bzw.	beziehungsweise
c.i.c.	culpa in contrahendo
ca.	circa
Chefred.	Chefredakteur
D.	Digesta
d.h.	das heißt
DB	Der Betrieb
ders.	Derselbe
dies.	Dieselbe(n)
DIN	Deutsches Institut für Normung eingetragener Verein
Diss.	Dissertation
DJT	Deutscher Juristentag
DÖD	Der Öffentliche Dienst
e.V.	eingetragener Verein
ErbbauRG	Gesetz über das Erbbaurecht (Erbbaurechtsgesetz)
f./ff.	folgende/fortfolgende (Mehrzahl)
FAG	Föderales Arbitragegericht
FamRZ	Zeitschrift für das gesamte Familienrecht
FKZ	Federal'nyj konstitucionnyj zakon [Föderales Verfassungsgesetz]
Fn.	Fußnote
FS	Festschrift
FZ	Federal'nyj zakon [Föderales Gesetz]
GbR	Gesellschaft bürgerlichen Rechts
GesSchr I	Gesammelte Schriften, Band 1 (im Literaturverzeichnis unter „*Caemmerer, Ernst von*, Wandlungen des Deliktsrechts")
GG	Grundgesetz
GiP	Gosudarstvo i pravo [Staat und Recht]

GK RF	Graždanskij kodeks Rossijskoj Federacii [Zivilgesetzbuch der Russischen Föderation]
GmbH	Gesellschaft mit beschränkter Haftung
Gruchot	Beiträge zur Erläuterung des Deutschen Rechts
GRUR	Gewerblicher Rechtsschutz und Urheberrecht
GUS	Gemeinschaft Unabhängiger Staaten
GZG	Grundlagen der Zivilgesetzgebung
Habil.	Habilitationsschrift
HaftPflG	Haftpflichtgesetz
HGB	Handelsgesetzbuch
HK-BGB	Bürgerliches Gesetzbuch: Handkommentar (im Literaturverzeichnis unter „*Schulze, Reiner (Schriftleitung) u.a.*, Bürgerliches Gesetzbuch: Handkommentar")
HK-VVG	Versicherungsvertragsgesetz: Handkommentar (im Literaturverzeichnis unter „*Rüffer, Wilfried/ Halbach, Dirk/Schimikowski, Peter (Hrsg.)*, Versicherungsvertragsgesetz: Handkommentar")
Hrsg.	Herausgeber
i.S.	im Sinne
iSv	im Sinne von
i.V.m.	in Verbindung mit
IRZ-Stiftung	Deutsche Stiftung für internationale rechtliche Zusammenarbeit eingetragener Verein
JA	Juristische Arbeitsblätter
JJB	Juristen-Jahrbuch
Jura	Juristische Ausbildung
JuS	Juristische Schulung
JW	Juristische Wochenschrift
JZ	Juristenzeitung
Kfz	Kraftfahrzeug
KfzPflVV	Verordnung über den Versicherungsschutz in der Kraftfahrzeug-Haftpflichtversicherung
KG	Kammergericht (Oberlandesgericht des Landes Berlin); Kommanditgesellschaft

Konsul'tantPlus	Juristische Datenbank „Konsul'tantPlus"
LG	Landgericht
lit.	Litera (Buchstabe)
LuftVG	Luftverkehrsgesetz
m.w.N.	mit weiteren Nachweisen
MDR	Monatsschrift für deutsches Recht
MedR	Medizinrecht
MüKo	Münchener Kommentar
n.F.	neue Fassung
NJW	Neue Juristische Wochenschrift
NJW-RR	Neue Juristische Wochenschrift – Rechtsprechungs-Report
NK-Medizinrecht	Nomos-Kommentar Gesamtes Medizinrecht (im Literaturverzeichnis unter „*Bergmann, Karl Otto/Pauge, Burkhard/Steinmeyer, Heinz-Dietrich (Hrsg.)*, Gesamtes Medizinrecht")
Nr.	Nummer
NZA	Neue Zeitschrift für Arbeitsrecht
NZG	Neue Zeitschrift für Gesellschaftsrecht
o. J.	ohne Jahresangabe
OAG RF	Oberstes Arbitragegericht der Russischen Föderation
OG RF	Oberstes Gericht der Russischen Föderation
OHG	Offene Handelsgesellschaft
OLG	Oberlandesgericht
OLGR	OLG-Report
OLGZ	Entscheidungen der Oberlandesgerichte in Zivilsachen
PEL Liab. Dam.	*Bar, Christian von,* Principles of European Law: Non-Contractual Liability Arising out of Damage Caused to Another (PEL Liab. Dam.)
PG	*Prütting, Hanns/Gehrlein, Markus (Hrsg.),* Zivilprozessordnung: Kommentar
Pkw	Personenkraftwagen
Pos.	Position
ProdHaftG	Gesetz über die Haftung für fehlerhafte Produkte

ProstG	Prostitutionsgesetz
PWW	*Prütting, Hanns/Wegen, Gerhard/Weinreich, Gerd (Hrsg.)*, Bürgerliches Gesetzbuch: Kommentar
RabelsZ	Zeitschrift für ausländisches und internationales Privatrecht
RF	Russische Föderation
RG	Reichsgericht
RGRK	Reichsgerichtsrätekommentar (im Literaturverzeichnis unter „*Mitglieder des Bundesgerichtshofes (Hrsg.)*, Das Bürgerliche Gesetzbuch: mit besonderer Berücksichtigung der Rechtsprechung des Reichsgerichts und des Bundesgerichtshofes")
RGZ	Entscheidungen des Reichsgerichts in Zivilsachen
Rn.	Randnummer
Rom II-Verordnung	Verordnung (EG) Nr. 864/2007 des Europäischen Parlaments und des Rates vom 11. Juli 2007 über das auf außervertragliche Schuldverhältnisse anzuwendende Recht (Rom II)
ROW	Recht in Ost und West
RSFSR	Rossijskaja Sovetskaja Federativnaja Socialističeskaja Respublika [Russische Sozialistische Föderative Sowjetrepublik] (eine Unionsrepublik der UdSSR)
RVO	Reichsversicherungsordnung
S.	Satz; Seite
SeuffArch	Seufferts Archiv für Entscheidungen der obersten Gerichte in den deutschen Staaten
SGB	Sozialgesetzbuch
SGiP	Sovetskoe gosudarstvo i pravo [Der sowjetische Staat und das Recht]
sog.	so genannt(e/-er/-es)
SSSR	Sojuz Sovetskich Socialističeskich Respublik [Union der Sozialistischen Sowjetrepubliken]
StVG	Straßenverkehrsgesetz

SU RSFSR	Sobranie uzakonenij RSFSR [Sammlung der Gesetze der RSFSR]
SZ RF	Sobranie Zakonodatel'stva Rossijskoj Federacii [Sammlung der Gesetze der Russischen Föderation]
u.a.	und andere
u.ä.	und ähnlich
u.a.m.	und anderes mehr
UdSSR	Union der Sozialistischen Sowjetrepubliken
UmweltHG	Umwelthaftungsgesetz
Urt.	Urteil
usw.	und so weiter
v.	vom/von
VersR	Versicherungsrecht
vgl.	vergleiche
VIJUN	Vsesojuznyj institut juridičeskich nauk [Allunionsinstitut der Rechtswissenschaften]
VJUZI	Vsesojuznyj juridičeskij zaočnyj institut [Juristisches Allunionsferninstitut]
VNIISZ	Vsesojuznyj naučno-issledovatel'skij institut sovetskogo zakonodatel'stva [Wissenschaftliches Allunionsforschungsinstitut der sowjetischen Gesetzgebung]
Vorb	Vorbemerkung
VRS	Verkehrsrechts-Sammlung
VVAS RF	Vestnik Vysšego Arbitražnogo Suda Rossijskoj Federacii [Informationsblatt des Obersten Arbitragegerichts der RF]
VVG	Gesetz über den Versicherungsvertrag
WarnRspr	Warneyers Jahrbuch der Entscheidungen: Rechtsprechung des Reichsgerichts auf dem Gebiet des Zivilrechts
WASG	Wissenschaftliches Allunionsforschungsinstitut der sowjetischen Gesetzgebung
WEG	Gesetz über das Wohnungseigentum und das Dauerwohnrecht (Wohnungseigentumsgesetz)

WHG	Gesetz zur Ordnung des Wasserhaushalts (Wasserhaushaltsgesetz)
WIRO	Wirtschaft und Recht in Osteuropa
WM	Wertpapier-Mitteilungen
z.B.	zum Beispiel
ZaeFQ	Zeitschrift für ärztliche Fortbildung und Qualität im Gesundheitswesen
ZEuP	Zeitschrift für Europäisches Privatrecht
ZfRV	Zeitschrift für Rechtsvergleichung
ZGB RF	Zivilgesetzbuch der Russischen Föderation
ZGB RSFSR	Zivilgesetzbuch der Russischen Sozialistischen Föderativen Sowjetrepublik
ZHR	Zeitschrift für das gesamte Handelsrecht und Wirtschaftsrecht
Ziff.	Ziffer
ZIP	Zeitschrift für Wirtschaftsrecht (und Insolvenzpraxis)
ZKD	Zivilkassationsdepartement des Dirigierenden Senats des Russischen Reiches
ZPO	Zivilprozessordnung
ZPO RF	Zivilprozessordnung der Russischen Föderation
ZRP	Zeitschrift für Rechtspolitik
ZVglRWiss	Zeitschrift für vergleichende Rechtswissenschaft

EINLEITUNG

Das Ziel dieser Arbeit ist es, die Besonderheiten der Haftung für Gehilfen und der Haftung beim Vorliegen eines Organisationsverschuldens in Deutschland und in Russland aus rechtsvergleichender Sicht umfassend zu untersuchen. Um den Rahmen dieser Untersuchung näher aufzuzeichnen, ist Folgendes hervorzuheben. Aus Sicht des deutschen Rechts wird die Regelung der deliktischen Gehilfenhaftung nach § 831 Abs. 1 BGB und die damit zusammenhängende Haftung wegen Organisationsverschuldens analysiert. Die Regelung des § 831 Abs. 2 BGB ist vom Thema dieser Arbeit nicht erfasst. Im russischen Recht liegt der Schwerpunkt der Untersuchung auf der Regelung des Art. 1068 Ziff. 1 ZGB RF. Die Besonderheiten der Haftung nach Art. 1068 Ziff. 2 ZGB RF werden nur überblicksweise beleuchtet. Die vertragliche Haftung für Helfer nach russischem Recht ist in dieser Arbeit nur in ihren Grundzügen zwecks rechtsvergleichender Analyse dargestellt. Eine ausführliche Auseinandersetzung mit diesem Themenkomplex liegt außerhalb der untersuchten Thematik. Einzelne Randbereiche werden nur in dem Umfang analysiert, die für das untersuchte Thema relevant sind. Darauf wird in dieser Arbeit gesondert hingewiesen.

Die Frage der Haftung wegen Organisationsverschuldens ist heutzutage eines der umstrittensten und aktuellsten Themen des modernen Haftungsrechts, sowohl in Deutschland als auch in Russland.

Der Ausgangspunkt für die zum Organisationsverschulden führende Entwicklung im deutschen Recht bildet § 831 Abs. 1 BGB, der wegen der Existenz der Exkulpationsmöglichkeit als eine ungeliebte Vorschrift[1] gilt. Die Entwicklung des Rechts orientiert sich an der Veränderung soziologischer und ökonomischer Bedingungen. Kennzeichen der modernen, hoch industrialisierten Gesellschaft sind eine voranschreitende Arbeitsteilung und folglich die Gründung von immer mehr Großbetrieben. Die Exkulpationsmöglichkeit des § 831 Abs. 1 Satz 2 BGB hat zur haftungsrechtlichen Privilegierung von Großbetrieben geführt. Sie mussten lediglich für die jeweils übergeordnete Ebene den Nachweis der sorgfältigen Auswahl und Überwachung führen, den sog. „dezentralisierten Entlastungsbeweis". Zur Vermeidung der beschriebenen Folgen wurde die Rechtsfigur des Organisationsverschuldens von der Rechtsprechung entwickelt. Sie spielt in der Praxis eine zunehmend große Rolle. Viele Fragen auf dem Gebiet der Haftung wegen Organisationsverschuldens bleiben jedoch ungeklärt.

1 *v. Caemmerer*, ZfRV 14 (1973), 241, 250.

Es fehlt noch an einer deutlichen Bestimmung des Organisationsverschuldens, seiner einzelnen Arten sowie an der dogmatischen Einordnung der jeweiligen einzelnen Organisationspflichten.

Die Entwicklung der Gehilfenhaftung in Deutschland und in Russland verläuft differenziert. Nichtsdestotrotz sind die Fragen der Gehilfenhaftung auch im russischen Recht von großer Relevanz. Im russischen Recht hat die Haftung für andere Personen trotz des bestehenden Bedarfs bislang äußerst wenig Aufmerksamkeit erhalten. Die Probleme der Gehilfenhaftung werden jedoch jetzt in Russland durch die Arbeitsteilung und das marktwirtschaftliche Privatrechtssystem langsam bewusst. Das drückt sich auch darin aus, dass das Problem der deliktischen Gehilfenhaftung sogar auf der Ebene des Verfassungsgerichts der RF zur Diskussion stand. Im Rahmen der gesetzgeberischen Konzeption sowie deren Anwendung in der Praxis sind viele Fragen ungeklärt.

Im Lichte der gesellschaftlichen Entwicklungstendenzen, der fehlenden Rechtsklarheit bezüglich der Fragen des Organisationsverschuldens und der Unzulänglichkeit der Regelung des § 831 Abs. 1 BGB im deutschen Recht sowie der offenen Rechtsfragen der Gehilfenhaftung im russischen Recht ist das Thema der Gehilfenhaftung und der Haftung wegen Organisationsverschuldens zurzeit sehr aktuell.

Die Ausführungen des ersten Kapitels dieser Arbeit konzentrieren sich auf eine Untersuchung der deliktischen Gehilfenhaftung und der Haftung wegen Organisationsverschuldens nach deutschem Recht. Zunächst werden die Grundlagen der deliktischen Gehilfenhaftung beleuchtet. Weiterhin wird dem betrieblichen und körperschaftlichen Organisationsverschulden in seiner Entwicklung und im geltenden Haftungssystem aufgrund der großen praktischen Bedeutung besondere Aufmerksamkeit geschenkt. Dabei werden der Inhalt der jeweiligen Organisationspflichten, ihr Verhältnis zueinander und die Frage der eventuellen Beweislastumkehr für sämtliche Fälle der Haftung wegen Organisationsverschuldens Gegenstand dieser Untersuchung sein. Ferner wird die Rechtsfigur des körperschaftlichen Organisationsverschuldens kritisch beleuchtet. Darüber hinaus wird ein Vorschlag der künftigen Ausgestaltung der Regelung der deliktischen Gehilfenhaftung diskutiert.

Das zweite Kapitel der Arbeit ist der Darstellung der Regelung der Haftung für Helfer nach russischem Zivilrecht gewidmet. In erster Linie wird ein Überblick über die theoretischen Grundlagen des russischen Haftungsrechts und über die vertragliche Haftung für Helfer (Artt. 402, 403 ZGB RF) gegeben. Daraufhin wird die deliktische Haftung für Helfer nach den Bestimmungen des russischen Zivilgesetzbuchs (Art. 1068 Ziff. 1 ZGB RF) analysiert. Zu den Untersuchungsfragen gehören dabei die Entstehungsgeschichte der entsprechenden Regelung, ihre dogmatische Einordnung sowie die einzelnen Haftungsvoraussetzungen. Weiterhin wird das Verhältnis der Gehilfenhaftung zueinander im vertraglichen und deliktischen Bereich untersucht. Besondere Aufmerksamkeit wird dabei den Vor- und Nachteilen der jeweiligen Ansprüche geschenkt. Ferner werden die Besonderheiten der Haftung der juristischen Person bei schädigenden Handlungen ihrer Organpersonen nach russischem Zivilrecht untersucht.

Zwecks Vermeidung von Verwechselungen und Unklarheiten sind folgende terminologische Besonderheiten hervorzuheben.

Sowohl im russischen Zivilgesetzbuch als auch in der russischen Rechtsprechung und Lehre wird im haftungsrechtlichen Zusammenhang der einzige Terminus „*otvetstvennost'*" benutzt. Aufgrund der Tatsache, dass es nur diesen einheitlichen sprachlichen Ausdruck gibt und „*otvetstvennost'*" extrem weit verstanden werden kann, ist keine einheitliche Übersetzung in die deutsche Sprache möglich.[2] Deshalb ist es wichtig, den untersuchten Bereich von „*otvetstvennost'*" zu definieren und die Übersetzung dieses Terminus daran zu orientieren. Für den russischen Ausdruck „*otvetstvennost'*" wird in dieser Arbeit der Terminus „Haftung" verwendet. Zum einen ist dieses Vorgehen dadurch gerechtfertigt, dass eine genaue Trennung zwischen „Haftung" und „Verantwortlichkeit" nach dem Kriterium des persönlichen subjektiven Vorwurfs (Verschulden) nicht immer möglich ist. Vielmehr ist es gerade eines der Ziele dieser Untersuchung zu klären, ob das Verschulden als subjektive Haftungsvoraussetzung bei der deliktischen Gehilfenhaftung zu fordern ist. Zum anderen werden in dieser Arbeit lediglich die Inhalte berücksichtigt, die sich auf den Schadensersatz[3] beziehen.

Die Person, für die der Geschäftsherr nach den Vorschriften des russischen Zivilgesetzbuches haftet, wird ferner in dieser Arbeit als „Helfer", abweichend von der Gesetzesterminologie, bezeichnet.[4] Sofern sich Besonderheiten in Bezug auf die rechtliche Lage zwischen einem Helfer im Allgemeinen und einem Arbeitnehmer im Sinne des Arbeitsrechts ergeben, wird darauf gesondert hingewiesen.

Für die Bezeichnung des Haftungssubjekts nach Art. 1068 Ziff. 1 ZGB RF wird in dieser Arbeit der Terminus „Geschäftsherr" benutzt, der allerdings nicht im Sinne des deutschen Rechts verstanden wird. Darunter sind juristische oder

---

2 Näher dazu unter Kapitel 2, A.I.1.

3 Zum Begriff „Schaden" im russischen Zivilrecht siehe näher unter Kapitel 2, A.I.2.

4 Zum Verständnis dieses Begriffs im deliktischen Bereich siehe näher unter Kapitel 2, B.IV.1.b.aa.

natürliche Personen, die nach Art. 1068 Ziff. 1 ZGB RF für schädigende Handlungen ihrer Helfer haften, gemeint.

Im Rahmen des Überblicks über die Regelungen des Art. 1068 Ziff. 2 ZGB RF ist es auch erforderlich, die verwendete Terminologie näher zu erklären. Die in dieser Vorschrift vorgesehenen Haftungssubjekte sind *„chozjajstvennye tovariščestva"* und *„proizvodstvennye kooperativy"*. Für die Bezeichnung von *„chozjajstvennye tovariščestva"* oder *„tovariščestva"* werden in dieser Arbeit die Ausdrücke „Wirtschaftspersonengesellschaften" bzw. „Personengesellschaften" verwendet. Sie können als *„polnoe tovariščestvo"* (wörtlich übersetzt – „volle Gesellschaft", in dieser Arbeit – eine offene Handelsgesellschaft) und als *„tovariščestvo na vere"* (wörtlich übersetzt – „Gesellschaft auf Vertrauen", in dieser Arbeit – eine Kommanditgesellschaft) auftreten. Für den Ausdruck *„proizvodstvennye kooperativy"* wird der Terminus „Produktionsgenossenschaften" verwendet. Dabei ist aber zu beachten, dass die genannten Wirtschaftspersonengesellschaften sowie Produktionsgenossenschaften im russischen Zivilrecht auch zu den juristischen Personen gehören. Bei den Besonderheiten der deliktischen Haftung juristischer Personen nach russischem Zivilrecht ist hervorzuheben, dass *„prostoe tovariščestvo"* (wörtlich übersetzt – „einfache Gesellschaft", in dieser Arbeit – eine Gesellschaft bürgerlichen Rechts) im russischen Zivilrecht dagegen nicht als Rechtssubjekt, sondern als schuldrechtlicher Vertragstyp behandelt wird. Diese Besonderheiten gilt es bei den Untersuchungen der Haftung einer juristischen Person nach russischem Zivilrecht zu beachten.

Falls sich andere terminologische Besonderheiten oder Mehrdeutigkeiten bei den einzelnen Begrifflichkeiten ergeben, wird darauf in der Arbeit gesondert hingewiesen.

Im Lichte der sich immer weiter verbreitenden Geschäftskontakte zwischen Deutschland und Russland besteht neben dem wissenschaftlichen Interesse auch ein starkes praktisches Interesse an einem Vergleich der Regelung der Gehilfenhaftung nach deutschem und russischem Recht. Eine rechtsvergleichende Auswertung der Länderberichte wird im dritten Kapitel dieser Arbeit durchgeführt. Die deliktische Gehilfenhaftung ist sowohl im deutschen als auch im russischen Recht gesetzlich geregelt. Die jeweiligen Tatbestände weisen zwar Ähnlichkeiten, jedoch auch einige eklatante Unterschiede auf. Sie haben im Laufe der Rechtsprechungsentwicklung in beiden Ländern einen gewissen Wandel erfahren.

Zunächst werden die jeweiligen nationalen Regelungen der deliktischen Gehilfenhaftung systematisch gegenübergestellt. Ferner wird der funktionale Rechtsvergleich der deliktischen Haftung für Verrichtungsgehilfen oder Helfer nach deutschem und russischem Recht durchgeführt. Zu den behandelten Fragen gehören dabei der persönliche Anwendungsbereich, einzelne

Haftungsvoraussetzungen, das Verhältnis zwischen der Haftung des Geschäftsherrn und der Eigenhaftung des Gehilfen sowie beweis- und verjährungsrechtliche Fragen nach deutschem und russischem Recht. Außerdem werden die Besonderheiten der Haftung juristischer Personen für ihre Organe im deutschen und russischen Recht erörtert. Insbesondere werden die Ergebnisse der Rechtsprechungsentwicklung im deutschen Recht und das besondere Verständnis des Verschuldens juristischer Personen im russischen Recht sowie ihre praktische Bedeutung einer kritischen Untersuchung zugeführt. Darüber hinaus wird anhand einiger exemplarischer Beispielsfälle ihre rechtliche Lösung aus der Sicht der beiden Rechtssysteme analysiert. Weiterhin werden einzelne prozessuale und rechtskulturelle Fragen rechtsvergleichend beleuchtet, die einerseits die Durchsetzung des Schadensersatzanspruchs bei der deliktischen Gehilfenhaftung wesentlich beeinflussen und andererseits für die Wahl des anwendbaren Rechts von besonderer Bedeutung sein können.

Schließlich werden Schlussfolgerungen, die aus dem Vergleich der deliktischen Gehilfenhaftung und der Haftung wegen Organisationsverschuldens nach deutschem und russischem Recht folgen, gezogen.

Somit ist das Thema der deliktischen Gehilfenhaftung und der Haftung wegen Organisationsverschuldens zurzeit äußerst aktuell. Es gibt im Rahmen dieser Thematik viele offene Fragen und Probleme, die einer schnellen, alle Teilnehmer des Rechtsverkehrs befriedigenden, Lösung bedürfen. In dieser Arbeit werden aufgrund einer rechtsvergleichenden Analyse eigene Lösungen zu den bestehenden Problemen vorgeschlagen, die zur Effektivität des Rechtsverkehrs beitragen könnten.

KAPITEL 1. DELIKTISCHE GEHILFENHAFTUNG UND HAFTUNG WEGEN ORGANISATIONSVERSCHULDENS NACH DEUTSCHEM RECHT

A. Deliktische Gehilfenhaftung gemäß § 831 Abs. 1 BGB

I. Überblick über die historische Entwicklung der Gehilfenhaftung

Der aktuelle Regelungsinhalt von § 831 Abs. 1 BGB[5] sorgt in der Praxis und in der Literatur seit langer Zeit für Diskussionen. Vor einer Erörterung der Einzelprobleme ist es wichtig, einen Rückblick auf die Entstehungsgeschichte dieser Vorschrift zu werfen. Dabei hilft das Betrachten der historischen Wurzeln, die Hintergründe des Regelungsinhalts besser verstehen zu können.

1. Römisches Recht

Die Entstehungsgeschichte von § 831 Abs. 1 BGB geht bis auf das römische Recht zurück. Allerdings kannte das römische Recht keine allgemeine Regelung zur Gehilfenhaftung, sondern es existierten mehrere unterschiedliche Tatbestände der Gehilfenhaftung.[6]

Im außervertraglichen Bereich gab es die Haftung des Familienoberhaupts und Hausherren für Delikte (*maleficium*) seiner Hauskinder und Sklaven, die sog. *Noxalhaftung*. Auf ein eigenes Verschulden des *paterfamilias* (Familienoberhauptes) und *dominus* (Hausherren) kam es dabei nicht an.[7] Außerdem hafteten *nautae, caupones* und *stabularii* (Reeder, Herbergs- und Stallwirte) für Delikte, die ihre Leute auf dem Schiff und im Wirtshaus, wie zum Beispiel für Sachentziehung und -beschädigungen, begingen.[8] In einigen Fällen wurde auf das Auswahlverschulden des Haftenden verwiesen.[9]

---

5 Zu den thematischen Grenzen dieser Arbeit siehe näher unter Einleitung.

6 Näher dazu mit Nachweisen *Kaser*, Das römische Privatrecht I, § 118 III 6 (S. 513).

7 Zum Ganzen *Benöhr*, FS Kaser, S. 689, 691.

8 D. 44, 7, 5, 6; mit weiteren Nachweisen *Kaser*, Das römische Privatrecht I, § 118 III 6 (S. 513, Fn. 79).

9 D. 44, 7, 5, 6; D. 47, 5, 1, 5 (für die freien Personen). Zweifelnd an dieser Haftungsvoraussetzung *Renner*, Die deliktische Haftung, S. 27.

Im Vertragsrecht hingegen bestand bei einigen Vertragsverhältnissen eine sog. *custodia-Haftung*, also eine Haftung für Zufall mit Ausnahme der Haftung für höhere Gewalt.[10] Als Begründung dieser strengen Haftung galt das Argument der Gefahrtragung durch den Vorteilsbesitzenden (sog. *Utilitätsprinzip*[11]). Daneben kannte das römische Recht auch die Gehilfenhaftung für Auswahlverschulden des Geschäftsherrn.[12]

Aus dieser kurzen Darstellung ist somit ersichtlich, dass es im römischen Recht mehrere Tatbestände für eine Haftung für Hilfspersonen gab, die jeweils unterschiedlich begründet waren. Während im Vertragsrecht sowohl Zurechnung des Erfolgs als auch der verschuldeten Handlungen möglich war, galt dabei als Leitgedanke im Deliktsrecht eine erweiterte Hausherrenhaftung.[13]

Das Verschulden bei der Auswahl eines Gehilfen (*culpa in eligendo*) wurde dabei nur einer der mehreren Haftungsgründe, der jedoch im Gesamtbild der römischen Gehilfenhaftung als „verhältnismäßig nebensächlicher Gesichtspunkt“[14] betrachtet und sogar als wirkliche Voraussetzung der Haftung bezweifelt wird[15].

Die Rechtsquellen des römischen Rechts erlauben also gerade nicht den Schluss, dass die Verschuldenshaftung des Geschäftsherrn dominierte.[16]

2. Entwicklung in Deutschland bis zur BGB-Entstehung (1900)

Das XIX. Jahrhundert spielt eine wichtige Rolle in der Entwicklungsgeschichte der Gehilfenhaftung nach deutschem Recht. Deren Grundidee spiegelt sich prägnant in den Worten von *Jhering* wider: „Nicht der Schaden verpflichtet zum Schadensersatz, sondern die Schuld“.[17]

---

10 D. 13, 6, 5, 5; D. 13, 6, 5, 6; *Seiler*, JZ 1967, 525, 526.

11 *Kaser*, Das römische Privatrecht I, § 118 III 4 b (S. 512).

12 D. 9, 2, 27, 9 (Mieter für seinen Sklaven); D. 10, 2, 45, 1 (Erbe für seinen Sklaven). Daran, dass das Auswahlverschulden eine wirkliche Haftungsvoraussetzung in einigen Fällen darstellte, werden jedoch Zweifel gehegt (*Renner*, Die deliktische Haftung, S. 28).

13 *Fritsch*, Dogmengeschichte, S. 8.

14 *Seiler*, JZ 1967, 525, 526.

15 *Renner*, Die deliktische Haftung, S. 28.

16 Überzeugend wird in der Literatur dargelegt, dass es sich bei der Annahme der Pandektisten in Bezug auf die Haftung für Leute im römischen Recht als Haftung für eigenes Verschulden des Geschäftsherrn um eine „Erfindung der Pandektistik“ (*Zweigert/Kötz*, Rechtsvergleichung, § 41 II, S. 633) und um ein „historisches Missverständnis“ (*v. Caemmerer*, ZfRV 14 (1973), 241, 245) handelt.

17 *Jhering*, Das Schuldmoment, S. 40.

Dem Verschuldensprinzip in Bezug auf die Gehilfenhaftung wurde eine besondere Bedeutung zugesprochen. Bereits Ende des XVIII. Jahrhunderts wurden in Europa zahlreiche Gesetzeswerke geschaffen, insbesondere das Preußische Allgemeine Landrecht von 1794, bei welchem die deliktische Geschäftsherrenhaftung auf dem Verschuldensprinzip basierte (ALR I 6 §§ 60 ff). Ähnlich waren der Entwurf eines bayerischen bürgerlichen Gesetzbuches von 1861, das Bürgerliche Gesetzbuch für das Königreich Sachsen von 1863[18] sowie die Regelung des Badischen Landrechts von 1809 über die Geschäftsherrenhaftung konzipiert, welche eine Gehilfenhaftung für eigenes Verschulden des Geschäftsherrn vorsahen[19]. Der Entwurf zu einem bürgerlichen Gesetzbuch für das Großherzogtum Hessen hatte in Art. 210 die Haftung für eigenes Verschulden und in Art. 211 Abs. 2 eine Haftung mit Entlastungsbeweis für den Schaden geregelt, der durch Zöglinge oder Lehrlinge verursacht wurde.[20]

An diesem Prinzip haben die Anhänger der historischen Schule, die Pandektisten und auch die Praktiker des gemeinen Rechts festgehalten.[21] Es ist aber hervorzuheben, dass Stimmen für eine unbeschränkte Haftung des Geschäftsherrn bereits damals zu hören waren.[22] Außerdem wurde in der Gesetzgebung eine Gefährdungshaftung des Geschäftsherrn für einige Lebensbereiche eingeführt (z.B. das Reichshaftpflichtgesetz von 1871 für Eisenbahnunternehmer, Unternehmer eines Bergwerks, eines Steinbruchs, einer Gräberei oder einer Fabrik)[23]. Somit ist eine gewisse Durchbrechung des *Dogmas des Verschuldensprinzips* in bestimmten Lebensbereichen feststellbar.

Mit dem Problem der Gehilfenhaftung haben sich die Deutschen Juristentage der Jahre 1884 und 1886 eingehend beschäftigt. Auf dem 17. Deutschen Juristentag von 1884 wurde zwar schnell eine Lösung für den vertraglichen Bereich der Gehilfenhaftung – trotz Schwierigkeiten bei der dogmatischen Begründung – gefunden, die sich in der heutigen Fassung des § 278 BGB widerspiegelt.[24] Die

18 *Dreyer*, 17. DJT, Band 1, S. 46, 74 f.; *Horn*, Die Entstehung der Vorschriften, S. 106.

19 *Fritsch*, Dogmengeschichte, S. 116.

20 *Horn*, Die Entstehung der Vorschriften, S. 112; *Fritsch*, Dogmengeschichte, S. 116 f.

21 *Puchta*, Pandekten, § 261, S. 399; *Seiler*, JZ 1967, 525, 526 m.w.N.; *Fritsch*, Dogmengeschichte, S. 48 ff.

22 In diesem Sinne *v. Gierke*, Entwurf, S. 261.

23 Dazu *Horn*, Die Entstehung der Vorschriften, S. 114 ff.

24 Eingehend dazu *Horn*, Die Entstehung der Vorschriften, S. 142 ff.

Frage der deliktischen Gehilfenhaftung löste hingegen eine kontroverse Diskussion aus. Eine Gruppe bestand in diesem Zusammenhang grundsätzlich auf der Verschuldenshaftung[25], wobei die davon zu machenden Ausnahmen für gefährliche Unternehmen in speziellen Gesetzen geregelt werden sollten. Diese Ansicht wurde insbesondere mit Verweis auf das römische Recht begründet.

Nach anderer Auffassung wurde aber eine unbedingte Einstandspflicht des Geschäftsherrn im deliktischen Bereich befürwortet.[26] Dieser Standpunkt blieb jedoch zunächst ohne Erfolg, weil zum einen seine dogmatische Rechtfertigung von Pandektisten kritisiert wurde, zum anderen aber die Rechtsprechung zu Art. 1384 Code Civil, der die deliktische Geschäftsherrenhaftung verschuldensunabhängig regelte, kasuistisch und manchmal zu extensiv erschien.[27] Das Erfordernis einer verschuldensunabhängigen Haftung wurde dabei aber allein mit dem Verlangen des Rechtsverkehrs danach und dem Entsprechen eines solchen Verlangens dem Gerechtigkeitsgefühl begründet.[28] Wegen dieser Kritikpunkte konnte eine einheitliche Lösung für die deliktische Gehilfenhaftung erst am 18. Deutschen Juristentag im Jahre 1886 gefunden werden. Alle Gründe, die für verschiedene Ansichten vorgebracht werden konnten, wurden bereits während des 17. Deutschen Juristentages vorgebracht. Bei den Verhandlungen des 18. Deutschen Juristentages dominierte die verschuldensunabhängige Ausgestaltung der deliktischen Geschäftsherrenhaftung. Im Ergebnis der Verhandlungen des 18. Deutschen Juristentages wurde diese Lösung für die außervertraglichen Verhältnisse auch mehrheitlich angenommen.[29]

Die Entwicklungsgeschichte der deliktischen Gehilfenhaftung bis zur BGB-Ausarbeitung verdeutlicht somit den bereits zu damaliger Zeit gegebenen streitigen Charakter dieser Frage. Die strenge Einstandspflicht des Geschäftsherrn für seine Gehilfen im deliktischen Bereich, die einer starken Gegenmeinung ausgesetzt war, konnte sich letztendlich bei den Verhandlungen des 18. Deutschen Juristentages durchsetzen.

Dieses Ergebnis fand zunächst aber trotzdem keinen Niederschlag in den Vorarbeiten zum Bürgerlichen Gesetzbuch und im Entwurf. Die Beratungen zum Entwurf des BGB der ersten Kommission haben bereits vor dem 17. Deutschen Juristentag begonnen und überschnitten sich zeitlich mit dem 17. und

25 *Leonhard*, 17. DJT, Band 1, S. 337, 378; *Bernhöft*, 17. DJT, Band 2, S. 121, 122.

26 *Mayer*, 17. DJT, Band 1, S. 125, 135.

27 *Seiler*, JZ 1967, 525, 528.

28 Dazu *Fritsch*, Dogmengeschichte, S. 146, der diese Begründung als einen juristischen Naturalismus bezeichnet.

29 *Seiler*, JZ 1967, 525, 528.

18. Deutschen Juristentag.[30] Mit dem Teilentwurf über das Obligationenrecht beschäftigte sich der Direktor des Civilsenats des Stuttgarter Obertribunals Franz Philipp v. Kübel. Infolge seines Todes wurden diese Arbeiten jedoch nicht beendet. Für die nicht vorhandenen Entwürfe wurde der sog. Dresdener Entwurf von 1866 herangezogen.[31]

Was die Regelung der deliktischen Gehilfenhaftung angeht, ist umstritten, welcher dieser Entwürfe konkret als Grundlage für die entsprechende Vorschrift des Bürgerlichen Gesetzbuchs gedient hat. Zum einen wird auf die jeweilige Vorschrift des Dresdener Entwurfs verwiesen[32], zum anderen wird auf den Entwurf von *Kübel* rekurriert[33]. Vereinzelt wird darauf hingewiesen, dass die Regelung des Entwurfes von Kübel auf der Grundlage des Dresdener Entwurfes ausgearbeitet wurde.[34] Dieser Streit kann jedoch insofern dahinstehen, als beide angesprochenen Entwürfe eine deliktische Haftung des Geschäftsherrn für sein eigenes Verschulden vorsahen.[35] Ein wichtiger Unterschied bestand aber in der Beweislastverteilung. Im Werk von *Kübel* wurde die Beweislast nämlich zugunsten des Geschädigten umgekehrt.[36]

Als Ergebnis der Diskussion der ersten Kommission wurde somit bei der deliktischen Gehilfenhaftung vom Verschuldenserfordernis des Geschäftsherrn ausgegangen.[37] Eine Beweislastumkehr wurde aber verneint.[38]

§ 711 des ersten BGB-Entwurfs war wie folgt gefasst:

> „Wer einen Anderen zur Verrichtung einer oder mehrerer Handlungen bestellt, ist denselben zu beaufsichtigen verpflichtet, wenn und soweit es die Sorgfalt eines ordentlichen Hausvaters erfordert.

---

30 Zur genauen zeitlichen Abfolge vgl. *Horn*, Die Entstehung der Vorschriften, S. 122 m.w.N.

31 Zum Ganzen *Matusche-Beckmann*, Das Organisationsverschulden, S. 20; *Fritsch*, Dogmengeschichte, S. 157.

32 *Seiler*, JZ 1967, 525, 528; ebenso *Martinek*, Repräsentantenhaftung, S. 201; *Renner*, Die deliktische Haftung, S. 37 f.

33 *Matusche-Beckmann*, Das Organisationsverschulden, S. 21.

34 *Horn*, Die Entstehung der Vorschriften, S. 132.

35 Artt. 216–217 des Dresdener Entwurfs (Text siehe bei *Horn*, Die Entstehung der Vorschriften, S. 132) und § 9 Abs. 1 des Teilentwurfs Obligationenrecht (Text siehe bei *Jakobs*/Schubert, Die Beratung des BGB, §§ 831–832, A.I (S. 933)).

36 Dazu *Horn*, Die Entstehung der Vorschriften, S. 134; ähnlich *Matusche-Beckmann*, Das Organisationsverschulden, S. 21 f.

37 So etwa *Matusche-Beckmann*, Das Organisationsverschulden, S. 21 f.

38 *Matusche-Beckmann*, Das Organisationsverschulden, S. 22; näher dazu *Jakobs*/Schubert, Die Beratung des BGB, §§ 831–832, A.I (S. 935).

Wird diese Pflicht verletzt, so haftet der Aufsichtspflichtige nach Maßgabe des § 710 Abs. 1 für den Ersatz des Schadens, welchen die bestellte Person durch eine in Ausführung der Verrichtung begangene unerlaubte Handlung einem Dritten zugefügt hat."[39]

Außerdem legte § 712[40] des ersten BGB-Entwurfs fest:

„Wer einen Anderen zur Verrichtung einer oder mehrerer Handlungen bestellt, ist eine hierzu geeignete Person auszuwählen verpflichtet. Wird diese Pflicht verletzt, so findet die Vorschrift des § 711 Abs. 2 entsprechende Anwendung".[41]

Die Festlegung des Verschuldensprinzips im ersten BGB-Entwurf wurde kritisiert.[42]

Die zweite Kommission beriet auch über andere Haftungskonzepte.[43] Die verschuldensunabhängige Haftung des Geschäftsherrn wurde aber von der Mehrheit dieser zweiten Kommission abgelehnt. Die Beweislastumkehr konnte lediglich mit Hinweis auf den Zweckmäßigkeitsgedanken vereinbart werden.[44] Im zweiten Entwurf wurde die deliktische Gehilfenhaftung in § 754 geregelt.

Die Kommission hat anerkannt, dass derjenige, der die Vorteile eines Unternehmens genieße, auch für die Schäden aufzukommen habe, welche für Dritte daraus entstünden.[45] Sie hat jedoch zugleich angemerkt, dass dieser Gedanke sich im Rahmen des BGB nicht ausgestalten lasse. Das könne nur im Rahmen der Spezialgesetzgebung erfolgen.[46] Ferner hat die Kommission daran gezweifelt, ob manche der Schonung bedürfenden industriellen Zweige sowie die kleinen Landwirtschaftsbetriebe eine so schwere Last ertragen könnten.[47] Außerdem wurde auf den „nationalen Gedanken"[48] hingewiesen, nämlich dass der französische Rechtssatz dem deutschen Rechtsbewusstsein ganz fern liege.[49] Diese

---

39 *Mugdan* II, S. CXXV.

40 Die Nummerierung des heutigen § 831 BGB im ersten BGB-Entwurf. Zu der Nummerierung in den weiteren BGB-Entwürfen vgl. *Horn*, Die Entstehung der Vorschriften, S. 132.

41 *Mugdan* II, S. CXXV.

42 So meint etwa *v. Gierke,* Entwurf, S. 259, dass die Regelungen über die unerlaubten Handlungen durch das Verschuldensprinzip „verdorben" sind. Die Kritik von Gierke wird in der Literatur als „die leidenschaftlichste gegen die Durchführung des Verschuldensprinzips im Entwurf" bezeichnet (*Fritsch*, Dogmengeschichte, S. 162).

43 Protokolle bei *Mugdan* II, S. 1090 f.

44 Protokolle bei *Mugdan* II, S. 1090, 1091.

45 Protokolle bei *Mugdan* II, S. 1094.

46 Zum Ganzen Protokolle bei *Mugdan* II, S. 1094.

47 Protokolle bei *Mugdan* II, S. 1094.

48 *Seiler*, JZ 1967, 525, 529.

49 Protokolle bei *Mugdan* II, S. 1094.

Erwägung wird zu Recht kritisiert.[50] Darüber hinaus wird das Beratungsergebnis auf die personelle Zusammensetzung der zweiten Kommission zurückgeführt.[51] Schließlich wird den wirtschaftlichen Aspekten eine wichtige Rolle zugewiesen.[52]

Die Bedenken der zweiten Kommission gegen die Einführung einer unbedingten Haftung des Geschäftsherrn lassen sich damit im Wesentlichen auf zwei Argumente reduzieren: das Fernliegen des französischen (verschuldensunabhängigen) Standpunktes von dem deutschen Rechtsbewusstsein und die Notwendigkeit des Schutzes kleinerer Unternehmer.

Allerdings sind diese Argumente kritisch anzusehen. Auf einer Seite, wie bereits erwähnt[53], ist der Gedanke des Code Civil dem deutschen Rechtsbewusstsein nicht fern, sondern umgekehrt in ihm verwurzelt[54]. Auf der anderen Seite ist das Argument, dass kleinere Unternehmer von Versicherungsmöglichkeiten erfahrungsgemäß selten Gebrauch machten, wodurch sie der Schonung bedürften, widersprüchlich.[55] Es ist zu vermuten, dass gerade deswegen, weil der Gesetzgeber diese Schonung anbietet, sie selten davon Gebrauch machen. Darüber hinaus haben diese Unternehmer grundsätzlich die Möglichkeit, die Versicherung einzuschalten. Dies bedeutet, dass sie bei der Einführung einer unbedingten Haftung nicht bloßgestellt würden, sondern über einen gewissen Schutz oder genauer gesagt über eine Möglichkeit des Schutzes verfügen würden. Aus diesen Gründen ist sich der Meinung anzuschließen, dass die Begründung der zweiten Kommission nicht überzeugen kann.[56]

---

50 So etwa *Seiler*, JZ 1967, 525, 529 lehnt diesen Schluss unter Hinweis darauf ab, dass diese „artfremde" Regelung 80 Jahre im Rheinland gegolten habe und für bayerische, hessische und preußische Entwürfe Vorbild gewesen sei; *v. Gierke*, Entwurf, S. 261 weist darauf hin, dass eine unbeschränkte Haftung für Hilfspersonen „tief im deutschen Rechtsgedanken" wurzelt; *v. Bar*, Gemeineuropäisches Deliktsrecht, Band I, Rn. 186.

51 *Seiler*, JZ 1967, 525, 528, der betont, dass der zweiten Kommission vor allem hohe Richter und Ministerialbeamte höheren Alters angehörten, die unter dem Einfluss der Pandektenwissenschaft standen. *Tröger*, Arbeitsteilung, S. 161 bezeichnet die Begründung des Verschuldenskonzepts der Haftung nach § 831 BGB als „Ausdruck erfolgreicher Lobbyarbeit".

52 *Horn*, Die Entstehung der Vorschriften, S. 195, 198.

53 Dazu siehe Fn. 50.

54 Dies anerkennend *v. Gierke*, Entwurf, S. 261, der jedoch die französischen Bestimmungen trotzdem mit den deutschen Prinzipien für nicht vereinbar hält.

55 Kritisch zu der Gegenüberstellung von Klein- und Großunternehmern *Tröger*, Arbeitsteilung, S. 162.

56 *Matusche-Beckmann*, Das Organisationsverschulden, S. 24.

Bemerkenswert ist, dass es auch bei den Reichstagsberatungen[57] einen Antrag zur Eliminierung der Entlastungsmöglichkeit gegeben hatte.[58] Er wurde aber aus dem Grund abgelehnt, weil dieser nicht mit den Tendenzen der neueren Reichsgesetzgebung übereinstimmte. Eine nähere Begründung fehlte allerdings.[59] Die Ablehnung einer unbedingten Haftung wurde laut Reichstagsprotokollen mit dem Billigkeitsgedanken und mit dem wirtschaftlichen Aspekt (Vermeidung des Ruins eines Unternehmers) begründet.[60] Es ist somit ersichtlich, dass die wirtschaftlichen Argumente in allen Entwicklungsstufen der gesetzlichen Regelung über die deliktische Gehilfenhaftung eine enorme Überzeugungskraft besaßen.

3. *Zwischenergebnis*

Der geschichtliche Überblick hat gezeigt, dass das Problem der genauen Ausgestaltung der deliktischen Gehilfenhaftung seit langer Zeit höchst umstritten ist. Zu betonen ist, dass die historische Entwicklung der Gehilfenhaftung keine zwingenden Gründe für die Annahme des Verschuldensprinzips als einzig mögliches Prinzip dieser Regelung aufzuzeigen vermag. Vielmehr lässt sich festhalten, dass das Verschuldensprinzip bei der Gehilfenhaftung im römischen Recht neben anderen Prinzipien galt und dass in der deutschen Gehilfenhaftungsentwicklung bis zur BGB-Entstehung eine verschuldensunabhängige Haftung Priorität hatte.

Somit spricht die Analyse der geschichtlichen Entwicklung der Gehilfenhaftung eher gegen die geltende Fassung des § 831 Abs. 1 BGB.

II. Dogmatische Einordnung der Gehilfenhaftung nach § 831 Abs. 1 BGB

Zunächst ist die dogmatische Einordnung der Gehilfenhaftung gemäß § 831 Abs. 1 BGB zu behandeln.

---

57 In der Bundesratsvorlage war die deliktische Gehilfenhaftung unter § 816 BGB und in der Reichstagsvorlage unter § 815 geregelt (*Horn*, Die Entstehung der Vorschriften, S. 196).

58 Antrag v. Cuny, dazu vgl. *Horn*, Die Entstehung der Vorschriften, S. 197, der diesen Antrag als einen letzten Versuch bezeichnet, im BGB eine Gehilfenhaftung – in Form einer Haftung für fremdes Verschulden – zu normieren.

59 Zum Ganzen *Horn*, Die Entstehung der Vorschriften, S. 197.

60 Stenographische Berichte über die Verhandlungen des Reichstages, 9. Legislaturperiode Nr. 440/IV/1895/97, zu § 815 (S. 1988).

Die Gehilfenhaftung nach dieser Vorschrift wurde bereits vom Reichsgericht als Verschuldenshaftung eingeordnet. Es hat darauf hingewiesen, dass die Bestimmung des § 831 BGB nicht eine Haftung für fremdes Verschulden, sondern eine solche für ein eigenes Verschulden des Haftpflichtigen festsetze, das jedoch vermutet werde und von ihm zu widerlegen sei.[61] Diese Auffassung wird später auch vom Bundesgerichtshof und in der Lehre vertreten.[62]

Für die Einordnung der Gehilfenhaftung gemäß § 831 BGB als Verschuldenshaftung sprechen insbesondere Struktur und Wortlaut der Norm. Nach § 831 Abs. 1 Satz 2 BGB kann der Geschäftsherr die Verschuldensvermutung widerlegen.

In Satz 1 dieser Vorschrift ist jedoch keinerlei Verschulden normiert, was Anlass zu der Überlegung gibt, dass es sich bei § 831 BGB um eine verschuldensunabhängige Haftung handelt. § 831 Abs. 1 Satz 2 BGB wird in der Literatur als Ausnahme zur Regel des Satzes 1 betrachtet. Dieser Umstand rechtfertigt danach nicht, das Prinzip des Satzes 2 auf die Regel des Satzes 1 anzuwenden.[63]

Diese Argumentation ist nicht überzeugend. Zum einen lässt der Wortlaut des § 831 Abs. 1 BGB nicht die Schlussfolgerung zu, dass Sätze 1 und 2 auf verschiedenen Haftungsprinzipien beruhen. Zum anderen stellen die Vorschriften dieses Absatzes lediglich eine Anspruchsgrundlage dar. Die Existenz zweier unterschiedlicher Haftungsprinzipien im Rahmen einer Anspruchsgrundlage ist unvorstellbar. § 831 Abs. 1 Satz 2 BGB normiert lediglich die Fälle, in denen die Ersatzpflicht gemäß § 831 Abs. 1 Satz 1 BGB nicht eintritt. Diese Vorschrift legt also nicht die Ausnahme zur Regel fest, sondern vielmehr die Voraussetzungen des Haftungsausschlusses. Der Haftungsausschluss stellt gleichzeitig eine „Kehrseite" der Haftung dar. Es sind zwei Seiten des gleichen Aspekts. Aus diesem Grund ist die Annahme einer verschuldensunabhängigen Haftung im Rahmen von § 831 Abs. 1 BGB nicht haltbar.

Das Vorliegen einer Verschuldenshaftung im Falle des § 831 BGB wird aber auch aus anderen Gründen in der Literatur angezweifelt.[64] Es wird von der

---

61 RG, Urt. v. 14. Dezember 1911 – VI 75/11, RGZ 78, 107, 108.

62 So etwa BGH, Urt. v. 9. Februar 1960 – VIII ZR 51/59, BGHZ 32, 53, 59; RGRK/*Steffen*, § 831, Rn. 1; *Westermann*, JuS 1961, 333, 342 („mittelbare Verschuldenshaftung"); übereinstimmend *Nitschke*, NJW 1969, 1737.

63 Zum Ganzen *Lübbe*, Beiträge zur Auslegung, S. 9.

64 Obwohl diese Meinung als „vereinzelt" dargestellt wird (*Renner*, Die deliktische Haftung, S. 42), scheint sie weit verbreitet zu sein: *Ostwald*, Der Erfüllungsdiener, S. 64 bezeichnet die Annahme eines Verschuldensprinzips nach § 831 BGB als „Gedankenlosigkeit", die aus der „Macht der Gewohnheit" folge; *Weigert*, Die außervertragliche

Haftung für vermutete Verkehrspflichtverletzung in § 831 BGB gesprochen.[65] Der Geschäftsherr kann nämlich trotz der formalen Voraussetzung des Verschuldens aufgrund seiner Beweisschwierigkeiten schuldlos verurteilt werden.[66] Dem ist aber entgegenzuhalten, dass diese in der Praxis durchaus mögliche Folge nicht den Grundsatz der gesetzlichen Regelung der Gehilfenhaftung berührt. Sie sei lediglich eine Konsequenz der Beweislastverteilung und ändere an dem Prinzip der Verschuldenshaftung nichts.[67] Genauso wäre möglich, dass im Fall einer Haftung für nachgewiesenes Verschulden dem Geschädigten der Verschuldensbeweis nicht gelingt und der Schädiger demzufolge den entstandenen Schaden nicht zu ersetzen hat. Das würde jedoch nicht bedeuten, dass der Schädiger ohne Verschulden gehandelt hat. Dadurch realisiert sich lediglich das Risiko der Beweislastverteilung. In beiden Fällen kommt das Verschuldensprinzip zum Ausdruck, das eine negative und positive Seite aufweist und zwar, dass kein Unschuldiger zu haften brauche, und dass jeder Schuldige zur Verantwortung gezogen werde.[68] Für die Annahme einer „echten" Gefährdungshaftung wäre hingegen erforderlich, dass auch im Fall des Nachweises unverschuldeter Verletzung die Haftung weiterhin bestehe.[69] Das ist in § 831 BGB aber gerade nicht der Fall.

Außerdem wird der Annahme einer Verschuldenshaftung nach § 831 BGB ein systematischer Einwand entgegengehalten. § 831 BGB stehe inmitten von verschuldensunabhängigen Tatbeständen (§§ 829, 833–838 BGB) und weise eine zu berücksichtigende Ähnlichkeit in der Fassung mit dem § 833 BGB auf.[70] Darüber hinaus wird betont, dass § 829 BGB den § 831 BGB nicht nenne.[71] Dieser Auffassung ist aber entgegenzuhalten, dass die Vorschriften der §§ 833 Satz 2, 834, 836 - 838 BGB keine Haftung *ohne* Verschulden vorsehen, sondern eine Haftung für *vermutetes* Verschulden, wie sich aus dem Wortlaut dieser Normen ergibt. Lediglich § 833 Satz 1 BGB normiert eine Gefährdungshaftung. Es ist nicht zu leugnen, dass § 831 BGB und § 833 BGB ähnlich konzipiert zu sein scheinen. Allerdings ist nicht zu vergessen, dass § 833 BGB zwei unterschiedliche

---

Haftung, S. 24 ff., 36, 37 nimmt grundsätzlich das abgeschwächte Verursachungsprinzip der Haftung an, für Kleinbetriebe aber doch das Verschuldensprinzip.

65 MüKo/*Wagner*, § 831, Rn. 11; PWW/*Schaub*, § 831, Rn. 2.

66 So etwa *Lübbe*, Beiträge zur Auslegung, S. 8.

67 *Baur*, Karlsruher Forum 1962, 14.

68 *Feder*, Verantwortlichkeit, S. 90.

69 *Renner*, Die deliktische Haftung, S. 42, Fn. 5.

70 *Lübbe*, Beiträge zur Auslegung, S. 9.

71 *Lübbe*, Beiträge zur Auslegung, S. 9; ebenso *Meyer*, Das Recht 1924, 277, 281.

Haftungstatbestände festlegt[72], was bei § 831 BGB gerade nicht der Fall ist. Aus diesem Grund darf nicht der Schluss gezogen werden, die Haftung gemäß § 831 BGB sei genauso wie die des § 833 Satz 1 BGB verschuldensunabhängig ausgestaltet. Was hingegen den § 829 BGB betrifft, ist seine Anwendung auf § 831 BGB anerkannt, weil es eine Ableitung der Haftung aus den §§ 823 – 826 BGB ist.[73]

Dementsprechend ist festzuhalten, dass der Gesetzgeber die Haftung nach § 831 Abs. 1 BGB als Verschuldenshaftung und zwar für eigenes vermutetes Verschulden des Geschäftsherrn konzipiert hat, obwohl die Rechtsprechung einen anderen Weg einzuschlagen versucht[74].

III. Gesetzliche Regelung der Gehilfenhaftung nach § 831 Abs. 1 BGB

Der Geschäftsherr ist aus § 831 Abs. 1 Satz 1 BGB zum Schadensersatz verpflichtet, wenn sein Gehilfe in Ausführung der Verrichtung einen Dritten widerrechtlich schädigt, sofern er sich nicht nach § 831 Abs. 1 Satz 2 BGB exkulpieren kann. Die Darstellung der Einzelheiten zur gesetzlichen Regelung des § 831 Abs. 1 BGB ist extrem wichtig, um die heutige Bedeutung und Wirkungsweise dieser Regelung richtig einschätzen und mit der des russischen Zivilrechts vergleichen zu können. Aus diesem Grund ist die Regelung des § 831 Abs. 1 BGB im Folgenden näher zu analysieren.

1. Bestellung eines Gehilfen zur Verrichtung

§ 831 Abs. 1 BGB setzt zunächst voraus, dass ein Anderer von dem Geschäftsherrn zu einer Verrichtung bestellt wird. Verrichtungsgehilfe im Sinne des § 831 Abs. 1 BGB ist derjenige, dem von einem anderen, in dessen Einflussbereich er allgemein oder im konkreten Fall steht und dem gegenüber er in gewisser Weise abhängig, insbesondere weisungsgebunden ist, eine Tätigkeit übertragen worden ist.[75]

Für die Bezeichnung desjenigen, für dessen Handlungen der Geschäftsherr nach § 831 Abs. 1 BGB haftet, verwendet der deutsche Gesetzgeber den Terminus eines „Anderen". Solange derjenige, der im konkreten Fall den Weisungen des Geschäftsherrn unterworfen und von seinem Willen abhängig ist, eine

72 Jauernig/*Teichmann*, § 833, Rn. 1.

73 Palandt/*Sprau*, § 829, Rn. 1; PWW/*Schaub*, § 829, Rn. 2.

74 Näher zu den Umgehungskonstruktionen unter Kapitel 1, A.IV.4.

75 PWW/*Schaub*, § 831, Rn. 7; Palandt/*Sprau*, § 831, Rn. 5; BaRoth/*Spindler*, § 831, Rn. 10.

natürliche Person ist, ruft die Anwendung des § 831 Abs. 1 BGB keine Einwände hervor. Anders ist es jedoch, wenn eine juristische Person Verrichtungen eines anderen Rechtsverkehrsteilnehmers ausführt und dabei eine dritte Person schädigt.[76] In diesem Zusammenhang entsteht die Frage, ob als Verrichtungsgehilfe im Sinne dieser Norm nur eine natürliche Person oder aber auch ein kollektives Subjekt, insbesondere eine juristische Person oder eine Personenhandelsgesellschaft, auftreten kann.

a. Juristische Person als Verrichtungsgehilfin im Sinne des § 831 Abs. 1 BGB

aa. Streitstand

Diesem Aspekt der deliktischen Gehilfenhaftung wird in der juristischen Literatur sowie in der Rechtsprechung nur wenig Aufmerksamkeit geschenkt. Diese Fragestellung ist im Rahmen des Konzernrechts von beachtlicher Relevanz und wird daher in der Regel in diesem Rechtsgebiet analysiert.[77] Sie wird vor allem unter dem Gesichtspunkt des Gläubigerschutzes problematisiert.

Die Meinungen zu dieser Frage gehen dabei weit auseinander. Nach einer Auffassung, die eine breitere Zustimmung gefunden hat, kann § 831 Abs. 1 BGB auf diese Konstellationen angewendet werden.[78] Es sei nicht ausgeschlossen, die Haftung der übergeordneten Person aufgrund des § 831 BGB zu begründen, sofern die Organgesellschaft in Ausführung einer ihr von der Herrschaftsperson übertragenen Verrichtung bei einem Dritten widerrechtlich einen Schaden verursacht.[79] Dabei spielt es keine Rolle, ob sich die Rechtsverhältnisse aus dem Gesellschaftsvertrag bestimmen oder ob die Organgesellschaft Angestellte der Herrschaftsperson ist.[80]

---

76 In der Literatur wird dabei zwischen einem Unternehmen und einem Unternehmer nicht immer genau differenziert: *Rehbinder*, Konzernaußenrecht, S. 529 f.

77 Inwiefern § 831 Abs. 1 BGB bei Konzernverhältnissen im Einzelnen Anwendung findet, kann angesichts des begrenzten Themas dieser Arbeit nicht ausführlich untersucht werden. Deswegen werden nur einzelne relevante Aspekte dieses Problems beleuchtet.

78 *Brandi*, Organgesellschaft, S. 53 (die Anwendung des § 31 BGB auf diese Fälle wird jedoch verneint); *Hamburger*, Gedächtnisschrift Seckel, S. 261, 319 (die Anwendung des § 31 BGB analog ebenso ablehnend); zustimmend *Kronstein*, Die abhängige juristische Person, S. 82. Ähnlich *Habersack/Zickgraf*, ZHR 182 (2018), 252, 292 f.; *König*, AcP 217 (2017), 611, 656 ff., 685 für die Fälle von Konzernmuttergesellschaften zu den Tochtergesellschaften; *Meise*, Organgesellschaft, S. 105; *Rasch*, Deutsches Konzernrecht, S. 237; *Sommer*, Schuldenhaftung, S. 16.

79 *Brandi*, Organgesellschaft, S. 53.

80 *Brandi*, Organgesellschaft, S. 53.

Die rechtliche Ausgestaltung der Beziehung zwischen dem Geschäftsherrn und seinen Verrichtungsgehilfen oder der gesellschaftsrechtliche Status eines Verrichtungsgehilfen werden als maßgebende Kriterien abgelehnt.[81] Vielmehr wird betont, dass die tatsächliche Eingliederung in den Organisationsbereich sowie das Unterliegen den Weisungen von Bedeutung sind.[82] Zur Verrichtungsgehilfeneigenschaft einer GmbH im Sinne des § 831 Abs. 1 BGB hat der Bundesgerichtshof insbesondere Folgendes ausgeführt: „Der Umstand, dass die [...] GmbH ein rechtlich selbständiges Unternehmen ist, schließt unter den besonderen Umständen des Einzelfalles die Verrichtungsgehilfenschaft [sic] nicht aus. Entscheidend ist, ob die Hilfsperson allgemein oder doch im konkreten Fall im Einflussbereich des Geschäftsherrn steht und sich in einer gewissen Abhängigkeit zu ihm befindet."[83]

Die Beurteilung, ob eine juristische Person abhängig im Sinne des § 831 Abs. 1 BGB ist, bleibt aber von der konkreten Situation abhängig. In einem neueren Urteil hat der Bundesgerichtshof Stellung dazu genommen, ob ein Konzernverhältnis an sich bereits die erforderliche Abhängigkeit indiziert. Dem Fall lagen unter anderem Schadensersatzansprüche im Zusammenhang mit Vertragsverhandlungen über den Abschluss eines Mietvertrags gegen eine Gesellschaft, Eigentümerin eines Einkaufszentrums, die das gesamte Vermietungsgeschäft einer Gesellschaft mit beschränkter Haftung, ihrer Konzerngesellschaft, übertragen hatte, zugrunde. Der Bundesgerichtshof hat dabei die Verrichtungsgehilfeneigenschaft dieser Konzerngesellschaft mit der Begründung abgelehnt, dass sich die erforderliche Abhängigkeit und Weisungsgebundenheit aus der Übertragung der Aufgaben im Rahmen eines Konzerns alleine nicht ergebe. Für die Abweichung von dem für selbstständige Unternehmen geltenden Grundsatz hat das Gericht auf das Erfordernis der Aufführung konkreter Umstände verwiesen.[84] Somit wurde konsequent die Ansicht weiter vertreten, dass es grundsätzlich nicht ausgeschlossen ist, dass ein selbstständiges Subjekt auch ein Verrichtungsgehilfe sein kann, wenn dafür konkrete Umstände des Falls sprechen.

---

81 BGH, Urt. v. 25. April 2012 – I ZR 105/10, GRUR 2012, 1279, 1283.

82 BGH, Urt. v. 25. April 2012 – I ZR 105/10, GRUR 2012, 1279, 1283; dem folgend OLG Düsseldorf, Beschluss v. 30. April 2018 – I 15 W 9/18, GRUR 2018, 855, 861.

83 BGH, Urt. v. 28. Februar 1989 – XI ZR 70/88, WM 1989, 1047, 1050.

84 Zum Ganzen BGH, Urt. v. 6. November 2012 – VI ZR 174/11, NJW 2013, 1002, 1003; die Bejahung der Verrichtungsgehilfeneigenschaft alleine aufgrund der Konzernverbundenheit eines rechtlich selbstständigen Unternehmens ebenfalls ablehnend: OLG Düsseldorf, Beschluss v. 30. April 2018 – I-15W 9/18, GRUR 2018, 855, 861.

Obwohl die Qualifikation einer juristischen Person als eine Verrichtungsgehilfin im Sinne des § 831 Abs. 1 BGB grundsätzlich für möglich gehalten wird, wird diese Fallkonstellation eindeutig als ein „Sonderfall"[85] oder als eine Konstellation „bei Vorliegen besonderer Umstände"[86] charakterisiert. Dabei werden aber die maßgebenden Kriterien, die die Annahme eines solchen Sonderfalls rechtfertigen würden, nicht im Voraus bestimmt, sondern im konkreten Einzelfall beurteilt. Dies deutet auf ein gewisses Zögern sowohl in der Rechtsprechung als auch in der Literatur bei der Möglichkeit einer generellen Anerkennung einer juristischen Person als Verrichtungsgehilfin nach § 831 Abs. 1 BGB hin. Trotz der Bejahung der Verrichtungsgehilfeneigenschaft einer juristischen Person nur beim Vorliegen besonderer Umstände, werden keine weiteren Einschränkungen gemacht. Diese Ansicht stellt somit nicht auf die formalen Kriterien, insbesondere auf die rechtliche Form des Rechtssubjekts, ab. Die rechtliche Selbstständigkeit schließt die Verrichtungsgehilfeneigenschaft nach § 831 Abs. 1 BGB und somit auch dessen Anwendung nicht aus.

Die andere Ansicht beschränkt die Anwendung des § 831 Abs. 1 BGB von vornherein nur auf bestimmte konzernrechtliche Fallkonstellationen. Dies ist danach nur dann zu bejahen, wenn die Eingliederung der Tochtergesellschaft dank 100%igen Kapitalbesitzes, Personalunion und sonstiger Umstände so eng sei, dass die rechtliche Selbstständigkeit als bloße Formalität erscheine.[87] Dieser Standpunkt wird also mit dem Argument eines Einheitsunternehmens begründet.[88]

Der weiteren Ansicht zufolge kann jedoch auf den Haftungstatbestand des § 831 Abs. 1 BGB nicht zurückgegriffen werden.[89] Dabei wird sogar darauf hingewiesen, dass § 831 BGB voraussetze, dass der Verrichtungsgehilfe eine

---

85 Soergel/*Krause*, § 831, Rn. 21.

86 BGH, Urt. v. 25. April 2012 – I ZR 105/10, GRUR 2012, 1279, 1283; die besonderen Umstände im konkreten Fall ablehnend z.B. OLG Düsseldorf, Urt. v. 23. Januar 2008 – I-15 U 18/07, Rn. 49 (abrufbar in juris), im Ergebnis auch vom nachgehenden Urteil des Bundesgerichtshofs bestätigt (BGH, Urt. v. 13. Juli 2010 – XI ZR 57/08, ZIP 2010, 2004, 2007).

87 *Ballerstedt*, DB 1956, 813, 814.

88 *Ballerstedt*, DB 1956, 813, 814.

89 *Ehricke*, Das abhängige Konzernunternehmen, S. 130, 139, 601; *Grunewald*, NZG 2018, 481, 484; *Wimmer-Leonhardt*, Konzernhaftungsrecht, S. 409.

natürliche Person sei.[90] Dem ist jedoch entgegenzuhalten, dass diese Voraussetzung aus dem Gesetzestext des § 831 BGB nicht folgt.

Neben diesen entgegengesetzten Meinungen hat sich auch eine abweichende Auffassung gebildet. Es wird vertreten, dass die Anwendung des § 831 Abs. 1 BGB im Fall der deliktischen Handlungen der Untergesellschaft nicht direkt, sondern lediglich im Wege der Analogie möglich ist.[91]

Somit ergibt sich kein einhelliges Meinungsbild dazu, ob im Allgemeinen § 831 Abs. 1 BGB auf die Gehilfen, die keine natürlichen Personen sind, und im Besonderen auf die Tochtergesellschaften in den konzernrechtlichen Haftungsfällen anwendbar ist.

bb. Stellungnahme

Die Auffassung, nach der § 831 Abs. 1 BGB in betrachteten Fallkonstellationen anwendbar wäre, besticht vor allem dadurch, dass diese Lösung den Gläubigern einer Tochtergesellschaft bzw. eines kollektiven Rechtssubjekts aufgrund allgemeiner Rechtsgrundsätze ausreichenden Schutz bietet.[92] Es wäre allerdings voreilig, allein aufgrund dieses Umstandes die grundsätzliche Anwendbarkeit des § 831 Abs. 1 BGB in diesem Zusammenhang anzunehmen.

Zunächst ist hervorzuheben, dass der Wortlaut des § 831 Abs. 1 BGB neutral formuliert ist.[93] In dieser Norm ist von einem „Anderen" als Verrichtungsgehilfe die Rede. Daher könnten darunter alle möglichen Rechtssubjekte verstanden werden, zu denen bekanntlich nicht nur natürliche Personen gehören. Im Weiteren spricht das Gesetz von einer „bestellten Person". Dies lässt ebenfalls nicht zu, den Anwendungsbereich des § 831 Abs. 1 BGB hinsichtlich des Verrichtungsgehilfen nur auf natürliche Personen zu reduzieren.[94] Demzufolge lässt sich aus dem Wortlaut dieser Norm ein Argument „für" die Anwendung des § 831 Abs. 1 BGB auf juristische Personen gewinnen. Jedenfalls ist es nach dem ausdrücklichen Wortlaut des Gesetzestextes nicht ausgeschlossen.

---

90 *Ehricke*, Das abhängige Konzernunternehmen, S. 601. An früherer Stelle spricht jedoch der Autor etwas vorsichtiger von der „Konzeption des § 831 BGB", nach der der Gehilfe eine natürliche Person sein müsse (S. 139).

91 *Herzog*, AcP 133 (1931), 52, 67; *Rehbinder*, Konzernaußenrecht, S. 535 weist darauf hin, dass § 831 BGB *zumindest* analog anzuwenden sei. Er differenziert jedoch im Weiteren zwischen verschiedenen Arten der Abhängigkeit im Konzernrecht, bei denen die Anwendbarkeit des § 831 BGB bejaht oder verneint werden kann (S. 535 ff.).

92 Ähnlich machte darauf aufmerksam *Meyer*, Haftungsbeschränkung, S. 674.

93 Dies anerkennend *Ehricke*, Das abhängige Konzernunternehmen, S. 130.

94 So aber *Ehricke*, Das abhängige Konzernunternehmen, S. 601.

Ferner ist anzumerken, dass keine Gegenargumente auch im Rahmen einer systematischen Auslegung des § 831 BGB zu finden sind. Diese Vorschrift ist im Titel 27 „Unerlaubte Handlungen" des zweiten Buches des BGB platziert. Nach § 831 Abs. 1 BGB ist eine widerrechtliche Handlung des Verrichtungsgehilfen neben anderen Voraussetzungen für die Haftung des Geschäftsherrn erforderlich. Es kommt im Rahmen dieser Bestimmung also auf die Handlung des Verrichtungsgehilfen an. Unabhängig von der Frage, ob das Verschulden des Verrichtungsgehilfen eine Haftungsvoraussetzung darstellt, ist zu betonen, dass eine juristische Person schädigend handeln kann. Die Handlungen entsprechender Personen werden ihr zugerechnet. Somit kann das systematische Argument der Anwendung des § 831 Abs. 1 BGB auf juristische Personen als Verrichtungsgehilfen ebenfalls nicht im Wege stehen.

Dem ist jedoch entgegenzuhalten, dass die Entstehungsgeschichte des § 831 BGB entschieden gegen diese Schlussfolgerung spricht. In den Gesetzesmaterialien ist von den Angestellten und Arbeitern[95] die Rede. Die Gesetzesmaterialien werden an anderer Stelle deutlicher und sprechen bereits von einem Menschen als Schädiger[96] in dem hier interessierenden Zusammenhang.

§ 831 Abs. 1 BGB war somit ursprünglich nur auf die natürlichen Personen als Verrichtungsgehilfen zugeschnitten. Die Industrialisierung und ständige Weiterentwicklung hat jedoch dazu geführt, dass Situationen immer häufiger vorkommen, in denen juristische Personen als „andere" im Sinne des § 831 Abs. 1 BGB auftreten. Es wäre daher möglich einzuwenden, dass an diese Situationen bei den damals bestehenden wirtschaftlichen Verhältnissen kaum gedacht worden ist.[97] Wie jedoch völlig zu Recht hervorgehoben wird, dürfe die Auslegung eines Gesetzes nicht starr und unbeweglich sein.[98]

Im Weiteren ist deswegen auf den Sinn und Zweck des § 831 Abs. 1 BGB einzugehen. Der Zweckgedanke des § 831 Abs. 1 BGB liegt darin, dem Geschäftsherrn die Risiken aus der Inanspruchnahme der Arbeitsteilung bei eigener Weisungsmöglichkeit aufzubürden. Dies könnte somit die Auferlegung dieser Risiken der Obergesellschaft rechtfertigen, soweit die Untergesellschaft von ihr in erforderlichem Maß abhängig ist.[99] Bei der Bedienung einer anderen juristischen Person mache sich die herrschende juristische Person Vorteile der Arbeitsteilung

---

95 Protokolle bei *Mugdan* II, S. 1092.

96 Protokolle bei *Mugdan* II, S. 1092.

97 Zum Ganzen *Herzog*, AcP 133 (1931), 52, 67.

98 *Herzog*, AcP 133 (1931), 52, 67.

99 Zum Ganzen *Rehbinder*, Konzernaußenrecht, S. 535, 541.

zunutze. Sie lasse die Untergesellschaft diejenigen Verrichtungen ausführen, die sie an sich selbst ausführen müsste. Dieser Tatbestand entspricht im Großen und Ganzen dem des § 831 Abs. 1 BGB.[100]

Allerdings lässt die Besonderheit[101], die sich im Zusammenhang mit der Teilnahme an dieser Konstellation einer juristischen Person als Verrichtungsgehilfin ergibt, die Frage entstehen, ob auch in dieser Fallkonstellation eine direkte Anwendung des § 831 Abs. 1 BGB möglich ist.

Dagegen spricht der Umstand, dass bei der Einschaltung einer juristischen Person als Verrichtungsgehilfin ein Phänomen des sog. Zwischengehilfen nach § 831 BGB möglich ist.[102] Die daraus resultierende „Potenzierung der Geschäftsherreneigenschaft" ist jedoch von § 831 BGB nicht gedeckt.[103] In der Literatur wird darauf hingewiesen, dass der Zwischengehilfe allein nach § 823 BGB hafte, sofern er überhaupt eine eigene deliktische Pflicht gegenüber Dritten erfülle.[104]

Zum Teil wird der Versuch unternommen, die Anwendung des § 831 Abs. 1 BGB auf juristische Personen mit Hinweis auf den „äußeren Rechtsschein"[105] zu begründen. Dem wird jedoch zu Recht entgegengehalten, dass § 831 BGB nicht vom Vertrauensschutzgedanken geprägt sei, sondern dem Unternehmer bestimmte Risiken seines Betriebes auf objektiver Grundlage zurechne.[106]

Allerdings ist zu erwähnen, dass das Verhältnis zwischen einer herrschenden und einer abhängigen Gesellschaft dermaßen eng ist, dass dieses als eine Einheit angesehen werden kann. Aufgrund dessen ist kein Grund ersichtlich, warum der Obergesellschaft erlaubt werden sollte, sich auf die Selbstständigkeit einzelner „Organismen" dieser Einheit berufen zu dürfen.[107]

Darüber hinaus lässt sich das praktische Bedürfnis der Anwendung des § 831 Abs. 1 BGB auf die analysierten Fälle nicht leugnen.[108] Nichtsdestotrotz darf nicht

100 Zum Ganzen *Rehbinder*, Konzernaußenrecht, S. 535.

101 *Rehbinder*, Konzernaußenrecht, S. 535 spricht von einer nur geringfügigen Abweichung.

102 *Wimmer-Leonhardt*, Konzernhaftungsrecht, S. 410.

103 MüKo/*Stein*, 3. Auflage (1997), § 831, Rn. 42; *Ehricke*, Das abhängige Konzernunternehmen, S. 131; *Wimmer-Leonhardt*, Konzernhaftungsrecht, S. 410.

104 BaRoth/*Spindler*, § 831, Rn. 15.

105 *Herzog*, AcP 133 (1931), 52, 63.

106 *Rehbinder*, Konzernaußenrecht, S. 529.

107 *Hamburger*, Gedächtnisschrift Seckel, S. 261, 322; unter zusätzlichen Voraussetzungen auch bejahend: *Brandi*, Organgesellschaft, S. 53. Kritisch dazu *Rehbinder*, Konzernaußenrecht, S. 532.

108 *Herzog*, AcP 133 (1931), 52, 67.

verkannt werden, dass durch die Zulassung der Haftung der Muttergesellschaft ein sehr beachtliches und nicht einfach zu begründendes Ergebnis erreicht wird. Einer der wichtigsten Zwecke der Schaffung großer Konzerne und „Ketten" der Gesellschaften stellt die Risikostreuung und Risikobegrenzung dar. Durch die mögliche Haftung nach § 831 BGB wird dieses Ziel vereitelt.[109] Allerdings wird richtigerweise hervorgehoben, dass das Organisieren in Form einer juristischen Person nicht zur Umgehung von allgemeinen Haftungstatbeständen führen darf. Sobald die Tatbestandsvoraussetzungen erfüllt sind, bedarf die Nichtanwendbarkeit des jeweiligen Tatbestandes einer besonderen Begründung, wofür lediglich die Rechtsform nicht zu überzeugen vermag.[110] Anderenfalls entsteht die Gefahr, dass die Rechtssubjekte diese Organisationsform unter anderem deswegen auswählen würden, um die Haftungsfolgen des § 831 BGB zu umgehen.

Inwieweit diese „weitgreifende Aushebelung der Haftungsbeschränkungsregeln"[111] aus der Perspektive des Schutzes der Geschädigten angemessen ist, wird in jedem konkreten Fall individuell abgewogen und entschieden.

Somit ist die Anwendung des § 831 Abs. 1 BGB auf die juristischen Personen als Verrichtungsgehilfen denkbar, sofern die erforderlichen Voraussetzungen, insbesondere die Weisungsgebundenheit, vorliegen. Der Status des Handelnden im Gesellschafts-, Gewerbe-, Arbeits- oder Handelsrecht ist dabei gerade kein entscheidendes Abgrenzungskriterium.[112] Die rechtliche Selbstständigkeit einer juristischen Person oder einer Personenhandelsgesellschaft stellt kein Ausschlusskriterium dar. Bei der Beurteilung einer Abhängigkeit kommt es auf die konkreten Bedingungen an, unter denen der Schaden vom Gehilfen verursacht wurde.[113]

Aber auch bei Anwendung des § 831 Abs. 1 BGB in solchen Fallkonstellationen sind unerwünschte Folgen für den Geschädigten, die mit der vorhandenen

---

109 Dazu in diesem Sinne bereits *Hamburger*, Gedächtnisschrift Seckel, S. 261, 322.

110 Zum Ganzen *Rehbinder*, Konzernaußenrecht, S. 541.

111 *Meyer*, Haftungsbeschränkung, S. 674; kritisch *Rehbinder*, Konzernaußenrecht, S. 541, der hervorhebt, dass diese Folge keinerlei Abbruch der Rechtspersönlichkeit tue.

112 MüKo/*Wagner*, § 831, Rn. 17.

113 Etwa BGH, Urt. v. 29. Juni 1956 – I ZR 129/54, NJW 1956, 1715 f. (für Generalvertreter); BGH, Urt. v. 5. Oktober 1979 – I ZR 140/77, NJW 1980, 941 (für Handelsvertreter); BGH, Urt. v. 28. Februar 1989 – XI ZR 70/88, WM 1989, 1047, 1050 (für eine GmbH). Soergel/*Krause*, § 831, Rn. 22; ähnlich BaRoth/*Spindler*, § 831, Rn. 12 weist auf das Erfordernis der Weisungsgebundenheit und der Abhängigkeit hin; Palandt/*Sprau*, § 831, Rn. 5 („Selbständige Unternehmen sind […] in der Regel keine Verrichtungsgehilfen, außer wenn sie ausnahmsweise im konkreten Fall weisungsunterworfen, d.h. in die Organisation entsprechend eingebunden sind […]").

Exkulpationsmöglichkeit zusammenhängen, nicht ausgeschlossen.[114] Aus diesem Grunde sind daran zum einen strenge Anforderungen zu stellen.[115] Zum anderen kann daran gedacht werden, die Obergesellschaft aufgrund des Vorwurfs eines Organisationsverschuldens[116] haften zu lassen.

b. Charakteristika eines Verrichtungsgehilfen

Ein wichtiges Kriterium des Begriffs eines Verrichtungsgehilfen ist die Weisungsgebundenheit des Gehilfen. Die Tätigkeiten eines Gehilfen sollen in einer organisatorisch abhängigen Stellung vorgenommen werden.[117] Für diese ist entscheidend und ausreichend, ob der Geschäftsherr die Tätigkeit des Handelnden jederzeit beschränken, entziehen oder nach Zeit und Umfang bestimmen kann.[118] Es kommt dabei lediglich auf die tatsächliche Steuerungsmöglichkeit des Geschäftsherrn an. In diesem Zusammenhang erscheint das Verwenden des Terminus „Weisungs*recht*“[119], das auf eine rechtliche Beziehung hindeutet, irreführend.[120]

---

114 Die Exkulpationsmöglichkeit der Obergesellschaft wird bejaht von *Brandi*, Organgesellschaft, S. 54; *Rehbinder*, Konzernaußenrecht, S. 539 f.

115 *Rasch*, Deutsches Konzernrecht, S. 237.

116 Zu den Organisationspflichten im Konzern *Spindler*, Unternehmensorganisationspflichten, S. 945 ff. Zum Organisationsverschulden im Konzern *Rehbinder*, Konzernaußenrecht, S. 541 ff., der eine körperschaftliche Organisationspflicht wegen der erforderlichen Anerkennung einer juristischen Gesamtperson ablehnt (S. 543 f.), eine betriebliche Organisationspflicht jedoch als „Rechtsfortbildung“ bejaht und die Begründung dieser Organisationspflicht in Abhängigkeit von der Dichte der Unternehmenseinheit stellt (S. 544 ff.).

117 BGH, Urt. v. 10. März 2009 - VI ZR 39/08, NJW 2009, 1740, 1741; BGH, Urt. v. 6. November 2012 - VI ZR 174/11, NJW 2013, 1002, 1003; BGH, Urt. v. 10. Dezember 2013 - VI ZR 534/12, NJW-RR 2014, 614, 615; BGH, Urt. v. 2. Dezember 2014 - VI ZR 520/13, Rn. 11 (abrufbar in juris).

118 BGH, Urt. v. 30. Juni 1966 - VII ZR 23/65, BGHZ 45, 311, 313. Kritisch Erman/*Wilhelmi*, § 831, Rn. 7.

119 Etwa BGH, Urt. v. 30. Juni 1966 - VII ZR 23/65, BGHZ 45, 311, 313; BGH, Urt. v. 12. Juni 1997 - I ZR 36/95, NJW-RR 1998, 250, 251; BGH, Urt. v. 10. März 2009 - VI ZR 39/08, NJW 2009, 1740, 1741; BGH, Urt. v. 6. November 2012 - VI ZR 174/11, NJW 2013, 1002, 1003; BGH, Urt. v. 10. Dezember 2013 - VI ZR 534/12, NJW-RR 2014, 614, 615; MüKo/*Wagner*, § 831, Rn. 14 f.; Palandt/*Sprau*, 68. Auflage (2009), § 831, Rn. 5, in den nächsten Auflagen wird dieser Terminus nicht mehr erwähnt; *Larenz/Canaris*, Schuldrecht II/2, § 79 III 2 a.

120 Staudinger/*Bernau*, § 831, Rn. 100 lehnt die Erforderlichkeit des Weisungs*rechts* ab; in diesem Sinne auch MüKo/*Wagner*, § 831, Rn. 14 („das faktische Direktionsrecht“); PWW/*Schaub*, § 831, Rn. 9 („Befugnis“).

In der Weisungsgebundenheit liegt einer der wichtigsten Unterschiede gegenüber dem Begriff des Erfüllungsgehilfen im Sinne von § 278 BGB. Aufgrund dieses Kriteriums werden Selbstständige (*independent contractors*) nicht als Verrichtungsgehilfen angesehen. Für die Bestimmung der Selbstständigkeit sind die Ausführung der übertragenen Tätigkeit im eigenen Verantwortungsbereich und nach eigenem Ermessen sowie die Möglichkeit einer freien Verfügung über die eigene Person maßgeblich.[121] Entscheidend ist außerdem der konkrete Einsatz, so dass Selbstständige im konkreten Fall ausnahmsweise weisungsunterworfen sein können. Die Abgrenzung ist im Einzelfall jedoch schwierig.[122]

Weiterhin muss der Berufung zu einer Verrichtung der Wille des Geschäftsherrn zugrunde liegen.[123] Aufgrund dessen wird diese Eigenschaft denjenigen Personen abgesprochen, deren Tätigkeit unmittelbar auf dem Gesetz beruht. Die Organe juristischer Personen sind regelmäßig keine Verrichtungsgehilfen. Auf die Abgrenzung zwischen Organen bzw. verfassungsmäßig berufenen Vertretern und Verrichtungsgehilfen, insbesondere unter Berücksichtigung der richterlichen Ausdehnung des persönlichen Anwendungsbereichs der §§ 31, 30 BGB, wird später näher eingegangen.[124]

Folglich ist zu betonen, dass eine willentliche Einbeziehung in den Interessenkreis des Geschäftsherrn und die Weisungsgebundenheit des Gehilfen im Rahmen des § 831 Abs. 1 BGB als Merkmale für die Anerkennung als Verrichtungsgehilfe kumulativ vorliegen müssen.

Was die Qualifikation als Geschäftsherr angeht, ist die Weisungserteilungsmacht maßgeblich, die auch die Herrschaft über das organisatorische Risiko bestimmt. Problematisch sind allerdings Fälle, in denen mehrere Personen als Geschäftsherr in Betracht kommen, zum Beispiel bei den sog. *Leiharbeitsverhältnissen*. Entscheidend sind in diesen Fällen objektive Kriterien und zwar, wer von den potentiellen Geschäftsherren Auswahl, Überwachung und Anleitung

121 RGRK/*Steffen*, § 831, Rn. 20.

122 Zu einzelnen Beispielen vgl. MüKo/*Wagner*, § 831, Rn. 16; Palandt/*Sprau*, § 831, Rn. 6; PWW/*Schaub*, § 831, Rn. 10; RGRK/*Steffen*, § 831, Rn. 21; Staudinger/*Bernau*, § 831, Rn. 102.

123 RGRK/*Steffen*, § 831, Rn. 18; PWW/*Schaub*, § 831, Rn. 8; Staudinger/*Bernau*, § 831, Rn. 103 f.

124 Dazu näher unter Kapitel 1, C.I.2.

des Gehilfen am besten im Interesse der Schadensvermeidung steuern konnte.[125] Dabei wäre möglich, dass sowohl Ver- als auch Entleiher Geschäftsherren nach § 831 Abs. 1 BGB sind.[126]

c. *Verrichtungsgehilfeneigenschaft und Gefälligkeitsverhältnis*

§ 831 Abs. 1 BGB setzt ferner eine Bestellung zu einer Verrichtung voraus. Der Begriff der Verrichtung wurde von der Rechtsprechung konkretisiert. Eine Verrichtung im Sinne dieser Vorschrift umfasst jede tatsächliche Tätigkeit und Rechtshandlung.[127] Ferner kann sie dauernd oder vorübergehend, entgeltlich oder unentgeltlich, einfacher oder hochqualifizierter Art, auf einen ganzen Geschäftskreis oder auf eine einzelne Tätigkeit bezogen sein.[128] Aufgrund dieses weiten Verständnisses, nach dem jegliche Tätigkeit erfasst werden kann, wird dem Merkmal „Verrichtung" haftungsbegrenzende Funktion abgesprochen.[129]

Was die Bestellung betrifft, ist anerkannt, dass sie nicht durch Rechtsgeschäft zu erfolgen braucht.[130] Daher spielt die eventuelle Unwirksamkeit des Rechtsgeschäfts, auf dem die Bestellung beruht, keine Rolle.[131] Die Bestellung stellt vielmehr einen tatsächlichen Akt dar, der auf dem Willen des Geschäftsherrn beruht.[132] Daraus ergibt sich die Frage, wie die Fälle zu behandeln sind, in denen zwischen dem Geschäftsherrn und dem Verrichtungsgehilfen ein bloßes Gefälligkeitsverhältnis[133] besteht. Dieses Problem wirkt sich in zweifacher Weise aus: zum einen ist zu untersuchen, ob eine bloße Gefälligkeit für die Anerkennung der Verrichtungsgehilfeneigenschaft genügt und zum anderen ist bei der Bejahung des Ersteren zu fragen, ob und in welchem Umfang

---

125 MüKo/*Wagner*, § 831, Rn. 23; in diesem Sinne Staudinger/*Bernau*, § 831, Rn. 107.

126 MüKo/*Wagner*, § 831, Rn. 22.

127 RG, Urt. v. 17. April 1902 – VI 447/01, RGZ 51, 199, 200; RG, Urt. v. 7. Juni 1910 – II 559/09, RGZ 73, 434, 436 f.; RG, Urt. v. 25. März 1918 – VI 438/17, RGZ 92, 345, 346; ähnlich BGH, Urt. v. 10. März 2009 – VI ZR 39/08, NJW 2009, 1740, 1741; ähnlich BaRoth/*Spindler*, § 831, Rn. 10; Erman/*Wilhelmi*, § 831, Rn. 5; Jauernig/*Teichmann*, § 831, Rn. 5; MüKo/*Wagner*, § 831, Rn. 14; Palandt/*Sprau*, § 831, Rn. 5; PWW/*Schaub*, § 831, Rn. 8; RGRK/*Steffen*, § 831, Rn. 16; Soergel/*Krause*, § 831, Rn. 18.

128 RGRK/*Steffen*, § 831, Rn. 16.

129 MüKo/*Wagner*, § 831, Rn. 14.

130 Erman/*Wilhelmi*, § 831, Rn. 8; PWW/*Schaub*, § 831, Rn. 8.

131 PWW/*Schaub*, § 831, Rn. 8; RGRK/*Steffen*, § 831, Rn. 17.

132 RGRK/*Steffen*, § 831, Rn. 17; Staudinger/*Bernau*, § 831, Rn. 105.

133 Zum Gefälligkeitsverhältnis und Haftung im Allgemeinen siehe etwa *Pallmann*, Rechtsfolgen aus Gefälligkeitsverhältnissen, S. 91 ff.; *Schreiber*, Jura 2001, 810 ff.; *Willoweit*, JuS 1984, 909 ff., JuS 1986, 96 ff.

ein Regressanspruch des Geschäftsherrn gegen den Gefälligen besteht. Letztere Frage wird im Rahmen der Analyse des Innenverhältnisses zwischen Geschäftsherrn und Verrichtungsgehilfen beleuchtet.[134]

Die Meinungen dazu gehen auseinander. Einer Ansicht zufolge habe das Vorliegen einer alltäglichen Gefälligkeit auf die Anwendbarkeit der §§ 823 ff. BGB grundsätzlich keine Auswirkungen, so dass eine Haftung hiernach unter den allgemeinen Voraussetzungen möglich sei.[135] Eine andere Auffassung betont dabei vorsichtiger einzelne Merkmale, die für die Anwendung des § 831 BGB von Bedeutung sind: Weisungsgebundenheit sowie Abhängigkeit des Gehilfen, die sich ihrerseits in der Eingliederung in den Organisationskreis ausdrückt.[136] Interessant ist anzumerken, dass diese Ansicht die Anwendung des § 831 BGB im Fall des Gefälligkeitsverhältnisses zwischen dem Geschäftsherrn und dem Gehilfen im Grunde genommen nicht ausschließt. Sie stellt lediglich einige Voraussetzungen auf, die jedoch auch im Verhältnis zwischen dem Gefälligkeitsempfänger und dem Gefälligen erfüllt werden und somit der Anwendung des § 831 BGB nicht entgegenstehen können.

Aus der Analyse der Rechtsprechung ergibt sich ein differenziertes Bild. Einige Fälle, die auf der Schadenszufügung bei der Erledigung bestimmter Aufgaben im Rahmen der Gefälligkeit basieren, werden nach § 831 BGB beurteilt.[137] Dies erweckt den Eindruck, dass das Vorliegen eines Gefälligkeitsverhältnisses zwischen dem Geschäftsherrn und seinem Gehilfen für die Anwendung des § 831 BGB ohne Bedeutung ist.

Diese Schlussfolgerung erscheint jedoch voreilig. In bestimmten Fallkonstellationen lehnen die Gerichte die Anwendung des § 831 BGB gerade aufgrund eines Gefälligkeitsverhältnisses ab. Bereits das Reichsgericht hat sich mit der Frage der Gefälligkeit und der Haftung nach § 831 BGB auseinandergesetzt. In einem Urteil aus dem Jahre 1930[138] beschäftigte sich das Reichsgericht mit der Frage, unter welchen Umständen ein Veranstalter einer Treibjagd gegenüber einem durch einen Fehlschuss verletzten Jagdgast haftet. Die Haftung des

---

134 Dazu unter Kapitel 1, A.III.7.b.

135 *Schreiber*, Jura 2001, 810, 812.

136 MüKo/*Wagner*, § 831, Rn. 15, der aufgrund der aufgestellten Kriterien an der Verrichtungsgehilfeneigenschaft eines Stiefsohns zweifelt.

137 BGH, Urt. v. 22. November 1963 – VI ZR 264/62, FamRZ 1964, 84 (Stiefsohn als Verrichtungsgehilfe des Stiefvaters); kritisch dazu aufgrund des Erfordernisses der Eingliederung des Gehilfen in den Organisationsbereich des Geschäftsherrn MüKo/*Wagner*, § 831, Rn. 15.

138 RG, Urt. v. 17. März 1930 – VI 418/29, RGZ 128, 39 ff.

Jagdherrn für seine Jagdgäste nach § 831 BGB hat das Reichsgericht mit dem Argument verneint, dass eine Treibjagd in aller Regel eine gesellschaftliche Veranstaltung sei, bei der es sich um *Gefälligkeiten ohne rechtlichen Charakter* handle.[139]

In der modernen gerichtlichen Praxis wird ebenfalls die Anwendung des § 831 BGB im Rahmen des Gefälligkeitsverhältnisses manchmal ausgeschlossen. In dem sog. „*Grillunfall-Urteil*"[140] handelte es sich um eine Schadensersatzklage, insbesondere auch gegen den Veranstalter einer Grillfeier nach § 831 BGB, der einen Gast damit betraut hatte, den Grill zu bedienen. Infolge Aufgießens von Brennspiritus auf glühende Grillkohle durch diesen Gast wurde der Kläger verletzt. Das Gericht hat die Haftung aus § 831 BGB verneint. Entscheidendes Argument für die Begründung des Urteils lag darin, dass sich das Schadensereignis im Rahmen einer rein gesellschaftlichen Veranstaltung innerhalb des Familien- und Bekanntenkreises und damit im *rechtsfreien* Raum zugetragen habe. Dabei hat das Gericht ausdrücklich betont, dass bei einer derartigen Sachlage von der Bestellung eines anderen zu einer Verrichtung im Sinne des § 831 BGB keine Rede sein könne.[141]

Somit ist festzuhalten, dass nicht jede Gefälligkeit für die Anwendung des § 831 BGB ausreichend ist. Wer innerhalb des Familien- und Bekanntenkreises bei gesellschaftlichen Veranstaltungen Hilfe leistet, ist in der Regel kein Verrichtungsgehilfe des Veranstalters. In diesem Zusammenhang wäre gerade an die Fälle der Gefälligkeiten zu denken, die sich in der Regel auch in einem „rechtsfreien Raum" bewegen. Als mögliches Abgrenzungskriterium kann, wie ersichtlich, die Besonderheit der anvertrauten Verrichtungen herangezogen werden.[142]

2. Handeln in Ausführung der Verrichtung

Weitere Tatbestandsvoraussetzung nach dem Wortlaut des § 831 Abs. 1 BGB ist die Schadenszufügung durch den Verrichtungsgehilfen in Ausführung der

---

139 RG, Urt. v. 17. März 1930 – VI 418/29, RGZ 128, 39, 42; kritisch *Willoweit*, JuS 1986, 96, 99.

140 OLG Düsseldorf, Urt. v. 30. August 1990 – 10 U 7/90, OLGZ 1991, 112 ff.

141 Zum Ganzen OLG Düsseldorf, Urt. v. 30. August 1990 – 10 U 7/90, OLGZ 1991, 112, 114.

142 Beispielsweise werden die erwachsenen Kinder außerdem als Verrichtungsgehilfen ihrer Eltern angesehen, wenn sie mit bestimmten Verrichtungen besonders betraut sind, so etwa bei der Beaufsichtigung des Hausgrundstücks während der Abwesenheit der Eltern (OLG Köln, Urt. v. 23. Februar 2000 – 11 U 126/99, NJW 2000, 2905 f.).

Verrichtung. Das Handeln „in Ausführung der Verrichtung“ wird zum Handeln bloß „bei Gelegenheit“ oder „aus Anlass“ der Verrichtung abgegrenzt.

Grundsätzlich lässt sich festhalten, dass der Schaden dann „in Ausführung der Verrichtung“ zugefügt ist, wenn das schädigende Verhalten eines Verrichtungsgehilfen noch in den Kreis der Tätigkeiten fällt, welche die Ausführung der aufgetragenen Verrichtung mit sich bringt.[143] Erforderlich ist also ein unmittelbarer innerer Zusammenhang zwischen der übertragenen Aufgabe und der Schadenszufügung.[144] Weder ein örtlicher oder zeitlicher Zusammenhang noch lediglich adäquater Kausalzusammenhang zwischen der Beauftragung des Gehilfen und dessen widerrechtlicher Handlung genügen.[145] Die willkürliche Überschreitung der Grenzen des erteilten Auftrags durch einen Gehilfen bedeutet noch nicht, dass dieser nicht in Ausführung gehandelt hat, solange ein innerer Zusammenhang mit dem Aufgabenkreis besteht.[146]

Es ist auch anzumerken, dass ein bloßer Anreiz oder eine Gelegenheit zur Schädigung in der Regel nicht für die Annahme eines inneren Zusammenhangs ausreichen.[147] Für vorsätzliche Gehilfenhandlungen haftet der Geschäftsherr gemäß § 831 Abs. 1 BGB, wenn dadurch gerade die besondere Verpflichtung verletzt wurde, deren Wahrnehmung der Hilfsperson übertragen wurde.[148] Die Abgrenzung zwischen den Handlungen „in Ausführung“ und „bei Gelegenheit“ erfolgt nach den Umständen des Einzelfalls, insbesondere nach dem Grad der Abweichung vom Auftrag.[149] Keine Haftung nach § 831 Abs. 1 BGB wird ferner

---

143 BGH, Urt. v. 23. Februar 1955 – VI ZR 14/54, VersR 1955, 214; BGH, Urt. v. 20. September 1966 – VI ZR 258/64, VersR 1966, 1074, 1075; BGH, Urt. v. 30. Oktober 1967 – VII ZR 82/65, BGHZ 49, 19, 23; Staudinger/*Bernau*, § 831, Rn. 123; kritisch MüKo/*Wagner*, § 831, Rn. 28 mit dem Verweis auf die Erforderlichkeit der Berücksichtigung der teleologischen Kriterien, die auf dem Prinzip der Risikoerhöhung beruhten.

144 In diesem Sinne BGH, Urt. v. 4. November 1953 – VI ZR 64/52, BGHZ 11, 151, 153; OLG Hamm, Urt. v. 16. Juni 2009 – 9 U 200/08, NJW-RR 2010, 454; BaRoth/*Spindler*, § 831, Rn. 21; kritisch Jauernig/*Teichmann*, § 831, Rn. 8, der das Kriterium des unmittelbaren inneren Zusammenhangs als „weniger plastisch“ bewertet.

145 RGRK/*Steffen*, § 831, Rn. 23; Staudinger/*Bernau*, § 831, Rn. 124.

146 Vgl. dazu BGH, Urt. v. 4. November 1953 – VI ZR 64/52, BGHZ 11, 151, 153.

147 RGRK/*Steffen*, § 831, Rn. 23.

148 Staudinger/*Bernau*, § 831, Rn. 128; ähnlich Palandt/*Sprau*, § 831, Rn. 9.

149 Staudinger/*Bernau*, § 831, Rn. 126, 133 so zum Beispiel bei Schwarzfahrten.

für Handlungen auf dem Weg zur Arbeitsstätte angenommen.[150] In diesem Fall greifen versicherungsrechtliche Regelungen ein.

Ein Handeln bei Gelegenheit ist eindeutig dann anzunehmen, wenn der Gehilfe erkennbar nicht als solcher, sondern in seinem privaten Bereich agiert, worauf der Geschäftsherr keinen Einfluss hat.[151] Beim Handeln nur „bei Gelegenheit" kann der Gehilfe selbst aus § 823 Abs. 1 BGB zur Haftung herangezogen werden.[152]

Im Rahmen des § 831 Abs. 1 BGB wurde also das Kriterium des inneren Zusammenhangs zwischen Verrichtung und Schadenszufügung für die Beurteilung des Merkmals „in Ausführung der Verrichtung" aufgestellt. Dieses Kriterium stößt jedoch aufgrund seiner Unbestimmtheit auf Kritik.[153] Der erforderliche innere Zusammenhang wird aufgrund der wertenden Beurteilung des Betriebsrisikos und des Personalrisikos unter Berücksichtigung des Normzwecks ermittelt.[154] Ein Indiz dafür ist die Erhöhung der Gefahr des Schadenseintritts durch die Einschaltung eines Gehilfen.[155]

3. *Widerrechtliche Schadenszufügung durch den Gehilfen*

Des Weiteren setzt § 831 Abs. 1 Satz 1 BGB eine widerrechtliche Schadenszufügung durch den Verrichtungsgehilfen voraus. Der Begriff der Widerrechtlichkeit wird dabei nach den gleichen Maßstäben wie bei den §§ 823 f. BGB beurteilt.[156]

Was den Rechtswidrigkeitsbegriff angeht, wird im Schrifttum zwischen unmittelbaren und mittelbaren Eingriffen in die von § 823 Abs. 1 BGB geschützten Rechtsgüter differenziert.[157] Bei der deliktischen Gehilfenhaftung werden jedoch spezielle Anforderungen von der Rechtsprechung aufgestellt, die keine eindeutige Einordnung ermöglichen.

---

150 BaRoth/*Spindler*, § 831, Rn. 21 („auf dem Weg von oder zur Arbeitsstätte"); MüKo/*Wagner*, § 831, Rn. 27 (Weg mit dem Fahrzeug des Arbeitnehmers); Palandt/*Sprau*, § 831, Rn. 9; Staudinger/*Bernau*, § 831, Rn. 126.

151 *Larenz/Canaris*, Schuldrecht II/2, § 79 III 2 d; MüKo/*Wagner*, § 831, Rn. 28.

152 Staudinger/*Bernau*, § 831, Rn. 125.

153 *Renner*, Die deliktische Haftung, S. 60.

154 RGRK/*Steffen*, § 831, Rn. 22; ähnlich *Kupisch*, JuS 1984, 250, 254; PWW/*Schaub*, § 831, Rn. 13 („Gehilfenrisiko").

155 BaRoth/*Spindler*, § 831, Rn. 21; PWW/*Schaub*, § 831, Rn. 13; ähnlich *Larenz/Canaris*, Schuldrecht II/2, § 79 III 2 d.

156 RGRK/*Steffen*, § 831, Rn. 27; Staudinger/*Bernau*, § 831, Rn. 109.

157 *Larenz/Canaris*, Schuldrecht II/2, § 75 II 3 b; Staudinger/*Hager*, § 823, Rn. H 16; Staudinger/*Bernau*, § 831, Rn. 122.

Der Bundesgerichtshof hat einen neuen Rechtfertigungsgrund der Gehilfenhandlungen – das verkehrsrichtige Verhalten – kreiert und somit anerkannt, dass ein verletzendes Verhalten nicht immer schon aufgrund des Verletzungserfolgs als rechtswidrig bezeichnet werden kann.[158] In dem zugrunde liegenden Fall wurde der Kläger bei dem Versuch, die vordere Plattform der Straßenbahn zu besteigen, von der Straßenbahn überfahren und schwer verletzt. Aus dem Vorbringen des Klägers folgte, dass die Unfallursache in dem zu frühen Abfahren der Straßenbahn gelegen habe. Die Betreiberin der Straßenbahn hat jedoch einen anderen Hergang geschildert, aus dem folgte, dass der Schaffner und der Fahrer alle notwendigen Sicherheitsmaßnahmen samt Abfahrtssignal getroffen hatten. Es ließ sich nicht aufklären, wessen Sachverhaltsdarstellung richtig war. Der Bundesgerichtshof hatte also die Frage zu entscheiden, zu wessen Lasten diese Unaufklärbarkeit fällt und was unter einem widerrechtlichen Handeln des Verrichtungsgehilfen nach § 831 Abs. 1 BGB zu verstehen ist.

Der Bundesgerichtshof ist dabei zu dem Schluss gekommen, dass eine rechtswidrige Schädigung bei verkehrsrichtigem (ordnungsgemäßem) Verhalten eines Teilnehmers am Straßen- oder Eisenbahnverkehr nicht vorliege.[159] In Bezug auf die Beweislast dieses verkehrsrichtigen Verhaltens hat der Große Senat für Zivilsachen ausgeführt, dass dieser Beweis dem Geschäftsherrn obliege und dass Zweifel zu Lasten des Geschäftsherrn gingen.[160] Er hat damit argumentiert, dass erstens im Wege der Rechtsanwendung die vom Gesetzgeber gewollte Besserstellung des Geschädigten im Rahmen der Gehilfenhaftung nicht beiseite geschoben werden kann. Zweitens sei es nicht unangemessen, eine Beweisführung demjenigen zuzumuten, aus dessen Bereich die Gefährdung hervorgegangen sei.[161] Diese Entscheidung des Bundesgerichtshofs ist auf Kritik gestoßen.[162]

Der Große Zivilsenat hat also einerseits den Rechtfertigungsgrund des verkehrsrichtigen oder ordnungsgemäßen Verhaltens entwickelt.[163] Ein verkehrsrichtiges Verhalten bestimmt der Bundesgerichtshof dabei als ein Verhalten unter Beachtung der Rechtsvorschriften, das den Ge- und Verboten der

158 Dazu BGH, Beschluss v. 4. März 1957 – GSZ 1/56, BGHZ 24, 21 ff.

159 BGH, Beschluss v. 4. März 1957 – GSZ 1/56, BGHZ 24, 21, 26.

160 BGH, Beschluss v. 4. März 1957 – GSZ 1/56, BGHZ 24, 21, 29.

161 Zum Ganzen BGH, Beschluss v. 4. März 1957 – GSZ 1/56, BGHZ 24, 21, 30.

162 Erman/*Wilhelmi*, § 831, Rn. 13; MüKo/*Wagner*, § 831, Rn. 31 („dogmatisch unhaltbare Figur" bezüglich des Rechtfertigungsgrundes verkehrsrichtigen Verhaltens); RGRK/*Steffen*, § 831, Rn. 31 („dogmatisch bedenkliche Sicht"); *Böhmer*, MDR 1958, 745; *v. Caemmerer*, GesSchr I, S. 452, 551; *Stoll*, JZ 1958, 137.

163 Staudinger/*Bernau*, § 831, Rn. 120.

Verkehrsordnung voll Rechnung trägt.[164] Daraus kann geschlossen werden, dass für die Annahme dieses Verhaltens die Einhaltung der rechtlichen Sorgfaltspflichten erforderlich ist. Dies führt zur Handlungsunrechtslehre bei der Beurteilung des widerrechtlichen Verhaltens nach § 831 Abs. 1 BGB. Die Lage des Geschädigten ist somit in der Praxis im Vergleich zur Erfolgsunrechtslehre schlechter. Offensichtlich hat aber der Bundesgerichtshof diese Verschlechterung der Geschädigtenlage nicht gewollt. Deshalb hat er andererseits an der Beweislastverteilung nach der Lehre vom Erfolgsunrecht festgehalten.[165]

Somit hat der Bundesgerichtshof keine Klarheit hinsichtlich des Widerrechtlichkeitsbegriffs im Sinne der Handlungs- oder Erfolgsunrechtslehre geschaffen.[166]

Gegen diesen Beschluss lassen sich auch weitere Bedenken vorbringen. Zum einen ist die Abweichung in der Auslegung des im Zivilrecht einheitlich aufgefassten Rechtswidrigkeitsbegriffs für das Gebiet des Straßenverkehrs unverständlich[167], weil das erzielte Ergebnis auch ohne diese Abweichung mit Hilfe des nicht gelungenen Entlastungsbeweises nach § 831 Abs. 1 Satz 2, 2. Alt. BGB möglich wäre[168]. Dies führt zu dem folgerichtigen Schluss, dass diese so viel Kritik auslösende Konstruktion nicht erforderlich ist.[169] Zum anderen lässt sich ein verkehrsrichtiges Verhalten als ein Rechtfertigungsgrund schwer einordnen, weil ein Rechtfertigungsgrund grundsätzlich die Haftung ausschließt, da die Rechtswidrigkeit entfällt. Nach der Auffassung des Bundesgerichtshofs handelt es sich aber gerade um eine zusätzliche Voraussetzung für die Annahme der Rechtswidrigkeit, also um den Begriff der Rechtswidrigkeit, nicht aber um ihre Rechtfertigung. Das ermöglicht nicht, von einem Rechtfertigungsgrund zu sprechen. Trotz der Festhaltung späterer Rechtsprechung am entwickelten Ansatz[170] wird also dieser Entscheidung zu Recht eine entscheidende Bedeutung in der Praxis abgesprochen.[171]

---

164 BGH, Beschluss v. 4. März 1957 – GSZ 1/56, BGHZ 24, 21, 26.

165 Zum Ganzen Staudinger/*Bernau*, § 831, Rn. 121.

166 *Deutsch*, Fahrlässigkeit, § 3 II 2 d, S. 49 spricht von einer „eigenartigen Verschmelzung von rechtsgutsorientierter und handlungsbezogener Rechtswidrigkeit".

167 *Erdsiek*, JJB 8 (1967/68), 36, 42.

168 Erman/*Wilhelmi*, § 831, Rn. 13; Staudinger/*Bernau*, § 831, Rn. 121.

169 RGRK/*Steffen*, § 831, Rn. 31; *Renner*, Die deliktische Haftung, S. 53.

170 So etwa BGH, Urt. v. 30. Oktober 1990 – VI ZR 340/89, NJW-RR 1991, 347, 348; OLG Hamm, Urt. v. 5. Juli 2001 – 27 U 78/00, VRS 103, 244, 245; OLG Hamm, Urt. v. 11. Januar 2013 – I-12 U 130/12, NJW-RR 2013, 1038, 1041.

171 Staudinger/*Bernau*, § 831, Rn. 121.

Dieser Beschluss ist aber auch hinsichtlich der Frage von Bedeutung, ob dadurch entgegen dem Wortlaut des § 831 Abs. 1 BGB nicht die Voraussetzung des Gehilfenverschuldens in § 831 Abs. 1 BGB auf der Ebene der Rechtswidrigkeit einfach hinein interpretiert wurde.[172] Es liegt die Schlussfolgerung nahe, dass den Gehilfen kein Verschuldensvorwurf trifft, wenn er verkehrsrichtig gehandelt hat. Somit stellt sich die Frage, ob das Gehilfenverschulden im Lichte der oben erwähnten Entscheidung des Bundesgerichtshofs im Rahmen der Haftung nach § 831 Abs. 1 BGB eine Rolle spielt.

Nach einer Auffassung reicht ein widerrechtliches Handeln des Gehilfen für eine Haftung nach § 831 Abs. 1 BGB aus.[173] Das folgt daraus, dass im Gesetz der Terminus „widerrechtlich" verwendet wird und nicht auf die „unerlaubte Handlung" des Gehilfen abgestellt wird. Nur soweit die Rechtswidrigkeit ihrerseits durch die subjektive Willensrichtung gekennzeichnet ist, wie bei § 826 BGB, müssen diese Voraussetzungen auch in der Person des Gehilfen erfüllt sein.[174]

Es wird aber breit eine andere Auffassung vertreten, insbesondere angesichts der Annahme des erwähnten verkehrsrichtigen Verhaltens als Rechtfertigungsgrund.[175] Während einige Rechtswissenschaftler die Ansicht vertreten, dass das Gehilfenverschulden als Voraussetzung der Geschäftsherrenhaftung betrachtet werden soll[176], bejahen die anderen das Entfallen der Haftung des Geschäftsherrn bei einem schuldlosen Verhalten eines Verrichtungsgehilfen aufgrund anderer rechtlicher Konstruktionen[177].

Für die Ansicht, dass das Gehilfenverschulden im Rahmen des § 831 Abs. 1 BGB von Bedeutung ist, ist auf die Entstehungsgeschichte der gesetzlichen Regelung hinzuweisen. § 711 des ersten BGB-Entwurfs[178] erforderte eine

---

172 *Erdsiek*, JJB 8 (1967/68), 36, 44 („Hineintragen des Verschuldensgedankens in den überkommenen Begriff der Rechtswidrigkeit").

173 BGH, Urt. v. 25. Oktober 1951 – III ZR 95/50, BGHZ 4, 1, 4; KG, Urt. v. 2. September 2002 – 12 U 1969/00, NJW-RR 2003, 24, 25; *Medicus/Lorenz*, Schuldrecht II, § 80, Rn. 11; RGRK/*Steffen*, § 831, Rn. 1.

174 BGH, Urt. v. 15. Oktober 2013 – VI ZR 124/12, NJW 2014, 1380, 1381; BaRoth/*Spindler*, § 831, Rn. 23; ähnlich Soergel/*Krause*, § 831, Rn. 35.

175 *Baums*, FS Lukes, S. 623, 638; *v. Caemmerer*, GesSchr I, S. 452, 537 f.; *Larenz/Canaris*, Schuldrecht II/2, § 79 III 2 c; *v. Bar*, Gemeineuropäisches Deliktsrecht, Band I, Rn. 196 ff., 198 („kleine dogmatische Katastrophe"), insbesondere Fn. 1166.

176 Erman/*Wilhelmi*, § 831, Rn. 13; *Kupisch*, JuS 1984, 250, 253; in diesem Sinne auch *Larenz/Canaris*, Schuldrecht II/2, § 79 III 2 c; Soergel/*Krause*, § 831, Rn. 36.

177 Palandt/*Sprau*, § 831, Rn. 8 („Schutzzweck der Norm"); *Renner*, Die deliktische Haftung, S. 55 („§ 831 Abs. 1 Satz 2 a.E. BGB").

178 Text siehe auf S. 73.

„unerlaubte Handlung" des Gehilfen[179]. Mit dem Weglassen des Gehilfenverschuldens als Haftungsvoraussetzung nach § 831 BGB wollte der Gesetzgeber verhindern, dass sich ein Geschäftsherr bei der Bestellung eines schuldunfähigen Verrichtungsgehilfen auf dessen Unzurechnungsfähigkeit berufen kann.[180] Die Gesetzesfassung ist dabei aber zu weit geraten, weil alle Fälle schuldlosen Verhaltens des Gehilfen erfasst wurden, in denen den Geschäftsherrn selbst kein Verschulden trifft.[181]

Es ist damit der Meinung zuzustimmen, wonach das Gehilfenverschulden trotz des fehlenden Hinweises darauf in § 831 Abs. 1 BGB nicht unberücksichtigt bleibt. Dazu gibt erstens die von der Rechtsprechung geschaffene Konstruktion des verkehrsrichtigen Verhaltens eines Gehilfen Anlass, wobei nicht genau zwischen Rechtswidrigkeits- und Schuldelementen differenziert wird.[182] Aber auch ohne diese Hilfskonstruktion besteht für den Geschäftsherrn die Möglichkeit, sich für ein schuldloses Verhalten des Gehilfen zu entlasten. Es handelt sich um die Widerlegung der Kausalitätsvermutung nach § 831 Abs. 1 Satz 2, 2. Alt. BGB, weil der Geschäftsherr bei schuldlosem Verhalten des Gehilfen regelmäßig nachweisen kann, dass der Schaden auch bei sorgfältiger Auswahl des Gehilfen entstanden sein würde.[183] Somit spielt das schuldhafte Verhalten des Verrichtungsgehilfen auch im Rahmen des § 831 Abs. 1 BGB eine wichtige Rolle. Streitig bleibt allerdings die dogmatische Begründung dessen Berücksichtigung.[184] Die Beweislast für das Fehlen des Gehilfenverschuldens wird dabei überwiegend dem Geschäftsherrn auferlegt.[185]

4. *Begriff des Geschädigten*

Außerdem muss nach § 831 Abs. 1 BGB einem Dritten Schaden zugefügt worden sein. Als „Dritter" im Sinne dieser Vorschrift kommt jeder außer dem Geschäftsherrn und dem Verrichtungsgehilfen selbst in Betracht, insbesondere auch ein anderer Angestellter desselben Geschäftsherrn.[186]

---

179 *Mugdan* II, S. CXXV. Die Formel von der widerrechtlichen Schadenszufügung fand sich aber in § 710 des ersten Entwurfs.

180 Staudinger/*Bernau*, § 831, Rn. 118.

181 *v. Caemmerer*, GesSchr I, S. 452, 535.

182 Diese Tendenz in der Rechtsprechung betont *Hilgers*, Schadensverantwortung, S. 72; *Renner*, Die deliktische Haftung, S. 53.

183 Erman/*Wilhelmi*, § 831, Rn. 13; Staudinger/*Bernau*, § 831, Rn. 121; *Renner*, Die deliktische Haftung, S. 54 f.

184 In diesem Sinne BaRoth/*Spindler*, § 831, Rn. 24.

185 *Matusche-Beckmann*, Das Organisationsverschulden, S. 31.

186 Erman/*Wilhelmi*, § 831, Rn. 15.

5. *Entlastungsmöglichkeit des Geschäftsherrn nach § 831 Abs. 1 Satz 2 BGB*

a. *Widerlegung der Verschuldens- oder Kausalitätsvermutung*

Dem Geschäftsherrn stehen zwei Entlastungsmöglichkeiten zur Verfügung, um der Haftung aus § 831 Abs. 1 BGB zu entgehen: Widerlegung der Verschuldensvermutung (§ 831 Abs. 1 Satz 2, 1. Alt. BGB) und der Kausalitätsvermutung (§ 831 Abs. 1 Satz 2, 2. Alt. BGB). Dabei reicht die Widerlegung einer der beiden Vermutungen aus.

Was die Widerlegung der Verschuldensvermutung gemäß § 831 Abs. 1 Satz 2, 1. Alt. BGB betrifft, ist im Gesetz nur von der Auswahl- und Leitungspflicht die Rede. Allerdings wurde von der Rechtsprechung im Rahmen dieser Vorschrift auch eine Überwachungspflicht aufgestellt, so dass nur ein „wohl beaufsichtigtes Personal als wohl ausgewählt" angesehen werden kann.[187] Der Geschäftsherr hat sich also auch für die „Auswahl zur Zeit der Verrichtung"[188] (Überwachungsverschulden) zu entlasten. Darüber hinaus muss der Geschäftsherr der Beschaffungssorgfalt genügen, soweit ihn die Pflicht im Sinne der Beschaffung und Bereitstellung von Vorrichtungen und Gerätschaften trifft.[189]

Die Entlastung des Geschäftsherrn ist nur dann möglich, wenn konkrete Tatsachen behauptet und belegt werden.[190] Somit stellt die Rechtsprechung hohe Anforderungen an die Entlastung vom vermuteten Verschulden des Geschäftsherrn, die allerdings aufgrund seiner Organisations- und Herrschaftsmacht über den entsprechenden Bereich gerechtfertigt erscheinen.[191]

Ferner steht dem Geschäftsherrn die Möglichkeit zur Verfügung, die Kausalitätsvermutung gemäß § 831 Abs. 1 Satz 2, 2. Alt. BGB zu entkräften, indem er nachweist, dass der Schaden auch bei Anwendung der ihm obliegenden Sorgfalt entstanden sein würde. Im Zusammenhang mit dem verkehrsrichtigen Verhalten ist auch, wie bereits erwähnt[192], der Entlastungsbeweis wegen mangelnden Gehilfenverschuldens denkbar. Die Rechtsprechung vertritt keine einheitliche

---

187 RG, Urt. v. 25. Februar 1915 – VI 526/14, RGZ 87, 1, 4; RG, Urt. v. 7. April 1930 – VI 400/29, RGZ 128, 149, 153; zu dieser Pflicht näher MüKo/*Wagner*, § 831, Rn. 36 m.w.N.

188 RG, Urt. v. 14. Dezember 1911 – VI 75/11, RGZ 78, 107, 109; später auch in diesem Sinne BGH, Urt. v. 18. Dezember 1952 – VI ZR 54/52, BGHZ 8, 239, 243.

189 Vgl. zu den einzelnen Rechtsprechungsbeispielen MüKo/*Wagner*, § 831, Rn. 43; Staudinger/*Bernau*, § 831, Rn. 161 f.

190 RGRK/*Steffen*, § 831, Rn. 57.

191 Ähnlich *Renner*, Die deliktische Haftung, S. 66.

192 Dazu bereits unter Kapitel 1, A.III.3.

Meinung dazu. Zum einen wird darauf hingewiesen, dass dieser Beweis den Kausalitätsentlastungsnachweis lediglich erleichtern kann[193]. Zum anderen wird darin aber ein ausreichender Entlastungsbeweis gesehen[194]. Diese Rechtsprechung hat folgerichtig Anlass zur Annahme gegeben, dass die Haftung des Geschäftsherrn nach § 831 Abs. 1 BGB grundsätzlich bei schuldhaftem Gehilfenhandeln eintritt.[195] Außerdem wird zu Recht darauf aufmerksam gemacht, dass der Nachweis fehlender Kausalität des Sorgfaltsverstoßes für den Schaden beim fehlenden Gehilfenverschulden nur geringe Bedeutung hat, weil bereits die allgemeinen Voraussetzungen der Geschäftsherrenhaftung verneint werden können.[196]

b. Dezentralisierter Entlastungsbeweis

Bei Großbetrieben führt der in § 831 Abs. 1 BGB vorgesehene Entlastungsbeweis in der Praxis zu besonderen Schwierigkeiten. Es handelt sich um Großbetriebe, wo eine persönliche Übernahme oder Delegation aller Aufgaben lediglich auf einen einzigen untergeordneten Verrichtungsgehilfen unvorstellbar ist. Bei solchen Unternehmen entsteht das Problem, für wen sich der Geschäftsherr entlasten muss: für jeden Gehilfen oder nur für die ihm untergeordnete Hilfsperson. Diese Frage lässt § 831 Abs. 1 BGB offen. Im Weiteren ist zunächst die Entwicklung der Rechtsprechung zu dieser Frage aufzuzeigen und danach diese Rechtsfigur kritisch zu beurteilen.

aa. Entwicklung der Rechtsfigur des dezentralisierten Entlastungsbeweises

Mit dem Problem der Entlastung von der Haftung gemäß § 831 Abs. 1 BGB bei einem mehrfachen Delegieren hat sich das Reichsgericht bereits wenige Jahre nach dem Inkrafttreten des Bürgerlichen Gesetzbuches beschäftigt.[197]

---

193 BGH, Urt. v. 25. Oktober 1951 – III ZR 95/50, BGHZ 4, 1, 4.

194 BGH, Urt. v. 14. Januar 1954 – III ZR 221/52, BGHZ 12, 94, 96; kritisch *Weitnauer*, VersR 1963, 101, 104, der das Erfordernis des Verschuldens des Gehilfen bei unbedingter Geschäftsherrenhaftung im Wege des „judge made law“ für unmöglich hält.

195 *Alexiou,* Zur Haftung für Verrichtungsgehilfen, S. 26; *Eubel*, Die Haftung des Geschäftsherrn, S. 45.

196 Erman/*Wilhelmi*, § 831, Rn. 24.

197 *Larenz/Canaris*, Schuldrecht II/2, § 79 III 3 b bezeichnet als „grundlegend“ für die Frage der Entwicklung des dezentralisierten Entlastungsbeweises erst die Entscheidung des Bundesgerichtshofs aus dem Jahr 1951 (BGH, Urt. v. 25. Oktober 1951 – III ZR 95/50, BGHZ 4, 1 ff.), was nicht richtig erscheint.

Im Urteil vom 14. Dezember 1911 handelte es sich um die Schadensersatzklage eines Passanten, der durch den vom Kutscher geleiteten Omnibus überfahren wurde. Zu dem Umfang des Entlastungsbeweises nach § 831 Abs. 1 BGB hat das Reichsgericht ausgeführt: „Wenn […] der Umfang eines großen industriellen Betriebs oder einer sonstigen großen Verwaltung oder wenn andere persönliche Hindernisse dem Geschäftsherrn selbst die Auswahltätigkeit hinsichtlich der niederen Angestellten unmöglich machen und diese einem Angestellten höherer Ordnung übertragen werden muss, dann hat sich insoweit der Entlastungsbeweis auf diese letztere Person zu richten".[198]

Somit ist die Rechtsfigur des sog. *dezentralisierten Entlastungsbeweises*[199] entstanden und ist seitdem ein ständiges Diskussionsthema.

Die Rechtsprechung ist diesem Grundsatz zunächst gefolgt. Als Beispiel mag hier das Urteil des Bundesgerichtshofs vom 25. Oktober 1951[200] dienen. Auch hier ging es um einen Unfall im Straßenverkehr, bei welchem die Klägerin verletzt wurde. Diese Verletzungen waren ihr durch ein Halbblutpferd hinzugefügt worden, mit dem ein vom Hofgutsverwalter beauftragter Arbeiter Benzin geholt hatte. Die Geschädigte hat eine Klage gegen den Eigentümer des Hofs erhoben. Das Berufungsgericht hat den Entlastungsbeweis wegen Verletzung der Aufsichtspflicht als nicht geführt angesehen, weil er nicht selbst darauf achtete, dass der Verwalter dem Arbeiter für die nicht ungefährliche Fahrt mit dem Halbblutpferd ins Einzelne gehende Anweisungen gegeben hatte. Der Bundesgerichtshof ist jedoch dieser Erwägung des Berufungsgerichts nicht gefolgt und hat mit Verweis auf die reichsgerichtliche Rechtsprechung die Zulassung des dezentralisierten Entlastungsbeweises ausdrücklich bestätigt. So heißt es im Urteil: „Wenn eine Mehrheit von Personen in der Weise beschäftigt ist, dass die eine der anderen nachgeordnet ist, richtet sich der Sorgfaltsbeweis des Geschäftsherrn auf Auswahl und Beaufsichtigung des von ihm ausgewählten höheren Angestellten, den Verwalter".[201]

Interessant ist vor allem die Begründung, im Rahmen derer der Bundesgerichtshof auf die Kritik an der Konstruktion des dezentralisierten Entlastungsbeweises

198 RG, Urt. v. 14. Dezember 1911 – VI 75/11, RGZ 78, 107, 108.

199 Im Schrifttum wird die Meinung geäußert, dass er besser als „dezentraler Entlastungsbeweis" zu bezeichnen sei (*Medicus*, FS Deutsch, S. 291, 301, Fn. 29; ihm folgend Staudinger/*Bernau*, § 831, Rn. 175). Dieser terminologische Unterschied erscheint unbedeutend. Ohne Differenzierung: *Matusche-Beckmann*, Das Organisationsverschulden, S. 32, 101.

200 BGH, Urt. v. 25. Oktober 1951 – III ZR 95/50, BGHZ 4, 1 ff.; dazu auf S. 144.

201 BGH, Urt. v. 25. Oktober 1951 – III ZR 95/50, BGHZ 4, 1, 2.

in der Literatur[202] reagierte. Zum einen verwies der Bundesgerichtshof auf den Unterschied zwischen den Voraussetzungen der vertraglichen und außervertraglichen Haftung für Hilfspersonen.[203] Weiter führte der Bundesgerichtshof aus, dass bei der Schaffung des Bürgerlichen Gesetzbuchs schon Großbetriebe vorhanden waren, in denen es unmöglich war, jede einzelne Hilfsperson durch den Inhaber oder einen nach § 31 BGB berufenen verfassungsmäßigen Vertreter auswählen und überwachen zu lassen.[204] Diesbezüglich merkte der Bundesgerichtshof an, dass wenn für solche Betriebe eine Sonderregelung hätte geschaffen werden sollen, insbesondere sofern der in § 278 BGB enthaltene Rechtsgedanke auf die unerlaubten Handlungen insgesamt hätte ausgedehnt werden sollen, so wäre dies im Gesetz zum Ausdruck gekommen.[205]

Es ist auch nicht zu beanstanden, dass die vom Gericht ausgewählte Lösung mit dem Gesetz im Einklang steht.[206] Aus der Entstehungsgeschichte ist ersichtlich, dass ein Gesichtspunkt des Schutzes von Kleinbetrieben bei der Einführung des Entlastungsbeweises eine wichtige Rolle gespielt hat.[207] Allerdings kann dieser Schutz einerseits auf andere Weise erzielt werden. Andererseits ist auch auf die in anderen Rechtsordnungen weit verbreitete strikte Einstandspflicht des Geschäftsherrn in diesem Zusammenhang aufmerksam zu machen. Darüber hinaus ändert das Festhalten am Gesetzestext an den möglichen unbilligen Ergebnissen nichts. Erstaunlicherweise weist das Gericht an einer früheren Stelle in Bezug auf die Zulassung der „erleichterte[n] Beweisführung" ausgerechnet auf „Zweckmäßigkeits- und Billigkeitsgründe" hin.[208] Diese Begründung überzeugt nicht. Es ist vor allem vor Augen zu führen, dass der Bundesgerichtshof in diesem Urteil trotz der Anerkennung der „Billigkeit" des dezentralisierten Entlastungsbeweises mit dem Mangel der Organisation nach § 823 Abs. 1 BGB, der diesen Entlastungsbeweis gerade nicht zulässt, hilft. Ähnlich wurde in einem anderen Urteil des Bundesgerichtshofes die Zulässigkeit des dezentralisierten Entlastungsbeweises anerkannt, dem Geschäftsherrn jedoch zusätzlich eine Anweisungs- und Aufsichtspflicht auferlegt.[209]

---

202 *Weigert*, Die außervertragliche Haftung, S. 14.
203 BGH, Urt. v. 25. Oktober 1951 – III ZR 95/50, BGHZ 4, 1, 3.
204 BGH, Urt. v. 25. Oktober 1951 – III ZR 95/50, BGHZ 4, 1, 4.
205 BGH, Urt. v. 25. Oktober 1951 – III ZR 95/50, BGHZ 4, 1, 4.
206 *Larenz/Canaris*, Schuldrecht II/2, § 79 III 3 b.
207 Protokolle bei *Mugdan* II, S. 1094.
208 BGH, Urt. v. 25. Oktober 1951 – III ZR 95/50, BGHZ 4, 1, 2.
209 BGH, Urt. v. 8. November 1963 – VI ZR 257/62, VersR 1964, 297.

Im Weiteren hat der Bundesgerichtshof jedoch angesichts immer stärkerer Kritik Zweifel an der früheren Judikatur gehegt und häufig die Stellungnahme zu dem dezentralisierten Entlastungsbeweis offen gelassen. Exemplarisch für diese Haltung des Bundesgerichtshofes ist das sog. *„Kfz-Zulieferer-Urteil“*.[210] Dabei ging es um die Haftung eines Zulieferer-Unternehmens für die Folgen eines Autounfalls, der auf den Bruch einer dem Hersteller gelieferten und eingebauten, schadhaften Schubstrebe zurückzuführen war. Der Bundesgerichtshof hat hier ausdrücklich entschieden, dass es dahinstehen möge, ob an der den Großbetrieb begünstigenden Rechtsprechung zum dezentralisierten Entlastungsbeweis festgehalten werden könne.[211] Stattdessen hat das Gericht auf die allgemeine Aufsichtspflicht des Geschäftsherrn hingewiesen, die er in diesem Fall nicht ausreichend erfüllt hatte. Es ist somit festzuhalten, dass trotz erheblicher Zweifel an der Gerechtigkeit der Ergebnisse durch den dezentralisierten Entlastungsbeweis der Bundesgerichtshof immer noch keine expliziten Äußerungen dahingehend getroffen hat, ob er an dieser richterrechtlich entwickelten Konstruktion festhält. Die erwünschten Ergebnisse werden aber bereits auf dem anderen Weg erzielt.

Schließlich ist hervorzuheben, dass die Rechtsprechung sich von dem dezentralisierten Entlastungsbeweis später immer mehr distanziert hat. So hat der Bundesgerichtshof im Urteil vom 19. Juni 1973[212], in dem es sich um den Schadensersatz für die schwere Verletzung des Klägers am Auge infolge der Mangelhaftigkeit eines Feuerwerkskörpers handelte, den dezentralisierten Entlastungsbeweis abgelehnt. Der Hersteller musste vielmehr die mit der Fertigung gerade des schadenursächlichen Gegenstands seinerzeit befassten Arbeitnehmer benennen und sich bezüglich der Auswahl und Überwachung jedes einzelnen nach § 831 Abs. 1 Satz 2 BGB entlasten.[213]

Zusammenfassend ist folglich festzuhalten, dass die Rechtsprechungsentwicklung durch einen allmählichen Verzicht auf den dezentralisierten Entlastungsbeweis gekennzeichnet ist. So wird dem Geschäftsherrn eine nicht delegierbare Organisationspflicht ohne jegliche Entlastungsmöglichkeit auferlegt.

---

210 BGH, Urt. v. 17. Oktober 1967 – VI ZR 70/66, NJW 1968, 247 ff.

211 BGH, Urt. v. 17. Oktober 1967 – VI ZR 70/66, NJW 1968, 247, 248.

212 BGH, Urt. v. 19. Juni 1973 – VI ZR 178/71, VersR 1973, 862 f.

213 BGH, Urt. v. 19. Juni 1973 – VI ZR 178/71, VersR 1973, 862, 863.

bb. Kritik am dezentralisierten Entlastungsbeweis

Eine Privilegierung von Großunternehmen im Falle des dezentralisierten Entlastungsbeweises sorgt auch heute für heftige Kritik.[214] Der Haupteinwand besteht darin, dass die Großunternehmen haftungsrechtlich besser gestellt werden.[215] In der Literatur wird jedoch darauf hingewiesen, dass die differenzierte Behandlung zwar gegeben sei, aber nirgendwo ein Satz zu finden sei, dass die Konzentration nicht begünstigt werden dürfe.[216]

Die Folgen des dezentralisierten Entlastungsbeweises erscheinen allerdings nicht gerecht und auch nicht gerechtfertigt. Zum einen ergibt sich das erreichte Ergebnis nicht aus den gesetzgeberischen Materialien, wonach umgekehrt kleinere Betriebe einer besonderen Schonung bedurften.[217] Zum anderen ist auch keine Differenzierung aus dem Nutzen-Risiko-Prinzip erforderlich, nach dem jeder, der die Vorteile eines Unternehmens genießt, auch für die Schäden, welche für Dritte daraus entstehen, einzustehen hat. Es wird auch damit argumentiert, dass der Geschäftsherr, der den größeren Nutzen aus der Organisation ziehe, auch die erweiterten Risiken tragen müsse.[218] Die Grenzziehung nach der Höhe des Nutzens ist jedoch im konkreten Fall schwierig.

Folgerichtig wird darauf hingewiesen, dass die Verweisung des Geschädigten auf die Eigenhaftung des Gehilfen unzureichend sei.[219] Einerseits ergibt sich die Haftung des Zwischengehilfen in der Regel nicht aus § 831 Abs. 1 BGB, sondern aus § 823 Abs. 1 BGB, der allerdings eine weniger günstige Beweislastverteilung vorsieht.[220] Andererseits ist der Anspruch gegen den Zwischengehilfen wirtschaftlich weniger Erfolg versprechend als der gegen den Geschäftsherrn.[221]

Ferner hat die Rechtsprechung den Ausgang in verschiedenen Hilfskonstruktionen, insbesondere in der Rechtsfigur des Organisationsverschuldens,

---

214 *Hilgers*, Schadensverantwortung, S. 48; *Larenz/Canaris*, Schuldrecht II/2, § 79 III 3 b. Zum Teil wird der dezentralisierte Entlastungsbeweis als überholt angesehen: Erman/*Wilhelmi*, § 831, Rn. 21; MüKo/*Wagner*, § 831, Rn. 45; *Renner*, Die deliktische Haftung, S. 71 („weitgehend obsolet").

215 *v. Caemmerer*, ZfRV 14 (1973), 241, 249 f.; *Larenz/Canaris*, Schuldrecht II/2, § 79 III 3 b; *Weigert*, Die außervertragliche Haftung, S. 8.

216 *Helm*, AcP 166 (1966), 389, 397.

217 Protokolle bei *Mugdan* II, S. 1094.

218 Staudinger/*Bernau*, § 831, Rn. 176.

219 Staudinger/*Bernau*, § 831, Rn. 176.

220 Staudinger/*Bernau*, § 831, Rn. 176.

221 Darauf hat ausdrücklich bereits das Reichsgericht hingewiesen: RG, Urt. v. 7. Dezember 1911 – VI 240/11, RGZ 78, 239, 241; ähnlich Staudinger/*Bernau*, § 831, Rn. 176.

gesucht und die Haftung im Spannungsfeld der §§ 831, 823, 31 BGB angesiedelt.[222] Daraus folgte die sog. „Zweispurigkeit“[223] der Haftung, nämlich aus § 831 Abs. 1 BGB und § 823 Abs. 1 BGB.

Somit werden die Folgen des dezentralisierten Entlastungsbeweises folgerichtig als rechtspolitisch bedenklich beurteilt.

Als Alternative dazu wurden im Schrifttum verschiedene Lösungen vorgeschlagen. Zunächst wurde das Verständnis des dezentralisierten Entlastungsbeweises dahingehend vorgeschlagen, dass der Nachweis des sorgfältigen Verhaltens der jeweiligen Zwischengehilfen vom Geschäftsherrn erfolgen soll.[224] Die Rechtsprechung hat diese Lösung aber ausdrücklich abgelehnt.[225] Des Weiteren wurde im Rahmen der Entlastung der Nachweis der sorgfältigen Erfüllung der allgemeinen Organisationspflicht, nicht jedoch der Entlastungsnachweis für jeden Angestellten, verlangt.[226] Eine einheitliche Lösung wurde noch nicht gefunden. Die Erforderlichkeit sowie Art und Weise möglicher Änderungen des § 831 Abs. 1 BGB ist im Rahmen der weiteren Untersuchung zu klären.

6. *Beweislastverteilung*

Für die tiefe Forschung dieser Thematik ist es wichtig, die Frage der Beweislastverteilung zu beleuchten.

Im Gegensatz zu allgemeinen Beweislastregeln[227] muss der Geschädigte im Rahmen des § 831 Abs. 1 BGB das Verschulden des Geschäftsherrn und die Kausalität nicht darlegen, sondern sie werden im Rahmen dieser Vorschrift vermutet.

Bei der Entstehung der Vorschrift des § 831 Abs. 1 BGB waren unterschiedliche Ansichten zu der Verteilung der Beweislast vertreten worden, die auch breit diskutiert wurden.[228] Die Umkehr der Beweislast wurde dabei mit dem Zweckmäßigkeitsargument begründet.[229]

Es ist hervorzuheben, dass der Geschädigte, trotz seiner Beweislast für die Eigenschaft des Schadensverursachers als Verrichtungsgehilfe des

---

222 Zu den Umgehungskonstruktionen näher unter Kapitel 1, A.IV.4.

223 RGRK/*Steffen*, § 831, Rn. 56; Staudinger/*Bernau*, § 831, Rn. 176.

224 *Helm*, AcP 166 (1966), 389, 398.

225 BGH, Urt. v. 25. Oktober 1951 – III ZR 95/50, BGHZ 4, 1, 3.

226 Staudinger/*Bernau*, § 831, Rn. 176.

227 Dazu *Rosenberg/Schwab/Gottwald*, § 116, Rn. 7 ff.

228 Dazu näher *Horn*, Die Entstehung der Vorschriften, S. 136, 198.

229 Protokolle bei *Mugdan* II, S. 1090 f.

Geschäftsherrn[230], den konkret verantwortlichen Verrichtungsgehilfen nicht zu individualisieren braucht.[231] Es genügt, dass er den Schadensfall so bezeichnet, dass sich ein Handeln der Hilfsperson ergibt.[232] Der Geschäftsherr hat sich entsprechend in vollem Umfang gemäß § 831 Abs. 1 Satz 2 BGB zu entlasten. Wenn nicht mehr festgestellt werden kann, welcher Gehilfe den Schaden verursacht hat, wird der Entlastungsbeweis für alle in Frage kommenden Gehilfen verlangt.[233]

Die Darlegungs- und Beweislast für seine eigene Deliktsunfähigkeit trifft den Geschäftsherrn.[234]

Somit ist der Geschäftsherr aufgrund der Beweislastverteilung in § 831 Abs. 1 Satz 2 BGB schlechter gestellt, als wenn er gemäß § 823 Abs. 1 BGB in Anspruch genommen würde. Die Unaufklärbarkeit eines Geschehens geht damit stets zu Lasten des Geschäftsherrn. Wenn er aber selbst gehandelt hätte, hätte er der Haftung entgehen können.[235] Diese Beweislastverteilung findet jedoch ihre Begründung im Betriebsrisikogedanken.

7. *Verhältnis des Geschäftsherrn und des Verrichtungsgehilfen zueinander*

a. *Verrichtungsgehilfe und Geschäftsherr als Gesamtschuldner im Außenverhältnis*

Die Haftung des Geschäftsherrn nach § 831 Abs. 1 BGB hängt nicht von einer eventuellen Haftung des Verrichtungsgehilfen nach den §§ 823 ff. BGB ab.[236] Wenn Geschäftsherr und Verrichtungsgehilfe somit nebeneinander haften, sind sie nach § 840 Abs. 1 BGB im Außenverhältnis als Gesamtschuldner anzusehen. Der Geschädigte kann folglich nach seiner Wahl gemäß § 421 Satz 1 BGB entweder den Verrichtungsgehilfen oder den Geschäftsherrn in vollem Umfang auf

---

230 So etwa BGH, Urt. v. 21. Juni 1994 – VI ZR 215/93, NJW 1994, 2756, 2757; BGH, Urt. v. 3. Juni 2014 – VI ZR 394/13, NJW 2014, 2797, 2798.

231 BaRoth/*Spindler*, § 831, Rn. 50; Erman/*Wilhelmi*, § 831, Rn. 14; MüKo/*Wagner*, § 831, Rn. 51; Palandt/*Sprau*, § 831, Rn. 18; PWW/*Schaub*, § 831, Rn. 24; *Matusche-Beckmann*, Das Organisationsverschulden, S. 31.

232 RG, Urt. v. 6. Januar 1939 – III 26/38, RGZ 159, 283, 290 f.; Erman/*Wilhelmi*, § 831, Rn. 14; Palandt/*Sprau*, § 831, Rn. 18; Staudinger/*Bernau*, § 831, Rn. 146.

233 BaRoth/*Spindler*, § 831, Rn. 52; in diesem Sinne auch MüKo/*Wagner*, § 831, Rn. 51; ähnlich RGRK/*Steffen*, § 831, Rn. 58.

234 Erman/*Wilhelmi*, § 831, Rn. 29; PWW/*Schaub*, § 831, Rn. 24; RGRK/*Steffen*, § 831, Rn. 66.

235 Zum Ganzen *Eubel*, Die Haftung des Geschäftsherrn, S. 42.

236 MüKo/*Wagner*, § 831, Rn. 12.

Schadensersatz in Anspruch nehmen. Der Gehilfe selbst bleibt somit im Außenverhältnis neben dem Geschäftsherrn als Gesamtschuldner verantwortlich, allerdings steht dem Gehilfen im arbeitsrechtlichen Bereich ein Freistellungsanspruch in bestimmten Fällen zu.

Die jetzige Ausgestaltung des Verhältnisses der Außenhaftung des Geschäftsherrn und des Verrichtungsgehilfen blieb jedoch nicht unbestritten. Insbesondere wurden alternative Ausgestaltungsvorschläge hinsichtlich der Außenhaftung eines Arbeitnehmers gemacht, der eines der typischen Beispiele eines Verrichtungsgehilfen im Sinne des § 831 Abs. 1 BGB darstellt. Zum einen wurde vorgeschlagen, die Außenhaftung eines Arbeitnehmers, der als Verrichtungsgehilfe einen Schaden zugefügt hatte, vollständig auszuschließen. Allerdings konnte sich dieser Vorschlag nicht durchsetzen.[237] Zum anderen wurde eine subsidiäre Haftung eines Arbeitnehmers entsprechend § 771 BGB befürwortet. Der Arbeitnehmer kann danach nur dann die Befriedigung des Dritten nicht verweigern, wenn anzunehmen sei, dass die Zwangsvollstreckung in das Vermögen des Arbeitgebers nicht erfolgreich sein wird oder wenn über sein Vermögen der Konkurs eröffnet sei.[238] Dieser Vorschlag stieß auf Kritik.[239] Bereits in den Gesetzesmaterialien wurde betont, dass die subsidiäre Haftung die Rechtsstellung des Geschädigten ungebührlich benachteiligen würde.[240] Die Bestimmung der Außenhaftung eines Arbeitnehmers als subsidiär sowie deren vollständiger Ausschluss sind in der Praxis also nicht übernommen worden.

b. Regressmöglichkeit im Innenverhältnis zwischen Verrichtungsgehilfen und Geschäftsherrn

Im Innenverhältnis ist der Verrichtungsgehilfe grundsätzlich nach § 840 Abs. 2 BGB allein verpflichtet, so dass der Geschäftsherr ihn in vollem Umfang in Regress nehmen kann.

Dieser Regress ist jedoch durch einige Sonderregeln ausgeschlossen. Im arbeitsrechtlichen Bereich hat der Arbeitnehmer (Verrichtungsgehilfe), der von dem Geschädigten in Anspruch genommen wurde, im Wege des innerbetrieblichen Schadensausgleichs einen Freistellungsanspruch gegenüber seinem Arbeitgeber (dem Geschäftsherrn), der von dem Verschuldensmaß des Arbeitnehmers abhängt.[241] Bei betrieblich veranlasster Arbeit hat der Arbeitnehmer

237 MüKo/*Wagner*, § 831, Rn. 13.

238 Zum Ganzen *Heinze,* NZA 1986, 545, 549 f.

239 Staudinger/*Bernau*, § 831, Rn. 13.

240 Motive bei *Mugdan* II, S. 412.

241 Staudinger/*Bernau*, § 831, Rn. 15.

nicht für jede Fahrlässigkeit zu haften. Bei leichtester Fahrlässigkeit des Gehilfen trägt der Arbeitgeber den Schaden allein.[242] Also entfällt der Regressanspruch des Geschäftsherrn. Dies findet die Begründung darin, dass der Arbeitgeber der Träger des Betriebsrisikos ist.[243] Dieser Anspruch steht dem Arbeitnehmer im Falle der Schädigung bei der betrieblich veranlassten Arbeit zu, auch wenn diese Arbeit nicht gefahrgeneigt ist.[244] Somit wird die Regelung des § 840 Abs. 2 BGB verdrängt.[245]

Angesichts des Grundsatzes der alleinigen Haftung des Verrichtungsgehilfen im Innenverhältnis stellt sich die Frage, ob dieser Grundsatz beim Regress im Fall der Gefälligkeit des Verrichtungsgehilfen gegenüber dem Geschäftsherrn eine Ausnahme erfährt. Die Haftung des Gefälligen wird häufig im Zusammenhang mit den Fällen der Gefälligkeitsfahrt betrachtet, in denen eine Person freiwillig und unentgeltlich eine andere in einem Pkw mitnimmt und dem Mitfahrenden dabei Schaden zugefügt wird.[246] Die dafür ausgearbeiteten Haftungsgrundsätze können jedoch auch in dem hier interessierenden Zusammenhang angewendet werden.

Anerkannt ist, dass die Gefälligkeit alleine, auch zwischen Ehepartnern, Verwandten oder Freunden, zur Annahme einer Haftungsbeschränkung grundsätzlich nicht genügt.[247] Das Gesetz kennt die Haftungsbeschränkung für solche Fälle nicht. Die Rechtsprechung sieht allein in dem Umstand, dass die schädigende Handlung aus Gefälligkeit erfolgte, regelmäßig keinen Grund, eine stillschweigende Haftungsbegrenzung anzunehmen.[248] Die uneingeschränkte Haftung des Gefälligen, insbesondere auch im Rahmen des Regresses gegenüber dem Geschäftsherrn, kann eine bedeutende praktische Folge nach sich ziehen. Diese besteht darin, dass Gefälligkeiten nicht geleistet werden, da sie dem von

---

242 Zum Ganzen MüKo/*Henssler*, § 619a, Rn. 32; ähnlich HK-BGB/*Schreiber*, § 619a, Rn. 6 spricht aber von der leichten Fahrlässigkeit, für die ein Arbeitnehmer nicht haftet.

243 MüKo/*Wagner*, § 831, Rn. 13.

244 BAG, Beschluss v. 27. September 1994 – GS 1/89 (A), BAGE 78, 56, 60.

245 Staudinger/*Bernau*, § 831, Rn. 14; MüKo/*Wagner*, § 831, Rn. 13 betont, dass die geltende Regel des § 840 Abs. 2 BGB im Bereich des Arbeitsrechts bloß auf dem Papier stehe.

246 Etwa *Schlierf*, Haftungsausschluss, S. 5 ff.; *Diele*, Haftpflichtrisiko, S. 16 ff., 20 ff., 62.

247 RG, Urt. v. 22. November 1934 – VI 288/34, RGZ 145, 390, 394; BGH, Urt. v. 22. Juni 1956 – I ZR 198/54, BGHZ 21, 102, 110; BGH, Urt. v. 15. November 1966 – VI ZR 57/65, VersR 1967, 157; *Jahnke*, VersR 1996, 294, 300; *Schlierf*, Haftungsausschluss, S. 111; *Schreiber*, Jura 2001, 810, 812 f. m.w.N.

248 Zum Ganzen *Langheid*, FS Lüer, S. 103, 106.

altruistischen Motiven Geleiteten nur Nachteile brächten.[249] Dem befürchteten „Ende […] [des] uneigennützigen Handeln[s] in der Gesellschaft“[250] kann jedoch entgegengehalten werden, dass die Haftungsrisiken für den Handelnden in diesem Fall nicht höher sind, als wenn er eigeninitiativ, also für sich selbst, und nicht für jemanden tätig gewesen wäre. Bei der Handlung für sich selbst und der Schädigung eines Dritten hätte er nach Maßgabe der deliktsrechtlichen Vorschriften gehaftet. Daher hält der eingebrachte Einwand der Kritik nicht stand.

Im Einzelfall kann jedoch eine stillschweigende Haftungsbegrenzung angenommen werden. Für die Verneinung einer solchen Haftungsbegrenzung dienen folgende Kriterien zur Abgrenzung: Bestehen einer Haftpflichtversicherung für den Schädiger[251], Zusammenhang der schädigenden Tätigkeit mit beruflich erworbenen Fertigkeiten des Schädigers sowie Zusammenhang mit den hohen wirtschaftlichen Werten im konkreten Fall[252].[253]

Angesichts dessen, dass die Entscheidung über den Maßstab der Haftung des Gefälligen also vom Einzelfall abhängig ist, ist in Erinnerung zu rufen, dass die Gerichte nicht jede Gefälligkeit als ausreichend für die Anerkennung einer Verrichtungsgehilfeneigenschaft nach § 831 Abs. 1 BGB ansehen. Die Indizien, bei deren Vorliegen die Haftung nach § 831 Abs. 1 BGB angenommen werden kann, sind denjenigen bei der Entscheidung der Haftungsfrage des Gefälligen selbst ähnlich. Daher ist die Schlussfolgerung logisch, dass wenn das Gefälligkeitsverhältnis zwischen einem Geschäftsherrn und einem Gehilfen als genügend für die Feststellung der Verrichtungsgehilfeneigenschaft im Sinne des § 831 Abs. 1 BGB angesehen wurde, der Gefällige im Rahmen der Regressforderung grundsätzlich ohne Einschränkungen haftet.

IV. Bewältigung der Folgen des § 831 Abs. 1 BGB

Die heutige Fassung des § 831 BGB sorgt seit Jahren für Diskussionen, vor allem wegen der aufgrund des dezentralisierten Entlastungsbeweises sich in der Praxis ergebenden und als ungerecht empfundenen Ergebnisse. Diese Folgen werden

---

249 *Littbarski*, VersR 2004, 950, 955.

250 *Littbarski*, VersR 2004, 950, 955.

251 *Jahnke*, VersR 1996, 294, 300; *Günther*, Der Regress des Sachversicherers, S. 407; *Langheid*, FS Lüer, S. 103, 106.

252 *Schreiber*, Jura 2001, 810, 814; *Günther*, Der Regress des Sachversicherers, S. 407.

253 *Günther*, Der Regress des Sachversicherers, S. 408 ff. mit einzelnen Beispielen aus der Rechtsprechung.

sowohl auf gesetzgeberischem Wege als auch durch vielfältige Hilfskonstruktionen der Rechtsprechung zu vermeiden versucht.

1. *Verdrängung des § 831 Abs. 1 BGB durch spezialgesetzliche Regelungen der Gehilfenhaftung*

Die Entlastungsmöglichkeit des Geschäftsherrn nach § 831 Abs. 1 Satz 2 BGB wird zunächst durch mehrere spezialgesetzliche Regelungen ausgeschlossen. In § 480 Satz 1 HGB ist geregelt, dass auch der Reeder für den Schaden haftet, wenn sich ein Mitglied der Schiffsbesatzung oder ein an Bord tätiger Lotse in Ausübung seiner Tätigkeit einem Dritten gegenüber schadensersatzpflichtig gemacht hat. Es wird also im Gegensatz zu § 831 Abs. 1 BGB kein Verschulden des Reeders vorausgesetzt. Weiterhin sind verschuldensunabhängige Haftungstatbestände im Haftpflichtgesetz vorgesehen (§§ 1–3 HaftPflG). Das Produkthaftungsgesetz legt ferner eine Gefährdungshaftung des Produktherstellers für die durch den Fehler eines Produkts eingetretenen Körper-, Gesundheits- und Sachschäden fest. Als Gefährdungshaftung ist außerdem die Haftung des Kraftfahrzeughalters nach § 7 StVG konzipiert. Somit verzichtet der Gesetzgeber in mehreren Gesetzen[254] auf das Erfordernis des Verschuldens des Geschäftsherrn. Dadurch wird eine „gesetzgeberische Korrektur"[255] des § 831 Abs. 1 BGB vorgenommen. Allerdings kann der deliktische Anspruch für den Geschädigten insoweit eine Rolle spielen, als die Haftungssumme nach der entsprechenden Spezialnorm begrenzt ist[256] und dadurch der Schaden nicht vollumfänglich gedeckt werden kann.

2. *Versicherungsrechtliche Folgenbewältigung*

Das Haftpflichtrisiko des Geschäftsherrn kann mit Hilfe einer Versicherung gemindert oder insgesamt ausgeschlossen werden. Dadurch wird auch die Frage der Exkulpationsmöglichkeit des § 831 Abs. 1 Satz 2 BGB belanglos. Daher sind einzelne Aspekte des versicherungsrechtlichen Schutzes für das behandelte Thema von besonderer Relevanz.

---

254 Als weitere Gefährdungshaftungstatbestände sind die Haftung des Halters von Luxustieren (§ 833 Satz 1 BGB), Haftung des Luftfahrzeughalters (§ 33 Abs. 1 LuftVG), Haftung des pharmazeutischen Unternehmers für Arzneimittelschäden (§ 84 AMG), Haftung für Änderungen der Beschaffenheit des Wassers (§ 89 WHG) und Anlagenhaftung des Inhabers für Umwelteinwirkungen (§ 1 UmweltHG) zu nennen.

255 *Matusche-Beckmann*, Das Organisationsverschulden, S. 36.

256 So etwa § 10 ProdHaftG; §§ 9, 10 HaftPflG; § 37 LuftVG; § 88 AMG; § 15 UmweltHG.

Die Entlastungsmöglichkeit des Geschäftsherrn verliert beispielsweise in den Fällen an Bedeutung, in denen die Versicherung auch die Haftung des Gehilfen umfasst, wie etwa bei der Betriebshaftpflichtversicherung.[257] § 102 Abs. 1 Satz 1 VVG regelt, dass sich die Versicherung für ein Unternehmen auf die Haftpflicht der zur Vertretung des Unternehmens befugten Personen sowie der Personen, die in einem Dienstverhältnis zu dem Unternehmen stehen, erstreckt.

Allerdings umfasst die Betriebshaftpflichtversicherung nur diejenigen Verrichtungen, die betriebsbezogen sind, die also in einem inneren Zusammenhang mit dem Betrieb stehen.[258] Laut Rechtsprechung genüge es, wenn aus der Sicht des Versicherten die Tätigkeit zumindest auch im Interesse des versicherten Betriebs liege.[259] Die anwendbaren Kriterien der Bestimmung eines inneren Zusammenhangs sind somit denen im Rahmen des § 831 Abs. 1 BGB ähnlich.[260]

In der Literatur wird darauf hingewiesen, dass die Mitversicherung des Gehilfenhandelns in den letzten Jahren in der Rechtsprechung kaum eine Rolle spiele.[261] Die Begründung dafür wird dabei in der „nahezu lückenlosen“[262] Haftung für Gehilfen gesehen. Diese Schlussfolgerung erscheint jedoch widersprüchlich. Je höher das Haftungsrisiko des Geschäftsherrn ist, desto größer muss auch die Inanspruchnahme der Haftungsrisikoabwälzungsstrategien – in diesem Fall der Versicherung – sein.

Die deliktische Haftung des entsprechenden Verrichtungsgehilfen als Fahrer ist weiterhin auch in einem der praktisch wichtigsten Bereichen der potenziellen Schadenszufügung – bei Verkehrsunfällen[263] – durch die Haftpflichtversicherung des Kraftfahrzeughalters mit eingeschlossen (§ 2 Abs. 2 Nr. 3 KfzPflVV). Somit spielt es auch in diesen Fällen keine Rolle, ob der Entlastungsbeweis dem Geschäftsherrn tatsächlich gelingt.

Eine wichtige Rolle beim Ausschluss der Exkulpationsmöglichkeit des Geschäftsherrn kommt darüber hinaus der gesetzlichen Unfallversicherung im Zusammenhang mit der Schadenszufügung einem Betriebsangehörigen

---

257 *Deutsch/Ahrens*, Deliktsrecht, Rn. 457.

258 Langheid/Rixecker/*Langheid*, § 102, Rn. 7; Prölss/Martin/*Lücke*, § 102, Rn. 12; in diesem Sinne auch Langheid/Wandt/*Littbarski*, § 102, Rn. 92; HK-VVG/*Schimikowski*, § 102, Rn. 4.

259 OLG Hamburg, Urt. v. 3. März 1981 – 12 U 114/80, VersR 1982, 458 in Bezug auf das frühere VVG.

260 *Renner*, Die deliktische Haftung, S. 100.

261 *Renner*, Die deliktische Haftung, S. 100.

262 *Renner*, Die deliktische Haftung, S. 100.

263 *Eubel*, Die Haftung des Geschäftsherrn, S. 58 (nach der Zahl der Schadensfälle).

desselben Betriebs, der vom Begriff des „Dritten" im Sinne des § 831 Abs. 1 BGB mitumfasst ist, zu. Der Ersatz der Personenschäden vom Geschäftsherrn selbst kommt danach aufgrund der §§ 104 ff. SGB VII nur ausnahmsweise in Betracht.[264]

Ein besonderes Problem - das gestörte Gesamtschuldverhältnis - ergibt sich im Zusammenhang mit der Regelung des § 106 Abs. 3, 3. Alt. SGB VII, nach der der Erstschädiger bei der Schadenszufügung auf einer gemeinsamen Betriebsstätte privilegiert ist. Der Bundesgerichtshof hat dabei auch die Haftung des Zweitschädigers (des Geschäftsherrn) ausgeschlossen.[265] Die Haftung des Geschäftsherrn bleibt allerdings dann bestehen, wenn er nicht gemäß § 831 Abs. 1 BGB, sondern wegen eigenen Organisationsverschuldens haftet.[266]

Besonders hervorzuheben ist ferner, dass der Kreis der versicherten Personen sehr weit gezogen wird. Es wird entscheidend auf den Charakter der Handlungen, nicht jedoch auf den formalen Status des Handelnden abgestellt. Das Haftungsprivileg bei Arbeitsunfällen kommt auch dem unmittelbaren Schädiger, also dem Verrichtungsgehilfen im Sinne des § 831 Abs. 1 BGB, zugute. Bei Erfüllung der Voraussetzungen der Haftungsbeschränkung sind somit alle Ansprüche aufgrund anderer gesetzlicher Vorschriften zum Ersatz des Personenschadens gegen den Schädiger, insbesondere auch aufgrund der deliktsrechtlichen Vorschriften, ausgeschlossen.

Problematisch ist diese Haftungsbeschränkung jedoch in Bezug auf Schmerzensgeld. In diesen Fällen wird der Ausschluss des Schmerzensgeldanspruchs anerkannt.[267] Der Umstand, dass gerade dieser Verzicht auf das Schmerzensgeld mehrmals zur Anrufung des Bundesverfassungsgerichts geführt hat[268], zeigt jedoch, dass diese Frage von großer Relevanz ist und dass in diesem Zusammenhang vielleicht noch nicht das letzte Wort gesprochen wurde.

264 Dazu näher *Zänker*, Die Haftung der Unternehmer, S. 40.

265 BGH, Urt. v. 24. Juni 2003 - VI ZR 434/01, BGHZ 155, 205, 212 f.; BGH, Urt. v. 11. November 2003 - VI ZR 13/03, BGHZ 157, 9, 14 ff.

266 BGH, Urt. v. 11. November 2003 - VI ZR 13/03, BGHZ 157, 9, 19; BGH, Urt. v. 14. Juni 2005 - VI ZR 25/04, NJW 2005, 3144, 3146.

267 *Fuchs/Preis*, Sozialversicherungsrecht, § 38 II 6.

268 Etwa BVerfG, Beschluss v. 7. November 1972 - 1 BvL 4, 17/71 und 10/72, 1 BvR 355/71, BVerfGE 34, 118 ff. (in Bezug auf §§ 636 Abs. 1 Satz 1, 637 Abs. 1 RVO); BVerfG, Beschluss v. 8. Februar 1995 - 1 BvR 753/94, NJW 1995, 1607 f.

3. *Arbeitsrechtliche Regelung*

Schließlich hat die Entlastungsmöglichkeit des Geschäftsherrn nach § 831 Abs. 1 Satz 2 BGB im arbeitsrechtlichen Bereich aufgrund des Freistellungsanspruchs des Arbeitnehmers keine Bedeutung.[269] Aufgrund der Tatsache, dass der Ausschluss der Entlastung des Geschäftsherrn erst durch den Freistellungsanspruch des Verrichtungsgehilfen erfolgt, für den allerdings eine mögliche Entlastung des Geschäftsherrn belanglos ist[270], wird in der Literatur von einer „mittelbaren Umgehung“[271] gesprochen.

4. *Überblick über die Umgehungskonstruktionen*

Neben den Regelungen der Spezialgesetze schließen verschiedene Hilfskonstruktionen[272] die Exkulpationsmöglichkeit nach § 831 Abs. 1 Satz 2 BGB aus.

a. *Umgehungsversuche im vertraglichen und quasivertraglichen Bereich*

Die Rechtsprechung hat eine Deliktshaftung „nach vertraglichen Grundsätzen“[273] geschaffen und sie immer weiter ausgebaut. Zunächst ist in diesem Zusammenhang das Institut der *culpa in contrahendo* (*c.i.c.*) zu erwähnen. Die Ausdehnung der Grundsätze verschuldensunabhängiger Haftung nach § 278 BGB wurde dabei durch „Hochstilisierung“[274] einer Verletzung der deliktischen Verkehrspflicht zu der Vertragsverletzung erreicht. Das kam im sog. *Linoleumteppich-Urteil*[275] zum Ausdruck. Die Klägerin wurde im Warenhaus der Beklagten beim Umfallen zweier Linoleumrollen verletzt, als sie sich – nach bereits diversen vorherigen Einkäufen in diesem Warenhaus – vom Angestellten des Warenhauses einen Linoleumteppich im Linoleumlager zeigen ließ. Der von der Klägerin beabsichtigte Kauf wurde nicht getätigt. Das Reichsgericht hat ein den Kauf vorbereitendes Rechtsverhältnis mit einem vertragsähnlichen Charakter

269 Geigel/*Haag*, Der Haftpflichtprozess, 17. Kapitel, Rn. 17.

270 So etwa NK-Medizinrecht/*Bergmann*, § 831 BGB, Rn. 8; Staudinger/*Bernau*, § 831, Rn. 15.

271 *Renner*, Die deliktische Haftung, S. 82.

272 „Not-“ oder „Schleichwege“ zur Umgehung des § 831 BGB (*Seiler*, JZ 1967, 525, 526).

273 *Mertens*, AcP 178 (1978), 227, 237; *Helm*, AcP 166 (1966), 389, 405 spricht von den „wilden, aber kerngesunden Austriebe[n]“; kritisch *Raiser*, Karlsruher Forum 1962, 26 bezeichnet diese Entwicklung als „Verzerrung des Rechtssystems“.

274 *Matusche-Beckmann*, Das Organisationsverschulden, S. 34.

275 RG, Urt. v. 7. Dezember 1911 – VI 240/11, RGZ 78, 239 ff.

angenommen und die Haftung aus § 278 BGB bejaht.[276] Somit ist das Institut der c.i.c. zum „Lückenbüßer“[277] für die Verhinderung der unbilligen Ergebnisse des § 831 Abs. 1 BGB geworden. Die negative Folge dieser Entwicklung besteht in der Verwischung der Grenze zwischen vertraglicher und außervertraglicher Haftung.[278]

Eine weitere rechtliche Konstruktion, die die Entlastungsmöglichkeit nach § 831 Abs. 1 BGB zu überwinden hilft, ist die Rechtsfigur des *Vertrags mit Schutzwirkung zugunsten Dritter*. Mit Hilfe dieser Rechtsfigur werden die vertraglichen Haftungsgrundsätze auch gegenüber denjenigen Personen angewendet, die zu dem Vertragspartner in einem Näheverhältnis stehen. Es ist aber hervorzuheben, dass erstens die dogmatische Begründung für den Vertrag mit Schutzwirkung zugunsten Dritter nicht geklärt ist.[279] Zweitens hat sich der geschützte Drittberechtigtenkreis als schwer abgrenzbar herausgestellt.[280] Dies zeigt die Kehrseite des Bestrebens auf, der Entlastungsmöglichkeit des § 831 Abs. 1 Satz 2 BGB auszuweichen.[281]

Einen weiteren Ausweg zur Umgehung des Entlastungsbeweises nach § 831 Abs. 1 Satz 2 BGB bietet die sog. *Drittschadensliquidation*. Hier ist besonders hervorzuheben, dass sie in dem hier interessierenden Zusammenhang lediglich dann eine Rolle spielt, wenn ein Gegenstand vom Gehilfen des Vertragsgegners schuldhaft verletzt wird, der nicht im Eigentum, sondern nur in der Obhut des Vertragsgläubigers steht.[282] Beispielsweise hatte ein Spediteur durch die von einer anderen Firma (Streithelferin) unwahr erfassten Begleitpapiere verschuldet, dass die Organe der sowjetischen Besatzungszone den zum Transport benutzten Lastwagen einzogen, der der ehemaligen Ehefrau des Transportunternehmers gehörte.[283] Der Bundesgerichtshof hat den Spediteur als schadensersatzpflichtig angesehen, obwohl der Kläger selbst von seiner ehemaligen Ehefrau (Eigentümerin des Lastwagens) nicht in Anspruch genommen worden war. Die

276 RG, Urt. v. 7. Dezember 1911 – VI 240/11, RGZ 78, 239, 240; später fortgeführt etwa in BGH, Urt. v. 26. September 1961 – VI ZR 92/61, NJW 1962, 31 f.

277 *Ballerstedt*, AcP 151 (1950/1951), 501, 512, Fn. 30.

278 *v. Caemmerer*, Karlsruher Forum 1962, 23 sieht in der Anwendung der c.i.c. eine „Denaturierung“ des Rechtssystems.

279 *Eubel*, Die Haftung des Geschäftsherrn, S. 54.

280 *Eubel*, Die Haftung des Geschäftsherrn, S. 54.

281 Ähnlich *Erdsiek*, JJB 8 (1967/68), 36, 59, der zutreffend von einem Preis spricht, den unser Vertragsrecht zu entrichten habe.

282 *Erdsiek*, JJB 8 (1967/68), 36, 52.

283 BGH, Urt. v. 23. November 1954 – I ZR 78/53, BGHZ 15, 224 ff.

deliktische Haftung des Spediteurs dem Eigentümer gegenüber könnte aufgrund der Entlastungsmöglichkeit ausgeschlossen sein. Dem Eigentümer standen aber die vertraglichen Ansprüche nicht zu. Daraus entstand das Bedürfnis für das Zurückgreifen auf die Drittschadensliquidation.[284]

Letztlich ist auch die von der Rechtsprechung vorgenommene analoge Anwendung des § 618 BGB auf den Werkvertrag zu erwähnen.[285] Diese Folge hat der Bundesgerichtshof mit dem Billigkeitsgedanken begründet, indem er ausgeführt hat: „... es [wäre] in hohem Maße unbillig, den Hinterbliebenen vertragliche Schadensersatzansprüche aus dem formalen Grunde zu versagen, daß nur der tödlich Verunglückte, aber nicht sie selbst Vertragspartner gewesen seien, und sie, obwohl der tödliche Unfall auf ein vertragliches Verschulden des Dienstherrn zurückgeht, auf den Nachweis einer unerlaubten Handlung zu verweisen und dem Dienstherrn die weitgehende Entlastungsmöglichkeit des § 831 BGB für Verrichtungsgehilfen zu eröffnen".[286]

Festzuhalten bleibt, dass die nicht erwünschte Entlastungsmöglichkeit des § 831 Abs. 1 Satz 2 BGB häufig auf dem Wege der Ausdehnung der vertraglichen Haftungsgrundsätze umgangen wird.

b. Umgehungsversuche im nichtvertraglichen Bereich

Neben der Ausdehnung der Tatbestände im Vertragsrecht wurden mehrere Umgehungsversuche des § 831 Abs. 1 Satz 2 BGB auch im nichtvertraglichen Bereich unternommen.

Zur Lösung nachbarlicher Konflikte wurde der Ausbau der nachbarrechtlichen Ausgleichsansprüche in analoger Anwendung des § 906 Abs. 2 Satz 2 BGB und anderer Normen des Nachbarrechts vorgenommen.[287]

Weiterhin wurde ein Ausweg im Rahmen des Beseitigungsanspruchs nach § 1004 BGB gesucht.[288] Das Verhältnis des Unternehmensinhabers gegenüber seinem Unternehmen sollte dabei als das des Eigentümers gegenüber seinen

---

284 Kritisch dazu *Esser/Schmidt*, Schuldrecht I/2, § 34 IV 1 d.

285 BGH, Beschluss v. 5. Februar 1952 – GSZ 4/51, BGHZ 5, 62 ff.; Staudinger/*Bernau*, § 831, Rn. 38 bezeichnet es als „einen beachtlichen Kunstgriff"; *Renner*, Die deliktische Haftung, S. 92.

286 BGH, Beschluss v. 5. Februar 1952 – GSZ 4/51, BGHZ 5, 62, 66.

287 *Schlechtriem*, FS Heiermann, S. 281, 283.

288 *Pleyer*, AcP 161 (1962), 500 ff. (in Bezug auf Unternehmer); aufgrund des in der Regel fehlenden unmittelbaren Zusammenhangs zwischen der Störerwillensbetätigung und der Beeinträchtigung für meist nicht einschlägig gehalten *Eubel*, Die Haftung des Geschäftsherrn, S. 50; im Ergebnis ablehnend *Heiss*, Entlastungsbeweis, S. 101.

Sachen betrachtet werden[289] und dementsprechend auch die unbedingte Einstandspflicht des Unternehmers zur Beseitigung von Störungen bei den von einem Unternehmen ausgehenden und von Hilfspersonen verursachten Beeinträchtigungen auslösen[290].

Ferner ist von der Auswirkung des § 831 Abs. 1 BGB auf dem Gebiet der Amtshaftung gemäß § 839 BGB i.V.m. Art. 34 GG zu sprechen. Falls ein Beamter seine Amtspflicht in Ausübung des ihm anvertrauten öffentlichen Amtes verletzt, trifft die Verantwortlichkeit gemäß Art. 34 Satz 1 GG grundsätzlich den Staat oder die Körperschaft, in deren Dienst er steht. In dem anderen Fall greift § 831 Abs. 1 BGB ein. Die Rechtsprechung hat den Anwendungsbereich der Amtshaftung nach § 839 BGB in zweierlei Hinsicht ausgeweitet, um die mögliche Anwendung des § 831 Abs. 1 BGB auszuschließen. Einerseits wurde der Begriff der öffentlichen Gewalt ausgedehnt, so dass unter diesen Begriff der gesamte Bereich staatlicher Daseinsvorsorge gefasst wurde.[291] Andererseits wurde der Begriff des Beamten extensiv ausgelegt. Beamte sind also nicht nur diejenigen Personen, mit denen ein Beamtenverhältnis aufgrund einer Ernennung begründet wird, sondern alle Personen, die in Ausübung eines ihnen anvertrauten öffentlichen Amtes handeln.[292]

Darüber hinaus sind immer höhere Anforderungen an die Geschäftsherrenpflichten für die Umgehung der Folgen des Entlastungsbeweises nach § 831 Abs. 1 Satz 2 BGB gestellt worden. Das wird trotz dieses Zwecks als „verdecktes contra-legem-Judizieren“[293] scharf kritisiert.

Zu den wichtigsten Rechtskonstruktionen, die der Entlastungsmöglichkeit bei der deliktischen Gehilfenhaftung entgegenwirken, gehört außerdem das Organisationsverschulden.[294] Die Lehre vom Organisationsverschulden umfasst zwei

289 *Pleyer*, AcP 161 (1962), 500, 506.

290 *Pleyer*, AcP 161 (1962), 500, 507 ff.

291 Zu dieser Entwicklung *Eubel*, Die Haftung des Geschäftsherrn, S. 56; *Renner*, Die deliktische Haftung, S. 86 (jedoch kritisch zu den Abgrenzungsversuchen zwischen fiskalischem und hoheitlichem Handeln); auf die Schwierigkeit dieser Abgrenzung hinweisend *Erdsiek*, JJB 8 (1967/68), 36, 60.

292 MüKo/*Papier/Shirvani*, § 839, Rn. 130; Palandt/*Sprau*, § 839, Rn. 15.

293 *Larenz/Canaris*, Schuldrecht II/2, § 79 III 5 c: „[...] Überspannung der Verkehrspflichten, die den Vorwurf des Verschuldens zur bloßen Fiktion werden lässt und [...] auf die Einführung einer unbedingten, d.h. verschuldensunabhängigen Einstandspflicht durch „Richterrecht“ hinausläuft“.

294 Diese Arbeit konzentriert sich allein auf die deliktsrechtliche Problematik des Organisationsverschuldens. Zum Organisationsverschulden außerhalb des Deliktsrechts vgl. *Matusche-Beckmann*, Das Organisationsverschulden, S. 321 ff.

Institute: das betriebliche und das körperschaftliche Organisationsverschulden. Die beiden Rechtskonstruktionen werden in der Rechtsprechung unterschiedlich behandelt, dienen jedoch einem Ziel – der Ausschaltung negativer Folgen des Entlastungsbeweises nach § 831 Abs. 1 Satz 2 BGB. Dabei müssen Gründe der Kreierung des Organisationsverschuldens und deren Folgen unterschieden werden. Beim Einbeziehen der selbstständigen Unternehmen in den Anwendungsbereich und bei der Haftung für Gelegenheitsdelikte der Gehilfen handelt es sich demgegenüber eher um die Folgen des weiten Verständnisses des § 823 Abs. 1 BGB.

Aufgrund der Zusammensetzung des Terminus „Organisationsverschulden" aus zwei Teilen, wovon einer nicht juristischen Ursprungs ist, ist kurz auf die lexikalische Bedeutung von „Organisation" zum Zweck des besseren Verständnisses der damit zusammenhängenden juristischen Definition einzugehen. Der Begriff „Organisation" (französisch „organiser" – „einrichten, ordnen")[295] wird in der Wirtschaftswissenschaft in dreifacher Bedeutung verwendet: „institutional" als zielgerichtetes soziales System, in dem Menschen und Objekte dauerhaft in einem Strukturzusammenhang stehen, „funktional" als Tätigkeit des Gestaltens derartiger Systeme und „instrumental" als die Regeln, welche das Handeln in solchen Systemen festlegen.[296] Bei der für das Organisationsverschulden relevanten „Organisation" sind sowohl funktionale (ungenügendes Organisieren) als auch instrumentale Aspekte (das Fehlen entsprechender Regeln) zu berücksichtigen. Besonders hervorzuheben ist, dass der Vorwurf des Organisationsverschuldens nicht auf die Organisationen im institutionellen Sinne beschränkt ist.[297]

Im Rahmen der allgemeinen Anmerkungen ist ferner zu betonen, dass neben dem Terminus „Organisationsverschulden"[298] häufig die Ausdrücke „Organisationspflicht"[299], „Organisationsmangel"[300] und „Organisationspflichtverletzung"[301] verwendet werden. Im Hinblick auf ihre Korrelation ist die Auffassung nicht folgerichtig, nach der die Nichtbeachtung der Organisationspflichten als

295 *Matusche-Beckmann*, Das Organisationsverschulden, S. 6.

296 *Brockhaus*, Enzyklopädie, S. 432; ähnlich *Krüger*, Organisation der Unternehmung, S. 13.

297 *Matusche-Beckmann*, Das Organisationsverschulden, S. 7.

298 *Renner*, Die deliktische Haftung, S. 72, 83; *Schlechtriem*, FS Heiermann, S. 281, 284.

299 MüKo/*Wagner*, § 823, Rn. 97, 101; § 831, Rn. 11.

300 *Eubel*, Die Haftung des Geschäftsherrn, S. 46 f.; *Neumann-Duesberg*, NJW 1966, 624, 627 und 629. Diese Bezeichnung wird auf *Landwehr*, AcP 164 (1964), 482, 498 zurückgeführt (*Hilgers*, Schadensverantwortung, S. 79, Fn. 200).

301 Staudinger/*Bernau*, § 831, Rn. 22.

Organisationspflichtverletzung oder Organisationsverschulden anzusehen sei.[302] Dass eine Nichtbeachtung von Organisationspflichten zu deren Verletzung führt, ist zwar unbestreitbar. Das bedeutet jedoch nicht, dass damit automatisch ein Organisationsverschulden vorliegt. Richtigerweise ist anzunehmen, dass die rechtswidrige Organisationspflichtverletzung lediglich bei ihrer Vorwerfbarkeit ein Verschulden begründet.[303] Die Organisationspflichtverletzung und der Organisationsmangel sind ihrem Inhalt nach identisch. Somit stellt die Verletzung der Organisationspflichten einen Organisationsmangel dar, der seinerseits beim Vorliegen zusätzlicher Merkmale als Organisationsverschulden zu qualifizieren ist und mithin zu einer Haftung wegen Organisationsverschuldens führen kann.

Was genau die Haftung wegen Organisationsverschuldens darstellt, ob diese Rechtsfigur erforderlich ist und ob sie sich dogmatisch begründen lässt, ist demnach im Weiteren ausführlich zu untersuchen.

V. Zusammenfassung

Somit ist festzuhalten, dass die Regelung der deliktischen Gehilfenhaftung im deutschen Recht in § 831 Abs. 1 BGB festgehalten ist. Diese Norm steht wegen der vorgesehenen Entlastungsmöglichkeit des Geschäftsherrn, die zutreffend als „ständiges Ärgernis der Praxis“[304] charakterisiert wird, seit ihrer Entstehung in der Diskussion. Der von der Rechtsprechung zugelassene dezentralisierte Entlastungsbeweis hat zur Privilegierung von Großunternehmen geführt, was als Rechtsfolge nicht akzeptabel und zu missbilligen ist. Den zusätzlichen Anstoß zum Nachdenken gibt der Umstand, dass die deliktische Gehilfenhaftung in den meisten anderen Rechtsordnungen verschuldensunabhängig geregelt ist und folglich keine entsprechenden Probleme in der Praxis auslöst. Der Gedanke der unbedingten Einstandspflicht war bereits während der Beratungen der BGB-Kommission eingebracht worden, konnte sich aber nicht durchsetzen. Um die unbilligen Folgen des dezentralisierten Entlastungsbeweises auszugleichen und die Vorschrift des § 831 Abs. 1 BGB als mehr oder weniger „praxisgerecht“ auszugestalten, wurden auf verschiedenen Ebenen vielfältige Umwege eingeschlagen.

Diese Entwicklung hat zu einer „nahezu lückenlosen“[305] Haftung geführt. In dieser Entwicklung wird ferner der Grund dafür gesehen, dass die Vorschrift des

302 *Kern,* MedR 2000, 347.

303 *Hassold,* JuS 1982, 583.

304 *Hauss,* 43. DJT, C23, C43.

305 *Renner,* Die deliktische Haftung, S. 100.

§ 831 Abs. 1 BGB bis heute in ihrer Ursprungsfassung beibehalten wurde.[306] Der Umfang der vorgenommenen Umgehung lässt zu Recht an der verbleibenden praktischen Bedeutung des § 831 Abs. 1 BGB selbst zweifeln.[307]

Allerdings, trotz der positiven Folge der aufgezeigten Entwicklungstendenzen, gibt es mehrere Kritikpunkte, aufgrund derer die ausgewählten Wege bedenklich erscheinen. Vor allem wird die Grenze zwischen Vertrags- und Deliktsrecht undeutlich.[308] Durch die Anwendung der vertragsrechtlichen Grundsätze wird die Haftung in vielfacher Hinsicht verschärft. Die Haftung tritt in diesem Fall unabhängig vom eigenen Verschulden des Geschäftsherrn und außerdem auch für selbstständige Gehilfen ein. Darüber hinaus lassen diese Entwicklungen Fragen bezüglich des Verhältnisses zwischen gesetztem und richterlichem Recht entstehen.[309]

Dabei bleibt die Frage offen, ob § 831 Abs. 1 BGB geändert werden muss oder diese Vorschrift mit Hilfe der geschaffenen Rechtskonstruktionen in ihrer jetzigen Fassung bestehen bleiben kann. Eine der wichtigsten und bisher sehr praxisrelevanten Strategien zur Bekämpfung der Schwächen der Regelung des § 831 Abs. 1 BGB stellt die Rechtsfigur des Organisationsverschuldens dar, die es im Weiteren näher zu untersuchen gilt.

B. Haftung wegen betrieblichen Organisationsverschuldens

Die Lehre vom sog. „*betrieblichen Organisationsverschulden*" wurde durch die Rechtsprechung im Wege der richterlichen Rechtsfortbildung mit dem Ziel entwickelt, die sich im Zusammenhang mit der Entlastungsmöglichkeit des § 831 Abs. 1 Satz 2 BGB ergebenden Grenzen der deliktischen Gehilfenhaftung zu überwinden.[310] In der Literatur wird diese Fallgruppe in der Regel als „betriebliches Organisationsverschulden"[311] oder „betrieblicher Organisationsmangel"[312] bezeichnet.

---

306 *Eubel*, Die Haftung des Geschäftsherrn, S. 57.

307 MüKo/*Wagner*, § 831, Rn. 2: „Die Vorschrift führt heute ein Schattendasein".

308 *Erdsiek*, JJB 8 (1967/68), 36, 62; *Renner*, Die deliktische Haftung, S. 94: „bedenkliche[s] Verwischen der Grenze zwischen Vertrags- und Deliktsrecht".

309 Ähnlich *Erdsiek*, JJB 8 (1967/68), 36, 62.

310 Ähnlich *Hilgers*, Schadensverantwortung, S. 78 f.

311 *Hassold*, JuS 1982, 583; *Matusche-Beckmann*, Das Organisationsverschulden, S. 37 und passim; *Zwiehoff*, MedR 2004, 364 spricht bezüglich der Haftung des Krankenhausträgers von einem „Organisationsverschulden im engeren Sinne".

312 *Landwehr*, AcP 164 (1964), 482, 498; *Martinek*, Repräsentantenhaftung, S. 168; *Neumann-Duesberg*, NJW 1966, 624, 629; *Weimar*, Der Versicherungsnehmer 1958, 143.

Allgemein kann ein betriebliches Organisationsverschulden wie folgt beschrieben werden: wenn ein Unternehmer bei der Organisation seines Betriebs oder das Organ einer juristischen Person bei der Organisation der Verwaltung die ihm obliegende Verkehrssicherungspflicht nicht erfüllt und dadurch ein Dritter zu Schaden kommt, ist ein betriebliches Organisationsverschulden anzunehmen.[313] Ein betriebliches Organisationsverschulden setzt die Verletzung einer betrieblichen Organisationspflicht voraus und ist somit nicht mit der letzteren identisch. Eine rechtswidrige und vorwerfbare Verletzung der betrieblichen Organisationspflicht führt zu einem Organisationsverschulden.[314]

I. Anwendungsbereich der Rechtsfigur des betrieblichen Organisationsverschuldens

Der Anwendungsbereich des betrieblichen Organisationsverschuldens wird manchmal auf Betriebe beschränkt.[315] Dieser Ansicht ist jedoch entgegenzuhalten, dass erstens nicht alle Rechtssubjekte, die nach diesen Grundsätzen haftbar sind, einen Betrieb im engeren Sinne darstellen. Zweitens folgen die Organisationspflichten aus einer Delegation von Verkehrspflichten, die ihrerseits nicht nur für Betriebe, sondern für jeden Rechtsteilnehmer gelten.[316] Deshalb ist der Meinung zuzustimmen, dass der Begriff des betrieblichen Organisationsverschuldens mit Beschränkung des Anwendungsbereichs nur auf Betriebe zu eng sei.[317] Daher ist die restriktive Auslegung des Anwendungsbereichs abzulehnen. Angesichts der ungenauen Bezeichnung der zu untersuchenden Rechtsfigur ist zu betonen, dass der Betrieb im weiteren Sinne zu verstehen ist, also als eine Vereinigung von persönlichen, sachlichen und immateriellen Mitteln zur fortgesetzten Verfolgung eines von einem oder von mehreren Rechtssubjekten gemeinsam gesetzten technischen Zweckes.[318] Dieser weite Begriff des Betriebes wird in dieser Untersuchung zugrunde gelegt.

---

313 *Hassold*, JuS 1982, 583.

314 *Hilgers*, Schadensverantwortung, S. 79; ähnlich *Hassold*, JuS 1982, 583.

315 So etwa *Hassold*, JuS 1982, 583.

316 Zum Ganzen *Matusche-Beckmann*, Das Organisationsverschulden, S. 111.

317 *Matusche-Beckmann*, Das Organisationsverschulden, S. 111.

318 *Jacobi*, FS Ehrenberg, S. 1, 9.

II. Tatbestand der Haftung wegen betrieblichen Organisationsverschuldens

1. Allgemeines

Die Haftung wegen betrieblichen Organisationsverschuldens tritt bei der Verletzung einer sog. betrieblichen Organisationspflicht ein, die sich bei rechtswidriger Handlung und subjektiver Vorwerfbarkeit haftungsbegründend auswirkt.[319] Besonderer Betonung bedarf die Tatsache, dass im Rahmen des § 823 Abs. 1 BGB – im Gegensatz zu § 831 Abs. 1 BGB – eine rechtswidrige Handlung des Gehilfen nicht erforderlich ist.

Bei den Voraussetzungen der Haftung wegen betrieblichen Organisationsverschuldens ist dem Umstand Aufmerksamkeit zu schenken, dass der objektive Haftungstatbestand, die Organisationspflichtverletzung, vom subjektiven Tatbestand, dem Organisationsverschulden des Geschäftsherrn, strikt zu unterscheiden ist.[320]

Über den Inhalt einer betrieblichen Organisationspflicht herrscht bisher keine Klarheit. Was unter einer betrieblichen Organisationspflicht zu verstehen ist und welche Anforderungen an sie gerechtfertigt erscheinen, ist deshalb ein weiterer Aspekt dieser Untersuchung.

2. Objektiver Tatbestand

a. Inhalt einer betrieblichen Organisationspflicht

Es ist für die Bestimmung des objektiven Haftungstatbestandes wichtig, den Inhalt einer betrieblichen Organisationspflicht zu präzisieren und den Unterschied zu den im Rahmen des § 831 Abs. 1 BGB aufgestellten Pflichten herauszuarbeiten. Zunächst ist auf die Anforderungen der Judikatur in diesem Zusammenhang einzugehen.

aa. Rechtsprechung

Der Unternehmer ist zur ausreichenden Organisation seines Betriebs[321] verpflichtet. Diese Formel ist aber zu abstrakt und demzufolge ausfüllungsbedürftig. Deshalb ist im Weiteren auf die einzelnen Anforderungen seitens der Gerichte an die Pflicht zur ausreichenden Organisation des Betriebes einzugehen.

---

319 *Hilgers*, Schadensverantwortung, S. 79.

320 In diesem Sinne *Matusche-Beckmann*, Das Organisationsverschulden, S. 112 f.

321 Näher zur Definition des Begriffs „Betrieb" in dieser Arbeit siehe auf S. 119.

Vor allem sprechen das Reichsgericht und der Bundesgerichtshof über den Erlass der treffenden Sicherheitsanordnungen, die die Schäden Dritter vermeiden können.[322] In mehreren Entscheidungen haben die Gerichte versucht, der Pflicht, Anweisungen zu erteilen, inhaltliche Grenzen zu setzen. Vor allem hat sich die Rechtsprechung bemüht zu bestimmen, wie detailliert die entsprechenden Anordnungen sein müssen, um dieser Pflicht zu genügen.

Im Einzelnen hat die Rechtsprechung angenommen, dass diese Anordnungen (Anweisungen) einen allgemeinen Charakter[323] haben und für die Gewährleistung der Verkehrssicherheit der Anlagen des Geschäftsherrn geeignet[324], klar[325] und eindringlich[326] sein müssten. Das Erfordernis der allgemeinen Anweisungen zur Schadensabwendung erscheint unproblematisch, weil es sich dabei um die Abwendung von typischen und häufigen Gefahrenquellen handelt.[327] Ein allgemeiner Charakter einer Anweisung genügt jedoch nicht immer. Vielmehr ist manchmal von detaillierten Weisungen die Rede.[328] Das lässt grundsätzlich daran zweifeln, dass die allgemeinen Anweisungen in jedem Fall ausreichen würden, um die betriebliche Organisationspflicht ordnungsgemäß zu erfüllen. Dabei wird die Grenze überschritten, wo prognostiziert werden könnte, dass diese Gefahr vorauszusehen war.

Besonders offensichtlich ist die Überspannung der Anforderungen an die zu erteilenden Anweisungen im reichsgerichtlichen *Urteil vom 25. Februar 1930.*[329] In diesem Fall hat sich der Kläger bei winterlicher Glätte verletzt. Das Gericht hat festgestellt, dass die Unfallstelle zwischen 8 und 9 Uhr, um 11.30 Uhr und um 15 Uhr gestreut wurde. Das Reichsgericht hatte das Verschulden der Gemeinde trotzdem darin erblickt, dass sie nicht dafür gesorgt hatte, dass bei den besonders ungünstigen Witterungsverhältnissen während eines Zeitraums von drei

---

322 So etwa RG, Urt. v. 25. Februar 1915 – VI 526/14, RGZ 87, 1, 4; ähnlich BGH, Urt. v. 9. Februar 1960 – VIII ZR 51/59, BGHZ 32, 53, 59.

323 RG, Urt. v. 20. April 1914 – VI 545/13, JW 1914, 759, 760; BGH, Urt. v. 25. Oktober 1951 – III ZR 95/50, BGHZ 4, 1, 2; BGH, Urt. v. 8. November 1963 – VI ZR 257/62, VersR 1964, 297; BGH, Urt. v. 17. Oktober 1967 – VI ZR 70/66, NJW 1968, 247, 248.

324 RG, Urt. v. 12. Januar 1938 – VI 172/37, JW 1938, 1651, 1652.

325 BGH, Urt. v. 20. April 1971 – VI ZR 232/69, NJW 1971, 1313, 1315.

326 BGH, Urt. v. 20. April 1971 – VI ZR 232/69, NJW 1971, 1313, 1315.

327 Ähnliche Argumentation in Bezug auf die ins Detail gehenden Anordnungen *Heiss*, Entlastungsbeweis, S. 60 f.

328 So etwa RG, Urt. v. 25. Februar 1930 – VI 122/29, JW 1930, 1963 ff.; BGH, Urt. v. 21. Januar 1965 – III ZR 217/63, VersR 1965, 475 ff.; BGH, Urt. v. 30. Januar 1996 – VI ZR 408/94, NJW-RR 1996, 867, 868.

329 RG, Urt. v. 25. Februar 1930 – VI 122/29, JW 1930, 1963 ff.

Stunden (zwischen 12 und 15 Uhr) nochmals gestreut wurde. Um dies sicherzustellen, hätte es genügt, dass die verfassungsmäßigen Vertreter der Gemeinde entsprechende Anordnungen träfen und für deren Durchführung sorgten.[330] Also handelte es sich bei den Anweisungen über das Streuen während des Zeitraumes von drei Stunden um ganz detaillierte Anweisungen. Dieser strenge Maßstab der auferlegten organisatorischen Pflicht erscheint bedenklich. Es bleibt die Frage, ob die geforderte Anordnung genügt hätte, wenn sich der Kläger während des Zeitraumes von zwei Stunden, in dem nicht gestreut worden war, verletzt hätte.[331] Dadurch wird deutlich, dass der gesetzte Maßstab der Sorgfalt bei organisatorischen Maßnahmen sehr hoch ist.

Die Beispiele für die Überspannung der Anforderungen an die zu erteilenden Anweisungen finden sich später auch in der Rechtsprechung des Bundesgerichtshofs.

So lag dem *Urteil vom 21. Januar 1965*[332] der Sachverhalt zugrunde, dass ein Baum vom Wind umgerissen worden war und auf einen Pkw stürzte, in dem sich ein Ehepaar befand. Sie erlitten erhebliche Verletzungen. Es wurde festgestellt, dass der Baum infolge einer über dem Baumstamm verbreiteten starken Pilzinfektion und einer Vermorschung des Stammfußes gestürzt war. Diese Schäden waren jedoch verdeckt und deshalb während laufender Kontrollen unerkannt geblieben. Außerdem hatte dieser Baum noch grünes Laub, so dass die Pilzinfektion nur schwer erkennbar war. Der Bundesgerichtshof bejahte die Haftung des beklagten Landes aus §§ 823, 89, 31 BGB wegen eines Organverschuldens (sic).[333]

Das Gericht führte aus, dass die Straßenwärter hätten wissen müssen, dass eine grüne Baumkrone noch kein sicheres Zeichen für die Standfestigkeit des Baumes sei. Außerdem hätten die Straßenwärter angewiesen werden müssen, jedenfalls hin und wieder den Stammfuß bis zum Erdboden zu besichtigen und dazu erforderlichenfalls Straßenkehricht, Unkraut, Gras und ähnliche Sichtbehinderungen zurückzudrängen oder zu entfernen.[334] Die existierende Dienstanweisung wurde dabei für nicht genügend erklärt, da es an der ausreichenden und erforderlichen Deutlichkeit mangelte.[335]

330 RG, Urt. v. 25. Februar 1930 – VI 122/29, JW 1930, 1963, 1965.
331 *Werner*, JW 1930, 1963, 1964, der sogar von einer Gefährdungshaftung spricht.
332 BGH, Urt. v. 21. Januar 1965 – III ZR 217/63, VersR 1965, 475 ff.
333 BGH, Urt. v. 21. Januar 1965 – III ZR 217/63, VersR 1965, 475, 477.
334 Zum Ganzen BGH, Urt. v. 21. Januar 1965 – III ZR 217/63, VersR 1965, 475, 477.
335 BGH, Urt. v. 21. Januar 1965 – III ZR 217/63, VersR 1965, 475, 477.

An dieser Stelle ist jedoch einzuwenden, dass der Schaden vom Herabfallen einzelner Äste kommen könnte, weil sie verfault gewesen sind und dies nicht erkennbar war. Dann hätte diese Anordnung auch nicht gereicht.[336] In der Literatur wird deshalb völlig zu Recht angemerkt, dass es sich in diesem Fall um eine atypische Gefahrenquelle handelte, an die der Verantwortliche auch bei Anspannung aller Geisteskräfte nicht denken konnte.[337]

Diese Beispiele zeigen, dass sich die Gerichte in manchen Fällen mit den allgemeinen Anordnungen nicht zufrieden geben. In einigen Urteilen ist sogar ausdrücklich von den „konkrete[n] Aufsichtsanweisungen"[338] oder „detaillierten Weisungen"[339] die Rede. Alle möglichen Lebenssituationen lassen sich aber nicht einmal erfassen, so dass man sie alle in entsprechenden Anordnungen aufnehmen könnte.

Es lässt sich mithin feststellen, dass die Rechtsprechung mal die allgemeinen, mal ganz detaillierten Anweisungen für erforderlich hält. Ein klares Abgrenzungskriterium, wann die Anweisung des Geschäftsherrn vom Inhalt her ausreichend ist, lässt sich aus der Rechtsprechung nicht ableiten. Einigkeit besteht hingegen bezüglich der Merkmale der Klarheit und Geeignetheit solcher Anweisungen für die Schadensvorbeugung. Bereits das Reichsgericht hat in Bezug auf den Charakter der zu treffenden Anordnungen im Fall einer Schadensersatzklage aufgrund von Verletzungen infolge eines Sturzes auf dem Bürgersteig hervorgehoben, dass entsprechende Anordnungen geeignet sein müssen, die erforderliche Beaufsichtigung der städtischen Bauarbeiten regelmäßig zu gewährleisten.[340] Die Geeignetheit der Anordnungen als Charakteristikum wird auch in der späteren Rechtsprechung betont.[341]

Außerdem wurde das Erfordernis der klaren und eindringlichen Anweisungen für die sachgerechte Organisation und demzufolge für die Entkräftung des Organisationsverschuldensvorwurfs aufgestellt.[342] Durch entsprechende Anweisungen sollte die nicht delegierbare Oberaufsicht erzielt werden.[343]

---

336 Ähnlich *Heiss*, Entlastungsbeweis, S. 62.

337 *Heiss*, Entlastungsbeweis, S. 62.

338 BGH, Urt. v. 17. Oktober 1967 – VI ZR 70/66, NJW 1968, 247, 249.

339 BGH, Urt. v. 30. Januar 1996 – VI ZR 408/94, NJW-RR 1996, 867, 868.

340 RG, Urt. v. 28. November 1913 – III 194/13, WarnRspr 1914, Nr. 35, 50, 51.

341 RG, Urt. v. 12. Januar 1938 – VI 172/37, JW 1938, 1651, 1652.

342 So etwa BGH, Urt. v. 20. April 1971 – VI ZR 232/69, NJW 1971, 1313, 1315.

343 BGH, Urt. v. 17. Oktober 1967 – VI ZR 70/66, NJW 1968, 247, 248.

Ferner wird also Kontrolle über die Handlungen des Gehilfen verlangt.[344] Der Betriebsinhaber muss sich zumindest von Zeit zu Zeit vergewissern, dass die allgemeinen Anweisungen über die Betriebssicherheit und Personalüberwachung durchgeführt werden.[345] Die Rechtsprechung legt aber wie bei den Anweisungen brauchbare Kriterien dieser Kontrollpflicht nicht fest. In manchen Fällen wird bei der Kontrollpflicht ein so hoher Maßstab an die Einhaltung der im Verkehr erforderlichen Sorgfalt gestellt, welcher von vornherein nicht vorstellbar ist. Als Beispiel ist an den erwähnten Fall zu denken, in dem das Reichsgericht von erforderlichem Sorgen für die Durchführung des Streuens während eines Zeitraums von drei Stunden spricht.[346] In einem weiteren Fall, in dem es ebenfalls um die Verletzungen infolge von Schneeglätte ging, wurde bestätigt, dass die allgemeine Aufsicht stets dem Geschäftsherrn obliegt.[347] Die Anforderungen an eine solche „allgemeine Aufsichtspflicht" wurden aber wieder nicht weiter konkretisiert.

Eingehend mit den Anforderungen an die betriebliche Organisation im Allgemeinen und an die Kontrollpflicht im Besonderen hat sich der Bundesgerichtshof im sog. „*Gasversorgungs-Urteil*"[348] beschäftigt. In diesem Fall machten die Kinder ein Gasversorgungsunternehmen für den Tod ihres Vaters verantwortlich und verlangten Schadensersatz für den Entzug des Rechts auf Unterhalt. Der Unfall wegen Vergiftung des Vaters war darauf zurückzuführen, dass der im Keller des Hauses befindliche Gasdruckregler nicht ordnungsgemäß funktionierte. Mit den dazu erforderlichen Arbeiten hatte das beklagte Unternehmen eine Aktiengesellschaft beauftragt, die ihrerseits ein weiteres Unternehmen eingeschaltet hatte. Die Kläger trugen vor, dass der Defekt des Gasdruckreglers auf eine von der Beklagten zu vertretende unsachgemäße Durchführung der Umstellungsarbeiten zurückzuführen war.

Der Bundesgerichtshof hat entgegen der Meinung des Berufungsgerichts entschieden, dass ein betriebliches Organisationsverschulden der Beklagten nicht vorgeworfen werden kann. Ein Organisationsverschulden der Beklagten könne

344 RG, Urt. v. 28. November 1913 – III 194/13, WarnRspr 1914, Nr. 35, 50, 51 („die Pflicht zu genügender allgemeiner Kontrolle der Organisation"); BGH, Urt. v. 25. Oktober 1951 – III ZR 95/50, BGHZ 4, 1, 2.

345 BGH, Urt. v. 8. November 1963 – VI ZR 257/62, VersR 1964, 297.

346 RG, Urt. v. 25. Februar 1930 – VI 122/29, JW 1930, 1963, 1965; dazu auf S. 121.

347 BGH, Urt. v. 6. November 1956 – VI ZR 71/56, MDR 1957, 214 f.; zu der allgemeinen Oberaufsicht, der sich der Geschäftsherr nicht entschlagen kann, bereits RG, Urt. v. 25. Februar 1915 – VI 526/14, RGZ 87, 1, 4.

348 BGH, Urt. v. 30. September 1986 – VI ZR 274/85, NJW-RR 1987, 147 f.

nicht darin gesehen werden, dass sie nicht sämtliche Gasdruckregler nach der Umstellung durch eigene Mitarbeiter überprüfen ließe.[349] Der Bundesgerichtshof hat vielmehr ausdrücklich darauf hingewiesen, dass an die Kontrollpflicht des Unternehmens keine überhöhten Anforderungen gestellt werden dürften. Dabei hat er mit dem Gedanken der Gerechtigkeit argumentiert: „[…] es würde eine den wirtschaftlichen und technischen Gegebenheiten nicht gerecht werdende Überspannung der Sorgfaltsanforderungen bedeuten, wenn dem Auftraggeber angesonnen würde, die Arbeitsweise des Beauftragten auf Schritt und Tritt zu kontrollieren […]".[350]

Als Maß für die Kontrollpflicht hat das Gericht einen Mittelweg vorgeschlagen, der „in Form einer ausreichenden Zahl von Stichproben"[351] angesehen wurde. Eine verschärfte Kontrolle ist nur beim Vorliegen besonderer Umstände geboten, beispielsweise bei bereits anderweitigen Fehlleistungen.[352] Ob das Fehlen einer besonderen Anordnung der Beklagten zur Überprüfung der Gasdruckregler als Organisationsverschulden anzusehen war, ließ der Bundesgerichtshof offen.

Obwohl es sich in diesem Urteil nicht um einen Verrichtungsgehilfen im Sinne des § 831 Abs. 1 BGB handelte, sondern um ein selbstständiges Unternehmen, das mit der Durchführung der Arbeiten beauftragt worden war, spielt dieses Urteil eine große Rolle bei der Festlegung der Grundsätze des Organisationsverschuldens. Hier wird nämlich die Grenze des betrieblichen Organisationsverschuldens bestimmt, die bei einer ausreichenden Zahl von Stichproben erreicht wird.[353]

Die Nichterfüllung der Überwachungs- (Kontroll-) Pflicht wird dabei in der Regel dann angenommen, wenn der gefahrbringende Zustand eine längere Zeit angedauert hat.[354] Diese Schlussfolgerung ist jedoch kritisch zu sehen. Zum einen ist bedenklich, dass der Bundesgerichtshof durch einen lang andauernden

---

349 BGH, Urt. v. 30. September 1986 – VI ZR 274/85, NJW-RR 1987, 147.

350 BGH, Urt. v. 30. September 1986 – VI ZR 274/85, NJW-RR 1987, 147.

351 BGH, Urt. v. 30. September 1986 – VI ZR 274/85, NJW-RR 1987, 147.

352 BGH, Urt. v. 30. September 1986 – VI ZR 274/85, NJW-RR 1987, 147, 148; OLG Hamm, Urt. v. 20. Januar 2009 – 9 U 133/08, OLGR Hamm 2009, 392, 394 setzt das Maß der Überwachung in Abhängigkeit von der Gefahrenträchtigkeit der ausgeübten Tätigkeit.

353 Stichprobenartige bzw. stichprobenhafte Kontrollen im Rahmen eines Organisationsverschuldens werden auch in der späteren instanzlichen Rechtsprechung gefordert: OLG Hamm, Urt. v. 21. Dezember 2012 – I-9 U 38/12, NJW 2013, 1375, 1376; OLG Hamm, Urt. v. 12. Juli 2013 – 9 U 17/13, NJW-RR 2014, 281, 283.

354 BGH, Urt. v. 30. Januar 1996 – VI ZR 408/94, NJW-RR 1996, 867, 868.

Zustand auf die Verletzung einer bestimmten Pflicht, nämlich einer Überwachungspflicht, geschlossen hat. Eher ist in solchen Fällen allgemein auf ein Verschulden des Geschäftsherrn zu schließen[355], nicht jedoch auf die Verletzung einer konkreten Pflicht. Zum anderen erscheint es inkonsequent, wenn das betriebliche Organisationsverschulden abgelehnt, dabei aber auf den lang andauernden gefährlichen Zustand die Entscheidung gegründet wird[356]. Ein solcher Zustand wird in der Regel als Indiz des betrieblichen Organisationsverschuldens angesehen.

Vom Geschäftsherrn wird weiterhin verlangt, dass er eine Organisation schafft, in der er über den verkehrswidrigen Zustand unterrichtet wird, um die schadensvorbeugenden Maßnahmen treffen zu können.[357]

Schließlich müssen einzelne Organisationsvorkehrungen so koordiniert sein, dass sich eine Gefahrenabwehr effektiv betreiben lässt.[358]

Somit lassen sich einzelne Bestandteile einer betrieblichen Organisationspflicht, die von der Rechtsprechung ausformuliert wurden, folgendermaßen zusammenfassen: Pflicht zum Erlass geeigneter Anordnungen, Kontroll- (Überwachungs-), Informations- und Koordinationspflichten.

bb. Lehre

In der Lehre wird die betriebliche Organisationspflicht allgemein als Pflicht des Geschäftsherrn charakterisiert, seine Rechtssphäre so zu organisieren, dass keine vermeidbaren Verletzungen seiner deliktischen Pflichten vorkommen.[359]

Die einzelnen Pflichten, die insgesamt eine betriebliche Organisationspflicht ausmachen, werden auf verschiedene Weise strukturiert. Einerseits wird die einzurichtende Organisation entsprechend ihren Funktionen in folgende Systeme untergliedert: System von Aufsichtsanordnungen, von einander übergeordneten Kontrollinstanzen und ein gegenläufiges Informationssystem.[360] Jeder Stufe

355 So etwa RG, Urt. v. 27. November 1916 – VI 275/16, RGZ 89, 136 f.

356 So etwa BGH, Urt. v. 30. Januar 1996 – VI ZR 408/94, NJW-RR 1996, 867, 868.

357 *Hilgers*, Schadensverantwortung, S. 81 f.

358 In diesem Sinne BGH, Urt. v. 2. Juni 1964 – VI ZR 71/63, VersR 1964, 950, 951; *Hilgers*, Schadensverantwortung, S. 82.

359 *Matusche-Beckmann*, Das Organisationsverschulden, S. 113. Etwas weitere Definition bei *Brandes*, Die Haftung für Organisationspflichtverletzung, S. 116, der nicht nur Gefahrenabwehraspekt, sondern auch ordnungsgemäße Erfüllung der vertraglichen Verpflichtungen und sonstiger Aufgaben hervorhebt.

360 *Heiss*, Entlastungsbeweis, S. 51 f.; ähnlich *Hilgers*, Schadensverantwortung, S. 81 f. (zur weiteren Koordinationspflicht unter *Hilgers*, Schadensverantwortung, S. 82).

dieses Systems entspricht eine Pflicht.[361] Außerdem wird zusätzlich die vierte Komponente hervorgehoben: die organisatorische Koordinationspflicht, die auf die Abstimmung einzelner Systeme gerichtet ist.[362] Andererseits wird der Organisationspflichtenkomplex im Schrifttum in zwei Gruppen aufgeteilt: Instruktionspflichten und Überwachungspflichten.[363] Darüber hinaus wird zwischen primären und sekundären Organisationspflichten unterschieden, unter denen die „Erstorganisation" bis zur Errichtung einzelner Abteilungen und die darauf folgende Kontrolle der geschaffenen Organisation entsprechend verstanden werden.[364] Dabei sollte der personelle sowie der technisch-gegenständliche Bereich vom Geschäftsherrn befriedigend organisiert werden.[365]

Die vorgestellten Auffassungen spiegeln mehr oder weniger die Rechtsprechungsanforderungen an die betriebliche Organisationspflicht wider. Sie spielen eine große Rolle, weil sie zum einen die richterliche Kasuistik systematisieren und zum anderen zur Klarstellung und Ausarbeitung der Einzelheiten zur betrieblichen Organisationspflicht beitragen.

Was die einzelnen Komponenten einer betrieblichen Organisationspflicht angeht, besteht Uneinigkeit bezüglich ihrer Ausgestaltung. In Bezug auf das Verhältnis der Kontroll- oder Überwachungspflicht gegenüber einer betrieblichen Organisationspflicht wird folgerichtig die Überwachung als ein Teil des Organisierens betrachtet.[366]

Die zu treffenden Anordnungen müssen dabei nach überwiegender Auffassung in allgemeiner Art und Weise verfasst werden.[367] Allerdings spricht ein Teil des Schrifttums in diesem Zusammenhang auch von „detaillierten Instruktionspflichten" des Verkehrssicherungspflichtigen.[368]

---

361 *Heiss,* Entlastungsbeweis, S. 52 f.

362 *Hilgers,* Schadensverantwortung, S. 82.

363 *Kleindiek,* Deliktshaftung, S. 296 ff.

364 *Deutsch,* NJW 2000, 1745; *Kern,* MedR 2000, 347, 348 f. differenziert bei der Arzthaftung zwischen den Pflichten des Krankenhausträgers als Organisationspflichten im engeren Sinne und denen des Krankenhauses als Organisationspflichten im weiteren Sinne.

365 *Matusche-Beckmann,* Das Organisationsverschulden, S. 114.

366 *Matusche-Beckmann,* Das Organisationsverschulden, S. 90.

367 So etwa *Hassold,* JuS 1982, 583, 585; *Martinek,* Repräsentantenhaftung, S. 165; *Matusche-Beckmann,* Das Organisationsverschulden, S. 117; nach der in Bezug auf die Haftung des Krankenhausträgers verwendeten Terminologie von *Deutsch,* NJW 2000, 1745 handelt es sich um die „abstrakte[n] Organisationspflichten".

368 *Kleindiek,* Deliktshaftung, S. 296; *Deutsch,* NJW 2000, 1745 spricht von den manchmal notwendigen „konkrete[n] Organisationspflichten".

Der Grund dieser divergierenden Auffassungen ist nicht auf dogmatische Anhaltspunkte zurückzuführen. Er liegt vielmehr in der Rechtsprechungsentwicklung begründet, die mal von den allgemeinen, mal von den ins Detail gehenden Anweisungen ausgeht. Das Verlangen detaillierter Anordnungen wird aber zu Recht als bedauerliche Entwicklung dargestellt, weil die Judikatur dabei mit ihren Anforderungen die Grenze des Möglichen und Zumutbaren überschritten hat.[369]

Im Schrifttum wird ferner angemerkt, dass es sich bei den allgemeinen Dienstanweisungen und Aufsichtsanordnungen um das Kernstück des Organisationsverschuldens handle, weil sich durch deren Erteilung theoretisch jeder Schaden ausschließen lasse.[370] Die große Bedeutung geeigneter Anweisungen zur Schadensvorbeugung anerkennend darf aber nicht vergessen werden, dass ohne entsprechende Kontrolle über ihre Einhaltung sie „nur auf dem Papier" stehen bleiben.

Was die Kontrollpflicht angeht, werden die geforderten Kontrollmaßnahmen als überspannt angesehen und darüber hinaus als „Überorganisation" bezeichnet.[371] Es wird dabei nicht die Berechtigung einer betrieblichen Kontrolle der Gehilfentätigkeit, sondern lediglich das Ausmaß dieser Pflicht in Frage gestellt.[372]

Den strengen Anforderungen der Rechtsprechung stehen erstens die Grundsätze der sachgerechten Unternehmensführung entgegen, nach denen diese Aufsicht auf den Arbeitnehmer hemmend wirken kann. Außerdem wird dadurch gefordert, dass sich der Unternehmensleiter entgegen seinem Aufgabenbereich um untergeordnete Dinge zu kümmern hat, um die Haftungsrisiken für sich und sein Unternehmen zu reduzieren.[373] Zweitens wird der Rechtsprechung eine nicht gerechtfertigte Verschiebung der Verantwortung vom Ausführenden auf den Beaufsichtigenden vorgeworfen.[374]

Es muss berücksichtigt bleiben, dass auch die perfekte Überwachungsorganisation nicht jede Gefahr und somit nicht jeden Schaden verhindern kann. Daraus ist zu schließen, dass eine lückenlose Überwachung nachgeordneter Mitarbeiter nicht erforderlich sein darf.[375]

---

369 *Heiss*, Entlastungsbeweis, S. 60 f., 64.

370 *Matusche-Beckmann*, Das Organisationsverschulden, S. 117.

371 *Heiss*, Entlastungsbeweis, S. 64.

372 *Heiss*, Entlastungsbeweis, S. 67.

373 Zum Ganzen *Heiss*, Entlastungsbeweis, S. 65.

374 *Heiss*, Entlastungsbeweis, S. 67.

375 MüKo/*Wagner*, § 823, Rn. 97; anders *Kleindiek*, Deliktshaftung, S. 284, 359.

Somit wird hinsichtlich des Inhalts der betrieblichen Organisationspflicht ein breites Meinungsspektrum in der Literatur vertreten. Vor allem bleibt die Frage offen, ob sich die betriebliche Organisationspflicht in einer Anweisungspflicht erschöpft oder ob sie auch Überwachungs-, Informations- und Koordinationspflichten als ihre Bestandteile beinhaltet oder die Organisationspflicht sogar einen selbstständigen, von den aufgezählten Pflichten zu unterscheidenden Inhalt hat.

cc. Stellungnahme

Eine sachgerechte Organisation lässt sich nur dann schaffen, wenn alle erforderlichen personellen und sachlichen Maßnahmen ergriffen werden. Dafür sind die Einstellung des Personals, seine Einweisung und auch die Kontrolle über die Erfüllung der entsprechenden Pflichten notwendig. Die personelle Organisationspflicht ist sehr bedeutsam für die Schaffung der Struktur. Diese „Struktur" muss jedoch in die richtige Richtung bezüglich der Arbeitsweise gelenkt werden. Es soll ein „Kreislauf" in der Organisation entstehen, also die strukturellen Hierarchiestufen müssen sowohl alleine als auch im Zusammenhang miteinander funktionieren können. Die Rechtsprechung fordert in diesem Zusammenhang nicht nur die Erteilung geeigneter Anweisungen an diejenigen, denen die Erfüllung der Aufgaben aufgetragen wurde, sondern auch deren Überwachung. Die Pflicht, Anordnungen zu erteilen, ermöglicht dabei dem Geschäftsherrn, die Oberaufsicht ordnungsgemäß durchführen zu können.[376] Wenn diese organisatorischen Maßnahmen getroffen wurden, kann von der Schaffung einer sachgerechten Organisation im Sinne der Lehre vom betrieblichen Organisationsverschulden gesprochen werden. Es ist somit der Meinung zuzustimmen, dass Anweisungs- (Instruktions-), Kontroll- (Überwachungs-), Informations- und Koordinationspflichten als Ausformungen der betrieblichen Organisationspflicht gelten.[377]

Unter einer betrieblichen Organisationspflicht ist also eine Pflicht des Geschäftsherrn zu verstehen, durch geeignete Anweisungen sowie regelmäßige Überwachung, Informationen und Koordinierung des Funktionierens einer von ihm geschaffenen betrieblichen Organisation zu gewährleisten, dass kein Dritter zu Schaden kommt.

---

376 So etwa BGH, Urt. v. 17. Oktober 1967 – VI ZR 70/66, NJW 1968, 247, 248.

377 *Heiss*, Entlastungsbeweis, S. 68 f. (ohne Hinweis auf die Koordinationspflichten); ähnlich *Hilgers*, Schadensverantwortung, S. 80 ff.

Ferner ist es wichtig, auf die Frage der inhaltlichen Ausgestaltung dieser Komponenten bzw. ihrer Grenzen einzugehen. Das Erfordernis, die Anordnungen für jede mögliche Lebenssituation zwecks Abwendung möglichen Schadens vorzusehen, ist unrealistisch und unsinnig.[378] Die Vielfalt der Lebenskonstellationen, bei denen ein Dritter zu Schaden kommen kann, lässt sich nicht zusammenfassen. Deshalb muss der Geschäftsherr lediglich diejenigen organisatorischen Vorkehrungen treffen, die für die Schadensvermeidung voraussehbar und denkbar sind. Daraus folgt, dass entsprechende schadensverursachende Betriebsgeschehnisse nur verallgemeinert in Anweisungen oder betrieblichen Anordnungen erfasst werden können und müssen.

Inwieweit diese Anordnungen konkretisiert werden müssen, ist eine Frage des Einzelfalls. Die Rechtsprechung beurteilt den jeweiligen Fall immer aus einer *ex post*-Perspektive.[379] Problematisch ist dies vor dem Hintergrund, dass im Nachhinein immer behauptet werden kann, dass diese oder jene Organisationsvorkehrung hätte getroffen werden müssen. Es ist vielmehr auf die Kriterien der Voraussehbarkeit des realisierten Risikos für den Geschäftsherrn und Abwendbarkeit durch Anordnungen oder andere organisatorische Vorkehrungen abzustellen. Somit sind erforderliche Organisationsmaßnahmen nur für typische betriebliche Geschehensabläufe gerechtfertigt.

Was die Kontrollpflicht angeht, ist es ausreichend, wenn der Geschäftsherr stichprobenartige regelmäßige Kontrollen[380] durchführt. Ansonsten ist die Gefahr zu befürchten, dass die Anforderungen an die Organisationspflichten unbegründet überspannt werden und der Begriff des „Organisationsverschuldens“ zu einem „catch-all“[381] ausgestaltet wird. Dabei wird auch der Eindruck erweckt, dass es der Rechtsprechung lediglich darum geht, in jedem Fall einen Haftenden zu finden. Dies geleitet zu dem Ergebnis, dass der Geschäftsherr für die von Hilfspersonen zugefügten Schäden entgegen dem gesetzgeberischen Zweck unbedingt einstehen wird. Außerdem widerspricht es „den wirtschaftlichen und technischen Gegebenheiten“[382].

---

378 In diesem Sinne auch *Matusche-Beckmann*, Das Organisationsverschulden, S. 97.

379 *Brüggemeier*, Deliktsrecht, Rn. 127.

380 BGH, Urt. v. 8. November 1963 – VI ZR 257/62, VersR 1964, 297 fordert eine „zum mindesten von Zeit zu Zeit“ erfolgte Überwachung; BGH, Urt. v. 30. September 1986 – VI ZR 274/85, NJW-RR 1987, 147 spricht von der „Wahl eines Mittelweges“; wohl a.A. RG, Urt. v. 14. Dezember 1911 – VI 75/11, RGZ 78, 107, 110.

381 *Katzenmeier*, ZaeFQ 101 (2007), 531, 533.

382 BGH, Urt. v. 30. September 1986 – VI ZR 274/85, NJW-RR 1987, 147.

Es ist auch einzuwenden, dass ein Schaden infolge des Handelns eines Verrichtungsgehilfen nicht immer auf Mängel der Organisation zurückgeführt werden kann. Auch in bestens organisierten und überwachten Unternehmen können „Ausreißer" der Verrichtungsgehilfen passieren, für die der Geschäftsherr nicht haftbar gemacht werden kann.

Die aufgestellte Pflicht, von allen gefährlichen Zuständen unterrichtet zu werden, scheint auf den ersten Blick überspannt zu sein.[383] Sie widerspricht nämlich den Grundsätzen der sog. „Chefinformation"[384], nach denen nicht jede Information dem Unternehmensleiter vorgetragen werden kann, sondern abhängig von der Wichtigkeit. Allerdings ist dies zum Schutz Dritter erforderlich, soweit die untergeordneten Hierarchiestufen den Schaden nicht vermeiden können.

Somit ist die Betrachtung der Sorgfalt in jedem konkreten Fall entscheidend. Als Maß dieser Beurteilung sind allgemeine Anweisungen und regelmäßige stichprobenartige Kontrollen genügend.

b. Organisationspflichten als Verkehrspflichten

aa. Allgemeines

Nach der Untersuchung des Inhalts einer betrieblichen Organisationspflicht ist ferner die Frage zu behandeln, ob die von der Rechtsprechung entwickelte Organisationspflicht selbstständig existiert oder sie einen abgeleiteten Charakter hat.

Die Organisationspflicht wird in der Rechtsprechung und in der Literatur in der Regel als Verkehrspflicht[385] oder als Verkehrssicherungspflicht[386] behandelt. Es ist zu erwähnen, dass Gegenstand dieser Untersuchung ausschließlich diejenigen rechtlichen Aspekte der Verkehrspflicht sein sollen, die im Zusammenhang mit der Haftung wegen betrieblichen Organisationsverschuldens eine Rolle spielen.

---

383 So etwa *Heiss*, Entlastungsbeweis, S. 68.

384 *Gutenberg*, Unternehmensführung, S. 134; ähnlich *Heiss*, Entlastungsbeweis, S. 68.

385 BGH, Urt. v. 6. November 1956 – VI ZR 71/56, MDR 1957, 214, 215; Erman/*Wilhelmi*, § 823, Rn. 83; PWW/*Schaub*, § 823, Rn. 127; Soergel/*Krause*, Anh. II § 823, Rn. 63; *v. Bar*, Verkehrspflichten, S. 83; *Brandes*, Die Haftung für Organisationspflichtverletzung, S. 161 ff., 224; *Kleindiek*, Deliktshaftung, S. 284 f., 359; *Lippert*, NJW 1984, 2606, 2607; *Matusche-Beckmann*, Das Organisationsverschulden, S. 95; *Tröger*, Arbeitsteilung, S. 377, Fn. 408 („eine prominente Kategorie deliktsrechtlicher Verkehrspflichten").

386 BGH, Urt. v. 30. Mai 1978 – VI ZR 113/77, JZ 1978, 475; ArbG Eisenach, Urt. v. 30. August 2005 – 3 Ca 1226/03, DÖD 2006, 182, 183; Staudinger/*Bernau*, § 831, Rn. 9; *Hassold*, JuS 1982, 583, 584 (bezüglich der betrieblichen Organisationspflicht); *Martinek*, Repräsentantenhaftung, S. 166; *Schlechtriem*, FS Heiermann, S. 281, 285.

Die Begriffe „Verkehrspflicht" und „Verkehrssicherungspflicht" werden zum Teil synonym verwendet.[387] Allerdings wird auch oft auf den Unterschied zwischen ihnen hingewiesen.[388] Der Begriff „Verkehrssicherungspflicht" wird in Bezug auf Gefahren verwendet, die sich aus der Beschaffenheit von Straßen, Wegen, Grundstücken, Gebäuden usw. ergeben.[389] Bei allen anderen Gefahren ist hingegen die Rede von Verkehrspflichten.[390]

Diesem Abgrenzungskriterium ist aber entgegenzuhalten, dass die Unterscheidung zwischen einer Verkehrs- und einer Verkehrssicherungspflicht in der Sache nicht zielführend ist.[391] Um welche Gefahrenart es sich handelt, hängt davon ab, in welchem Gebiet der Verrichtungsgehilfe eingesetzt wird. Das lässt sich aber allgemein im Voraus nicht festlegen. Ferner könnte eine Pflicht unterschiedliche Maßnahmen enthalten.[392] Darüber hinaus schließt eine Verkehrspflicht eine Verkehrssicherungspflicht nicht aus. Vielmehr ist die Verkehrspflicht als Oberbegriff einzuordnen.[393] Im Folgenden wird deshalb einheitlich der Begriff der Verkehrspflicht sowohl für die Verkehrspflicht als auch für die Verkehrssicherungspflicht Verwendung finden.

Zu wenig Aufmerksamkeit wird der Frage der Korrelation der Verkehrspflichten und der Organisationspflichten geschenkt. Deshalb ist auf diese Frage im Weiteren einzugehen.

bb. Verhältnis der Organisationspflicht zu Verkehrspflicht

Die Vielfältigkeit der Verkehrspflichten wird im Schrifttum gesehen und führt sogar zu der Schlussfolgerung, dass heute kaum noch ein geschlossenes Bild der Verkehrspflichten gezeichnet werden könnte.[394] Nichtsdestotrotz werden Versuche unternommen, die Verkehrspflichten zu systematisieren. Sie werden beispielsweise nach Gründen[395] sowie inhaltlichen Aspekten[396] klassifiziert.

---

387 BGH, Urt. v. 13. Mai 1955 – I ZR 137/53, BGHZ 17, 214, 219 und 221; RGRK/*Steffen*, § 823, Rn. 137.

388 *v. Bar*, JuS 1988, 169; *ders.*, Verkehrspflichten, S. 43 ff.; *Larenz/Canaris*, Schuldrecht II/2, § 76 III 1 b.

389 *v. Bar*, JuS 1988, 169: „Verkehr i.S. von „traffic".

390 *v. Bar*, JuS 1988, 169: „Verkehr i.S. von „intercourse".

391 *Deckert*, Jura 1996, 348, 349.

392 *Deutsch/Ahrens*, Deliktsrecht, Rn. 328.

393 *v. Bar*, JuS 1988, 169: „Ihre Welt ist gegenständlich nicht mehr begrenzt".

394 *v. Bar*, Verkehrspflichten, S. 44.

395 *Brandes*, Die Haftung für Organisationspflichtverletzung, S. 163 ff.

396 *v. Bar*, Verkehrspflichten, S. 83 ff.; *Brandes*, Die Haftung für Organisationspflichtverletzung, S. 165 f.

Zu den Geltungsgründen der Verkehrspflichten gehören beispielsweise folgende Gründe: Verkehrseröffnung, Einwirkung auf einen bestehenden Verkehr, Herrschaft über gefährliche Sachen, Aufsicht über bestimmte Personen, Ausübung eines Berufes und Inverkehrgabe gefährlicher Sachen.[397] Es ist fraglich, ob eine betriebliche Organisationspflicht einem der aufgezählten Geltungsgründe zugeordnet werden kann.

Als Grund der Organisationspflicht wird einerseits die Verkehrseröffnung genannt, nämlich für die Organisationspflichten beispielsweise der Sportstätten- und Spielplatzbetreiber, der Betreiber von Schwimmbädern und Freizeitanlagen.[398] Diese Auffassung stellt sich jedoch als unzutreffend heraus, weil bei den genannten Pflichten keine Verkehrseröffnung stattfindet. Von einer Organisationspflicht kann vielmehr nur bei Existenz einer dritten Person (eines Verrichtungsgehilfen) gesprochen werden. Dabei ist der Verkehr aber bereits eröffnet. Wenn jedoch keine dritte Person in diesem Sinne im Spiel ist, gibt es auch keine rechtlich relevanten Organisationspflichten. Bis dahin existiert nur eine Verkehrspflicht.

Andererseits wird als materieller Grund der betrieblichen Organisationspflicht die Eröffnung einer Gefahrenquelle angegeben. So führte das Gericht im sog. „*Zinkdach-Urteil*"[399], in dem es sich um den Diebstahl der Zinkdachverkleidung durch die Arbeiter des Beklagten handelte, zu dieser Frage Folgendes aus: „Wenn ein größeres Unternehmen auf fremdem Grund und Boden langdauernde Arbeiten durchführen lässt, so kann darin in gewissem Umfange die Eröffnung einer Gefahrenquelle für das Eigentum der Grundstücksbesitzer liegen".[400] Dem ist entgegenzuhalten, dass die Eröffnung einer bestimmten Gefahr wie auch allgemein die Eröffnung des Verkehrs bereits stattgefunden hat. Diese Geltungsgründe spiegeln nicht die Besonderheit des Einsatzes eines Gehilfen wider. Vielmehr wird die geschaffene Gefahr durch den Einsatz eines Gehilfen erweitert bzw. erhöht.[401]

Da die betriebliche Organisationspflicht nicht auf einen bestimmten Lebensbereich beschränkt ist, können nach ihrem Inhalt verschiedene Geltungsgründe in Betracht kommen. Es kann zum Beispiel die Organisationspflicht im

---

397 *Brandes*, Die Haftung für Organisationspflichtverletzung, S. 170 ff.

398 *Brandes*, Die Haftung für Organisationspflichtverletzung, S. 170 f.

399 BGH, Urt. v. 4. November 1953 – VI ZR 64/52, BGHZ 11, 151 ff.

400 BGH, Urt. v. 4. November 1953 – VI ZR 64/52, BGHZ 11, 151, 154.

401 *Renner*, Die deliktische Haftung, S. 74.

Zusammenhang mit der Einwirkung auf einen bestehenden Verkehr, im Zusammenhang mit der Herrschaft über gefährliche Gegenstände, mit der Ausrichtung einer Veranstaltung, mit der Inverkehrgabe gefährlicher Sachen, mit dem Beruf oder Gewerbe entstehen.[402]

Somit lassen die Geltungsgründe der Verkehrspflichten die Bejahung einer betrieblichen Organisationspflicht auch zu. Nach den Geltungsgründen kann also eine betriebliche Organisationspflicht als Verkehrspflicht eingeordnet werden.[403]

Inhaltlich werden Verkehrspflichten in zwei Kategorien aufgeteilt: Verkehrspflichten, die dem potentiell Bedrohten einen selbstverantwortlichen Umgang mit der Gefahr ermöglichen und Verkehrspflichten zur Einwirkung auf den Gefahrenherd.[404] Die Organisationspflichten werden dabei der letzten Kategorie zugeordnet.[405] In jüngster Rechtsprechung wird sogar ausdrücklich darauf hingewiesen, dass das Organisationsverschulden im Rahmen des § 823 BGB auf einer Verletzung der Verkehrssicherungspflicht basiert.[406] Aus der Klassifizierung der Verkehrspflichten nach dem Inhalt lassen sich somit betriebliche Organisationspflichten als Verkehrspflichten bestimmen.[407]

Somit lässt sich eine betriebliche Organisationspflicht sowohl nach den Geltungsgründen als auch nach dem Inhalt als eine Verkehrspflicht qualifizieren.

Des Weiteren stellt sich die Frage, ob eine Organisationspflicht einer Verkehrspflicht gleichgestellt werden kann oder diese sich von der letzten unterscheidet. Es wird völlig zu Recht betont, dass der Begriff „Organisationspflicht" häufig in jedem Zusammenhang mit der Verkehrspflichtverletzung unbegründet verwendet wird.[408] Wie es aus der obigen Analyse folgt, können betriebliche Organisationspflichten als Verkehrspflichten definiert werden. Umgekehrt stellt aber nicht jede Verkehrspflicht zugleich eine Organisationspflicht dar.

---

402 Zum Ganzen *Brandes*, Die Haftung für Organisationspflichtverletzung, S. 170 ff.; *Matusche-Beckmann*, Das Organisationsverschulden, S. 84 ff.

403 Allgemein in Bezug auf Organisationspflichten *Brandes*, Die Haftung für Organisationspflichtverletzung, S. 172.

404 *v. Bar*, Verkehrspflichten, S. 84 ff., 92 ff.

405 *v. Bar*, Verkehrspflichten, S. 96.

406 So etwa ArbG Eisenach, Urt. v. 30. August 2005 – 3 Ca 1226/03, DÖD 2006, 182, 183.

407 Allgemein in Bezug auf Organisationspflichten *Brandes*, Die Haftung für Organisationspflichtverletzung, S. 173.

408 *Matusche-Beckmann*, Das Organisationsverschulden, S. 88.

Bezüglich des ausschlaggebenden Kriteriums einer Organisationspflicht, das sie von einer Verkehrspflicht unterscheidet, wird auf die planmäßige Gestaltung des Ablaufs der in der Rechtssphäre des Verpflichtenden stattfindenden Vorgänge verwiesen.[409] Als Beispiel der Organisationspflicht wird die Pflicht des Betreibers einer Sportstätte, diese gefahrlos zu halten oder die Gefahr zu reduzieren, genannt.[410] Dieser Auffassung ist aber entgegenzuhalten, dass es sich dabei um eine typische Verkehrspflicht handelt.[411] Der Unterschied zwischen diesen Pflichten bleibt somit unklar.

Als Abgrenzungskriterium wird ferner der Anknüpfungspunkt des Vorwurfs dem Schadensersatzpflichtigen vorgeschlagen. So kommt es bei Verkehrspflichten dem Rechtsverkehr allein entscheidend auf das Ergebnis, die Gefahrvermeidung, an.[412] Wenn der Hauseigentümer beispielsweise selbst seine Streupflicht wahrnimmt, versäumt aber das Streuen, wodurch ein Dritter zu Schaden kommt, liegt es fern, ihm ein organisatorisches Versagen vorzuwerfen. Bei den Organisationspflichten dagegen liegt der Vorwurf in der mangelhaften Gestaltung der Rechtssphäre.[413]

Das vorgeschlagene Kriterium ist jedoch unzureichend. Daraus ist nicht ersichtlich, wann es dem Rechtsverkehr auf einen organisatorischen Fehler ankommt.

Es ist insoweit unzutreffend, weil es bei der betrieblichen Organisationspflicht dem Rechtsverkehr auch auf das Ergebnis ankommt. Wenn niemand durch die Verletzung dieser Pflicht zu Schaden gekommen wäre, wäre die Organisationspflicht im haftungsrechtlichen Sinne nicht relevant geworden. Das erwünschte Ergebnis, die eigene Rechtssphäre schadlos für Dritte zu gestalten, bleibt bei der Verkehrs- und Organisationspflicht gleich. Es ist auch für den Rechtsverkehr gleichbedeutend.

Vielmehr ist sich nicht auf die Frage „Ob", sondern auf die Frage „Wie" zu konzentrieren. Entscheidend ist, auf welchem Weg dieses Ergebnis vom Rechtsverkehrsteilnehmer erzielt wird: durch eigenes Tun oder Unterlassen oder durch das Handeln der bestellten Hilfspersonen. Die Organisationspflicht wird nur beim Einschalten einer Hilfsperson oder eines Organs, also bei „unselbstständigem" Handeln des Unternehmers, relevant. Dabei ist unerheblich, dass es bei

409 *Matusche-Beckmann*, Das Organisationsverschulden, S. 88 f.
410 *Brandes*, Die Haftung für Organisationspflichtverletzung, S. 26, 170 f.
411 *Matusche-Beckmann*, Das Organisationsverschulden, S. 88.
412 *Matusche-Beckmann*, Das Organisationsverschulden, S. 88 f.
413 *Matusche-Beckmann*, Das Organisationsverschulden, S. 88 f.

§ 823 Abs. 1 BGB auf das Verhalten des Gehilfen nicht ankommt. Das Gehilfenhandeln stellt keine Haftungsvoraussetzung nach dieser Vorschrift dar. Es ist aber für den Haftungsgrund entscheidend. Wenn kein Drittverhalten vorliegen würde, würde der Unternehmer möglicherweise wegen Verletzung einer Verkehrspflicht, nicht aber aufgrund einer Organisationspflichtverletzung, haften. Die Organisationspflichten werden folglich nur bei der arbeitsteiligen Aufgabenerledigung relevant.[414]

Somit ist festzuhalten, dass die Organisationspflicht ihrer Rechtsnatur nach als Verkehrspflicht qualifiziert werden kann. Sie ist aber von der Letzten zu unterscheiden. Die Organisationspflicht wird lediglich im Fall der Einschaltung von Hilfspersonen zur Erfüllung bestimmter Aufgaben relevant. Daraus folgt, dass nicht jede Verkehrspflicht eine Organisationspflicht darstellt.[415]

cc. Entstehung einer Organisationspflicht durch Delegation einer Verkehrspflicht

Im Weiteren ist wichtig, die Frage nach dem Ursprung der betrieblichen Organisationspflichten[416] zu beleuchten und den Zusammenhang zwischen dem Delegieren eigener Aufgaben auf Gehilfen[417] und der Entstehung einer Organisationspflicht zu klären.

Es ist anerkannt, dass der Pflichtige von seiner Haftung nicht frei werden kann, indem er zur Erfüllung eigener Verkehrspflichten Gehilfen einschaltet.[418] Die Organisationspflicht wird dementsprechend als „unübertragbarer Rest"[419]

---

414 *Matusche-Beckmann*, Das Organisationsverschulden, S. 80, 92.

415 Auch so *Matusche-Beckmann*, Das Organisationsverschulden, S. 89.

416 In dieser Untersuchung handelt es sich angesichts des Themas dieser Arbeit nur um deliktische Organisationspflichten.

417 Interessant ist es zu betonen, dass die Nicht- oder Schlechterfüllung der Aufgaben bei der Delegation der Pflichten auf den Gehilfen im Vertragsrecht dazu führt, dass das Gehilfenhandeln dem Schuldner direkt zugerechnet wird. Es wird ihm kein Organisationsverschulden wie im Deliktsrecht vorgeworfen. (*Matusche-Beckmann*, Das Organisationsverschulden, S. 81).

418 So etwa BGH, Urt. v. 25. Oktober 1951 – III ZR 95/50, BGHZ 4, 1, 2; BGH, Urt. v. 6. November 1956 – VI ZR 71/56, MDR 1957, 214, 215; in diesem Sinne BGH, Urt. v. 10. Mai 1957 – I ZR 234/55, BGHZ 24, 200, 213; MüKo/*Wagner*, § 823, Rn. 98; RGRK/*Steffen*, § 823, Rn. 166; ähnlich Staudinger/*Bernau*, § 831, Rn. 21; *Matusche-Beckmann*, Das Organisationsverschulden, S. 89.

419 *Matusche-Beckmann*, Das Organisationsverschulden, S. 91; an anderer Stelle ist aber von der „Verwandlung der Pflicht in der Person des ursprünglich allein pflichtigen Delegenten in eine Pflicht zu entsprechender Organisation" die Rede (S. 92, 96).

bei der Delegation einer Verkehrspflicht angesehen. Es ist also ersichtlich, dass eine Organisationspflicht nur bei der Einschaltung einer Hilfsperson und bei der Delegation einer Verkehrspflicht auf diese entsteht.[420]

Manchmal wird jedoch die Delegierbarkeit von Verkehrssicherungspflichten angezweifelt. So hat das Landgericht Göttingen einer Schadensersatzklage aufgrund der schuldhaften Verletzung einer Verkehrssicherungspflicht gemäß § 823 Abs. 1 BGB stattgegeben, bei der es um Schäden durch das Umstürzen der Trennwand eines Ausstellungsstandes ging.[421] Die Stellwand wurde dabei von einem Verrichtungsgehilfen des Beklagten aufgestellt. Das Gericht hat dabei argumentiert, dass die Verkehrssicherungspflicht nicht den Verrichtungsgehilfen des Beklagten, sondern diesen persönlich treffe. Eine Delegation der aus der Verkehrssicherungspflicht des Beklagten entspringenden Verpflichtungen sah das Gericht nur auf die Gefahr des Beklagten hin als statthaft an.[422] Hervorzuheben ist ferner, dass das Gericht daraus, dass den Verrichtungsgehilfen selbst keine Verkehrssicherungspflicht traf, auf ein fehlendes rechtswidriges Handeln des Verrichtungsgehilfen im Sinne des § 831 Abs. 1 BGB geschlossen hatte.

Bedenklich ist zunächst das Fazit, dass der Geschäftsherr für das ordnungsgemäße Aufstellen einer Stellwand persönlich hätte sorgen müssen.[423] Der Grund dafür ist nicht ersichtlich. Der richterlichen Auffassung wird in der Literatur mit dem Argument zugestimmt, dass bei der Zulassung der Delegation einer Verkehrssicherungspflicht eine objektive Rechtsnorm, durch die diese Pflicht auferlegt ist, inhaltlich von einer Privatperson verändert werden könnte, indem sie in eine Aufsichtspflicht wandeln würde.[424] Dadurch wurde die Entstehung der Organisationspflichten bei der Delegation eigener Verkehrspflichten in Frage gestellt. Wenn jedoch die allgemeine Delegierbarkeit einer Verkehrspflicht insgesamt zu verneinen wäre, dann wäre das Gehilfenverhalten niemals rechtswidrig, weil ihn schließlich auch bei der Erfüllung bestimmter Aufgaben keine Verkehrspflicht getroffen hätte. Das hätte dazu geführt, dass der Vorschrift des § 831 Abs. 1 BGB kein eigener Anwendungsbereich verblieben wäre. Bemerkenswert ist weiterhin, dass die Rechtsprechung früher an der grundsätzlichen Delegierbarkeit dieser Pflicht keine Zweifel geäußert hatte.[425] An einer späteren Stelle führt das Gericht aus, dass eine Delegation der Verpflichtungen zu

420 So etwa *Brandes*, Die Haftung für Organisationspflichtverletzung, S. 173 f.
421 LG Göttingen, Urt. v. 17. Dezember 1980 - 8 O 197/79, VersR 1981, 760.
422 LG Göttingen, Urt. v. 17. Dezember 1980 - 8 O 197/79, VersR 1981, 760.
423 In diesem Sinne *Renner*, Die deliktische Haftung, S. 74, Fn. 253.
424 *v. Bar*, VersR 1981, 760, 761.
425 RG, Urt. v. 20. April 1914 - VI 545/13, JW 1914, 759, 760 f.

konkretem Handeln oder Unterlassen statthaft wäre, jedoch nur auf die Gefahr des Beklagten hin.[426] Dies kann dahingehend interpretiert werden, dass es dem Gericht nicht darum ging, die Nichtdelegierbarkeit bestimmter Verkehrssicherungspflichten zu begründen, sondern darum, die Haftung gemäß § 823 Abs. 1 BGB bestehen zu lassen. Und die angesprochene eigene Gefahr bei der Delegation könnte gerade darin gesehen werden, dass auch bei der Übertragung bestimmter Pflichten auf die Hilfspersonen die betriebliche Organisationspflicht immer beim Geschäftsherrn verbleibt. Allerdings sind die Ausführungen des Gerichts an dieser Stelle nicht eindeutig.

Unabhängig davon lässt sich aber nicht erklären, dass das Gericht die rechtswidrige Handlung des Gehilfen aufgrund fehlender Befugnis zum Delegieren der Pflicht verneint hat.[427] Das Fehlen der Befugnis zur Delegation stellt keinen Rechtfertigungsgrund dar. Auch wenn angenommen wird, dass die Verkehrspflicht beim Geschäftsherrn verblieb, hatte der Gehilfe die Aufgabe, die Stellwand ordnungsgemäß aufzustellen. Er hat diese Pflicht nicht sachgemäß erfüllt und mithin rechtswidrig gehandelt. Somit sind die gezogenen richterlichen Schlussfolgerungen juristisch nicht tragfähig.

Um dem Vorwurf der unbegründeten Kreierung einer strikten Haftung[428] auszuweichen, hat die Rechtsprechung in späteren Urteilen die Feststellung solcher nicht delegierbaren Pflichten vermieden. Bezüglich der Aufklärungspflichten des Operateurs hat der Bundesgerichtshof beispielsweise ausdrücklich darauf hingewiesen, dass es grundsätzlich nicht geboten sein möge, dass die Risikoaufklärung von dem Operateur selbst vorgenommen werde.[429]

Also entsteht eine Organisationspflicht bei der Delegation einer eigenen Verkehrspflicht auf eine andere Person. Dogmatisch werden verschiedene Lösungen vorgeschlagen: zum einen – ein inhaltlicher Wandel der ursprünglichen Pflicht[430]; zum anderen – eine Erweiterung der ursprünglichen Pflicht[431].

Die haftungsrechtlich irrelevanten Organisationspflichten existieren immer. Bei der Delegation der Verkehrspflicht werden sie im haftungsrechtlichen Zusammenhang relevant. Deshalb liegt es nahe, die Organisationspflicht eher als Rest der Verkehrspflicht, nicht aber als deren Ergänzung zu betrachten.

---

426 LG Göttingen, Urt. v. 17. Dezember 1980 – 8 O 197/79, VersR 1981, 760.

427 *Renner*, Die deliktische Haftung, S. 74, Fn. 253.

428 Unter einer „strikten Haftung" wird in dieser Arbeit eine Haftung ohne Verschulden verstanden.

429 BGH, Urt. v. 7. November 2006 – VI ZR 206/05, BGHZ 169, 364, 369.

430 *Matusche-Beckmann*, Das Organisationsverschulden, S. 92, 96.

431 So etwa *Vollmer*, JZ 1977, 371, 374.

Aus dem Gesagten folgt, dass eine Organisationspflicht einen abgeleiteten Charakter gegenüber einer Verkehrspflicht hat.[432] Erst wenn eine dritte Person – in diesem Fall ein Verrichtungsgehilfe – zur Erfüllung primärer Verkehrspflichten eingeschaltet wird, also in den Fällen der Arbeitsteilung, entsteht eine rechtlich relevante Organisationspflicht.[433]

Es stellt sich die Frage, ob eine Organisationspflicht auch einen originären Charakter haben kann. Für die Existenz einer originären Organisationspflicht spricht, dass bereits in der Nichtbestellung einer Hilfsperson eine Organisationspflichtverletzung im Sinne des § 823 Abs. 1 BGB gesehen werden kann.[434] Als Entstehungsgrund einer solchen Organisationspflicht käme dann neben der Delegation der Verkehrspflicht die Ohnmacht des Geschäftsherrn zur eigenen Wahrnehmung seiner Pflichten in Betracht.[435] Dieses Argument überzeugt jedoch nicht. Es handelt sich um die organisatorische Gestaltung der Rechtssphäre des Geschäftsherrn *für die Erfüllung der ihm obliegenden anderen Pflichten*. Daraus folgt, dass die deliktischen Pflichten des Geschäftsherrn bereits existieren, nämlich die Pflicht zur Gefahrenabwehr. Dabei bleibt also die Organisationspflicht von der bestehenden Hauptpflicht abhängig.[436] Ein anderes Fazit hätte die Identität der Verkehrspflicht mit der Organisationspflicht bedeutet. Das ist aber nicht zutreffend.

Somit gibt es keine originäre Organisationspflicht. Die Organisationspflicht setzt die Delegation auf einen Verrichtungsgehilfen einer primären, den Geschäftsherrn treffenden, deliktischen Verhaltenspflicht voraus.[437] Dies ist ein weiteres Argument für die These, dass das qualifizierte Wesensmerkmal einer betrieblichen Organisationspflicht die Existenz einer Hilfsperson ist. Die Organisationspflicht wird nur nach der Delegation der deliktischen Pflicht haftungsrechtlich relevant.

dd. Dogmatische Einordnung der betrieblichen Organisationspflicht

Weiterhin ist die Frage zu untersuchen, wie die Pflichten im Rahmen von § 831 Abs. 1 BGB von den Organisationspflichten nach § 823 Abs. 1 BGB abzugrenzen sind und welcher dieser Regelungen die betriebliche Organisationspflicht

---

432 In diesem Sinne auch *Matusche-Beckmann*, Das Organisationsverschulden, S. 92.

433 In diesem Sinne *Matusche-Beckmann*, Das Organisationsverschulden, S. 92.

434 BGH, Urt. v. 4. November 1953 – VI ZR 64/52, BGHZ 11, 151, 155 f.

435 *Matusche-Beckmann*, Das Organisationsverschulden, S. 94.

436 Zum Ganzen *Matusche-Beckmann*, Das Organisationsverschulden, S. 94.

437 *Brüggemeier*, Deliktsrecht, Rn. 128.

zuzuordnen ist. An dieser Stelle stellt sich die Frage, ob sich die Pflichten nach diesen Vorschriften inhaltlich unterscheiden und ob die gemäß § 831 Abs. 1 BGB bestehenden Pflichten auch als Organisationspflichten angesehen werden können.

(1) Entwicklungen in der Rechtsprechung

Die Einordnung der betrieblichen Organisationspflicht in der Rechtsprechung ist nicht eindeutig. In einigen Entscheidungen werden die Organisationspflichten der Regelung des § 823 Abs. 1 BGB[438] und in den anderen der Regelung des § 831 Abs. 1 BGB[439] zugeordnet. Teilweise wird diese Frage aber auch offen gelassen.[440]

In frühen Entscheidungen des Reichsgerichts wurde die sog. betriebliche Organisationspflicht, die bereits kurz nach dem Inkrafttreten des Bürgerlichen Gesetzbuchs von der Rechtsprechung aufgestellt wurde[441], dogmatisch zunächst bei § 831 Abs. 1 BGB angesiedelt.

In dem *„Omnibus-Urteil"*[442], in dem es sich um die Verletzung des Klägers durch einen der beklagten Gesellschaft gehörigen und vom Kutscher geleiteten Omnibus handelte, hatte das Reichsgericht neben der Zulassung des dezentralisierten Entlastungsbeweises eine Pflicht des Geschäftsherrn anerkannt, die allgemeinen Aufsichtsanordnungen zu erteilen. Diese Pflicht bleibt auch bei der Bestellung eines Verrichtungsgehilfen bei ihm.[443] Außerdem hat das Gericht darauf hingewiesen, dass die Beklagte Einrichtungen und Maßnahmen zu treffen hat, vermöge deren sie zur Kenntnis von öffentlichen Bestrafungen ihrer Kutscher wegen Verletzung der Verkehrspflichten gelangte.[444] Obwohl diese Pflicht eindeutig einen organisatorischen Charakter hat, wird sie im Rahmen des § 831 BGB erörtert und noch nicht explizit als Organisationspflicht bezeichnet.

---

438 RG, Urt. v. 12. Januar 1938 – VI 172/37, JW 1938, 1651 f.; BGH, Urt. v. 6. November 1956 – VI ZR 71/56, MDR 1957, 214 f.; BGH, Urt. v. 10. Mai 1957 – I ZR 234/55, BGHZ 24, 200 ff.; BGH, Urt. v. 20. April 1971 – VI ZR 232/69, NJW 1971, 1313 ff.

439 RG, Urt. v. 14. Dezember 1911 – VI 75/11, RGZ 78, 107, 109 ff.; RG, Urt. v. 20. April 1914 – VI 545/13, JW 1914, 759, 760; BGH, Urt. v. 8. November 1963 – VI ZR 257/62, VersR 1964, 297.

440 BGH, Urt. v. 4. November 1953 – VI ZR 64/52, BGHZ 11, 151 ff.

441 Damals wurde entsprechende Pflicht vom Reichsgericht noch nicht ausdrücklich als betriebliche Organisationspflicht bezeichnet.

442 RG, Urt. v. 14. Dezember 1911 – VI 75/11, RGZ 78, 107 ff.

443 RG, Urt. v. 14. Dezember 1911 – VI 75/11, RGZ 78, 107, 109.

444 RG, Urt. v. 14. Dezember 1911 – VI 75/11, RGZ 78, 107, 110.

Um allgemeine Anordnungen ging es auch im sog. „*Warenhaus-Urteil*"[445], in dem das Gericht über die Haftung eines Warenhauses wegen Verletzung der Klägerin im Warenhaus durch eine ihr auf den Kopf gefallene Attrappe zu entscheiden hatte. Der Beweis einer sorgfältigen Auswahl des höheren Angestellten alleine genügte nicht. Das Reichsgericht hat ausgeführt: „Hinzukommen muss, dass auch solche Einrichtungen und allgemeine Anordnungen bestehen, nach denen die höheren Angestellten in dem ihnen zugewiesenen Wirkungskreise zu verfahren haben".[446] Obwohl es angesichts des allgemeinen Charakters der erforderlichen Anordnungen nahe gelegen hätte, eine Organisationspflichtverletzung nach § 823 Abs. 1 BGB anzunehmen, ist das Reichsgericht auf die mögliche Haftung nach § 823 Abs. 1 BGB nicht näher eingegangen. Es geht darüber hinaus noch einen wichtigen Schritt weiter, in dem es den Entlastungsbeweis für ausreichende Organisation einschränkte. Es führte aus, dass die Einrichtung des in § 831 BGB nachgelassenen Entlastungsbeweises nicht dazu führen dürfe, an die Sorgfalt des Geschäftsherrn Anforderungen zu stellen, die praktisch nicht erfüllbar erscheinen.[447] Trotz dieser Einschränkung hat das Gericht einen großzügigen Maßstab des Entlastungsbeweises in diesem Fall angewendet, indem es ihn als erbracht angesehen hatte, obwohl der konkrete Schadensverursacher nicht mehr zu ermitteln war.

Ähnlich wurde die Pflicht eines Salzherstellers zur allgemeinen Oberaufsicht, der sich der Geschäftsherr niemals entschlagen und die er auch den sorgfältig ausgewählten Aufsichtsbeamten nicht selbstständig überlassen könne[448], nach § 831 BGB beurteilt.

Allerdings lässt sich feststellen, dass die dogmatische Einordnung der betrieblichen Organisationspflicht zu § 831 BGB vom Reichsgericht nicht konsequent durchgeführt wurde. Eine besondere Rolle kommt hier dem „*Neuzement-Urteil*"[449] zu, das einen weiteren Meilenstein in der Rechtsprechungsentwicklung kennzeichnet. Die Haftung des Geschäftsherrn aufgrund einer unzureichenden Organisation wurde dabei aus § 823 Abs. 1 BGB hergeleitet. Das Reichsgericht hatte über eine Schadensersatzklage aufgrund erlittener Verletzungen infolge eines Sturzes auf dem Bürgersteig über einen von städtischen Arbeitern zum Schutz einer Neuzementierung gelegten Dielenbelag zu entscheiden. Mit

445 RG, Urt. v. 20. April 1914 – VI 545/13, JW 1914, 759 ff.
446 RG, Urt. v. 20. April 1914 – VI 545/13, JW 1914, 759, 760.
447 RG, Urt. v. 20. April 1914 – VI 545/13, JW 1914, 759, 760.
448 RG, Urt. v. 25. Februar 1915 – VI 526/14, RGZ 87, 1, 4.
449 RG, Urt. v. 28. November 1913 – III 194/13, WarnRspr 1914, Nr. 35, 50 ff.

der Überwachung von Baustellen waren mehrere Vorsteher der Abteilungen betraut, die wiederum dem Stadtbaurat unterstanden. Der Vorsteher, der für die Beaufsichtigung des jeweiligen Straßenteils verantwortlich war, hat diese Überwachung an zwei Techniker übertragen, die ihrerseits laufend nicht kontrolliert wurden.

Das Gericht hatte der Beklagten eine Verletzung der Pflicht vorgeworfen, „diejenigen Anordnungen zu treffen, welche die erforderliche Beaufsichtigung der städtischen Bauarbeiten regelmäßig zu gewährleisten geeignet sind, und sodann die Pflicht zu genügender allgemeiner Kontrolle der Organisation und der Amtstätigkeit ihrer Baubeamten, um den Vollzug, die Angemessenheit und das Zureichen jener Anordnungen fortlaufend zu erproben und sicherzustellen".[450] Auch bei einem Mindestmaß an Kontrolle müsste sie von der unzulänglichen Organisation Kenntnis haben.[451] Trotz der Zuordnung dieser Pflicht zu § 823 Abs. 1 BGB und des Bezugs auf eine „unzulängliche Organisation" verwendete das Gericht noch nicht den später geläufigen Terminus des „Organisationsverschuldens".

Als Bezugnahme auf die Haftung wegen Organisationsverschuldens nach § 823 Abs. 1 BGB wird auch das sog. *„Asphalt-Vertiefungs-Urteil"* vom 27. November 1916[452] angesehen.[453] Der Kläger hatte sich dadurch verletzt, dass er in eine in dem Asphaltbelag des Bodens entstandene Vertiefung trat und stolperte. Die dafür verantwortliche beklagte Stadtgemeinde hatte sich zu entlasten. Das Reichsgericht hat im Anschluss an das *„Neuzement-Urteil"*[454] ausgeführt, dass die Verwaltungsorganisation so beschaffen und so eingerichtet sein müsse, dass sich immer ein verfassungsmäßiger Vertreter ergebe, der zur Überwachung verpflichtet sei.[455] Die Bestellung eines verfassungsmäßigen Vertreters genügt aber nicht. Erforderlich ist ferner auch die Schaffung angemessener Aufsichtseinrichtungen und Aufsichtsanordnungen. Allerdings blieb die dogmatische Einordnung dieser Pflicht unklar. Das Reichsgericht spricht nicht ausdrücklich von § 823 Abs. 1 BGB, erweckt sogar eher den Anschein der Relevanz dieser Pflicht im Rahmen des § 831 BGB. Es scheint trotz des ähnlichen Sachverhalts dem Grundsatz des *„Neuzement-Urteils"*[456] damit nicht zu folgen.

---

450 RG, Urt. v. 28. November 1913 – III 194/13, WarnRspr 1914, Nr. 35, 50, 51.

451 RG, Urt. v. 28. November 1913 – III 194/13, WarnRspr 1914, Nr. 35, 50, 52.

452 RG, Urt. v. 27. November 1916 – VI 275/16, RGZ 89, 136 ff.

453 So etwa RG, Urt. v. 12. Januar 1938 – VI 172/37, JW 1938, 1651, 1652; *Horn*, Die Gehilfenhaftung, S. 43.

454 Dazu siehe S. 141.

455 RG, Urt. v. 27. November 1916 – VI 275/16, RGZ 89, 136, 137.

456 Dazu siehe S. 141.

Im sog. „*Kleinbahn-Urteil*“[457] wurde hingegen wieder eindeutig Stellung zu der dogmatischen Einordnung der betrieblichen Organisationspflicht genommen, indem die Organisationspflichten wiederum der Regelung des § 823 Abs. 1 BGB zugeordnet wurden. In diesem Fall fuhr der Triebwagenführer auf den nicht genug gesicherten Übergang, ohne sich an die ergangenen Anweisungen zu halten, und erfasste dabei den Kraftwagen des Klägers, wodurch der Kläger erhebliche Verletzungen sowie auch Sachschaden erlitt. Das Reichsgericht hat die Haftung der Betreiberin der Kleinbahn aufgrund § 823 Abs. 1 BGB unter Verweis auf das „*Asphalt-Vertiefungs-Urteil*“[458] mit der Begründung anerkannt, dass die Beklagte die Regelung des gesamten technischen Betriebs dem von ihr angestellten Betriebsdirektor und seinem Stellvertreter zur selbstständigen Erledigung überlassen habe. Dabei genügte sie der ihr als Bahnunternehmen obliegenden Verkehrssicherungspflicht nicht schon mit der Bestellung an sich geeigneter Personen, für deren Maßnahmen sie sich nach § 831 BGB entlasten könne.[459] Vielmehr trifft die Beklagte auch eine Pflicht, durch ihre Organe geeignete Anordnungen zu erlassen und die von den angestellten Personen getroffenen Maßnahmen laufend zu überwachen.[460]

In diesem Urteil hat das Gericht also näher einen „Mangel in der Organisation“[461] beschrieben, der sich haftungsbegründend gemäß § 823 Abs. 1 BGB auswirkte. Darunter seien fehlende Anordnungen und das Fehlen der erforderlichen Überwachung zu verstehen. Der Verweis auf das „*Asphalt-Vertiefungs-Urteil*“[462] ist jedoch überraschend, weil § 823 Abs. 1 BGB in letztem Urteil nicht einmal erwähnt wurde.

Somit ist festzustellen, dass die betriebliche Organisationspflicht in der reichsgerichtlichen Rechtsprechung zunächst aus § 831 Abs. 1 BGB hergeleitet wurde. Später wurde sie aber dem Pflichtenkreis des § 823 Abs. 1 BGB zugeordnet. Diese mehrfache Kursänderung lässt eine klare dogmatische Schlussfolgerung kaum zu.

Der Bundesgerichtshof hat die reichsgerichtliche Rechtsprechung fortgeführt. In einigen Fällen siedelt er eine Organisationspflicht des Geschäftsherrn, deren Verletzung einen Mangel in der Organisation begründet, bei § 823 Abs. 1 BGB an.

---

457 RG, Urt. v. 12. Januar 1938 – VI 172/37, JW 1938, 1651 f.

458 RG, Urt. v. 27. November 1916 – VI 275/16, RGZ 89, 136 ff.; näher dazu auf S. 142.

459 Zum Ganzen RG, Urt. v. 12. Januar 1938 – VI 172/37, JW 1938, 1651, 1652.

460 RG, Urt. v. 12. Januar 1938 – VI 172/37, JW 1938, 1651, 1652.

461 RG, Urt. v. 12. Januar 1938 – VI 172/37, JW 1938, 1651, 1652.

462 RG, Urt. v. 27. November 1916 – VI 275/16, RGZ 89, 136 ff.; näher dazu auf S. 142.

Eine sehr wichtige Rolle in der Entwicklung der Lehre vom betrieblichen Organisationsverschulden spielte dabei das „*Gutsverwalter-Urteil*“ vom 25. Oktober 1951[463], in dem der beklagte Eigentümer eines Hofgutes einen Verwalter zur Leitung und Beaufsichtigung eingestellt hatte, der seinerseits einen 16-jährigen Arbeiter beauftragte, Benzin zu holen. Dieser Arbeiter benutzte dafür ein Halbblutpferd, das durchging und die Klägerin verletzte. Der Bundesgerichtshof hat dabei eine Pflicht, allgemeine Anordnungen für die ordentliche Betriebsführung zu treffen, trotz des Einsatzes einer Mittelperson, dem Geschäftsherrn auferlegt. Er hat sich des Weiteren auch deutlich dafür ausgesprochen, dass der Geschäftsherr beim Vorliegen eines Mangels der Organisation wegen Vernachlässigung der allgemeinen Aufsicht aus § 823 Abs. 1 BGB haftbar sei.[464] Diese klare Stellungnahme verleitet nicht zu Unrecht zu der Schlussfolgerung, dass es sich bei diesen Ausführungen um die deutlichsten Ausführungen insgesamt in der ergangenen Rechtsprechung zum Organisationsverschulden handelt[465]. Der Verweis auf das „*Asphalt-Vertiefungs-Urteil*“[466] ist aber unlogisch.

Der Bundesgerichtshof differenziert zum ersten Mal zwischen § 823 BGB und § 831 BGB, indem er einerseits den Grundsatz des dezentralisierten Entlastungsbeweises nach § 831 BGB unterstützt[467], andererseits aber einen „Mangel der Organisation“ als Haftungsgrund gemäß § 823 Abs. 1 BGB geltend macht[468]. Er konkretisiert jedoch diese Organisationspflicht inhaltlich nicht, sondern beschränkt sich auf die Formulierung „Vernachlässigung der allgemeinen Aufsicht“[469]. Das eröffnet vielfältige Auslegungsmöglichkeiten und birgt die Gefahr, dass der Geschäftsherr im Ergebnis wie nach § 278 BGB verschuldensunabhängig haftbar gemacht werden kann. Bei einer *ex post*-Betrachtung lässt sich schließlich fast immer eine organisatorische Maßnahme finden, die geeignet gewesen wäre, den eingetretenen Schaden zu verhindern. Dieses Ergebnis schien der Bundesgerichtshof allem Anschein nach jedoch vermeiden zu wollen, indem er auf die Unanwendbarkeit des § 278 BGB ausdrücklich hinwies.[470]

463 BGH, Urt. v. 25. Oktober 1951 – III ZR 95/50, BGHZ 4, 1 ff.
464 BGH, Urt. v. 25. Oktober 1951 – III ZR 95/50, BGHZ 4, 1, 3.
465 *Matusche-Beckmann*, Das Organisationsverschulden, S. 50.
466 RG, Urt. v. 27. November 1916 – VI 275/16, RGZ 89, 136 ff.; näher dazu auf S. 142.
467 BGH, Urt. v. 25. Oktober 1951 – III ZR 95/50, BGHZ 4, 1, 2: „Wenn eine Mehrheit von Personen in der Weise beschäftigt ist, dass die eine der anderen nachgeordnet ist, richtet sich der Sorgfaltsbeweis des Geschäftsherrn auf Auswahl und Beaufsichtigung des von ihm ausgewählten höheren Angestellten, den Verwalter“.
468 BGH, Urt. v. 25. Oktober 1951 – III ZR 95/50, BGHZ 4, 1, 3.
469 BGH, Urt. v. 25. Oktober 1951 – III ZR 95/50, BGHZ 4, 1, 3.
470 BGH, Urt. v. 25. Oktober 1951 – III ZR 95/50, BGHZ 4, 1, 3 f.

Es bleibt aber unklar, wie diese Unterscheidung in der Praxis beibehalten werden sollte. Das wäre nur bei einer Präzisierung des Inhalts einer Organisationspflicht denkbar.

Somit ist festzuhalten, dass der Bundesgerichtshof eindeutig Stellung zu der dogmatischen Einordnung der allgemeinen Aufsichtspflicht genommen hat.

Die spätere Rechtsprechung des Bundesgerichtshofes ist insbesondere dadurch gekennzeichnet, dass die Vorschriften der §§ 823 und 831 BGB bei der Organisationspflichtverletzung ohne gesonderte Differenzierung nebeneinander geprüft werden.[471]

Eine weitere Entwicklung der Rechtsprechung zeigt die Rückkehr zu der Einordnung der betrieblichen Organisationspflicht wiederum in § 823 Abs. 1 BGB. So hielt der Bundesgerichtshof im sog. „*Spätheimkehrer-Urteil*"[472] neben der Haftung der juristischen Person wegen Nichtbestellung eines verfassungsmäßig berufenen Vertreters für den fraglichen Aufgabenkreis eine Haftung wegen mangelhafter Organisation aus § 823 Abs. 1 BGB für gegeben. Dabei stützte sich der Bundesgerichtshof auf das erwähnte „*Gutsverwalter-Urteil*"[473], was die Fortführung der Rechtsprechung bezüglich des betrieblichen Organisationsverschuldens belegt. Das Gericht ging dabei nicht auf die Frage des Entlastungsbeweises nach § 831 Abs. 1 Satz 2 BGB ein, sondern stellte unmittelbar auf die Haftung aus § 823 Abs. 1 BGB wegen eines Mangels in der Organisation ab. Das könnte gerechtfertigt sein, wenn der Vorwurf eines Organisationsmangels ausschließlich der Regelung des § 823 Abs. 1 BGB zuzuordnen wäre. Dagegen spricht aber die frühere Rechtsprechung, die die Organisationspflichten des Geschäftsherrn sowohl in § 823 Abs. 1 BGB als auch in § 831 BGB ansiedelte.

Später rückt der Bundesgerichtshof von seiner früheren Auffassung ab und beurteilt die Organisationspflicht im „*Gießerei-Urteil*" vom 28. Oktober 1958[474] wieder anhand des Maßstabes des § 831 BGB. Es handelte sich in dieser Entscheidung um die Klageansprüche einer Witwe und ihrer minderjährigen Tochter anlässlich der Tötung des Ehemanns und Vaters, der als Arbeiter für die Beklagte tätig war. Der Unfall trat infolge Zerreißens des Seilschlosses des Auslegerhalteseils und Herabstürzens des Auslegers mit dem Greiferkorb ein und war auf einen Fabrikationsmangel zurückzuführen. Dieses Urteil weckt deshalb

471 BGH, Urt. v. 4. November 1953 – VI ZR 64/52, BGHZ 11, 151 ff.; BGH, Urt. v. 13. Mai 1955 – I ZR 137/53, BGHZ 17, 214 ff.

472 BGH, Urt. v. 10. Mai 1957 – I ZR 234/55, BGHZ 24, 200 ff.

473 BGH, Urt. v. 25. Oktober 1951 – III ZR 95/50, BGHZ 4, 1 ff.; näher zu diesem Urteil auf S. 144.

474 BGH, Urt. v. 28. Oktober 1958 – VI ZR 176/57, VersR 1959, 104 f.

ein besonderes Interesse, weil der Bundesgerichtshof, soweit ersichtlich, zum ersten Mal die Frage des eventuellen Ausschlusses der Haftung wegen Organisationsverschuldens anspricht. Er führte aus, dass ein Organisationsverschulden der Beklagten auszuschließen wäre, wenn zugunsten der Beklagten davon auszugehen ist, dass die Kontrolle damals in entsprechender Weise erfolgte.[475] Ob die im Vortrag der Beklagten bezeichneten organisatorischen Maßnahmen dafür tatsächlich ausreichten, ließ der Bundesgerichtshof aber unbeantwortet. Stattdessen bejahte er eine Haftung aus § 831 BGB. Im Ergebnis ist damit festzuhalten, dass der Bundesgerichtshof in diesem Urteil streng zwischen einer Haftung wegen Organisationsverschuldens und einer Haftung nach § 831 BGB unterschied.

Des Weiteren ist hervorzuheben, dass der Bundesgerichtshof in diesem Urteil den Terminus des „Organisationsverschuldens"[476] ausdrücklich erwähnte und einen Verstoß dagegen eindeutig als zum Pflichtenkreis des § 823 Abs. 1 BGB zugehörig zuordnete.

Infolge der dargestellten Entwicklung der Rechtsprechung des Bundesgerichtshofs könnte an die Festigung des Grundsatzes gedacht werden, nach dem ein betrieblicher Organisationsmangel als fehlende allgemeine Anordnungen und Aufsicht zur Haftung nach § 823 Abs. 1 BGB führt. Allerdings ist die spätere Rechtsprechung offensichtlich widersprüchlich. So ordnet der Bundesgerichtshof in einem Urteil aus dem Jahr 1960 die Pflicht des Geschäftsherrn zur Oberaufsicht dem § 831 BGB zu, stützt aber diesen Schluss unverständlicherweise unter anderem auf das sog. *„Gutsverwalter-Urteil"*[477], in dem die gleiche Pflicht jedoch nach § 823 Abs. 1 BGB beurteilt wurde.[478]

In späteren Entscheidungen weicht der Bundesgerichtshof weiterhin vom Grundsatz der Haftung für betriebliches Organisationsverschulden nach § 823 Abs. 1 BGB ab.[479]

Eine Differenzierung zwischen der Haftung wegen Organisationsverschuldens und der Haftung nach § 831 BGB wurde im sog. *„Wechselkoffer-Urteil"*[480]

---

475 BGH, Urt. v. 28. Oktober 1958 – VI ZR 176/57, VersR 1959, 104, 105.

476 BGH, Urt. v. 28. Oktober 1958 – VI ZR 176/57, VersR 1959, 104, 105; später auch BGH, Urt. v. 13. Dezember 1960 – VI ZR 42/60, NJW 1961, 455, 456; BGH, Urt. v. 17. Oktober 1967 – VI ZR 70/66, NJW 1968, 247, 249.

477 BGH, Urt. v. 25. Oktober 1951 – III ZR 95/50, BGHZ 4, 1 ff.; näher zu diesem Urteil auf S. 144.

478 BGH, Urt. v. 9. Februar 1960 – VIII ZR 51/59, BGHZ 32, 53, 59.

479 So etwa BGH, Urt. v. 8. November 1963 – VI ZR 257/62, VersR 1964, 297 f.

480 BGH, Urt. v. 30. Januar 1996 – VI ZR 408/94, NJW-RR 1996, 867 f.

vorgenommen, indem die Überwachung über einen konkreten Verrichtungsgehilfen dem Pflichtenkreis des § 831 BGB zugeordnet wurde. Auf dem Bahnhofsgelände explodierte ein sog. Wechselkoffer, was zu großen Sachschäden führte. Diese Explosion war nach der Behauptung der Klägerin darauf zurückzuführen, dass die Beklagte, ein Speditionsunternehmen, den Wechselkoffer für den Transport von gefährlichen flüssigen Stoffen eingesetzt hatte, obwohl er für Gefahrguttransporte nicht geeignet war. Dem Angestellten der Beklagten, einem Gefahrgutkoordinator, war dieser Umstand auch bekannt gewesen. Das Gericht ist auf die Frage des eventuellen betrieblichen sowie körperschaftlichen Organisationsverschuldens der Beklagten eingegangen. Was das betriebliche Organisationsverschulden angeht, wurde mit Verweis auf das sog. „*Bleiwaggon-Urteil*"[481] eine entsprechende Organisationspflicht der Beklagten anerkannt. Zur Begründung dieser Pflicht führte der Bundesgerichtshof aus: „Wer die Organisationsgewalt über ein betriebliches Unternehmen innehat, hat für Gefahrensicherung in seinem Organisationsbereich zu sorgen. Verletzt er schuldhaft diese Pflicht, dann ist er für die dadurch eingetretenen Schäden nach § 823 BGB verantwortlich".[482] Er hat jedoch der Feststellung des Berufungsgerichts zugestimmt, dass ein solches Organisationsverschulden der Beklagten nicht angelastet werden könne. Die Beklagte hatte ihr Personal laufend ausgebildet und überwacht sowie eine zentrale Gefahrgut-Koordinationsstelle eingerichtet, die mit detaillierten schriftlichen Weisungen für die Transportabwicklung, Informationsbeschaffung und Kontrolle versehen wurde.[483] Das Gericht hat des Weiteren auch eine Haftung wegen körperschaftlichen Organisationsverschuldens abgelehnt. Die Beklagte wurde vielmehr wegen mangelnden Entlastungsbeweises nach § 831 Abs. 1 Satz 2 BGB bezüglich der Überwachungspflicht für haftbar erklärt.

In der neueren Rechtsprechung des Bundesgerichtshofs wird die Frage der dogmatischen Einordnung der betrieblichen Organisationspflicht offen gelassen. Im sog. „*Bauchfellentzündungs-Urteil*" vom 7. November 2006[484] handelte es sich um die organisatorischen Maßnahmen, die der Chefarzt, der die Risikoaufklärung einem nachgeordneten Arzt übertragen hatte, zu ergreifen hat. Vom Chefarzt wurde ein operativer Eingriff am Zwölffingerdarm der Klägerin vorgenommen. Infolge einer Nahtinsuffizienz kam es danach zu einer schweren Bauchfellentzündung und später zu bleibenden Schäden. Zwischen den Parteien

---

481 BGH, Urt. v. 13. Mai 1955 – I ZR 137/53, BGHZ 17, 214 ff.
482 BGH, Urt. v. 30. Januar 1996 – VI ZR 408/94, NJW-RR 1996, 867, 868.
483 Zum Ganzen BGH, Urt. v. 30. Januar 1996 – VI ZR 408/94, NJW-RR 1996, 867, 868.
484 BGH, Urt. v. 7. November 2006 – VI ZR 206/05, BGHZ 169, 364 ff.

war streitig, ob der Stationsarzt, dem die Aufklärungspflicht vom Chefarzt übertragen wurde, vor der Operation die Klägerin über die bestehenden Risiken ordnungsgemäß aufgeklärt hatte. In allen vorherigen Instanzen wurde die Klage abgewiesen. Jedoch hob der Bundesgerichtshof das Urteil der Berufungsinstanz im Revisionsverfahren auf und verwies an das Berufungsgericht zurück. Der Bundesgerichtshof hob in seinem Urteil hervor, dass tatsächlich aufzuklären ist, welche Maßnahmen organisatorischer Art der Chefarzt im Rahmen seiner Organisationspflicht bei der Übertragung der Aufklärung einem nachgeordneten Arzt getroffen habe, um eine ordnungsgemäße Aufklärung durch den nicht operierenden Arzt sicherzustellen und um die ordnungsgemäße Umsetzung der von ihm erteilten Aufklärungsanweisungen zu überwachen.[485] Somit hat das Gericht dem Chefarzt eine betriebliche Organisationspflicht auferlegt.

Zu betonen ist, dass der Bundesgerichtshof in diesem Urteil entgegen den Meinungen im Schrifttum[486] die dogmatische Einordnung der betrieblichen Organisationspflicht offen lässt. § 823 Abs. 1 BGB wird in diesem Urteil überhaupt nicht erwähnt. Das Gericht spricht vielmehr von der fehlenden Entlastungsmöglichkeit im Rahmen des § 831 Abs. 1 Satz 2 BGB.[487] Das trägt zur Klarheit bezüglich der dogmatischen Einordnung des betrieblichen Organisationsverschuldens nicht bei.

Zusammenfassend ist somit anzumerken, dass die Rechtsprechung im ersten Schritt eine zusätzliche, nicht delegierbare Pflicht zur Vornahme einer allgemeinen Oberaufsicht und Erteilung der allgemeinen Anordnungen im Rahmen des § 831 Abs. 1 BGB aufgestellt hat. Dadurch wurde der Entlastungsbeweis des Geschäftsherrn erschwert. Im Weiteren verlagerte die Rechtsprechung dann diese Organisationspflicht auf § 823 Abs. 1 BGB, was jedoch einer Rückverlagerung zu § 831 Abs. 1 BGB später nicht entgegenstand.

Die Begründung der dogmatischen Einordnung dieser Organisationspflicht fehlt. Die Unsicherheit bestätigt sich umso mehr, wenn die Kursänderungen in der Rechtsprechungsentwicklung ohne Anführung der dafür entscheidenden Gründe beachtet werden. Dabei wurde häufig auf die frühere Rechtsprechung verwiesen. Dem ist aber entgegenzuhalten, dass diese Verweise manchmal willkürlich erscheinen, weil sie auf Urteile Bezug genommen haben, die sogar Gegenauffassung vertraten.[488] Irritierend ist auch, dass die Rechtsprechung

---

485 BGH, Urt. v. 7. November 2006 – VI ZR 206/05, BGHZ 169, 364, 368.

486 *Katzenmeier*, JZ 2007, 642, 644.

487 BGH, Urt. v. 7. November 2006 – VI ZR 206/05, BGHZ 169, 364, 366.

488 Z.B. BGH, Urt. v. 9. Februar 1960 – VIII ZR 51/59, BGHZ 32, 53, 59 mit Verweis auf BGH, Urt. v. 25. Oktober 1951 – III ZR 95/50, BGHZ 4, 1, 3.

häufig in völlig vergleichbaren Situationen zu unterschiedlichen Ergebnissen bezüglich der dogmatischen Einordnung der Organisationspflicht kam.[489]

Somit lassen sich aus der Rechtsprechung keine klaren Kriterien für die Abgrenzung der Organisationspflichten nach § 831 Abs. 1 BGB und § 823 Abs. 1 BGB ableiten. In der Rechtsprechung des Bundesgerichtshofs lässt sich aber eine Tendenz beobachten, dass die betriebliche Organisationspflicht in der überwiegenden Zahl der Fälle der Regelung des § 823 Abs. 1 BGB zugeordnet wird.

(2) Meinungsstand in der Lehre

Anlehnend an die Rechtsprechung fällt in der Literatur die Beurteilung des Verhältnisses der Pflichten nach § 823 Abs. 1 BGB und nach § 831 Abs. 1 BGB unterschiedlich aus.

Nach einer Ansicht stellen die Sorgfaltspflichten gemäß § 831 Abs. 1 BGB die gesetzlich normierten Organisationspflichten dar.[490] Dabei wird zwischen *speziellen* und *allgemeinen* Organisationspflichten[491] bzw. zwischen *besonderen* und *allgemeinen* Organisationspflichten[492] unterschieden. Es wird aber auch vorsichtiger mit dieser Schlussfolgerung umgegangen, indem lediglich die grundsätzliche Möglichkeit des Bestehens von Organisationspflichten im Rahmen von § 831 BGB als zulässig erachtet wird.[493]

Einer anderen Auffassung zufolge sind die Organisationspflichten nach § 823 Abs. 1 BGB und die Sorgfaltspflichten streng auseinander zu halten[494], obwohl sie einander nahestehen.

Als Abgrenzungskriterium wird zunächst vorgeschlagen, auf die jeweilige Hierarchieebene abzustellen. Also sollten die Pflichten in § 831 BGB in der Tat nur auf Auswahl- und Überwachungspflichten bezogen werden und dabei auf die obersten Angestellten beschränkt werden.[495] Das führt jedoch in der Praxis häufig zu ungerechten Ergebnissen.

Angesichts dieser häufig ungerechten Ergebnisse wird ferner die Organisationspflicht im Rahmen des § 831 BGB zugelassen.[496] Der Geschäftsherr bedarf

---

489 Z.B. RG, Urt. v. 28. November 1913 – III 194/13, WarnRspr 1914, Nr. 35, 50 ff. und RG, Urt. v. 27. November 1916 – VI 275/16, RGZ 89, 136 ff.

490 *Schlechtriem*, FS Heiermann, S. 281, 290.

491 Staudinger/*Bernau*, § 831, Rn. 10.

492 *Martinek*, Repräsentantenhaftung, S. 165, 174 f.

493 *Matusche-Beckmann*, Das Organisationsverschulden, S. 100.

494 Erman/*Wilhelmi*, § 831, Rn. 25 f.; in diesem Sinne *Kleindiek*, Deliktshaftung, S. 292.

495 In diesem Sinne *Schlechtriem*, FS Heiermann, S. 281, 284.

496 *Martinek*, Repräsentantenhaftung, S. 163; in diesem Sinne *Matusche-Beckmann*, Das Organisationsverschulden, S. 105; Staudinger/*Bernau*, § 831, Rn. 176.

einer entsprechenden Aufsichts- und Überwachungsorganisation zur Erfüllung der Überwachungspflicht aus § 831 BGB „nolens volens“[497]. Dabei wird das Fehlen der erforderlichen Organisation als Sonderfall des vermuteten Auswahlverschuldens nach § 831 Abs. 1 BGB beurteilt.[498]

Bei der Abgrenzung wird dabei davon ausgegangen, dass Überwachungsorganisation und allgemeine funktionale Organisation nach § 823 Abs. 1 BGB zu beurteilen sind. So zum Beispiel gehören zum Regelungsbereich des § 823 Abs. 1 BGB die erforderlichen Überwachungsmaßnahmen sowie allgemeine Dienstanweisungen und Richtlinien, die sich nicht auf bestimmte Mitarbeiter, sondern auf die Arbeitsabläufe insgesamt beziehen. Der Anwendungsbereich des § 831 BGB bezieht sich hingegen auf die Fälle der konkreten funktionalen Organisation und der konkreten strukturellen Organisation bzw. auf den konkreten vom Geschäftsherrn ausgewählten Verrichtungsgehilfen.

Es ist aber nicht zu verkennen, dass sich „generelle“ und „konkrete“ Organisationspflichten im Einzelfall überschneiden können. Praktisch wäre denkbar, dass der Geschäftsherr bei der Verletzung einer allgemeinen Organisationspflicht zugleich für das Fehlverhalten seines Verrichtungsgehilfen haftet. Diese Grenzziehung kann in der Praxis schwierig sein. Die Entwicklung der Rechtsprechung zeigt, dass daraus auch keine brauchbaren Kriterien entnommen werden können. Wann eine „konkrete“ Organisationspflicht anzunehmen ist, wird nicht erläutert.

In der Lehre wird also bezüglich der Abgrenzung der Pflichtenbereiche von § 823 Abs. 1 BGB und § 831 Abs. 1 BGB keine einheitliche Meinung vertreten.

(3) Stellungnahme

Diese divergierenden Ansichten beruhen auf dem unterschiedlichen Verständnis einer Organisationspflicht im Allgemeinen. Diejenigen, die nur den funktionalen Aspekt einer Organisation, nicht jedoch die Schaffung einer Struktur und die Beschaffung der Einrichtungen als Organisationspflicht betrachten, kommen zwangsläufig zu der Schlussfolgerung, dass die Schaffung der personellen Struktur nicht zur Organisationspflicht gehört und mithin die Sorgfaltspflichten von den Organisationspflichten nach § 823 Abs. 1 BGB zu unterscheiden sind.

Die anderen aber, die eine Organisationspflicht im weiteren Sinne verstehen, gelangen im Ergebnis zu der Erkenntnis, dass sowohl personelle als auch

---

497 *Martinek*, Repräsentantenhaftung, S. 162; er spricht auch ausdrücklich von der „Organisationspflicht des § 831 BGB“ (S. 166).

498 *Martinek*, Repräsentantenhaftung, S. 162.

funktionale Aspekte im Rahmen einer Organisationspflicht von Relevanz sind. Es ist folgerichtig die Organisationspflicht im weiteren Sinne zu verstehen.

Ein anderer Schluss stünde in Widerspruch mit dem allgemeinen Gedanken der Organisationslehre. Hinsichtlich der Überlegung, was eine ausreichende Organisation im Sinne einer funktionsfähigen Vereinigung bestimmter Mittel darstellt, kommen danach die Auswahl der Mitarbeiter, ihre Anweisung, ihre Kontrolle, entsprechende Reaktionen bei potentiellen Gefahren und die Koordination in Betracht. Also ist das Organisieren sowohl in personeller als auch in funktionaler Hinsicht wichtig. Beide Aspekte sind auch für die Schadensvorbeugung von Bedeutung. Deshalb können die Sorgfaltspflichten in § 831 Abs. 1 BGB auch als Organisationspflichten bezeichnet werden.

Diese Schlussfolgerung lässt sich argumentativ auf die Rechtsprechung stützen. Der Bundesgerichtshof hat in einem Urteil, in dem er sich mit der Schadensersatzpflicht nach einem Verkehrsunfall zu beschäftigen hatte, eindeutig Stellung dazu genommen. Der Verkehrsunfall war auf die vom Herstellerwerk untersagte Verwendung eines falschen Ersatzteils in dem vom Kläger gebraucht erworbenen Pkw anlässlich einer für den Voreigentümer durchgeführten Reparatur durch den Monteur der Beklagten zurückzuführen. Der Beklagten oblagen Organisationspflichten. Sie genügte den ihr so obliegenden Pflichten nicht schon mit der Bestellung an sich geeigneter Personen, für deren Tun und Lassen (sic) sie sich nach § 831 BGB entlasten könne. Sie müsste vielmehr durch ihre Organe oder durch sonstige Vertreter im Sinne der §§ 30, 31 BGB geeignete Anordnungen erlassen, die gewährleisteten, dass die Reparaturen ordnungsgemäß vorgenommen wurden. Zur sachgerechten Organisation des Unternehmens gehörte es unter anderem selbstverständlich, dass ihre technische Betriebsleitung die Anweisungen des Herstellerwerks zur Verwendung der Ersatzteile an ihre Angestellten und Arbeiter weitergäbe.[499]

Nach höchstrichterlicher Rechtsprechung spielen allgemeine Organisationspflichten, wie zum Beispiel die Pflicht entsprechende Anweisungen zu geben oder ihre Einhaltung zu kontrollieren, sowie auch besondere Pflichten eine Rolle. Bezüglich der letzteren wäre an Auswahl-, Leitungs- und Überwachungspflichten zu denken. Ohne Erfüllung dieser Pflichten, die gesondert in § 831 Abs. 1 BGB genannt sind, wäre eine sachgerechte Organisation des Betriebes kaum mehr möglich. Deshalb ist eine Organisationspflicht des Geschäftsherrn nach der richterlichen Definition nicht nur als Pflicht, geeignetes Personal

499 Zum Ganzen BGH, Urt. v. 30. Mai 1978 – VI ZR 113/77, JZ 1978, 475.

einzustellen, sondern auch als Pflicht, Anweisungen zu erteilen und eine Überwachung durchzuführen, zu verstehen.

Darüber hinaus muss dem Umstand Aufmerksamkeit geschenkt werden, dass die Rechtsprechung die Organisationspflicht nicht in einzelne Komponenten aufteilt. Dies spricht auch gegen die Ansicht, die die sog. Organisationspflicht nur der Vorschrift des § 823 Abs. 1 BGB zuordnet. Wenn die Gerichte die Pflichten, die vom Gesetzgeber in § 831 Abs. 1 BGB aufgelistet sind, von den Pflichten, die im Rahmen des § 823 Abs. 1 BGB in Betracht kommen, hätten trennen wollen, hätten sie dies ausdrücklich klargestellt. Die Rechtsprechung geht aber in entsprechenden Fällen allgemein von der Verletzung einer Organisationspflicht oder von dem Nichteinhalten bestimmter Organisationsmaßnahmen aus.

Schließlich ist offensichtlich, dass sich Überschneidungen zwischen den gesetzlichen Haftungstatbeständen des § 823 Abs. 1 BGB und des § 831 Abs. 1 BGB ergeben.[500] Die Gerichte stützen die Haftung wegen Organisationsverschuldens teilweise auf § 823 Abs. 1 BGB, teilweise jedoch auch auf § 831 Abs. 1 BGB. Die Entwicklung der Rechtsprechung ermöglicht es von der „*Zweispurigkeit der Gehilfenhaftung*“[501] zu sprechen. Dies lässt darauf schließen, dass die Verletzung der betrieblichen Organisationspflicht nach diesen Vorschriften nur schwer zu trennen ist und dass eine solche Haftung in beiden Vorschriften ihre Begründung finden kann.

Die Abgrenzung zwischen diesen Haftungstatbeständen ist aber nicht bloß theoretischer Natur. Angesichts wesentlicher Abweichungen bei den Haftungsvoraussetzungen sowie bei der Regelung der Beweislast kann es für den Geschädigten in der Praxis von höchster Relevanz sein, ob der Schädiger aufgrund des § 823 Abs. 1 BGB oder des § 831 Abs. 1 BGB zur Haftung herangezogen wird.[502] Bezüglich des Charakters des § 831 Abs. 1 BGB als *lex specialis* gegenüber § 823 Abs. 1 BGB wurde bislang kein Konsens gefunden.[503] Aufgrund der Tatsache, dass die Tatbestandsvoraussetzungen des § 831 Abs. 1 BGB und des § 823 Abs. 1 BGB unterschiedlich ausfallen und auch die Beweislast unterschiedlich verteilt ist, ist der Meinung zuzustimmen, die die Einordnung des § 831 Abs. 1 BGB als *lex specialis* gegenüber § 823 Abs. 1 BGB ablehnt[504].

---

500 *Matusche-Beckmann*, Das Organisationsverschulden, S. 97; *Martinek*, Repräsentantenhaftung, S. 166, Fn. 112.

501 *Horn*, Die Gehilfenhaftung, S. 26.

502 *Zilken*, Reform, S. 45.

503 Für Spezialitätsverhältnis: *Matusche-Beckmann*, Das Organisationsverschulden, S. 98. Gegen Spezialitätsverhältnis und auch Subsidiaritätsverhältnis der §§ 823 und 831 BGB: *Zilken*, Reform, S. 45 f.

504 So *Zilken*, Reform, S. 45 f.

Zunächst ist ein Blick auf die allgemeinen Unterschiede zwischen entsprechenden Vorschriften zu werfen. Erstens haben beide Vorschriften einen unterschiedlichen Anwendungsbereich in personeller wie auch sachlicher Hinsicht. So findet § 823 Abs. 1 BGB auch bei selbstständigen Unternehmen als Gehilfen Anwendung. Dies ist bei § 831 Abs. 1 BGB nicht der Fall. Dafür ist § 831 Abs. 1 BGB aber im sachlichen Anwendungsbereich weiter, da nach dieser Vorschrift auch reine Vermögensschäden ersetzt werden können.[505]

Ferner ergeben sich Unterschiede beim Vergleich der Haftungsvoraussetzungen. § 831 Abs. 1 BGB verlangt als Haftungsvoraussetzung eine widerrechtliche Handlung des Verrichtungsgehilfen, während bei § 823 Abs. 1 BGB die Handlung auf Seiten des Geschäftsherrn vorliegen muss und eine widerrechtliche Handlung des Gehilfen dagegen nicht erforderlich ist. Zum Teil wird aber die Auffassung vertreten, dass beide Haftungsgründe eine Handlung der Hilfsperson voraussetzten.[506] Dieser Auffassung kann nur bedingt beigepflichtet werden.

Für diese Ansicht spricht, dass tatsächlich eine schadenstiftende Gehilfenhandlung auch im Rahmen des § 823 Abs. 1 BGB bei der Haftung des Geschäftsherrn für Organisationsverschulden vorhanden ist. Ohne diese Handlung des Gehilfen wäre die Haftung des Geschäftsherrn für Organisationsverschulden nach § 823 Abs. 1 BGB nicht denkbar.

Andererseits aber spielt die Gehilfenhandlung tatbestandsmäßig keine Rolle, weil sie keine explizite Haftungsvoraussetzung nach § 823 Abs. 1 BGB ist. Dass es die schadensverursachende Gehilfenhandlung tatsächlich gegeben hat und dadurch ein Dritter zu Schaden gekommen ist, spielt also rein juristisch keine Rolle. Aus diesem Grunde muss von der Prämisse ausgegangen werden, dass das Verhalten des Gehilfen nach § 823 Abs. 1 BGB nicht vorausgesetzt wird.

Eine weitere Divergenz zwischen diesen Vorschriften besteht hinsichtlich der Verschuldensfrage und zwar insbesondere dahingehend, ob das Verschulden des Geschäftsherrn unmittelbar aus einem eigenen Versäumnis[507] oder lediglich mittelbar, also bei einer entsprechenden Gehilfenhandlung, folgt.[508] Bei § 831 Abs. 1 BGB knüpft der Verschuldensvorwurf nicht an das schädigende Ergebnis selbst, sondern an die Auswahl oder Aufsicht des Gehilfen, also

505 *Larenz/Canaris*, Schuldrecht II/2, § 79 III 1 c, der zu Recht hervorhebt, dass es meist nicht gebührend dogmatisch gewürdigt wird und als Beispiel den Fall erwähnt, wenn sich die Gehilfenhandlung in einer unerlaubten Handlung gegen das Vermögen z.B. nach § 826 BGB ausdrückt.

506 *Zilken*, Reform, S. 47.

507 So etwa *Deetz*, Gruchot 64 (1920), 161, 179.

508 *Zilken*, Reform, S. 47 f.

an einen vorhergehenden Umstand, an.[509] Insofern ist die Haftung nach § 831 Abs. 1 BGB als Haftung für vermutetes mittelbares Verschulden zu qualifizieren. Im Rahmen des § 823 Abs. 1 BGB trifft den Geschäftsherrn hingegen das unmittelbare Verschulden, das nicht lediglich vermutet wird, sondern in der Regel nachzuweisen ist.

Der Tatbestand des § 831 Abs. 1 BGB ist als eine Art zusammengesetzter Haftungstatbestand aufgebaut, bei dem es sowohl auf das Verhalten des Geschäftsherrn als auch auf das des Verrichtungsgehilfen in Form einer widerrechtlichen Handlung ankommt.[510] Es ist zu betonen, dass das Verschulden des Gehilfen, obwohl es nach dem ausdrücklichen Wortlaut in § 831 Abs. 1 BGB nicht vorausgesetzt wird, aus den Anforderungen der Rechtsprechung als weitere Haftungsvoraussetzung teilweise hineininterpretiert wird. § 823 Abs. 1 BGB setzt das Verhalten eines Gehilfen dagegen nicht voraus. Es wird bei der Haftung wegen Organisationsverschuldens lediglich als Auslöser der entsprechenden Organisationspflicht betrachtet.[511]

Unterschiede zwischen § 823 Abs. 1 BGB und § 831 Abs. 1 BGB bestehen außerdem in der Beweislastverteilung. Bei der Haftung wegen Organisationsverschuldens gemäß § 823 Abs. 1 BGB hat der Geschädigte alle Haftungsvoraussetzungen zu beweisen, insbesondere auch die Verletzung der entsprechenden Organisationspflicht, den Kausalzusammenhang zwischen deren Verletzung und dem eingetretenen Schaden sowie Verschulden. § 831 Abs. 1 Satz 2 BGB sieht dagegen eine Beweiserleichterung für den Geschädigten vor, indem sich der Geschäftsherr in Bezug auf die Pflichtverletzung oder Kausalität zu entlasten hat.[512] Im Rahmen des § 823 Abs. 1 BGB hilft allerdings die Rechtsprechung dem Geschädigten in einigen Bereichen mit der Regel des Anscheinsbeweises weiter. Insbesondere wird der Anscheinsbeweis bei einem über längere Zeit andauernden verkehrswidrigen Zustand zugelassen.[513] Die Privilegierung durch die Zulassung des Anscheinsbeweises stößt aber auf Kritik in der Literatur.[514]

---

509 *Westermann,* JuS 1961, 333, 342.

510 In diesem Sinne etwa BGH, Urt. v. 9. Februar 1960 – VIII ZR 51/59, BGHZ 32, 53, 59; *Zilken*, Reform, S. 48; *Westermann*, JuS 1961, 333, 342; ihm folgend *Hassold,* JuS 1982, 583, 584: „Zusammenrechnung von Tatbestandsteilen".

511 Ähnlich *Zilken*, Reform, S. 48.

512 *Matusche-Beckmann*, Das Organisationsverschulden, S. 98; Staudinger/*Bernau*, § 831, Rn. 137; ähnlich Palandt/*Sprau*, § 831, Rn. 18.

513 So etwa RG, Urt. v. 27. November 1916 – VI 275/16, RGZ 89, 136 f.; in diesem Sinne BGH, Urt. v. 30. Januar 1996 – VI ZR 408/94, NJW-RR 1996, 867, 868.

514 *Horn*, Die Gehilfenhaftung, S. 75 spricht hinsichtlich der Beweislastregelung bei § 823 BGB von „krampfhaften „Beweisführungen" (sic).

Diese unterschiedliche Beweislastregelung wird zum Teil als nur „äußerliche Unterscheidung“[515] betrachtet. Sie wird aber auch als ein „zentraler Grund“[516] dafür angesehen, warum Meinungen im Schrifttum vertreten werden, die Zweispurigkeit der Haftung wegen Organisationsverschuldens aufzugeben und sie unter der Regelung des § 831 Abs. 1 BGB zu vereinheitlichen.[517] Nach anderer Ansicht hingegen wäre es systemkonform anzunehmen, dass der Verkehrspflichtige im Rahmen des § 823 Abs. 1 BGB bei einer arbeitsteiligen Organisation generell zu beweisen hätte, dass er den eigenen Verantwortungsbereich sorgfältig organisiert habe.[518]

Was die Abgrenzung der Organisationspflichten nach diesen Vorschriften betrifft, ist das vorgeschlagene Kriterium der Art der Organisationsmaßnahmen geeignet zur Abgrenzung. Wenn organisatorische Vorkehrungen im Hinblick auf allgemeine Gefahren erforderlich sind, ist § 823 Abs. 1 BGB anzuwenden. Falls diese Maßnahmen gegen die gerade dem konkreten Gehilfenhandeln zuzurechnenden Gefahren gerichtet sind, ist hingegen auf § 831 Abs. 1 BGB abzustellen. Somit ist bei § 831 Abs. 1 BGB der Bezug auf einen konkreten Verrichtungsgehilfen entscheidend. Dieses Fazit lässt sich ferner mit Verweis auf die höchstrichterliche Rechtsprechung begründen. Die allgemeine betriebliche Organisationspflicht ist somit dem § 823 Abs. 1 BGB zuzuordnen. Diese Zuordnung birgt eine Reihe von Vorteilen. § 823 Abs. 1 BGB stellt eine „sichere Anspruchsgrundlage“[519] dar, weil sich der Geschäftsherr zum einen von aufgestellten Organisationspflichten nicht befreien kann[520] und zum anderen die selbstständigen Hilfspersonen aus dem Anwendungsbereich des § 823 Abs. 1 BGB nicht ausgeschlossen sind. Andererseits ist jedoch der § 831 Abs. 1 BGB aus beweisrechtlichen Gründen sowie im sachlichen Anwendungsbereich eine günstigere Haftungsgrundlage für den Geschädigten.

Somit ist festzuhalten, dass die systematische Abgrenzung der Organisationspflichten nach § 823 Abs. 1 BGB und nach § 831 Abs. 1 BGB sowohl in der Rechtsprechung als auch in der Literatur streitig ist. Es ist eine Differenzierung zwischen diesen Haftungstatbeständen nach dem Umfang und der

515 *Horn,* Die Gehilfenhaftung, S. 65.

516 *Kleindiek*, Deliktshaftung, S. 308.

517 *Esser/Weyers*, Schuldrecht II/2, § 58 I 2 c; ihm folgend RGRK/*Steffen*, § 831, Rn. 56; auch *Brüggemeier*, AcP 191 (1991), 33, 59 f.; *Canaris*, FS Larenz, S. 27, 82 (analog zu den §§ 831 f. BGB); Staudinger/*Bernau*, § 831, Rn. 12 (analog § 831 Abs. 1 S. 1 BGB).

518 *Kleindiek*, Deliktshaftung, S. 308.

519 *Hassold,* JuS 1982, 583.

520 Ähnlich in Bezug auf die allgemeine Aufsichtspflicht *Zilken*, Reform, S. 48 f.

Art der Organisationspflicht zutreffend, abgesehen von anderen bestehenden Unterschieden zwischen diesen Vorschriften. Die allgemeine betriebliche Organisationspflicht ist in § 823 Abs. 1 BGB und die in § 831 Abs. 1 BGB speziell genannten Organisationspflichten sind in dieser Vorschrift anzusiedeln.

3. *Betriebliches Organisationsverschulden*

Es ist weiterhin auf die Besonderheiten der Verschuldensfrage bei der Haftung wegen betrieblichen Organisationsverschuldens einzugehen. Es wird auf das Verschulden des Geschäftsherrn abgestellt. In der Praxis überwiegen dabei die Fälle der fahrlässigen Verletzung der Organisationspflicht.[521] Dem Geschäftsherrn wird dabei vorgeworfen, die erforderliche Sorgfalt nicht beobachtet zu haben.[522]

Von einem Organisationsverschulden kann nur dann die Rede sein, wenn für den Organisationspflichtigen die Gefahr des später eingetretenen Erfolges sowie die Kausalität des Unterlassens organisatorischer Maßnahmen für den Eintritt des Erfolgs erkennbar waren.[523] Folgerichtig erscheint aus dieser Sicht, dass bei atypischen Gefahren ein Organisationsverschulden nicht vorgeworfen werden darf.[524] Obwohl die Abgrenzung im Einzelfall sehr schwierig ist, verdient diese Auffassung Beachtung, insbesondere unter Berücksichtigung der Tatsache, dass das Fehlen jeglichen Abgrenzungskriteriums in der Praxis dazu führt, dass fast jede Gefahr vom Gericht *ex post* als erkennbar und damit zurechenbar beurteilt werden kann.

Ferner ist für die Bestimmung der erforderlichen Sorgfalt die Zumutbarkeit des Ergreifens der Maßnahmen von Bedeutung.[525]

Für die Frage der erforderlichen und zumutbaren organisatorischen Gefahrabwendungsmaßnahmen ist die Schwere der drohenden Gefahr relevant. Darauf hat der Bundesgerichtshof beispielsweise im sog. „*Spätheimkehrer-Urteil*“[526] aufmerksam gemacht. Es handelte sich um einen Schaden infolge eines Presseangriffs. In einer illustrierten Zeitschrift, die der beklagte Verlag herausgab,

---

521 *Matusche-Beckmann*, Das Organisationsverschulden, S. 122.

522 Staudinger/*Bernau*, § 831, Rn. 21.

523 So etwa BGH, Urt. v. 4. November 1953 – VI ZR 64/52, BGHZ 11, 151, 152; *Matusche-Beckmann*, Das Organisationsverschulden, S. 123.

524 *Esser*, MDR 1957, 215, 216; *Matusche-Beckmann*, Das Organisationsverschulden, S. 124; wohl in diesem Sinne *Martinek*, Repräsentantenhaftung, S. 166 f.

525 *Böhmer*, MDR 1964, 968, 971; *Matusche-Beckmann*, Das Organisationsverschulden, S. 125.

526 BGH, Urt. v. 10. Mai 1957 – I ZR 234/55, BGHZ 24, 200 ff.; dazu bereits auf S. 145.

erschien ein die Klägerin herabwürdigender Artikel mit ihrem Bild, Namen und mit der Kritik an ihrem Verhalten und Charakter unter dem Begleittext „Spätheimkehrer unerwünscht!". Außerdem enthielt dieser Artikel einen Hinweis auf den Geschäftsboykott der Firma der Klägerin. Auf das Schreiben des Rechtsanwalts der Klägerin teilte der Verlag durch seine Rechtsabteilung mit, dass die inhaltliche Änderung aufgrund des fortgeschrittenen Stadiums der Drucklegung der nächsten Ausgabe nicht mehr vertreten werden könne.[527]

Der Bundesgerichtshof hat ausgeführt: „[...] die Geschäftsführer der Beklagten [...] hätten *im Hinblick auf die Schwere der Gefahren* [...] (Hervorhebung des Autors) durch ausreichende organisatorische Maßnahmen dafür Sorge tragen müssen, dass solche Eingriffe in fremde Rechtssphären nach Möglichkeit unterbleiben".[528] Das wäre durch entsprechende Weisungen sicherzustellen gewesen, bei deren Fehlen der Geschäftsherr wegen Vernachlässigung der allgemeinen Aufsicht aus § 823 Abs. 1 BGB haftbar sei.[529]

Es werden in der Rechtsprechung Versuche unternommen, die zumutbaren Organisationsmaßnahmen näher zu bestimmen. So hat der Bundesgerichtshof das Organisationsverschulden eines Gasversorgungsunternehmens abgelehnt, obwohl die Beklagte nicht sämtliche Gasdruckregler nach der Umstellung durch eigene Mitarbeiter überprüfen ließ.[530] In der Begründung hat er dazu ausgeführt, dass es eine den wirtschaftlichen und technischen Gegebenheiten nicht gerecht werdende Überspannung der Sorgfaltsanforderungen bedeuten würde, wenn dem Auftraggeber angesonnen würde, die Arbeitsweise des Beauftragten auf Schritt und Tritt zu kontrollieren. Als erforderlich und genügend wird im Weiteren eine ausreichende Zahl von Stichproben bezeichnet.[531] Der Bundesgerichtshof schränkte damit den Bereich des Zumutbaren ein.

Das Zumutbare hängt jedoch nicht nur von subjektiven Kriterien und Fähigkeiten einer Person ab, sondern wird auch an der Höhe des Schadensrisikos gemessen. Je höher das Schadensrisiko ist, desto strenger sind die Anforderungen an die zu beobachtende Sorgfalt.[532] So wurden spezielle Anforderungen an die zu erteilenden Anweisungen der Unternehmensleitung in dem Fall gestellt, in

527 BGH, Urt. v. 10. Mai 1957 – I ZR 234/55, BGHZ 24, 200, 203.
528 BGH, Urt. v. 10. Mai 1957 – I ZR 234/55, BGHZ 24, 200, 213.
529 BGH, Urt. v. 10. Mai 1957 – I ZR 234/55, BGHZ 24, 200, 213 f.
530 BGH, Urt. v. 30. September 1986 – VI ZR 274/85, NJW-RR 1987, 147.
531 BGH, Urt. v. 30. September 1986 – VI ZR 274/85, NJW-RR 1987, 147.
532 *Matusche-Beckmann*, Das Organisationsverschulden, S. 125; Soergel/*Pfeiffer*, § 276, Rn. 101; allgemein MüKo/*Grundmann*, § 276, Rn. 99.

dem eine „besonders hohe Gefährdungsmöglichkeit"[533] vom Gericht festgestellt wurde. Dabei handelte es sich um die Haftung eines Zulieferer-Unternehmens für die Folgen eines Unfalls, der durch den Bruch einer dem Kraftwagenhersteller gelieferten und von ihm eingebauten schadhaften Schubstrebe entstanden war. In einem anderen Fall, wo es sich um die Haftung eines Tiefbauunternehmens infolge einer Gasexplosion wegen des Erfassens eines Anschlussrohrs handelte, wurde ebenfalls auf die „unverhältnismäßig großen Gefahren [...], die durch eine Beschädigung von Strom-, Gas-, Wasser- oder Telefonleitungen hervorgerufen werden können"[534], hingewiesen. In diesem Zusammenhang verlangte das Gericht, dass an die im Bereich von Versorgungsleitungen tätigen Tiefbauunternehmer hohe Anforderungen gestellt werden.

Festzuhalten ist mithin, dass das betriebliche Organisationsverschulden nur dann anzunehmen ist, wenn die Gefahr des Schadenseintritts für den Geschäftsherrn erkennbar und vermeidbar ist und das Ergreifen entsprechender Maßnahmen ihm zugemutet werden kann.[535] Die Rechtsprechung schließt hingegen häufig auf das Organisationsverschulden bereits bei der Existenz einer Organisationspflichtverletzung.[536] Sie sollte sich aber mit der Frage der erforderlichen Sorgfalt, besonders angesichts eines retrospektiven Charakters der Betrachtung, näher auseinandersetzen.

4. *Kausalität*

Ferner muss die Verletzung einer betrieblichen Organisationspflicht für die Rechts(guts)verletzung nach § 823 Abs. 1 BGB kausal sein. Es wird dabei darauf aufmerksam gemacht, dass gerade die Fragen der Kausalität eine Besonderheit der Lehre vom betrieblichen Organisationsmangel darstellen.[537] In der Rechtsprechung wird die Kausalität in der Regel bei einem Organisationsmangel bejaht.[538] So wurde die Kausalität eines Organisationsmangels in einem reichsgerichtlichen Urteil kurz angesprochen. Das Reichsgericht hatte über eine Klage auf Schadensersatz infolge der Verletzungen zu entscheiden, die der Kläger beim

---

533 BGH, Urt. v. 17. Oktober 1967 – VI ZR 70/66, NJW 1968, 247, 249.

534 BGH, Urt. v. 20. April 1971 – VI ZR 232/69, NJW 1971, 1313, 1314.

535 Ähnlich *Matusche-Beckmann*, Das Organisationsverschulden, S. 127.

536 *Simitis*, 47. DJT, C7, C84 spricht deshalb von der „Denaturierung des Verschuldensprinzips".

537 *Heiss*, Entlastungsbeweis, S. 69.

538 BGH, Urt. v. 26. Januar 1965 – VI ZR 204/63, JZ 1965, 411, 413; zu dieser Tendenz auch *Hilgers*, Schadensverantwortung, S. 83.

Erfassen durch den Triebwagen auf einem Bahnübergang erlitt. Das Reichsgericht stellte fest, dass die Bahnbetreiberin eine Pflicht hatte, entsprechende Anordnungen zu erlassen und Maßnahmen laufend zu überwachen.[539] Zu der Kausalität zwischen der Nichterfüllung dieser Pflicht und dem eingetretenen Schaden führte das Reichsgericht aus: „Wären die Mitglieder des Vorstandes dem nachgekommen, so hätte ihnen nicht entgehen können, dass sich die Anordnung […] verkehrsgefährlich auswirken müsste".[540] In späterer Rechtsprechung wird die Frage des kausalen Zusammenhangs meistens nicht behandelt.

Die sofortige Bejahung der Kausalität bei einem Organisationsmangel wird jedoch zu Recht mit dem Argument kritisiert, dass es zweifelhaft ist, ob die Erfüllung der jeweiligen Organisationspflicht immer die Gefahr beseitigt und damit den Schaden verhindert hätte.[541]

5. *Beweislastverteilung*

a. *Anscheinsbeweis bei der Haftung wegen betrieblichen Organisationsverschuldens*

Ferner ist die Beweislastverteilung bei der Haftung wegen betrieblichen Organisationsverschuldens aus § 823 Abs. 1 BGB zu untersuchen.

Grundsätzlich trägt jede Partei den Beweis für das Vorliegen der Voraussetzungen der Norm, welche für sie günstig ist.[542] Daraus folgt, dass der Geschädigte den vollen Beweis für die Voraussetzungen seines Schadensersatzanspruchs gemäß § 823 Abs. 1 BGB trägt.[543] Dazu zählen bei der Haftung wegen betrieblichen Organisationsverschuldens[544] die Verletzung der betrieblichen Organisationspflicht, der kausale Zusammenhang sowie das Organisationsverschulden.[545]

Diese Regel gilt für jede Art von Haftung, unter anderem auch für eine Haftung wegen betrieblichen Organisationsverschuldens, soweit nichts anderes geregelt ist. Der Beweis des Organisationsverschuldens wurde jedoch dem Geschädigten

---

539 RG, Urt. v. 12. Januar 1938 – VI 172/37, JW 1938, 1651, 1652.

540 RG, Urt. v. 12. Januar 1938 – VI 172/37, JW 1938, 1651, 1652.

541 *Heiss*, Entlastungsbeweis, S. 70.

542 *Rosenberg/Schwab/Gottwald*, § 116, Rn. 9; in diesem Sinne *Gottwald*, BB 1979, 1780, 1782; Musielak/Voit/*Foerste*, § 286, Rn. 35; PG/*Laumen*, § 286, Rn. 64; Thomas/Putzo/*Reichold*, Vorb § 284, Rn. 23; Zöller/*Greger*, Vor § 284, Rn. 17a.

543 Baumgärtel/*Katzenmeier*, Handbuch der Beweislast, § 823, Rn. 1.

544 Das gilt dann, wenn die betriebliche Organisationspflicht dogmatisch in § 823 Abs. 1 BGB angesiedelt wird.

545 *Matusche-Beckmann*, Das Organisationsverschulden, S. 128; in diesem Sinne allgemein Erman/*Wilhelmi*, § 823, Rn. 87.

insofern erleichtert, als der Anscheinsbeweis in der Rechtsprechung für anwendbar erklärt wurde.[546] Der Anscheinsbeweis wird dann angewendet, wenn ein verkehrswidriger Zustand über längere Zeit besteht, der erfahrungsgemäß auf dem Organisationsverschulden beruht.[547] So hat das Reichsgericht in einem Urteil bezüglich der Haftung der Stadtgemeinde für die Verkehrssicherheit der Straßen ausgeführt, dass das Berufungsgericht ohne Rechtsverstoß davon ausgehe, dass, wenn der für den Unfall ursächliche verkehrswidrige Zustand längere Zeit ohne Abhilfe gedauert habe, daraus auf ein Verschulden der Gemeinde geschlossen werden könne.[548]

Diese Rechtsprechungsentwicklung ist jedoch insofern kritisch anzusehen, als der Vorwurf eines längeren gefährlichen Zustandes ungenau ist.[549] Als lang genug wurde beispielsweise der Zeitraum von vier Tagen angesehen.[550] Aufgrund dieser Unbestimmtheit kann somit beinahe aus jeder andauernden verkehrswidrigen Situation eine Haftung wegen Organisationsverschuldens resultieren.[551] In der Annahme des Organisationsverschuldens in solchen Fallkonstellationen wird ferner „eine bewusste Nichtachtung der (tatsächlichen) Schuldlage"[552] gesehen.

Was die Kausalität betrifft, wird der Kausalzusammenhang, wie bereits erwähnt, in der Regel einfach bejaht. Dabei werden entweder fehlende oder aber vorhandene, jedoch nicht ausreichende[553] organisatorische Maßnahmen ohne nähere Begründung für kausal für den eingetretenen Schaden erklärt.[554] Nicht jeder gefährliche Zustand ist aber auf einen Organisationsmangel zurückzuführen. Und nicht jeder verkehrswidrige Zustand kann durch organisatorische Maßnahmen beseitigt werden. Die Gerichte befassen sich jedoch in der Regel nicht mit der Wahrscheinlichkeit des Schadenseintritts bei dem Erfordernis von Organisationsmaßnahmen.

Zum Teil sprechen sich die Gerichte sogar für eine direkte Beweislastumkehr hinsichtlich der Kausalität einer Organisationspflichtverletzung aus.[555] Diese Annahme widerspricht aber dem Gesetz.

---

546 *Matusche-Beckmann*, Das Organisationsverschulden, S. 129.
547 Staudinger/*Bernau*, § 831, Rn. 24.
548 RG, Urt. v. 27. November 1916 – VI 275/16, RGZ 89, 136 f.
549 Dazu näher *Heiss*, Entlastungsbeweis, S. 75.
550 RG, Urt. v. 28. November 1913 – III 194/13, WarnRspr 1914, Nr. 35, 50.
551 *Heiss*, Entlastungsbeweis, S. 75.
552 *Esser*, Gefährdungshaftung, S. 35, Fn. 3.
553 BGH, Urt. v. 21. Januar 1965 – III ZR 217/63, VersR 1965, 475, 477.
554 In diesem Sinne *Heiss*, Entlastungsbeweis, S. 74 f.
555 OLG Hamburg, Urt. v. 5. Dezember 1997 – 14 U 78/97, MDR 1998, 470.

Außerdem ist nicht zu vergessen, dass es sich bei der Verletzung einer betrieblichen Organisationspflicht um ein Unterlassen handelt. Das führt dazu, dass keine Möglichkeit besteht, die Kausalität der unterlassenen Organisationsmaßnahme am realen Handlungsablauf zu überprüfen. Folglich wird nur ein Wahrscheinlichkeitsurteil gefällt.[556]

Trotz heftiger Kritik dieser Beweiserleichterung bei der Haftung wegen betrieblichen Organisationsverschuldens[557] kann diese Rechtsprechung mit dem Schutz des Geschädigten begründet werden. Ohne diese Beweiserleichterung wäre es für ihn in den meisten Fällen unmöglich, das Verschulden des Geschäftsherrn darzulegen, weil er keinen Blick in die internen Angelegenheiten des Unternehmens hat. Somit ist diese Beweiserleichterung zum Schutz des Geschädigten notwendig. Der Anscheinsbeweis kann aber bei einem atypischen Verlauf erschüttert werden.[558] Die Entkräftung des Vorwurfs des betrieblichen Organisationsverschuldens bleibt also möglich, obwohl die Anforderungen daran sehr hoch sind.[559]

b. Beweislastumkehr in bestimmten Anwendungsbereichen

In einigen Bereichen, die auch bei der Haftung wegen betrieblichen Organisationsverschuldens relevant sein können, hat die Rechtsprechung im Rahmen der Haftung nach § 823 Abs. 1 BGB sogar eine Beweislastumkehr anerkannt. Dies bezieht sich auf solche Bereiche, in denen die beweisrechtlichen Schwierigkeiten des Geschädigten besonders gravierend sind.[560] Der Grund liegt darin, dass der Anscheinsbeweis, der auf Erfahrungssätzen beruht, dem Geschädigten den Beweis nicht derart erleichtert, wie dies durch eine Beweislastumkehr ermöglicht wird.[561]

Die Beweislastumkehr wurde von der Rechtsprechung bei der Produzentenhaftung[562] anerkannt und eine Vermutung des Organisationsverschuldens

---

556 Zum Ganzen *Heiss*, Entlastungsbeweis, S. 72 f.

557 *Heiss*, Entlastungsbeweis, S. 74: „auf den Kopf gestellt[e] Hilfskonstruktion".

558 *Saenger*, § 286, Rn. 40; ähnlich BLAH/*Hartmann*, Anh. § 286, Rn. 18, 21; *Baumgärtel*, Beweislastpraxis, Rn. 25, 265; *Brandes*, Die Haftung für Organisationspflichtverletzung, S. 186.

559 So etwa BGH, Urt. v. 30. Januar 1996 – VI ZR 408/94, NJW-RR 1996, 867, 868.

560 *Renner*, Die deliktische Haftung, S. 75.

561 *Renner*, Die deliktische Haftung, S. 75.

562 Zur Beweislast bei der Produzentenhaftung näher *Matusche-Beckmann*, Das Organisationsverschulden, S. 219 ff. Bei der Produzentenhaftung handelt es sich in dieser Arbeit um die Haftung nach § 823 Abs. 1 BGB und nicht um die Haftung nach dem Produkthaftungsgesetz. In der Literatur wird auch bezüglich der Haftung des

des Produzenten zugelassen. Die Beweislastumkehr ist auch auf Kleinbetriebe anwendbar.[563] Die Begründung ist darin zu sehen, dass der Produzent „näher daran" sei, den Sachverhalt aufzuklären und die Folgen der Beweislosigkeit zu tragen. Er überblicke die Produktionssphäre, bestimme und organisiere den Herstellungsprozess und die Auslieferungskontrolle der fertigen Produkte.[564] Somit liegen diese Umstände alleinig in dem Einflussbereich des Produzenten.

Eine Umkehr der Beweislast gilt weiterhin bei der Arzthaftung.[565] Dabei handelt es sich nicht um die Fälle der Herstellung von Arzneimitteln, die nach den Grundsätzen der Produzentenhaftung zu beurteilen sind, sondern um die schweren ärztlichen Behandlungsfehler, die dem Arzt „schlechterdings nicht unterlaufen d[ürfen]".[566] Eine Beweislastumkehr nahm der Bundesgerichtshof beispielsweise im Falle der Einteilung eines nicht genügend qualifizierten Arztes zur Operation (Anfängeroperation) an[567] sowie im Falle fehlender Einsetzung zur Überwachung einer Anfängeroperation durch einen Facharzt[568]. Der Grund liegt zum einen in den Beweisschwierigkeiten des Geschädigten und zum anderen darin, dass sich die sich realisierenden Risiken im Gefahrenbereich des Krankenhausträgers bzw. Arztes befinden.[569]

Somit hat die Rechtsprechung in einigen Fällen[570], die bei der Haftung wegen betrieblichen Organisationsverschuldens auch relevant sein können, die

---

Produzenten aus § 823 Abs. 1 BGB die Bezeichnung „Produkthaftung" nicht differenziert neben dem Terminus „Produzentenhaftung" verwendet (so etwa *Brandes*, Die Haftung für Organisationspflichtverletzung, S. 186 ff., 189). Der Ausdruck „Produkthaftung" in diesem Zusammenhang erscheint nicht folgerichtig.

563 BGH, Urt. v. 19. November 1991 – VI ZR 171/91, BGHZ 116, 104, 109.

564 Zum Ganzen BGH, Urt. v. 26. November 1968 – VI ZR 212/66, BGHZ 51, 91, 105.

565 So etwa LG Itzehoe, Urt. v. 8. Januar 2004 – 7 O 22/02, Rn. 26 (abrufbar in juris). Zum Beweisrecht bei der Arzthaftung *Katzenmeier*, Arzthaftung, S. 416 ff.

566 BGH, Urt. v. 10. Mai 1983 – VI ZR 270/81, JZ 1983, 963, 964. Zum Begriff eines groben Behandlungsfehlers vgl. BGH, Urt. v. 20. September 2011 – VI ZR 55/09, NJW 2011, 3442; BGH, Urt. v. 25. Oktober 2011 – VI ZR 139/10, NJW 2012, 227, 228; BGH, Urt. v. 17. November 2015 – VI ZR 476/14, NJW 2016, 563, 564; BGH, Urt. v. 26. Juni 2018 – VI ZR 285/17, NJW 2018, 3382, 3384.

567 BGH, Urt. v. 27. September 1983 – VI ZR 230/81, BGHZ 88, 248, 256 f.

568 BGH, Urt. v. 10. März 1992 – VI ZR 64/91, NJW 1992, 1560, 1561 mit einem Verweis auf BGH, Urt. v. 27. September 1983 – VI ZR 230/81, BGHZ 88, 248 ff.; dies bestätigend später: BGH, Urt. v. 15. Juni 1993 – VI ZR 175/92, NJW 1993, 2989, 2991.

569 *Brandes*, Die Haftung für Organisationspflichtverletzung, S. 188 f.

570 Die Beweislastumkehr wurde in einer neueren Entscheidung vom III. Senat des Bundesgerichtshofs auch auf die Fälle einer groben Verletzung von sonstigen Berufs- und Organisationspflichten erstreckt, sofern diese dem Schutz von Leben und Gesundheit

beweisrechtlichen Grundsätze zugunsten des Geschädigten geändert. Dabei entsteht die Frage, ob die Beweislastumkehr in allen Fällen der Haftung für betriebliches Organisationsverschulden gerechtfertigt wäre.

c. *Beweislastumkehr bei der Haftung wegen betrieblichen Organisationsverschuldens* de lege ferenda

In der Lehre wird breit die Frage der generellen Beweislastumkehr für Organisationspflichtverletzungen diskutiert. Nach einer Auffassung ist eine solche begründet und geboten[571], nach anderer Ansicht ist sie aber nicht gerechtfertigt[572].

Für die allgemeine Beweislastumkehr in allen Fällen der Haftung wegen Organisationsverschuldens spricht zunächst der Gedanke, dass die Beweislast allgemein der Person auferlegt werden soll, in deren Einflusssphäre sich ein Schadensfall ereignet.[573] Also wäre es in dieser Hinsicht denkbar, die Gefahrenkreistheorie[574] anzuwenden. In den Fällen des betrieblichen Organisationsverschuldens fehlt dem Geschädigten der Einblick in die Organisationsstruktur des Schädigers. Besonders offensichtlich tritt dies dann zutage, wenn als Schädiger Hilfspersonen von Großbetrieben in Erscheinung treten. Bei der immer steigenden Zahl von Großunternehmen wäre die Beweislage für den Geschädigten unerträglich. Er hat in solchen Fällen zum einen keine Möglichkeit, den Schadensablauf aufzuklären. Zum anderen wird ihm die Einholung von Beweismaterialien in der Regel nicht gewährt.

---

anderer dienen: BGH, Urt. v. 23. November 2017 – III ZR 60/16, NJW 2018, 301, 303 (für den Fall der Schwimmbadaufsicht); ähnlich bei einem Hausnotrufvertrag: BGH, Urt. v. 11. Mai 2017 – III ZR 92/16, BGHZ 215, 44, 52 f.; dazu kritisch und die generelle Beweislastumkehr bei einer groben Verletzung von Berufspflichten zum Schutz von Leben und Gesundheit als fragwürdig bezeichnend Musielak/Voit/*Foerste*, § 286, Rn. 42. Früher bereits für die Beweislastumkehr bei der groben Verletzung einer Berufspflicht, sofern diese dem Schutz von Leben und Gesundheit anderer dient: BGH, Urt. v. 13. März 1962 – VI ZR 142/61, NJW 1962, 959 f. (Schwimmmeister); BGH, Urt. v. 10. November 1970 – VI ZR 83/69, NJW 1971, 241 ff. (Krankenpflegepersonal).

571 *Hassold*, JuS 1982, 583, 585, Fn. 32; *Matusche-Beckmann*, Das Organisationsverschulden, S. 132; wohl in diesem Sinne auch *Kleindiek*, Deliktshaftung, S. 308.

572 *Brandes*, Die Haftung für Organisationspflichtverletzung, S. 190.

573 *Matusche-Beckmann*, Das Organisationsverschulden, S. 131.

574 Eingehend dazu *Prölss*, Beweiserleichterungen, S. 65 ff., 72 ff.; *Prütting*, Beweislast, S. 213 ff.; *Rosenberg/Schwab/Gottwald*, § 116, Rn. 14 f.

Darüber hinaus ist die Interessenlage, insbesondere im Falle der Produzentenhaftung und der Haftung wegen betrieblichen Organisationsverschuldens im Allgemeinen, in Bezug auf die Beweisnot des Geschädigten vergleichbar. Ein Grund für eine unterschiedliche Behandlung ist damit nicht ersichtlich. Die Beweislastumkehr bei der Produzentenhaftung wird nämlich mit dem gleichen Gesichtspunkt begründet.[575]

Einige lehnen eine allgemeine Beweislastumkehr ab, weil die Umkehr der Beweislast nicht auf der Verletzung einer Organisationspflicht, sondern auf der Nähe des Herstellers zu der Aufklärung von schadensverursachenden Tatsachen beruhe.[576] Allerdings wird nicht näher begründet, warum diese Grundsätze auf alle Fälle der Haftung wegen betrieblichen Organisationsverschuldens nicht angewendet werden können sollen. Bei dem Vorwurf betrieblicher Organisationsfehler geht es schließlich stets um interne Angelegenheiten, zu welchen der Geschäftsherr die größere Sachnähe besitzt.[577] Das Schadensereignis resultiert nämlich aus der Herrschaftssphäre eines Unternehmens.

Gegen die Gefahrenkreistheorie kann eingewendet werden, dass sich die jeweiligen „Gefahren- und Verantwortungsbereiche“ sehr schwierig abgrenzen lassen.[578] Dieser Einwand erscheint allerdings eher von allgemeinen Erwägungen getragen zu sein. Die unscharfe Trennung der Gefahrenkreise bezieht sich nicht speziell auf die Fälle des Organisationsverschuldens, sondern sie existiert auch bei der Produzentenhaftung. Im letzten Fall hat es dennoch die Rechtsprechung nicht daran gehindert, die Gefahrenkreistheorie anzuwenden. Deshalb überzeugt dieses Argument gegen die Feststellung der allgemeinen Beweislastumkehr für alle Fälle der Haftung wegen betrieblichen Organisationsverschuldens nicht. Vor allem vermag es nicht die ungleiche beweisrechtliche Lage bei der Produzenten- und Organisationshaftung zu erklären.

Ein weiterer Gesichtspunkt, der für eine Beweislastumkehr in den Fällen eines Organisationsverschuldens spricht, ist das Unternehmerrisiko.[579] Zum einen kann die Auferlegung des Risikos der Unaufklärbarkeit einer Organisationspflichtverletzung dem Unternehmer dadurch gerechtfertigt sein, dass es

---

575 In diesem Sinne *Hassold*, JuS 1982, 583, 585, Fn. 32; *Matusche-Beckmann*, Das Organisationsverschulden, S. 130.

576 So etwa *Brandes*, Die Haftung für Organisationspflichtverletzung, S. 189.

577 *Matusche-Beckmann*, Das Organisationsverschulden, S. 131.

578 *Matusche-Beckmann*, Das Organisationsverschulden, S. 131 f.; allgemeine Kritik gegenüber dem Begriff des Gefahrenbereichs *Prütting*, Beweislast, S. 217 ff.

579 *Matusche-Beckmann*, Das Organisationsverschulden, S. 132.

sich um betriebliche Organisationsfehler handelt. Zum anderen muss auch die Versicherungsmöglichkeit des Unternehmers Berücksichtigung finden.[580]

Gegen eine Beweislastumkehr für alle Fälle der Organisationsverschuldenshaftung spricht gleichwohl, dass jede besondere Regelung der Beweislast eine materielle Haftungsverlagerung durch beweisrechtliche Mittel zur Folge hat.[581] Die Beweislastumkehr bezüglich des Verschuldens erfolgt „auf Kosten des Verschuldensprinzips“[582], weil der Unternehmer bei einer *non-liquet*-Entscheidung auch ohne Verschulden zur Haftung herangezogen werden kann.[583]

Diese Folge wurde aber auch im Rahmen des § 831 Abs. 1 BGB in Kauf genommen. Dieses Argument ist damit zwar äußerst gewichtig, jedoch nicht unwiderlegbar.

Die Annahme einer allgemeinen Beweislastumkehr ist auch aus der Sicht der Rechtsprechung gerechtfertigt. Sie stellt nämlich sehr hohe Anforderungen, so dass der Beweis des Umgekehrten fast unmöglich ist. Es lässt sich nicht bestreiten, dass die Beweislastumkehr und der Anscheinsbeweis unterschiedliche Rechtsinstitute sind und einen verschiedenen Einfluss auf das jeweilige Verfahren haben.[584] Die Rechtsprechung neigt aber dazu, fast in jedem Fall einer Organisationspflichtverletzung Organisationsverschulden und Kausalität anzunehmen. Aus dieser Sicht liegt der Schluss nahe, dass der „offizielle“ Übergang in den Fällen des Organisationsverschuldens vom Anscheinsbeweis zur Beweislastumkehr für die Praxis in Wirklichkeit kaum Auswirkungen haben wird. Dabei ist anzumerken, dass bei der Annahme einer generellen Beweislastumkehr die Haftung wegen Organisationsverschuldens nach § 823 Abs. 1 BGB in beweisrechtlicher Hinsicht der nach § 831 Abs. 1 BGB gleichkommen wird. Der Unterschied wird allerdings im Fehlen der Exkulpationsmöglichkeit bestehen.[585]

Somit überzeugen die Argumente, die für die Annahme einer Beweislastumkehr in allen Fällen des betrieblichen Organisationsverschuldens nach § 823 Abs. 1 BGB sprechen, solange die Regelung des § 831 Abs. 1 BGB unverändert bleibt.

---

580 Zum Ganzen *Matusche-Beckmann*, Das Organisationsverschulden, S. 132.
581 *Matusche-Beckmann*, Das Organisationsverschulden, S. 130 f.
582 *Stoll*, AcP 176 (1976), 145, 161.
583 *Matusche-Beckmann*, Das Organisationsverschulden, S. 131.
584 *Kleindiek*, Deliktshaftung, S. 307, Fn. 100; *Zilken*, Reform, S. 43.
585 *Heiss*, Entlastungsbeweis, S. 76.

III. Kritik an der Lehre vom betrieblichen Organisationsverschulden

Die Lehre vom betrieblichen Organisationsverschulden hat eine langjährige Entwicklungsgeschichte in der Rechtsprechung erfahren und wird sogar als „unentbehrliche[s] Institut“[586] bezeichnet. Sie stößt aber trotz alledem auf scharfe Kritik.

Der Hauptkritikpunkt ist darin zu sehen, dass eine *ex post*-Betrachtung immer eine Verletzung der betrieblichen Organisationspflicht zulässt[587]. Im Nachhinein kann stets die Behauptung aufgestellt werden, dass der Geschäftsherr seine Rechtssphäre nicht ordnungsgemäß organisiert hat, um Schäden von Dritten zu vermeiden. Diese Schlussfolgerung liegt besonders nahe, wenn berücksichtigt wird, dass sich die Gerichte mit der Frage der Kausalität der verletzten Organisationspflicht für den eingetretenen Schaden, wie bereits erwähnt[588], meist nicht auseinandersetzen, sondern sie als gegeben ansehen. Vielmehr wird die Kausalität sogar teilweise nach dem Vorbild des § 831 Abs. 1 BGB im Rahmen des § 823 Abs. 1 BGB vermutet.[589]

In diesem Zusammenhang wäre es zu bevorzugen, wenn die Gerichte den eventuellen kausalen Zusammenhang zwischen einer Verletzung der Organisationspflicht und dem Schaden im Rahmen der Haftung wegen betrieblichen Organisationsverschuldens *de lege lata* klären würden.

Außerdem spricht gegen die Lehre vom betrieblichen Organisationsverschulden die Überspannung der Anforderungen an die betriebliche Organisationspflicht durch die Gerichte. In manchen Entscheidungen ist sogar eine Tendenz zur Erfolgshaftung des Geschäftsherrn erkennbar.[590]

Diese Überspannung kam bereits in der reichsgerichtlichen Rechtsprechung deutlich zum Ausdruck. So hat das Reichsgericht die Haftung einer Gemeinde dadurch begründet, dass sie für das Streuen eines Bürgersteigs während ca. drei Stunden nicht gesorgt hatte.[591] Beispiele für äußerst hohe Anforderungen an die Organisationspflichten finden sich auch in der späteren Rechtsprechung. So wurde dem Geschäftsherrn vorgeworfen, dass er sich um das Aufstellen einer

---

586 *Hassold*, JuS 1982, 583, 585.

587 In diesem Sinne *Matusche-Beckmann*, Das Organisationsverschulden, S. 112.

588 Dazu unter Kapitel 1, B.II.4.

589 So etwa OLG Hamburg, Urt. v. 5. Dezember 1997 – 14 U 78/97, MDR 1998, 470.

590 So etwa *Brüggemeier*, Deliktsrecht, Rn. 127 („Garantiehaftung“); *Canaris*, JZ 1968, 494, 498 („Gefährdungshaftung“); *Schmidt*, AcP 170 (1970), 502, 528. Ablehnend gegenüber der These der Existenz dieser allgemeinen Tendenz in der Rechtsprechung: *Hassold*, JuS 1982, 583, 585.

591 RG, Urt. v. 25. Februar 1930 – VI 122/29, JW 1930, 1963, 1965.

Stellwand nicht selbst gekümmert hatte.[592] Obwohl die Meinung vertreten wird, dass gewiss die Anforderungen an die Organisationspflicht des Geschäftsherrn gelegentlich überspannt seien[593], ist hervorzuheben, dass eine Organisation, die jeden Schaden und jedes Fehlverhalten der unteren Angestellten verhindern könnte, nicht existiere.[594] Die Nichtberücksichtigung der Erkennbarkeit der Gefahr und Zumutbarkeit der entsprechenden Organisationsmaßnahmen führt faktisch zu einer verschuldensunabhängigen Haftung. Es ist zu begrüßen, wenn sich die Gerichte mit diesen Kriterien *de lege lata* beschäftigen würden. Unvorhersehbare Gefahren können auch durch die beste Organisation nicht abgewendet werden.[595]

Das sehr hohe Sorgfaltsmaß bei den Organisationsvorkehrungen des Geschäftsherrn führt folglich faktisch zu einer Garantiehaftung des Geschäftsherrn.[596] Der Organisationspflicht wird dabei nicht ganz unberechtigt der Vorwurf der Unerfüllbarkeit gemacht.[597]

Eine derartige Entwicklung der Haftung für betriebliches Organisationsverschulden und der Anforderungen an die jeweilige Organisationspflicht lässt sich jedoch dadurch rechtfertigen, dass das erreichte Ergebnis aus rechtspolitischen Erwägungen wünschenswert ist. Der Geschädigte bleibt somit nicht auf den Anspruch gegen den Verrichtungsgehilfen selbst beschränkt, der wirtschaftlich gesehen nicht selten wertlos ist.

Ferner ist der Lehre vom betrieblichen Organisationsverschulden entgegenzuhalten, dass aufgrund einer zu großzügigen Handhabung des Anscheinsbeweises das haftungsrechtliche Verschuldensprinzip insgesamt in Frage gestellt wird. Die Unaufklärbarkeit des Schadensablaufs fällt zu Lasten des Geschäftsherrn.

Es ist jedoch aus dem Gesichtspunkt der Gefahrenkreistheorie gerechtfertigt. Dem Geschäftsherrn fällt es grundsätzlich leichter, sich für den eigenen Herrschaftsbereich zu entlasten. Anderenfalls stünde der Geschädigte vor unüberwindbaren Beweisschwierigkeiten.

---

592 LG Göttingen, Urt. v. 17. Dezember 1980 – 8 O 197/79, VersR 1981, 760.

593 *Hassold*, JuS 1982, 583, 585.

594 *Heiss*, Entlastungsbeweis, S. 70.

595 Ähnlich *Heiss*, Entlastungsbeweis, S. 70.

596 *Brüggemeier*, Deliktsrecht, Rn. 127; *Tröger*, Arbeitsteilung, S. 164 spricht von einer unbedingten Einstandspflicht bei den betrieblichen Organisationspflichtverletzungen im Rahmen des § 823 Abs. 1 BGB.

597 *Heiss*, Entlastungsbeweis, S. 76.

Schließlich ist hervorzuheben, dass sich die von der Rechtsprechung entwickelte Rechtsfigur des betrieblichen Organisationsverschuldens dogmatisch nicht eindeutig einordnen lässt. Die Gerichte siedeln die haftungsbegründende betriebliche Organisationspflicht teilweise bei § 831 Abs. 1 BGB, teilweise bei § 823 Abs. 1 BGB an. Die Frage der dogmatischen Einordnung dieser Pflicht wird aber auch häufig offen gelassen. Diese „Zweispurigkeit“[598] der Haftung ist dogmatisch bedenklich. Die Befürworter der Lehre vom betrieblichen Organisationsverschulden lehnen alle erwähnten Kritikpunkte unter Berücksichtigung folgender Aspekte ab: diese Lehre entspreche der Funktionsverteilung im Betrieb, sei im Institut der Verkehrssicherungspflichten dogmatisch solide verankert und *de lege lata* gebe es zu ihr keine Alternative.[599] Die Existenz von Organisationspflichten an sich wird aber trotz einzelner kritischer Anmerkungen zu der Lehre vom betrieblichen Organisationsverschulden nicht angezweifelt.[600]

Die folgerichtige Lösung ist also darin zu sehen, dass die Konsequenzen aus der bisherigen Praxis gezogen werden sollten.[601] Das ist in der Grenzziehung der geschaffenen Konstruktion zu sehen.[602]

Dabei ist eine Grenze in Bezug auf den Inhalt einer betrieblichen Organisationspflicht zu ziehen. Eine betriebliche Organisationspflicht hat mehrere Ausformungen. Hinsichtlich der Pflicht, geeignete Anweisungen zu erteilen, genügen die allgemeinen Anweisungen, welche lediglich voraussehbare, also typische, und abwendbare Risiken umfassen.[603] Eine Kontrollpflicht als eine andere Ausprägung einer betrieblichen Organisationspflicht ist auf eine Pflicht zu beschränken, stichprobenartige regelmäßige Kontrollen durchzuführen.[604] Das Erfordernis von detaillierten Anweisungen für jegliche Situationen oder von flächendeckenden und ständigen Kontrollen wäre von Anfang an nicht erfüllbar. Außerdem würde auch die Organisation in Form von solchen detaillierten Anweisungen und ständigen Kontrollen nicht jeden Schaden vermeiden können.[605]

Eine konsequente Grenzziehung für die Haftung wegen betrieblichen Organisationsverschuldens ist umso wichtiger, als die *ex post*-Beurteilung eine

598 *Renner*, Die deliktische Haftung, S. 64.
599 *Hassold*, JuS 1982, 583, 585.
600 *Renner*, Die deliktische Haftung, S. 76.
601 *Brüggemeier*, Deliktsrecht, Rn. 127.
602 Ähnlich *Matusche-Beckmann*, Das Organisationsverschulden, S. 110.
603 Dazu näher unter Kapitel 1, B.II.2.a.cc.
604 Dazu näher unter Kapitel 1, B.II.2.a.cc.
605 In diesem Sinne *Heiss*, Entlastungsbeweis, S. 70.

Überprüfung der Kausalität der Verletzung einer betrieblichen Organisationspflicht für den Schadenseintritt in der Wirklichkeit unmöglich macht[606]. Die Grenzziehung ist außerdem zum einen aus den Gründen der Rechtsklarheit und Rechtssicherheit geboten. Zum anderen lässt sich nur dadurch der Kritik der Schaffung einer Erfolgshaftung vorbeugen.

Der Haftung wegen betrieblichen Organisationsverschuldens sind also Grenzen hinsichtlich des Inhalts einer betrieblichen Organisationspflicht zu ziehen.[607]

IV. Zwischenergebnis

Somit ergibt sich aus der erfolgten Untersuchung, dass die Rechtsfigur des betrieblichen Organisationsverschuldens von der Rechtsprechung als Haftungsgrund zum Zweck der Abhilfe gegen den dezentralisierten Entlastungsbeweis im Rahmen des § 831 Abs. 1 Satz 2 BGB entwickelt worden war. Zunächst wurde von der Rechtsprechung eine zusätzliche, nicht delegierbare Organisationspflicht des Geschäftsherrn im Rahmen des § 831 Abs. 1 BGB aufgestellt. Später hat sie diese Pflicht immer wieder in die Vorschrift des § 823 Abs. 1 BGB verlagert. Obwohl die Gerichte die dogmatische Einordnung einer betrieblichen Organisationspflicht manchmal offen lassen oder gelegentlich der Regelung des § 831 Abs. 1 BGB zuordnen, ist eine gewisse Tendenz zu beobachten, diese Pflicht bei § 823 Abs. 1 BGB anzusiedeln. Die jüngste Rechtsprechung zur Lehre vom betrieblichen Organisationsverschulden ist dadurch gekennzeichnet, dass sie versucht, den aufgestellten Organisationspflichten Grenzen zu setzen.

Trotz der Entwicklung dieser Lehre im Laufe von mehr als einem Jahrhundert bleiben viele Fragen auch noch heute umstritten. Vor allem nimmt die Rechtsprechung nicht deutlich Stellung zu der dogmatischen Einordnung der aufgestellten betrieblichen Organisationspflicht. Das löst im Schrifttum berechtigterweise Kritik aus. Es ist eine Differenzierung zwischen den Haftungstatbeständen des § 823 Abs. 1 BGB und § 831 Abs. 1 BGB nach dem Umfang und der Art der Organisationspflicht angebracht.

Was den Inhalt einer betrieblichen Pflicht betrifft, kann aus der Auswertung der Rechtsprechung keine allgemeine Definition abgeleitet werden. Das führt dazu, dass die Gefahr entsteht, jede haftungsrelevante verletzte Pflicht als betriebliche Organisationspflicht zu qualifizieren. Unter einer betrieblichen Organisationspflicht ist folgerichtig eine Pflicht des Geschäftsherrn zu verstehen, durch

606 *Heiss*, Entlastungsbeweis, S. 72.
607 Ähnlich *Matusche-Beckmann*, Das Organisationsverschulden, S. 110.

geeignete Anweisungen sowie regelmäßige Überwachung und Koordinierung des Funktionierens einer von ihm geschaffenen betrieblichen Organisation zu gewährleisten, dass kein Dritter zu Schaden kommt. In Bezug auf die erforderliche Sorgfalt ist in jedem Einzelfall eine individuelle Entscheidung zu treffen. Allerdings ist es sinnvoll, sich auf die allgemeinen Anordnungen, stichprobenartigen Kontrollen und regelmäßiges Unterrichten vom Ablauf der jeweiligen Betriebsvorgänge zu beschränken. Darin ist die Grenze des betrieblichen Organisationsverschuldens zu sehen.

Die betriebliche Organisationspflicht hat nach den Ergebnissen der Untersuchung einen abgeleiteten Charakter, weil sie bei der Delegation einer Verkehrspflicht entsteht.

Bezüglich der Beweislastverteilung bei der Haftung wegen betrieblichen Organisationsverschuldens lässt sich festhalten, dass der Annahme einer Beweislastumkehr in allen Fällen des betrieblichen Organisationsverschuldens nach § 823 Abs. 1 BGB keine zwingenden Argumente entgegenstehen.

Somit spielt die Rechtsfigur des betrieblichen Organisationsverschuldens nach deutschem Recht eine wichtige Rolle bei der deliktischen Haftung für das Verhalten von Hilfspersonen. Trotz vieler Kritikpunkte und Bedenken wird die entwickelte Lehre von der Rechtsprechung weiterhin unterstützt und ist in der Praxis von großer Bedeutung.

C. Haftung wegen körperschaftlichen Organisationsverschuldens

Ein weiterer Bestandteil der Lehre vom Organisationsverschulden ist die sog. „*Lehre vom körperschaftlichen Organisationsverschulden*"[608], die eine außerordentlich hohe Bedeutung bei der Ausschaltung der Entlastungsmöglichkeit gemäß § 831 Abs. 1 Satz 2 BGB hat und die aus diesem Grund im Weiteren analysiert werden soll. Betreffend die Lehre vom körperschaftlichen Organisationsverschulden werden in der Lehre verschiedene Begrifflichkeiten verwendet: „*körperschaftlicher Organisationsmangel*"[609], „*korporativer Organisationsmangel*"[610] oder „*Mangel in der Verbandsorganisation*"[611]. Die Gerichte verwenden in diesem Sinne den Terminus der

608 *Hassold*, JuS 1982, 583; *Schlechtriem*, FS Heiermann, S. 281, 286; *Zwiehoff*, MedR 2004, 364 spricht in diesem Zusammenhang bezüglich der Haftung des Krankenhausträgers von einem „*Organisationsverschulden im weiteren Sinne*".

609 *Landwehr*, AcP 164 (1964), 482.

610 *Brüggemeier*, Deliktsrecht, Rn. 125.

611 *Martinek*, Repräsentantenhaftung, S. 168.

„Fiktionshaftung“[612]. Manchmal sprechen die Gerichte im Zusammenhang mit der Haftung nach §§ 31, 823 Abs. 1 BGB vom *„Organverschulden“*.[613] In dieser Untersuchung wird der Terminus des „körperschaftlichen Organisationsverschuldens“ zugrunde gelegt.[614]

Bereits in der reichsgerichtlichen Rechtsprechung wurde die Pflicht aufgestellt, leitende Angestellte zu verfassungsmäßigen Vertretern zu bestellen, für die sich eine Haftung ohne Exkulpationsmöglichkeit nach § 31 BGB ergibt. Allerdings ist es umstritten, in welchem reichsgerichtlichen Urteil genau der Ursprung der Lehre vom körperschaftlichen Organisationsverschulden zu sehen ist.[615] Zunächst wurde diese Rechtsfigur, wie auch die Rechtsfigur des betrieblichen Organisationsverschuldens, für Verkehrssicherung der Straßen und Wege entwickelt[616], dann aber auf weitere Lebensbereiche ausgedehnt[617]. Das ausschließliche Ziel der körperschaftlichen Organisationspflicht wird dabei in der Gewährung des Zugriffs auf das Verbandsvermögen dem geschädigten Dritten über § 31 BGB gesehen.[618]

Im Allgemeinen liegt ein körperschaftliches Organisationsverschulden vor, wenn eine juristische Person oder ein anderer Verband, der für „verfassungsmäßigen Vertreter“ nach § 31 BGB haftet, die Leitung eines bestimmten

---

612 BGH, Urt. v. 8. Juli 1980 – VI ZR 158/78, NJW 1980, 2810, 2811; BGH, Urt. v. 30. Januar 1996 – VI ZR 408/94, NJW-RR 1996, 867, 868; BGH, Urt. v. 12. Juni 1997 – I ZR 36/95, NJW-RR 1998, 250, 252.

613 BGH, Urt. v. 20. April 1971 – VI ZR 232/69, NJW 1971, 1313, 1315; vgl. auch OLG Braunschweig, Urt. v. 24. Februar 1998 – 4 U 32/97, VersR 1999, 502.

614 Das körperschaftliche Organisationsverschulden ist von der körperschaftlichen Organisationspflicht zu unterscheiden. Dazu kann auf die Ausführungen in Bezug auf die betriebliche Organisationspflicht verwiesen werden (dazu unter Kapitel 1, B). Zu den Kriterien der Zumutbarkeit, Durchführbarkeit und zum Erfordernis einer vorwerfbaren Verletzung einer körperschaftlichen Organisationspflicht siehe etwa LG Ravensburg, Urt. v. 15. August 1996 – 3 S 145/96, NJW 1997, 402.

615 Einerseits wird auf das bereits erwähnte *„Neuzement-Urteil“* vom 28. November 1913 verwiesen (*Landwehr,* AcP 164 (1964), 482, 484), andererseits aber sollte die Lehre vom körperschaftlichen Organisationsverschulden bereits früher (*Kleindiek,* Deliktshaftung, S. 318, Fn. 35) oder sogar viel später, erst seit RG, Urt. v. 1. April 1931 – VI 487/30, JW 1932, 2076 f. (*Heiss,* Entlastungsbeweis, S. 85), angefangen haben.

616 RG, Urt. v. 28. November 1913 – III 194/13, WarnRspr 1914, Nr. 35, 50 ff.; dazu bereits auf S. 141.

617 RG, Urt. v. 19. Dezember 1935 – VI 324/35, JW 1936, 915 f.

618 *Hassold,* JuS 1982, 583, 586. An der Stelle des reichsgerichtlichen Urteils, an der das Reichsgericht diese These laut Autor offen ausgesprochen haben sollte, konnte dafür leider kein Nachweis gefunden werden.

Organisationsbereichs einem Angestellten überträgt, ohne ihm formell die Organstellung zu verleihen.[619]

Bevor die streitigen Fragen, wie der Begriff und die Begründung der Konstruktion des körperschaftlichen Organisationsverschuldens sowie das Verhältnis zum betrieblichen Organisationsverschulden, näher untersucht werden können, ist es zunächst wichtig, die Voraussetzungen des § 31 BGB näher zu beleuchten.

I. Anwendungsbereich der Regelung des § 31 BGB

1. Zurechnungssubjekt nach § 31 BGB

Nach dem Wortlaut des § 31 BGB ist der Verein für den Schaden verantwortlich, den der Vorstand, ein Mitglied des Vorstands oder ein anderer verfassungsmäßig berufener Vertreter durch eine in Ausführung der ihm zustehenden Verrichtungen begangene, zum Schadensersatz verpflichtende Handlung einem Dritten zufügt.

Ursprünglich war in dieser Vorschrift allein eine Haftung für den Vorstand vorgesehen.[620] Dagegen richteten sich die Anträge, die auch die sonstigen Vertreter oder Angestellte einschließen wollten.[621] Sie erreichten aber nur die Ausdehnung des § 31 BGB auf die sonst verfassungsmäßig berufenen Vertreter.[622] Diese Haftung des Vereins für Organe sieht also im Gegensatz zu § 831 Abs. 1 BGB keine Entlastungsmöglichkeit vor. Ohne § 31 BGB wäre nämlich die juristische Person haftungsrechtlich besser gestellt als eine natürliche Person.[623]

Die Zurechnung des deliktischen Verhaltens im Rahmen des § 31 BGB ist nur für die in dieser Regelung genannten Subjekte möglich, ansonsten greift die Vorschrift des § 831 Abs. 1 BGB. Das kann dazu führen, dass die juristische Person, um sich der unbedingten Haftung zu entziehen, eine Bestellung der Organe oder verfassungsmäßiger Vertreter im Sinne von § 31 BGB unterlässt.[624] Zum Zweck der Verringerung dieser Gefahr hat die Rechtsprechung einerseits den

---

619 *Hassold*, JuS 1982, 583.

620 § 46 Entwurf I: „Die Körperschaft haftet für den Ersatz des Schadens, welchen ihr Vorstand oder ein Mitglied desselben durch eine in Ausübung seiner Vertretungsmacht begangene widerrechtliche, zum Schadensersatze verpflichtende Handlung einem Dritten zugefügt hat." (*Mugdan* I, S. LXI).

621 Protokolle bei *Mugdan* I, S. 618.

622 Protokolle bei *Mugdan* I, S. 618.

623 *Westermann*, JuS 1961, 333, 335; *Hassold*, JuS 1982, 583, 586.

624 Zum Ganzen *Matusche-Beckmann*, Das Organisationsverschulden, S. 135.

persönlichen Anwendungsbereich dieser Vorschrift weit ausgedehnt, andererseits die Figur des körperschaftlichen Organisationsverschuldens entwickelt[625].

Was den persönlichen Anwendungsbereich des § 31 BGB betrifft, wird diese Norm auf die juristischen Personen des Privatrechts und des öffentlichen Rechts (§ 89 BGB), soweit für sie ihre Organvertreter privatrechtlich handeln[626], sowie auf die Stiftungen (§ 86 BGB) und analog auch auf die nichtrechtsfähigen Vereine[627] angewandt. Darüber hinaus wird die Organhaftung der Personengesellschaften des Handelsrechts (KG und OHG) und der BGB-Außengesellschaft unter Berufung auf eine Analogie zu § 31 BGB anerkannt.[628]

An dieser Stelle ist besonders zu betonen, dass die Ausweitung des persönlichen Anwendungsbereichs des § 31 BGB im Schrifttum sogar auf einzelkaufmännische Unternehmen befürwortet wird.[629] Das lässt sich aus dem Gedanken der Gleichstellung einer juristischen und einer natürlichen Person im Unternehmensbereich herleiten und wird durch ein „dringende[s] Rechtsbedürfnis"[630] begründet sowie als „Offenlegung der bereits praktizierten Gesetzeskorrektur"[631] qualifiziert. Diese Meinung ist jedoch auf Kritik gestoßen[632] und konnte sich bis heute nicht durchsetzen. Zum einen wird ihr entgegengehalten, dass die vorgeschlagene Lösung aufgrund des Umstands, dass das Unternehmen kein rechtlich verselbstständigtes Sondervermögen des Unternehmers sei, zu einer unbeschränkten persönlichen Repräsentantenhaftung führen kann.[633] Zum anderen ist kein Rechtsnotstand für diese Anwendungsbereichserweiterung vorhanden, weil die praktischen Schwierigkeiten mit dem Grundsatz des Organisationsverschuldens überwunden werden können.[634] Ferner fehle es bei natürlichen Personen als Unternehmensträgern am Organhandeln, das bei § 31 BGB allerdings vorausgesetzt wird.[635]

---

625 Ähnlich *Matusche-Beckmann*, Das Organisationsverschulden, S. 135.

626 Soergel/*Hadding*, § 31, Rn. 5.

627 Palandt/*Ellenberger*, § 31, Rn. 3; ähnlich HK-BGB/*Dörner*, § 31, Rn. 10; Geigel/*Knerr*, Der Haftpflichtprozess, 33. Kapitel, Rn. 8.

628 MüKo/*Leuschner*, § 31, Rn. 4 f.; Staudinger/*Weick*, § 31, Rn. 44 f.; ähnlich ohne Hinweis auf Analogie PWW/*Schöpflin*, § 31, Rn. 2; Soergel/*Hadding*, § 31, Rn. 7.

629 *Nitschke*, NJW 1969, 1737, 1742; *Steindorff*, AcP 170 (1970), 93, 107.

630 *Nitschke*, NJW 1969, 1737, 1742.

631 *Nitschke*, NJW 1969, 1737, 1742.

632 MüKo/*Leuschner*, § 31, Rn. 11; Soergel/*Hadding*, § 31, Rn. 8; *Martinek*, Repräsentantenhaftung, S. 135.

633 MüKo/*Leuschner*, § 31, Rn. 11.

634 MüKo/*Leuschner*, § 31, Rn. 11.

635 Soergel/*Hadding*, § 31, Rn. 8.

Die Frage, ob die Rechtsfigur des körperschaftlichen Organisationsverschuldens tatsächlich die Lösung dieses Problems darstellt oder ob möglicherweise doch einem anderen Vorschlag der Vorzug zu geben ist, bleibt umstritten.

2. *Verfassungsmäßig berufener Vertreter nach § 31 BGB*

Ein weiterer wichtiger Aspekt bezüglich des persönlichen Anwendungsbereichs des § 31 BGB ist die Frage, wessen Verhalten der juristischen Person zugerechnet werden kann.

Bei der Analyse der Rechtsprechung entsteht zunächst die Frage, ob die Übertragung wichtiger Aufgaben einem verfassungsmäßig berufenen Vertreter zur Erfüllung der körperschaftlichen Organisationspflicht genügt oder diese Aufgaben nicht vielmehr von einem Vorstandsmitglied der juristischen Person zu erledigen sind.

Für die letzte Meinung könnte das Urteil des Reichsgerichts vom 6. Januar 1935[636] sprechen. Es handelte sich dabei um den Schaden des Arbeiters einer von der chemischen Fabrik zur Reparatur beauftragten Firma, der durch Durchbrechung eines hölzernen Laufgangs verursacht worden war. Die Leitung der einzelnen Zweigunternehmen wurde von der Beklagten örtlichen Angestellten übertragen, die jedoch keine Organe waren. Das Gericht hat hervorgehoben, dass der Vorstand eines seiner Mitglieder zur Erfüllung seiner Verkehrssorgfaltspflicht zur Leitung der Fabrik hätte entsenden sollen.[637]

Hier spricht das Gericht also von der Erfüllung einer Verkehrssorgfaltspflicht durch das Vorstandsmitglied. Das verleitet zu dem Schluss, dass aus richterlicher Sicht diese Aufgabe immer vom Vorstand selbst zu erledigen ist und keinem Angestellten überlassen werden darf. Eine ähnliche Auffassung vertritt das Gericht im sog. „*Kleinbahn-Urteil*".[638] Bezüglich der nicht erfüllten Pflicht zum Erlass von Anordnungen und zur Überwachung betonte das Reichsgericht, dass wenn die Mitglieder des Vorstandes der Pflicht nachgekommen wären, so hätte ihnen nicht entgehen können, dass sich die Anordnung in Bezug auf die Einschränkung der Schrankenbedienung verkehrsgefährlich auswirken müsste.[639] Das Reichsgericht führte weiter aus: „Wenn aber etwa keiner der gesetzlichen Vertreter in der Lage sein sollte, die bezeichneten Aufgaben durchzuführen, so würde ein Mangel in der Organisation der Beklagten vorliegen, der gleichfalls

---

636 RG, Urt. v. 6. Juni 1935 – VI 581/34, SeuffArch 90, Nr. 32, 65 ff.

637 RG, Urt. v. 6. Juni 1935 – VI 581/34, SeuffArch 90, Nr. 32, 65, 66.

638 RG, Urt. v. 12. Januar 1938 – VI 172/37, JW 1938, 1651 f.; dazu bereits auf S. 143.

639 RG, Urt. v. 12. Januar 1938 – VI 172/37, JW 1938, 1651, 1652.

ihre Haftung aus § 823 BGB […] nach sich ziehen würde“[640]. Das widerspricht jedoch der früheren ausdrücklichen Stellungnahme des Reichsgerichts zu dieser Frage.[641]

Außerdem hat das Reichsgericht in anderen Entscheidungen bezüglich des körperschaftlichen Organisationsverschuldens die Bestellung von besonderen Vertretern im Sinne des § 30 BGB als ausreichend angesehen.[642] In einem Urteil, bei dem die Sicherheit des Straßenverkehrs im Fokus stand, hat das Reichsgericht sogar ausdrücklich hervorgehoben, dass sich die verfassungsmäßigen Vertreter nicht selbst ständig auf der Straße aufzuhalten brauchten.[643] Somit ist die Annahme des Zwecks der Rechtsprechung, die Überwachung dem Vorstand persönlich aufzuerlegen, nicht zutreffend.

Mit dem Erfordernis der Bestellung von besonderen Vertretern hängt die umstrittene, aber im haftungsrechtlichen Sinne sehr bedeutende Frage der Abgrenzung eines verfassungsmäßig berufenen Vertreters nach § 31 BGB und eines Verrichtungsgehilfen nach § 831 Abs. 1 BGB eng zusammen. Unter die erste Kategorie fallen auch die besonderen Vertreter im Sinne des § 30 BGB.

Die Gerichte haben auf das gesetzliche Erfordernis, dass die Stellung des Organs unmittelbar in der Satzung verankert sein müsse, im Laufe der Zeit verzichtet.[644] Vielmehr wird auf die Art und den Umfang des überlassenen Geschäftsbereichs abgestellt. Der Bundesgerichtshof hat diese Rechtsprechung konsequent weitergeführt.

Eine zusammenfassende Stellungnahme zu dem Begriff des verfassungsmäßig berufenen Vertreters nahm der Bundesgerichtshof im Urteil vom 30. Oktober 1967 vor.[645] Es handelte sich dabei um die Haftung der Betreiberin einer großen Auskunftei für ihren Filialleiter bei der Erteilung von ihm falscher Auskünfte, wodurch der Klägerin Schäden zugefügt worden waren.

Der Bundesgerichtshof führte aus, dass verfassungsmäßig berufene Vertreter im Sinne des § 31 BGB nicht nur Personen seien, deren Tätigkeit in der Satzung der juristischen Person vorgesehen sei; auch brauchten sie nicht mit rechtsgeschäftlicher Vertretungsmacht ausgestattet zu sein. Es brauche sich auch nicht um einen Aufgabenbereich innerhalb der geschäftsführenden Verwaltungstätigkeit

---

640 RG, Urt. v. 12. Januar 1938 – VI 172/37, JW 1938, 1651, 1652.

641 RG, Urt. v. 27. November 1916 – VI 275/16, RGZ 89, 136, 137.

642 So etwa RG, Urt. v. 9. März 1938 – VI 212/37, RGZ 157, 228, 235; RG, Urt. v. 14. März 1939 – III 128/37, RGZ 162, 129, 166.

643 RG, Urt. v. 25. Februar 1930 – VI 122/29, JW 1930, 1963, 1965.

644 *Heiss*, Entlastungsbeweis, S. 82 f.

645 BGH, Urt. v. 30. Oktober 1967 – VII ZR 82/65, BGHZ 49, 19 ff.

der juristischen Person zu handeln. Vielmehr genüge es, dass dem Vertreter durch die allgemeine Betriebsregelung und Handhabung bedeutsame, wesensmäßige Funktionen der juristischen Person zur selbstständigen, eigenverantwortlichen Erfüllung zugewiesen seien, dass er also die juristische Person auf diese Weise repräsentiere.[646] Somit hat der Bundesgerichtshof den Charakter der übertragenen Aufgaben und nicht die satzungsmäßige Bestellung als entscheidend hervorgehoben.

Diese Kriterien wurden auch in der späteren Rechtsprechung als maßgebliche bestätigt. Im sog. „*Baggersee-Urteil*"[647] machte beispielsweise der Kläger Schadensersatzansprüche wegen einer Querschnittslähmung geltend, die er sich bei einem Badeunfall in einem Baggersee zugezogen hatte. Die Unterhaltung dieses Sees wurde vom Betreiber der Freizeitanlage aufgrund eines Vertrags einer Ortsgruppe überlassen. Die Ortsgruppe wurde sodann als schadensersatzpflichtig angesehen.

Der Bundesgerichtshof hat aber die Haftung der Ortsgruppe aus §§ 30, 31 BGB aufgrund mangelnder Kausalität abgelehnt. Dabei hat er betont, dass sich die einem „besonderen Vertreter" obliegende Pflicht, die einzelnen Ortsgruppen zu überwachen, nicht auf die Einhaltung jeglicher Sicherungspflichten eines einzelnen Ortsverbandes erstrecken könnte. Es gehöre nicht zu den Aufgaben des Vorstandes im Sinne der §§ 30, 31 BGB, die Sicherung eines von einer der Ortsgruppen benutzten Floßes zu überwachen. Trotz der Verneinung des körperschaftlichen Organisationsverschuldens hat der Bundesgerichtshof allgemein festgelegt, dass die Rechtsprechung dann eine satzungsmäßig verankerte Bestellung eines besonderen Vertreters im Sinne des § 30 BGB gefordert habe, wenn Umfang und Bedeutung eines Aufgabenbereiches gemessen an Selbstständigkeit und Eigenverantwortung, wenn auch sachlich begrenzt, derjenigen eines Vorstandsmitgliedes weitgehend gleichkomme.[648] Somit führte der Bundesgerichtshof in diesem Urteil seine frühere Rechtsprechung konsequent weiter fort.

Dieser Grundsatz verfestigt sich auch in späterer Rechtsprechung und wird bis heute fortgesetzt angewandt.[649] Für die Bestimmung der Notwendigkeit einer Bestellung des verfassungsmäßig berufenen Vertreters wird auf die Art und den Umfang des übertragenen Geschäftsbereichs[650], auf den Repräsentationscharakter

---

646 Zum Ganzen BGH, Urt. v. 30. Oktober 1967 – VII ZR 82/65, BGHZ 49, 19, 21.

647 BGH, Urt. v. 16. Februar 1982 – VI ZR 149/80, NJW 1982, 1144 f.

648 Zum Ganzen BGH, Urt. v. 16. Februar 1982 – VI ZR 149/80, NJW 1982, 1144, 1145.

649 Ähnlich BGH, Urt. v. 30. Januar 1996 – VI ZR 408/94, NJW-RR 1996, 867, 868; BGH, Urt. v. 3. Mai 2007 – IX ZR 218/05, BGHZ 172, 169, 173.

650 So etwa OLG Saarbrücken, Urt. v. 27. März 2007 – 4 U 437/06, NJW-RR 2007, 1322, 1324.

der Tätigkeit des Gehilfen[651] sowie auf den Gefährdungsgrad[652] abgestellt. Somit können nur solche Personen die körperschaftliche Organisationspflicht auslösen, die diesen Kriterien entsprechen. Trotz der entwickelten Kriterien ist die Frage, ob eine körperschaftliche Organisationspflicht besteht, vom Einzelfall abhängig.[653]

Diese Kriterien sind dabei keinesfalls formal. Deren Nichtvorliegen schließt vielmehr die Zurechnung nach § 31 BGB aus. Das kam deutlich im Urteil des Bundesgerichtshofs vom 30. Januar 1996[654] zum Ausdruck, in dem die Haftung eines Speditionsunternehmens aus dem Gesichtspunkt der Fiktionshaftung abgelehnt wurde.

Die Klägerin, die in früheren Instanzen ohne Erfolg geblieben war, legte Revision ein, in der sie sich unter anderem auf die Fiktionshaftung der Beklagten berufen hatte. Der Bundesgerichtshof hat dieser Erwägung der Klägerin aber nicht zugestimmt. Er erkannte zwar an, dass die Pflicht des Geschäftsherrn zur Verschaffung einer Organstellung grundsätzlich bestehen kann. Bei der Nichterfüllung dieser Pflicht habe er sich haftungsrechtlich so behandeln zu lassen, als habe er dem Gehilfen eine Organstellung eingeräumt.[655] Der Bundesgerichtshof führte weiter aus, dass Voraussetzung für eine solche Organisationspflicht des Geschäftsherrn aber sei, dass der Gehilfe das Unternehmen in seinem Aufgabenbereich repräsentiere.[656] Dem Gefahrgutkoordinator wurde eine Repräsentanteneigenschaft trotz der verantwortungsvollen Tätigkeit jedoch abgesprochen.[657]

---

651 BGH, Urt. v. 30. Januar 1996 - VI ZR 408/94, NJW-RR 1996, 867, 868; BGH, Urt. v. 3. Mai 2007 - IX ZR 218/05, BGHZ 172, 169, 173.

652 So etwa BGH, Urt. v. 8. Juli 1980 - VI ZR 158/78, NJW 1980, 2810, 2811.

653 Zum Beispiel mussten zum Organ bestellt werden: der Betriebsdirektor und sein Stellvertreter einer Kleinbahn (RG, Urt. v. 12. Januar 1938 - VI 172/37, JW 1938, 1651 f.); der Leiter der Rechtsabteilung eines Verlags (BGH, Urt. v. 10. Mai 1957 - I ZR 234/55, BGHZ 24, 200 ff.); ein Scheinsozius der Rechtsanwaltssozietät (BGH, Urt. v. 3. Mai 2007 - IX ZR 218/05, BGHZ 172, 169 ff.); ein Filialleiter eines Selbstbedienungsladens (OLG München, Urt. v. 27. Februar 1973 - 1 U 2415/72, VersR 1974, 269 f.). Diese Pflicht wurde aber in folgenden Fällen abgelehnt: der Leiter einer Ortsgruppe der Freizeitanlage (BGH, Urt. v. 16. Februar 1982 - VI ZR 149/80, NJW 1982, 1144 f.); der Gefahrgutkoordinator (BGH, Urt. v. 30. Januar 1996 - VI ZR 408/94, NJW-RR 1996, 867 f.); der Zeltmeister eines Zeltverleihers (OLG Saarbrücken, Urt. v. 27. März 2007 - 4 U 437/06, NJW-RR 2007, 1322, 1324).

654 BGH, Urt. v. 30. Januar 1996 - VI ZR 408/94, NJW-RR 1996, 867 f.; dazu bereits auf S. 146.

655 Zum Ganzen BGH, Urt. v. 30. Januar 1996 - VI ZR 408/94, NJW-RR 1996, 867, 868.

656 BGH, Urt. v. 30. Januar 1996 - VI ZR 408/94, NJW-RR 1996, 867, 868.

657 BGH, Urt. v. 30. Januar 1996 - VI ZR 408/94, NJW-RR 1996, 867, 868.

Somit hat der Bundesgerichtshof in diesem Urteil die Voraussetzung der Repräsentationseigenschaft des Gehilfen dem Unternehmen gegenüber in seinem Aufgabenbereich für den Vorwurf eines körperschaftlichen Organisationsverschuldens explizit hervorgehoben. Dieses Urteil zeigt außerdem, dass die aufgestellten Kriterien nicht schematisch angewendet werden, um entsprechende Personen lückenlos haften zu lassen, sondern in jedem Fall eine individuelle wertende Betrachtung erfolgt. Dadurch weicht die Rechtsprechung dem Vorwurf aus, dass sie die Haftung einer juristischen Person für jede Hilfsperson kreiert habe.

Die Ausweitung des Anwendungsbereichs des § 31 BGB wird allerdings in der Literatur wegen des gewählten Weges in Form der Auslegung dieser Vorschrift kritisiert. Die Ablehnung des Erfordernisses einer satzungsmäßigen Bestellung und der Vertretungsmacht nach außen widerspreche dem Gesetzeswortlaut.[658] Daraus folgt, dass die vorgenommene Ausweitung als Auslegung, die in der Regel auf den Wortlaut beschränkt ist, nicht zu rechtfertigen ist.[659]

Gegen die Ausweitung des Anwendungsbereichs dieser Vorschrift spricht ferner die daraus folgende mangelnde Rechtsklarheit und Rechtssicherheit. Trotz der Existenz einer allgemeinen Definition eines verfassungsmäßig berufenen Vertreters ist die Rechtsprechung in sich widersprüchlich. Bei fallweiser Bejahung oder Verneinung dieser Qualifikation lässt sich schwerlich prognostizieren, wann jemand als verfassungsmäßig berufener Vertreter anerkannt wird, wodurch große Rechtsunsicherheit bei den Betroffenen entsteht.[660] Es besteht keine Möglichkeit, klare allgemeine Regeln abzuleiten[661], nach denen sich die Unternehmen bei der strukturellen Organisation derart organisieren könnten, dass sie ihr Haftungsrisiko weitestgehend reduzieren.

Trotz dieser Bedenken werden die erzielten Ergebnisse bezüglich der Haftung von Großbetrieben folgerichtig begrüßt.[662] Es sei der Rechtsprechung darin zuzustimmen, dass es nicht von den Zufälligkeiten der Satzung abhängen dürfe, für welche Hilfspersonen eine Einstandspflicht der Körperschaft bestehen solle.[663] Vielmehr sind alle leitenden Angestellten

---

658 *Heiss*, Entlastungsbeweis, S. 83.

659 *Heiss*, Entlastungsbeweis, S. 83.

660 In diesem Sinne *Heiss*, Entlastungsbeweis, S. 84; zu einzelnen Beispielen vgl. PWW/*Schöpflin*, § 31, Rn. 5; Staudinger/*Weick*, § 31, Rn. 36, 51 ff.

661 Näher zur Abgrenzung zwischen einem verfassungsmäßig berufenen Vertreter und einem Verrichtungsgehilfen *Hoffmann*, Außenhaftung, S. 107 ff., 189.

662 *Heiss*, Entlastungsbeweis, S. 84.

663 In diesem Sinne *Heiss*, Entlastungsbeweis, S. 83.

mit unternehmerischer Funktion, Selbstständigkeit und Verantwortlichkeit umfasst.[664]

Somit hat der Begriff eines verfassungsmäßig berufenen Vertreters im Sinne des § 31 BGB eine sehr weite Auslegung durch die Rechtsprechung erfahren. Durch diese Rechtsprechungsentwicklung wurde die Anwendung des § 831 Abs. 1 BGB wesentlich eingeschränkt, soweit es sich um arbeitsteilig organisierte Unternehmen handelt. Allerdings bleibt auch bei dieser Auslegung eine haftungsrechtliche Privilegierung von Großbetrieben bestehen, die einer Einzelperson gehören. Nichtsdestotrotz werden aber aufgrund dieser Rechtsprechungsentwicklung einzelfallgerechte Ergebnisse erreicht.

II. Tatbestandsmerkmale der Haftung wegen körperschaftlichen Organisationsverschuldens

1. Allgemeines

Bei der Haftung wegen körperschaftlichen Organisationsmangels kommt als objektive Haftungsvoraussetzung die Verletzung einer körperschaftlichen Organisationspflicht in Betracht, die aufgrund mehrerer offen gebliebener Fragen im Weiteren näher zu untersuchen ist.

§ 31 BGB sieht als Tatbestandsvoraussetzung eine zum Schadensersatz verpflichtende Handlung vor. Sie kann sowohl in einem positiven Tun als auch einem Unterlassen bestehen. Bei der Haftung wegen körperschaftlichen Organisationsverschuldens handelt es sich, wie bei der Haftung wegen betrieblichen Organisationsverschuldens, um eine Haftung für Unterlassung, also in diesem Fall um die Unterlassung der Einhaltung einer körperschaftlichen Organisationspflicht. Ferner fordert § 31 BGB, wie auch § 831 Abs. 1 BGB, als Tatbestandsvoraussetzung das Vorliegen einer Handlung „in Ausführung der ihm zustehenden Verrichtung". Die schädigende Handlung, die nach § 31 BGB zugerechnet wird, muss also im erkennbaren inneren Zusammenhang mit dem Aufgabenbereich des entsprechenden Vertreters stehen.[665] Von den Einzelheiten abgesehen ist anzumerken, dass bereits ein tatsächliches Verhalten, wie auch bei § 831 Abs. 1 BGB, für die Annahme dieser Voraussetzung ausreicht.

Somit drückt sich die im Rahmen des objektiven Tatbestandes erforderliche Handlung in der Verletzung einer körperschaftlichen Organisationspflicht aus.

---

664 RGRK/*Steffen*, § 31, Rn. 3.

665 RG, Urt. v. 14. März 1939 – III 128/37, RGZ 162, 129, 169; OLG Düsseldorf, Urt. v. 21. März 2001 – 15 U 178/00, Rn. 30, 32 (abrufbar in juris).

Welcher Inhalt sich aber genau hinter einer sog. „körperschaftlichen Organisationspflicht" verbirgt, ist umstritten.

2. *Verletzung einer körperschaftlichen Organisationspflicht*

a. *Inhalt einer körperschaftlichen Organisationspflicht*

Im Allgemeinen besteht eine körperschaftliche Organisationspflicht darin, dass eine juristische Person für die vom Vorstand nicht übersehbaren Geschäftsbereiche ein besonderes Organ im Sinne des § 30 BGB zu bestellen hat.[666] Das Betrauen mit der Aufgabe derjenigen Person, die nicht unter den Begriff des verfassungsmäßig berufenen Vertreters fällt, reicht nicht aus.[667] Der genaue Inhalt einer körperschaftlichen Organisationspflicht ist im Folgenden durch eine Rechtsprechungsanalyse näher auszufüllen.

aa. *Rechtsprechung*

Die Gerichte sprechen dabei nicht von einer körperschaftlichen Organisationspflicht, sondern von einer „Fiktionshaftung" für mangelhafte Organisation.[668] Diese Bezeichnung ergibt sich daraus, dass die Organstellung der Angestellten, die zum Organ nicht ernannt wurden, fingiert wird.[669] In den reichsgerichtlichen Entscheidungen wurde diese Qualifizierung der Haftung bei der Verletzung einer körperschaftlichen Organisationspflicht noch nicht vorgenommen. Es ist zu betonen, dass eine ordnungsmäßige strukturelle Organisation darin erblickt wurde, dass ein zur Überwachung verpflichteter verfassungsmäßiger Vertreter immer vorhanden ist.[670]

Eine deutliche Stellungnahme der Rechtsprechung zu einem körperschaftlichen Organisationsmangel[671] ist dem Urteil des Reichsgerichts vom 9. März 1938[672] zu entnehmen. Es handelte sich dabei um einen Schadensersatzanspruch gegen

---

666 *Hassold*, JuS 1982, 583, 586.

667 RG, Urt. v. 27. November 1916 – VI 275/16, RGZ 89, 136, 138; RG, Urt. v. 12. Januar 1938 – VI 172/37, JW 1938, 1651, 1652; RG, Urt. v. 9. März 1938 – VI 212/37, RGZ 157, 228, 235; RG, Urt. v. 14. März 1939 – III 128/37, RGZ 162, 129, 166.

668 Nachweise siehe in Fn. 612.

669 In diesem Sinne *Neumann-Duesberg*, NJW 1966, 715.

670 RG, Urt. v. 28. November 1913 – III 194/13, WarnRspr 1914, Nr. 35, 50, 52; RG, Urt. v. 27. November 1916 – VI 275/16, RGZ 89, 136, 137.

671 In der Rechtsprechung werden dabei unterschiedliche Termini verwendet: „Organisationsmangel" (RG, Urt. v. 9. März 1938 – VI 212/37, RGZ 157, 228, 235); „Einrichtungsmangel" (RG, Urt. v. 14. März 1939 – III 128/37, RGZ 162, 129, 166).

672 RG, Urt. v. 9. März 1938 – VI 212/37, RGZ 157, 228 ff.

die Preußische Staatsbank, durch falsche Auskunft deren Direktionsmitglieder der Klägerin ein Schaden zugefügt worden war. Das Reichsgericht sah den eine Schadensersatzpflicht auslösenden Organisationsmangel darin, dass die juristische Person nicht für die Bestellung eines besonderen Vertreters nach § 30 BGB gesorgt hatte. Dies ist aber erforderlich, sobald der Vorstand nicht in der Lage sei, den Verpflichtungen zu genügen, denen eine juristische Person durch ihren Vorstand nicht wie eine andere Person nachkommen könne.[673] Die Notwendigkeit dieser Bestellung kann sich aus den tatsächlichen Umständen des täglichen Lebens, insbesondere des wirtschaftlichen Verkehrs, ergeben.[674]

Also stellte das Gericht eine Bestellungspflicht einer juristischen Person bezüglich eines besonderen Vertreters auf. Dabei wird diese Pflicht mit dem leitenden Gedanken des Gesetzgebers begründet, die Haftung der juristischen Person zu erweitern. Diese Erweiterung war erforderlich, weil die Bestellung besonderer Personen als Organe des Vereins für einen begrenzten Geschäftskreis neben dem Vorstand bei Vereinen von größerem Umfang häufig und unentbehrlich sei.[675] Allerdings ist der kritischen Anmerkung zuzustimmen, dass die Haftungsausdehnung des § 31 BGB nur eine Folge, nicht jedoch gesetzgeberisches Ziel darstellt, weil es bei der Einführung des § 30 BGB um eine Ausdehnung des rechtsgeschäftlichen Aktionsradius der juristischen Person ginge.[676]

Somit ist inhaltlich eine körperschaftliche Organisationspflicht nach der reichsgerichtlichen Rechtsprechung als eine Pflicht zur Bestellung eines verfassungsmäßigen Vertreters für die ordnungsgemäße Erfüllung der Aufsichtspflicht zu beschreiben.

Auf den ersten Blick hat der Bundesgerichtshof diese Rechtsprechung zu der körperschaftlichen Organisationspflicht unverändert übernommen und weitergeführt.

So hat der Bundesgerichtshof im sog. „*Spätheimkehrer-Urteil*“[677] klar und deutlich die Organbestellungspflicht einer juristischen Person betont. Er führte aus, dass ein Organisationsmangel, der zur Haftung der juristischen Person unter Ausschluss des Entlastungsbeweises gemäß § 31 BGB führe, allein schon darin erblickt werden könne, dass kein verfassungsmäßig berufener Vertreter

673 RG, Urt. v. 9. März 1938 – VI 212/37, RGZ 157, 228, 235; ähnlich RG, Urt. v. 14. März 1939 – III 128/37, RGZ 162, 129, 166.

674 RG, Urt. v. 9. März 1938 – VI 212/37, RGZ 157, 228, 235; zustimmend RG, Urt. v. 14. März 1939 – III 128/37, RGZ 162, 129, 166.

675 RG, Urt. v. 9. März 1938 – VI 212/37, RGZ 157, 228, 235.

676 *Heiss*, Entlastungsbeweis, S. 86, Fn. 1.

677 BGH, Urt. v. 10. Mai 1957 – I ZR 234/55, BGHZ 24, 200 ff.; dazu bereits auf S. 145.

für den fraglichen Aufgabenkreis bestellt worden sei.[678] Aufgrund der Übernahme der reichsgerichtlichen Erwägung zu einer körperschaftlichen Organisationspflicht[679] ist auch der Verweis auf entsprechende Urteile des Reichsgerichts nicht überraschend, sondern konsequente Schlussfolgerung.

Der Bundesgerichtshof macht in diesem Urteil noch weitere Ausführungen, die den Inhalt dieser Organisationspflicht weiter präzisierten. Bei der Rechtsabteilung eines Verlags war ein Schreiben des Prozessbevollmächtigten der Klägerin eingegangen, aus dem sich ergeben hatte, dass sie mit der bevorstehenden Veröffentlichung eines Artikels über sie nicht einverstanden war. Diese Kenntnisnahme des Rechtsabteilungsleiters war genügend, weil er wie ein verfassungsmäßig berufener Vertreter des Verlages zu behandeln sei.[680] Weiter hatte das Gericht ausgeführt, dass der Leiter der Rechtsabteilung bei der Wichtigkeit der in Frage stehenden Entscheidung entweder die Geschäftsführer des Verlages hätte veranlassen müssen, durch Anweisungen an den Schriftleiter die notwendigen Schritte zu tun, um die Veröffentlichung zu verhindern, oder aber, falls er angesichts der von den Geschäftsführern zu bewältigenden Aufgaben derartige rechtliche Entscheidungen selbst zu treffen hatte, als verfassungsmäßig berufener Vertreter des Verlages hätte eingesetzt werden müssen.[681]

An einer späteren Stelle ist davon die Rede, dass dem Leiter der Rechtsabteilung eine Organstellung im Sinne von § 31 BGB hätte eingeräumt werden müssen.[682] Aus der Nichterfüllung dieser Pflicht hat der Bundesgerichtshof auf einen Organisationsfehler des Verlages geschlossen.

Daraus ergibt sich, dass es sich bei einer körperschaftlichen Organisationspflicht nicht um eine Organbestellungspflicht im Sinne der erforderlichen Bestellung bestimmter Personen wegen der Überlastung, sondern eher um die Pflicht, einer *bereits vorhandenen* Hilfsperson eine Organstellung zu verleihen, handelt. Somit wurde die reichsgerichtliche Rechtsprechung in Bezug auf den Inhalt der körperschaftlichen Organisationspflicht konkretisiert.

Diese Schlussfolgerung bestätigt sich auch in späterer Rechtsprechung. In dem sog. „*Medizin-Syndikat II-Urteil*"[683] hatte sich der Bundesgerichtshof mit

678 BGH, Urt. v. 10. Mai 1957 – I ZR 234/55, BGHZ 24, 200, 213.
679 Im Urteil wird auf folgende Urteile verwiesen: RG, Urt. v. 27. November 1916 – VI 275/16, RGZ 89, 136, 137; RG, Urt. v. 9. März 1938 – VI 212/37, RGZ 157, 228, 235; RG, Urt. v. 14. März 1939 – III 128/37, RGZ 162, 129, 166.
680 BGH, Urt. v. 10. Mai 1957 – I ZR 234/55, BGHZ 24, 200, 212.
681 BGH, Urt. v. 10. Mai 1957 – I ZR 234/55, BGHZ 24, 200, 212.
682 BGH, Urt. v. 10. Mai 1957 – I ZR 234/55, BGHZ 24, 200, 213.
683 BGH, Urt. v. 8. Juli 1980 – VI ZR 158/78, NJW 1980, 2810 f.

der Entlastungsmöglichkeit eines Verlags von seiner Haftung für durch ein Buch verursachte Ehrverletzungen beschäftigt, der sich eines Rechtsanwalts für die Inhaltskontrolle eines Sachbuches bedient hatte. Der Kläger, ein Leiter des biologischen Instituts einer Firma, sah sich durch ein Kapitel des von der beklagten Verlagsgesellschaft herausgegebenen Buches „Das Medizin-Syndikat" in seiner Ehre verletzt. Der Klage wurde stattgegeben.

Das Berufungsgericht sah bei der Beurteilung des Schmerzensgeldanspruchs das Verschulden der Verlagsgesellschaft darin, dass die Beklagte „ein derart kritisches und polemisches Sachbuch" durch ihre Organe auf mögliche Persönlichkeitsverletzungen hätte überprüfen lassen müssen.[684] Bei Wahrung dieser Pflicht wäre ihr aufgefallen, dass der Autor für seine These nicht den geringsten Anhalt beigebracht habe.[685] Dabei erlegte das Berufungsgericht der Verlagsgesellschaft die Pflicht auf, das Buch selbst erneut zu überprüfen, obwohl ein presserechtlich erfahrener Rechtsanwalt damit betraut war.[686] Daraus folgt, dass das Delegieren der Inhaltskontrolle an den Rechtsanwalt praktisch sinnlos war, weil der Verlag nach Ansicht des Gerichts diese Aufgabe auch in diesem Fall danach noch selbst hätte erfüllen müssen. Im rechtlichen Sinne liegt ein Verbot des Delegierens einer Pflicht auf einen Dritten in Fällen der möglichen Persönlichkeitsverletzungen nahe. Dieses Verbot ist aber fragwürdig, weil es sich nicht begründen lässt.

Der Bundesgerichthof geht mit dieser Erwägung dagegen vorsichtiger um. Er lässt die Richtigkeit der Schlussfolgerung des Berufungsgerichts offen und weist auf eine Organisationspflicht des Herausgebers und Verlegers hin. Der Bundesgerichthof knüpfte an das Ausmaß der Schäden, an die Gefährlichkeit des Beitrages an und betonte, dass der Herausgeber und Verleger einen besonders gefährlichen Beitrag grundsätzlich entweder selbst überprüfen oder dem damit beauftragten Dritten Organstellung im Sinne von §§ 30, 31 BGB verschaffen müsse, so dass er für sein Verschulden ohne Entlastungsmöglichkeit einzustehen habe.[687] Haben die zur Erfüllung der Aufgabe hinzugezogenen Mitarbeiter keine Organstellung, tritt eine sog. „*Fiktionshaftung*" für mangelhafte Organisation ein.[688] Dabei ist zu betonen, dass das Gericht ausdrücklich von einer *Verschaffung der Organstellung*, nicht jedoch von der *Bestellung* des fehlenden Organs spricht.

---

684 BGH, Urt. v. 8. Juli 1980 – VI ZR 158/78, NJW 1980, 2810.

685 BGH, Urt. v. 8. Juli 1980 – VI ZR 158/78, NJW 1980, 2810, 2811.

686 BGH, Urt. v. 8. Juli 1980 – VI ZR 158/78, NJW 1980, 2810 f.

687 BGH, Urt. v. 8. Juli 1980 – VI ZR 158/78, NJW 1980, 2810, 2811.

688 BGH, Urt. v. 8. Juli 1980 – VI ZR 158/78, NJW 1980, 2810, 2811; später auch BGH, Urt. v. 30. Januar 1996 – VI ZR 408/94, NJW-RR 1996, 867, 868.

Erstaunlich sind die Ausführungen des Bundesgerichtshofs über die inhaltliche Seite der Organisationspflicht des Herausgebers und Verlegers des Buches. Er führte diesbezüglich aus, dass der Herausgeber und Verleger bei einer Veröffentlichung zu einem solchen Thema die erforderliche Inhaltskontrolle im Hinblick auf den gebotenen Rechtsschutz Dritter so organisieren müsse, dass er sich für ein Verschulden der mit diesen Aufgaben betrauten Personen haftungsrechtlich nicht entlasten könne.[689] Zum einen stellt sich die Frage, wie ein Unternehmen seine Tätigkeit so organisieren kann, dass es sich im haftungsrechtlichen Sinne nicht entlasten kann. Vor allem kann nicht verlangt werden, dass jedes Unternehmen die haftungsrechtliche Lage kennen muss, um dieser Anforderung zu entsprechen. Darüber hinaus liegt der Gedanke nahe, dass auch beim Nichtorganisieren oder bei kompletter Vernachlässigung der Organisation im Sinne der Verletzung einer Auswahl-, Leitungs- oder Überwachungspflicht dasselbe Ergebnis erzielt würde. In diesem Fall wird es dem Unternehmen nicht gelingen, sich zu entlasten. Dann hat das Unternehmen aber immerhin seine Tätigkeit derart „organisiert“, dass es sich haftungsrechtlich nicht entlasten kann. Dass diese Folge aber vom Bundesgerichtshof gewollt war, ist unvorstellbar. Zum anderen fällt auf, dass die Organisationspflicht des Unternehmens in früherer Rechtsprechung anders begründet wurde. Zwar musste die entsprechende Organisation eine zuverlässige Erfüllung entsprechender Pflicht gewährleisten[690] und außerdem sollte das Unternehmen so organisiert werden, dass sich immer ein verfassungsmäßiger Vertreter ergebe, der zur Überwachung verpflichtet sei.[691] Das Ziel der Organisation sei schließlich, dass niemand zu Schaden komme.[692] Diese Argumentation ist einleuchtend. Das Ziel der sachgerechten Organisation ist der Schutz Dritter vor Schäden, nicht aber die Haftung ohne Entlastungsmöglichkeit. Aus diesem Grund überzeugt diese Erwägung des Gerichts nicht.

Die verfassungsmäßig berufenen Vertreter sollen dabei nicht erst dann eingreifen, wenn ihnen Missstände bekannt geworden sind.[693] Die körperschaftliche Organisationspflicht knüpft vielmehr an die Art des übertragenen Geschäftskreises an.

Der Vorwurf der körperschaftlichen Organisationspflichtverletzung liegt somit darin, dass die Person, der wichtige Aufgaben zur selbstständigen

---

689 BGH, Urt. v. 8. Juli 1980 – VI ZR 158/78, NJW 1980, 2810, 2811.

690 So etwa BGH, Urt. v. 6. November 1956 – VI ZR 71/56, MDR 1957, 214, 215.

691 RG, Urt. v. 27. November 1916 – VI 275/16, RGZ 89, 136, 137.

692 Vgl. BGH, Urt. v. 13. Dezember 1960 – VI ZR 42/60, NJW 1961, 455 f.; im Ergebnis ähnlich BGH, Urt. v. 10. Mai 1957 – I ZR 234/55, BGHZ 24, 200, 213.

693 RG, Urt. v. 27. November 1916 – VI 275/16, RGZ 89, 136, 138.

Erledigung oblagen, keine Stellung als Organ bzw. verfassungsmäßiger Vertreter im Sinne des § 31 BGB innehatte, sondern „nur“ Verrichtungsgehilfin war. Die Rechtsprechung hat sie also nicht als eine Organbestellungspflicht, sondern als eine Organstellungsverschaffungspflicht konstruiert.

bb. Lehre

Im Schrifttum konnte sich bis heute keine einhellige Meinung bezüglich des Inhalts einer körperschaftlichen Organisationspflicht herausbilden.

Ein Teil der Literatur sieht die körperschaftliche Organisationspflicht in der sog. *Organbestellungspflicht*, nach der eine juristische Person verpflichtet sei, ein Sonderorgan im Sinne des § 30 BGB für die Ausführung der betrieblichen Sorgfaltspflicht zu bestellen.[694] Ein Organisationsmangel bestehe erst recht, wenn es überhaupt keinen Verantwortlichen gebe.[695] Dabei ergibt sich die Haftung der juristischen Person aus einer Doppelfiktion: „als ob“ das Sonderorgan eingesetzt wurde und „als ob“ dieses Organ seine betriebliche Kontrollpflicht versäumt hätte.[696]

Diese Organbestellungspflicht wird mit Verweis auf die Rechtsprechung unter dem Gesichtspunkt des Erst-Recht-Schlusses begründet.[697] Das Urteil des Landgerichts Ravensburg vom 15. August 1996[698] bestätigt nach dieser Auffassung diese Schlussfolgerung.[699]

Es handelte sich in diesem Fall um den Ersatz eines Personenschadens und die Zahlung von Schmerzensgeld wegen Verletzung einer Verkehrssicherungspflicht von dem beklagten Verein als Veranstalter. Bei dieser Veranstaltung erlitt eine Zuschauerin erhebliche Verletzungen, weil ein maskiertes Mitglied in die Zuschauer gesprungen war. Der unmittelbare Schädiger ließ sich im Nachhinein nicht mehr feststellen. Das Gericht hat auf die Verletzung einer Verkehrssicherungspflicht durch den Veranstalter hingewiesen. Er hätte zumutbare Vorkehrungen gegen das Entstehen von Schäden bei einem Umzug, der eine Gefahrenquelle darstellt, treffen müssen.[700] Eine erforderliche und ausreichende Maßnahme für die Einhaltung dieser Pflicht war nach Ansicht des Gerichts

694 *Neumann-Duesberg*, NJW 1966, 624, 628; ähnlich Soergel/*Hadding*, § 31, Rn. 15.

695 PWW/*Schöpflin*, § 31, Rn. 7.

696 *Neumann-Duesberg*, NJW 1966, 624, 627; zustimmend *Martinek*, Repräsentantenhaftung, S. 170 f.

697 PWW/*Schöpflin*, § 31, Rn. 7.

698 LG Ravensburg, Urt. v. 15. August 1996 – 3 S 145/96, NJW 1997, 402.

699 Z.B. PWW/*Schöpflin*, § 31, Rn. 7.

700 LG Ravensburg, Urt. v. 15. August 1996 – 3 S 145/96, NJW 1997, 402.

darin zu sehen, für jede Gruppe an deren Anfang und an deren Ende eine Begleitperson aus den Reihen des beklagten Vereins oder einer teilnehmenden Gruppe anzustellen und diese mit der Überwachung der Umzugsordnung zu beauftragen.[701] Das Anbringen von Absperrgittern oder Absperrseilen zwischen Umzugsteilnehmern und Zuschauern sah das Gericht hingegen wegen Überschaubarkeit des Umzuges und unter Berücksichtigung der Besonderheiten der Ortschaft nicht als erforderlich an.[702] Somit hat das Gericht dem Verein das Unterlassen einer zumutbaren und durchführbaren Sicherheitsvorkehrung bzw. das Fehlen einer Aufsichtsperson vorgeworfen. Daraus wird im Schrifttum zu Unrecht abgeleitet, dass das Gericht das bloße Fehlen einer Aufsichtsperson im Sinne eines körperschaftlichen Organisationsmangels interpretiert hat.[703]

Einer anderen Ansicht zufolge besteht eine körperschaftliche Organisationspflicht nicht in der Bestellung fehlender Hilfspersonen, sondern erst dann, wenn die juristische Person ihre Aufsichtspflicht von Personen ausüben lässt, die nicht Organe sind, obwohl nach allgemeiner Anschauung eine Bestellung zum Organ nötig gewesen wäre.[704] Es handelt sich also um die Bestellung *zum* Organ, nicht aber um die Pflicht, eine Organisation in einer bestimmten Art und Weise zu strukturieren. Bei der Verletzung dieser Pflicht muss eine juristische Person haftungsrechtlich so behandelt werden, als sei die entsprechende Person ein besonderer Vertreter gemäß § 30 BGB.[705] Diese Schlussfolgerung ermöglicht es, eine Organhaftung über § 31 BGB (in Verbindung mit § 823 Abs. 1 BGB) anzunehmen, die im Gegensatz zu § 831 Abs. 1 BGB keine Entlastungsmöglichkeit zulässt. Diese Ansicht findet Halt in der Rechtsprechung.[706]

Die körperschaftliche Organisationspflicht im Sinne des § 31 BGB wird also im Schrifttum unterschiedlich interpretiert. Einerseits wird bereits das bloße Fehlen einer Hilfsperson bei der Überlastung einer juristischen Person als ausreichend für den Vorwurf des körperschaftlichen Organisationsverschuldens angesehen. Andererseits wird auf die Verschaffung einer entsprechenden Organstellung für den beauftragten Gehilfen abgestellt. Diese Unterscheidung spielt

---

701 LG Ravensburg, Urt. v. 15. August 1996 – 3 S 145/96, NJW 1997, 402.

702 LG Ravensburg, Urt. v. 15. August 1996 – 3 S 145/96, NJW 1997, 402.

703 PWW/*Schöpflin,* § 31, Rn. 7.

704 *Landwehr,* AcP 164 (1964), 482, 498; ähnlich *Kleindiek,* Deliktshaftung, S. 354; *Heiss,* Entlastungsbeweis, S. 87 spricht von einer Zuerkennung „eine[r] erhöhte[n] Stellung"; ähnlich Palandt/*Ellenberger,* § 31, Rn. 7, 8, der allerdings die Formulierung „eine körperschaftliche Organisationspflicht" nicht erwähnt.

705 MüKo/*Leuschner,* § 31, Rn. 33.

706 BGH, Urt. v. 10. Mai 1957 – I ZR 234/55, BGHZ 24, 200 ff.

eine sehr wichtige Rolle bei der Beurteilung der Frage, ob es sich bei § 31 BGB um eine Zurechnungsnorm handelt oder ob diese Norm bereits einen selbstständigen Haftungsgrund darstellt[707].

cc. Stellungnahme

Welche von den bezeichneten Konstellationen als ein körperschaftlicher Organisationsmangel zu qualifizieren ist, ist aufgrund der Tatsache, dass diese Rechtsfigur von der Rechtsprechung ins Leben gerufen wurde, auch nach der Rechtsprechung zu beurteilen.

Der Meinung, nach der die körperschaftliche Organisationspflicht im Bestellen der Organe wegen Überlastung besteht[708], kann nicht zugestimmt werden.

Das Argument eines Erst-Recht-Schlusses[709] überzeugt nicht. Die Zweifelhaftigkeit dieser Auffassung ergibt sich aus der Analyse des genannten Urteils des Landgerichts Ravensburg[710], das gerade als Bestätigung für diese Ansicht herangezogen wird.

Das Gericht hatte in diesem Urteil den Veranstalter eines Umzuges für schadensersatzpflichtig erklärt. Bemerkenswert ist, dass das Landgericht Ravensburg bezüglich des Verweises auf die gesetzlichen Vorschriften in den Entscheidungsgründen lediglich ausgeführt hat, dass der beklagte Verein den entstandenen Schaden gemäß § 249 BGB zu ersetzen habe.[711] Es hat also die Haftung des Veranstalters weder auf § 823 Abs. 1 BGB noch auf § 831 Abs. 1 BGB gestützt. Allerdings ist zu betonen, dass das Gericht die Haftung aus dem Gesichtspunkt der Verletzung der Verkehrssicherungspflicht hergeleitet hat.

Dieser Anhaltspunkt kann dafür sprechen, dass § 823 Abs. 1 BGB in diesem Fall als gesetzliche Haftungsgrundlage gemeint war. Diese Erwägung ist auch deshalb folgerichtig, weil überhaupt keine Hilfsperson an diesem Unfall beteiligt war. Es fehlt also an den Voraussetzungen des Tatbestands des § 831 Abs. 1 BGB, was diese Vorschrift als mögliche Haftungsgrundlage ausschließt.

Daraus kann aber noch nicht automatisch geschlossen werden, dass es sich um die Verletzung einer nach § 823 Abs. 1 BGB haftungsbegründenden Organisationspflicht handelt. Wie bereits dargestellt wurde[712], ist nicht jede

---

707 Dazu näher unter Kapitel 1, C.II.2.b.cc.

708 *Neumann Duesberg*, NJW 1966, 624, 627.

709 So PWW/*Schöpflin*, § 31, Rn. 7.

710 LG Ravensburg, Urt. v. 15. August 1996 – 3 S 145/96, NJW 1997, 402.

711 LG Ravensburg, Urt. v. 15. August 1996 – 3 S 145/96, NJW 1997, 402.

712 Dazu unter Kapitel 1, B.II.2.b.bb.

Verkehrspflicht zugleich eine Organisationspflicht im haftungsrechtlichen Sinne. Die Organisationspflicht unterscheidet sich von einer Verkehrspflicht dadurch, dass sie lediglich bei der Teilnahme am Rechtsverkehr zumindest einer Hilfsperson denkbar ist, also bei einem arbeitsteilig organisierten Unternehmen. In diesem Fall war eine solche Hilfsperson aber gerade nicht vorhanden. Aus diesem Grund ist der Verweis des Gerichts auf die Verletzung einer Verkehrssicherungspflicht[713] einleuchtend, nicht aber die Annahme einer körperschaftlichen Organisationspflicht[714].

Gegen die Meinung, dass es um einen haftungsbegründenden körperschaftlichen Organisationsmangel ging, ist ferner vorzubringen, dass das Gericht bei der Feststellung eines Erfordernisses der Bestellung einer Aufsichtsperson gar nicht auf die Frage des Umfanges und der Art des ihr zuzuweisenden Geschäftsbereichs eingegangen war. Für die Zurechnung, auch wenn sie fiktiv erfolgt, hat die Rechtsprechung diese Kriterien stets angewandt. In diesem Urteil gibt es dagegen keinen Anhaltspunkt dafür.

Außerdem würde der Schluss, dass es sich um den haftungsbegründenden körperschaftlichen Organisationsmangel handelt, eine Umwandlung der Vorschrift des § 31 BGB von einer Zurechnungs- in eine Haftungsnorm bedeuten. Das widerspricht jedoch dem gesetzgeberischen Ziel dieser Norm.

Schließlich ist nicht zu vergessen, dass das Gericht in diesem Urteil vermieden hat, § 31 BGB in jeglicher Weise zu erwähnen.

Aus diesen Gründen ist die Haftung wegen eines körperschaftlichen Organisationsverschuldens in diesem Fall abzulehnen. Zutreffend erscheint die Zurückführung der Haftung auf eine Verkehrssicherungspflichtverletzung[715], deren Erfüllung aber auch möglicherweise durch die Bestellung weiterer Hilfspersonen gewährleistet werden könnte.

Weiterhin wird die Meinung über die körperschaftliche Organisationspflicht als eine Nichtbestellungspflicht auch in dem erwähnten sog. *„Spätheimkehrer-Urteil“*[716] bestätigt. Der Bundesgerichtshof hat in diesem Urteil im Hinblick auf einen Organisationsmangel darauf hingewiesen, dass der Leiter einer Rechtsabteilung angesichts der Wichtigkeit der von ihm zu bewältigenden Aufgaben als verfassungsmäßig berufener Vertreter des Verlags hätte eingesetzt werden müssen.[717] An einer späteren Stelle führt der Bundesgerichtshof jedoch aus, dass ein

---

713 LG Ravensburg, Urt. v. 15. August 1996 – 3 S 145/96, NJW 1997, 402.

714 So aber PWW/*Schöpflin*, § 31, Rn. 7.

715 LG Ravensburg, Urt. v. 15. August 1996 – 3 S 145/96, NJW 1997, 402.

716 Dazu siehe S. 145.

717 BGH, Urt. v. 10. Mai 1957 – I ZR 234/55, BGHZ 24, 200, 212.

Organisationsmangel, der zur Haftung der juristischen Person unter Ausschluss des Entlastungsbeweises gemäß § 31 BGB führe, allein schon darin erblickt werden könne, dass kein verfassungsmäßig berufener Vertreter für den fraglichen Aufgabenkreis bestellt worden sei.[718]

Im Hinblick auf die letzte Ausführung könnte daran gedacht werden, dass der Bundesgerichtshof von der früheren Judikatur in diesem Urteil abgewichen ist. Er vermisst nämlich nicht lediglich eine Organstellung der bestellten Hilfsperson, sondern verlangt darüber hinaus eine Bestellung des nicht vorhandenen Organs. Allerdings ist diese Ausführung in einer Gesamtschau zu interpretieren. Zum einen stützt der Bundesgerichtshof diese Erwägung auf die reichsgerichtlichen Urteile, die ihrerseits von einer fehlenden Organstellung ausgehen. In den Fällen, auf die verwiesen wird, waren jedoch Hilfspersonen vorhanden, es fehlte aber eine den ihnen übertragenen Aufgaben entsprechende Stellung. Zum anderen spricht das Gericht in diesem Urteil später deutlich wiederum von der Einräumung der Organstellung.[719] Schließlich fehlte in diesem Fall eine Hilfsperson nicht, so dass festgehalten werden kann, dass der Verlag sie zu bestellen hatte. Daher ist es zutreffend anzunehmen, dass der Bundesgerichtshof in diesem Urteil einem Verlag die Verletzung der Organbestellungspflicht im Sinne der erforderlichen Bestellung *zum* Organ, nicht aber Bestellung *eines* Organs vorgeworfen hat. In diesem Fall wurde also einem bereits bestellten Leiter der Rechtsabteilung lediglich keine Organstellung eingeräumt.

Als Argument für die Annahme einer Pflicht zur Verschaffung einer Organstellung im Sinne einer körperschaftlichen Organisationspflicht lässt sich schließlich einbringen, dass in der neueren Rechtsprechung ausdrücklich von der Verschaffung oder Einräumung einer Organstellung[720] die Rede ist.

Die Erforderlichkeit einer Organbestellung wird somit in der Rechtsprechung nur bei bereits existierenden, jedoch keine entsprechende Qualifikation besitzenden Angestellten erwähnt.

Aus diesen Gründen ist anzunehmen, dass es sich bei der körperschaftlichen Organisationspflicht nicht um die Bestellung der fehlenden Organe, sondern um die Verleihung entsprechender Qualifikation an die bereits existierenden Hilfspersonen handelt. Dabei ist hervorzuheben, dass diese körperschaftliche Organisationspflicht auch bei bereits vorhandenen Gehilfen nicht immer angenommen

718 BGH, Urt. v. 10. Mai 1957 – I ZR 234/55, BGHZ 24, 200, 213.
719 BGH, Urt. v. 10. Mai 1957 – I ZR 234/55, BGHZ 24, 200, 213.
720 BGH, Urt. v. 8. Juli 1980 – VI ZR 158/78, NJW 1980, 2810, 2811; BGH, Urt. v. 30. Januar 1996 – VI ZR 408/94, NJW-RR 1996, 867, 868.

werden kann. Eine unterlassene Organbestellung begründet nicht die Haftung einer juristischen Person für jeden auf unterer Organisationsebene verursachten Schaden.[721]

Zusammenfassend ist festzuhalten, dass eine körperschaftliche Organisationspflicht in Übereinstimmung mit der Rechtsprechung als eine Pflicht zu charakterisieren ist, nach der eine juristische Person oder Personenhandelsgesellschaft zur Einräumung einer Organstellung im Sinne der §§ 30, 31 BGB einer beauftragten Hilfsperson verpflichtet ist. Wer also Organfunktionen ausübe, müsse auch organgleich behandelt werden.[722] Dabei sind der Umfang und die Art der übertragenen Aufgaben für das Bestehen einer körperschaftlichen Organisationspflicht maßgeblich.

b. Abgrenzung einer körperschaftlichen von einer betrieblichen Organisationspflicht

Im Weiteren bleibt fraglich, wie eine körperschaftliche von einer betrieblichen Organisationspflicht abzugrenzen ist. Die Rechtsprechung verwendet eine einheitliche Formulierung des „Mangels in der Organisation“, wobei in Bezug auf die Haftung wegen körperschaftlichen Organisationsverschuldens häufig von einer „Fiktionshaftung“ die Rede ist. Eine einheitliche Bezeichnung „Organisationsverschulden“ lässt einerseits auf bestimmte Gemeinsamkeiten schließen, andererseits aber auch macht eine Bestimmung deren Korrelation erforderlich und nicht einfach.

aa. Allgemeines zur Korrelation des körperschaftlichen und betrieblichen Organisationsverschuldens

Die Grenzziehung zwischen betrieblichem und körperschaftlichem Organisationsverschulden ist äußerst umstritten. Während ein Teil der Literatur annimmt, dass beide Rechtsinstitute aufgrund des Inhalts einer Organisationspflicht und der Rechtsfolgen der Pflichtverletzung zu unterscheiden sind[723], geben andere Stimmen die Abgrenzungsversuche auf[724].

---

721 *Kleindiek*, Deliktshaftung, S. 322 f.; anders aber *Martinek*, Repräsentantenhaftung, S. 170.

722 *Neumann-Duesberg*, NJW 1966, 624, 627, Fn. 30.

723 *Hassold*, JuS 1982, 583, 587; *Kleindiek*, Deliktshaftung, S. 320 ff.; *Landwehr*, AcP 164 (1964), 482, 498; *Matusche-Beckmann*, Das Organisationsverschulden, S. 141; *Neumann-Duesberg*, NJW 1966, 624, 627.

724 Soergel/*Hadding*, § 31, Rn. 19.

Der ersten Auffassung ist sich anzuschließen. Erstens ist der zweitgenannten Auffassung entgegenzuhalten, dass die Schaffung zweier unterschiedlicher Rechtsfiguren durch die Rechtsprechung nicht zufällig war, sondern vor dem Hintergrund einer notwendigen Differenzierung zwischen den beiden Rechtsfiguren institutionalisiert wurde. Ansonsten ist nicht zu erklären, wozu zwei Rechtsfiguren entgegen dem gesetzlichen Wortlaut geschaffen worden sind, wenn die Unterscheidung nicht notwendig wäre. Zweitens lassen die von der Rechtsprechung entwickelten Merkmale zu der jeweiligen Organisationspflicht diesen Schluss nicht zu.

Zunächst ist eine Gemeinsamkeit hervorzuheben. Beide Rechtsfiguren haben ein gemeinsames Ziel, das im Ausschluss der Exkulpationsmöglichkeit des § 831 Abs. 1 Satz 2 BGB beim Einschalten von Hilfspersonen besteht.[725]

Was die Abgrenzung dieser Rechtsinstitute betrifft, soweit sie befürwortet wird, werden im Schrifttum verschiedene Meinungen vertreten.

Der Unterschied, der weitgehend anerkannt wird, liegt in den Adressaten oder Trägern der jeweiligen Organisationspflicht. Adressaten der betrieblichen Organisationspflichten sind sowohl juristische als auch natürliche Personen. Im Gegensatz dazu findet die körperschaftliche Organisationspflicht nur auf juristische Personen und die handelsrechtlichen Personengesellschaften Anwendung.[726]

Wesentlich schwieriger gestaltet sich die Ausarbeitung der Unterschiede der beiden Rechtsinstitute hinsichtlich des Inhalts der jeweiligen Organisationspflichten und hinsichtlich ihrer Haftungsgründe.

bb. Differenzierung nach dem Inhalt der Organisationspflicht

Die Streitigkeit hinsichtlich der Unterscheidung einer betrieblichen und körperschaftlichen Organisationspflicht nach ihrem Inhalt beruht auf verschiedenen Meinungen in der Lehre zu ihrer inhaltlichen Ausgestaltung.[727]

Zunächst ist zur Klarstellung zu erwähnen, dass sich eine Überschneidung dieser Organisationspflichten lediglich bei juristischen Personen und Personengesellschaften ergeben kann. Das folgt daraus, dass sich die körperschaftliche Organisationspflicht nicht auf natürliche Personen erstreckt.[728]

725 *Matusche-Beckmann*, Das Organisationsverschulden, S. 141 f.; ähnlich *Hassold*, JuS 1982, 583, 587; *Schlechtriem*, FS Heiermann, S. 281, 287.

726 *Heiss*, Entlastungsbeweis, S. 86 f.; ähnlich *Matusche-Beckmann*, Das Organisationsverschulden, S. 141.

727 Dazu näher unter Kapitel 1, B.II.2.a.bb und Kapitel 1, C.II.2.a.bb.

728 Dazu bereits unter Kapitel 1, C.II.2.b.aa.

Nach einer Auffassung ist für die Grenzziehung zwischen einer körperschaftlichen und betrieblichen Organisationspflicht einer juristischen Person deren Fähigkeit, ihrer Gefahrenabwendungspflicht nachzukommen, entscheidend.[729] Wenn die Organe einer juristischen Person nämlich in der Lage sind, dieser Pflicht nachzukommen, aber dies pflichtwidrig versäumen, ist ein betrieblicher Organisationsmangel gegeben.[730] Falls jedoch das Organ einer juristischen Person nicht in der Lage ist, seinen Aufsichtspflichten nachzukommen, und es unterlässt, ein Sonderorgan im Sinne des § 30 BGB zu bestellen, kommt die Verletzung einer körperschaftlichen Organisationspflicht in Betracht.[731] Daraus wird auf das Ausschließlichkeitsverhältnis zwischen einem körperschaftlichen und betrieblichen Organisationsmangel geschlossen.[732]

Nach einer anderen, leicht modifizierten Auffassung wird angenommen, dass ein betrieblicher Organisationsmangel dann vorliege, wenn eine juristische Person ihren Aufsichtspflichten überhaupt nicht nachkomme.[733] Ein körperschaftlicher Organisationsmangel besteht nach dieser Auffassung dann, wenn die juristische Person ihre Aufsichtspflicht von „Nichtorganen" ausüben lasse, obwohl nach allgemeiner Anschauung eine Bestellung zum Organ erforderlich gewesen wäre.[734] Demzufolge schließen sich diese Organisationspflichten gegenseitig nicht aus.[735]

Diese Abgrenzungsversuche im Schrifttum sind jedoch mehr verwirrend als überzeugend. Die Rechtsprechung nimmt zu dem Verhältnis dieser Organisationspflichten zueinander nicht Stellung. Allerdings lässt sie eine gleichzeitige Prüfung der Haftung wegen betrieblichen und körperschaftlichen Organisationsverschuldens zu. So wurde im sog. „*Wechselkoffer-Urteil*"[736] die Haftung eines Speditionsunternehmens wegen betrieblichen Organisationsverschuldens mit der Begründung abgelehnt, dass eine laufende Ausbildung und Überwachung des Personals erfolgte sowie eine zentrale Gefahrgut-Koordinationsstelle eingerichtet wurde. Im Weiteren ging das Gericht auf eine mögliche Fiktionshaftung ein, die allerdings im Ergebnis auch verneint wurde. Die Tätigkeit des

---

729 *Neumann-Duesberg*, NJW 1966, 624, 627.
730 *Neumann-Duesberg*, NJW 1966, 624, 629.
731 *Neumann-Duesberg*, NJW 1966, 624, 627.
732 *Neumann-Duesberg*, NJW 1966, 624, 629.
733 *Landwehr*, AcP 164 (1964), 482, 498.
734 *Landwehr*, AcP 164 (1964), 482, 498.
735 *Landwehr*, AcP 164 (1964), 482, 498.
736 BGH, Urt. v. 30. Januar 1996 – VI ZR 408/94, NJW-RR 1996, 867 f.; dazu bereits auf S. 146.

relevanten Gefahrgutkoordinators wurde als eine verantwortungsvolle Tätigkeit, jedoch nicht als Repräsentantentätigkeit beurteilt. Die Repräsentation des Unternehmens durch den Gehilfen ist aber gerade Voraussetzung einer Pflicht, Organstellung zu verschaffen.[737] Aus diesem Urteil wird somit deutlich, dass der Bundesgerichtshof zwischen der Haftung wegen betrieblichen und körperschaftlichen[738] Organisationsverschuldens streng differenziert.

Der vorgeschlagenen Differenzierung der Organisationspflichten danach, ob ein Organ in der Lage ist, bestimmte Aufsichtspflichten zu erfüllen, ist nicht zu folgen. Zum einen ist dieses Kriterium eher für das allgemeine Erfordernis der Bestellung einer Hilfsperson zutreffend, nicht jedoch allein für die körperschaftliche Organisationspflicht. Wenn eine juristische oder auch eine natürliche Person im Allgemeinen nicht in der Lage ist, ihren Verkehrspflichten persönlich nachzukommen, dann liegt es nahe, zur Gewährleistung der Schadlosigkeit ihrer Tätigkeit für Dritte anzunehmen, dass sie diese Erfüllung einer anderen Person übertragen muss. Das Erfordernis der Gehilfenbestellung ist in diesem Fall aber nur die Maßnahme, der Verkehrspflicht Genüge zu tun. Wenn aber das Organ dazu nicht in der Lage war und sich keiner Hilfsperson bedient hat, kann nicht von einer Organisationspflicht, weder einer betrieblichen noch einer körperschaftlichen, gesprochen werden. Eine Organisationspflicht liegt nämlich nur dann vor, wenn eine Hilfsperson vorhanden ist.[739] Beim Fehlen eines weiteren bzw. besonderen Organs, das die Erfüllung der Aufsichtspflicht übernehmen konnte, und beim Schaden eines Dritten wegen Nichterfüllung dieser Pflicht haftet eine juristische Person für die Verletzung einer Verkehrspflicht. Sie hat dafür Sorge zu tragen, dass kein Dritter zu Schaden kommt. Dieser Schluss wird auch von der Rechtsprechung gezogen.[740]

Darüber hinaus könnte bei dem Fehlen eines besonderen Organs an eine „Zwischenhilfsperson" gedacht werden. Doch auch das rechtfertigt nicht die Auffassung der hier diskutierten Meinung. Dann wäre die Voraussetzung der Existenz eines Gehilfen in Gestalt des unmittelbaren Schädigers für die Annahme einer Organisationspflicht zwar gegeben. Es ist jedoch folgerichtiger, beim kompletten Fehlen einer Zwischenstrukturstelle in der Betriebsorganisation von der Verletzung einer betrieblichen Organisationspflicht zu sprechen. Dafür spricht

737 BGH, Urt. v. 30. Januar 1996 – VI ZR 408/94, NJW-RR 1996, 867, 868.

738 In der Terminologie des Bundesgerichtshofs „Fiktionshaftung" (BGH, Urt. v. 30. Januar 1996 – VI ZR 408/94, NJW-RR 1996, 867, 868).

739 Dazu unter Kapitel 1, B.II.2.b.cc.

740 So etwa LG Ravensburg, Urt. v. 15. August 1996 – 3 S 145/96, NJW 1997, 402 spricht von einer Verkehrssicherungspflicht.

folgende Formulierung eines Urteils: „die erforderliche Inhaltskontrolle [...] so organisieren muss, dass [...]“[741]. Das Unterlassen der Bestellung eines Organs ist dann als unterbliebene Vorkehrung der sachgemäßen Organisation des Betriebs, also als ein haftungsbegründender Mangel in der Betriebsorganisation, zu betrachten.

Zum anderen wird die Annahme einer körperschaftlichen Organisationspflicht bereits bei fehlender Fähigkeit, die erforderliche Kontrolle durchzuführen, und zugleich bei fehlender Organbestellung daraus hergeleitet, dass diese Organisationspflicht als Bestellung eines fehlenden Organs zu charakterisieren ist.[742] Inhaltlich besteht eine körperschaftliche Pflicht aber in einer Verschaffung der Organstellung hinsichtlich der bereits vorhandenen Hilfspersonen, die ihre Aufgaben eigenverantwortlich wahrnehmen und das Unternehmen repräsentieren.[743]

Schließlich ist einzuwenden, dass es sich bei einer betrieblichen Organisationspflicht nicht nur um die „Nichterfüllung“ einer Aufsichtspflicht handeln kann, sondern auch um deren „Schlechterfüllung“.

Somit ist es zutreffend, die Grenze zwischen einer betrieblichen und körperschaftlichen Organisationspflicht einer juristischen Person, ausgehend von dem erwähnten Verständnis des Inhalts dieser Pflichten, aufgrund folgender Kriterien zu ziehen. Bei einer betrieblichen Organisationspflicht ist die Funktionssphäre des Unternehmens beansprucht. Erforderlich sind ordnungsgemäße Anweisungen an das Hilfspersonal und dessen Beaufsichtigung. Im Falle einer Verletzung der körperschaftlichen Organisationspflicht handelt sich um die formelle Sphäre der Organisation, nämlich um die fehlende Einräumung den bestellten Gehilfen einer Organstellung entsprechend dem Charakter der übertragenen Aufgaben. Aus dieser Grenzziehung ist die Schlussfolgerung zu ziehen, dass die Versäumnisse in der Funktionssphäre des Unternehmens mit solchen in der formellen Sphäre zugleich gegeben sein können. Dieses Ergebnis lässt sich auch auf die Rechtsprechung stützen, in der die mögliche Verletzung der betrieblichen und körperschaftlichen Organisationspflicht nicht selten nebeneinander geprüft wird.[744]

---

741 BGH, Urt. v. 8. Juli 1980 – VI ZR 158/78, NJW 1980, 2810, 2811.

742 *Neumann-Duesberg*, NJW 1966, 624, 628.

743 Ähnlich *Heiss*, Entlastungsbeweis, S. 87, der in diesem Zusammenhang von einer Organbestellungspflicht spricht, welche aber nicht als eine Pflicht zur Organisation im Sinne einer Strukturierung des Betriebes verstanden werden darf.

744 So etwa RG, Urt. v. 12. Januar 1938 – VI 172/37, JW 1938, 1651, 1652; BGH, Urt. v. 10. Mai 1957 – I ZR 234/55, BGHZ 24, 200, 213; BGH, Urt. v. 30. Januar 1996 – VI ZR 408/94, NJW-RR 1996, 867, 868.

Dadurch werden die Differenzierung zwischen diesen Organisationspflichten ausgehend von ihrem Inhalt und somit ein weiterer Unterschied zwischen betrieblichem und körperschaftlichem Organisationsverschulden deutlich. Allerdings bleibt die dogmatische Begründung eines solchen Organbestellungszwangs und der Schadenskausalität unklar. Diese Fragen sollen im Folgenden der Klärung zugeführt werden.

cc. Abgrenzung nach dem Haftungsgrund

Letztlich ist zu betonen, dass die betrieblichen und körperschaftlichen Organisationspflichten ferner rechtlich unterschiedliche Folgen nach sich ziehen. Es ist anerkannt, dass die Verletzung einer betrieblichen Organisationspflicht einen haftungsbegründenden Charakter hat. Auf welche gesetzliche Norm sich der Vorwurf des betrieblichen Organisationsverschuldens stützen lässt, steht zwar zur Diskussion, dessen haftungsbegründender Charakter jedoch nicht.

Welche Norm eine Grundlage für die Haftung wegen körperschaftlichen Organisationsmangels darstellt, ist demgegenüber äußerst umstritten. Die Rechtsprechung trifft nicht selten widersprüchliche Entscheidungen in diesem Zusammenhang, was zu der Einschätzung der Lehre vom körperschaftlichen Organisationsmangel als „verschlungen"[745] geführt hat. Es ist unklar, ob § 31 BGB von der Rechtsprechung als eine Zurechnungsnorm oder als eine eigenständige Haftungsgrundlage qualifiziert wird.

In einigen Urteilen ist ausdrücklich von einer Zurechnung nach § 31 BGB die Rede. Der Bundesgerichtshof hat beispielsweise in einem Urteil vom 13. Januar 1987 eindeutig Stellung dahingehend bezogen, dass § 31 BGB keine haftungsbegründende, sondern eine haftungszuweisende Norm sei, die einen Haftungstatbestand voraussetze. Über § 31 BGB werde die unerlaubte Handlung des Organs lediglich der juristischen Person als Haftungsmasse zugerechnet.[746] Diese Ansicht wird auch im Schrifttum befürwortet.[747]

Manchmal stützt die Rechtsprechung aber die Haftung einer juristischen Person direkt auf die §§ 30, 31 BGB. So hat der Bundesgerichtshof eine Haftung aufgrund des Fehlens einer Bestellung als besonderer Vertreter abgelehnt und hat dazu ausgeführt, dass eine Haftung nach den §§ 30, 31 BGB ausscheide.[748]

---

745 *Landwehr*, AcP 164 (1964), 482, 501.

746 Zum Ganzen BGH, Urt. v. 13. Januar 1987 – VI ZR 303/85, BGHZ 99, 298, 302.

747 In diesem Sinne *Heiss*, Entlastungsbeweis, S. 97; *Kleindiek*, Deliktshaftung, S. 329; *Martinek*, Repräsentantenhaftung, S. 183; *Neumann-Duesberg*, NJW 1966, 715, 716.

748 BGH, Urt. v. 16. Februar 1982 – VI ZR 149/80, NJW 1982, 1144, 1145.

Die letzte Erwägung würde nicht nur die Umwandlung des § 31 BGB von einer Zurechnungsnorm in einen selbstständigen Haftungsgrund bedeuten, sondern auch, dass die Verletzung einer körperschaftlichen Organisationspflicht den Tatbestand einer unerlaubten Handlung erfüllt. Die Gefahr solch eines Umfunktionierens des § 31 BGB wurde in der Literatur erkannt und auch kritisiert.[749] Der Zurechnungscharakter folgt vor allem aus dem Wortlaut dieser Norm. In § 31 BGB wird im Gegensatz zu den §§ 823 und 831 BGB nicht die Formulierung „zum Ersatz des Schadens verpflichtet", sondern „für den Schaden verantwortlich" verwendet. Aus § 31 BGB folgt, dass eine zum Schadensersatz verpflichtende Handlung erforderlich ist. Somit widerspricht die Umwandlung dieser Norm in einen haftungsbegründenden Tatbestand der gesetzgeberischen Intention.

Des Weiteren ist unklar, ob der körperschaftliche Organisationsmangel an sich bereits die zum Schadensersatz verpflichtende Handlung darstellt und mithin keine weiteren Voraussetzungen für die Haftung erforderlich sind. Diese Frage wurde bereits in den reichsgerichtlichen Entscheidungen erörtert.

Im sog. „*Asphalt-Vertiefungs-Urteil*"[750] hat beispielsweise das Reichsgericht ausgeführt, dass die Verwaltungsorganisation so beschaffen und so eingerichtet sein müsse, dass sich immer ein verfassungsmäßiger Vertreter ergebe, der zur Überwachung verpflichtet sei.[751] Darin könnte auf den ersten Blick eine haftungsbegründende Verletzung einer körperschaftlichen Organisationspflicht gesehen werden. Allerdings führt das Reichsgericht weiter aus, dass die angeführte Erwägung nicht so verstanden werden darf, dass ein solcher Vertreter und somit eine juristische Person immer hafte.[752] Das Gericht betonte ferner das Erfordernis der Anordnungen für die regelmäßige Unterhaltung und Beaufsichtigung des Straßenwesens sowie des allgemeinen Kontrollierens von der geschaffenen Organisation und Amtstätigkeit der bestellten Beamten und Bediensteten.[753] Also ist ersichtlich, dass es sich nicht um die notwendige Bestellung des verfassungsmäßigen Vertreters handelt. Vielmehr stützt das Gericht die Haftung auf die Verletzung der zuletzt genannten Pflichten. Trotz der hervorgehobenen Organisationsmängel in der Struktur war also eine Verletzung der Kontrollpflicht für die Haftung maßgebend.

---

749 *Martinek*, Repräsentantenhaftung, S. 183.

750 RG, Urt. v. 27. November 1916 – VI 275/16, RGZ 89, 136 ff.; dazu bereits auf S. 142.

751 RG, Urt. v. 27. November 1916 – VI 275/16, RGZ 89, 136, 137.

752 RG, Urt. v. 27. November 1916 – VI 275/16, RGZ 89, 136, 137.

753 RG, Urt. v. 27. November 1916 – VI 275/16, RGZ 89, 136, 137 f.

Im sog. „*Kölner Warenhaus-Urteil*"[754] hat das Reichsgericht auch einen körperschaftlichen Organisationsmangel anerkannt. Es handelte sich um einen Schadensersatzanspruch eines Kunden, der in einer Kölner Zweigstelle eines Warenhauses aufgrund einer gelockerten Messingkappe an einer Treppenstufe zu Schaden gekommen war. Die Betreiberin des Warenhauses wurde als haftbar angesehen, weil die örtliche Betriebsleitung ihre Aufsichtspflicht verletzt habe. Die Einwendungen der Revision, dass der Leiter der Kölner Zweigstelle zuverlässig gewesen und dass er kein besonderer Vertreter der Beklagten sei, wurden nicht berücksichtigt. Das Gericht hatte hervorgehoben, dass bei der Zulassung dieser Auffassung ein Großunternehmen wegen Vernachlässigung der Verkehrssorgfalt nahezu niemals in Anspruch genommen werden könnte.[755] Diese Begründung ist aber zweifelhaft. Gerade dadurch wird der Verdacht bestätigt, dass dabei lediglich gewährleistet werden sollte, dass irgendjemand für den entstandenen Schaden zu haften hat. Ferner hat das Gericht einen Organisationsmangel darin gesehen, dass die Beklagte den Zweigstellenleiter nicht zum besonderen Vertreter bestellt hatte. Somit hat das Reichsgericht einen körperschaftlichen Organisationsmangel, wie auch im „*Asphalt-Vertiefungs-Urteil*"[756], nicht eigenständig, sondern nur im Zusammenspiel mit einer Aufsichtspflichtverletzung als Haftungsgrund angesehen.

Im Weiteren wurde diese Rechtsprechung fortgeführt und angenommen, dass das Fehlen eines verfassungsmäßig berufenen Vertreters, der zur Überwachung verpflichtet ist, einen Organisationsmangel begründet, der zur Haftung nach § 823 Abs. 1 BGB führt.[757]

Dafür, dass dem körperschaftlichen Organisationsmangel kein haftungsbegründender Charakter zukommt, könnten ferner Ausführungen des sog. „*Kleinbahn-Urteils*"[758] sprechen. Das Reichsgericht sprach von einem Mangel in der Organisation, der zu einer Haftung nach § 823 Abs. 1 BGB führt und darin bestand, dass keiner der gesetzlichen Vertreter überhaupt in der Lage sein sollte, die bezeichneten Aufgaben durchzuführen.[759] Dabei blieb unklar, ob das Gericht in diesem Fall die Nichtbestellung zum Organ als haftungsbegründenden

754 RG, Urt. v. 19. Dezember 1935 – VI 324/35, JW 1936, 915 f.

755 RG, Urt. v. 19. Dezember 1935 – VI 324/35, JW 1936, 915.

756 RG, Urt. v. 27. November 1916 – VI 275/16, RGZ 89, 136 ff.; dazu bereits auf S. 142.

757 RG, Urt. v. 12. Oktober 1938 – VI 96/38, JW 1938, 3162, 3163 (mit Verweis auf §§ 31, 89 BGB).

758 RG, Urt. v. 12. Januar 1938 – VI 172/37, JW 1938, 1651 f.; dazu bereits auf S. 143.

759 RG, Urt. v. 12. Januar 1938 – VI 172/37, JW 1938, 1651, 1652.

Tatbestand nach § 823 Abs. 1 BGB einordnen wollte oder ob sich die Haftung dennoch aus einem anderen Grund ergibt.

Es ist der Meinung zuzustimmen, dass die Anerkennung des haftungsbegründenden Charakters des körperschaftlichen Organisationsmangels in diesem Fall nicht haltbar ist.[760] Es ist zunächst aus der Gesamtschau des diesem Urteil zugrunde liegenden Sachverhalts zu argumentieren. In diesem Fall hatte die Betreiberin der Kleinbahn es unterlassen, durch ihre Organe geeignete Anordnungen zu erlassen und die von den angestellten Personen getroffenen Maßnahmen laufend zu überwachen. Also hatte sie ihre betriebliche Organisationspflicht verletzt. Auf die Verletzung der betrieblichen Organisationspflicht lassen auch die Worte „keiner […] in der Lage sein sollte, die bezeichneten Aufgaben durchzuführen"[761] schließen. Diese Organisationspflichtverletzung hätte allerdings durch entsprechende Organe vermieden werden können. Dazu führte das Gericht aus, dass wenn die Mitglieder des Vorstandes dem nachgekommen wären, so hätte ihnen nicht entgehen können, dass sich die Anordnung verkehrsgefährlich auswirken müsste.[762] Somit ist es zutreffend, dieses Urteil derart zu verstehen, dass die Verletzung einer betrieblichen Organisationspflicht für den eingetretenen Schaden kausal gewesen war und sie der Betreiberin der Kleinbahn zuzurechnen war, als ob diese von ihren Organen begangen worden wäre.[763]

Eine gewisse Verwirrung hinsichtlich der Frage, ob eine körperschaftliche Organisationspflicht haftungsbegründend sein kann, stiftet auch das sog. *„Spätheimkehrer-Urteil"*[764]. Das Vorbringen der Revision in Bezug auf die für die Annahme eines Organisationsfehlers erforderliche Verkehrssicherungspflichtverletzung wurde vom Bundesgerichtshof kategorisch abgelehnt. Diese ist nach der höchstrichterlichen Auffassung nicht erforderlich.[765] Vielmehr hat der Bundesgerichtshof judiziert, dass ein Organisationsmangel, der zur Haftung der juristischen Person unter Ausschluss des Entlastungsbeweises gemäß § 31 BGB führe, nicht nur bei sog. Verkehrssicherungspflichten, sondern bei allen Geschäften des täglichen Lebens und des wirtschaftlichen Verkehrs allein schon darin erblickt werden könne, dass kein verfassungsmäßig berufener Vertreter für den fraglichen Aufgabenkreis bestellt worden sei.[766] Bei dieser Erwägung hat

760 *Landwehr,* AcP 164 (1964), 482, 492.
761 RG, Urt. v. 12. Januar 1938 – VI 172/37, JW 1938, 1651, 1652.
762 RG, Urt. v. 12. Januar 1938 – VI 172/37, JW 1938, 1651, 1652.
763 In diesem Sinne *Landwehr*, AcP 164 (1964), 482, 492.
764 BGH, Urt. v. 10. Mai 1957 – I ZR 234/55, BGHZ 24, 200 ff.; dazu bereits auf S. 145.
765 BGH, Urt. v. 10. Mai 1957 – I ZR 234/55, BGHZ 24, 200, 213.
766 BGH, Urt. v. 10. Mai 1957 – I ZR 234/55, BGHZ 24, 200, 213.

sich der Bundesgerichtshof auf die reichsgerichtliche Rechtsprechung gestützt. Der Verweis des Bundesgerichtshofs auf das sog. „*Asphalt-Vertiefungs-Urteil*“[767] erscheint insofern unlogisch, als es in diesem Urteil nicht darum ging, dass ein Organisationsmangel allein in der fehlenden Bestellung erblickt wurde, sondern darum, dass die beklagte Stadtgemeinde die Vermutung ungenügender Erfüllung der Aufsichtspflicht der verfassungsmäßigen Vertreter nicht widerlegen konnte.[768] Daraus ist zu folgern, dass das Gericht anscheinend einen körperschaftlichen Organisationsmangel nur im Zusammenhang mit der Verletzung einer Aufsichtspflicht als haftungsbegründend ansieht.

Gleichzeitig entsteht aber der Eindruck, dass der Bundesgerichtshof allem Anschein nach die Verletzung einer anderen Pflicht von der Verletzung einer körperschaftlichen Organisationspflicht trennen und letztere als haftungsbegründend darstellen wollte. Das ist besonders aus folgender Formulierung ersichtlich: „ein Organisationsmangel [kann] […] allein schon darin erblickt werden […]“[769]. Diese Auffassung ist aber nicht konsequent. Der Bundesgerichtshof machte jedoch im Weiteren detaillierte Ausführungen dazu, dass die Haftung wegen mangelhafter Organisation gemäß § 823 Abs. 1 BGB unabhängig von der Beurteilung des Organisationsfehlers im Rahmen des § 31 BGB in diesem Fall ohnehin gegeben wäre. Der Bundesgerichtshof führt aus, dass die Geschäftsführer des Verlages hätten durch ausreichende organisatorische Maßnahmen dafür Sorge tragen müssen, dass solche Eingriffe in fremde Rechtssphären nach Möglichkeit unterbleiben.[770] Daraus folgt, dass es bei der Haftung letztendlich entscheidend auf einen betrieblichen Organisationsmangel ankam. Der Bundesgerichtshof hat vielmehr entgegen seinen eigenen Ausführungen nicht allein auf einen körperschaftlichen Organisationsmangel, sondern auf einen solchen nur zusammen mit der Verletzung einer Aufsichtspflicht, abgestellt. Er hat die Existenz des ersten in diesem konkreten Fall offen gelassen. Es ging um die Verletzung einer anderen Pflicht.

In der späteren Rechtsprechung hat der Bundesgerichtshof diese Praxis fortgeführt. Im sog. „*Medizin-Syndikat II-Urteil*“[771] kam es entscheidend auf die Kontrollpflichtverletzung, nicht aber auf die körperschaftliche Organisationspflicht, an. Deswegen ist auch verständlich, dass der Bundesgerichtshof seine

---

767 RG, Urt. v. 27. November 1916 – VI 275/16, RGZ 89, 136 ff.; dazu bereits auf S. 142.
768 RG, Urt. v. 27. November 1916 – VI 275/16, RGZ 89, 136, 138.
769 BGH, Urt. v. 10. Mai 1957 – I ZR 234/55, BGHZ 24, 200, 213.
770 BGH, Urt. v. 10. Mai 1957 – I ZR 234/55, BGHZ 24, 200, 213.
771 BGH, Urt. v. 8. Juli 1980 – VI ZR 158/78, NJW 1980, 2810 f.; dazu bereits auf S. 182.

Auffassung auf das oben erwähnte „*Spätheimkehrer-Urteil*"[772] gestützt hat, wo sich auch die Aufsichtspflichtverletzung haftungsbegründend ausgewirkt hatte.

Die Rechtsprechung hat somit zunächst auf die körperschaftliche Organisationspflicht in Verbindung mit anderen Pflichten abgestellt.[773] In späteren Urteilen sprechen die Gerichte von einer Haftungsbegründung bereits allein bei Vorliegen eines körperschaftlichen Organisationsmangels.[774] Allerdings stützen die Gerichte die Haftung, trotz solcher Erwägungen, letztendlich auf die Verletzung einer anderen Pflicht.

Ferner rechtfertigt sich die Ablehnung eines haftungsbegründenden Charakters der Verletzung einer körperschaftlichen Organisationspflicht auch aus folgendem Grund. Die zum Schadensersatz verpflichtende unerlaubte Handlung muss sich gegen Dritte richten und ihre Rechtssphäre verletzen, also eine Außenwirkung haben. Dieser Charakter kommt einer Verletzung der körperschaftlichen Organisationspflicht aber gerade nicht zu.[775]

Erstens ergibt sich aus der Rechtsprechungsanalyse, dass das Gericht immer die Verletzung einer betrieblichen Organisationspflicht durch „Nichtorgane" als kausal für den eingetretenen Schaden bewertet und von einem Organisationsmangel wegen Vernachlässigung der allgemeinen Aufsicht ausgeht.[776] Ein anderer Schluss wäre auch abwegig, weil nicht behauptet werden kann, dass bloß durch eine Bestellung zum Organ eine Hilfsperson ihre Aufgabe besser erfüllen würde, als sie es ohne diese Stellenbezeichnung tut. Daher wird völlig zu Recht betont, dass die Durchführung der Kontrolle von einem verfassungsmäßig bestellten Vertreter keine Verminderung der Gefahren darstellt.[777] Also ist die Kausalität der Nichtbestellung zum Organ für den Schaden sehr zweifelhaft.

Zweitens ist einzubringen, dass es dem Geschädigten gleichgültig ist, von wem die Verletzungshandlung letztlich begangen wurde: von einem Organ oder von einem einfachen Verrichtungsgehilfen. Der zugefügte Schaden bleibt für ihn derselbe. Der Unterschied wirkt sich nur im Rahmen der Frage des Ersatzpflichtigen aus, was allerdings kein Schadensproblem im Rahmen des § 823 BGB

---

772 BGH, Urt. v. 10. Mai 1957 – I ZR 234/55, BGHZ 24, 200 ff.; dazu bereits auf S. 145.

773 *Hilgers*, Schadensverantwortung, S. 84; *Matusche-Beckmann*, Das Organisationsverschulden, S. 135; Soergel/*Hadding*, § 31, Rn. 16; näher zur Rechtsprechungsentwicklung: *Landwehr*, AcP 164 (1964), 482, 484 ff.; *Kleindiek*, Deliktshaftung, S. 315 ff.

774 BGH, Urt. v. 10. Mai 1957 – I ZR 234/55, BGHZ 24, 200, 213.

775 Zum Ganzen *Landwehr*, AcP 164 (1964), 482, 492.

776 So etwa BGH, Urt. v. 10. Mai 1957 – I ZR 234/55, BGHZ 24, 200, 214; BGH, Urt. v. 8. Juli 1980 – VI ZR 158/78, NJW 1980, 2810, 2811.

777 *v. Bar*, Verkehrspflichten, S. 36 f.; zustimmend *Kleindiek*, Deliktshaftung, S. 329.

darstellt.[778] Also hat der körperschaftliche Organisationsmangel allein noch keine haftungsbegründende Wirkung.

Es ist daher zutreffend anzunehmen, dass sich die Verletzung der körperschaftlichen Organisationspflicht nicht haftungsbegründend, sondern lediglich verhaltenszurechnend auswirkt. Die Unterlassung der gebotenen Kontrolle wird der juristischen Person zugerechnet, als ob diese Verletzung von einem ihrer Organe selbst begangen worden wäre.[779] Der körperschaftliche Organisationsmangel allein erfüllt also nicht den Tatbestand einer zum Schadensersatz verpflichtenden Handlung und führt somit alleine genommen noch nicht zur Haftung.[780] Die körperschaftliche Organisationspflicht wird im Schrifttum daher zu Recht als „eine den Besonderheiten der juristischen Person angepasste Ergänzung der betrieblichen Organisationspflicht“[781] qualifiziert.

Die Vorschrift des § 31 BGB stellt dementsprechend nur eine Zurechnungsnorm dar. Somit besteht darin ein wesentlicher Unterschied zwischen einer betrieblichen und körperschaftlichen Organisationspflicht.

dd. Zwischenergebnis

Die körperschaftliche Organisationspflicht besteht somit in der Verschaffung einer Organstellung für die Hilfsperson entsprechend den ihr übertragenen Aufgaben, nicht aber in der Bestellung der fehlenden Organe wegen Überlastung. Ein körperschaftlicher Organisationsmangel betrifft die natürlichen Personen im Gegensatz zu einem betrieblichen Organisationsmangel nicht. Außerdem unterscheiden sie sich nach dem Inhalt der entsprechenden Organisationspflicht und den rechtlichen Folgen von deren Verletzung. Bei der Haftung einer juristischen Person oder Personengesellschaft können ein körperschaftlicher und ein betrieblicher Organisationsmangel gleichzeitig gegeben sein.[782]

---

778 *Landwehr*, AcP 164 (1964), 482, 492; zustimmend *Martinek*, Repräsentantenhaftung, S. 182.

779 *Neumann-Duesberg*, NJW 1966, 624, 627; *Heiss*, Entlastungsbeweis, S. 87, Fn. 1 spricht von der Vermutung einer Kontrollpflichtverletzung und deren Zurechnung über die verletzte Organbestellungspflicht.

780 *Heiss*, Entlastungsbeweis, S. 87.

781 *Heiss*, Entlastungsbeweis, S. 87.

782 *Hassold*, JuS 1982, 583, 587.

III. Kritik an der Lehre vom körperschaftlichen Organisationsverschulden

Die über mehr als 100 Jahre fortentwickelte Lehre vom körperschaftlichen Organisationsverschulden wird wegen der dabei entstehenden Widersprüche vielfach kritisiert. Im Weiteren sind die Schwächen dieser Lehre zu analysieren und alternative Lösungsvorschläge darzustellen.

Obwohl in der Literatur weiterhin die Meinung vertreten wird, dass man auf die Lehre vom körperschaftlichen Organisationsverschulden nicht verzichten könne[783], ist sich den Kritikpunkten gegen diese Lehre anzuschließen.[784]

Erstens steht die Lehre vom körperschaftlichen Organisationsverschulden zu dem Zweck des § 31 BGB im Widerspruch.[785] Diese Vorschrift bezweckt die haftungsrechtliche Gleichstellung juristischer mit natürlichen Personen.[786] Es wird jedoch durch die Festhaltung an der Rechtsfigur des körperschaftlichen Organisationsverschuldens genau das Gegenteil erreicht, nämlich die Privilegierung von Einzelunternehmern.[787] Sie haften für ihre leitenden Angestellten deliktisch mit der Exkulpationsmöglichkeit nach § 831 Abs. 1 Satz 2 BGB, während diese Möglichkeit den juristischen Personen durch die Rechtsprechung bei der Haftung über § 31 BGB genommen wird. Die Ausgleichsfunktion des § 31 BGB wird nicht erfüllt.[788]

---

783 *Hassold*, JuS 1982, 583, 587: „in der Form der Analogie zu § 31 BGB" (in Bezug auf die Lehre vom körperschaftlichen Organisationsverschulden), allerdings nur solange § 831 BGB nicht geändert werde.

784 *Hassold*, JuS 1982, 583, 586 behauptet, dass „sich die Lehre vom körperschaftlichen Organisationsverschulden in das System des BGB nicht einfügt"; *Neumann-Duesberg*, NJW 1966, 715, 716, der von „eine[r] rechtlich verfehlte[n] Konstruktion" spricht; zustimmend *Hilgers*, Schadensverantwortung, S. 89; *Kleindiek*, Deliktshaftung, S. 329 charakterisiert die körperschaftliche Organisationspflicht als „eine von vornherein verfehlte Kategorie"; *Martinek*, Repräsentantenhaftung, S. 184 bezeichnet diese Lehre als „Irrläufer der Rechtsprechung" und kritisiert ihre dogmatische Haltlosigkeit.

785 *Matusche-Beckmann*, Das Organisationsverschulden, S. 138.

786 Protokolle bei *Mugdan* I, S. 619.

787 In diesem Sinne *Eubel*, Die Haftung des Geschäftsherrn, S. 49; wohl auch *Renner*, Die deliktische Haftung, S. 84; *Martinek*, Repräsentantenhaftung, S. 179 („Pervertierung der Angleichungsfunktion des § 31 BGB"); ähnlich Staudinger/*Bernau*, § 831, Rn. 11; ähnlich *Neumann-Duesberg*, NJW 1966, 715, 716; anders *Spindler*, Unternehmensorganisationspflichten, S. 608 f., der zu dem Ergebnis gelangt, dass keine Diskrepanz zwischen juristischen und natürlichen Personen existiert.

788 Zum Ganzen *Martinek*, Repräsentantenhaftung, S. 179.

Diesem Gedanken könnte entgegengehalten werden, dass in einem von einem Einzelkaufmann geführten Betrieb alle wichtigen Aufgaben von ihm selbst erfüllt werden oder zumindest erfüllt werden können. Dann käme eine juristische Person ihren Verpflichtungen wie eine natürliche Person nach. Dieses Argument hält jedoch der Realität nicht stand.[789] Bei einzelkaufmännischen Großbetrieben werden die Aufgaben von einer Mehrzahl leitender Angestellter selbstständig und verantwortungsvoll als Repräsentanten des Unternehmers erledigt.[790] Außerdem ist nicht zu übersehen, dass dieses Argument einen Wahrscheinlichkeitscharakter hat. Es könnte genauso gut sein, dass diejenigen, die sich der Haftung nach §§ 823 Abs. 1 i.V.m. 31 BGB entziehen möchten, die „Flucht" durch Zugriff auf die einzelkaufmännischen Großbetriebe ergreifen.

Keinen Rechtfertigungsgrund der Ungleichbehandlung kann ferner der Gedanke einer persönlichen Haftung eines Einzelunternehmers im Gegensatz zur juristischen Person darstellen. Das mag ein bedeutender Unterschied zwischen dem Einzelunternehmer und juristischer Person sein. Doch bleibt dabei unklar, warum eine offene Handelsgesellschaft und Kommanditgesellschaft, die einer persönlichen Gesellschafterhaftung nach § 128 HGB unterworfen sind, trotzdem unter den Anwendungsbereich des § 31 BGB fallen. Deshalb ist dieser Einwand für die Begründung des Ausschlusses des Einzelunternehmers aus dem Anwendungsbereich des § 31 BGB nicht überzeugend.

Die Ungleichbehandlung könnte jedoch unter dem Gesichtspunkt gerechtfertigt sein, dass nur wenige gewerbliche Großbetriebe von Einzelpersonen getragen werden.[791] Daraus wird die Schlussfolgerung gezogen, dass die Fälle unbilliger Ergebnisse relativ gering wären.[792] Dem ist aber entgegenzuhalten, dass sich die Situation aus irgendwelchen Gründen (rechtlicher, steuerlicher Art u.a.) jederzeit ändern kann, so dass die Vorschrift des § 31 BGB in ihrem „gerechten" Umfang nicht mehr überwiegen wird. Obwohl dieser Einwand zweifellos einen Schätzungscharakter hat und in der Literatur als „gänzlich unjuristisch"[793] bezeichnet wird, spielen natürlich auch unjuristische Gesichtspunkte bei der Begründung rechtlicher Regelungen eine bedeutende Rolle, weil die Rechtsordnung die wirtschaftlichen und sonstigen Besonderheiten ebenfalls berücksichtigen muss.

---

789 Zum Ganzen *Martinek*, Repräsentantenhaftung, S. 180.
790 *Martinek*, Repräsentantenhaftung, S. 180.
791 *Landwehr*, AcP 164 (1964), 482, 510.
792 *Landwehr*, AcP 164 (1964), 482, 510.
793 *Martinek*, Repräsentantenhaftung, S. 181.

Außerdem ist bei der Rechtfertigung der Ungleichbehandlung einer juristischen Person und eines Einzelkaufmanns anzumerken, dass eine völlige Gleichstellung äußerst schwierig ist, weil sie von ihrer Natur her komplett unterschiedlich sind. Darüber hinaus steht jedermann, folgend aus der Privatautonomie, die freie Entscheidung darüber zu, in welcher Form er im Rechtsverkehr agieren möchte. Allerdings ändert das nichts daran, dass die Lehre vom körperschaftlichen Organisationsverschulden dem Gesetzeszweck des § 31 BGB widerspricht.

Zweitens ergeben sich weitere schwerwiegende Bedenken gegen diese Lehre wegen des Vorwurfs des Eingriffs in die körperschaftliche Organisationsfreiheit und Satzungsautonomie.[794] Allerdings ist in der Literatur lediglich von einem „mittelbare[n] Zwang"[795] die Rede.

Gegen den Organbestellungszwang spricht vor allem der Umstand, dass nicht das Prozessgericht, sondern das Registergericht unter den Voraussetzungen des § 29 BGB einen Ersatzvorstand zu bestellen hat.[796] Allerdings gelten die Gründe des zulässigen Organisationszwangs im Rahmen des § 29 BGB nicht für die besonderen Vertreter im Sinne des § 30 BGB. Das folgt daraus, dass der Zweck der Notbestellung gemäß § 29 BGB in der Herbeiführung der Handlungsfähigkeit des Vereins liegt, wohingegen diese in § 30 BGB als vorhanden vorausgesetzt wird.[797]

Abgesehen von diesem Einwand, der gegen den Organbestellungszwang spricht, ist der wohl herrschenden Meinung, die von dem Verlangen einer Organbestellung durch die Rechtsprechung ausgeht[798], nicht zuzustimmen.

Zunächst ist hervorzuheben, dass in der Rechtsprechung nicht das Fehlen bestimmter Organe, sondern das Fehlen der entsprechenden Qualifikation der beauftragten Angestellten von Bedeutung ist.[799] Daraus lässt sich ein Organbestellungszwang im Sinne der Bestellung nicht existierender Organe wegen Überlastung der juristischen Person nicht ableiten. Die Organstellung wird von

---

794 *Hassold*, JuS 1982, 583, 586; ähnlich RGRK/*Steffen*, § 31, Rn. 5; Soergel/*Hadding*, § 31, Rn. 17; ähnlich *Heiss*, Entlastungsbeweis, S. 92 f.; *Martinek*, Repräsentantenhaftung, S. 179, 181 spricht von einem „ins Normative verkehrte[n] naturalistische[n] Fehlschluss"; *Renner*, Die deliktische Haftung, S. 85 bezeichnet diesen Eingriff als „eklatant" (Fn. 345) und den Bestellungszwang als „äußerst befremdlich".

795 *Martinek*, Repräsentantenhaftung, S. 177; ähnlich *Hilgers*, Schadensverantwortung, S. 87; ebenso *Neumann-Duesberg*, NJW 1966, 715.

796 *Neumann-Duesberg*, NJW 1966, 715, 716.

797 *Hilgers*, Schadensverantwortung, S. 89, Fn. 262.

798 *Martinek*, Repräsentantenhaftung, S. 177; *Matusche-Beckmann*, Das Organisationsverschulden, S. 138.

799 Dazu näher unter Kapitel 1, C.II.2.a.aa.

Gerichten lediglich fingiert. Dadurch ist ersichtlich, dass es der Rechtsprechung nicht um die Organisationsstruktur einer juristischen Person ging, sondern lediglich darum, ihre Haftung für das Verhalten leitender Angestellter ohne Organstellung den Grundsätzen der §§ 30, 31 BGB zu unterstellen.[800] Es ging also um die Zurechnung. Die Rechtsprechung führte somit zu keinem Zeitpunkt zu einem Bestellungszwang.[801] Es ist aber nicht zu verkennen, dass das Ziel und das Erzielte durchaus divergieren können. Deshalb ist weiterhin zu untersuchen, was in Wirklichkeit erreicht wurde.

Gegen die Behauptung, dass die Rechtsprechung einen Organbestellungszwang geschaffen hat, spricht ferner folgendes Argument. Bei dem Erfordernis, den leitenden Angestellten eine Organstellung zu verleihen, handelt es sich nicht um eine Pflicht im eigentlichen Sinne. Wenn in diesem Fall eine Pflicht angenommen werden sollte, dann müsste der juristischen Person bei ihrer Verletzung ein Rechtsnachteil entstehen. Das trifft jedoch nicht zu. Die Lage der juristischen Person bleibt bei ihrer Verletzung wie auch bei ihrer Einhaltung gleich, indem sie in beiden Handlungsalternativen haftet.[802] Im ersten Fall wäre dann der Vorwurf eines körperschaftlichen Organisationsverschuldens maßgeblich, im letzten Fall wäre § 31 BGB direkt anwendbar. Zu Recht wird der Vorwurf des körperschaftlichen Organisationsmangels deshalb als „Scheinvorwurf"[803] charakterisiert. Dabei wäre der bleibende „mangelhafte" Zustand im körperschaftlichen Sinne für die juristische Person vorteilhafter, weil sie dadurch eine unnötige zusätzliche rechtsgeschäftliche Vertretungsmacht bei der gleichen haftungsrechtlichen Lage vermeiden kann.[804]

Ferner spricht gegen die Annahme, dass es sich beim körperschaftlichen Organisationsmangel um den Organbestellungszwang handelt, dass eine juristische Person immer noch frei in ihren Entscheidungen ist, wen sie tatsächlich zum Organ bestellt und wen nicht. Die Nichterfüllung der Anforderung von der Rechtsprechung, dem bei leitenden Angestellten nachzukommen, wirkt sich zu keinem Zeitpunkt negativ auf die juristische Person aus. Sie haftet im gleichen Maße, wie wenn sie diesem Erfordernis tatsächlich nachgekommen wäre. Demzufolge bleibt die Satzungsautonomie einer juristischen Person unangetastet.

Somit ist festzuhalten, dass sowohl nach dem Ziel der Rechtsprechung als auch nach den erzielten Ergebnissen kein Organbestellungszwang gegeben ist.

---

800 *Landwehr*, AcP 164 (1964), 482, 501 f.; *Kleindiek*, Deliktshaftung, S. 327.
801 Dazu näher unter Kapitel 1, C.II.2.a.aa.
802 In diesem Sinne *Kleindiek*, Deliktshaftung, S. 327.
803 *Ostheim*, Gedenkschrift Gschnitzer, S. 317, 326.
804 *Ostheim*, Gedenkschrift Gschnitzer, S. 317, 326.

Dann stellt sich aber die Frage, ob die Behandlung eines leitenden Angestellten als Sonderorgan aufgrund einer Fiktion gerechtfertigt ist. Immerhin haftet eine juristische Person bei der „Fiktionshaftung" strenger als nach § 831 Abs. 1 BGB für einen Verrichtungsgehilfen. Dadurch soll die Ausweichung von der Haftung gemäß § 831 Abs. 1 Satz 2 BGB unterbunden werden.[805] Zur Absicherung dieses Grundsatzes wurde die Haftung wegen eines körperschaftlichen Organisationsmangels konstruiert. Es findet sich kein Grund, denjenigen, der die vergleichbaren Aufgaben wie ein Organ ausübt, nur aufgrund der formalen Kriterien haftungsrechtlich anders zu behandeln. Dadurch wird der potenzielle Geschädigte geschützt. Daher sind die von der Rechtsprechung aufgestellten Grundsätze gerechtfertigt.

Darüber hinaus ist diese Rechtsfigur trotz positiv bewerteter Ergebnisse aus methodischer Sicht zweifelhaft. Die Fiktion als angewandtes rechtstechnisches Mittel kann dabei dogmatisch nicht begründet werden.[806] Die Verwendung dieses Mittels, einen nicht existierenden Sachverhalt zu fingieren, ist ausschließlich dem Gesetzgeber kraft seiner rechtschöpfenden Gewalt vorbehalten.[807] Die Verwendung einer Fiktion von der Rechtsprechung ist nur dann zulässig, wenn ein vorgegebenes Phänomen in das Rechtssystem eingeordnet werden soll.[808] Im Fall des körperschaftlichen Organisationsmangels handelt es sich dagegen um die Vermeidung der Haftungslücken. Somit hat die Rechtsprechung den ihr zugesprochenen Spielraum bei der Aufstellung einer Fiktion überschritten.[809] Ob die durch die Rechtsfigur des körperschaftlichen Organisationsmangels erzielten Ergebnisse mit einer anderen methodischen Begründung erreicht werden können, wird später dargestellt.[810]

Ein weiterer und, wie es scheint, der wichtigste Kritikpunkt an der Lehre vom körperschaftlichen Organisationsverschulden besteht darin, dass die Verletzung einer körperschaftlichen Organisationspflicht niemals kausal für den Schadeneintritt sein kann.[811]

---

805 RGRK/*Steffen*, § 831, Rn. 8 spricht zutreffend von einem „Organisationsmangel im Haftungsinteresse".

806 *Landwehr*, AcP 164 (1964), 482, 515; *Hilgers*, Schadensverantwortung, S. 89.

807 *Hilgers*, Schadensverantwortung, S. 89; ähnlich *Martinek*, Repräsentantenhaftung, S. 181.

808 *Landwehr*, AcP 164 (1964), 482, 515 nennt als Beispiel die Fiktionstheorie zum Wesen der juristischen Person; *Hilgers*, Schadensverantwortung, S. 89, Fn. 262.

809 *Landwehr*, AcP 164 (1964), 482, 515; *Martinek*, Repräsentantenhaftung, S. 181.

810 Dazu unter Kapitel 1, C.IV.2.

811 *Landwehr*, AcP 164 (1964), 482, 492; übereinstimmend *Martinek*, Repräsentantenhaftung, S. 182; auch *Hilgers*, Schadensverantwortung, S. 88; *Kleindiek*, Deliktshaftung, S. 328 f.; *Renner*, Die deliktische Haftung, S. 85; ähnlich *Steindorff*, AcP 170 (1970), 93, 104.

Formulierungen einzelner Urteile erwecken einen anderen Eindruck. Beim Vorliegen eines Organisationsmangels haftet eine juristische Person aus § 823 Abs. 1 BGB.[812] Allerdings, wie bereits dargelegt[813], erwähnen die Gerichte körperschaftliche Organisationsmängel immer im Zusammenhang mit den dem Angestellten unterlaufenen drittschädigenden Fehlern. Eine körperschaftliche Organisationspflicht verfügt nicht über haftungsbegründende Merkmale.[814] Der Schaden entsteht aufgrund von Anleitungs- und Überwachungsversäumnissen leitender Angestellter, nicht aber aufgrund der Nichteinräumung einer Organstellung. Das Fehlen der Organeigenschaft ist ausschließlich für die Nichtanwendbarkeit der Regelung des § 31 BGB kausal.[815]

Es kann außerdem nicht behauptet werden, dass ein verfassungsmäßig berufener Vertreter in der schadensverursachenden Situation sorgfältiger gehandelt hätte.[816] Vor allem ist zu berücksichtigen, dass es sich um die gleiche Hilfsperson handelt, der lediglich die entsprechende Qualifikation fehlt.

Mithin fehlt die Kausalität zwischen dem körperschaftlichen Organisationsmangel und dem eingetretenen Schaden und ferner begründet die Verletzung einer körperschaftlichen Organisationspflicht keine Haftung.

Für diese Auffassung spricht unter anderem, dass eine körperschaftliche Organisationspflicht keine Pflicht gegenüber Dritten im Sinne des § 823 Abs. 1 BGB darstellt.[817] Weiterhin könnte eine juristische Person nicht allein aufgrund struktureller Mangelhaftigkeit zur Haftung herangezogen werden, weil auch wenn ein leitender Angestellter kein Organ ist, aber ansonsten alles ordnungsgemäß verrichtet wird, kein Drittschaden entsteht. Durch die Bestellung zum Organ werden die Risiken der Drittschäden nicht minimiert. Zu Recht wird darauf hingewiesen, dass das Bürgerliche Gesetzbuch eine schadensersatzbewehrte besondere körperschaftsrechtliche Organisationspflicht nicht kenne.[818] Also begründet ein körperschaftlicher Organisationsmangel keine Haftung. Es ist folgerichtiger, § 31 BGB als bloße Zurechnungsnorm zu beurteilen.

Somit lässt sich festhalten, dass die Lehre vom körperschaftlichen Organisationsverschulden auf eine Vielzahl von Bedenken stößt. Die durch die

---

812 So etwa RG, Urt. v. 12. Januar 1938 – VI 172/37, JW 1938, 1651, 1652.

813 Dazu näher unter Kapitel 1, C.II.2.b.cc.

814 *Landwehr*, AcP 164 (1964), 482, 492; *Martinek*, Repräsentantenhaftung, S. 182.

815 Zum Ganzen *Martinek*, Repräsentantenhaftung, S. 182.

816 *Renner*, Die deliktische Haftung, S. 85.

817 *Landwehr*, AcP 164 (1964), 482, 492; *Matusche-Beckmann*, Das Organisationsverschulden, S. 138.

818 *v. Bar*, Verkehrspflichten, S. 257.

Rechtsprechung erzielten Ergebnisse vermögen die Kritikpunkte an dieser Lehre nicht zu rechtfertigen, so dass diese Lehre als „blanke Konstruktion“[819] beurteilt wird. Die umfangreiche Kritik dieser Lehre hat aber bis jetzt nicht zu deren Aufgabe durch die Rechtsprechung geführt.[820] Angesichts der aufgeführten Aspekte ist sich der kritischen Ansicht gegenüber der Lehre vom körperschaftlichen Organisationsverschulden anzuschließen. Es ist demzufolge im Weiteren zu untersuchen, wie die gewünschten Ergebnisse ohne die Lehre vom körperschaftlichen Organisationsverschulden erzielt werden können.

IV. Lösungsvorschläge

1. Meinungsstand

Die Lehre vom körperschaftlichen Organisationsverschulden behält nämlich, wie zutreffend hervorgehoben wird, das historische Verdienst, einer überzeugenden Wertung zum Durchbruch verholfen zu haben.[821] Die heftige inhaltliche, methodische und dogmatische Kritik an dieser Lehre hat die Zivilrechtswissenschaft zum Nachdenken veranlasst, auf welche Art und Weise die gleich effektiven Ergebnisse im haftungsrechtlichen Sinne ohne diese Rechtsfigur erzielt werden können.

In der Lehre wird dabei ein Ausweg überwiegend in der analogen Anwendung des § 31 BGB gesehen.[822] Die Rechtsprechung hat jedoch diese Lösung unterschiedlich beurteilt.[823]

---

819 *Martinek*, Repräsentantenhaftung, S. 184.

820 Anders *Renner*, Die deliktische Haftung, S. 85 spricht vom Verzicht der Rechtsprechung inzwischen auf die Herleitung über den körperschaftlichen Organisationsmangel. Allerdings wird diese Erwägung nicht mit entsprechenden Stellen aus den Urteilen bestätigt.

821 *Hassold*, JuS 1982, 583, 587.

822 Soergel/*Hadding*, § 31, Rn. 18; Staudinger/*Weick*, § 31, Rn. 34; in diesem Sinne MüKo/*Leuschner*, § 31, Rn. 34; *Hassold*, JuS 1982, 583, 587; *Heiss*, Entlastungsbeweis, S. 83, 95; *Kleindiek*, Deliktshaftung, S. 347 f.; *Koenen*, Die Zurechnung von Organverhalten, S. 42; *Martinek*, Repräsentantenhaftung, S. 222; *Matusche-Beckmann*, Das Organisationsverschulden, S. 140; *Schlechtriem*, FS Heiermann, S. 281, 287. Ablehnend aber: *Landwehr*, AcP 164 (1964), 482, 512, 515; ihm folgend *Hilgers*, Schadensverantwortung, S. 94; *Schmitz*, Haftung für Arbeitnehmer, S. 78 spricht von einer Ausnahmevorschrift.

823 Analogie ablehnend: RG, Urt. v. 12. Januar 1938 – VI 172/37, JW 1938, 1651. Analogie befürwortend: OLG Düsseldorf, Urt. v. 21. März 2001 – 15 U 178/00, Rn. 24 (abrufbar in juris).

Zunächst ist in diesem Zusammenhang auf die Frage der Analogiefähigkeit des § 31 BGB einzugehen. Die Voraussetzungen einer analogen Anwendung des § 31 BGB sind eine planwidrige Regelungslücke und eine vergleichbare Interessenlage.[824] Das Vorliegen dieser beiden Voraussetzungen wird im Schrifttum breit diskutiert und unterschiedlich beurteilt. Die Regelungslücke dieser Vorschrift wird darin gesehen, dass die Personen unterhalb der Vorstandsebene, die in der Satzung nicht zu Sonderorganen bestellt worden sind, jedoch wichtige Aufgaben selbstständig erfüllen, nicht unter den Anwendungsbereich des § 31 BGB fallen, was dem Regelungsziel des § 31 BGB widerspricht.[825] Es wird ferner die Ähnlichkeit der zu bewertenden Tatbestände verneint.[826]

Nach anderer Lösung wird die Annahme des sog. Übernahmeverschuldens zur Umgehung der Haftung wegen körperschaftlichen Organisationsverschuldens und zum Ausschluss der Entlastungsmöglichkeit vorgeschlagen, dessen Vorwurf denjenigen treffen muss, wer eine Aufgabe übernimmt, zu deren Ausführung er nicht in der Lage ist (natürliche oder juristische Person).[827] Für das Übernahmeverschulden des Vorstands, Geschäftsführers hafte die juristische Person über § 31 BGB (gemäß §§ 823 ff. BGB), bei Übernahmeverschulden der Versammlung oder des Aufsichtsrats trete die Haftung analog § 31 BGB (in Verbindung mit §§ 823 ff. BGB) ein.[828]

Diesem Vorschlag wird zu Recht entgegengehalten, dass die Rechtskonstruktion des Übernahmeverschuldens indirekt eine bewusste Übernahme durch Organe einer ihre Fähigkeit übersteigenden Tätigkeit voraussetze.[829] Deren Nachweis wird jedoch in der Praxis in den meisten Fällen auf größte Schwierigkeiten stoßen.[830] Außerdem wird diesem Vorschlag vorgeworfen, dass er keine Erklärung darüber liefert, warum eine Übertragung auf Verrichtungsgehilfen besonders wichtiger Aufgaben nicht zulässig sein sollte.[831] Die Annahme der

---

824 Allgemein zur Analogie: *Larenz/Canaris*, Methodenlehre, S. 202 ff.

825 *Kleindiek*, Deliktshaftung, S. 348 f. Es ist daher der Vorwurf abzulehnen, dass nicht einmal das Vorliegen einer Gesetzeslücke im Rahmen des § 31 BGB überprüft werde (*Martinek*, Repräsentantenhaftung, S. 192).

826 *Hilgers*, Schadensverantwortung, S. 94.

827 *Neumann-Duesberg*, NJW 1966, 715, 716.

828 *Neumann-Duesberg*, NJW 1966, 715, 716 f.

829 *Matusche-Beckmann*, Das Organisationsverschulden, S. 139 f., Fn. 37.

830 *Matusche-Beckmann*, Das Organisationsverschulden, S. 139 f., Fn. 37.

831 *Martinek*, Repräsentantenhaftung, S. 190. Der Autor betont, dass die Konstruktion des Übernahmeverschuldens die Problematik des eigenständigen, vom Bestehen einer Verkehrssicherungspflicht unabhängigen verbandlichen Organisationsmangels nicht in den Griff bekomme (*Martinek*, Repräsentantenhaftung, S. 190 f.).

Notwendigkeit der Erfüllung aller Aufgaben von Organen ist auch aus der Sicht der Rechtsprechung abzulehnen. Aus diesen Gründen kann diesem Vorschlag nicht gefolgt werden.

Darüber hinaus wird eine haftungsrechtlich zu bevorzugende Lösung des Problems des körperschaftlichen Organisationsverschuldens in Form weitreichender betrieblicher Organisationspflichten[832] oder in einer Neugestaltung der Vorschrift des § 831 BGB gesehen[833].

2. *Stellungnahme*

Der Meinung, die eine analoge Anwendung des § 31 BGB auf leitende Angestellte ohne Organstellung befürwortet[834], ist sich anzuschließen. Einige Autoren kritisieren den Analogieschluss als Lösungsvorschlag. So wird er als „die als Analogie maskierte Ratlosigkeit"[835] qualifiziert und es wird behauptet, dass sich hinter dem methodischen Etikett „Analogie" das pure assoziative Problemdenken verberge.[836] In diesem Zusammenhang bedarf die analoge Anwendung des § 31 BGB einer näheren Legitimation.

Erstens ist auf das Regelungsziel des Gesetzgebers zurückzugreifen. In § 46 des ersten Entwurfs war lediglich eine Haftung des Vereins für den Vorstand oder ein Vorstandsmitglied vorgesehen. Der Grund der Auferlegung dieser Haftung lag laut den Ausführungen der Kommission darin, dass eine Körperschaft Nachteile von der künstlich gewährten Vertretung, durch welche sie am Rechtsverkehr handelnd teilnehmen kann, tragen muss. Dabei sollte ihr die Möglichkeit

---

832 *Schmitz*, Haftung für Arbeitnehmer, S. 79.

833 *Landwehr*, AcP 164 (1964), 482, 516 mit Verweis auf den Entwurf des Bundesjustizministeriums (Fn. 84 auf S. 516); *Nitschke*, NJW 1969, 1737, 1742 schlägt vor, den heutigen § 831 BGB im Rahmen einer Harmonisierung mit § 31 BGB folgendermaßen zu formulieren: „Ein Unternehmer ist für den Schaden verantwortlich, den einer seiner Angestellten in leitender, nicht nur untergeordneter Stellung, durch eine in Ausführung der ihm zustehenden Verrichtungen begangene zum Schadensersatz verpflichtende Handlung einem Dritten zufügt. Wer sonst einen anderen zu einer Verrichtung bestellt, ist …" (weiter nach der geltenden Fassung des § 831 Abs. 1 BGB). Kritisch aber in Bezug auf die Ausweitung des § 31 BGB auf einzelkaufmännische Unternehmen *Renner*, Die deliktische Haftung, S. 84: „Dies geht weit an der gesetzgeberischen Konzeption der Haftung für Gehilfenverhalten vorbei".

834 Nachweise in Fn. 822.

835 *Martinek*, Repräsentantenhaftung, S. 193.

836 *Martinek*, Repräsentantenhaftung, S. 193.

genommen werden, Dritte auf den häufig unergiebigen Weg der Belangung des Vertreters zu verweisen.[837]

Demzufolge ist daran zu denken, dass der allgemeine Rechtsgedanke des heutigen § 31 BGB darin lag, die Haftung einer juristischen Person nur für solche Personen aufzuerlegen, durch die allein sie am Rechtsverkehr teilnehmen kann.[838]

Diese Erwägung findet jedoch in den Gesetzesmaterialien keine Stütze. Ihr wird vielmehr widersprochen, indem diese Regelung im Rahmen der Beratungen der zweiten Kommission erweitert wurde. Es wurde nämlich die Bestellung zur Vertretung eines Vereins auch sonstiger Vertreter neben dem Vorstand zugelassen, die für die Handlungsfähigkeit einer juristischen Person nicht notwendig sind. Die Kommission hat diese Entscheidung mit dem Gedanken der Häufigkeit und Unentbehrlichkeit einer solchen Bestellung bei Vereinen von größerem Umfang argumentiert.[839] Der leitende Gedanke dieser Erwägungen und somit das Regelungsziel wurde vom Reichsgericht zutreffend als Erweiterung der Haftung charakterisiert.[840]

Wenn aber die Absicht des Gesetzgebers darauf gerichtet war, eine juristische Person auch für Sonderorgane haften zu lassen, entsteht die Frage, warum die Möglichkeit der Haftungsheranziehung auf das formale Kriterium der Satzungsbestimmung beschränkt wurde. Das wird im Schrifttum mit dem Streben nach einer möglichst rechtssicheren und nicht zu weiten Abgrenzung zwischen einem Verrichtungsgehilfen und einem Vertreter im Sinne des § 31 BGB erklärt.[841] Dabei hat der Gesetzgeber übersehen, dass bei dieser Entscheidung die Gefahr der „Flucht“ in § 831 Abs. 1 BGB bei der Bestellung der Hilfspersonen besteht. Die Bestimmung einer Organstellung durch die Satzung kann daher kein passendes Mittel gewesen sein, der gesetzgeberischen Intention der

837 Zum Ganzen Motive bei *Mugdan* I, S. 409.

838 *Landwehr,* AcP 164 (1964), 482, 511; übereinstimmend *Hilgers,* Schadensverantwortung, S. 92; an späterer Stelle erkennt er aber an, dass die Sonderorgane der juristischen Personen nicht konstitutiver Teil der juristischen Person seien, auch sie ermöglichten aber einen Auftritt im Rechtsverkehr, wenn ihre Bestellung von Mitgliederversammlung beschlossen wurde (S. 93).

839 Protokolle bei *Mugdan* I, S. 618.

840 RG, Urt. v. 9. März 1938 – VI 212/37, RGZ 157, 228, 235; zustimmend *Kleindiek,* Deliktshaftung, S. 350.

841 *Kleindiek,* Deliktshaftung, S. 351.

Haftungsheranziehung einer juristischen Person für Sonderorgane nachzukommen.[842] Darin kann also eine planwidrige, für eine Analogie erforderliche Regelungslücke gesehen werden.

Zweitens ist zu beurteilen, ob bei der Haftung wegen körperschaftlichen Organisationsverschuldens und bei der Haftung direkt nach Maßgabe des § 31 BGB eine vergleichbare Interessenlage angenommen werden kann.

Als Vergleichsmaßstab kommen einerseits der Umfang und andererseits die Art des den Hilfspersonen zugewiesenen Aufgabenbereichs in Betracht. Nicht jeder Tätigkeitsbereich einer Hilfsperson wäre in seiner Bedeutung mit dem eines satzungsmäßigen Vertreters vergleichbar. Dafür sollte es sich um eine Tätigkeit mit erhöhter Verantwortung und erhöhtem Schwierigkeitsgrad handeln. Das ist bei den leitenden Angestellten in der Regel der Fall. Für die Abgrenzung solcher Angestellten hat die Rechtsprechung klare Kriterien herausgearbeitet. Damit ein Angestellter als verfassungsmäßig berufener Vertreter betrachtet werden kann, sollten ihm bedeutsame, wesensmäßige Funktionen der juristischen Person zur selbstständigen, eigenverantwortlichen Erfüllung zugewiesen sein, dass er also die juristische Person auf diese Weise repräsentiere.[843] Hinsichtlich des Umfangs des zu erledigenden Aufgabenbereichs ist daher ein leitender Angestellter mit einem Organ einer juristischen Person vergleichbar.

Dem wird entgegengehalten, dass die Vergleichbarkeit der Sachverhalte wegen der fehlenden verfassungsmäßigen Berufung nicht gegeben ist.[844] Es ist nicht zu leugnen, dass dem leitenden Angestellten diese Berufung fehlt. Das ist jedoch kein ausreichendes Merkmal für die Ablehnung eines Analogieschlusses. Die Rechtsprechung nähert die leitenden Angestellten und die Organe in diesem Zusammenhang einander an, indem sie eine Repräsentanteneigenschaft von den leitenden Angestellten verlangt. Außerdem wäre die verfassungsmäßige Berufung gegeben, würde die Frage nach einer Analogie erst gar nicht im Raum stehen.

Die für eine Analogie erforderliche vergleichbare Interessenlage ist folglich gegeben.

Darüber hinaus kann die analoge Anwendung des § 31 BGB auf leitende Angestellte auch mit Gerechtigkeitserwägungen begründet werden.[845]

---

842 In diesem Sinne auch *Kleindiek*, Deliktshaftung, S. 351.

843 BGH, Urt. v. 30. Oktober 1967 – VII ZR 82/65, BGHZ 49, 19, 21.

844 *Hilgers*, Schadensverantwortung, S. 93 f.; *Martinek*, Repräsentantenhaftung, S. 192 spricht lediglich von der „äußere[n] Gleichartigkeit" des Auftretens.

845 *Kleindiek*, Deliktshaftung, S. 351.

Die Rechtfertigung des Analogieschlusses damit, dass die Deliktshaftung der Großorganisation in § 831 BGB keine angemessene Regelung gefunden habe, und daher § 31 BGB als ein gewisses Korrektiv herangezogen werden müsse[846], erscheint jedoch problematisch.[847] Die Schwächen der Regelung des § 831 Abs. 1 BGB geben zwar Anlass zu Reformüberlegungen. Sie begründen aber noch nicht einen bestimmten Weg, wie diese Korrektur durchgeführt werden soll, in diesem Fall eine Analogie im Rahmen des § 31 BGB.

Der herrschenden Ansicht in der Lehre, welche eine Analogie zu § 31 BGB anstatt des körperschaftlichen Organisationsverschuldens bevorzugt, ist somit zuzustimmen. Dadurch wird zum einen die Rechtsfigur des körperschaftlichen Organisationsverschuldens überflüssig und ihre Nachteile werden damit vermieden. Zum anderen werden die von der Rechtsprechung erzielten und als erwünscht angenommenen Ergebnisse beibehalten.

V. Zwischenergebnis

Zusammenfassend ist zu der Haftung wegen körperschaftlichen Organisationsverschuldens Folgendes festzuhalten.

Die Lehre vom körperschaftlichen Organisationsverschulden sowie die Ausweitung des persönlichen Anwendungsbereichs des § 31 BGB wurden von der Rechtsprechung für die Überwindung der unbilligen Folgen der Entlastungsmöglichkeit nach § 831 Abs. 1 Satz 2 BGB entwickelt. Diese Lehre hatte ihre Anfänge bereits in der reichsgerichtlichen Rechtsprechung, wurde vom Bundesgerichtshof übernommen und fortgeführt. Eine juristische Person haftet danach ohne Exkulpationsmöglichkeit für diejenigen Hilfspersonen, denen durch die allgemeine Betriebsregelung und Handhabung bedeutsame, wesensmäßige Funktionen der juristischen Person zur selbstständigen, eigenverantwortlichen Erfüllung zugewiesen sind, dass sie also die juristische Person auf diese Weise repräsentieren.[848] Die Abgrenzung zwischen einem leitenden Angestellten und einem Verrichtungsgehilfen ist im Einzelfall aber schwierig.

Umstritten bleiben der Inhalt und die dogmatische Begründung der körperschaftlichen Organisationspflicht. In Übereinstimmung mit der Rechtsprechung ist folgerichtig unter dieser Organisationspflicht eine Pflicht zu verstehen, der für bestimmte Aufgabenbereiche beauftragten Hilfsperson eine Organstellung

---

846 Staudinger/*Weick*, § 31, Rn. 34.
847 So bereits auch ablehnend *Martinek*, Repräsentantenhaftung, S. 193.
848 BGH, Urt. v. 30. Oktober 1967 – VII ZR 82/65, BGHZ 49, 19, 21.

im Sinne der §§ 30, 31 BGB einzuräumen.[849] Dabei sind die Art und der Umfang des überlassenen Geschäftsbereichs entscheidend. Aber auch mit diesem Verständnis der körperschaftlichen Organisationspflicht kann ihre Verletzung im Gegensatz zu der betrieblichen Organisationspflicht niemals kausal für den Schaden sein. Ein körperschaftlicher Organisationsmangel allein ist lediglich als Zurechnungsgrund zu betrachten.[850] Die Lehre vom körperschaftlichen Organisationsverschulden wurde nicht zu Unrecht einer scharfen Kritik unterzogen. Die Haftung einer juristischen Person für ihre leitenden Angestellten ist damit durch eine analoge Anwendung des § 31 BGB zu erzielen.

D. Deliktische Gehilfenhaftung *de lege ferenda*

I. Gesetzgeberische Reformvorschläge

Die Gesetzesänderung als mögliche Lösung des Problems der unbilligen Folgen der modernen Regelung der deliktischen Gehilfenhaftung des § 831 Abs. 1 BGB wird teilweise unterstützt[851], teilweise aber wegen längerer Wartezeiten auf die Neuregelung abgelehnt[852]. Es mag sein, dass Gesetzesänderungen manchmal lange auf sich warten lassen.[853] Es ist jedoch an der Zeit, an eine mögliche Gesetzesänderung in diesem Zusammenhang zu denken und diese in Angriff zu nehmen. Je früher entsprechende Reformüberlegungen und Entwürfe in Angriff genommen werden, desto schneller ist Abhilfe in Form einer Neugestaltung des Gesetzes möglich. Vor allem ist zu berücksichtigen, dass vorübergehende Lösungen, wie zum Beispiel in der Form der Rechtsfigur des Organisationsverschuldens, bereits mehr als hundert Jahre existieren.

Seit Inkrafttreten des Bürgerlichen Gesetzbuchs wurden mehrere Entwürfe zur Änderung der Vorschrift über die außervertragliche Haftung des Geschäftsherrn nach deutschem Recht ausgearbeitet. Auf der europäischen Ebene wurden ferner Versuche unternommen, Regelungen des Deliktsrechts einheitlich zu gestalten, die auch die Regelungen der deliktischen Gehilfenhaftung umfassen. Im Weiteren werden diese Entwürfe sowohl auf der nationalen als auch auf der

---

849 Dazu unter Kapitel 1, C.II.2.a.

850 Dazu unter Kapitel 1, C.II.2.b.cc.

851 *Brandes*, Die Haftung für Organisationspflichtverletzung, S. 197 f.; *Landwehr*, AcP 164 (1964), 482, 516; *Zander*, Die Haftung für Verrichtungsgehilfen, S. 82.

852 *Horn*, Die Gehilfenhaftung, S. 67.

853 *Albrecht*, Die deliktische Haftung, S. 153 f. meint, dass eine durchgreifende Reform des § 831 BGB auch derzeit nicht zu erwarten sei.

europäischen Ebene dargestellt und im Hinblick auf die potentielle künftige Ausgestaltung des heutigen § 831 Abs. 1 BGB analysiert.

1. Entwurf einer deutschen Schadensordnung (1940)

Der erste Reformvorschlag bezüglich des § 831 BGB erfolgte bereits im Jahr 1940. § 6 des vom Unterausschuss für Schadensersatzrecht des Ausschusses für Personen-, Vereins- und Schuldrecht der Akademie für Deutsches Recht vorgelegten Entwurfs einer deutschen Schadensordnung sah eine sehr umfangreiche Regelung bezüglich der deliktischen Gehilfenhaftung vor:

> „(I) Wer einen anderen zu einer Verrichtung bestellt, ist zum Ersatz des Schadens verpflichtet, den der andere in Ausführung der Verrichtung einem Dritten rechtswidrig zufügt.
> (II) Die Ersatzpflicht tritt nicht ein, wenn der Geschäftsherr nachweist, dass den Verrichtungsgehilfen kein Verschulden trifft. Es bleibt jedoch auch in diesem Falle bei der Ersatzpflicht des Geschäftsherrn, wenn er nicht außerdem nachweist, dass er bei der Auswahl und bei der Beaufsichtigung des Gehilfen sowie bei der ihm etwa obliegenden Beschaffung von Gerätschaften und dergleichen die im Verkehr erforderliche Sorgfalt beobachtet hat, oder dass der Schaden auch bei Anwendung dieser Sorgfalt entstanden wäre. Hat der Geschäftsherr aus zwingenden Gründen, namentlich wegen des Umfangs des Betriebes, den Gehilfen nicht selbst ausgewählt und beaufsichtigt oder die Gerätschaften nicht selbst beschafft, so befreit ihn von der Ersatzpflicht nur der Nachweis, dass die mit der Auswahl und der Beaufsichtigung oder der Beschaffung der Gerätschaften betrauten Personen hierbei die im Verkehr erforderliche Sorgfalt beobachtet haben, oder dass der Schaden auch bei Anwendung dieser Sorgfalt entstanden wäre.
> (III) Die gleiche Verantwortlichkeit trifft denjenigen, der für den Geschäftsherrn die Besorgung eines der im Abs. 2 Satz 2 bezeichneten Geschäfte durch Vertrag übernimmt.“[854]

Somit wurde eine Kombination der Haftungsprinzipien des vermuteten Verschuldens des Geschäftsherrn und solches des Gehilfen vorgeschlagen. Die Beweislastumkehr hinsichtlich des Verschuldens eines Gehilfen wurde mit dem Gedanken der entsprechenden Verantwortungssphäre des Geschäftsherrn begründet.[855]

Hervorzuheben ist weiterhin, dass ein Teil der Literatur den Ansatz dieses Entwurfes unterstützte[856], wohingegen andere Lehrmeinungen ihn aber scharf

854 *Nipperdey*, Grundfragen der Reform, S. 90, 91.
855 *Löning*, Grundfragen der Reform, S. 50, 60.
856 *v. Bar*, Gutachten II, S. 1681, 1752 bezeichnet die vorgeschlagene Grundkonzeption als „einleuchtend“; *Zilken*, Reform, S. 83 beurteilt den Gesetzesvorschlag als „die richtige Mittellinie“.

kritisierten.[857] Einerseits ermöglicht die vorgeschlagene Fassung die unerwünschten Folgen des dezentralisierten Entlastungsbeweises zu beseitigen, indem sich der Nachweis auf die Zuverlässigkeit des höher Angestellten bei der Auswahl des niederen Arbeiters beziehen müsse.[858] Somit wird die allgemeine Aufsichtspflicht des Geschäftsherrn allein bei § 831 BGB n.F. angesiedelt. Zu betonen ist, dass sich dieser Entwurf besonders intensiv gerade mit der Beseitigung der Probleme des dezentralisierten Entlastungsbeweises befasst hat.[859]

Andererseits aber schließt die neue Regelung aus dem Anwendungsbereich nach dem Wortlaut die selbstständigen Hilfspersonen aus.[860] Darüber hinaus wird an der juristischen Technik der vorgeschlagenen Vorschrift gezweifelt, indem sie als „zu umfangreich“[861] und „ungeschickt formuliert“[862] bewertet wird.

Also ist anzuerkennen, dass mit § 6 dieses Entwurfs ein beachtenswerter Versuch der Lösung der entstandenen Probleme unternommen wurde[863], mag die Formulierung auch nicht ganz gelungen sein. Dieser Entwurf wird dennoch bei späteren Reformüberlegungen gar nicht erwähnt. Das ist auf einer Seite durch die angebrachte Kritik, auf anderer Seite aber auch durch das allgemeine Misstrauen nach 1945 gegen Gesetzesvorschläge damaliger Zeit zu erklären.[864]

2. *Reformentwurf (1958)*

Lediglich ein paar Jahre später, im Jahr 1958, wurde ein neuer Entwurf herausgearbeitet, der als interne Diskussionsgrundlage gedient hatte.[865] Die Arbeiten an diesem Entwurf wurden 1967 abgeschlossen.[866] Hinsichtlich der Regelung der deliktischen Gehilfenhaftung wurde Folgendes vorgesehen:

> „Wer einen anderen zu einer Verrichtung bestellt, ist, wenn der andere in Ausführung der Verrichtung durch eine vorsätzlich oder fahrlässig begangene unerlaubte Handlung

857 *v. Caemmerer*, Karlsruher Forum 1962, 23 beurteilt die Neufassung als kompliziert und unpraktikabel; *Niethammer*, Entwicklung der Haftung, S. 190.

858 *Zilken*, Reform, S. 80.

859 *Niethammer*, Entwicklung der Haftung, S. 189; näher *Löning*, Grundfragen der Reform, S. 50, 56 ff.

860 Es kann auch nicht der Auffassung zugestimmt werden, dass die selbstständige Hilfsperson auch als Verrichtungsgehilfe anzusehen ist (*Zilken*, Reform, S. 81).

861 *v. Bar*, Gutachten II, S. 1681, 1752.

862 *v. Bar*, Gutachten II, S. 1681, 1752.

863 In diesem Sinne *Zilken*, Reform, S. 83.

864 *Niethammer*, Entwicklung der Haftung, S. 190, Fn. 52.

865 *Niethammer*, Entwicklung der Haftung, S. 191.

866 *Niethammer*, Entwicklung der Haftung, S. 191.

einem Dritten einen Schaden zufügt, neben dem anderen zum Ersatz des Schadens verpflichtet. Ist der Verrichtungsgehilfe für einen von ihm verursachten Schaden aufgrund der §§ 827, 828 nicht verantwortlich, so hat gleichwohl der Geschäftsherr den Schaden insoweit zu ersetzen, als die Billigkeit nach den Umständen, insbesondere nach den Verhältnissen der Beteiligten eine Schadloshaltung erfordert.“[867]

Somit wurde in diesem Entwurf – im Gegensatz zur geltenden Regelung – allein auf das Verschulden des Verrichtungsgehilfen abgestellt, das vom Geschädigten nachzuweisen war.

3. Referentenentwurf (1967)

Der Referentenentwurf eines Gesetzes zur Änderung und Ergänzung schadensersatzrechtlicher Vorschriften, der vom Bundesjustizministerium im Jahre 1967 vorgelegt wurde, sah eine deliktische Haftung des Geschäftsherrn für das Gehilfenhandeln ohne sein eigenes Verschulden, sondern für das Verschulden des Verrichtungsgehilfen vor. Der Wortlaut dieses Entwurfes entsprach dem des Entwurfes von 1958 mit Ausnahme des Satzes 2, der gestrichen wurde.[868] Der Geschäftsherr haftete also nach dieser Regelung ohne Entlastungsmöglichkeit, ähnlich der Regelung des § 278 BGB.[869] Allerdings oblag die Beweislast für das Verschulden des Gehilfen dem Geschädigten.[870]

Die vorgeschlagene Neufassung des § 831 BGB hat in der Literatur eine breite Diskussion ausgelöst. Dabei haben einige ihr zugestimmt[871], wohingegen andere gegenüber dem Entwurf des neuen § 831 BGB Kritik geäußert haben[872]. Die Kritik hat sich dabei in den meisten Fällen auf die Hauptargumente für diesen

867 Staudinger/*Bernau*, § 831, Rn. 188.

868 Der Wortlaut des Entwurfes in: *Bundesministerium der Justiz*, Referentenentwurf I, S. 4; dazu auch eingehende Begründung: *Bundesministerium der Justiz*, Referentenentwurf II, S. 10 ff., 77 ff.

869 *Matusche-Beckmann*, Das Organisationsverschulden, S. 27.

870 *Weber-Häusermann*, Haftung für Hilfspersonen, S. 42 f.

871 MüKo/*Wagner*, § 831, Rn. 3; Staudinger/*Bernau*, § 831, Rn. 197; *v. Caemmerer*, Karlsruher Forum 1962, 23; *Deutsch/Ahrens*, Deliktsrecht, Rn. 462: „eine eminent praktikable Lösung“; *Lemhöfer*, VersR 1967, 1126, 1129 f.; *Mertens*, FamRZ 1968, 130, 136 („eine insgesamt durchaus gelungene Leistung“); *Zweigert/Kötz*, Rechtsvergleichung, § 41 V, S. 649.

872 *Heiss*, Entlastungsbeweis, S. 127, 138; *Helm*, AcP 166 (1966), 389, 401 ff.; *Horn*, Die Gehilfenhaftung, S. 22, 25 f. spricht von einer „unbefriedigende[n] Teilregelung“ und erachtet die Neuregelung für „verfehlt“; *Hübner*, Karlsruher Forum 1962, 24 („Hechtsprung auf die andere Seite“); *Raiser*, Karlsruher Forum 1962, 26; *Schmidt*, AcP 170 (1970), 502, 533; *Wolany*, Karlsruher Forum 1962, 27.

Entwurf, zu denen Praktikabilität, Gerechtigkeit, dogmatische Klarheit und internationale Rechtsvereinheitlichung zählten[873], bezogen.

Insbesondere wird vor einer „unbesehenen“ Rezeption eines fremden Haftungsprinzips gewarnt.[874] Der Gesichtspunkt der Rechtsvereinheitlichung spielte eine wichtige Rolle bei der Ausarbeitung dieses Entwurfs. Die Mitglieder der Kommission haben einen Übergang zu dem „in der Welt weit überwiegend anerkannten System“[875] der unbedingten Haftung des Geschäftsherrn für schuldhaft begangene unerlaubte Handlungen eines Verrichtungsgehilfen für erforderlich gehalten.[876] Dieser aus dem Gesichtspunkt der Harmonisierung der europäischen Rechtsordnungen und internationalen Rechtsvereinheitlichung sachgerecht erscheinenden Lösung[877] wird jedoch entgegengehalten, dass der erwähnte Haftungsgrundsatz seinem Geltungsbereich nach keineswegs so dominierend sei.[878] Allerdings ist dieser Einwand mit Blick auf die Regelungen in anderen Rechtsordnungen abzulehnen. Vorteilhaft erschien der vorgelegte Entwurf nicht nur aus der Perspektive der internationalen, sondern auch nationalen Vereinheitlichung.[879]

Im Weiteren wird durch diese Neuregelung am wirksamen Zurückdrängen der dogmatisch missbilligten Entwicklungen (c.i.c., Vertrag mit Schutzwirkung zugunsten Dritter) gezweifelt.[880] Dem kann jedoch entgegengehalten werden, dass dies auch gar nicht das Ziel einer einzigen Vorschrift sein kann. Vielmehr müssen zunächst die Ursachen dieser Entwicklungen beseitigt werden.[881]

Große Bedenken wurden ferner im Hinblick auf die Anknüpfung der Haftung an das Verschulden des Verrichtungsgehilfen geäußert.[882] Dies ist aus zwei

---

873 *Helm*, AcP 166 (1966), 389, 401; *Weber-Häusermann*, Haftung für Hilfspersonen, S. 43.

874 *Heiss*, Entlastungsbeweis, S. 132.

875 *Bundesministerium der Justiz*, Referentenentwurf II, S. 11.

876 *Bundesministerium der Justiz*, Referentenentwurf II, S. 11.

877 So etwa *Erdsiek*, JJB 8 (1967/68), 36, 44; *Zweigert/Kötz*, Rechtsvergleichung, § 41 V, S. 647.

878 *Heiss*, Entlastungsbeweis, S. 132.

879 In diesem Sinne *Horn*, Die Gehilfenhaftung, S. 14 in Bezug auf § 2 Reichshaftpflichtgesetz (jetzt § 3 Haftpflichtgesetz).

880 *Helm*, AcP 166 (1966), 389, 405; a.A.: *Horn*, Die Gehilfenhaftung, S. 13 f.; in diesem Sinne *Erdsiek*, JJB 8 (1967/68), 36, 62.

881 *Kauffmann*, Die Gehilfenhaftung, S. 125 f. spricht zutreffend von der Unmöglichkeit der Beseitigung von diesen Rechtsinstituten durch einen „Federstrich des Gesetzgebers“ (S. 125).

882 *Heiss*, Entlastungsbeweis, S. 131; *Horn*, Die Gehilfenhaftung, S. 19 f., 26; *Mertens*, FamRZ 1968, 130, 132 spricht von einer nicht unerheblichen Verengung des Anwendungsbereichs des § 831 BGB.

Gründen zweifelhaft: einerseits haftete der Geschäftsherr für einen schuldunfähigen Gehilfen nicht[883], andererseits aber oblag die Beweislast des Gehilfenverschuldens nach diesem Entwurf dem Geschädigten[884]. Die Gehilfenhaftung blieb nach wie vor zweispurig.[885] Somit wird die Haftung des Geschäftsherrn strenger normiert, zugleich aber verschlechtert sich die Lage des Geschädigten im Vergleich mit der heutigen Gesetzesfassung des § 831 Abs. 1 BGB.

Zweifelhaft ist die damals vorgeschlagene Neuregelung weiterhin aufgrund dogmatischer Überlegungen. Durch die Einführung der unbedingten deliktischen Einstandspflicht des Geschäftsherrn wird diese Regelung an die des § 278 BGB weitestgehend angenähert, abgesehen von dem beibehaltenen Erfordernis der Weisungsgebundenheit des Gehilfen. Allerdings besitze diese Angleichung nach einer Ansicht die geringste dogmatische Legitimation.[886] Für diese Angleichung lässt sich das Argument einbringen, dass sie bereits auf dem 17. Deutschen Juristentag befürwortet wurde.[887] Allerdings wird der Wille der Verfasser des Bürgerlichen Gesetzbuches zu einer derartigen Angleichung zwischen § 831 Abs. 1 BGB und § 278 BGB bestritten.[888]

Ferner wird das Haftungsprinzip des § 831 Abs. 1 BGB nach diesem Entwurf überhaupt in Frage gestellt, weil sich die Geschäftsherrenhaftung danach weder als Verschuldens- noch als Gefährdungs-, Garantie-, Vertrauens- oder Zustandshaftung einordnen lässt.[889] Daraus entstehende Unklarheit bezüglich der dogmatischen Haftungsgrundlage führt in der Literatur zu der Schlussfolgerung, dass es sich um „ein prinzipienlos abgegrenztes Novum“[890] handelt.

---

883 *Heiss,* Entlastungsbeweis, S. 131.

884 *Diederichsen,* ZRP 1968, 60, 61 plädiert für die Beweislastumkehr hinsichtlich des Gehilfenverschuldens, sofern das Gehilfenverschulden als Haftungsvoraussetzung angesehen wird; *Gautschi,* Karlsruher Forum 1962, 27 f.; kritisch *Heiss,* Entlastungsbeweis, S. 130 f.; *Helm,* AcP 166 (1966), 389, 402, 408; *v. Bar,* Gutachten II, S. 1681, 1759 („unzulängliche Beweislastregelung“); *Weber-Häusermann,* Haftung für Hilfspersonen, S. 42 f.

885 *Horn,* Die Gehilfenhaftung, S. 21; *Mertens,* FamRZ 1968, 130, 133.

886 Staudinger/*Bernau,* § 831, Rn. 194.

887 Im diesem Sinne *Mayer,* 17. DJT, Band 1, S. 125, 135, der eine unbedingte Einstandspflicht befürwortete.

888 Staudinger/*Bernau,* § 831, Rn. 194.

889 In der Begründung wird sie jedoch als Verschuldenshaftung beurteilt (*Bundesministerium der Justiz,* Referentenentwurf II, S. 111).

890 *v. Bar,* Gutachten II, S. 1681, 1759.

Darüber hinaus wurde an diesem Entwurf Kritik aus rechtspolitischen Gründen geübt, wozu die unbedingte Geschäftsherrenhaftung unabhängig von der Art und dem Umfang der Tätigkeit eines Geschäftsherrn Anlass gab.[891]

Schließlich ist zu betonen, dass die Neuregelung dieses Entwurfs sowie zwei vorangegangene Reformvorschläge die Haftung für selbstständige Hilfspersonen nicht erfassten.[892]

Unter Berücksichtigung der Kritikpunkte wurde die Lehre vom Organisationsverschulden als flexibler und geeigneter für die Überwindung der unbilligen Folgen des § 831 Abs. 1 BGB empfunden.[893] Darin sollte auch einer der Gründe neben den aufgeführten Bedenken liegen, dass dieser Reformvorschlag nicht zum Gesetz wurde.[894] Von anderen Teilen der Literatur wurde hingegen die entscheidende Rolle des Scheiterns dieser Reform nicht in sachlichen Gründen gesehen. Vielmehr teilte sie das Schicksal vom Reformwerk: der zu große Umfang von vorgenommenen Reformarbeiten sowie Priorität anderer Reformwerke.[895] Allerdings überzeugt diese Auffassung nicht ganz. Die sachlichen Kritikpunkte haben sicherlich zur Ablehnung der vorgeschlagenen Lösung beigetragen.[896]

4. *Entwurf (1981)*

Im Jahre 1981 wurde zuletzt auf der nationalen Ebene ein Entwurf vorbereitet, der einen Vorschlag zur Neuordnung der deliktsrechtlichen Gehilfenhaftung enthielt. Das Ziel war wiederum eine Angleichung an die Haftung gemäß § 278 BGB.[897]

Die Neuregelung der deliktischen Gehilfenhaftung nach diesem Entwurf entspricht weitgehend dieser des Entwurfes von 1967.[898] Der Unterschied besteht allerdings darin, dass hinsichtlich des Gehilfenverschuldens eine Beweislastumkehr vorgesehen war. Außerdem sollte eine Vorschrift über eine Haftung des

891 *Diederichsen*, ZRP 1968, 60; *Esser/Weyers*, Schuldrecht II/2, § 58 I 3; *Heiss*, Entlastungsbeweis, S. 126 ff.; dazu auch *v. Bar*, Gutachten II, S. 1681, 1758 m.w.N.

892 Kritisch dazu in Bezug auf den Referentenentwurf von 1967 *Horn*, Die Gehilfenhaftung, S. 16 f., 25.

893 *Leßmann*, JA 1980, 193, 200. Dagegen: *Horn*, Die Gehilfenhaftung, S. 13, der in der Neuregelung die Möglichkeit dazu sieht, das überspannte, oft unecht wirkende Organisationsverschulden fallen zu lassen.

894 *Matusche-Beckmann*, Das Organisationsverschulden, S. 27.

895 *Eubel*, Die Haftung des Geschäftsherrn, S. 62.

896 In diesem Sinne *Weber-Häusermann*, Haftung für Hilfspersonen, S. 44.

897 *Weber-Häusermann*, Haftung für Hilfspersonen, S. 44.

898 *Weber-Häusermann*, Haftung für Hilfspersonen, S. 110.

Geschäftsherrn aus eigenem vermutetem Verschulden statuiert werden, die aber nur bei der Nichthaftung des Geschäftsherrn nach der erwähnten Regelung zur Anwendung kommen sollte.[899]

Somit zeichnet sich dieser Vorschlag wie auch der Entwurf von 1967 durch folgende Haftungsverschärfungen aus: Wegfall des Entlastungsbeweises des Geschäftsherrn und eine unbedingte Einstandspflicht des Geschäftsherrn gegenüber jedermann und nicht nur gegenüber Personen einer rechtlichen Sonderverbindung.[900]

Bezüglich weiterer Vor- und Nachteile dieser Neuregelung des § 831 BGB kann auf die obigen Ausführungen zu dem Entwurf aus dem Jahre 1967 verwiesen werden.[901]

5. *Vorschläge zum europäischen Deliktsrecht*

Anlass zum Nachdenken über die heutige Fassung des § 831 BGB geben auch Vorschläge zur Regelung der deliktischen Gehilfenhaftung auf europäischer Ebene.

Bereits im Jahre 1972 war die Frage der Rechtsvereinheitlichung der Regulierung der Gehilfenhaftung Gegenstand der Diskussionen. Im Ergebnis wurde empfohlen, eine objektive deliktische Haftung des Geschäftsherrn für weisungsabhängige Gehilfen zu statuieren. Die Folgen solch einer strengen Haftung für Haushalte und Kleinbetriebe sollten über eine Versicherung oder Reduktionsklauseln ausgeglichen werden.[902]

Von großer Bedeutung sind weiterhin moderne Bemühungen um ein einheitliches europäisches Deliktsrecht. Damit beschäftigen sich intensiv zwei internationale Wissenschaftlergruppen: *Study Group on a European Civil Code* (im Weiteren: Study Group) und *European Group on Tort Law* (im Weiteren: European Group).[903] Die von beiden Gruppen vorgelegten Prinzipien beinhalten Bestimmungen zur deliktischen Gehilfenhaftung.

Der derzeitige Formulierungsvorschlag der European Group lautet:

> Art. 6:102. Liability for auxiliaries
>
> (1) A person is liable for damage caused by his auxiliaries acting within the scope of their functions provided that they violated the required standard of conduct (Art. 4:102).

---

899 *Weber-Häusermann*, Haftung für Hilfspersonen, S. 45.

900 *Weber-Häusermann*, Haftung für Hilfspersonen, S. 110.

901 Dazu unter Kapitel 1, D.I.3.

902 Dazu näher *Eubel*, Die Haftung des Geschäftsherrn, S. 63, Fn. 205.

903 Dazu *Magnus*, ZEuP 2004, 562, 563.

(2) An independent contractor is not regarded as an auxiliary for the purposes of this Article.[904]

Die Study Group hat folgenden Entwurf ausgearbeitet:

Article 3:201: Accountability for Damage Caused by Employees and Representatives

(1) A person who employs or similarly engages another is accountable for the causation of legally relevant damage suffered by a third person when the person employed or engaged:
  (a) caused the damage in the course of the employment or engagement; and
  (b) caused the damage intentionally or negligently, or is otherwise accountable for the causation of the damage.

(2) Paragraph (1) applies correspondingly to a legal person in relation to a representative causing damage in the course of their engagement. A representative is a person who is authorised to effect juridical acts on behalf of the legal person by its constitution.[905]

Also lassen beide Entwürfe keine Entlastungsmöglichkeit des Geschäftsherrn zu und sind damit entgegen dem Grundsatz des heutigen § 831 Abs. 1 BGB konzipiert. Die Study Group geht dabei davon aus, dass die Arbeitgeberhaftung nicht dem Modell des § 831 BGB folgen könne.[906] Diese Richtung wird auch im Schrifttum unterstützt.[907] Neben dieser Haftungsverschärfung ist hervorzuheben, dass die selbstständigen Hilfspersonen, so wie auch im deutschen Recht, nicht in den Anwendungsbereich der jeweiligen Vorschriften einbezogen werden sollen.[908] Trotz der Einheitlichkeit bezüglich der strikten deliktischen Haftung des Geschäftsherrn im Allgemeinen, fallen auch Unterschiede bei den beiden Entwürfen auf.

Der aktuelle Vorschlag der Study Group sieht die Haftung für schuldhafte Handlungen des Gehilfen vor, währenddessen die Regelung der European Group diese Voraussetzung nicht enthält. Interessant ist, dass die von der Study Group vorgeschlagene Regelung in früherer Fassung in dieser Hinsicht anders, nämlich ohne Erfordernis eines Gehilfenverschuldens, formuliert war.[909]

---

904 *European Group on Tort Law*, ZEuP 2004, 427, 430. In weiteren Sprachen abrufbar unter www.egtl.org (letzter Aufruf: 1. Dezember 2018).

905 *v. Bar*, PEL Liab. Dam., Text of Articles, Article 3:201 (S. 7).

906 *v. Bar*, ZEuP 2001, 515, 523, Fn. 18.

907 *Magnus*, ZEuP 2004, 562, 572.

908 Art. 6:102 (2) Principles of European Group; Art. 3:201 Principles of Study Group.

909 "(1) A person who is entitled to give instruction, either as employer or otherwise, is liable for damage caused to a third party by a person subject to the authority to give instruction in the course of his or her activity which is subject to that authority.

Somit gehen beide Vorschläge auf der europäischen Ebene von der verschuldensunabhängigen Haftung des Geschäftsherrn im außervertraglichen Bereich aus. Sie weichen allerdings in einzelnen Voraussetzungen voneinander ab.

Als Zwischenergebnis kann damit zusammenfassend festgehalten werden, dass sich keine der Reformbestrebungen, trotz mehrjähriger Diskussionen hinsichtlich der deliktischen Gehilfenhaftung sowie der entsprechenden Anregungen im Rahmen der Vereinheitlichung des europäischen Deliktsrechts, schließlich durchsetzen konnte. Bemerkenswert ist aber, dass alle Reformvorschläge – sowohl auf nationaler als auch auf europäischer Ebene – eine verschuldensunabhängige Haftung des Geschäftsherrn im Deliktsrecht mit einzelnen Abweichungen vorgesehen haben.

II. Reformvorschläge in der Lehre

Im Weiteren sollen die Reformvorschläge der Literatur bezüglich der Änderung der deliktischen Geschäftsherrenhaftung dargestellt und untersucht werden.

Die Reformnotwendigkeit in Bezug auf § 831 BGB ist weitgehend anerkannt.[910] Das Spektrum der im Schrifttum verbreiteten Vorschläge der Änderung der Regelung von deliktischer Gehilfenhaftung reicht dabei von der Neufassung der vorhandenen Vorschrift des § 831 BGB[911] oder deren „korrigierenden Auslegung"[912] aufgrund verschiedener Anhaltspunkte bis hin zu der kompletten Abschaffung dieser Norm und zu der Subsumtion aller Fälle der Organisationspflichtverletzung unter § 823 Abs. 1 BGB.[913]

Der letzten Auffassung kann nicht zugestimmt werden. Erstens erscheint die Verlagerung der Gehilfenhaftung in den Anwendungsbereich des § 823 BGB aus dem Grund zweifelhaft, dass der Gesetzgeber für den Sachverhalt der Einsetzung einer Hilfsperson und der Verursachung eines Schadens dabei eine

---

(2) Someone who engages a person who is not subject to the authority to give instructions in order to carry out a profession or trade on his or her behalf is liable for the damage which that person caused to a third party." (Staudinger/*Belling/Eberl-Borges*, Neubearbeitung (2002), § 831, Rn. 134).

910 *v. Bar*, Gutachten II, S. 1681, 1776: „[…] § 831 BGB [kann] in seiner jetzigen Gestalt keinen Bestand haben"; kritisch *Helm*, AcP 166 (1966), 389, 408 hält die Reform aus Gerechtigkeitsgründen für nicht dringlich; übereinstimmend *Heiss*, Entlastungsbeweis, S. 160.

911 *Stankewitz*, Aufsichtspflichten nach §§ 823 und 831 BGB, S. 111.

912 Dazu *Horn*, Die Gehilfenhaftung, S. 74 f.

913 *Brandes*, Die Haftung für Organisationspflichtverletzung, S. 218 f. hält *de lege ferenda* die Streichung des § 831 BGB für wünschenswert, aber wegen auftretender Bedenken im Fall einer einheitlichen Regelung der Organisationspflichtverletzung bevorzugt er letztendlich das existierende Haftungssystem.

eigenständige Norm und besondere Haftungsvoraussetzungen hatte vorsehen wollen. Zweitens würde es darüber hinaus aus beweisrechtlichen Gründen dem gesetzgeberischen Willen widersprechen, die Haftung für den Gehilfen insgesamt unter § 823 BGB zu subsumieren. Außerdem wären alle Besonderheiten der deliktischen Gehilfenhaftung (beispielsweise die Weisungsgebundenheit des Gehilfen, Schadenszufügung in Ausführung der Verrichtung) ohne notwendige Begründung aufgegeben worden.

Daher ist es folgerichtig, dass die gesetzliche Norm des § 831 Abs. 1 BGB erhalten bleiben soll. Sie soll jedoch reformiert werden.

Zunächst wird vorgeschlagen, am Verschuldensprinzip nach wie vor festzuhalten.[914] Nur der erste Satz des Absatzes 1 des § 831 BGB ist anders auszulegen. Der Widerrechtlichkeitsvorwurf sollte sich dabei nicht nur auf die Schadenszufügung durch den Gehilfen beziehen, sondern auch auf den Geschäftsherrn.[915] Der zweite Satz sollte dabei erhalten bleiben, also für die Verwirklichung des Verschuldensprinzips sorgen. Der Vorteil dieses Vorschlags ist darin zu sehen, dass die Abgrenzung zwischen § 823 BGB und § 831 BGB klar durchgeführt werden kann. Mit Einschaltung eines Gehilfen ist lediglich § 831 BGB anwendbar.[916]

Es mag zutreffend sein, dass sich die gesamte deliktische Gehilfenhaftung bei dieser Lösung unter § 831 BGB vereinen lässt. Dieser Vorschlag genügt jedoch nicht, um den dezentralisierten Entlastungsbeweis auszuschalten und somit auch die Probleme der damit verbundenen Entwicklungen zu beseitigen.

Ferner wird vorgeschlagen, das Verschuldensprinzip bei der deliktischen Haftung vollständig aufzugeben und stattdessen eine striktere Haftung festzulegen. Die Befürworter der unbedingten deliktischen Einstandspflicht des Geschäftsherrn sind allerdings in Bezug auf das mögliche Subjekt einer solchen Haftung oder in Bezug darauf, für welche Gehilfenhandlungen verschuldensunabhängig gehaftet werden soll, in ihren Auffassungen gespalten.

Folgende einzelne Auffassungen lassen sich unter Berücksichtigung der aufgeführten Aspekte hervorheben.

Erstens wird die strikte deliktische Haftung von allen Geschäftsherren befürwortet.[917] Einige der Anhänger dieser Meinung beschränken die Haftung

---

914 So etwa *Horn*, Die Gehilfenhaftung, S. 74 f.; *Stankewitz*, Aufsichtspflichten nach §§ 823 und 831 BGB, S. 111.

915 Zum Ganzen *Horn*, Die Gehilfenhaftung, S. 75, der den § 831 Abs. 1 Satz 1 BGB folgendermaßen ausgelegt haben möchte: „Der Herr muss den Schaden ersetzen, den sein Gehilfe einem Dritten gegenüber widerrechtlich zufügt".

916 *Horn*, Die Gehilfenhaftung, S. 75.

917 So etwa *Baur*, Karlsruher Forum 1962, 14, 16; *Reinhardt*, Karlsruher Forum 1962, 26 f.; kritisch dazu *Alexiou*, Zur Haftung für Verrichtungsgehilfen, S. 44.

allerdings auf die Fälle der schuldhaften Handlung des Gehilfen.[918] Die Hauptargumente für eine derartige Haftungskonzeption bestehen im Prinzip von „risque-profit“[919] einerseits und im Gedanken der Möglichkeit des ausreichenden versicherungsrechtlichen Schutzes vor entsprechenden Risiken durch den Geschäftsherrn andererseits[920].

Zweitens wird die Meinung vertreten, dass die verschuldensunabhängige deliktische Haftung des Geschäftsherrn nur für Wirtschaftsunternehmen gerecht erscheinen würde.[921] Die privaten Haushalte sind dabei auszuschließen. Besonders zu betonen ist, dass diese Differenzierung genau aus dem gleichen Gesichtspunkt, wie die erste aufgeführte Ansicht, begründet wird. Der Unternehmer, der Nutzen von der Tätigkeit des Gehilfen hat, muss auch das Risiko tragen, welches mit Hilfe von einer Versicherung gedeckt werden kann.[922]

Daraus ist aber nicht ersichtlich, aus welchem Grund nur gewerblich Tätige die von ihnen geschaffenen Risiken tragen müssen. Wird die Situation vor allem aus wirtschaftlicher Sicht betrachtet, stimmt es in der Praxis nicht immer, dass es „kaum eine Unbilligkeit gegenüber den Unternehmern“ darstellt, sie mit diesem Haftungsrisiko zu belasten. Es ist gut vorstellbar, dass die wirtschaftliche Lage einer kleinen GmbH beispielsweise viel schlechter als die eines Privathaushalts ist. In dem Fall wäre diese strenge Haftung schon eine Unbilligkeit der kleineren GmbH gegenüber. Die gewisse Erfahrenheit derjenigen, die bestimmte Tätigkeitsarten gewerblich durchführen, als Argument für ihre strenge Haftung ist im außervertraglichen Bereich kein durchgreifendes Argument. Im Deliktsrecht handelt es sich nicht um die Rechtsgeschäfte, für die gewerbliche Unternehmen mehr an Erfahrungen haben. Es verhält sich sondern vielmehr so, dass für unerlaubte Handlungen, also für Delikte, grundsätzlich keine Erfahrungen gesammelt werden können. Jeder Teilnehmer des Rechtsverkehrs hat nämlich dafür zu sorgen, dass ein Dritter nicht zu Schaden kommt.

Ferner wird der Versuch unternommen, die Abgrenzung zwischen denen, die verschuldensunabhängig haften sollen, und denen, für die eine solche Haftung

918 *v. Bar*, Gutachten II, S. 1681, 1762, 1776; zustimmend *Weber-Häusermann*, Haftung für Hilfspersonen, S. 111 f.; *Eubel*, Die Haftung des Geschäftsherrn, S. 175.

919 Terminologie nach *Diederichsen*, ZRP 1968, 60.

920 *v. Bar*, Gutachten II, S. 1681, 1777.

921 *Diederichsen*, ZRP 1968, 60; *Helm*, AcP 166 (1966), 389, 404; in diesem Sinne mit Verweis auf das holländische Recht *Langenmeijer*, Karlsruher Forum 1962, 28; *Raiser*, Karlsruher Forum 1962, 26 spricht von organisierten Unternehmen; ablehnend *Kauffmann*, Die Gehilfenhaftung, S. 127 ff., 142.

922 *Wolany*, Karlsruher Forum 1962, 27.

nicht gerechtfertigt erscheint, nach dem Kriterium der Größe eines Unternehmens durchzuführen. Strikte Haftung wird somit nur für größere Unternehmen bejaht.[923] Die Erforderlichkeit des Schutzes eines kleineren Unternehmers könnte dabei darin gesehen werden, dass diesem eine zu große finanzielle Last dadurch droht und dass er dabei von den ihm zur Verfügung stehenden Versicherungsmöglichkeiten erfahrungsgemäß nur selten Gebrauch machte[924].

Allerdings ist gerade dieses Argument in sich widersprüchlich. Diese Versicherungsmöglichkeit steht kleineren Unternehmern grundsätzlich zur Verfügung. Ob sie aber davon Gebrauch machen oder nicht, liegt vielmehr bereits in ihrer Kraft. Außerdem ist auch umgekehrt zu fragen, ob sie die bestehende Möglichkeit gerade deswegen nicht nutzen, weil sie das Haftungsrisiko nicht als bedrohlich einschätzen.

Diese Meinung ist abzulehnen. Erstens kann die vorgeschlagene Differenzierung, wie zu Recht betont wird, in der Praxis schwer durchgeführt werden.[925] Auch sind die Abgrenzungskriterien zwischen großen und kleinen Unternehmen unklar: kommt es auf die Zahl der Mitarbeiter, den Umsatz des Unternehmens oder andere Anhaltspunkte an? Das Kriterium der „erheblichen Vermögensmasse“[926] bei Großbetrieben ist kein taugliches Abgrenzungskriterium. Zum einen können sich die Vermögensverhältnisse immer ändern[927], so dass die strikte Haftung dann gegebenenfalls nicht mehr gerechtfertigt wäre. Zum anderen ist kein Zusammenhang zwischen dem Umsatz des Unternehmens und seiner Haftung ersichtlich.[928]

Darüber hinaus wird die Auffassung vertreten, dass die strikte deliktische Gehilfenhaftung lediglich für die Handlungen der leitenden Angestellten, nicht

---

923 *Larenz/Canaris*, Schuldrecht II/2, § 79 III 6; *Hilgers*, Schadensverantwortung, S. 159, 219 f. stimmt der Unterscheidung zwischen Organisationen und „small groups“ zu und meint, dass der Regelungsbereich des heutigen § 831 Abs. 1 BGB Schadenszurechnungsprobleme in größeren Unternehmen gerade nicht erfasst (S. 159); *Schmidt*, AcP 170 (1970), 502, 533; *Weigert*, Die außervertragliche Haftung, S. 36 behauptet, dass das Verschuldensprinzip bei Großbetrieben eine „blutleere Konstruktion“ bildet.

924 Protokolle bei *Mugdan* II, S. 1094.

925 *v. Caemmerer*, ZfRV 14 (1973), 241, 252; übereinstimmend Staudinger/*Bernau*, § 831, Rn. 197; auch *Heiss*, Entlastungsbeweis, S. 133.

926 *Heiss*, Entlastungsbeweis, S. 132.

927 Staudinger/*Bernau*, § 831, Rn. 197 („schwankende[...] Umsatz- oder Beschäftigungszahlen“); *v. Bar*, Gutachten II, S. 1681, 1777 („schwankende[...] Umsatz- oder Beschäftigungszahlen“).

928 *v. Bar*, Gutachten II, S. 1681, 1777; übereinstimmend Staudinger/*Bernau*, § 831, Rn. 197.

jedoch für jeden Gehilfen einzuführen ist.[929] Diesem Ansatz ist aber entgegenzuhalten, dass der Begriff „leitender Angestellter" wiederum unklar ist und einer weiteren Präzisierung bedarf.[930]

Vereinzelt wird eine objektive Haftung des Geschäftsherrn bei einem besonderen Betriebsrisiko oder einer besonders gefährlichen Tätigkeit als Schadensursache befürwortet.[931] Allerdings sind diese Kriterien zu abstrakt und unklar.

Somit ist festzuhalten, dass sich die Reformvorschläge in der Literatur nicht auf eine einheitliche Lösung einigen konnten. Es lässt sich aber feststellen, dass die überwiegende Mehrheit für die verschuldensunabhängige Gehilfenhaftung im Deliktsrecht plädiert. Die vertretenen Auffassungen gehen allerdings weit auseinander, soweit es um die einzelnen Voraussetzungen dieser strikten Haftung des Geschäftsherrn geht.

III. Stellungnahme

§ 831 Abs. 1 BGB ist eine der wichtigsten Vorschriften des deliktischen Schadensersatzrechts. Trotz alledem sorgt sie seit Jahren aufgrund des zugelassenen Entlastungsbeweises des Geschäftsherrn nach § 831 Abs. 1 Satz 2 BGB für Diskussionen. Dazu, wie diese Regelung *de lege ferenda* ausgestaltet werden sollte und könnte, konnte bis jetzt keine Lösung gefunden werden. Dabei steht in erster Linie die Fragestellung im Fokus, ob an dem „bis zum juristischen Axiom hochstilisierte[n] Verschuldensprinzip"[932] festgehalten werden soll oder eine unbedingte Einstandspflicht des Geschäftsherrn angenommen werden muss.

Für die strikte deliktische Gehilfenhaftung spricht vor allem das *Nutzen-Risiko-Prinzip*, nach dem derjenige das Risiko tragen soll, der auch den Nutzen daraus zieht.

Der Geschäftsherr weitet seinen Tätigkeitsbereich mit der Einschaltung der Hilfspersonen aus, woraus sich ergibt, dass er auch das Risiko der Schadenszufügung bei dem Genuss der wirtschaftlichen Vorteile tragen soll.[933] Durch die Arbeitsteilung wird dieses Risiko zwar erhöht. Dabei handelt es sich richtigerweise aber nicht um die Gefährlichkeit der Verwendung der Gehilfen.[934] Es geht

---

929 *Nitschke*, NJW 1969, 1737, 1742.

930 Dies anerkennend *Nitschke*, NJW 1969, 1737, 1742. Der Autor hebt hervor, dass die Schwierigkeiten bei der Definition nicht größer als bei der Lehre von der Organisationspflicht seien.

931 *Heiss*, Entlastungsbeweis, S. 160.

932 *v. Bar*, Gemeineuropäisches Deliktsrecht, Band I, Rn. 101.

933 *Wicke*, Respondeat Superior, S. 23.

934 *v. Caemmerer*, ZfRV 14 (1973), 241, 259.

vielmehr darum, dass je mehr Hilfspersonen eingesetzt werden, desto größer die Chancen der Schadenszufügung sind. Der Geschäftsherr muss also für diese Risiken einstehen.[935]

Die Beschränkung der strikten deliktischen Gehilfenhaftung nur auf gewerblich Tätige oder nur auf große Unternehmen lässt sich mit diesem Argument allerdings nicht begründen. Der Begriff des „großen Unternehmens“ ist kaum definierbar, weil zum einen unklar ist, welche Kriterien dafür heranzuziehen sind und zum anderen die vorgeschlagenen Abgrenzungsmerkmale (Umsatz des Unternehmens oder Zahl von Mitarbeitern) sehr unpräzise sind. Es ist höchst zweifelhaft, ob es sich rechtfertigen lässt, dass ein Unternehmen mit zwanzig Mitarbeitern zum Beispiel strenger haften soll als eines mit fünf Mitarbeitern. Ab welcher Mitarbeiterzahl oder ab welcher Umsatzsumme die verschuldensunabhängige Haftung eingreifen sollte, bleibt rätselhaft.

Außerdem gilt das erwähnte *Nutzen-Risiko-Prinzip* unabhängig von diesen Kriterien für jeden Teilnehmer des Rechtsverkehrs. Wichtig ist in diesem Zusammenhang zudem darauf hinzuweisen, dass sogar die zweite Kommission zu den BGB-Arbeiten den Gedanken formulierte, dass derjenige, der die Vorteile eines Unternehmens genieße, auch für die Schäden aufzukommen habe, welche für Dritte daraus entstünden.[936]

Dass er aus wirtschaftlicher Sicht im Vergleich zu dem Verrichtungsgehilfen der beste „risk absorber“ sei, überzeugt allerdings nicht als Argument für die unbedingte Einstandspflicht des Geschäftsherrn.[937] Wie zutreffend angemerkt wird, stellt das „deep pocket“ noch keinen Haftungsgrund dar.[938] Es mag sein, dass sich der Schadensersatzanspruch gegen den Gehilfen häufig aus wirtschaftlicher Sicht als wertlos erweisen wird. Doch ist diese Folge nicht zwingend. Außerdem kann sich die wirtschaftliche Situation jederzeit ändern. Deshalb sollte auch auf andere Argumente zurückgegriffen werden, obwohl die wirtschaftliche Seite natürlich nicht außer Acht gelassen werden darf; vor allem aus dem Gesichtspunkt der Verhinderung einer Verlagerung von Haftungsrisiken auf einen Gehilfen, der in der Regel finanziell schwächer als Geschäftsherr ist. Dadurch wird also der Schutz des Geschädigten als ein weiteres bedeutsames Argument relevant. Außerdem steht dem Geschäftsherrn die Möglichkeit offen, sich gegen die entstehenden Haftungsrisiken zu versichern.

---

935 Zum Ganzen *v. Caemmerer,* ZfRV 14 (1973), 241, 259 f.

936 Protokolle bei *Mugdan* II, S. 1094.

937 *Zweigert/Kötz,* Rechtsvergleichung, § 41 V, S. 649.

938 *v. Bar*, Gemeineuropäisches Deliktsrecht, Band I, Rn. 174.

Darüber hinaus ist die strikte Haftung des Geschäftsherrn im Deliktsrecht unter dem Aspekt der Angleichung an andere Rechtsordnungen geboten, insbesondere unter Berücksichtigung der laufenden Arbeiten zur Vereinheitlichung des Europäischen Deliktsrechts. In vielen Rechtsordnungen gilt gerade die strikte Gehilfenhaftung entweder nach ausdrücklichen gesetzlichen Regelungen oder aufgrund entsprechender Rechtsprechungsentwicklungen.

Weiterhin ist die Begründung einer verschuldensunabhängigen Haftung des Geschäftsherrn für Gehilfenhandlungen auf ein historisches Argument zu stützen. Erstens lässt sich festhalten, dass das Verschuldensprinzip bei der Gehilfenhaftung im römischen Recht, worauf die Befürworter dieses Prinzips hinweisen, nicht als einzig mögliches, sondern lediglich neben anderen Prinzipen galt. Der wichtigste Fall der deliktischen Gehilfenhaftung – die sog. *Noxalhaftung* – war vielmehr als verschuldensunabhängige Haftung konzipiert worden.[939] Zweitens konnte sich die Haftungskonzeption der unbedingten Einstandspflicht des Geschäftsherrn bereits bis zur BGB-Entstehung am Juristentag 1886 durchsetzen.[940] Die spätere Wendung während der BGB-Arbeiten zum Verschuldensprinzip hat aus historischer Sicht damit keine zwingenden Gründe.

Es ist ferner hervorzuheben, dass es den Gedanken der strikten Gehilfenhaftung bereits während der Beratungen der zweiten Kommission zum Bürgerlichen Gesetzbuch gab. Allerdings wurde der entsprechende Vorschlag mit dem Einwand abgelehnt, dass der französische Rechtssatz, auf den sich die Antragstellenden zur Verteidigung ihrer Anträge beriefen, dem deutschen Rechtsbewusstsein ganz fern liege.[941] Dieses Argument wurde in der Literatur als „hochnäsig"[942] und als „der nationale Gedanke"[943] kritisch beurteilt. Der Erwägung der zweiten BGB-Kommission ist entgegenzuhalten, dass genau diese Regelung als Vorbild für bayerische, hessische sowie preußische Entwürfe gedient hat.[944] Also konnte sie bereits deswegen nicht mehr so „fern" sein. Außerdem ist die strikte deliktische Gehilfenhaftung in mehreren spezialgesetzlichen Regelungen enthalten. Darüber hinaus zeigt die Rechtsprechungsentwicklung, dass die deliktische Gehilfenhaftung *de facto* genau zu diesem Ergebnis führt.

---

939 Dazu näher unter Kapitel 1, A.I.1.

940 Dazu näher unter Kapitel 1, A.I.2.

941 Protokolle bei *Mugdan* II, S. 1094. Dagegen: *v. Gierke*, Entwurf, S. 261.

942 *v. Bar*, Gemeineuropäisches Deliktsrecht, Band I, Rn. 186.

943 *Seiler*, JZ 1967, 525, 529.

944 *Seiler*, JZ 1967, 525, 529.

Des Weiteren lässt die Einführung der strikten Gehilfenhaftung im Deliktsrecht ausgehend von einer internationalen Rechtsvereinheitlichung zu, möglichst gleichartige Wettbewerbsbedingungen zu schaffen.[945]

Deshalb ist es konsequent, sich der Meinung anzuschließen, dass der Einwand, warum Deutschland mit dem „am feinsten durchgebildeten Haftungssystem" den Anfang für eine internationale Rechtsvereinheitlichung machen sollte[946], verfehlt wirke.[947]

Gegen die Einführung einer verschuldensunabhängigen Haftung des Geschäftsherrn für Gehilfenverhalten im Deliktsrecht könnte ferner eine mögliche Hemmung des wirtschaftlichen Lebens und Fortschritts sprechen. Außerdem wird befürchtet, dass jedenfalls kleinere Unternehmen diese schwere Last nicht ertragen könnten.[948] Dem ist jedoch entgegenzuhalten, dass sie genauso wie die größeren Unternehmen für die Risikoabdeckung versicherungsrechtliche Möglichkeiten haben. Damit, dass sie diese Möglichkeiten in der Regel selten nutzen, kann schlecht argumentiert werden.[949] Ob sie davon Gebrauch machen, hängt erstens ausschließlich von ihnen ab. Zweitens ist zu vermuten, dass die Unternehmen gerade deswegen, weil der Gesetzgeber die Schonung des § 831 Abs. 1 Satz 2 BGB anbietet, die Versicherungsmöglichkeiten nicht nutzen. Die Zurverfügungstellung einer Möglichkeit für kleinere Unternehmen, die Versicherung einzuschalten, bedeutet zugleich die Gewährleistung eines gewissen Schutzes oder genauer gesagt einer Möglichkeit des Schutzes, die zur Gewährleistung ihrer Interessen ausreichend ist.

Außerdem ist neben diesen Argumenten ein weiterer Anhaltspunkt zu erwähnen. Es handelt sich um die heutige Situation in der Praxis. Die Rechtsprechung hat vielfältige Wege zur Umgehung der Entlastungsmöglichkeit nach § 831 Abs. 1 Satz 2 BGB eingeschlagen. Bei dem Blick auf die Judikatur wird es schnell klar, dass der Geschäftsherr in Wirklichkeit von der vorgesehenen Entlastungsmöglichkeit fast keinen Gebrauch machen kann. Wie zu Recht betont wird, existiert die zugelassene Entlastung nur auf dem Papier, weil verfehlte gesetzliche Grundwertungen von einer selbstbewussten Justiz nicht auf Dauer rezipiert werden.[950] Wenn dem Geschäftsherrn der Entlastungsbeweis nach § 831 Abs. 1 Satz 2 BGB gelingt, wird er möglicherweise trotzdem nach § 823 Abs. 1 BGB zur

945 *Eubel*, Die Haftung des Geschäftsherrn, S. 63; *Weber*, Neuregelung, S. 8.
946 *Schmidt*, AcP 170 (1970), 502, 526.
947 Staudinger/*Bernau*, § 831, Rn. 195.
948 Protokolle bei *Mugdan* II, S. 1094.
949 So aber Protokolle bei *Mugdan* II, S. 1094.
950 *v. Bar*, Gemeineuropäisches Deliktsrecht, Band I, Rn. 179.

Haftung herangezogen. Es kann aber auch umgekehrt sein, nämlich dass das Gericht die Haftung wegen Organisationsverschuldens ablehnt, jedoch die Haftung aus § 831 Abs. 1 BGB bejaht.[951] Also haftet der Geschäftsherr immer. Es ist sinnvoll, aus dieser Rechtsprechungsentwicklung Konsequenzen zu ziehen und sich offen zu der faktisch aufgestellten strikten Gehilfenhaftung im Deliktsrecht zu bekennen.[952]

Allerdings ist es sinnvoll, die deliktische Einstandspflicht des Geschäftsherrn auf das Verschulden des Gehilfen zu beschränken. Anderenfalls wäre kein Grund dafür ersichtlich, dass der Rechtsverkehrsteilnehmer bei der selbstständigen Erfüllung der Aufgabe und der Schadenszufügung für Verschulden haftet, bei der Überlassung dieser Aufgabe auf einen anderen jedoch das Verschulden ganz ausgeschlossen werden sollte.[953] Außerdem ist anzumerken, dass das Verschulden des Gehilfen infolge der Rechtsprechungsentwicklung zum verkehrsrichtigen Verhalten des Gehilfen und der Möglichkeit der Widerlegung der Kausalitätsvermutung bereits heute in die gesetzliche Regelung hineingelesen wird. Wenn der Geschäftsherr sich wissentlich eines verschuldensunfähigen Gehilfen bedient hat, dann haftet er nach den allgemeinen Grundsätzen der deliktischen Haftung für eigenes Verschulden (§ 823 Abs. 1 BGB).

An dieser Stelle ist auch zu erwähnen, dass an der verschuldensunabhängigen deliktischen Gehilfenhaftung ferner insoweit Zweifel gehegt werden, als sich dafür keine befriedigende dogmatische Grundlage und Einordnung finden lasse[954]. Es ist aber zu betonen, dass es sich immer noch um die Verschuldenshaftung handelt, weil der Geschädigte nur dann Schadensersatz verlangen kann, wenn der Schaden ihm durch deliktisches Verschulden des Gehilfen zugefügt worden ist.[955]

Letztlich ist auch zu erwähnen, dass die Beweislast für das Fehlen des Gehilfenverschuldens folgerichtig dem Geschäftsherrn aufzuerlegen wäre.[956] Dafür spricht dasselbe Argument, das die Beweislastumkehr in der jetzigen Fassung des § 831 Abs. 1 BGB begründet. Der Geschäftsherr ist nämlich näher als der

951 So etwa BGH, Urt. v. 30. Januar 1996 – VI ZR 408/94, NJW-RR 1996, 867 f.

952 MüKo/*Wagner*, § 831, Rn. 3 verweist darauf, dass sich durch die Einführung der Geschäftsherrenhaftung ohne Entlastungsmöglichkeit in der Praxis kaum etwas ändert.

953 So auch mit Verweis auf das holländische Recht *Langenmeijer*, Karlsruher Forum 1962, 28.

954 *Schmidt*, AcP 170 (1970), 502, 525.

955 Im Ergebnis: *Bundesministerium der Justiz*, Referentenentwurf II, S. 111.

956 *Kötz/Wagner*, Deliktsrecht, Rn. 289 spricht dagegen vom pflichtwidrigen Verhalten.

Geschädigte daran aufzuklären, was genau geschehen ist. Außerdem ist der Geschädigte in manchen Fällen überhaupt nicht in der Lage, den konkreten Gehilfen mangels Einblicks in die internen betrieblichen Organisationsangelegenheiten zu benennen. Ihm würde ansonsten in beweisrechtlicher Hinsicht auch eine zu große Last auferlegt, die zu einer Haftungsverlagerung auf den Geschädigten führen würde. Darüber hinaus steht die Beweislastumkehr für das Gehilfenverschulden im Einklang mit der allgemeinen Beweislastumkehr im Rahmen des heutigen § 831 Abs. 1 BGB.

Somit ist die strikte deliktische Haftung des Geschäftsherrn für Handlungen seiner Gehilfen begründet und zu begrüßen. Dadurch können auch die weiteren Entwicklungen zum Organisationsverschulden und zur Ausweitung der vertraglichen Grundsätze durch die Rechtsprechung verhindert werden. Diese Ausgestaltung der deliktischen Gehilfenhaftung wurde auch bei allen gesetzgeberischen Reformvorschlägen bevorzugt und hat heutzutage Priorität auf europäischer Ebene. Diese Änderung der deliktischen Haftung des Geschäftsherrn entspricht damit allgemeinen Gerechtigkeitserwägungen.

KAPITEL 2. DELIKTISCHE HAFTUNG FÜR HELFER NACH RUSSISCHEM RECHT

A. Grundlagen der Gehilfenhaftung nach russischem Zivilrecht

I. Grundlagen des russischen Haftungsrechts

1. Allgemeines

Die Haftung für andere Personen ist eine Form der allgemeinen zivilrechtlichen Haftung. Vorerst gilt es daher, die konzeptionellen Grundlagen der russischen zivilrechtlichen Haftung, deren Voraussetzungen sowie deren Systematik nach russischem Zivilrecht darzustellen.

Hinsichtlich des rechtsvergleichenden Charakters dieser Untersuchung ist es von großer Bedeutung, zunächst auf die terminologischen Einzelheiten einzugehen. Die Übersetzung des russischen Terminus „*otvetstvennost*'“[957] in die deutsche Sprache bereitet angesichts mehrerer Möglichkeiten („Haftung“ und „Verantwortlichkeit“) erhebliche Schwierigkeiten.[958] Es ist hervorzuheben, dass der Ausdruck „*otvetstvennost*'“ sowohl in den Verschuldensnormen[959] als auch in den verschuldensunabhängigen Tatbeständen[960] des russischen Zivilgesetzbuches vorkommt.[961] Außerdem wird er in der russischen juristischen Fachsprache nicht nur im Zivilrecht, sondern auch in anderen Rechtsgebieten verwendet. Er umfasst also beispielsweise auch strafrechtliche und disziplinarrechtliche

957 Dazu siehe näher unter Einleitung.

958 Von der „*Haftung*“ ist die Rede bei: *Bergmann*, ZGB RF II, S. 31, 37; *Heidemann*, Unternehmenshaftung, S. 10 f.; *Poelzig*, Die Haftung des Herstellers, S. 222; *Solotych*, ZGB RF I, S. 228; *Solotych*, ZGB RF II, S. 329; *Wölk*, Das Deliktsrecht Russlands, S. 69 f., Fn. 163; Osteuropa-Institut der Freien Universität Berlin/*Roggemann*/*Bergmann*/*Barent*, ZGB RF II, S. 404. Von der „*Verantwortlichkeit*“ spricht *Castro*, Die Merkmale der unerlaubten Handlung, S. 20.

959 Etwa Artt. 401 Ziff. 1, 1064 ZGB RF.

960 Etwa Artt. 401 Ziff. 3, 1079 ZGB RF.

961 Zum Ganzen ähnlich *Castro*, Die Merkmale der unerlaubten Handlung, S. 19 (in Bezug auf das sowjetische Zivilrecht).

Maßnahmen. Diese Weite des russischen Terminus *„otvetstvennost'"* stößt in der deutschen Literatur auf Kritik.[962]

Für das Verständnis des russischen Haftungsrechts und der untersuchten Thematik ist die Bestimmung der Begrifflichkeiten von sehr großer Bedeutung. Aus diesem Grund kann nicht der Ansicht zugestimmt werden, nach der die eine oder die andere Übersetzung als gleichwertig zu dem entsprechenden russischen Ausdruck bewertet wird, ohne dafür eine Begründung zu liefern.[963] Dies ist ferner aus dem Grund unzutreffend, weil im deutschen Recht zwischen *Verantwortlichkeit*, *Haftung* und *Verantwortung* in der Regel unterschieden wird.[964] Außerdem wird dem Terminus „Haftung" ein bestimmter Inhalt zugrunde gelegt, obwohl nicht unerwähnt bleiben darf, dass der Begriff „Haftung" seinerseits im Bürgerlichen Gesetzbuch nicht immer einheitlich gebraucht wird.[965] In dieser Arbeit wird für die Bezeichnung der untersuchten zivilrechtlichen Aspekte von *„otvetstvennost'"* der Terminus *„Haftung"* gebraucht.[966]

Ferner ist wichtig, die Funktionen der zivilrechtlichen Haftung kurz zu beleuchten. Dies trägt zum Verstehen der Besonderheiten einzelner Regelungen des russischen Zivilgesetzbuches bei. Neben der Hauptfunktion – kompensatorischer Funktion – erfüllt die zivilrechtliche Haftung auch eine *präventiv-erzieherische* Funktion. Dabei sollen die Rechtssubjekte zu einem Verhalten veranlasst werden, das zur Erhöhung der Disziplin, zur Einhaltung der vertraglichen Pflichten führt und zu einem Verhalten, das die Verletzung der Rechte

---

962 *Heidemann*, Unternehmenshaftung, S. 10 spricht von einer „schillernde[n] und verwirrende[n] Begrifflichkeit".

963 Im Ergebnis *Arzinger/Galander*, Russisches Wirtschaftsrecht, 2. Auflage (2002), S. 261 ohne nähere Abgrenzungserklärungen bezüglich Verantwortlichkeit und Haftung; ähnlich *Galander*, Russisches Wirtschaftsrecht, S. 228, wo der Autor bezüglich des Begriffs der Haftung auf *Solotych*, ZGB RF I, S. 65 verweist (Fn. 59), an entsprechender Stelle finden sich allerdings die Ausführungen zur „Verantwortlichkeit" und nicht zur „Haftung"; *Drujinina*, Die Entwicklung des Russischen Haftungsrechts, S. 68, Fn. 331 meint, dass Haftung und Verantwortung gleichwertige Übersetzungen des Begriffs „otvetstvennost'" seien.

964 Siehe etwa *Esser*, Gefährdungshaftung, S. 98; *Wolff*, Organschaft und juristische Person I, S. 220, der darauf hinweist, dass für eine Haftung eine Schuld keineswegs Voraussetzung sei. Keine Trennung dagegen wird durchgeführt bei MüKo/*Wagner*, § 831, Rn. 7, 22 f.

965 *Medicus/Lorenz*, Schuldrecht I, Rn. 19; Creifelds/Weber/*Kainz*, Rechtswörterbuch, S. 635.

966 Zur Begründung der Verwendung dieser Übersetzung siehe unter Einleitung.

oder der Rechtsgüter anderer von vornherein ausschließt.[967] Die Straffunktion (Bestrafung des Schädigers oder des Schuldners) ist bei einer Haftung dem russischen Zivilrecht auch nicht fremd. Sie findet ein bezeichnendes Beispiel in einer echten Vertragsstrafe, die über den Ersatz des Schadens hinausgeht (Art. 394 Ziff. 1 ZGB RF). Nach Art. 13 Ziff. 2 des Gesetzes „Über den Schutz der Verbraucherrechte"[968] wird beispielsweise der Schaden eines Verbrauchers in vollem Umfang über die Vertragsstrafe hinaus, die gesetzlich oder vertraglich festgelegt ist, ersetzt, wenn nichts anderes durch ein Gesetz geregelt ist. Somit ist die Straffunktion der zivilrechtlichen Haftung im russischen Zivilrecht nicht ausgeschlossen, obwohl solche echten Vertragsstrafen als eine nicht ganz der Natur der zivilrechtlichen Haftung entsprechende Maßnahme zurzeit nur selten Anwendung finden.

Die zivilrechtliche Haftung erfüllt somit einen Komplex der Aufgaben, die ihre wichtige Bedeutung bestimmen. Alle erwähnten Funktionen sind dabei miteinander verbunden.

2. Voraussetzungen der Haftung nach russischem Zivilrecht

Die Frage nach dem Begriff der zivilrechtlichen Haftung steht in engem Zusammenhang mit ihren Voraussetzungen. Eine Rechtsverletzung stellt eine Haftungsgrundlage dar.[969] Die Grundlage einer deliktischen Haftung stellt dabei die Schadenszufügung dem Vermögen einer natürlichen oder juristischen Person oder dem Leben oder der Gesundheit einer natürlichen Person.[970] Für die Anwendung der zivilrechtlichen Haftung sind jedoch auch folgende Haftungsvoraussetzungen erforderlich: *Schaden*, *Rechtswidrigkeit* der Verletzung der subjektiven Rechte, *Kausalzusammenhang* zwischen dem rechtswidrigen Verhalten und dem zugefügten Schaden und *Verschulden* des Schädigers (Schuldners). Gesetzlich oder vertraglich kann festgelegt werden, dass in bestimmten Fallkonstellationen einige dieser Haftungsvoraussetzungen nicht erforderlich sind. Im Bereich der deliktischen Haftung ist eine der bedeutendsten Ausnahmen

---

967 Z.B. Art. 310 ZGB RF (über die Unzulässigkeit eines einseitigen Verzichts auf die Erfüllung eines Schuldverhältnisses) oder Art. 1065 ZGB RF (über die Vorbeugung der Schadenszufügung).

968 SZ RF 1996, Nr. 3, Pos. 140, zuletzt geändert durch das Gesetz Nr. 133-FZ v. 4.06.2018.

969 Braginskij/*Vitrjanskij*, Vertragsrecht I, S. 710; *Suchanov*, Zivilrecht I, S. 452; ähnlich Alekseev/Stepanov/*Gongalo*, Zivilrecht, S. 161; a.A. Sergeev/*Ševčenko*, Zivilrecht III, S. 19 (als Grundlage wird der Tatbestand einer Rechtsverletzung angesehen).

970 Suchanov/*Korneev*, Zivilrecht II, S. 1081.

vom Verschuldensprinzip die Haftung für den Schaden, der durch die Quellen erhöhter Gefahr zugefügt wurde (Art. 1079 ZGB RF). Außerdem sind in Art. 1100 ZGB RF die Fälle der Kompensation des moralischen Schadens ohne Verschulden des Schädigers festgelegt.

Beim Schaden als Haftungsvoraussetzung ist zunächst auf die begrifflichen Besonderheiten einzugehen. In dieser Arbeit wird für die Bezeichnung der erforderlichen Haftungsvoraussetzung „*vred*“ der deutsche Begriff „*Schaden*“ im weiteren Sinne verwendet. Zu betonen ist, dass im russischen Zivilgesetzbuch sowie in anderen russischen Gesetzen, in der Lehre und Rechtsprechung noch zwei Termini existieren, die ähnlich ins Deutsche als „Schaden“ übersetzt werden können: „*uščerb*“ und „*ubytki*“. Allerdings haben diese Begriffe eine andere inhaltliche Bedeutung[971], so dass zwischen diesen drei Ausdrücken folgerichtig differenziert werden muss.[972]

„*Vred*“ (Schaden) wird als eine Art Oberbegriff verstanden. „*Ubytki*“ schließen nach Art. 15 Ziff. 2 Abs. 1 ZGB RF Ausgaben ein, die die Person, deren Recht verletzt wurde, zur Wiederherstellung des verletzten Rechts getätigt hat oder tätigen muss, Verlust oder Beschädigung des Vermögens (*real'nyj uščerb – der tatsächliche Schaden*) sowie nicht erhaltene Einnahmen, die diese Person unter gewöhnlichen Umständen des bürgerlichen Verkehrs erhalten hätte, wenn ihr Recht nicht verletzt worden wäre (*upuščennaja vygoda – der entgangene Gewinn*).

Unter „*vred*“ (Schaden) als Voraussetzung der deliktischen Haftung werden ungünstige negative Folgen verstanden, die nach der Verletzung eines persönlichen oder vermögensrechtlichen Rechts oder Rechtsguts eintreten.[973] In diesem Sinne wird auch der Begriff „Schaden“ in dieser Arbeit verwendet. Bei Abweichungen von diesem allgemeinen Schadensverständnis wird darauf explizit hingewiesen.

Die nächste Haftungsvoraussetzung stellt die „*protivopravnost'*“ (Rechtswidrigkeit) dar. Unter Rechtswidrigkeit wird die Verletzung der imperativen Regelungen oder der direkten Verbotsregelungen der Rechtsnormen sowie die

---

971 Unzutreffende Annahme der inhaltlichen Identität dieser drei Begriffe: *Poelzig*, Die Haftung des Herstellers, S. 189, Fn. 1287.

972 *Smirnov/Sobčak*, Die allgemeine Lehre, S. 58; *Novickij/Lunc*, Die allgemeine Lehre, S. 365 differenziert zwischen „ubytki“ und „uščerb“. Differenzieren zwischen „ubytki“ und „vred“: *Ioffe*, Ausgewählte Werke III, S. 47, 143 f.; Mozolin/*Maleina*, Zivilrecht I, S. 756 ff. A.A. *Suchanov*, Wer ersetzt den zugefügten Schaden?, S. 11.

973 Mozolin/*Maleina*, Zivilrecht II, S. 875; ähnlich Sergeev/*Ševčenko*, Zivilrecht III, S. 22; Suchanov/*Korneev*, Zivilrecht II, S. 1082.

Verletzung der den Grundprinzipien und dem Sinn der Zivilgesetzgebung und dem Gesetz nicht widersprechenden Vertragsregelungen verstanden.[974] Bezüglich der deliktischen Haftung lässt sich das Erfordernis der Rechtswidrigkeit als Haftungsvoraussetzung daraus ableiten, dass die Regelung des Art. 1064 Ziff. 3 Abs. 1 ZGB RF den Ersatz des rechtmäßig zugefügten Schadens nur in Ausnahmefällen, also nur in den gesetzlich geregelten Fällen, zulässt.[975] Die Rechtswidrigkeit wird vermutet. Bei der Deliktshaftung wird die Präsumtion der Rechtswidrigkeit aus dem Prinzip des Generaldelikts abgeleitet.[976]

Die Erforderlichkeit einer weiteren Haftungsvoraussetzung – des Kausalzusammenhangs – kann bei der Deliktshaftung aus der Formulierung des Art. 1064 Ziff. 1 Abs. 1 ZGB RF abgeleitet werden, wo die Rede von „*zugefügten*" Schäden ist.[977] Der kausale Zusammenhang wird als objektiv existierender Zusammenhang aller Erscheinungen charakterisiert, der seinerseits dadurch gekennzeichnet ist, dass eine von zwei zusammenhängenden Erscheinungen (Grund) in einer konkreten Situation der anderen (Folge) zeitlich immer vorausgeht und Letztere verursacht und die andere immer als Folge der ersten auftritt.[978] Obwohl in der russischen Lehre mehrere Theorien des Kausalzusammenhangs existieren[979], wird hervorgehoben, dass keine von diesen Theorien eine „genaue Formel" für die Feststellung des Kausalzusammenhangs liefere[980]. Es gilt in jedem konkreten Fall, alle Fakten ausführlich zu analysieren. Der Kausalzusammenhang wird nicht vermutet, sondern muss vom Kläger nachgewiesen werden.[981]

Eine subjektive Voraussetzung der Haftung im Allgemeinen und der deliktischen Haftung im Besonderen stellt das Verschulden dar. Nach Art. 1064 Ziff. 2

---

974 *Suchanov*, Zivilrecht I, S. 454.
975 Suchanov/*Korneev*, Zivilrecht II, S. 1084.
976 Alekseev/*Stepanov*, Zivilrecht, S. 300; Sergeev/*Ševčenko*, Zivilrecht III, S. 19.
977 *Suchanov*, Zivilrecht I, S. 458.
978 *Suchanov*, Zivilrecht I, S. 460; ähnlich Sergeev/*Ševčenko*, Zivilrecht III, S. 26.
979 Z.B. Theorie vom kausalnotwendigen und kausalzufälligen Zusammenhang (*Beljakova*, Materielle Haftung, S. 26; *Flejšic*, Verpflichtungen aus der Schadenszufügung, S. 57; *Matveev*, Die Gründe der zivilrechtlichen Haftung, S. 67, 97 ff., 101; *Novickij/Lunc*, Die allgemeine Lehre, S. 307 ff.; *Tarchov*, Haftung, S. 116 ff.); Theorie der Möglichkeit und der Wirklichkeit (*Ioffe*, Ausgewählte Werke I, S. 187, 470 ff.; *ders.*, Ausgewählte Werke III, S. 47, 161 ff.; *Jarošenko*, Haftung, S. 84 f.; *Smirnov/Sobčak*, Die allgemeine Lehre, S. 71 ff.) und andere Theorien. Eine ausführliche Untersuchung einzelner Theorien des Kausalzusammenhangs wird angesichts der Thematik dieser Arbeit nicht durchgeführt.
980 Mozolin/*Maleina*, Zivilrecht I, S. 759.
981 Sergeev/*Ševčenko*, Zivilrecht III, S. 26.

Satz 1 ZGB RF wird ein Schädiger vom Schadensersatz befreit, wenn er nachweist, dass der Schaden nicht infolge seines Verschuldens zugefügt wurde. Verschulden als Haftungsvoraussetzung ist auch in Art. 401 Ziff. 1 Abs. 1 ZGB RF festgelegt. Eine positive Definition von Verschulden oder einzelnen Verschuldensformen fehlt im russischen Zivilgesetzbuch. Gesetzlich wurde aber definiert, wann eine Person als schuldlos gilt. Dies ist dann der Fall, wenn sie bei dem Maß an Sorgfalt und Umsicht, das von ihr nach Art der Verpflichtung und den Bedingungen des Verkehrs gefordert war, alle Maßnahmen für die ordnungsgemäße Erfüllung der Verpflichtung ergriffen hat (Art. 401 Ziff. 1 Abs. 2 ZGB RF). Diese Definition[982] bietet keine klassische Definition des Verschuldens im positiven Sinne, sondern erlaubt lediglich im Wege des Umkehrschlusses einige Kriterien dazu zu gewinnen.

Obwohl es viele wissenschaftliche Untersuchungen zu dieser Frage gibt, bleibt bis heute höchst umstritten, was unter einem Verschulden im Zivilrecht zu verstehen ist.[983] Besonders intensiv wurde diese Frage zu sowjetischer Zeit behandelt. Insbesondere wurde zu diesen Zeiten die sog. psychologische (subjektive) Verschuldenstheorie entwickelt. Nach dieser Theorie wurde das Verschulden als psychisches Verhältnis der Person zu ihren rechtswidrigen Handlungen und zu ihren Folgen verstanden.[984] Diese Theorie findet auch im modernen russischen Zivilrecht viele Anhänger und bleibt immer noch herrschend.[985] Sie ist aber seit ihren Anfängen auf starke Kritik gestoßen. Im Gegensatz dazu wird eine sog. objektive Verschuldenstheorie (Verhaltenstheorie) vertreten, die sich jetzt im Vordringen befindet. Das Verschulden wird danach als objektive Kategorie, also

---

982 Einige Autoren erkennen den Charakter dieser Regelung als einer Verschuldensdefinition gar nicht an, weil sie lediglich Umstände aufzähle, bei deren Vorliegen das Subjekt als schuldlos anerkannt werde (Belov/*Tarasenko*, Zivilrecht, S. 300, Fn. 4; *Kozlova*, Die Rechtssubjektivität der juristischen Person, S. 71).

983 An dieser Stelle wird nur ein kurzer Überblick über die Verschuldenstheorien im russischen Zivilrecht gegeben, der für das Verständnis einzelner Fragen der deliktischen Gehilfenhaftung erforderlich ist. Eine ausführliche Auseinandersetzung mit dem Thema des zivilrechtlichen Verschuldens im Allgemeinen überschreitet die Grenzen des Themas dieser Arbeit. Auf die Besonderheiten des Verschuldens juristischer Personen im russischen Zivilrecht wird gesondert eingegangen (dazu unter Kapitel 2, C.II).

984 *Jarošenko*, Haftung, S. 92; *Beljakova*, Materielle Haftung, S. 26; in diesem Sinne *Matveev*, Die Gründe der zivilrechtlichen Haftung, S. 186.

985 Mozolin/*Maleina*, Zivilrecht I, S. 759; Mozolin/*Maleina*, Zivilrecht II, S. 877; Sergeev/*Ševčenko*, Zivilrecht III, S. 26; Stepanov/*Vasil'ev*, Zivilrecht I, S. 583; *Šepel'*, Aktuelle Probleme, S. 9, 15; *Tebrjaev*, Außervertragliche Haftung, S. 60.

als Nichtergreifen aller möglichen Maßnahmen, die bei dem erforderlichen Maß der Sorgfalt und Umsicht nötig waren, durch den Verletzer für die Verhinderung negativer Folgen seines Verhaltens, charakterisiert.[986] Dadurch wird vor allem die Nachweisbarkeit entsprechender Tatsachen im Gegensatz zu dieser der subjektiven psychischen Gefühle erleichtert.[987] Neben diesen zwei Haupttheorien wurde in der sowjetischen Lehre auch eine sog. objektiv-subjektive Theorie des Verschuldens vertreten. Danach wird Verschulden grundsätzlich als psychisches Verhältnis einer Person zu ihrer Handlung und zu deren rechtswidrigen Folgen definiert[988], wobei bei den einzelnen Verschuldensformen aber differenziert wird. Die Fahrlässigkeit stellt danach das Resultat des Außerachtlassens der Sorgfaltsanforderungen dar.[989]

Ohne sich mit jeder dieser Theorien ausführlich auseinanderzusetzen, ist an dieser Stelle nur anzumerken, dass die psychologische Verschuldenstheorie beim Verschulden einer juristischen Person an ihre Grenzen stößt. Der Grund liegt darin, dass eine juristische Person offensichtlich keine Psyche im Sinne dieser Theorie hat. Außerdem sind psychische Aspekte in einem gerichtlichen Verfahren kaum nachweisbar. Für die objektive Theorie spricht vor allem die gesetzliche Definition einer Nichtschuld in Art. 401 Ziff. 1 Abs. 2 ZGB RF.[990] Bei Vorsatz als Verschuldensform kann jedoch auf die subjektiven Elemente nicht verzichtet werden. Es wird vertreten, dass die Beurteilung des Sorgfaltsmaßstabs bei der Verschuldensdefinition als Nichtergreifen aller erforderlichen Maßnahmen auch über eine gewisse Subjektivität verfügt.[991] Obwohl der Streit um die Verschuldensdefinition noch nicht entschieden ist und jede Theorie sowohl Anhänger als auch Kritiker findet, ist hervorzuheben, dass die psychologische Theorie als bis jetzt herrschende Theorie einen enormen Einfluss auf einige wichtige Haftungsfragen hat (z.B. auf die Beweislast).

---

986 *Suchanov*, Zivilrecht I, S. 463; in diesem Sinne auch Suchanov/*Korneev*, Zivilrecht II, S. 1088 f.; zustimmend: *Kozlova*, Die Rechtssubjektivität der juristischen Person, S. 71 f., 73; ähnlich Braginskij/*Vitrjanskij*, Vertragsrecht I, S. 756; im Ergebnis auch Belov/*Tarasenko*, Zivilrecht, S. 299 ff.; bereits in sowjetischer Lehre: in diesem Sinne *Fondaminskij*, Haftung, S. 29 f.; *Kaminskaja*, Fragen des Zivilrechts, S. 56, 95, 98; *Rachmilovič*, Wissenschaftliche Beiträge des AFI, S. 117, 119.

987 *Suchanov*, Zivilrecht I, S. 464.

988 *Ioffe*, Ausgewählte Werke III, S. 47, 173.

989 *Ioffe*, Ausgewählte Werke III, S. 47, 178.

990 Der Gesetzestext des Art. 401 ZGB RF ist im Anhang 1 in der deutschen Übersetzung abgedruckt.

991 *Kozlova*, Die Rechtssubjektivität der juristischen Person, S. 71.

3. *Einzelne haftungsrechtliche Fragen*

a. *Beweislastverteilung*

Nach allgemeiner Regel muss jede Person diejenigen Umstände beweisen, auf die sie sich als Gründe ihrer Ansprüche und Einwände stützt (Art. 56 Ziff. 1 ZPO RF[992], Art. 65 Ziff. 1 Satz 1 ArbPO RF[993]). Im russischen Zivilrecht ist bezüglich der zivilrechtlichen Haftung eine Ausnahme von dieser Regelung in Form einer allgemeinen Verschuldensvermutung zugelassen. Das Verschulden, soweit es eine Haftungsvoraussetzung darstellt, wird nach russischem Zivilrecht in allen Fällen vermutet. Dieser Grundsatz gilt sowohl für das Vertragsrecht (Art. 401 Ziff. 2 ZGB RF) als auch für das Deliktsrecht (Art. 1064 Ziff. 2 Satz 1 ZGB RF).[994]

b. *Haftungsumfang*

Grundsätzlich werden nach dem im russischen Zivilrecht geltenden Prinzip des vollständigen Schadensersatzes[995] (Artt. 15 Ziff. 1, 393 Ziff. 2, 1064 Ziff. 1 Abs. 1 ZGB RF) der tatsächlich entstandene Schaden sowie der entgangene Gewinn ersetzt. Die Kompensation des moralischen Schadens ist in gesetzlich vorgesehenen Fällen nach Maßgabe der Artt. 151, 1099 ff. ZGB RF möglich. Der Umfang der gesetzlich festgelegten Haftung kann bei deliktischen Schuldverhältnissen nur durch ein Gesetz gemindert werden. Dagegen ist festgelegt, dass die Kompensation über den Schadensersatz hinaus durch einen Schädiger durch ein Gesetz oder durch einen Vertrag vorgesehen werden kann (Art. 1064 Ziff. 1 Abs. 3 Satz 1 ZGB RF). Bei einem Nichtschädiger kann dies wiederum nur durch ein Gesetz bestimmt werden (Art. 1064 Ziff. 1 Abs. 3 Satz 2 ZGB RF). Bei der Bestimmung des zu ersetzenden Schadens sind außerdem das Verschulden des Geschädigten (Art. 1083 Ziff. 1, 2 ZGB RF), die Vermögenslage des Schädigers – eines Bürgers (Art. 1083 Ziff. 3 ZGB RF) von Bedeutung. Außerdem sind für einzelne Rechtsverhältnisse spezielle gesetzliche Regelungen vorgesehen (z.B. Artt. 1084 ff. ZGB RF für die Schädigung des Lebens und der Gesundheit).

---

992 SZ RF 2002, Nr. 46, Pos. 4532, zuletzt geändert durch das Gesetz Nr. 340-FZ v. 3.08.2018.

993 SZ RF 2002, Nr. 30, Pos. 3012, zuletzt geändert durch das Gesetz Nr. 340-FZ v. 3.08.2018.

994 Näher zum Problem der Verschuldensvermutung siehe unter Kapitel 2, B.VI.

995 Die Ausdrücke „Schadensersatz“ und „Schadenersatz“ werden in dieser Arbeit ungeachtet einzelner sprachlicher Bedenken gleichbedeutend gebraucht, dazu *Motsch*, Das Zivilrecht in beiden deutschen Staaten, S. 143.

c. *Verjährung*

Die Verjährung vertraglicher und deliktischer Ansprüche ist im russischen Recht einheitlich geregelt und beträgt drei Jahre (Art. 196 Ziff. 1 ZGB RF). Abweichende Regelungen der Verjährungsfristen durch Vereinbarung sind nicht zulässig (Art. 198 Abs. 1 ZGB RF). Durch ein Gesetz können aber auch andere Verjährungsfristen für spezielle Rechtsverhältnisse festgelegt werden. Einige Ansprüche, die in Art. 208 ZGB RF aufgezählt sind, unterliegen außerdem nicht der Verjährung. Schadensersatzansprüche wegen Lebens- oder Gesundheitsverletzung eines Bürgers verjähren zum Beispiel nicht, können allerdings nicht für mehr als drei Jahre in der Vergangenheit vor dem Zeitpunkt der Klageerhebung[996] mit Ausnahmen nach dem Gesetz „Über Entgegenwirken dem Terrorismus"[997] befriedigt werden. Außerdem verjähren in der Regel auch nicht die Ansprüche auf Schutz der Ehre, Würde und des geschäftlichen Rufs[998], insbesondere auch nicht der Anspruch auf Kompensation eines moralischen Schadens beim Anspruch wegen Verletzung persönlicher Nichtvermögensrechte und anderer immaterieller Rechtsgüter[999].

Somit gehören zu den Voraussetzungen der zivilrechtlichen Haftung nach russischem Recht Schaden, Rechtswidrigkeit, Kausalität und Verschulden. Eine wichtige Besonderheit besteht dabei darin, dass das Verschulden bei der zivilrechtlichen Haftung vermutet wird.

---

996 Ziff. 33 der Plenarentscheidung des OG RF und des OAG RF „Über einige Fragen, die mit der Anwendung des ersten Teils des Zivilgesetzbuches der RF zusammenhängen" v. 1. Juli 1996, Nr. 6/8, BVS RF 1996, Nr. 9, S. 1, 6 (zuletzt geändert durch die Plenarentscheidung des OG RF v. 24. März 2016, Nr. 7).

997 SZ RF 2006, Nr. 11, Pos. 1146, zuletzt geändert durch das Gesetz Nr. 82-FZ v. 18.04.2018.

998 Ziff. 14 der Plenarentscheidung des OG RF „Über die Gerichtspraxis zu Fällen über den Schutz der Ehre und der Würde der Bürger sowie des geschäftlichen Rufs der Bürger und der juristischen Personen" v. 24. Februar 2005, Nr. 3, BVS RF 2005, Nr. 4, S. 2, 7.

999 Ziff. 7 Abs. 1 der Plenarentscheidung des OG RF „Einige Fragen der Anwendung der Gesetze über Kompensation eines moralischen Schadens" v. 20. Dezember 1994, Nr. 10, BVS RF 1995, Nr. 3, S. 9, 10 (zuletzt geändert durch die Plenarentscheidung des OG RF v. 6. Februar 2007, Nr. 6). Kritisch zu der Unverjährbarkeit der Ansprüche auf Kompensation des moralischen Schadens: Grišaev/*Ėrdelevskij*, ZGB RF I, Anm. 2 zu Art. 208.

d. *Anspruchskonkurrenz*

Im russischen Zivilgesetzbuch ist das Verhältnis der vertraglichen und deliktischen Ansprüche nicht ausdrücklich geregelt. Unter einer Anspruchskonkurrenz wird dabei die Möglichkeit der Erhebung mehrerer verschiedener Ansprüche zwecks Schutzes ein und desselben Interesses verstanden.[1000] Dabei schließe die Befriedigung eines der Ansprüche die Erhebung des anderen aus.[1001] Es gibt nur einzelne Regelungen, die in bestimmten Fällen eine Anspruchskonkurrenz zulassen.[1002]

In der Lehre haben sich zwei Auffassungen zu der Frage der Anspruchskonkurrenz herausgebildet. Nach einer Ansicht bestehe zwischen diesen Ansprüchen kein Ausschließlichkeitsverhältnis, sondern dem Geschädigten stünde ein Wahlrecht zu. Das Gesetz lasse eine Konkurrenz vertraglicher und deliktischer Klagen zu.[1003] Einige Rechtswissenschaftler befürworten die Anspruchskonkurrenz als allgemeine Regel, leiten sie aber nicht unmittelbar aus dem Gesetz ab.[1004] Nach anderer Auffassung habe das Gesetz keine Anspruchskonkurrenz zugelassen. Vielmehr müssten die vertraglichen Rechte und Pflichten von den deliktischen Rechten und Pflichten genau unterschieden werden.[1005] Bei Vertragsverletzungen durch Handlungen der Helfer des Geschäftsherrn entstünde ein Anspruch aus Artt. 393 Ziff. 1 Abs. 1 i.V.m. 402 (oder 403) ZGB RF. Dieser Anspruch hat einen vertraglichen Charakter. Wenn aber infolge von Mitarbeiterhandlungen einem Dritten ein Schaden zugefügt wird und dabei keine vertraglichen Beziehungen zwischen dem Geschäftsherrn und dem Dritten bestehen,

---

1000 *Suchanov*, Zivilrecht I, S. 448.

1001 *Suchanov*, Zivilrecht I, S. 448.

1002 Art. 1084 ZGB RF (Ersatz eines Schadens, der dem Leben oder der Gesundheit eines Bürgers bei der Erfüllung vertraglicher oder anderer Verpflichtungen zugefügt wurde); Art. 1095 Abs. 1 ZGB RF (Produkthaftung); Art. 14 des Gesetzes „Über den Schutz der Verbraucherrechte".

1003 Sadikov/*Levšina*, Teil 2, Anm. 4 zu Art. 1096.

1004 *Rovnyj*, GiP 2003, Nr. 3, S. 96, 100; *Gjurdžan*, Die außervertraglichen Schadensersatzverpflichtungen, S. 60 kritisiert die Ablehnung der Anspruchskonkurrenz als „rigoristische Position".

1005 *Suchanov*, Zivilrecht I, S. 448; in diesem Sinne *Milochova*, Zivilrechtliche Haftung für Schadenszufügung, S. 175. Herrschende Ansicht bereits im sowjetischen Zivilrecht: *Agarkov*, Ausgewählte Werke II, S. 244, 295 f.; *Ioffe*, Ausgewählte Werke III, S. 47, 825 f.; *Novickij/Lunc*, Die allgemeine Lehre, S. 382 f. aufgrund des Widerspruchs des Wahlrechts des Gläubigers dem Gesetzeszweck; ähnlich *Smirnov/Sobčak*, Die allgemeine Lehre, S. 99, 105.

dann sind die Rechtsbeziehungen der Parteien als außervertragliche im Rahmen des Art. 1068 ZGB RF zu qualifizieren.

Das Verhältnis vertraglicher und deliktischer Ansprüche zueinander hat eine große praktische Bedeutung, weil die Zulassung des Wahlrechts des Klägers die Auswahl der für ihn günstigsten Anspruchsgrundlage ermöglicht. Die Anspruchskonkurrenz ermöglicht jedenfalls den Schutz des Gläubigers bzw. des Geschädigten.[1006] Andererseits aber sind die kolossalen Missbrauchsmöglichkeiten nicht wegzudenken. Der zuletzt genannten Auffassung ist insofern zu folgen, als die Anspruchskonkurrenz als eine allgemeine Regel weder vom Gesetzgeber zugelassen wurde noch in der Rechtsprechung[1007] ihre Anerkennung findet. Somit ist festzuhalten, dass die Anspruchskonkurrenz nach dem russischen Zivilgesetzbuch grundsätzlich nur als Ausnahme in gesetzlich geregelten Fällen, die dem Schutz besonders bedeutender Interessen dienen, möglich ist. Die vertraglichen und die deliktischen Ansprüche sind also im russischen Zivilrecht streng voneinander zu unterscheiden.

II. Gesetzliche Regelungen der Gehilfenhaftung

1. Allgemeine Regelungen der Gehilfenhaftung im russischen Zivilgesetzbuch

Der Regelung der Haftung für Helfer[1008] sind die Artt. 402, 403 und 1068 ZGB RF gewidmet[1009]. Art. 1068 ZGB RF findet seine Anwendung auf deliktische Haftung für Helfer. Laut Art. 1068 Ziff. 1 Abs. 1 ZGB RF ersetzt eine juristische Person oder ein Bürger einen Schaden, der durch ihren (seinen) Arbeitnehmer bei der Erfüllung seiner Arbeits- (Dienst-, Amts-) Pflichten zugefügt wurde. Artt. 402 und 403 ZGB RF sind hingegen im Kapitel 25 des ersten Teils des Zivilgesetzbuches der RF platziert und erstrecken sich jedenfalls auf die Vertragshaftung für Arbeitnehmer im Sinne des Arbeitsrechts und auf Dritte. Im geltenden russischen Zivilgesetzbuch ist die Haftung des Schuldners für seine Arbeitnehmer

---

1006 *Rovnyj*, GiP 2003, Nr. 3, S. 96, 100; *Gjurdžan*, Die außervertraglichen Schadensersatzverpflichtungen, S. 62.

1007 Etwa FAG des Ost-Sibirischen Bezirks, Urt. v. 28. September 2007, Nr. A19-2856/07-26-Ф02-6670/07, „Konsul'tantPlus" (im Ergebnis bestätigt durch den nachfolgenden Beschluss des OAG RF v. 6. Februar 2008, Nr. 596/08 in der Sache Nr. A19-2856/07-26, „Konsul'tantPlus"); FAG des Moskauer Bezirks, Urt. v. 16. Juni 2005, Nr. КГ-А40/4930-05, „Konsul'tantPlus".

1008 Zur Terminologie siehe unter Einleitung.

1009 Deutsche Übersetzung dieser Artikel siehe im Anhang 1.

(Art. 402 ZGB RF) von der Haftung für Dritte (Art. 403 ZGB RF) gesondert geregelt. Die den Vorschriften der Artt. 402 und 403 ZGB RF ähnlichen Regelungen enthalten Artt. 397 und 398 des Modell-Zivilgesetzbuches der GUS-Staaten.[1010] Bemerkenswert ist, dass diese Aufteilung und insbesondere die Norm des Art. 402 ZGB RF eine Novelle im russischen Zivilgesetzbuch darstellt und keine Entsprechung in der Entwicklungsgeschichte des russischen Zivilrechts findet. In keiner der früheren sowjetischen Zivilrechtskodifikationen gab es die Aufteilung der Haftungstatbestände ähnlich den Bestimmungen des geltenden Zivilgesetzbuches zwischen der Haftung des Schuldners für eigene Arbeitnehmer und für Dritte.

Die vertragliche Haftung für Helfer nach russischem Zivilrecht wird in diesem Kapitel lediglich kurz analysiert, um später die Frage beantworten zu können, ob das Ausweichen auf die vertraglichen Regelungen der Gehilfenhaftung im russischen Zivilrecht zur Ausschaltung von Schwächen der deliktischen Regelung, ähnlich wie im deutschen Recht, erforderlich ist.[1011] Die Haftung für Arbeitnehmer (Art. 402 ZGB RF) und die Haftung für Dritte (Art. 403 ZGB RF) werden entsprechend der gesetzlichen Systematik getrennt dargestellt. Die deliktische Gehilfenhaftung (Art. 1068 Ziff. 1 ZGB RF) wird in einem gesonderten Abschnitt dieser Arbeit ausführlich analysiert.[1012]

2. *Andere gesetzliche Regelungen der Gehilfenhaftung*

Neben den Regelungen der Artt. 402, 403 und 1068 Ziff. 1 ZGB RF haben auch weitere Spezialvorschriften im zweiten Teil des russischen Zivilgesetzbuches ihren Niederschlag gefunden, die sich mit der Frage der Haftung für Helfer befassen. Sie legen diesbezüglich Regelungen hinsichtlich bestimmter Vertragstypen fest. Eine wichtige Gruppe der Spezialregelungen bezieht sich dabei auf den Transportbereich. Im Rahmen eines Pachtvertrages über Transportmittel mit Besatzung regelt Art. 640 ZGB RF die Haftung für den Schaden, der durch ein Transportmittel zugefügt wurde. Für solche Schäden von Dritten haftet der Verpächter nach den Regeln über die deliktische Haftung.

1010 Modell-Zivilgesetzbuch der GUS, Teil 1, vom 29.10.1994, Anlage zum Informationsblatt der Interparlamentarischen Versammlung der GUS 1995, Nr. 6, S. 3–192. Der Regelung der deliktischen Haftung für Helfer ist Art. 994 des zweiten Teils Modell-Zivilgesetzbuchs der GUS vom 13.05.1995 gewidmet, Anlage zum Informationsblatt der Interparlamentarischen Versammlung der GUS 1995, Nr. 8, S. 3–228.

1011 Zu den thematischen Grenzen dieser Untersuchung siehe näher unter Einleitung.

1012 Dazu siehe Kapitel 2, B.

Eine weitere Spezialregelung zur Gehilfenhaftung ist in Art. 805 Abs. 2 ZGB RF vorgesehen. Bei einem Transport- und Speditionsvertrag stellt die Auferlegung der Erfüllung einer Verpflichtung einem Dritten den Spediteur nicht von der Haftung gegenüber einem Kunden für die Vertragserfüllung frei. Somit steht diese Bestimmung im Einklang mit Art. 403 ZGB RF und sieht keine abweichende Regelung der Gehilfenhaftung im Vergleich zu dieser Vorschrift vor.

Das russische Zivilgesetzbuch enthält Spezialvorschriften bezüglich der Gehilfenhaftung auch für andere Vertragstypen. Durch einen Verweis auf Art. 403 ZGB RF hat der Gesetzgeber zum Beispiel in Art. 706 Ziff. 3 Abs. 1 ZGB RF die Haftung des Generalauftragnehmers gegenüber dem Besteller für die Folgen der Nichterfüllung oder nicht ordnungsgemäßen Erfüllung der Verpflichtung durch Subauftragnehmer beim Werkvertrag geregelt.

Ferner findet sich eine spezielle Norm bezüglich der Haftung für Helfer in Art. 895 Abs. 3 ZGB RF. Danach haftet der ursprüngliche Verwahrer für Handlungen eines Dritten, dem er die Sache zur Verwahrung übergeben hat, wie für eigene Handlungen. Es wird wiederum bestätigt, dass die Erfüllung der Verpflichtung durch Dritte keine befreiende Wirkung bezüglich der Haftung für den Schuldner hat. Allerdings ist der Gesetzgeber bei der Normierung dieser Vorschrift konsequent weiter gegangen. Im Gegensatz zu Art. 403 ZGB RF ist in der genannten Regelung festgelegt, dass der Schuldner in diesem Fall *wie für eigene* Handlungen zu haften hat. Dieser gesetzliche Hinweis könnte ein gewichtiges Argument bei der Klärung der rechtlichen Natur der Haftung für Dritte darstellen.

Außerdem ordnet Art. 994 Ziff. 1 Abs. 1 ZGB RF die Haftung des Kommissionärs für die Handlungen des Subkommissionärs gegenüber dem Kommittenten an. Das gilt infolge einer Verweisung in Art. 1011 ZGB RF auch für den Agenturvertrag.

Im Gegensatz zu Art. 1068 ZGB RF regelt Art. 1079 ZGB RF die Haftung für Quellen erhöhter Gefahr verschuldensunabhängig.[1013] Ebenfalls verschuldensunabhängig ist die Produkthaftung beim Erwerb von Waren, bei der Ausführung von Arbeiten oder bei der Erbringung von Dienstleistungen für Verbraucherzwecke gemäß Art. 1095 ZGB RF.

Von den Spezialbestimmungen über die Gehilfenhaftung, die außerhalb des Zivilgesetzbuches der RF geregelt sind, sind solche des Seehandelsgesetzbuches der RF[1014] zu erwähnen. Nach Art. 186 Ziff. 1 Abs. 1 Seehandelsgesetzbuch RF

1013 Dazu näher unter Kapitel 2, B.V.2.e.

1014 SZ RF 1999, Nr. 18, Pos. 2207, zuletzt geändert durch das Gesetz Nr. 460-FZ v. 29.12.2017.

haftet der Beförderer bei dem Personenseetransport für den Tod und eine Gesundheitsschädigung des Passagiers, den Verlust oder die Beschädigung des Gepäcks, wenn die Schädigung während der Beförderung und infolge des Verschuldens des Beförderers, seiner Arbeitnehmer oder Agenten, die im Rahmen ihrer Pflichten (Befugnisse) gehandelt haben, erfolgt ist. Weiterhin ist die Gehilfenhaftung in Art. 187 Ziff. 2 Seehandelsgesetzbuch RF geregelt. Der Beförderer bleibt ferner auch dann das Haftungssubjekt, wenn der Schaden bei dritten Personen infolge des nicht ordnungsgemäßen Lotsens entstanden ist. Die Organisation, deren Arbeitnehmer der Lotse ist, haftet gegenüber Dritten in diesem Fall nach Art. 105 Seehandelsgesetzbuch RF nicht. Im Zusammenhang mit diesen Spezialregelungen der Gehilfenhaftung im Seehandelsgesetzbuch der RF ist besonders hervorzuheben, dass der Gesetzgeber eine direkte Haftung des Arbeitnehmers des Seebeförderers zulässt. Dabei sind die Grenzen der Haftung des Arbeitnehmers detailliert geregelt (Artt. 171 Ziff. 2, 172 Ziff. 2, 192 Ziff. 1 und 4, 193 Ziff. 2 Seehandelsgesetzbuch RF). Die Zulassung der direkten Haftung des Arbeitnehmers für Schäden von Dritten entspricht erkennbar nicht den allgemeinen Prinzipien der Haftung für Helfer nach dem Zivilgesetzbuch der RF.[1015] Der Gesetzgeber hat also das Haftungsrisiko in diesem Lebensbereich anders verteilt und den Interessen des Geschädigten insofern Rechnung getragen.

Besondere Schadensersatzregelungen finden sich auch in Art. 69 des föderalen Gesetzes „Über den Umlauf von Arzneimitteln“[1016], Art. 14 des Gesetzes „Über den Schutz der Verbraucherrechte“[1017] (verschuldensunabhängig), Artt. 77, 79 des föderalen Gesetzes „Über den Umweltschutz“[1018], Art. 129 Ziff. 4 des Luftgesetzbuches der RF[1019], Art. 121 des Gesetzbuches des Binnenwassertransports der RF[1020].

Somit handelt es sich bei den speziellen Bestimmungen sowohl um abweichende und teilweise verdrängende Vorschriften gegenüber Artt. 402, 403 oder

1015 Zu der Frage der direkten Haftung eines Helfers siehe unter Kapitel 2, B.VII.1.

1016 SZ RF 2010, Nr. 16, Pos. 1815, zuletzt geändert durch das Gesetz Nr. 140-FZ v. 4.06.2018.

1017 Siehe Fn. 968.

1018 SZ RF 2002, Nr. 2, Pos. 133, zuletzt geändert durch das Gesetz Nr. 503-FZ v. 31.12.2017.

1019 SZ RF 1997, Nr. 12, Pos. 1383, zuletzt geändert durch das Gesetz Nr. 342-FZ v. 3.08.2018.

1020 SZ RF 2001, Nr. 11, Pos. 1001, zuletzt geändert durch das Gesetz Nr. 450-FZ v. 29.12.2017.

1068 ZGB RF als auch um reine Wiederholungen des Regelungsgehalts der bereits bestehenden allgemeinen Vorschriften.

3. *Versicherungsrechtliche Regelung*

Der reale Schadensersatz nach den Normen des Deliktsrechts kann in der Praxis nicht immer gewährleistet werden. Daher ist ein Blick auf die zusätzlichen Maßnahmen zu werfen, die die Geschädigteninteressen schützen sollen. Es handelt sich vor allem um den Versicherungsschutz.

Entsprechend dem Thema dieser Arbeit werden an dieser Stelle nur diejenigen Versicherungsarten und deren Merkmale beleuchtet, die im Zusammenhang mit der deliktischen Haftung nach Art. 1068 Ziff. 1 ZGB RF eine Rolle spielen. Zunächst ist auf die Versicherung der Haftung einzugehen. Die Entstehung der Versicherung der zivilrechtlichen Haftung ist auf die Festlegung der verschuldensunabhängigen Haftung der Inhaber der Quellen erhöhter Gefahr in den Gesetzen zurückzuführen.[1021] Die allgemeinen Regeln zu dieser Art der Versicherung sind im Zivilgesetzbuch enthalten: Art. 931 ZGB RF – Versicherung der Haftung für die Zufügung eines Schadens; Art. 932 ZGB RF – Versicherung der Vertragshaftung. Hier wird nur der ersteren Versicherungsart Aufmerksamkeit geschenkt.

Aufgrund eines Vertrags über die Versicherung des Haftungsrisikos aus Verpflichtungen, die infolge eines Schadens am Leben, an der Gesundheit oder am Vermögen anderer Personen entstehen, kann nach Art. 931 Ziff. 1 ZGB RF das Haftungsrisiko des Versicherungsnehmers selbst oder einer anderen Person, der eine solche Haftung auferlegt werden kann, versichert werden. Daraus folgt, dass der Geschäftsherr die deliktische Haftung für seine Helfer ebenfalls versichern kann.

Bezüglich der allgemeinen Regelungen über die Versicherung der Haftung für Schadenszufügung ist zu betonen, dass die Bestimmung des Art. 931 Ziff. 4 ZGB RF eine ständige Kritik in der Literatur hervorruft. In Art. 931 Ziff. 4 ZGB RF ist bestimmt, dass der Begünstigte im Fall der Versicherung der Haftung einen direkten Anspruch gegen den Versicherer erheben darf. Allerdings knüpft das Gesetz dieses Recht an folgende Voraussetzungen an: bei der Versicherung der Haftung muss es sich um eine Pflichtversicherung handeln; wenn keine Pflichtversicherung vorliegt, wäre der direkte Anspruch gegen den Versicherer lediglich in den durch Gesetz oder Vertrag vorgesehenen Fällen möglich. Die Abweichung der Bestimmung des Art. 931 Ziff. 4 ZGB RF von

1021 *Smirnov/Sobčak*, Die allgemeine Lehre, S. 140.

Art. 430 Ziff. 1 ZGB RF über den Vertrag zugunsten Dritter wird als „schwer erklärbar"[1022] charakterisiert. Letztere Norm räumt dem Dritten, zu dessen Gunsten der Vertrag abgeschlossen worden ist, das Recht ein, die Erfüllung der Verpflichtung vom Schuldner zu verlangen. Aufgrund bestehender Widersprüche zwischen diesen Normen wird eine entsprechende Änderung des Art. 931 Ziff. 4 ZGB RF befürwortet.[1023]

Andererseits ist in dieser Vorschrift nicht von dem Anspruch auf die Auszahlung der Versicherungssumme, sondern von dem Anspruch auf den Schadensersatz die Rede. Diese beiden Ansprüche seien jedoch unterschiedlich.[1024] Daraus wird die Schlussfolgerung gezogen, dass Art. 931 Ziff. 4 ZGB RF die Rechte des Geschädigten nicht beschränke, sondern ausweite.[1025] Dies drückt sich darin aus, dass dem Geschädigten das Recht eingeräumt wird, auch eine Schadensersatzklage gegen den Versicherer einzureichen.[1026]

Was den Umfang der Versicherung betrifft, entsteht in einigen Lebensbereichen das Problem der Kompensation des moralischen Schadens. Besonders relevant ist dies im medizinischen Bereich, weil die Haftungsrisiken für Kliniken und andere medizinische Unternehmen enorm hoch sind. Allerdings bietet keines der Versicherungsunternehmen die Mitversicherung auch des moralischen Schadens bei Gesundheitsverletzungen an.[1027] In diesem Zusammenhang steht dem Geschädigten nur der Anspruch gegen den Schädiger selbst zur Verfügung.

Die Versicherung des Risikos der zivilrechtlichen und insbesondere auch der deliktischen Haftung kann ferner aufgrund eines ausdrücklichen Hinweises des Gesetzes (Pflichtversicherung) erfolgen. Die Pflichtversicherung ist in einigen speziellen russischen Gesetzen vorgesehen: Art. 133 des Luftgesetzbuches der RF[1028], Art. 15 des Gesetzes „Über die Sicherheit der hydrotechnischen Anlagen"[1029], Art. 4 Ziff. 1 des Gesetzes „Über die Pflichtversicherung der zivilrechtlichen Haftung des Inhabers eines gefährlichen Objekts für die Schadenszufügung infolge eines Unfalls am gefährlichen Objekt"[1030], Art. 15 des Gesetzes „Über die

1022 Sadikov/*Rachmilovič/Sobakinskich*, Teil 2, Anm. 3 zu Art. 931.

1023 Grišaev/Ėrdelevskij/*Šiminova*, ZGB RF II, Anm. 2 zu Art. 931.

1024 *Murav'eva*, Zivilrechtliche Haftung, S. 160.

1025 *Murav'eva*, Zivilrechtliche Haftung, S. 161.

1026 *Murav'eva*, Zivilrechtliche Haftung, S. 161.

1027 *Murav'eva*, Zivilrechtliche Haftung, S. 164.

1028 Siehe Fn. 1019.

1029 SZ RF 1997, Nr. 30, Pos. 3589, zuletzt geändert durch das Gesetz Nr. 118-FZ v. 23.05.2018.

1030 SZ RF 2010, Nr. 31, Pos. 4194, zuletzt geändert durch das Gesetz Nr. 222-FZ v. 23.06.2016.

Industriesicherheit der gefährlichen Produktionsobjekte“[1031] sowie Art. 25 Ziff. 1 des Gesetzes „Über die Weltraumtätigkeit“[1032] und andere Gesetze.

Einer der enorm praxisrelevanten Pflichtversicherungsfälle stellt dabei die Haftpflichtversicherung der Halter der Kraftfahrzeuge dar. Durch das föderale Gesetz *„Über die Pflichtversicherung der zivilrechtlichen Haftung der Inhaber der Transportmittel“*[1033] wurde die Haftpflichtversicherung der Autohalter eingeführt. Dabei werden auch diejenigen Personen mitversichert, die Arbeitnehmer im Sinne des Art. 1068 ZGB RF sind. Allerdings ist die Höchstsumme der Auszahlung im Versicherungsfall in Art. 7 dieses Gesetzes begrenzt. Sie beträgt 500 Tausend Rubel (ca. 6.600 Euro[1034]) bei Personenschaden und 400 Tausend Rubel (ca. 5.200 Euro[1035]) im Fall eines Sachschadens. Besonders zu betonen gilt, dass der moralische Schaden und der entgangene Gewinn bei der Bestimmung des zu ersetzenden Schadens nicht berücksichtigt werden[1036] (Art. 6 Ziff. 2 lit. „б“ dieses Gesetzes). Der Geschädigte darf den Anspruch gegen den Versicherungsnehmer erheben, wenn die Versicherungssumme den entstandenen Schaden nicht deckt (Art. 1072 ZGB RF).

Somit wird die Bedeutung des Anspruchs nach Art. 1068 Ziff. 1 ZGB RF im Fall des Eingreifens einer Versicherung der Haftung deutlich geringer.

Schließlich ist auch den Situationen Aufmerksamkeit zu schenken, in denen die Schäden einem Arbeitnehmer oder einem Bediensteten zugefügt werden, also bei Arbeitsunfällen. Solche Schäden werden in erster Linie von der Sozialversicherung ersetzt.

Die Fragen des Sozialversicherungsschutzes bei Arbeitsunfällen sind im föderalen Gesetz *„Über die Pflichtsozialversicherung von den Betriebsunfällen und Berufskrankheiten“*[1037] geregelt. Die Regelungen dieses Gesetzes erstrecken sich auf die Fälle der Zufügung eines Personenschadens den versicherten

1031 SZ RF 1997, Nr. 30, Pos. 3588, zuletzt geändert durch das Gesetz Nr. 31-FZ v. 7.03.2017.

1032 Rossijskaja gazeta 1993, 6. Oktober, zuletzt geändert durch das Gesetz Nr. 46-FZ v. 7.03.2018.

1033 SZ RF 2002, Nr. 18, Pos. 1720, zuletzt geändert durch das Gesetz Nr. 448-FZ v 29.12.2017.

1034 Stand: 1. Dezember 2018.

1035 Stand: 1. Dezember 2018.

1036 Kritisch dazu Mozolin/*Svit*, Zivilrecht II, 1. Auflage (2004), S. 681 (in der zweiten Auflage von 2016 fehlt diese Stellungnahme).

1037 SZ RF 1998, Nr. 31, Pos. 3803, zuletzt geändert durch das Gesetz Nr. 56-FZ v. 7.03.2018.

Personen bei der Erfüllung von denen ihrer Arbeitspflichten. Es ist festgelegt, dass diese Regelungen das Recht der Versicherten auf Schadensersatz aufgrund der Gesetze der Russischen Föderation nicht einschränken, sofern der Schaden von der Sozialversicherung nicht gedeckt ist (Art. 1 Ziff. 2 Abs. 1 dieses Gesetzes). Zum Kreis der versicherten Personen zählen lediglich die Arbeitnehmer sowie die Verurteilten zur Haft, die zu einer Arbeit herangezogen werden. Die Personen, die aufgrund eines zivilrechtlichen Vertrages tätig sind, sind nur dann versichert, wenn der Versicherungsnehmer laut diesem Vertrag verpflichtet ist, die Versicherungsbeiträge zu zahlen. Somit ist ersichtlich, dass nicht alle Personen, die als Helfer im Sinne des Art. 1068 Ziff. 1 ZGB RF in Betracht kommen, zugleich einen obligatorischen Sozialversicherungsschutz genießen.

Von besonderem Interesse ist darüber hinaus die Frage der Kompensation des moralischen Schadens bei Arbeitsunfällen. Die Kompensation des moralischen Schadens des Geschädigten ist dabei nicht ausgeschlossen. Nach Art. 8 Ziff. 3 Abs. 2 dieses Gesetzes wird ein moralischer Schaden vom Schädiger ersetzt. In diesem Fall greifen also die allgemeinen Bestimmungen des russischen Zivilgesetzbuches.

Somit stellen die versicherungsrechtlichen Regelungen eine der effektivsten Möglichkeiten des Schutzes der Geschädigteninteressen auch im Falle der Schadenszufügung durch einen Helfer des Geschäftsherrn dar. Die maximale Versicherungssumme in einigen Lebensbereichen und die Einschränkung der Versicherungsmöglichkeiten nur auf bestimmte Schadensarten lassen jedoch das Haftungsrisiko des Geschäftsherrn nicht vollständig ausschließen. Nichtsdestotrotz spielen diese Regelungen bei der Gehilfenhaftung eine große Rolle.

III. Überblick über die vertragliche Haftung für Helfer nach russischem Zivilrecht

Im Lichte des rechtsvergleichenden Charakters dieser Arbeit ist im Weiteren wichtig, einen Überblick über die Regelung der vertraglichen Haftung für Helfer im russischen Zivilgesetzbuch zu geben. Diese Regelung ist vor allem unter dem Gesichtspunkt interessant, ob eine Flucht ins Vertragsrecht bei der Anwendung der deliktischen Vorschriften der Gehilfenhaftung im russischen Recht erforderlich ist.

1. Haftung des Schuldners für seine Arbeitnehmer nach Art. 402 ZGB RF

Gemäß Art. 402 ZGB RF gelten Handlungen von Arbeitnehmern eines Schuldners zur Erfüllung seiner Verpflichtung als Handlungen des Schuldners. Der

Schuldner haftet für diese Handlungen, wenn sie die Nichterfüllung oder nicht ordnungsgemäße Erfüllung einer Verpflichtung zur Folge hatten.

In dieser Norm hat die zu sowjetischen Zeiten meist verbreitete Theorie der juristischen Person – Kollektivtheorie[1038] – ihren Niederschlag gefunden. Nach der Kollektivtheorie gelten die Handlungen aller Organe, Vertreter und Mitarbeiter einer juristischen Person als solche der juristischen Person, weil sich die Tätigkeit der juristischen Person selbst in diesen Handlungen ausdrückt. Ohne weitere Vertiefung der Frage nach der zivilrechtlichen Haftung einer juristischen Person nach russischem Recht[1039] ist an dieser Stelle lediglich anzumerken, dass die Regelung des Art. 402 ZGB RF trotz des Verlustes der Bedeutung der Kollektivtheorie im modernen russischen Zivilrecht weiterhin gilt. Art. 402 ZGB RF wird aktiv in der Rechtsprechung angewandt.[1040]

a. Dogmatische Einordnung

Die Frage danach, ob es sich bei der Haftung für eigene Arbeitnehmer nach Art. 402 ZGB RF um eine Verschuldenshaftung oder um eine verschuldensunabhängige Haftung handelt, bleibt bis heute offen. Unklar ist auch, ob es sich im Fall der Annahme einer Verschuldenshaftung um die Haftung für eigenes oder für fremdes Verschulden handelt.

aa. Meinungsstand

Diese Frage wurde intensiv in der sowjetischen zivilrechtlichen Literatur behandelt. Nach einer Auffassung kann bei der Haftung für eigene Arbeitnehmer nur von der Haftung für eigenes Verschulden die Rede sein.[1041] Das Verschulden eines Arbeitnehmers gilt als solches der Organisation.[1042] Diese Ansicht wird damit begründet, dass sich die Tätigkeit eines Betriebs aus den Handlungen der Arbeitnehmer herausbilde.[1043]

1038 *Venediktov*, Staatliches sozialistisches Eigentum, S. 657 ff.

1039 Näher zu den Besonderheiten der deliktischen Haftung einer juristischen Person nach russischem Zivilrecht unter Kapitel 2, C.

1040 Siehe etwa FAG des Nord-Kaukasischen Bezirks, Urt. v. 22. November 2013, in der Sache Nr. A32-30134/2012; Urt. v. 12. Mai 2005, Nr. Ф08-1983/2005, „Konsul'tantPlus"; FAG des West-Sibirischen Bezirks, Urt. v. 20. Juli 2007, Nr. Ф04-4905/2006(36033-A70-11) in der Sache Nr. A70-3372/24-2005, „Konsul'tantPlus".

1041 *Flejšic*, Wissenschaftliche Beiträge des WASG, S. 143, 145; ähnlich *Novickij/Lunc*, Die allgemeine Lehre, S. 354; *Malein*, Materielle Haftung, S. 58; von der Haftung für eigene Handlungen sprechen: *Bratus'*, Subjekte, S. 211 f.; *Tarchov*, Haftung, S. 56.

1042 *Flejšic*, Wissenschaftliche Beiträge des WASG, S. 143, 145.

1043 *Malein*, Materielle Haftung, S. 58; ähnlich *Bratus'*, Subjekte, S. 211.

Die Einordnung der Haftung nach Art. 402 ZGB RF als Haftung für eigenes oder für fremdes Verschulden hängt nicht unbedeutend damit zusammen, wie der Begriff des Verschuldens einer juristischen Person verstanden wird.[1044] Wenn Schuldner eine juristische Person ist, dann steht der Arbeitnehmer dieser juristischen Person bei Erfüllung seiner Pflichten nicht als ein von dieser Person unterschiedliches Rechtssubjekt gegenüber.[1045] Da die Arbeitnehmer die Tätigkeit der juristischen Person ausführen, stellt die Haftung für deren Handlungen eine Haftung für eigene Handlungen dar.[1046] Nichtsdestotrotz sind Arbeitnehmer, die in einem Betrieb oder einer Organisation angestellt sind, auch als Bürger selbstständige Rechtssubjekte. Sie erfüllen ihre Dienstpflichten als Subjekte des Arbeitsrechts. Es wird angeführt, dass ein Arbeitnehmer bei Handlungen außerhalb seiner Dienstpflichten den Status als Arbeitnehmer – als Mitglied des Kollektivs verliere und als selbstständiges Subjekt auftrete.[1047] Dem ist jedoch nicht zuzustimmen. Durch die Handlung außerhalb der auferlegten Pflichten verliert der Arbeitnehmer keinesfalls seinen Status als solchen. Diese Handlungen werden lediglich nicht als solche des Schuldners angesehen. Allerdings behält der Arbeitnehmer im arbeitsrechtlichen Sinne seinen Status bei. Der Unterschied liegt nur in der Betrachtung seiner Handlungen im haftungsrechtlichen Sinne.

Die Möglichkeit des eigenen Verschuldens einer juristischen Person als Verschulden bei der Auswahl und Aufsicht wird abgelehnt, weil diese Ansicht zur Loslösung der operativen Tätigkeit der juristischen Person von ihren organisatorischen Tätigkeiten und zu einer Vermischung der subjektiven und objektiven Haftungsgrundlagen führe.[1048]

Einige Rechtswissenschaftler gehen vorsichtiger an die Frage des Verhältnisses des Verschuldens eines Arbeitnehmers und einer juristischen Person (Arbeitgebers) heran. Es wird nicht davon gesprochen, dass die juristische Person bei Handlungen ihrer Arbeitnehmer *für* eigenes Verschulden haftet. Vielmehr wird angemerkt, dass für Handlungen ihrer Arbeitnehmer, die im Rahmen ihrer

---

1044 Zum Verschulden einer juristischen Person im russischen Zivilrecht siehe näher unter Kapitel 2, C.II.

1045 *Bratus'*, Subjekte, S. 211.

1046 *Tarchov*, Haftung, S. 56; von der Haftung für eigene Handlungen spricht auch *Bratus'*, Subjekte, S. 211 f.

1047 *Malein*, Materielle Haftung, S. 63.

1048 *Braginskij*, Autorreferat, S. 6 f.

Dienstfunktionen durchgeführt werden, eine juristische Person *wie für* eigene hafte.[1049]

Die Vertreter der Meinung über die Haftung für Dritte als Haftung für fremdes Verschulden[1050] haben der Annahme der Haftung für eigenes Verschulden entgegengehalten, dass die Handlungen der Beschäftigten und Bediensteten unter keinen Voraussetzungen als solche der juristischen Person selbst gelten könnten[1051]. Obwohl die Tätigkeit des Betriebes mittels Handlungen seiner Arbeitnehmer und Bediensteten durchgeführt werde, fehle eine rechtliche Grundlage für die Gleichsetzung der Handlungen der Arbeitnehmer und Bediensteten mit den Handlungen des Betriebes selbst.[1052]

Das Institut der Haftung des Schuldners für fremdes Verschulden stellt sich als „doppeltgesichtiger Janus“[1053] dar. Einerseits sei das Verschulden des Erfüllenden für die Entstehung der Haftung erforderlich. Andererseits hafte der Schuldner für fremdes Verschulden beim Fehlen des eigenen. Eine solche Haftung stelle nichts anderes als eine juristisch-technische Art der Auferlegung der Haftung letztendlich auf den Schuldigen dar. Das Verschuldensprinzip dulde die Einschränkungen infolge der Wirkung anderer Prinzipien des Zivilrechts.[1054] Dem wurde entgegengehalten, dass das Verschuldensprinzip dabei keine Einschränkungen durch andere Haftungsprinzipien dulde, sondern umgekehrt den vollständigen Sieg erringe, sich bei dem gehörigen Glied der entsprechenden Reihe der Rechtsverhältnisse durchzusetzen.[1055] Die Idee des Risikos kann nur insoweit zur Erklärung dieser Haftung herangezogen werden, als das Risiko der Zahlungsunfähigkeit des Erfüllenden sein Gläubiger (Schuldner im Hauptschuldverhältnis) tragen soll, nicht aber als Haftung für das Risiko selbst.[1056] Die Ansicht der Haftung für fremdes Verschulden findet auch Anhänger in der modernen Zivilrechtslehre.[1057]

1049 *Matveev*, Die Gründe der zivilrechtlichen Haftung, S. 230; von der Haftung *wie für* eigene Handlungen spricht auch *Ioffe*, Ausgewählte Werke I, S. 187, 271.

1050 *Agarkov*, Ausgewählte Werke II, S. 244, 258; *Fondaminskij*, Haftung, S. 16; kritisch dazu *Matveev*, Das Verschulden, S. 222, Fn. 2.

1051 *Fondaminskij*, Haftung, S. 24.

1052 *Karinskij*, SGiP 1951, Nr. 9, S. 70, 71.

1053 *Agarkov*, Ausgewählte Werke II, S. 244, 266.

1054 Zum Ganzen *Agarkov*, Ausgewählte Werke II, S. 244, 266 f., 268; kritisch dazu *Antimonov*, Grundlagen, S. 143, der die Ansicht von *Agarkov* als „einigermaßen schematisch“ bezeichnet.

1055 *Rajcher*, Die rechtlichen Fragen, S. 212.

1056 *Agarkov*, Ausgewählte Werke II, S. 244, 267.

1057 *Čukreev*, Finansovoe pravo 2005, Nr. 12, S. 25, 26.

Die Haftung für Dritte wird zuletzt als eine Art *Garantiehaftung* betrachtet. Haftung für eigenes Verschulden wird nach dieser Ansicht deswegen abgelehnt, weil es keinerlei Transformation, keinerlei Gleichsetzung des Verschuldens der Arbeitnehmer mit dem Verschulden des Betriebes gebe.[1058] Haftung für fremdes Verschulden wird im Fall der Handlungen von Arbeitnehmern deswegen nicht angenommen, weil Letztere für den Betrieb keine Fremden seien.[1059] Bei der Ablehnung sowohl des eigenen als auch des fremden Verschuldens liegt es nahe anzunehmen, dass es sich um eine verschuldensunabhängige Haftung handelt. Überraschenderweise wird jedoch die Schlussfolgerung gezogen, dass die juristische Person in solchen Fällen doch für Verschulden – für Verschulden der Arbeitnehmer – hafte.[1060] Offen bleibt jedoch die Frage, wie dieses Verschulden einzuordnen bzw. welche dritte Verschuldensart vorzustellen ist. Vor allem ist unklar, wodurch sich das Verschulden der Arbeitnehmer von dem fremden Verschulden unterscheiden soll.

bb. Stellungnahme

Die Einordnung der Haftung des Schuldners für seine Mitarbeiter als Haftung für fremdes Verschulden ist nicht so „merkwürdig“[1061], wie es angenommen wird. Insbesondere, wenn die praktische Seite in Betracht gezogen wird, stellt sich heraus, dass die Fälle, in denen sich der Unternehmensleiter im Gericht darauf beruft, dass die Schlechterfüllung nicht das Unternehmen, sondern die Mitarbeiter seiner konkreten Abteilung verschuldeten, nicht dermaßen unvorstellbar sind.

Entgegen einer rigorosen Gegenmeinung[1062] ist anzuerkennen, dass *unsere* Wirklichkeit solche Fälle durchaus kennt. Es ist selbstverständlich nicht zu vergessen, dass der Autor der hier zu widerlegenden Auffassung bei der Argumentation über „seine Wirklichkeit“ geschrieben hat, d. h. über die Wirklichkeit der sozialistischen Wirtschaft, in der die Bürger über ein hohes kommunistisches Bewusstsein verfügten, vor dem Staat und seinen Rechtsakten einen hohen Respekt hegten und für das Einhalten der Rechtsnormen keines staatlichen Zwangs bedurften[1063]. Diese Argumentation scheint aber mehr einen ideologischen

---

1058 *Ojgenzicht*, Juristische Person und Arbeitskollektiv, S. 104.

1059 *Ojgenzicht*, Juristische Person und Arbeitskollektiv, S. 96.

1060 *Ojgenzicht*, Juristische Person und Arbeitskollektiv, S. 104.

1061 So *Matveev*, Das Verschulden, S. 222, Fn. 2.

1062 So etwa *Matveev*, Das Verschulden, S. 222, Fn. 2.

1063 *Braginskij*, Schriften des AFI, S. 3, 7.

Charakter zu haben, als dass sie sich auf eine feste juristische Grundlage stützen könnte. Dabei können sich die ideologischen Anschauungen ändern. Die Stütze bei der Begründung der Rechtsinstitute auf rein ideologische Argumente führt also zu einer nicht zu akzeptierenden Rechtsunsicherheit.

Aus diesem Grund kann auch das Argument nicht überzeugen, nach dem die sowjetischen Arbeitnehmer und Bediensteten selbst den Betrieb, in dem sie tätig sind, nie für einen „fremden" hielten.[1064] Wenn sich das Haftungsprinzip und die Haftungsbegründung auf dem subjektiven Empfinden der Arbeitnehmer des Schuldners gründeten, hätte dies eine große Rechtsunsicherheit und möglicherweise sogar Missbrauchsfälle hervorgerufen.

Aufgrund dessen, dass eine juristische Person durch ihr Organ auftritt, können als eigene Handlungen einer juristischen Person nur solche des Organs oder des Vertreters und als Verschulden einer juristischen Person lediglich das Verschulden ihres Organs (Vertreters) gelten, nicht jedoch das Verschulden einzelner Arbeitnehmer, die ihre Tätigkeiten nur aufgrund eines Arbeitsvertrages ausführen. Die Arbeitnehmer sind für deren Unternehmen unzweifelhaft im allgemeinen Sinne keine „Fremden". Sie können aber trotz Bildung des Verhaltens des Unternehmens mit dem Unternehmen selbst nicht gleichgesetzt werden.[1065] Somit ist die Haftung des Schuldners für seine Arbeitnehmer als Haftung für *fremdes* Verschulden anzusehen.

b. Anwendungsbereich des Art. 402 ZGB RF

aa. Persönlicher Anwendungsbereich

Zunächst ist der persönliche Anwendungsbereich des Art. 402 ZGB RF zu untersuchen. Schuldner im Sinne des Art. 402 ZGB RF kann sowohl eine juristische Person als auch ein Bürger sein, der eigene Mitarbeiter beschäftigt. Es ist besonders zu betonen, dass eine natürliche Person eigene Arbeitnehmer in Übereinstimmung mit Art. 20 ArbGB RF[1066] unabhängig vom Vorliegen des Status eines „Unternehmers" beschäftigen kann. Das bedeutet, dass der Schuldner – eine natürliche Person – für die Anwendung des Art. 402 ZGB RF kein Einzelunternehmer im Sinne der Art. 23 ZGB RF i.V.m. Art. 2 Ziff. 1 Abs. 3 ZGB RF sein muss. Daraus folgt, dass es sich nun um jedes Rechtssubjekt – ungeachtet

1064 *Matveev*, Das Verschulden, S. 222, Fn. 2.
1065 *Ojgenzicht*, Juristische Person und Arbeitskollektiv, S. 96.
1066 SZ RF 2002, Nr. 1 (Teil 1), Pos. 3, zuletzt geändert durch das Gesetz Nr. 360-FZ v. 11.10.2018.

der unternehmerischen Qualität dessen Tätigkeit als Schuldner – nach Art. 402 ZGB RF handeln kann.

Komplizierter erweist sich die Frage, für wessen Handlungen der Schuldner nach Art. 402 ZGB RF zu haften hat. Trotz Verwendung des Terminus des „Arbeitnehmers“ im Gesetz ist die Weite des persönlichen Anwendungsbereichs des Art. 402 ZGB RF umstritten. Nach herrschender Lehre ist ein Arbeitnehmer nach Art. 402 ZGB RF ein solcher im Sinne des Arbeitsrechts[1067], dessen Legaldefinition in Art. 20 ArbGB RF zu finden ist. Es ist anzumerken, dass diejenigen Arbeitnehmer, die ihre Tätigkeiten aufgrund eines zivilrechtlichen Vertrages ausführen, vom Anwendungsbereich des Art. 402 ZGB RF ausgeschlossen sind.[1068] Vom Anwendungsbereich nicht umfasst sind außerdem Personen, die die Funktionen eines Organs einer juristischen Person erfüllen.[1069] Die Haftung des Schuldners für Organe juristischer Personen ist nach Art. 401 ZGB RF zu beurteilen.

bb. Sachlicher Anwendungsbereich

Umstritten bleibt ferner die Frage, ob Art. 402 ZGB RF nur auf die vertraglichen[1070] oder auch auf die deliktischen Rechtsverhältnisse[1071] anwendbar ist.

Für die Anwendung lediglich auf die vertraglichen Schuldverhältnisse spricht vor allem der Wortlaut von Art. 402 ZGB RF. Danach gelten Handlungen von Arbeitnehmern *eines Schuldners* zur Erfüllung seiner Verpflichtung als Handlungen des Schuldners. Der Schuldner haftet für diese Handlungen, wenn sie die *Nichterfüllung* oder nicht ordnungsgemäße *Erfüllung einer Verpflichtung* zur Folge hatten. Es wird also das Bestehen eines Schuldverhältnisses vorausgesetzt. Kraft des Schuldverhältnisses ist eine Person (Schuldner) gemäß Art. 307

1067 Abova/Kabalkin/*Komarov*, Anm. 2 zu Art. 402; Sadikov/*Jakovlev*, Teil 1, Abs. 2 zu Art. 402.

1068 Sadikov/*Jakovlev*, Teil 1, Abs. 2 zu Art. 402.

1069 Abova/Kabalkin/*Komarov*, Anm. 2 zu Art. 402.

1070 So etwa FAG des Nord-Kaukasischen Bezirks, Urt. v. 21. Februar 2008, Nr. Ф08-9021/07 in der Sache Nr. A25-1678/06-4 (durch OAG RF, Beschluss v. 10. Juli 2008, Nr. 7286/08, „Konsul'tantPlus“, wurde die Verhandlung im Aufsichtsverfahren abgelehnt) und Urt. v. 6. Februar 2008, Nr. Ф08-8770/07 in der Sache Nr. A32-783/2007-32/26, „Konsul'tantPlus“; *Prazdnov*, Voenno-juridičeskij žurnal 2006, Nr. 9, S. 17, 20 bezüglich der Haftung der Militärorganisationen.

1071 So etwa FAG des Fernöstlichen Bezirks, Urt. v. 14. Juli 2008, Nr. Ф03-A73/08-1/2102 in der Sache Nr. A73-113/2007-32, „Konsul'tantPlus“; Sadikov/*Jakovlev*, Teil 1, Abs. 1 zu Art. 402; *Vasin/Kazancev*, Zivilrecht, S. 336.

Ziff. 1 ZGB RF verpflichtet, zugunsten einer anderen Person (Gläubiger) eine bestimmte Handlung vorzunehmen, wie: Vermögen zu übertragen, eine Arbeit auszuführen, Geld zu bezahlen oder eine bestimmte Handlung zu unterlassen, und der Gläubiger ist berechtigt, von dem Schuldner eine Leistung zu fordern. Die Verwendung des Wortes „Verpflichtung" im Sinne eines Schuldverhältnisses („*objazatel'stvo*") kann alleine jedoch noch nicht darauf schließen lassen, dass es sich nur um die vertraglichen Schuldverhältnisse handeln sollte.[1072] Vor allem legt das russische Zivilgesetzbuch in Art. 307 Ziff. 2 ZGB RF fest, dass Schuldverhältnisse sowohl aus Vertrag als auch aus der Schadenszufügung und aus anderen im Zivilgesetzbuch genannten Gründen entstehen können.

Es ist ferner hervorzuheben, dass für die Bezeichnung der haftenden Partei der Terminus des „Schuldners" gebraucht wird. Hier kann nun wie folgt argumentiert werden. Wenn der gesetzgeberische Wille darauf gerichtet wäre, auch die deliktischen Schuldverhältnisse in den Anwendungsbereich des Art. 402 ZGB RF mit einzubeziehen, hätte der Gesetzgeber zusätzlich den Ausdruck „Schädiger" verwenden müssen. Aufgrund des Fehlens des Verweises auf den Schädiger in Art. 402 ZGB RF liegt es nahe anzunehmen, dass die deliktischen Rechtsverhältnisse nicht vom Anwendungsbereich umfasst sind. Allerdings spricht der bereits erwähnte Art. 307 ZGB RF auch nur vom Schuldner und Gläubiger, meint aber dabei unbestritten beide Arten der Schuldverhältnisse.

Daher ist die Anwendung des Art. 402 ZGB RF sowohl auf vertragliche als auch auf deliktische Verhältnisse mit seinem Wortlaut vereinbar. In Art. 402 ZGB RF ist allerdings von der „Nichterfüllung oder nicht ordnungsgemäßen Erfüllung der Verpflichtung" infolge der Handlungen des Arbeitnehmers die Rede. Eine entscheidende Rolle kommt dabei dem Verständnis des Begriffs der „Erfüllung" zu. Bei der Erfüllung des deliktischen Schuldverhältnisses handelt es sich um die Erfüllung der Verpflichtung, den entstandenen Schaden zu ersetzen. Daher würde es im Sinne des Art. 402 ZGB RF bedeuten, dass der Mitarbeiter des Schuldners den letzten dabei gestört hat, den Schaden dem Dritten zu ersetzen. Vor dem Entstehen des Schadens besteht überhaupt kein Rechtsverhältnis zwischen dem Schädiger und dem Geschädigten, in dessen Erfüllung der Mitarbeiter hätte handeln können. Da Art. 402 ZGB RF von den Handlungen des Mitarbeiters zur „Erfüllung einer Verpflichtung" spricht, handelt es sich offensichtlich um die Erfüllung einer vertraglichen Verpflichtung.

1072 Auf solche terminologischen Unterschiede wurde bereits in der sowjetischen Literatur hingewiesen: *Sadikov*, SGiP 1982, Nr. 8, S. 16, 19.

Dem ist jedoch entgegenzuhalten, dass Art. 402 ZGB RF im Kapitel 25 „Verantwortlichkeit für die Verletzung der Schuldverhältnisse" des russischen Zivilgesetzbuches platziert ist. Die Norm befindet sich also in den allgemeinen Bestimmungen des russischen Zivilgesetzbuches. Daher sollte Art. 402 ZGB RF aus systematischem Gedanken auf alle Schuldverhältnisse anwendbar sein. An dieser Stelle ist eine rechtsvergleichende Anmerkung zur Argumentation heranzuziehen. Im Lichte dessen, welchen Einfluss das deutsche Bürgerliche Gesetzbuch auf das russische Zivilgesetzbuch hatte[1073], ist hervorzuheben, dass die systematische Stellung des § 278 BGB mit Art. 402 ZGB RF übereinstimmt[1074]. § 278 BGB wird dabei nur auf vertragliche Schuldverhältnisse angewandt.

Außerdem ist im Zusammenhang mit der analysierten Frage ein kurzer Blick auf das russische Deliktsrecht zu werfen. Art. 1068 Ziff. 1 ZGB RF enthält eine Regelung der deliktischen Haftung des Geschäftsherrn für Handlungen seiner Helfer. Wenn Art. 402 ZGB RF als eine allgemeine Regelung einzuordnen ist, entsteht die Schwierigkeit, die Notwendigkeit einer doppelten Regelung zu begründen. Außerdem darf nicht außer Acht gelassen werden, dass der persönliche Anwendungsbereich des Art. 402 ZGB RF mit dem des Art. 1068 Ziff. 1 ZGB RF nicht übereinstimmt. Dies verleitet zu dem Schluss, dass Art. 402 ZGB RF keine allgemeine Regelung bezüglich des Art. 1068 ZGB RF darstellen kann. Somit ist der Meinung zuzustimmen, dass Art. 402 ZGB RF die vertragliche Haftung für Arbeitnehmer regelt.

c. Haftungsvoraussetzungen nach Art. 402 ZGB RF

aa. Allgemeines

Der Schuldner haftet für Handlungen seiner Arbeitnehmer bei Vorliegen der allgemeinen Haftungsvoraussetzungen des Art. 401 ZGB RF[1075] sowie einiger spezieller Voraussetzungen. Die Letzteren gilt es im Weiteren näher zu untersuchen.

1073 Siehe dazu *Garbrecht*, WIRO 1994, 104; *Solotych*, ZGB RF I, S. 16.

1074 In deutscher Literatur wird die systematische Stellung des § 278 BGB aber nicht einhellig als „für" oder „gegen" seine Anwendung nur auf die vertraglichen Schuldverhältnisse betrachtet. Siehe etwa *Schmidt*, AcP 170 (1970), 502, 503 f., der die Systemstellung des § 278 BGB keinesfalls als Hindernis auf dem Weg der Begründung des Ausschließens deliktischer Schuldverhältnisse aus seinem Anwendungsbereich empfindet.

1075 Dazu näher unter Kapitel 2, A.I.2.

bb. Handlungen eines Arbeitnehmers zur Erfüllung der Verpflichtung

In Art. 402 ZGB RF wird die Formulierung „zur Erfüllung“ und nicht „bei Erfüllung“, im Gegensatz zu Art. 1068 Ziff. 1 ZGB RF, verwendet. Dies könnte bedeuten, dass die Schadenszufügung durch Handlungen der Mitarbeiter entgegen den übertragenen Aufgaben nicht unter Art. 402 ZGB RF fällt. Dann könnte sich aber der Schuldner in vielen Fällen der rechtswidrigen und schuldhaften Handlungen seiner Arbeitnehmer der Haftung entziehen. Der Begriff „zur Erfüllung“ ist enger als der Begriff „bei Erfüllung“. In der Rechtsprechung wird im Zusammenhang mit Art. 402 ZGB RF manchmal der Ausdruck „bei Erfüllung“[1076] benutzt, so dass die gesetzliche Formulierung gerade in diesem Sinne verstanden wird.

Nach Art. 402 ZGB RF sind lediglich die Handlungen der Arbeitnehmer in Ausführung der Schuldverpflichtungen des Schuldners relevant, d.h. eine Ausführung der Aufgaben durch den Arbeitnehmer entsprechend seinem bestimmten Beruf, seiner Qualifikation oder Stelle, mit denen er vom Arbeitgeber beauftragt war.[1077] Unter dem Begriff „zur Erfüllung der Verpflichtung“ ist also ein Zusammenhang zwischen der Ausführung der Tätigkeit des Arbeitnehmers und den ihm auferlegten Aufgaben zu verstehen. Aus diesem Grund ist die Formulierung „im Zusammenhang mit der Erfüllung“ präziser.

cc. Verschulden

Art. 402 ZGB RF erwähnt weder das Verschulden des Arbeitnehmers noch des Schuldners selbst als Haftungsvoraussetzung. Dies sorgt für Meinungsstreitigkeiten in der Lehre und für Uneinigkeiten in der Rechtsprechung in Bezug auf die Erforderlichkeit des Verschuldens als Haftungsvoraussetzung nach Art. 402 ZGB RF.

Einerseits wird behauptet, dass das Vorhandensein oder das Fehlen des Verschuldens eines Arbeitnehmers bei den Handlungen, die eine Verletzung der Verpflichtung verursacht haben, keine Rolle spiele.[1078] Andererseits wird aber auch vertreten, dass die Organisation für die Vertragsverletzung auch

---

1076 So Dreizehntes Arbitrageappellationsgericht, Urt. v. 6. Juni 2008, in der Sache Nr. A56-19796/2006 (durch FAG des Nord-Westlichen Bezirks, Urt. v. 14. Oktober 2008, in der Sache Nr. A56-19796/2006 nicht geändert), „Konsul'tantPlus“.

1077 So etwa FAG des West-Sibirischen Bezirks, Urt. v. 20. Juli 2007, Nr. Ф04-4905/2006(36033-A70-11) in der Sache Nr. A70-3372/24-2005, „Konsul'tantPlus“.

1078 Abova/Kabalkin/*Komarov*, Anm. 4 zu Art. 402; Grišaev/Ėrdelevskij/*Gavrilov*, ZGB RF I, Abs. 5 zu Art. 402.

in den Fällen zu haften habe, in denen kein Verschulden in den Handlungen desjenigen Mitarbeiters vorläge, der unmittelbar die Verpflichtung der Organisation erfüllt habe, aber das schuldhafte Verhalten anderer Mitarbeiter die nicht ordnungsgemäße Erfüllung der Verpflichtung bedingt habe.[1079] Daraus ist ersichtlich, dass es trotzdem auf das Verschulden der Mitarbeiter, wenn auch eines anderen Mitarbeiters als des unmittelbar Erfüllenden, hinausläuft. Somit haftet der Schuldner nach Art. 402 ZGB RF in den Fällen, in denen sein Arbeitnehmer vorsätzlich oder fahrlässig seine Arbeitspflichten verletzt hat.

Das Verschulden des Schuldners wird zum Teil für erforderlich gehalten und in der nicht ausreichenden Organisation der Tätigkeiten, im Fehlen der gehörigen Kontrolle sowie in den Mängeln bei der Auswahl eines Arbeitnehmers gesehen.[1080] Diese Auffassung macht aber die allgemeine Vorschrift des Art. 401 ZGB RF überflüssig. Daher ist diese Auffassung abzulehnen.

d. Beweislastverteilung nach Art. 402 ZGB RF

Die Beweislast nach Art. 402 ZGB RF wird entsprechend den allgemeinen Beweislastregeln[1081] und unter Berücksichtigung des Art. 401 Ziff. 2 ZGB RF (Verschuldensvermutung) verteilt. Der Gläubiger hat nachzuweisen, dass eine konkrete Person, deren Handlungen zur Vertragsverletzung geführt haben, ein Arbeitnehmer des Schuldners ist. Dieser Beweis kann durch Einholung von Informationen bei der Abteilung des Sozialversicherungsunternehmens erfolgen.[1082] Der Schuldner kann aber die Eigenschaft der anderen Person als seinen Arbeitnehmer widerlegen.

e. Verhältnis des Schuldners und des Arbeitnehmers zueinander

aa. Schuldner und sein Arbeitnehmer im Außenverhältnis

Im Außenverhältnis ist der Schuldner alleine verantwortlich. Im Allgemeinen ist hervorzuheben, dass das Zivilrecht auch in der Frage der Haftung für seine

---

1079 *Flejšic*, Wissenschaftliche Beiträge des WASG, S. 143, 154.

1080 FAG des West-Sibirischen Bezirks, Urt. v. 20. Juli 2007, Nr. Ф04-4905/2006(36033-A70-11) in der Sache Nr. A70-3372/24-2005, „Konsul'tantPlus"; Mozolin/*Maleina*, Teil 1, Anm. 3 zu Art. 402; auch Grišaev/Ėrdelevskij/*Gavrilov*, ZGB RF I, Abs. 5 zu Art. 402, der sich allerdings nur auf das Auswahlverschulden beschränkt.

1081 Dazu näher unter Kapitel 2, A.I.3.a.

1082 So etwa FAG des Nord-Kaukasischen Bezirks, Urt. v. 20. Juni 2007, Nr. Ф08-3612/2007 in der Sache Nr. A32-18570/2006-20/498, „Konsul'tantPlus".

Arbeitnehmer beim vom Grad des Verschuldens unabhängigen Grundsatz „Alles oder Nichts“ im Interesse des Gläubigers geblieben ist. Der Schuldner hat in der Regel den vollen Schaden zu ersetzen.

bb. Regressmöglichkeit des Schuldners im Innenverhältnis

Im Innenverhältnis haftet der Arbeitnehmer gegenüber dem Schuldner nach den arbeitsrechtlichen Vorschriften.

Infolge der von der russischen Zivilrechtslehre geschaffenen Konstruktion des eigenen Verschuldens einer juristischen Person[1083] im Fall des Verschuldens ihrer Mitarbeiter werden jedoch beim Regressanspruch des Schuldners innere Widersprüche deutlich. Nichtsdestotrotz ist aber nicht außer Acht zu lassen, dass diese Konstruktion im russischen Zivilrecht bis heute angewendet wird.

Somit enthält Art. 402 ZGB RF eine in der Praxis breit angewendete Regelung der vertraglichen Haftung des Schuldners für Arbeitnehmer, die allerdings in sich widersprüchlich ist.

2. Haftung des Schuldners für Handlungen Dritter nach Art. 403 ZGB RF

Gemäß Art. 403 ZGB RF haftet ein Schuldner für die Nichterfüllung oder die nicht ordnungsgemäße Erfüllung einer Verpflichtung durch Dritte, auf die die Erfüllung übertragen wurde, wenn durch Gesetz nicht festgelegt wurde, dass der Dritte haftet, der unmittelbar Erfüllender ist.

Der Schuldner überträgt nicht selten die Erfüllung eigener Verpflichtungen einem Dritten. Dabei besteht kein Schuldverhältnis zwischen dem Gläubiger und dem Dritten. In diesem Fall sei die Haftung des Schuldners für die dritte Person, der er die Erfüllung übertragen hat, das einzige Mittel, die Interessen des Gläubigers zu gewährleisten.[1084] Somit wird auf einer Seite eine solche Haftung durch Garantie der Gläubigerinteressen begründet. Wenn der Gesetzgeber die Fälle der Haftung nicht speziell geregelt hätte, könnte der Gläubiger beim fehlenden Verschulden des Schuldners einen Anspruch nur gegen den Erfüllenden erheben. Der Gläubiger hätte dann das Risiko der Zahlungsunfähigkeit der dritten Person tragen müssen. Außerdem ist zu berücksichtigen, dass die rechtswidrigen Handlungen Dritter an sich nicht in allen Fällen als Grundlage für das Entstehen des selbstständigen Schuldverhältnisses gegenüber dem Gläubiger

1083 Zu der Frage des Verschuldens einer juristischen Person im russischen Zivilrecht näher unter Kapitel 2, C.II.

1084 Zum Ganzen *Militareva*, Beitragssammlung, S. 5, 36; ähnlich *Braginskij*, Schriften des AFI, S. 3, 18 f., 23.

dienen können. Anderenfalls hat der Gläubiger überhaupt keinen Anspruch gegen die dritte Person. Die Auferlegung einer Haftung für Handlungen dritter Personen auf den Schuldner zwingt auf der anderen Seite den letzten alle möglichen Maßnahmen zur Anregung dieser Personen zur Erfüllung ihrer Verpflichtung zu ergreifen.

Dank der Regelung des Art. 403 ZGB RF verbinden sich somit die Interessen des Schuldners (die Einräumung der Möglichkeit, die Hilfe Dritter in Anspruch zu nehmen) und des Gläubigers (Auferlegung der Folgen der Handlungen dritter Personen auf den Schuldner).

a. Dogmatische Einordnung

Die dogmatische Einordnung der Haftung nach Art. 403 ZGB RF ist wie auch bei Art. 402 ZGB RF umstritten. An dieser Stelle ist auf diese Frage nur insoweit einzugehen, als sich Abweichungen zu dem bereits Ausgeführten[1085] zu Art. 402 ZGB RF ergeben. Einige ordnen die Haftung für Dritte als Verschuldenshaftung im Sinne des eigenen Verschuldens[1086] und die anderen im Sinne des fremden Verschuldens[1087] ein. Außerdem wird die Auffassung über eine verschuldensunabhängige Haftung vertreten. Bei der Übertragung der Verpflichtungserfüllung auf den Dritten übernehme der Schuldner eine Pflicht, für die Pflichtverletzung ohne Rücksicht auf das fehlende Verschulden zu haften.[1088] Die gewisse Schwierigkeit dieser Frage sorgte dafür, dass einige Zivilrechtswissenschaftler mehrere Standpunkte zur gleichen Zeit vertreten haben und sie nicht auseinander gehalten haben.[1089] Schließlich wird die Meinung geäußert, dass die Beurteilung dieser Haftung ausgehend von den vorhandenen Haftungsprinzipien

---

1085 Dazu unter Kapitel 2, A.III.1.a. Näher dazu *Koršunova*, Gosudarstvo i pravo: aktual'nye voprosy istorii i sovremennosti 2007, Nr. 5, S. 187 ff.

1086 *Antimonov*, Grundlagen S. 144, der im Laufe seiner Erörterungen zu dem Schluss kommt, dass der Schuldner bei rechtswidrigen Handlungen des Dritten sich selbst nicht als unschuldig ansehen dürfe (!). Dem ist aber entgegenzusetzen, dass eine solche Behauptung auf die objektive Zurechnung hinausläuft. Nach dieser Meinung kann das Verschulden dem Schuldner immer vorgeworfen werden.

1087 *Matveev*, Das Verschulden, S. 222; auch *Antimonov*, Grundlagen, S. 141, der jedoch an späterer Stelle (S. 144) diesen Gedanken aufgibt und bereits von dem eigenen Verschulden des Schuldners spricht, das in der Regel bei der Erfüllung der Verpflichtung durch Dritte angenommen werden kann. *Rajcher*, Die rechtlichen Fragen, S. 210. Daraufhin deutet auch der Wortlaut des Art. 895 Abs. 3 ZGB RF.

1088 Braginskij/*Vitrjanskij*, Vertragsrecht I, S. 769.

1089 *Braginskij*, Schriften des AFI, S. 3, 32 (Verschuldensprinzip), 33 (Übernahme einer Schadensersatzpflicht).

nicht möglich sei. Es wäre richtiger solche „nicht standardisierten Rechtsphänomene“ zu den „untypischen Instituten des Zivilrechts“ zu zählen.[1090] Die Haftung für Dritte nehme eine „Zwischenposition zwischen der Verschuldenshaftung und der verschuldensunabhängigen Haftung“ ein.[1091] Diese Ansicht ist jedoch ebenfalls nicht frei von inneren Widersprüchen. An einer anderen Stelle ist von der „Verflechtung der subjektiven Haftungsgrundlagen: Mangel an Verschulden des Schuldners und gleichzeitig Verschulden des Dritten“[1092] die Rede. Es ist offensichtlich, dass hier das Verschulden als subjektive Haftungsgrundlage und das Fehlen des Verschuldens, das zu der Suche nach einer anderen Haftungsbegründung zwingt, miteinander vermischt werden. Das fehlende Verschulden wird überraschenderweise zur subjektiven Haftungsgrundlage erklärt. In diesem Fall kann von einer „Verflechtung subjektiver Haftungsgrundlagen“ nicht die Rede sein. Ferner ist unklar, welcher Unterschied zwischen dem fremden Verschulden und dem Verschulden Dritter bestehen soll. Folgerichtig ist somit, die Haftung nach Art. 403 ZGB RF als Haftung für fremdes Verschulden – für Verschulden dritter Personen – einzuordnen.

b. Persönlicher Anwendungsbereich des Art. 403 ZGB RF

Zu der Frage der Rechtsfigur des Schuldners nach Art. 403 ZGB RF kann auf die Ausführungen zu Art. 402 ZGB RF verwiesen werden.[1093]

Was die Frage betrifft, für wen als Dritten im Sinne des Art. 403 ZGB RF gehaftet wird, konnte sich bislang keine einhellige Meinung dazu bilden. Die auseinandergehenden Ansichten in Bezug auf den persönlichen Anwendungsbereich dieser Norm sind vor allem mit dem unterschiedlichen Verständnis des Begriffs der „dritten Person“ im Sinne dieser Vorschrift verbunden.

Die Fälle der Teilnahme an der Erfüllung der Verpflichtung dritter Personen lassen sich in zwei Gruppen aufteilen: die Fälle, in denen ein Dritter die Verpflichtung des Schuldners vollständig oder teilweise anstatt des Schuldners gegenüber dem Gläubiger erfüllt und die Fälle, in denen ein Dritter lediglich seine eigene Verpflichtung gegenüber dem Schuldner erfüllt, auch wenn dies dafür erforderlich ist, damit der Schuldner seine Verpflichtung dem Gläubiger gegenüber erfüllen könnte (beispielsweise die Zulieferer des Rohstoffs, Treibstoffs, der Ersatzteile).[1094]

1090 Zum Ganzen *Sadikov*, SGiP 1982, Nr. 8, S. 16, 19.

1091 *Abramov*, SGiP 1976, Nr. 4, S. 30, 34.

1092 *Abramov*, SGiP 1976, Nr. 4, S. 30, 34.

1093 Dazu näher unter Kapitel 2, A.III.1.b.aa.

1094 Zum Ganzen *Rajcher*, Die rechtlichen Fragen, S. 200 ff.

Nach einer Meinung wird die zweite Fallgruppe, der „in der Praxis die größte Bedeutung zukomme“[1095], von der Regelung über die Haftung für Dritte nicht umfasst[1096]. Diese Gruppe der dritten Personen wird auch teilweise als „dritte Personen, die für die Gewährung der Erfüllung der Verpflichtung des Schuldners bestimmt sind“[1097], bezeichnet.

Nach anderer, in sowjetischem Zivilrecht herrschender, Auffassung schließt die rechtliche Regelung der Haftung für Dritte alle genannten Fälle ein.[1098] Insbesondere wird dadurch auch die Haftung des Schuldners bei einer Vertragsverletzung infolge der Pflichtverletzungen seiner Kontrahenten mitumfasst.[1099]

Es wird weiterhin zwischen einzelnen Vertragsarten unterschieden. Insbesondere seien die Zulieferungs-, Subauftrags- und Untermietverträge unterschiedlicher Natur. Die letzten zwei Verträge seien mehr oder weniger eng mit den Hauptverträgen (Werk- und Mietvertrag) verbunden.[1100] Diese enge Verbindung fehlt aber zwischen dem Zulieferungsvertrag und dem Lieferungsvertrag.[1101] Die Haftung des Schuldners für seine Zulieferanten wird im Gegensatz zur Haftung für Subauftragnehmer mit der Begründung von dem Anwendungsbereich der vertraglichen Haftung für Dritte ausgeschlossen, dass die Zulieferanten die Verpflichtung des Schuldners nicht erfüllten, sondern nur bloße Hilfshandlungen durchführten.[1102] Solche Handlungen gehörten zu dem Bereich der „Organisation“ der Erfüllung, jedoch nicht zu der Erfüllung selbst.[1103]

1095 *Rajcher*, Die rechtlichen Fragen, S. 203.

1096 *Rajcher*, Die rechtlichen Fragen, S. 202, 205 in Bezug auf Art. 119 Ziff. 2 ZGB RSFSR 1922; *Asknazij*, Fragen des sowjetischen Rechts, S. 158, 172, Fn. 1 in Bezug auf Art. 119 Ziff. 2 ZGB RSFSR 1922; *Sadikov*, SGiP 1982, Nr. 8, S. 16, 21 in Bezug auf Art. 38 GZG 1961; *Ioffe*, Ausgewählte Werke I, S. 187, 406 stimmt dem mit dem Verweis auf den Wortlaut des Art. 119 Ziff. 2 ZGB RSFSR 1922 zu, der jedoch diese Auffassung infolge der erweiternden Auslegung gleich aufgibt; ebenso mit Verweis auf den Wortlaut des Art. 119 Ziff. 2 ZGB RSFSR 1922 *Braginskij*, Schriften des AFI, S. 3, 35, der auch den Wunsch äußert, die Gesetzesfassung des Art. 119 Ziff. 2 ZGB RSFSR 1922 insoweit zu ändern, als der Hinweis auf die Haftung des Schuldners „für Handlungen der Personen, die für die Gewährung der Erfüllung der Verpflichtung des Schuldners bestimmt sind“, hinzugefügt wird (S. 46).

1097 *Braginskij*, Schriften des AFI, S. 3, 33.

1098 *Agarkov*, Ausgewählte Werke II, S. 244, 269; auch *Novickij/Lunc*, Die allgemeine Lehre, S. 354 f.; *Matveev*, Das Verschulden, S. 221 f.

1099 *Agarkov*, Ausgewählte Werke II, S. 244, 269.

1100 *Rajcher*, Die rechtlichen Fragen, S. 204, Fn. 11.

1101 *Rajcher*, Die rechtlichen Fragen, S. 204, Fn. 11.

1102 *Militareva*, Beitragssammlung, S. 5, 37.

1103 *Militareva*, Beitragssammlung, S. 5, 40.

Dem ist aber entgegenzuhalten, dass keine Abgrenzungskriterien der Handlungen zur Erfüllung einer Verpflichtung und der sog. „Hilfshandlungen“ ausgearbeitet wurden und diese Handlungen in Wirklichkeit äußerst schwierig auseinanderzuhalten sind. Außerdem seien die Handlungen des Subauftragnehmers eher als Hilfshandlungen gegenüber dem Generalauftragnehmer anzusehen als solche des Zulieferanten.[1104] Entscheidend sei damit die juristische Natur der Handlungen Dritter: ob die Handlungen des Dritten die Erfüllung der Verpflichtung des Schuldners gegenüber dem Gläubiger oder lediglich die Erfüllung eigener Verpflichtung gegenüber dem Schuldner darstellten.[1105]

Die erweiternde Auslegung der Norm über die Haftung des Schuldners für Dritte kann mit dem „allgemeinen Prinzip des sowjetischen Zivilrechts – dem Verschuldensprinzip“ begründet werden.[1106] Dem ist aber Folgendes entgegenzuhalten. Eine erweiternde Auslegung stellt ein Mittel der Feststellung des wirklichen Sinnes einer Rechtsnorm bei der Nichtübereinstimmung ihres wörtlichen und wirklichen (breiteren) Inhaltes dar. Diese Lage wird jedoch vom Vertreter dieser Methode selbst abgelehnt. Es wird nämlich hervorgehoben, dass die entsprechende Norm nach ihrem buchstäblichen Sinn *keine* Haftung des Schuldners für Zulieferanten oder Subauftragnehmer *meine.*[1107] Daraus folgt, dass es keine Differenzen zwischen dem wörtlichen und dem gemeinten Inhalt gibt, was somit einer erweiternden Auslegung entgegensteht.

An dieser Stelle könnte an eine andere Methode – an die Gesetzesanalogie – gedacht werden, die auch bereits als solche in Erwägung gezogen worden war.[1108] Sie wurde aber auch aufgrund der Zweifel an der Vergleichbarkeit der Rechtsverhältnisse abgelehnt. Der wesentliche Unterschied liegt darin, dass der Dritte in dem gesetzlich geregelten Fall mit dem Gläubiger in unmittelbares Verhältnis trete und anderenfalls der Dritte lediglich eine eigene Verpflichtung erfülle und zwischen ihm und dem Gläubiger keine unmittelbare Verbindung bestehe.[1109]

Das Fehlen einer rechtlichen Regelung für die analysierte Situation anerkennend, wird deren Einführung in den Gesetzestext befürwortet und bis dahin auf die Rechtsanalogie verwiesen.[1110]

1104 *Rajcher*, Die rechtlichen Fragen, S. 205.

1105 *Rajcher*, Die rechtlichen Fragen, S. 205.

1106 *Ioffe*, Ausgewählte Werke I, S. 187, 406.

1107 *Asknazij*, Fragen des sowjetischen Rechts, S. 158, 172, Fn. 1; ihm folgend *Ioffe*, Ausgewählte Werke I, S. 187, 406 (in Bezug auf Art. 119 Ziff. 2 ZGB RSFSR 1922).

1108 *Sadikov*, SGiP 1982, Nr. 8, S. 16, 22.

1109 *Rajcher*, Die rechtlichen Fragen, S. 207 in Bezug auf Art. 119 Ziff. 2 ZGB RSFSR 1922.

1110 *Rajcher*, Die rechtlichen Fragen, S. 207 f.

c. Haftungsvoraussetzungen nach Art. 403 ZGB RF

Art. 403 ZGB RF ist also dadurch charakterisiert, dass zwei Rechtsverhältnisse existieren: das eine verbindet den Schuldner mit dem Gläubiger und das andere den Schuldner mit dem Dritten. Außerdem ist hervorzuheben, dass kein vertragliches Schuldverhältnis zwischen dem Gläubiger und dem Dritten vorhanden sein darf. Ferner sollte die Teilnahme des Dritten an der Erfüllung der Verpflichtung rechtmäßig sein. Wenn der Schuldner seine Verpflichtung persönlich erfüllen sollte und den Dritten zur Erfüllung seiner Verpflichtung trotzdem eingeschaltet hatte, dann haftet er gegenüber dem Gläubiger für eigene widerrechtliche und schuldhafte Handlungen.

aa. Übertragung der Erfüllung

Der Schuldner haftet für diejenigen Personen, auf die die Erfüllung übertragen wurde. Der vom Gesetzgeber verwendete Terminus „übertragen" könnte den Eindruck erwecken, dass der Dritte die Erfüllung in vollem Maße und somit die Schuldnerstellung übernimmt und der Schuldner selbst aus dem Vertragsverhältnis ausscheidet. Diese Schlussfolgerung ist jedoch verfehlt.

Zum einen würde daraus folgen, dass der Schuldner auch die Haftung für die Handlungen der Dritten überträgt und selbst von einer solchen ausgeschlossen ist. Dem widerspricht aber gerade die Rechtsprechung.[1111] Die Bestimmungen des Art. 403 ZGB RF legen gerade eine Haftung des Schuldners für Dritte fest. Daraus folgt, dass das Wort „übertragen" nicht als vollständige Übergabe der Schuldnerstellung an den Dritten verstanden werden darf. Vielmehr sind die Tätigkeiten des Dritten zur Erfüllung der dem Schuldner obliegenden und dem Dritten vom Schuldner übertragenen Verpflichtungen gemeint. Somit kann sich der Schuldner der Haftung nicht entledigen, auch wenn er dritte Personen in die Erfüllung seiner vertraglichen Pflichten einbezieht. Zum anderen muss die Tätigkeit des Dritten in Erfüllung der Verpflichtungen des Schuldners vom Schuldner gewollt und gebilligt sein. Dies folgt auch aus der Auslegung des Begriffs „übertragen". Der Schuldner haftet nicht nur für diejenigen, mit denen er den Auftragsvertrag abgeschlossen hat, sondern auch für jeden Dritten, der mit Wissen und Wollen des Schuldners die auf die Erfüllung der Verpflichtung des Schuldners gerichteten Handlungen ausführt.

1111 So etwa FAG des Nord-Westlichen Bezirks, Urt. v. 19. Oktober 2004, Nr. A56-6809/04, „Konsul'tantPlus".

Es ist empfehlenswert, in den Gesetzestext des Art. 403 ZGB RF die Worte „kraft Gesetzes oder Auftrags“ aufzunehmen. Dies entspricht dem Sinn dieser Norm und würde vor allem zur Rechtsklarheit beitragen.

bb. Erfüllung der Verpflichtung durch Dritte

Unter unmittelbarer Erfüllung des Vertrages ist die Erfüllung der aus dem Vertrag entstehenden Pflichten des Schuldners zu verstehen.

Es ist umstritten, ob Art. 403 ZGB RF unter Erfüllung einer Verpflichtung nur juristische oder auch tatsächliche Handlungen des Dritten versteht. Das hängt damit zusammen, dass keine Einigkeit in Bezug auf die Natur des Begriffs „Erfüllung einer Verpflichtung“ in der russischen Zivilrechtslehre besteht.[1112] Es sind folgerichtig darunter sowohl juristische als auch tatsächliche Handlungen Dritter zu verstehen.

Weiterhin wird vorgeschlagen, den Anwendungsbereich der Norm über die vertragliche Haftung für Dritte hinaus auch auf die Fälle auszudehnen, in denen die Verträge zwischen dem Schuldner und dem Dritten nicht unbedingt in Erfüllung der Verpflichtung, sondern einfach im Laufe der wirtschaftlichen Tätigkeiten geschlossen werden.[1113] Dieser Auffassung ist insoweit zuzustimmen, als es sich dabei um die Kenntnis des Dritten über die Handlung bei Erfüllung einer Verpflichtung handelt.

cc. Verschulden

Art. 403 ZGB RF erwähnt ähnlich dem Art. 402 ZGB RF weder das Verschulden des Schuldners noch das des Dritten als Haftungsvoraussetzung.

In der sowjetischen Literatur wurde ein Kampf zwei stark entgegenstehender Ansichten geführt. Nach einer Meinung tritt die Haftung für Dritte nur für schuldhafte Handlungen dieser Personen[1114], nach anderer aber auch für unverschuldete Handlungen[1115] ein. Dieser Streit bleibt bis heute ohne klare Lösung und ist deshalb sehr aktuell.

1112 Ausführlich dazu siehe etwa *Sarbaš*, Erfüllung der vertraglichen Verpflichtung, S. 27 ff.; zum Begriff der Erfüllung eines Schuldverhältnisses *Tolstoj*, Erfüllung der Verpflichtungen, S. 12 ff.

1113 *Sadikov*, SGiP 1982, Nr. 8, S. 16, 22 in Bezug auf Art. 38 GZG 1961.

1114 *Abramov*, SGiP 1982, Nr. 1, S. 36, 41; *Agarkov*, Ausgewählte Werke II, S. 244, 258; *Matveev*, Das Verschulden, S. 221 f.; *ders.*, Die Gründe der zivilrechtlichen Haftung, S. 227; *Novickij/Lunc*, Die allgemeine Lehre, S. 355; *Rajcher*, Die rechtlichen Fragen, S. 209, 210.

1115 *Asknazij*, Fragen des sowjetischen Rechts, S. 158, 171.

Für das Verschuldenserfordernis spricht, dass Art. 403 ZGB RF eine spezielle Vorschrift zur Sonderhaftungsfrage ist. Daher kann sie den allgemeinen Haftungsprinzipien, die in Art. 401 ZGB RF festgelegt sind, nicht widersprechen.

Der Vorschlag, die Haftung des Schuldners für Dritte nicht nur bei schuldhaften Handlungen dritter Personen anzuerkennen, sondern auch das Risiko jeden Zufalls dem Schuldner aufzuerlegen, ist abzulehnen. Die Festlegung der Ausnahmen vom Verschuldensprinzip bedarf einer eingehenden Begründung. Zum einen kann die Organisation des Wirtschaftsbereichs durch den Schuldner kaum als Argument dazu dienen. Jeder Vertragspartner organisiert seinen Bereich. Unklar bleiben die Gründe, warum der Schuldner im Fall der Einschränkung dieses Bereichs nur auf den Betrieb des Schuldners für Verschulden und bei der Grenzenüberschreitung dieses Betriebs auch ohne Verschulden haften sollte. Außerdem ist zu bedenken, dass die Arbeitsaufteilung in heutiger Zeit immer mehr an Bedeutung gewinnt. Daher wäre die verschuldensunabhängige Haftung für Dritte zu einer bedeutsamen Regelung geworden. Dadurch wäre der Anwendungsbereich der Verschuldenshaftung seinerseits stark eingeschränkt.[1116] Zum anderen wäre es nicht gerecht, dem Schuldner eine strengere Haftung bei der Haftung für Dritte aufzuerlegen als in den Fällen, in denen der Schuldner alleine, also ohne dritte Personen, die Verpflichtung erfüllt hätte. Ansonsten träfe den Schuldner „ohne Verschulden die Schuld", weil er den ersetzten Schaden auf den Dritten, im Verhältnis zu dem das Verschuldensprinzip gelten würde, nicht umlegen könnte.[1117]

Das Verschulden des Dritten stellt also eine Haftungsvoraussetzung nach Art. 403 ZGB RF dar.

Zu den in Art. 403 ZGB RF vorgesehenen Haftungsfällen gehören nicht diejenigen, in denen die Vertragsverletzung durch das Verschulden des Schuldners in der Auswahl oder Aufsicht über den zur Erfüllung hinzugezogenen Dritten bedingt war. In diesen Fällen sind allgemeine Haftungsregeln anzuwenden, d.h. der Schuldner haftet nach Art. 401 ZGB RF für eigenes Verschulden.

Für die Befreiung des Schuldners von der Haftung für Dritte ist Nachweis sowohl des fehlenden eigenen Verschuldens sowie des fehlenden Verschuldens des unmittelbar Erfüllenden (Dritten) erforderlich.[1118]

1116 Zum Ganzen *Ioffe*, Ausgewählte Werke I, S. 187, 404 f., 407.

1117 *Abramov*, SGiP 1976, Nr. 4, S. 30, 31.

1118 Sadikov/*Jakovlev*, Teil 1, Anm. 1 zu Art. 403; ähnlich *Koršunova*, Gosudarstvo i pravo: aktual'nye voprosy istorii i sovremennosti 2007, Nr. 5, S. 187, 190 f.

Bei der Analyse des Entlastungsbeweises im Rahmen des Art. 403 ZGB RF entsteht ferner die Frage, für wessen Handlungen der Schuldner sich zu entlasten hat: nur für die Handlungen von Personen der „ersten Hierarchieebene" oder auch für diejenigen, die wiederum von seinen Helfern beauftragt worden waren. Obwohl der Erforderlichkeit des Entlastungsbeweises für alle zwecks Erfüllung der Verpflichtung hinzugezogenen Personen außer der ersten Ebene der Helfer aufgrund fehlender rechtlicher Begründung widersprochen wurde[1119], wird diese Praxis ausgeübt. Dabei verlangen die Gerichte nicht die Entlastung für alle dritten Personen, die in der Rechtsverhältniskette auftauchen, sondern nur für den unmittelbar Erfüllenden, allerdings unabhängig von der „Hierarchiestufe" dieser Person.

d. Beweislastverteilung nach Art. 403 ZGB RF

Die Beweislast nach Art. 403 ZGB RF ist den gleichen Regelungen wie auch diejenige nach Art. 402 ZGB RF unterworfen.[1120]

e. Verhältnis des Schuldners und des Dritten zueinander

Im Weiteren ist das Außen- und Innenverhältnis des Schuldners und des Dritten im Sinne des Art. 403 ZGB RF zu untersuchen.

aa. Unmittelbare Haftung des Dritten gemäß Art. 403 ZGB RF

Laut Art. 403 ZGB RF kann durch ein Gesetz die vorrangige direkte Haftung des Dritten festgelegt werden. Dem Gesetzgeber ist somit in dieser Hinsicht Handlungsfreiheit gewährt worden. Die geltende Gesetzgebung ordnet eine unmittelbare Haftung des Dritten – des Erfüllenden der Verpflichtung – gegenüber dem Gläubiger in einigen Fällen an.[1121] Die Zulassung der unmittelbaren Haftung des Dritten sei eine fortschrittlich-innovative Überwindung der alten zivilistischen Tradition, nach der die unmittelbare Haftung des Dritten nicht zulässig war.[1122] Sie hebe die Institute des Zivilrechts auf ein höheres Niveau.[1123]

Laut Art. 403 ZGB RF darf direkte Haftung ausschließlich *durch Gesetze* vorgesehen werden. In der Praxis wird aber häufig über diese Regelung hinweggesehen

---

1119 *Rajcher*, Die rechtlichen Fragen, S. 213.

1120 Dazu näher unter Kapitel 2. A.III.1.d.

1121 Art. 1096 Ziff. 1 ZGB RF, Artt. 18, 23 des Gesetzes „Über den Schutz der Verbraucherrechte".

1122 *Rajcher*, Die rechtlichen Fragen, S. 240 f.

1123 *Rajcher*, Die rechtlichen Fragen, S. 257.

und die unmittelbare Haftung des Dritten auch im Fall einer entsprechenden vertraglichen Klausel zugelassen.[1124] Diese Praxis entwickelt sich allerdings contra legem. Das Gesetz sieht in Art. 403 ZGB RF ausdrücklich nur die gesetzliche Möglichkeit der Änderung der allgemeinen Haftung für Dritte vor. Vom Hinweis „durch Gesetz oder Vertrag" wie beispielsweise in Art. 401 Ziff. 1 Abs. 1 und Ziff. 3 ZGB RF wurde abgesehen. Das spricht dafür, dass der Gesetzgeber die Vertragsfreiheit in diesem Bereich einschränken wollte. Deshalb gilt es, diese Praxis aufzugeben und entsprechende Fälle in Übereinstimmung mit dem ausdrücklichen Wortlaut des Art. 403 ZGB RF zu entscheiden.[1125]

Was die Frage der unmittelbaren Haftung des Dritten *neben* der haftenden Person nach Art. 403 ZGB RF als mögliche Generalregel betrifft, wird diese Möglichkeit sowohl im vertraglichen als auch im deliktischen Bereich diskutiert.[1126]

bb. Regressmöglichkeit des Schuldners

Die Frage nach der Haftung des Erfüllenden gegenüber dem Schuldner wird nach der allgemeinen Regelung des Art. 401 ZGB RF beurteilt. Im Endeffekt haftet also die schuldhaft handelnde Person, der die Erfüllung der Verpflichtung übertragen wurde.

Die Regressklage im Allgemeinen und die des Schuldners gegenüber dem Erfüllenden haben einige Nachteile. Der Schuldner trägt dabei das Risiko der Zahlungsunfähigkeit des Dritten. Aber auch wenn ein Helfer solvent ist, kann es sich in die Länge ziehen, bis der Schuldner den von ihm ersetzten Schaden im Rahmen des Regresses ausgeglichen bekommt. Aus diesen Gründen wurde mit besonderem Optimismus die Frage nach der Erweiterung des Anwendungsbereichs unmittelbarer Haftung dritter Personen und sogar nach der Einführung der direkten Haftung des Dritten als Generalregelung[1127] diskutiert. Um den Regressanspruch – eine Art von „Groll im Herzen"[1128] – zu vermeiden, wird

---

1124 In diesem Sinne FAG des Fernöstlichen Bezirks, Urt. v. 30. Januar 2001, Nr. Ф03-A73/01-1/8, „Konsul'tantPlus".

1125 In Übereinstimmung mit Art. 403 ZGB RF bereits FAG des Nord-Kaukasischen Bezirks, Urt. v. 5. April 2001, Nr. Ф08-882/2001, „Konsul'tantPlus".

1126 Etwa *Malein*, Materielle Haftung, S. 137; *ders.*, Die Rechtsverletzung, S. 170 f., wo der Autor aber von der direkten Haftung im Sinne der Hinzuziehung der dritten Personen zu dem Gerichtsverfahren als Mitbeklagten spricht; *Abramov*, SGiP 1976, Nr. 4, S. 30, 32 hält eine direkte Haftung des Dritten gegenüber dem Gläubiger als Generalregel für möglich; kritisch dazu *Sadikov*, SGiP 1982, Nr. 8, S. 16, 18.

1127 *Abramov*, SGiP 1976, Nr. 4, S. 30, 32.

1128 *Rajcher*, Die rechtlichen Fragen, S. 238.

ferner vorgeschlagen, die Entscheidung, wem die Haftung im konkreten Fall unter Berücksichtigung der konkreten Umstände aufzuerlegen ist, dem Gericht zu überlassen[1129]. Dem sind die Lehre und die gerichtliche Praxis jedoch nicht gefolgt.[1130] Die Rechtsprechung hat seit langem in dieser Hinsicht den Weg der Zulassung des Dritten zur Beteiligung am Rechtsstreit als Nebenintervenient eingeschlagen.[1131]

Art. 403 ZGB RF regelt somit die vertragliche Haftung des Schuldners für Dritte, derer er sich zur Erfüllung seiner Verpflichtungen bedient. Diese Vorschrift weist gegenüber Art. 402 ZGB RF einige Unterschiede auf.

B. Deliktische Haftung für Helfer nach Art. 1068 Ziff. 1 ZGB RF

I. Historische Entwicklung der deliktischen Gehilfenhaftung im russischen Recht

Die Haftung für Helfer im russischen Zivilrecht hat im Vergleich zum deutschen Recht auch eine langjährige, aber sehr widersprüchliche Entwicklung hinter sich. Die Normen des heutigen russischen Zivilgesetzbuches über die Gehilfenhaftung sind von ihrer Entstehungsgeschichte stark beeinflusst. Aus diesem Grund ist es wichtig, einen kurzen Blick auf die historische Entwicklung der Gehilfenhaftung zu werfen.

1. XI. Jahrhundert

Die Normen über die Haftung für Handlungen anderer sind bereits in den Regelungen der Russkaja Pravda[1132] enthalten. Allerdings gab es zu diesen Zeiten noch keine Differenzierung zwischen der strafrechtlichen und zivilrechtlichen Haftung. Bei den Rechtsverletzungen durch dritte Personen wurde eine

1129 *Abramov*, SGiP 1976, Nr. 4, S. 30, 33.

1130 Ablehnend dazu etwa FAG des Nord-Kaukasischen Bezirks, Urt. v. 23. Dezember 1999, Nr. Ф08-2869/99 in der Sache Nr. A53-15883/98-C2-12, „Konsul'tantPlus".

1131 So etwa FAG des Moskauer Bezirks, Urt. v. 10. April 2001, Nr. КГ-А40/1506-01 (in diesem Sinne auch in der gleichen Sache FAG des Moskauer Bezirks, Urt. v. 27. Dezember 2001, Nr. КГ-А40/7709-01), „Konsul'tantPlus".

1132 Russkaja Pravda stellt eine schriftliche Quelle des russischen Rechts ab dem XI. Jahrhundert dar.

strafrechtliche Haftung festgelegt.[1133] Obwohl in den Regelungen der damaligen Zeit noch nicht vom materiellen Schaden die Rede ist, wurde das Prinzip von Noxalklagen zur Geltung gebracht. Der Ersatz in Geld als eine Art Haftung für eine Rechtsverletzung durch abhängige Personen wurde seit den Zeiten der Söhne von Jaroslaw festgelegt.[1134] Somit wurden die Delikte abhängiger Personen allmählich zu Fakten, die schuldrechtliche Verpflichtungen hervorriefen.[1135]

2. *XVII. Jahrhundert*

Eine der Hauptquellen der Regulierung der deliktischen Verhältnisse im XVII. Jahrhundert war das Sobornoe Uloženie von 1649. Unter einem Delikt wurde eine rechtswidrige schuldhafte Handlung verstanden, die einen außervertraglichen Charakter hatte und einen materiellen und einen persönlichen immateriellen Schaden verursachte.[1136] In Sobornoe Uloženie 1649 gab es noch keine allgemeine Norm, die eine Haftung für eine Schadenszufügung festlegte, sondern lediglich kasuistische Einzelregelungen. Im XVII. Jahrhundert waren die zivilrechtlichen Normen noch sehr eng mit den strafrechtlichen Normen verflochten.[1137]

3. *XIX. Jahrhundert*

Eine deliktische Haftung von Herren und Vollmachtgebern für den Schaden, der durch ihre Diener und Bevollmächtigte verursacht wurde, wurde in Art. 687 des ersten Teils des X. Bandes von Svod Zakonov[1138] (Svod Zakonov X/1) festgelegt.[1139] Laut Art. 687 Svod Zakonov X/1 hafteten Herren und Vollmachtgeber für Schäden und Verluste, die durch ihre Diener und Bevollmächtigte bei Ausführung ihrer Aufträge, entsprechend den von ihren Herren und Vollmachtgebern

---

1133 Siehe etwa Art. 17 der Kurzen Edition von Russkaja Pravda sowie Artt. 65, 121 der Umfassenden Edition von Russkaja Pravda. Kurze und Umfassende Editionen von Russkaja Pravda sind unterschiedliche Rechtsquellen.

1134 Zum Ganzen *Gusakov*, Delikte und Verträge, S. 149.

1135 *Gusakov*, Delikte und Verträge, S. 154 f.

1136 *Beljakova*, Verpflichtungen aus der Schadenszufügung, S. 75.

1137 Zum Ganzen *Beljakova*, Verpflichtungen aus der Schadenszufügung, S. 96.

1138 Svod Zakonov stellt eine Sammlung der Gesetze des Russischen Reiches dar, die mehrere Bände umfasste. Aufgrund des Manifests von Nikolaus I. vom 31. Januar 1833 trat Svod Zakonov ab dem 1. Januar 1835 in Kraft.

1139 Ob Art. 687 Svod Zakonov X/1 nur auf deliktische Verhältnisse anwendbar war, wurde in der Praxis unterschiedlich beurteilt (*Danilova*, Haftung des Schuldners, S. 35 ff., 45).

erteilten Befehlen oder der Vollmacht, verursacht wurden. Hiervon wurden diejenigen Fälle ausgeschlossen, in denen bewiesen wurde, dass sie die Schäden oder Verluste verursachenden Handlungen nicht abwenden konnten.[1140]

Der vollständige Text dieses Artikels wurde im Jahr 1851 in Svod Zakonov aufgenommen.[1141] Art. 687 Svod Zakonov X/1 war von der Zweiten Abteilung der Kaiserlichen Kanzlei im Jahr 1846 vorbereitet worden. Im Projekt dieser Regelung fehlten aber zunächst folgende Wörter: „entsprechend den von ihren Herren und Vollmachtgebern erteilten Befehlen oder der Vollmacht". Auf der Notwendigkeit dieser Konkretisierung in der gesetzlichen Regelung bestand der damalige Justizminister[1142], obwohl diese Konkretisierung als nutzlos kritisiert wurde[1143].

Bereits bei der Verabschiedung des Art. 687 Svod Zakonov X/1 bestand keine einhellige Meinung hinsichtlich dieser Regelung. Einerseits wollte der Autor dieser Regelung – Kaiserliche Kanzlei – ein Gesetz nach dem Muster der französischen Regelung schaffen. Das belegt die Tatsache, dass die Regelung der ersten Hälfte des ersten Satzes des Art. 687 Svod Zakonov X/1 eine praktisch wortwörtliche Übersetzung des Art. 1384 Abs. 3 Code Civil[1144] darstellte.[1145] Außerdem wurde nach dem Wort „Vollmachtgeber" das französische Wort „commettants" zur Erklärung des russischen Begriffs mit eingeschlossen.[1146] Andererseits strebte der Justizminister eine Einengung der Haftung bis zu den bereits nach den Gesetzen existierenden Grenzen an.[1147] Diese Uneinigkeit hat eine große Rolle in der Praxis gespielt. Die verabschiedete Fassung des Art. 687 Svod Zakonov X/1 hat große Schwankungen in der Gerichtspraxis hervorgerufen. In der juristischen Literatur der damaligen Zeit wurde hervorgehoben, dass es im ersten Teil des X. Bandes von Svod Zakonov keinen anderen Artikel als Art. 687 gebe, der mit solchen Schwankungen und so widersprüchlich angewendet wäre.[1148]

1140 *Tjutrjumov*, Zivilgesetze, S. 505.

1141 Ziff. 73 des Gesetzes vom 21. März 1851; dazu auch *Moskalev*, Žurnal ministerstva justicii 1912, Nr. 4, S. 1.

1142 Zum Ganzen *Moskalev*, Žurnal ministerstva justicii 1912, Nr. 4, S. 1, 9 ff., 12.

1143 *Gussakovskij*, Žurnal ministerstva justicii 1912, Nr. 9, S. 1, 15.

1144 Jetzt in den Bestimmungen des Art. 1242 Code Civil.

1145 *Moskalev*, Žurnal ministerstva justicii 1912, Nr. 4, S. 1, 7 und 11; allgemein dazu, dass als Muster Artt. 1382 ff. Code Civil gedient haben, auch *Danilova*, Haftung des Schuldners, S. 29.

1146 *Moskalev*, Žurnal ministerstva justicii 1912, Nr. 4, S. 1, 7 und 11.

1147 *Moskalev*, Žurnal ministerstva justicii 1912, Nr. 4, S. 1, 11 f.

1148 *Moskalev*, Žurnal ministerstva justicii 1912, Nr. 4, S. 1.

Die Haftung nach Art. 687 Svod Zakonov X/1 erstreckte sich nur auf diejenigen Personen, die in einem Arbeits- oder Dienstverhältnis zum Haftenden standen. Art. 687 Svod Zakonov X/1 legte eine Verschuldenshaftung fest, obwohl das Verschulden als Haftungsvoraussetzung im Gesetzestext nicht ausdrücklich erwähnt wurde. Das Verschulden der Herren und Vollmachtgeber wurde in der groben oder einfachen Fahrlässigkeit bei der Auswahl der Diener oder in der mangelnden Aufsicht über die ordnungsgemäße Durchführung ihrer Anordnungen, falls diese Aufsicht erforderlich war, gesehen.[1149] Das eigene Verschulden des Herrn wurde dabei vermutet.[1150] In der Lehre wurde aber auch auf die Erforderlichkeit des Verschuldens des Schädigers selbst hingewiesen.[1151]

Eine Haftung der Herren und Vollmachtgeber nach Art. 687 Svod Zakonov X/1 wurde nur für solche Schäden angenommen, die durch ihre Diener in Ausführung der Anordnung und entsprechend den Anordnungen oder der Vollmacht verursacht wurden. Genügend war dabei, wenn die Handlungen eines Dieners auf die Ausführung der Anordnung gerichtet waren und die Grenzen des Auftrags nicht überschritten wurden.[1152] Herren und Vollmachtgeber sollten dabei nachweisen, dass sie die entsprechenden Aufträge nicht erteilt hatten und die Handlungen des Dieners nicht abwenden konnten.[1153]

Besonders hervorzuheben ist, dass die Rechtsprechung bei der Auslegung der Haftungsvoraussetzungen des Art. 687 Svod Zakonov X/1 nicht einheitlich war. So hat sich das Zivilkassationsdepartement des Dirigierenden Senats in einer Entscheidung im Jahr 1879 mit der Haftung des Herrn für Handlungen seiner Diener beschäftigt, die nach seiner Anordnung Miete für das Grundstück von der Bauerngesellschaft einsammeln sollten. Aufgrund dessen, dass Diener keine Miete bekommen haben, haben sie das Bauernbrot auf den Feldern eingezogen, das seinerseits infolge des schlechten Wetters verdorben ist.[1154] Der Senat

1149 ZKD, Entscheidung v. 15. März 1906, Nr. 31, Entscheidungen des ZKD 1906, S. 103, 104 f.; ähnlich *Danilova*, Haftung des Schuldners, S. 29.

1150 ZKD, Entscheidung v. 15. März 1906, Nr. 31, Entscheidungen des ZKD 1906, S. 103, 105.

1151 *Danilova*, Haftung des Schuldners, S. 30.

1152 Zum Ganzen ZKD, Entscheidung v. 17. Oktober 1879, Nr. 252, Entscheidungen des ZKD 1879, S. 1024, 1025; darauf Bezug nehmend auch ZKD, Entscheidung v. 22. Januar 1903, Nr. 22, Entscheidungen des ZKD 1903, S. 60, 64.

1153 ZKD, Entscheidung v. 7. März 1879, Nr. 66, Entscheidungen des ZKD 1879, S. 259, 262 f.

1154 Zum Ganzen ZKD, Entscheidung v. 17. Oktober 1879, Nr. 252, Entscheidungen des ZKD 1879, S. 1024 ff.

hat anerkannt, dass Diener im Rahmen ihrer Tätigkeiten nach der Anordnung bezüglich der Verfügung über die Felder handelten.[1155] In einem anderen Fall hat der Senat betont, dass Herren und Vollmachtgeber nur dann haften, wenn die Existenz einer gesonderten Anordnung für diejenigen Handlungen nachgewiesen werde, durch die Schäden zugefügt wurden.[1156] Die unterschiedliche rechtliche Beurteilung dieser zwei Fälle durch den Senat wurde in der Lehre nicht mit den juristischen Argumenten, sondern mit den tatsächlichen Umständen der Einzelfälle erklärt. Insbesondere hat der Senat im zweiten Fall die Haftung dem Herrn nicht auferlegt, weil sein Diener eine Straftat begangen hatte.[1157] Die gerichtliche Praxis war auch später widersprüchlich.[1158] In der Literatur wurde die Meinung vertreten, dass eine Handlung, die entsprechend einer Anordnung oder Vollmacht erfolgte, immer in Ausführung der Anordnungen erfolgte, aber nicht umgekehrt.[1159] Die Möglichkeit der unterschiedlichen rechtlichen Beurteilung hat Rechtsunsicherheit geschaffen. Eine entsprechende Formulierung im Gesetz wurde auch in der Literatur kritisch bewertet.[1160] Die Fassung des Art. 687 Svod Zakonov X/1 galt als unglücklich und ein Handeln des Gesetzgebers wurde daher als zweckmäßig erachtet.[1161]

Art. 687 Svod Zakonov X/1 war bei den Straftaten der Diener nicht anwendbar. Dies folgte aus der systematischen Auslegung. Art. 687 Svod Zakonov X/1 befand sich im ersten Teil des zehnten Bandes von Svod Zakonov, in der sich die Regelungen über Schadensersatz für zivilrechtliche Rechtsverletzungen befanden.[1162] Außerdem wurde diese Schlussfolgerung damit begründet, dass die

---

1155 ZKD, Entscheidung v. 17. Oktober 1879, Nr. 252, Entscheidungen des ZKD 1879, S. 1024, 1025.

1156 ZKD, Entscheidung v. 9. Dezember 1898, Nr. 50, Entscheidungen des ZKD 1899, S. 153, 157. Erstaunlicherweise verweist das Zivilkassationsdepartement in dieser Entscheidung unter anderem auf die Entscheidung v. 17. Oktober 1879, Nr. 252, in welcher aber das Gegenteil hervorgehoben wird, dass die Haftung nach Art. 687 Svod Zakonov X/1 gerade nicht auf die Fälle beschränkt sei, in denen die Existenz einer gesonderten Anordnung oder Vollmacht für diejenigen Handlungen nachgewiesen werde, durch die Schäden zugefügt wurden (ZKD, Entscheidung v. 17. Oktober 1879, Nr. 252, Entscheidungen des ZKD 1879, S. 1024, 1025).

1157 Zum Ganzen *Moskalev*, Žurnal ministerstva justicii 1912, Nr. 4, S. 1, 13 f.

1158 Dazu *Moskalev*, Žurnal ministerstva justicii 1912, Nr. 4, S. 1, 21 f.

1159 *Moskalev*, Žurnal ministerstva justicii 1912, Nr. 4, S. 1, 23.

1160 *Gussakovskij*, Žurnal ministerstva justicii 1912, Nr. 9, S. 1, 15; *Moskalev*, Žurnal ministerstva justicii 1912, Nr. 4, S. 1, 7.

1161 *Moskalev*, Žurnal ministerstva justicii 1912, Nr. 4, S. 1, 7 und 25.

1162 Zum Ganzen *Tjutrjumov*, Zivilgesetze, S. 509 f. (Anm. 10).

Haftung der Herren und Vollmachtgeber für die Straftaten ihrer Diener nicht gerecht wäre, weil eine Anordnung zu den Straftaten gesetzwidrig, nicht wirksam und für die Diener nicht bindend sei.[1163] Später, im Jahr 1912, hat der Dirigierende Senat allerdings auch die Herrenhaftung für die Straftaten der Diener anerkannt.[1164]

Hervorzuheben ist, dass der Geschädigte das Wahlrecht hatte, gegen wen er die Klage richtet: gegen den Herrn oder gegen seinen Diener.[1165] Eine andere Regelung würde die Möglichkeit des Ersatzes des Schadens wesentlich erschweren. Außerdem würde das Gerechtigkeitsgefühl nicht verletzt, weil der Diener bei den Handlungen in Ausführung der Anordnungen seines Herrn berechtigt war, den Ersatz der geurteilten Summe von seinem Herrn zu fordern.[1166] Der Herr hatte seinerseits ein Regressrecht gegen seinen fahrlässig handelnden Diener.[1167]

4. *Entwurf von 1905*

Im Zusammenhang mit den beschriebenen Schwierigkeiten in der Anwendung des Art. 687 Svod Zakonov X/1 in der Praxis und mit der wachsenden Kritik in der juristischen Literatur wurde eine Redaktierungskommission Anfang des XX. Jahrhunderts geschaffen, die einen Entwurf von Graždanskoe Uloženie im Jahr 1905 (Entwurf von 1905) ausarbeitete. Art. 687 Svod Zakonov X/1 wurde in diesem Zuge wesentlich reformiert. Laut Art. 2610 Abs. 1 des Entwurfs von 1905 (früher – Art. 687 Svod Zakonov X/1) war der Herr verpflichtet, den Schaden zu ersetzen, den seine Diener, Arbeiter oder Bediensteten in Ausführung der ihnen auferlegten Pflichten verursacht hatten, wenn er nicht nachgewiesen hat, dass er notwendige Vorsorgemaßnahmen sowohl bei der Auswahl der Diener, Arbeiter oder Bediensteten als auch bei der dem Herrn obliegenden Aufsicht über sie getroffen hatte.[1168] Die Formulierung „entsprechend den Anordnungen oder Befugnissen“ wurde bei der Novellierung gestrichen. Der Gesetzgeber hat erstens versucht, das Ziel dieser Regelung genauer auszudrücken und die

1163 ZKD, Entscheidung v. 9. Dezember 1898, Nr. 50, Entscheidungen des ZKD 1899, S. 153, 157.

1164 ZKD, Entscheidung v. 19. September 1912, Nr. 98, Entscheidungen des ZKD 1912, S. 456, 458 ff.

1165 *Gussakovskij*, Žurnal ministerstva justicii 1912, Nr. 9, S. 1, 26.

1166 Zum Ganzen *Gussakovskij*, Žurnal ministerstva justicii 1912, Nr. 9, S. 1, 26 f.

1167 *Tjutrjumov*, Zivilgesetze, S. 507 (Anm. 5).

1168 *Tjutrjumov*, Entwurf II, S. 1256.

Streitigkeiten in der Rechtsprechung zu beseitigen. Durch diese Regelung sollte ähnlich dem französischen Gesetz die Haftung auch für diejenigen Handlungen festgelegt werden, die nicht im Auftrag aber in Ausführung dessen und die nicht infolge des Auftrags des Herrn aber infolge seines Verschuldens erfolgten.[1169] Zweitens haben Regelungen ihren Niederschlag gefunden, die die Möglichkeit des Haftungsausschlusses beim Nachweis des fehlenden Verschuldens bei Auswahl und Aufsicht vorsahen. Die Auferlegung der Pflicht zur ordnungsgemäßen Auswahl und Aufsicht auf die Herren wurde damit begründet, dass die Herren die Dienste einer anderen Person zu ihrem Vorteil nutzten. Die sorgfältige Auswahl und Aufsicht seien für die Herren möglich, weil die persönliche Einstellung im Rahmen einer freiwilligen Vereinbarung erfolgte und dabei ein gewisses Über-/Unterordnungsverhältnis festgelegt werde. Bei der Unmöglichkeit der ordnungsgemäßen Auswahl (z.B. bei der großen Anzahl der einzustellenden Arbeiter) sollte der Herr für die ordnungsgemäße Aufsicht oder Auswahl der Person Sorge tragen, die diese Aufgabe übernehme. Dabei wurde die Fahrlässigkeit vermutet, währenddessen der Vorsatz durch den Geschädigten nachgewiesen werden musste.[1170]

Unter „Angestellten", „Arbeitern" und „Bediensteten" wurden alle Personen verstanden, die fremde Aufträge nach persönlicher Einstellung erfüllten. Das Wort „Herr" erfasste eine Person, die über intellektuelle oder physische Kräfte eines anderen nach dem Vertrag der persönlichen Einstellung verfügte. Für die selbstständigen Auftragnehmer wurde dabei keine Haftung nach Art. 2610 des Entwurfes von 1905 auferlegt.[1171] Zu den Haftungsvoraussetzungen nach Art. 2610 des Entwurfes von 1905 zählten unerlaubte Handlung (Tun oder Unterlassen) und Verschulden seitens der Herren.[1172] Dabei waren die Verschuldensvermutung sowie die Entlastungsmöglichkeit beim Nachweis des fehlenden Verschuldens bei der ordnungsgemäßen Auswahl und Aufsicht festgelegt.[1173] Laut Art. 2611 Abs. 2 des Entwurfes von 1905 hatten die Herren, die den Schaden nach Art. 2610 des Entwurfes von 1905 ersetzt haben, ein Regressrecht gegen die Angestellten oder Arbeiter, die den Schaden zugefügt hatten.

Die gleiche Haftung war auch juristischen Personen gemäß Art. 2610 Abs. 2 des Entwurfes von 1905 auferlegt worden, wenn der Schaden beim

---

1169 *Tjutrjumov*, Entwurf II, S. 1256.
1170 Zum Ganzen *Tjutrjumov*, Entwurf II, S. 1257 f.
1171 Zum Ganzen *Tjutrjumov*, Entwurf II, S. 1258 f.
1172 *Tjutrjumov*, Entwurf II, S. 1258.
1173 *Tjutrjumov*, Entwurf II, S. 1258.

Handel, Handwerk, bei den Bauarbeiten und anderen ähnlichen Vermögenshandlungen zugefügt wurde.

Der Entwurf von 1905 wurde aufgrund politischer Ereignisse allerdings nicht zum Gesetz. Die Oktoberrevolution von 1917[1174] bedeutete in der Geschichte Russlands sowohl in gesellschaftlicher als auch in rechtlicher Hinsicht eine Wende. Nach dieser Revolution galt zunächst das zaristische Recht fort. Allerdings wurde die Geltung des zaristischen Rechts durch sowjetische Dekrete[1175] stark eingeschränkt. Das frühere Recht galt nur insoweit, als es durch Dekrete des Zentralexekutivkomitees und des Rates der Volkskommissare nicht aufgehoben war und mit dem sozialistischen Rechtsbewusstsein nicht in Widerspruch stand. Mit dem Erlass der Volksgerichtsordnung vom 30. November 1918, nach dem die Richter vorhandene Gesetzeslücken nur durch sozialistisches Rechtsbewusstsein ausfüllen durften[1176], wurde die Anwendung des zaristischen Rechts vollkommen abgeschafft.[1177] Somit stand der russische Staat vor der Herausforderung, neue Gesetze, insbesondere auch ein neues Zivilgesetzbuch, zu erlassen.

5. *Sowjetische Zivilrechtskodifikationen*

Nach diesen politischen Ereignissen, die in der Entstehungsgeschichte zivilrechtlicher Vorschriften eine überragende Rolle gespielt haben, wurde die Gehilfenhaftung wieder erst in den 20er Jahren des XX. Jahrhunderts gesetzlich geregelt.

Das erste Zivilgesetzbuch RSFSR wurde am 31. Oktober 1922 verabschiedet und ist am 1. Januar 1923 in Kraft getreten (ZGB RSFSR 1922). Dieses Zivilgesetzbuch war bereits stark von den sozialistischen Prinzipien geprägt[1178] und zwar von dem Gedanken, dass in der Wirtschaft alles öffentlich-rechtlich und nicht privat sei. Das Zivilgesetzbuch von 1922 fiel sehr knapp aus und enthielt im Vergleich mit der Sammlung der Zivilgesetze der zaristischen Zeiten lediglich

---

1174 Die Revolution geschah am 7.11.1917 bzw. am 25.10.1917 nach dem damals noch geltenden julianischen Kalender.

1175 Das Dekret „Über das Gericht“ Nr. 1 vom 24.11.1917, SU RSFSR 1917, Nr. 4, Pos. 50 und das Dekret „Über das Gericht“ Nr. 2 vom 7.03.1918, SU RSFSR 1918, Nr. 26, Pos. 420.

1176 Art. 22 des Dekrets „Über Volksgericht der RSFSR“ v. 30.11.1918, SU RSFSR 1918, Nr. 85, Pos. 889.

1177 Dies hervorhebend auch *Wölk*, Das Deliktsrecht Russlands, S. 48.

1178 Nichtsdestotrotz wird in der Literatur darauf hingewiesen, dass für die Ausarbeitung des ersten sowjetischen Zivilgesetzbuches – ZGB RSFSR 1922 – der Text des vorrevolutionären Entwurfs von Graždanskoe Uloženie breit, aber ohne unnötige Publizität verwendet wurde (*Makovskij*, VVAS RF 2005, Nr. 2, S. 137, 146).

„rudimentäre“[1179] Regelungen. Allerdings wurde die Haftung des Schuldners für Handlungen Dritter nicht außer Acht gelassen. Art. 119 Ziff. 2 ZGB RSFSR 1922 legte fest, dass die Unmöglichkeit der Leistung den Schuldner von der Haftung nicht befreit, wenn Personen, denen kraft Gesetzes oder Auftrags des Schuldners die Erfüllung der Verpflichtung übertragen worden war, vorsätzlich oder fahrlässig den die Erfüllung unmöglich gemachten Umstand verursacht oder nicht abgewendet hatten. Diese Regelung sah also das Verschulden des Helfers als Haftungsvoraussetzung vor.

Die Mitarbeiter als Personen, für die der Schuldner zu haften hatte, wurden aber in Art. 119 Ziff. 2 ZGB RSFSR 1922 nicht erwähnt. Stattdessen benutzte der Gesetzgeber den allgemeinen Terminus „Personen“. Die Frage, ob die Fälle der Haftung einer juristischen Person für Handlungen ihrer Mitarbeiter zu dem Anwendungsbereich des Art. 119 Ziff. 2 ZGB RSFSR 1922 gehörten, war deshalb umstritten. Die Verwendung des Terminus „Personen“ gab Grund anzunehmen, dass Art. 119 Ziff. 2 ZGB RSFSR 1922 auch auf Mitarbeiter Anwendung finden sollte[1180]. Allerdings wurde diese Schlussfolgerung in der sowjetischen Literatur bestritten.[1181] Die Haftung einer juristischen Person für Handlungen ihrer Mitarbeiter sei keine Haftung für Handlungen anderer Personen, sondern sie stelle eine Haftung für eigenes Verschulden einer juristischen Person dar.[1182] Interessant ist zu erwähnen, dass ZGB RSFSR 1922 keine entsprechende Regelung für deliktische Rechtsverhältnisse vorsah.

Die deliktische Haftung für Helfer wurde erst in der nächsten Kodifikation – in Art. 88 Abs. 3 GZG 1961 – geregelt. Die Grundlagen der Zivilgesetzgebung der UdSSR und der Unionsrepubliken von 1961 hatten den Charakter eines Gesetzes mit allgemeinen Richtlinien der Union. Daraufhin wurde eine entsprechende Regelung in Art. 445 ZGB RSFSR 1964 aufgenommen. Regelungen zur vertraglichen Gehilfenhaftung enthielten sowohl die Grundlagen der Zivilgesetzgebung von 1961 als auch das Zivilgesetzbuch von 1964 (Art. 38 GZG 1961 und Art. 223 ZGB RSFSR 1964). Die Regelung der vertraglichen Gehilfenhaftung umfasste aber die Haftung für Handlungen der Arbeitnehmer nicht, sondern

---

1179 So *Wölk*, Das Deliktsrecht Russlands, S. 49.

1180 *Agarkov*, Ausgewählte Werke II, S. 244, 269.

1181 *Braginskij*, Schriften des AFI, S. 3, 25 f., 29, Fn. 3; *ders.*, Autorreferat, S. 6 behauptete, dass die Versuche, die Haftung einer juristischen Person im Rahmen des Art. 119 Ziff. 2 ZGB RSFSR 1922 zu konstruieren, *der wahren Natur* der juristischen Person nicht entsprechen und deshalb abzulehnen seien. *Novickij/Lunc*, Die allgemeine Lehre, S. 352.

1182 *Novickij/Lunc*, Die allgemeine Lehre, S. 352.

nur die Haftung für Dritte. Die Anwendung des Art. 445 ZGB RSFSR 1964 auf die vertragliche Haftung rief in der Rechtsprechungspraxis und in der sowjetischen Zivilrechtslehre keine Zweifel hervor.[1183] Dabei ging die sowjetische Zivilrechtslehre so weit, dass die Lage dieses Artikels im Kapitel über die deliktischen Schuldverhältnisse und nicht im Kapitel „Allgemeine Bestimmungen über Schuldverhältnisse“ als „Unvollkommenheiten der Kodifizierung der Zivilgesetze“[1184] betrachtet wurde.

Die vorgenommenen Änderungen der Fassung dieser Norm sind nicht ohne Einfluss auf das geltende Zivilgesetzbuch der Russischen Föderation geblieben. Zum einen wurde der Ausdruck „Personen“ durch den der „dritten Personen“ ersetzt. Zum anderen wurde die Formulierung „kraft Gesetzes oder Auftrags des Schuldners“ bezüglich der Übertragung der Erfüllung einer Verpflichtung weggelassen. Schließlich wurde der Verweis auf das Verschulden Dritter abgeschafft.

Diese Neuerungen der Regelung über die Haftung des Schuldners für Dritte wurden in späteren Kodifikationen bis auf das geltende Zivilgesetzbuch der RF beibehalten. Das erforderliche Verschulden der Helfer wurde ausdrücklich in den Kodifikationen 60er Jahre erwähnt, in späteren Zivilgesetzen findet sich jedoch kein ausdrücklicher Hinweis darauf. Trotz Mitwirkung ausländischer Experten bei dem Entwerfen des russischen Zivilgesetzbuches ist der Einfluss der ausländischen Rechtsordnungen eher beschränkt geblieben. Der Einfluss des ZGB RSFSR 1964 und der GZG 1991 ist hingegen in Struktur und Inhalt zu erkennen. Das wird zum einen auf die damals herrschenden Lebensumstände und zum anderen darauf zurückgeführt, dass sich die russische Praxis ausschließlich mit dem russischen Recht auskannte.[1185]

6. *Zwischenergebnis*

Somit ist aus diesem historischen Überblick ersichtlich, dass der Gedanke der deliktischen Haftung des Geschäftsherrn für sein eigenes Verschulden mit Entlastungsmöglichkeit dem russischen Recht nicht unbekannt ist. Dieser Gedanke findet jedoch in den sowjetischen Kodifikationen[1186], die vom sozialistischen Rechtsbewusstsein geprägt waren, keine Entsprechung. Der Versuch, ein

1183 Rjasencev/*Rachmilovič*, Sowjetisches Zivilrecht I, S. 123; ebenso *Matveev*, Die Gründe der zivilrechtlichen Haftung, S. 230.

1184 *Matveev*, Die Gründe der zivilrechtlichen Haftung, S. 230.

1185 Zum Ganzen *Wölk*, Das Deliktsrecht Russlands, S. 59 ff.; ähnlich *Solotych*, ZGB RF I, S. 16.

1186 Art. 88 Abs. 3 GZG 1961, Art. 445 ZGB RSFSR 1964, Art. 126 Ziff. 2 GZG 1991.

komplett neues Rechtssystem in kürzester Zeit zu implementieren, hat bedeutende Spuren hinterlassen. Im Bereich der Haftung für Helfer bleiben bis jetzt sehr viele Fragen offen, was in der Literatur zu Meinungsstreitigkeiten und in der Praxis häufig zu widersprüchlichen Entscheidungen führt. Diese Fragen sind im Rahmen weiterer Untersuchung zu klären.

II. Gesetzliche Regelung des Art. 1068 ZGB RF

Der Regelung der deliktischen Haftung für Dritte ist Art. 1068 des zweiten Teils des Zivilgesetzbuches der Russischen Föderation gewidmet. In Art. 1068 Ziff. 1 ZGB RF ist die deliktische Haftung für Helfer festgelegt. Art. 1068 Ziff. 2 ZGB RF ist der Regelung der Haftung von Personengesellschaften und Produktionsgenossenschaften für die Schadenszufügung durch ihre Teilhaber (Mitglieder) bei deren Ausübung einer unternehmerischen, produzierenden oder anderen Tätigkeit der Gesellschaft oder Genossenschaft gewidmet.

Art. 1068 Ziff. 1 Satz 1 ZGB RF lautet: „Eine juristische Person oder ein Bürger ersetzt einen Schaden, der durch ihren (seinen) Mitarbeiter bei der Erfüllung der Arbeits- (Dienst-, Amts-) Pflichten zugefügt wurde.“[1187]

Das ist eine der gesetzlichen Bestimmungen, die gemäß Art. 1064 Ziff. 1 Satz 2 ZGB RF eine besondere Regelung vorsieht, nach der die Schadensersatzpflicht der Person auferlegt wird, die den Schaden nicht zugefügt hat. Im Gegensatz zu Art. 1064 ZGB RF handelt es sich nicht um den unmittelbaren Schädiger, sondern um die hinter ihm stehende juristische oder natürliche Person. Da Art. 1068 Ziff. 2 ZGB RF eine sehr spezielle Fallgestaltung regelt, wird in dieser Arbeit hauptsächlich nur die Haftung nach Art. 1068 Ziff. 1 ZGB RF untersucht. Die Fragen der Haftung nach Art. 1068 Ziff. 2 ZGB RF werden nur vereinzelt und überblicksweise dargestellt.[1188]

III. Dogmatische Einordnung der Gehilfenhaftung nach Art. 1068 Ziff. 1 ZGB RF

Die Frage der dogmatischen Einordnung der Haftung nach Art. 1068 Ziff. 1 ZGB RF ist bis heute sehr aktuell und spielt auch in der Praxis eine gewichtige Rolle.

1187 Deutsche Übersetzung siehe im Anhang 1.

1188 Dazu näher unter Kapitel 2, B.IV.2, 3. Zu den thematischen Grenzen dieser Untersuchung siehe unter Einleitung.

1. Meinungsstand

Das hat dazu geführt, dass sich das Verfassungsgericht der RF in jüngster Zeit mit dieser Frage beschäftigt hat. In seinem Beschluss vom 16. Februar 2006[1189] hat das Verfassungsgericht der RF explizit Stellung zu dieser Frage bezogen. Das Verfassungsgericht hatte über eine Verfassungsbeschwerde wegen der Verletzung der Verfassungsrechte durch Art. 1068 ZGB RF zu entscheiden. Die Verfassungsbeschwerde wurde abgelehnt. Bezüglich der Frage der dogmatischen Einordnung der Haftung nach Art. 1068 ZGB RF hat das Verfassungsgericht der RF ausgeführt: „Das Verschulden ist das allgemeine Prinzip der juristischen Haftung, von welchem ausgehend in der Zivilgesetzgebung die Haftungsgründe für den verursachten Schaden festgelegt sind."[1190] Als eine solche Anspruchsgrundlage wird Art. 1064 ZGB RF eingeordnet, der das Verschulden voraussetzt, das allerdings vermutet wird. Im Weiteren heißt es: „Die Bestimmungen des Art. 1068 ZGB RF können nicht ohne systematischen Zusammenhang mit Art. 1064 ZGB RF angewendet werden".[1191] Daher ist das Verschulden als Haftungsvoraussetzung nach Art. 1068 ZGB RF erforderlich.[1192]

Dies lässt die Schlussfolgerung zu, dass in Art. 1068 ZGB RF eine Verschuldenshaftung vorgesehen ist. Das Verfassungsgericht der RF hat somit in seinem Beschluss die Geltung des Verschuldensprinzips im Rahmen von Art. 1068 ZGB RF angenommen. Allerdings ist es nicht im Einzelnen auf die Frage eingegangen, wessen Verschulden erforderlich ist. Entsprechend kann nicht daraus geschlossen werden, ob das Verschuldensprinzip in Bezug auf eigenes Verschulden des Geschäftsherrn, und somit entgegen dem Wortlaut des Art. 1068 ZGB RF, oder in Bezug auf das Verschulden der bestellten Helfer angenommen wurde.

Was die Stellungnahme der Instanzgerichte angeht, folgen sie im Großen und Ganzen dem vom Verfassungsgericht der RF bestätigten Verschuldensprinzip der Haftung nach Art. 1068 ZGB RF.[1193] Trotz einzelner Gegenstimmen[1194]

1189 Verfassungsgericht der RF, Beschluss „Über die Abweisung der (Verfassungs-) Beschwerde von Poltavceva Aleksandra Petrovna wegen Verletzung ihrer Verfassungsrechte durch Bestimmungen des Art. 1068 ZGB RF" v. 16. Februar 2006, Nr. 12-O, „Konsul'tantPlus".

1190 Verfassungsgericht der RF, Beschluss v. 16. Februar 2006, Nr. 12-O, „Konsul'tantPlus".

1191 Verfassungsgericht der RF, Beschluss v. 16. Februar 2006, Nr. 12-O, „Konsul'tantPlus".

1192 Dazu allgemein *Koršunova*, Traditionen und Neuerungen 2009, S. 193.

1193 So etwa FAG des Fernöstlichen Bezirks, Urt. v. 28. Juli 2003, Nr. Ф03-A16/03-1/1767, „Konsul'tantPlus".

1194 In Bezug auf Art. 403 ZGB RF Braginskij/*Vitrjanskij*, Vertragsrecht I, S. 769 spricht von der Übernahme einer Verpflichtung zu haften.

geht die herrschende russische Zivilrechtslehre auch von der Verschuldenshaftung[1195] aus. Unklarheit besteht jedoch hinsichtlich der Frage, ob ein Verschulden einer juristischen Person nach Art. 1068 Abs. 1 ZGB RF erforderlich ist. In einigen Urteilen finden sich ausdrückliche Hinweise darauf, dass die Haftung nach Art. 1068 Ziff. 1 ZGB RF vom Verschulden der juristischen Person selbst unabhängig ist.[1196] In anderen ist jedoch entgegen dem Wortlaut des Art. 1068 ZGB RF vom Verschulden der juristischen Person selbst die Rede.[1197] Allerdings bleibt der Begriff des eigenen Verschuldens einer juristischen Person sowohl im Schrifttum als auch in der Rechtsprechung unklar.[1198] In diesem Zusammenhang bleibt die Einordnung der Haftung nach Art. 1068 ZGB RF als Haftung für eigenes oder für fremdes vermutetes Verschulden umstritten. Trotz der Uneinigkeiten bezüglich der einzelnen Charakteristika steht jedenfalls fest, dass es sich bei Art. 1068 ZGB RF um eine Verschuldenshaftung handelt.

2. *Stellungnahme*

Im Lichte des erwähnten Beschlusses des Verfassungsgerichts der Russischen Föderation ist der Ansicht zuzustimmen, die eine Verschuldenshaftung nach Art. 1068 ZGB RF annimmt. Bezüglich der Frage, ob es sich dabei um eine Haftung für fremdes oder für eigenes Verschulden handelt, ist die Konstruktion der Haftung für fremdes Verschulden folgerichtig. Bei der Annahme der Haftung für eigenes Verschulden wäre die Vorschrift des Art. 1068 ZGB RF überflüssig, weil die gleichen Ergebnisse nach Art. 1064 ZGB RF erreicht werden könnten. Außerdem bliebe unklar, warum die Haftung bei schädigenden Handlungen der Organe einer juristischen Person von Art. 1068 ZGB RF nicht umfasst ist. Um diese Widersprüche zu vermeiden, ist die Haftung nach Art. 1068 ZGB RF als eine Haftung für fremdes Verschulden zu betrachten.

1195 In diesem Sinne *Kraševinnikov*, Kommentar, Anm. 4 zu Art. 1068; Sadikov/*Fajzutdinov/Gljancev*, Teil 2, Anm. 8 zu Art. 1068; *Suchanov*, Zivilrecht I, S. 463.

1196 FAG des Fernöstlichen Bezirks, Urt. v. 21. Juli 2003, Nr. Ф03-A51/03-1/1373, „Konsul'tantPlus".

1197 So etwa OG RF, Beschluss v. 16. März 1998, Nr. 1-B97-8, „Konsul'tantPlus" (in Bezug auf die Regelung des Art. 445 ZGB RSFSR 1964).

1198 Dazu näher unter Kapitel 2, C.II.2.

IV. Persönlicher Anwendungsbereich des Art. 1068 ZGB RF

1. Persönlicher Anwendungsbereich des Art. 1068 Ziff. 1 ZGB RF

a. Haftungssubjekt

Nach Art. 1068 Ziff. 1 ZGB RF haftet für das Gehilfenverhalten sowohl eine juristische als auch eine natürliche Person (Geschäftsherr[1199]). Als Haftungssubjekte können nach Art. 1068 ZGB RF Arbeitgeber, Auftraggeber sowie Personengesellschaften und Produktionsgenossenschaften (Artels) auftreten. Der Kreis der Haftungssubjekte ist in Art. 1068 Ziff. 1 ZGB RF im Vergleich zu der früheren Vorschrift des Art. 445 ZGB RSFSR 1964 erweitert worden, welche lediglich einen Hinweis auf eine Organisation als Haftungssubjekt enthielt.

aa. Juristische Person als Haftungssubjekt

Infolge der Erweiterung des Kreises der haftenden Personen nach Art. 1068 Ziff. 1 ZGB RF im Vergleich zu Art. 445 ZGB RSFSR 1964 fallen darunter nunmehr juristische und natürliche Personen. Im heutigen Gesetzestext wird anstatt des früheren Ausdrucks „Organisation" der Terminus „juristische Person" für die Bezeichnung des Haftenden verwendet. Diese Änderung ist positiv zu bewerten.

Gemäß Art. 48 Ziff. 1 ZGB RF wird als juristische Person eine Organisation angesehen, die ein abgesondertes Vermögen hat und für ihre Verpflichtungen damit haftet, im eigenen Namen Bürgerrechte erwerben und ausüben sowie Bürgerpflichten tragen, als Kläger und Beklagter vor Gericht auftreten kann.[1200] Dementsprechend stellt der Terminus „Organisation" nur eines der kennzeichnenden Merkmale einer juristischen Person als Subjekt des Zivilrechts dar. Außerdem ist in Kapitel 4 des ersten Teils des russischen Zivilgesetzbuches, das die Bestimmungen über juristische Personen als Rechtssubjekte enthält, gerade von den juristischen Personen und nicht von den Organisationen die Rede. Gleichzeitig haftet für eine Schadenszufügung nicht jede Organisation, sondern nur diejenige, die den Status einer juristischen Person innehat.[1201] Aus diesen Gründen ist die Übernahme des Terminus „juristische Person" anstatt des

---

1199 Zur Terminologie siehe unter Einleitung.

1200 Näher zu den juristischen Personen nach russischem Zivilrecht unter Kapitel 2, C.I.

1201 Bratus'/Sadikov/*Michajlič*, Kommentar ZGB RSFSR, Anm. 1 zu Art. 445 in Bezug auf das ZGB RSFSR 1964.

Ausdrucks „Organisation" im Gesetzestext über die deliktische Gehilfenhaftung zu begrüßen.

Spezielle Gesetze können die Anwendung der Bestimmungen über juristische Personen auf weitere kollektive Subjekte des Zivilrechts vorsehen, die jedoch keine juristischen Personen sind. Solch eine Regelung ist beispielsweise in Art. 1 Ziff. 3 Abs. 2 des föderalen Gesetzes „Über Bauern-(Farm-)Gesellschaft"[1202] enthalten. Nach dieser Vorschrift werden die Bestimmungen über kommerzielle juristische Personen auch auf die kommerzielle Tätigkeit einer Farmgesellschaft angewendet, obwohl sie nach diesem Gesetz lediglich eine Vereinigung der Bürger und keine juristische Person darstellt.

bb. Natürliche Person als Haftungssubjekt nach Art. 1068 Ziff. 1 ZGB RF

Zu den Haftungssubjekten nach Art. 1068 Ziff. 1 ZGB RF zählen auch natürliche Personen – Bürger. In Art. 445 ZGB RSFSR 1964 wurden natürliche Personen als potentielle Haftungssubjekte nicht erwähnt. Somit wurde der Kreis der Haftungssubjekte nach Art. 1068 Ziff. 1 ZGB RF wesentlich erweitert.[1203]

Interessant ist es, einen Blick auf die geschichtliche Entwicklung zu werfen. In Art. 687 Svod Zakonov X/1 wurde die Formulierung „Herren und Vollmachtgeber" und in Art. 2610 des Entwurfes von 1905 der Terminus „*chozjain*" (Dienstherr) für die Bezeichnung der ersatzpflichtigen Person verwendet. In der Literatur wurde dabei in Bezug auf den Entwurf von 1905 betont, dass nicht nur natürliche, sondern auch juristische Personen fremde Dienste in Anspruch nehmen.[1204] Unter dem Terminus „*chozjain*" wurde dabei eine Person verstanden, die über intellektuelle oder körperliche Arbeit eines Anderen nach einem Vertrag über persönliche Dienstleistungen („*dogovor ličnogo najma*") verfügte.[1205] Somit wurde der Kreis der Subjekte der außervertraglichen Haftung für Handlungen Dritter im vorrevolutionären Zivilrecht weit ausgelegt und umfasste sowohl natürliche als auch juristische Personen.

Nach der Oktoberrevolution 1917 wurden neue Gesetze verabschiedet, die sowohl in ihrem Text als auch bei ihrer Anwendung nichts Gemeinsames mit dem zaristischen Recht zu tun haben und nur vom sozialistischen Rechtsbewusstsein

1202 SZ RF 2003, Nr. 24, Pos. 2249, zuletzt geändert durch das Gesetz Nr. 171-FZ v. 23.06.2014.

1203 *Poljakov*, Haftung, S. 41. Der Autor beschränkt den Kreis der haftenden natürlichen Personen allerdings zu Unrecht nur auf Einzelunternehmer.

1204 *Tjutrjumov*, Entwurf II, S. 1259.

1205 *Tjutrjumov*, Entwurf II, S. 1258.

geleitet werden sollten.[1206] Dies hat sich auch bei der Bestimmung der haftenden Personen für Handlungen Dritter ausgewirkt. Der Vertrag über persönliche Dienstleistungen wurde zu Sowjetzeiten dem Arbeitsrecht zugeordnet, das seinerseits als ein selbstständiger Rechtszweig galt.[1207] Das wird durch einen Versuch erklärt, ein neues sozialistisches Recht, das sich vom bourgeoisen Recht prinzipiell unterscheidet, zu schaffen.[1208] Zu Sowjetzeiten waren die Möglichkeiten, eine Person durch eine andere natürliche Person mit Erbringung einer Dienstleistung zu beauftragen, stark eingeschränkt. Laut Art. 9 der Verfassung der UdSSR 1936 wurde beispielsweise nur eine kleine Privatwirtschaft von Einzelbauern und Handwerkern durch ein Gesetz erlaubt, die allerdings nur auf eigener Arbeit beruhen sollte und die Ausbeutung der fremden Arbeit ausgeschlossen war. Das Verbot, eine fremde Arbeit zu nutzen, umfasste auch das Verbot, Lehrlinge einzustellen.[1209] Bei den Fragen des Inhalts der Rechtsfähigkeit eines Bürgers wurde dabei hervorgehoben, dass Rechtgeschäfte, die das Erhalten von nicht erarbeiteten Einkünften sowie Ausbeutung (Nutzung) fremder Arbeit bezweckt haben, nicht zulässig waren.[1210] Die Ausbeutung des Menschen durch den Menschen wurde zu Sowjetzeiten als verwerflich angesehen. Dadurch war die Nutzung durch eine natürliche Person von Dienstleistungen einer anderen natürlichen Person stark eingeschränkt. Außerdem erlaubte die Höhe des Lohns der Mehrheit der sowjetischen Menschen nicht, andere Menschen mit der Erbringung von Dienstleistungen zu beauftragen.

Die Fallkonstellationen, in denen eine Privatperson eine andere mit der Erbringung bestimmter Dienstleistungen beauftragen konnte, waren somit ausgehend von der gesetzlichen Lage und von der herrschenden Ideologie in einem nur sehr eingeschränkten Umfang möglich.[1211] Somit hatten auch die Fallkonstellationen, in denen eine natürliche Person als Geschäftsherr für Zwecke der deliktischen Gehilfenhaftung auftreten konnte, eine nur sehr geringe praktische und damit zu vernachlässigende Relevanz. Erst in den 80er Jahren des

---

1206 Dazu näher unter Kapitel 2, B.I.4.

1207 So etwa *Sannikova*, Arbeitsvertrag, S. 35.

1208 *Sannikova*, Arbeitsvertrag, S. 35.

1209 *Bratus'*, Subjekte, S. 48.

1210 *Bratus'*, Subjekte, S. 47.

1211 Beispielsweise häusliches Personal laut Dekret des Allrussischen Zentralexekutivkomitees und des Rats der Volkskommissare RSFSR vom 8.02.1926 „Über Arbeitsbedingungen der Mitarbeiter, die die Arbeiten im Rahmen der persönlichen Services zu Hause des Arbeitgebers (häusliches Personal) für den Arbeitgeber und seine Familie erbringen", SU RSFSR 1926, Nr. 8, Pos. 57.

XX. Jahrhunderts hat sich die Nachfrage für Hausangestellte im Zusammenhang mit der Errichtung einer neuen Gesellschaft erhöht.[1212] Ende der 80er, Anfang der 90er Jahre wurde mit dem Aufbau der Marktwirtschaft begonnen. Damit hängt auch die Verabschiedung einer Reihe von Gesetzen zusammen, die die Tätigkeit von Einzelunternehmern nunmehr zuließen.[1213]

Die sowjetischen Zivilrechtskodifikationen enthielten also keine Regelungen über die außervertragliche Haftung einer natürlichen Person für Handlungen anderer, was durch politische, ideologische und wirtschaftliche Besonderheiten der damaligen Zeiten erklärt werden kann. Diese Novelle im heutigen russischen Zivilgesetzbuch ruft einige Fragen aufgrund fehlender Erfahrungen ihrer Anwendung in der Theorie und in der Praxis hervor.

Zunächst fällt im Gesetzestext die Verwendung des Terminus des „Bürgers“ auf. Diese Bezeichnung ist als nicht ganz gelungen zu beurteilen. Der Terminus „Bürger“ assoziiert sich vor allem mit bestimmten Rechten und Pflichten, die aus der Zugehörigkeit zu einem Staat, also aus einer Staatsbürgerschaft, hervorgehen. Die Verwendung des Worts „Bürger“ findet ihre Begründung ebenfalls in der Geschichte. Der Terminus „*fizičeskoe lico*“ (natürliche Person) wurde zu Sowjetzeiten als ein Überbleibsel der bourgeoisen naturalistischen Interpretation des Rechtssubjekts betrachtet. In der UdSSR wurde der Terminus „Bürger“ somit als richtiger angesehen.[1214] Diese Ausdrucksweise ist also ein Erbe der sowjetischen Zeiten im modernen Zivilgesetzbuch der Russischen Föderation.

Der Gesetzgeber hat keineswegs beabsichtigt, den persönlichen Anwendungsbereich des Art. 1068 Ziff. 1 ZGB RF lediglich auf Staatsbürger der Russischen Föderation einzuschränken. Art. 2 Ziff. 1 Abs. 4 ZGB RF enthält eine ausdrückliche Regelung dazu, dass die Bestimmungen der Zivilgesetze auf die Verhältnisse mit Beteiligung ausländischer Bürger, der Personen ohne Staatsbürgerschaft und ausländischer juristischer Personen anwendbar sind, soweit nichts anderes durch ein föderales Gesetz bestimmt ist.

Somit kann ein Haftungssubjekt nach Art. 1068 ZGB RF jede natürliche Person sein, auch ein ausländischer Staatsbürger. Aus diesem Grund wäre es sinnvoller, im Gesetzestext den Terminus „natürliche Person“ zu benutzen. In diesem Sinne wird der Begriff „Bürger“ auch in dieser Arbeit verwendet und verstanden.

1212 Zum Ganzen *Snežanskaja*, Vestnik Omskogo juridičeskogo instituta 2010, Nr. 2 (13), S. 42.

1213 Z.B. Gesetz RSFSR vom 24.12.1990 „Über Eigentum in RSFSR“ (ab dem 1.01.1995 außer Kraft) und Gesetz RSFSR vom 25.12.1990 „Über Unternehmen und unternehmerische Tätigkeiten“ (ab dem 1.07.2002 außer Kraft).

1214 Zum Ganzen *Bratus'*, Subjekte, S. 32 f.

Obwohl eine juristische Person als Haftungssubjekt nach Art. 1068 ZGB RF in der Praxis häufiger auftritt, finden sich in der Rechtsprechung auch Beispiele, in denen ein Bürger für die Schadenszufügung durch seine Arbeitnehmer zu haften hatte.

In dem Urteil vom 25. März 2005 handelte es sich um eine Schadensersatzklage wegen eines Verkehrsunfalls gegen einen Einzelunternehmer (Beklagter).[1215] Der Verkehrsunfall hat sich infolge des Zusammenstoßes von zwei Autos ereignet, die jeweils von den Fahrern des Klägers (geschlossene Aktiengesellschaft) und des Beklagten geführt worden waren. Zwischen dem Beklagten und seinem Fahrer bestand ein Dienstleistungsvertrag. Aufgrund des durch diesen Verkehrsunfall entstandenen Schadens hat der Kläger einen Anspruch auf Schadensersatz aus Artt. 15, 1064 und 1079 ZGB RF geltend gemacht. Der Fahrer des Beklagten ist dem Prozess als Nebenintervenient beigetreten. Das Gericht der ersten Instanz hat die Klage mit Hinweis auf die Bestimmungen der Artt. 1064 und 1079 ZGB RF abgewiesen. Das Appellationsgericht hat diese Entscheidung aufgehoben und der Klage aufgrund der Artt. 15, 1064, 1068, 1079 ZGB RF stattgegeben. Das Kassationsgericht hat die Entscheidung des Appellationsgerichts bestätigt.

In der Begründung wurde betont, dass die Bestimmungen des zivilrechtlichen Vertrages zwischen dem Beklagten und seinem Fahrer darauf schließen lassen, dass der Fahrer des Beklagten beim Fahren nach dem Auftrag des Beklagten gehandelt hat oder jedenfalls hätte handeln müssen. Außerdem enthält dieser Vertrag kennzeichnende Merkmale eines Arbeitsvertrages (Erforderlichkeit des Einhaltens der Arbeitszeiten, Verbot der Autoüberlassung ohne Zustimmung des Geschäftsherrn usw.). Daraus hat das Gericht gefolgert, dass die Haftung im Falle der rechtswidrigen, den Dritten einen Schaden zufügenden Handlungen beim Autofahren seitens des Fahrers des Beklagten beim Vorliegen anderer erforderlicher Voraussetzungen auf den Beklagten nach Art. 1068 ZGB RF aufzuerlegen ist.[1216]

In diesem Urteil wurden die Verhältnisse zwischen dem Beklagten (einem Einzelunternehmer) und seinem Fahrer also absolut richtig als Geschäftsherr – Arbeitnehmer im Sinne des Art. 1068 ZGB RF qualifiziert. Auf der Seite des

1215 FAG des Volgo-Vjatskij Bezirks, Urt. v. 25. März 2005, Nr. A29-1079/2003-1э, „Konsul'tantPlus".

1216 Zum Ganzen FAG des Volgo-Vjatskij Bezirks, Urt. v. 25. März 2005, Nr. A29-1079/2003-1э, „Konsul'tantPlus".

Geschäftsherrn trat dabei eine natürliche Person, in diesem Fall ein Einzelunternehmer, auf.

Eine weitere Frage, die im Zusammenhang mit der Analyse der Haftungssubjekte nach Art. 1068 Ziff. 1 ZGB RF Aufmerksamkeit verdient, besteht darin, ob Haftungssubjekt im Sinne dieser Vorschrift nur ein Einzelunternehmer nach Art. 23 ZGB RF oder jede natürliche Person unabhängig von diesem Status sein kann. Nach Art. 23 Ziff. 1 ZGB RF ist ein Bürger berechtigt, ohne Gründung einer juristischen Person ab dem Zeitpunkt der staatlichen Registrierung als Einzelunternehmer unternehmerisch tätig zu sein. Diese Registrierung hat jedoch keine konstitutive Wirkung. Bei fehlender Registrierung darf sich ein Bürger hinsichtlich der von ihm dabei geschlossenen Rechtsgeschäfte nicht darauf berufen, dass er kein Unternehmer ist (Art. 23 Ziff. 4 ZGB RF). Das Gericht kann auf solche Rechtsgeschäfte die Regelungen über Verpflichtungen, die mit Ausübung unternehmerischer Tätigkeit verbunden sind, anwenden.

Eine natürliche Person kann also nach russischem Zivilrecht auf zweierlei Weise im Rechtsverkehr agieren: als Einzelunternehmer oder als Bürger – Nichtunternehmer. Diese Unterscheidung spielt eine überaus große Rolle aufgrund der unterschiedlichen Rechtsstellung. Als eines der wichtigsten Beispiele ist eine verschuldensunabhängige Haftung im unternehmerischen Bereich (Art. 401 Ziff. 3 ZGB RF) zu erwähnen.

Als Haftungssubjekt im Rahmen des Art. 1068 Ziff. 1 ZGB RF kann somit sowohl ein Einzelunternehmer als auch ein Bürger auftreten, ohne dabei ein Einzelunternehmer zu sein.

Diese Schlussfolgerung findet ihre Rechtfertigung in verschiedenen Gesetzesbestimmungen. Zum einen spricht Art. 1068 Ziff. 1 ZGB RF nicht nur von Arbeitnehmern aufgrund eines Arbeitsvertrages, sondern auch aufgrund eines zivilrechtlichen Vertrages. Die zivilrechtlichen Verträge können nach dem russischen Zivilgesetzbuch von jeder geschäftsfähigen Person abgeschlossen werden (Art. 420 ZGB RF i.V.m. Art. 153 ZGB RF). Dieses Recht wird nicht von dem Status eines Einzelunternehmers abhängig gemacht. Folglich können die im Rahmen des Art. 1068 ZGB RF relevanten Verträge auch von Bürgern-Nichtunternehmern abgeschlossen werden.

Zum anderen ist für die Argumentation der vertretenen Auffassung auf die Regelungen des Arbeitsgesetzbuches der Russischen Föderation zurückzugreifen. Beim Abschluss eines Arbeitsvertrages muss der Arbeitgeber nicht zwingend ein Einzelunternehmer sein. Gemäß Art. 20 ArbGB RF kann ein Arbeitgeber eine natürliche Person – ein Einzelunternehmer – sowie eine natürliche Person sein, die die Arbeitsverhältnisse mit den Arbeitnehmern zwecks privater Dienstleistungen und Hilfe bei der Haushaltsführung begründet, das heißt Arbeitgeber – eine natürliche Person, die kein Einzelunternehmer ist.

Somit kann als Haftungssubjekt im Sinne des Art. 1068 Ziff. 1 ZGB RF eine juristische Person und eine natürliche Person unabhängig von einer Rechtsstellung eines Einzelunternehmers auftreten.

b. Arbeitnehmer im Sinne des Art. 1068 Ziff. 1 ZGB RF, für deren Handlungen gehaftet wird

aa. Allgemeines

Hinsichtlich des unmittelbaren Schädigers bedient sich der russische Gesetzgeber des Terminus „*rabotnik*“ (Arbeitnehmer). Nichtsdestotrotz kommt es nicht zwingend auf das Bestehen eines Arbeitsverhältnisses an. Nach Art. 1068 Ziff. 1 Satz 2 ZGB RF werden unter „Arbeitnehmern“ sowohl Bürger, die eine Arbeit auf der Grundlage eines Arbeitsvertrages (Kontrakts) ausführen, als auch Bürger, die eine Arbeit auf der Grundlage eines zivilrechtlichen Vertrages erledigen[1217], verstanden, soweit sie dabei nach Vorgabe der entsprechenden juristischen Person oder des entsprechenden Bürgers und unter ihrer (seiner) Kontrolle über die gefahrlose Arbeitsausführung gehandelt haben oder hätten handeln müssen.

Diese Definition wurde neu in den zweiten Teil des Zivilgesetzbuches der Russischen Föderation eingeführt und hat rechtliche Klarheit bezüglich des Inhalts des Begriffs „Arbeitnehmer“ im Sinne des Art. 1068 ZGB RF geschaffen. Dieser Begriff wird also zwecks Schutzes der Geschädigteninteressen im weiteren Sinne verstanden.[1218] Diese „zweckgebundene“[1219] Definition ist jedoch lediglich für die durch Kapitel 59 „Verpflichtungen aus Schadenszufügung“ des russischen Zivilgesetzbuches geregelten Rechtsverhältnisse gedacht. Zwecks Vermeidung von Verwechselungen wird in dieser Arbeit, abweichend von der Gesetzesterminologie, der Terminus „Helfer“ benutzt.[1220] Es handelt sich also bei der deliktischen Haftung für Helfer im russischen Zivilrecht um die Haftung des

---

1217 Zur Differenzierung zwischen einem arbeitsrechtlichen und zivilrechtlichen Vertrag siehe etwa Orlovskij/*Čikanova*, Kommentar zum ArbGB RF, Anm. 2 zu Art. 56.

1218 Anders wird der Begriff „Arbeitnehmer“ in Art. 402 ZGB RF sowie in Art. 20 ArbGB RF verstanden. Kritisch zu der Mehrdeutigkeit der Kategorie „Arbeitnehmer“ unter dem Aspekt der Vereinheitlichung der Gesetzgebung Mozolin/*Maleina*, Teil 1, Anm. 1 zu Art. 402.

1219 Abova/Kabalkin/*Vasil'eva*, Anm. 3 zu Art. 1068.

1220 Siehe näher unter Einleitung.

Geschäftsherrn sowohl für Arbeitnehmer im arbeitsrechtlichen Sinne als auch für Personen, die auf Basis eines zivilrechtlichen Vertrages tätig sind.

Früher zählten jedoch zu den Personen, für die der Geschäftsherr zu haften hatte, in der Regel nur diejenigen Personen, die einen Arbeitsvertrag mit dem Arbeitgeber geschlossen hatten. Als Begründung wurde darauf hingewiesen, dass ein Betrieb bei einem zivilrechtlichen Vertrag die Tätigkeiten der Bürger nicht organisiere und die Bürger ihrerseits einer Betriebsordnung nicht untergeordnet seien.[1221] Im modernen Zivilgesetzbuch wurde jedoch eine weite Definition des Begriffs „Arbeitnehmer" aufgenommen (Art. 1068 Ziff. 1 Satz 2 ZGB RF) und der Kreis der Arbeitnehmer um die auf Basis eines zivilrechtlichen Vertrages tätigen Personen erweitert.

In diesem Zusammenhang ergibt sich die Frage, ob die Wirksamkeit des Arbeitsvertrags oder des zivilrechtlichen Vertrags für die Anwendung des Art. 1068 Ziff. 1 ZGB RF von Bedeutung ist. Diese Frage findet jedoch weder in der Lehre noch in der Rechtsprechung ihre Antwort. Hier ist es folgerichtiger, vom Erfordernis der Wirksamkeit des jeweiligen Vertrags abzusehen. Erst recht lassen sich keine Ausführungen zu dem Problem des Gefälligkeitsverhältnisses und der deliktischen Haftung für Helfer finden. In Art. 1068 ZGB RF ist ein vertragliches Verhältnis des Helfers und des Geschäftsherrn erwähnt. Daraus kann geschlossen werden, dass die Gefälligkeiten des alltäglichen Lebens nicht unter Art. 1068 Ziff. 1 ZGB RF zu definieren sind. Ob jedoch ein Vertrag in dieser oder jener Form im konkreten Fall geschlossen wurde, ist eine Einzelfallentscheidung.

Somit sind als unmittelbare Schädiger nach Art. 1068 Ziff. 1 ZGB RF die natürlichen Personen unabhängig von der Art der rechtlichen Beziehung mit dem Geschäftsherrn und der Art der Aufgaben zu verstehen.

bb. Arbeitnehmer aufgrund eines Arbeitsvertrags

Für die Untersuchung des Begriffs eines Arbeitnehmers aufgrund eines Arbeitsvertrages sind die arbeitsrechtlichen Bestimmungen heranzuziehen. Nach Art. 20 ArbGB RF ist ein Arbeitnehmer eine natürliche Person, die ein Arbeitsverhältnis mit einem Arbeitgeber eingegangen ist. Ein Arbeitsverhältnis dürfen gemäß Art. 63 Abs. 1 ArbGB RF nur Personen nach Vollendung des sechzehnten Lebensjahres eingehen, sofern das Gesetz nichts anderes bestimmt.[1222] In diesem Zusammenhang ist anzumerken, dass die zivilrechtliche Geschäftsfähigkeit nach Art. 21 Ziff. 1 ZGB RF in vollem Umfang erst mit Vollendung des achtzehnten

---

1221 *Jarošenko*, Haftung, S. 123.

1222 Z.B. Art. 63 Abs. 2, 3 und 4 ArbGB RF.

Lebensjahres entsteht. Die Erlangung der Geschäftsfähigkeit vor diesem Alter ist im Falle der Eheschließung vor der Vollendung des achtzehnten Lebensjahres (Art. 21 Ziff. 2 ZGB RF) oder im Fall der Emanzipation (Art. 27 ZGB RF) möglich.

Für die Qualifizierung einer Person als Helfer im Sinne des Art. 1068 ZGB RF spielt es keine Rolle, ob sie fest angestellt ist oder nur auf Zeit arbeitet. Der Geschäftsherr haftet also für Festangestellte, Zeit- und Saisonarbeiter in gleichem Umfang.[1223] Unbedeutend ist ferner, ob diese Person haupt- oder lediglich nebenberuflich die Arbeit ausführt. Außerdem zählen zu den Arbeitnehmern im Sinne des Art. 1068 Ziff. 1 ZGB RF auch diejenigen Personen, die ehrenamtlich tätig sind.[1224]

Bei Arbeitsverträgen (Kontrakten) handelt es sich um Verträge, die nach den Vorschriften des Arbeitsgesetzbuches der RF geschlossen werden. Ein formwirksamer Arbeitsvertrag ist jedoch nicht entscheidend. Gemäß Art. 16 ArbGB RF entsteht ein Arbeitsverhältnis auch im Fall einer faktischen Arbeitsaufnahme mit Wissen oder im Auftrag des Arbeitgebers oder dessen Vertreters.

Diese Regelung wird dennoch in der Rechtsprechung nicht immer berücksichtigt. Im Urteil vom 9. November 2004 hat das föderale Arbitragegericht bei der Verhandlung über eine Schadensersatzklage infolge eines Verkehrsunfalls betont, dass ein Arbeitsvertrag (Kontrakt) oder ein zivilrechtlicher Vertrag als Nachweis eines Arbeitsverhältnisses oder eines zivilrechtlichen Verhältnisses für den Anspruch nach Art. 1068 ZGB RF gelte. Es hat hervorgehoben, dass die Zeugenaussagen kein Beweismittel darstellen, womit die jeweiligen Rechtsverhältnisse nachgewiesen werden könnten.[1225] Der Ausschluss der Zeugenaussagen als zulässige Beweismittel erscheint unbegründet. Das Vorhandensein eines Arbeitsvertrages stellt nicht den einzigen Nachweis über das bestehende Arbeitsverhältnis zwischen dem Arbeitgeber und seinem Arbeitnehmer dar. Die Auffassung des Gerichts widerspricht Art. 16 ArbGB RF, nach dem auch eine faktische Arbeitsaufnahme für die Annahme eines entsprechenden Rechtsverhältnisses genügt. Das Gericht hat in seiner Auslegung den Begriff des Arbeitsverhältnisses nach Art. 1068 ZGB RF wesentlich eingeschränkt. Dadurch können diejenigen Arbeitgeber, die keine schriftlichen Arbeitsverträge mit ihren Arbeitnehmern abschließen, unbegründet bevorzugt werden, indem sie auf

---

1223 So *Jarošenko*, Haftung, S. 118 in Bezug auf Art. 445 ZGB RSFSR 1964.

1224 So *Jarošenko*, Haftung, S. 53, 124 in Bezug auf Art. 445 ZGB RSFSR 1964.

1225 Zum Ganzen FAG des West-Sibirischen Bezirks, Urt. v. 9. November 2004, Nr. Ф04-7329/2004(5463-A46-12), „Konsul'tantPlus".

diese Art der Haftung entgehen. Diese Ansicht des Gerichts kann in der Praxis gravierende Folgen haben. Um die negativen Rechtsfolgen der Schadenszufügung durch ihre Arbeitnehmer zu vermeiden, werden die Arbeitgeber sogar bewusst keine Arbeitsverträge abschließen. Außerdem ist besonders zu betonen, dass der Gesetzgeber mit dem Hinweis auf den Arbeitsvertrag (Kontrakt) in Art. 1068 ZGB RF keineswegs den Kreis der zulässigen Beweismittel einschränken wollte. Dadurch beabsichtigte er lediglich, den Charakter der Rechtsverhältnisse zwischen dem Geschäftsherrn und seinem Arbeitnehmer zu bestimmen.

Somit werden durch Art. 1068 Ziff. 1 ZGB RF alle Arbeitnehmer im Sinne des Arbeitsgesetzbuches der RF unabhängig vom Vorliegen eines schriftlichen Arbeitsvertrages und ihrer Beschäftigungsart erfasst.

cc. Arbeitnehmer aufgrund einer Arbeitsvereinbarung

Eine juristische Person oder ein Bürger haftet ferner nach Art. 1068 ZGB RF auch für Arbeitnehmer, die ihre Arbeiten aufgrund einer Arbeitsvereinbarung ausführen.[1226]

Eine Arbeitsvereinbarung ist weder im Arbeitsgesetzbuch der RF noch im russischen Zivilgesetzbuch erwähnt und definiert. Der Ausdruck „Arbeitsvereinbarung“ spricht auf den ersten Blick für ein Arbeitsverhältnis zwischen dem Arbeitgeber und dem Arbeitnehmer. Das russische Arbeitsgesetzbuch erwähnt jedoch diesen Terminus an keiner Stelle. Im Schrifttum werden verschiedene Auffassungen bezüglich seines Inhalts vertreten. Einige benutzen ihn synonym mit dem Terminus „Arbeitsvertrag“.[1227] Folglich werden die Arbeitnehmer aufgrund einer Arbeitsvereinbarung als die in einem Arbeitsverhältnis mit dem Geschäftsherrn stehenden Personen angesehen. Die anderen behaupten gerade das Gegenteil und gehen von einer unterschiedlichen Bedeutung dieser Begriffe aus. Bei einer Arbeitsvereinbarung ist von einer zivilrechtlichen Natur des Rechtsverhältnisses zwischen dem Geschäftsherrn und seinem Arbeitnehmer zu sprechen.[1228]

In der Gerichtspraxis wird diese Frage unterschiedlich beurteilt. Am 21. Juli 1998 beschäftigte sich das Oberste Gericht der RF mit einem arbeitsrechtlichen Fall, in dem es um die Rechtmäßigkeit der Kündigung der Beklagten durch

---

1226 Siehe etwa Grišaev/*Ėrdelevskij*, ZGB RF II, Anm. 2 zu Art. 1068.

1227 Gejchman/*Volkova*, Kommentar zum ArbGB RF, Art. 56, S. 140; Škatulla/*Suetina*, Kommentar zum ArbGB RF, Anm. 2 zu Art. 159.

1228 Zivilrechtliche Literatur: *Jarošenko*, Haftung, S. 123. Ähnlich in der Literatur zum Arbeitsrecht: Panin/*Aleksandrova*, Kommentar zum ArbGB RF, Anm. 2 zu Art. 56.

ihren Arbeitgeber ging. In der Beschlussbegründung hat das Gericht statuiert, dass eine befristete *Arbeitsvereinbarung eine Art Arbeitsvertrag* darstellt.[1229] Im weiteren Text des Beschlusses wird stets der Terminus „Arbeitsvertrag" benutzt. Aus der Begründung des Gerichts folgt, dass es eine Arbeitsvereinbarung einem Arbeitsvertrag gleichstellt.

Diese Auffassung findet aber keine Unterstützung bei den Instanzgerichten. So wurde im Urteil vom 20. Januar 2003 darauf hingewiesen, dass eine *Arbeitsvereinbarung* über Rechtsdienstleistungen im Bereich der Steuerrückzahlung in diesem konkreten Fall tatsächlich *einen Vertrag über entgeltliche Dienstleistungen und keinen Arbeitsvertrag* darstelle.[1230] Daraus folgt nicht nur der Schluss, dass die analysierten Begriffe nicht identisch sind, sondern auch, dass die Feststellung der Rechtsnatur einer Arbeitsvereinbarung im konkreten Fall der Analyse des Vertragsinhalts bedarf.

Die Abgrenzung zwischen dem Arbeitsverhältnis und dem zivilrechtlichen Verhältnis ist für die Praxis insoweit sehr wichtig, als zusätzliche Haftungsvoraussetzungen nach Art. 1068 ZGB RF bei Erfüllung der Arbeit aufgrund eines zivilrechtlichen Vertrages vorliegen müssen. Hinsichtlich der Abgrenzungskriterien besteht keine Einigkeit.[1231] Im Schrifttum zählen dazu der besondere Vertragsgegenstand – eine Tätigkeit und nicht das Ergebnis der Arbeit, Unterstellung des Arbeitnehmers der Betriebsordnung[1232], das Maß des sozialen Schutzes[1233] sowie die Lohnzahlung[1234].

Da klare kennzeichnende Abgrenzungsmerkmale fehlen, stoßen die Gerichte auf Schwierigkeiten. Im Urteil vom 20. September 2005, in dem es sich um die Schadensersatzklage infolge eines Verkehrsunfalls handelte, hatte das Gericht zum Beispiel betont, dass die Bürger bei Ausführung der Arbeiten nach einem zivilrechtlichen Vertrag nur beim Auftrag des Auftraggebers und unter seiner Kontrolle über gefahrlose Arbeitsausführung als Arbeitnehmer im Sinne des Kapitels 59 ZGB RF anerkannt werden könnten. Das Gericht erster

---

1229 OG RF, Beschluss v. 21. Juli 1998, BVS RF 1999, Nr. 2, S. 5, 6 (noch zu dem früheren Gesetzbuch über die Arbeit).

1230 FAG des Ost-Sibirischen Bezirks, Urt. v. 20. Januar 2003, Nr. A19-8941/02-48-Ф02-4019/02-C1, „Konsul'tantPlus".

1231 *Guev*, Zivilrecht II, S. 444 nimmt überhaupt keine Abgrenzung vor, er bezeichnet vielmehr zum Beispiel den Werkvertrag als „Zivilarbeitsvertrag".

1232 Orlovskij/*Čikanova*, Kommentar zum ArbGB RF, Anm. 2 zu Art. 56; Škatulla/*Sytinskaja*, Kommentar zum ArbGB RF, Anm. 12 zu Art. 56.

1233 *Anisimov*, Kommentar zum ArbGB RF, Anm. zum Kapitel 10, S. 126.

1234 Škatulla/*Sytinskaja*, Kommentar zum ArbGB RF, Anm. 12 zu Art. 56.

Instanz habe jedoch, laut Auffassung des Kassationsgerichts, *die Tatsachen, die in Art. 1068 ZGB RF genannt* und für die Beurteilung des Rechtsverhältnisses zwischen dem Geschäftsherrn und seinem Arbeitnehmer als Arbeitsverhältnis erforderlich seien, nicht festgestellt.[1235] Aus diesem Grunde wurde in der Sache eine neue Verhandlung angeordnet.[1236]

In diesem Urteil hat das Gericht richtigerweise den Fokus auf die erforderliche begründete Abgrenzung des Rechtsverhältnisses gelenkt, weil Art. 1068 ZGB RF zusätzliche Voraussetzungen für eine Kategorie der Arbeitnehmer vorsieht. Zugleich ist aber die richterliche Schlussfolgerung kritisch zu bewerten, wonach die für die Beurteilung des konkreten Rechtsverhältnisses anzuwendenden Tatsachen „in Art. 1068 ZGB RF genannt" seien. Es ist denkbar, dass das Gericht mit dieser Äußerung die gesetzliche Bestimmung über einen Arbeitsvertrag (Kontrakt) gemeint hat. Aus der Aktenlage folgt aber, dass das Gericht das Vorhandensein eines Vertrages vom 1. Juli 2003 festgestellt hat, aufgrund dessen es von einem Arbeitsverhältnis ausgegangen ist. Ein Vertrag existierte also. Diese Tatsache ändert sich auch durch die unbegründete Annahme eines Arbeitsverhältnisses zwischen dem Geschäftsherrn und dem Arbeitnehmer nicht. Im Text des Art. 1068 ZGB RF ist gerade und nur ein Vertrag als Grundlage der Arbeitsausführung erwähnt. Das Gericht konnte dementsprechend mit den „Tatsachen" keinen Arbeitsvertrag gemeint haben.

Ein Hinweis auf irgendwelche anderen Abgrenzungskriterien fehlt in Art. 1068 ZGB RF. Vielmehr enthält diese Vorschrift keine *Tatsachen*, die die Durchführung dieser Abgrenzung ermöglichen würden. Somit hat das Gericht einerseits zu Recht das Gericht erster Instanz auf die Erforderlichkeit einer genauen Analyse konkreter Rechtsverhältnisse wegen ihrer besonderen Bedeutung für die juristische Qualifizierung nach Art. 1068 ZGB RF hingewiesen. Es wurde richtig erkannt, dass der Hinweis auf den Vertrag zwischen dem Arbeitgeber und dem Arbeitnehmer alleine für die Begründung eines Arbeitsverhältnisses nicht genüge. Andererseits ist es aber der näheren Bestimmung der Abgrenzungskriterien mit Verweis auf die im Gesetzestext nicht vorhandenen „Tatsachen" ausgewichen.

1235 Zum Ganzen FAG des West-Sibirischen Bezirks, Urt. v. 20. September 2005, Nr. Ф04-4986/2005(13594-A27-30), „Konsul'tantPlus".

1236 Im späteren Verfahrensgang wurde das Verhältnis zwischen einem Fahrer und dem Beklagten als zivilrechtlich beurteilt (FAG des West-Sibirischen Bezirks, Urt. v. 31. August 2006, Nr. Ф04-4986/2005(25878-A27-36) in der Sache Nr. A27-18051/2004-1, „Konsul'tantPlus").

Die rechtliche Natur einer Arbeitsvereinbarung kann also nicht abstrakt bestimmt werden. Hinter dieser Bezeichnung kann sich ein Arbeitsvertrag sowie ein zivilrechtlicher Vertrag „verbergen".[1237] Aus diesen Gründen ist der Meinung zuzustimmen, wonach die Rechtsnatur einer Arbeitsvereinbarung nur durch Analyse des konkreten Vertrages, durch Untersuchung seiner Subjekte und seines Inhaltes festgestellt werden kann.[1238] Die Vertragsbezeichnung an sich genügt für die Abgrenzung eines Arbeitsvertrages von einem zivilrechtlichen Vertrag nicht.

dd. Helfer und Organe juristischer Personen

In Bezug auf die Haftung juristischer Personen bei der Schadenszufügung durch ihre Organpersonen ist an dieser Stelle anzumerken, dass das russische Zivilgesetzgesetzbuch keine spezielle Zurechnungsnorm enthält. Die Handlungen der Organe werden als Handlungen einer juristischen Person selbst angesehen. Im Schrifttum besteht keine Einigkeit darüber, nach welchen Vorschriften die juristische Person für ihre Organe haftet. Die Möglichkeit auf Art. 1068 ZGB RF[1239] mit der Begründung zurückzugreifen, dass die Organe einer juristischen Person als deren Arbeitnehmer anzusehen seien[1240], ruft jedoch ernsthafte Zweifel hervor.

ee. Helfer aufgrund eines zivilrechtlichen Vertrags

Zu den Helfern nach Art. 1068 Ziff. 1 ZGB RF zählen ferner Bürger, die eine Arbeit aufgrund eines zivilrechtlichen Vertrages ausführen. Als Beispiele solcher zivilrechtlichen Verträge kommen folgende in Betracht: Werkvertrag (Artt. 702–729 ZGB RF), Vertrag über die Ausführung von Arbeiten im Bereich der wissenschaftlichen Forschung, Versuchs- und Konstruktionstätigkeit und Technologie (Artt. 769–778 ZGB RF), Dienstleistungsvertrag (Artt. 779–783 ZGB RF), Auftrag (Artt. 971–979 ZGB RF) und Agenturvertrag (Artt. 1005–1011 ZGB RF).

Damit das Verhalten des Helfers aufgrund eines zivilrechtlichen Vertrages dem Auftraggeber nach Art. 1068 Ziff. 1 ZGB RF zugerechnet werden kann, müssen zwei zusätzliche Voraussetzungen kumulativ vorliegen: zum einen ist

---

1237 So etwa *Anisimov*, Kommentar zum ArbGB RF, Anm. zum Kapitel 10, S. 126.

1238 Kurennoj/Mavrin/Safonov/*Chochlov*, Kommentar zum ArbGB RF, Anm. 4 zu Art. 56; in diesem Sinne *Anisimov*, Kommentar zum ArbGB RF, Anm. zum Kapitel 10, S. 126.

1239 So etwa Abova/Kabalkin/*Vasil'eva*, Anm. 1 zu Art. 1064.

1240 *Ioffe*, Schadensersatzverpflichtungen, S. 41, Fn. 1 (in Bezug auf das ZGB RSFSR 1922).

erforderlich, dass der Helfer nach einem Auftrag des Geschäftsherrn, zum anderen unter seiner Kontrolle über gefahrlose Arbeitsausführung gehandelt hat oder hätte handeln müssen.

In der Rechtsprechung werden jedoch diese Bestimmungen nicht immer beachtet. So hatte das föderale Arbitragegericht über eine Kassationsbeschwerde hinsichtlich eines Urteils über Schadensersatz zu entscheiden.[1241] Es wurde festgestellt, dass der Kanalisationsschacht, für dessen Betrieb der Kläger verantwortlich war, durch die Mitarbeiter des Beklagten mit Erde verschüttet worden war. Infolge der Reinigung des Schachtes und der Kanalisationsanlage hatte der Kläger Kosten getragen, die seinen realen Schaden ausmachten. In diesem Zusammenhang hat der Kläger den Anspruch nach Art. 1068 ZGB RF auf Ersatz des Schadens klageweise geltend gemacht.

In der ersten Instanz wurde die Klage abgewiesen, weil der Kläger die Schadenszufügung *durch Arbeitnehmer* des Beklagten nicht nachgewiesen habe. Die Appellations- und Kassationsgerichte sind aber zu einem anderen Schluss gekommen. Der Kläger hat die Eigenschaft des unmittelbaren Schädigers als Arbeitnehmer durch Auszug aus dem Arbeitsbuch eines der Arbeitnehmer nachgewiesen. Der andere Schädiger hatte im Rahmen der Zeugenaussage das Bestehen des Arbeitsverhältnisses mit dem Beklagten bestätigt. Außerdem hat er darauf hingewiesen, dass der Schacht *nach schriftlicher und auch mündlicher Anweisung* des Leiters des Beklagten zugeschüttet worden war. Diese Aussagen sind auch von einem anderen Mitarbeiter bestätigt worden.[1242]

Nicht logisch ist der Hinweis in diesem Fall auf die Anweisungen als Ausdruck eines Auftrages. Nach Art. 1068 Ziff. 1 ZGB RF muss die Voraussetzung des Auftrages nur bei einem zivilrechtlichen Vertrag zwischen dem Geschäftsherrn und dem Helfer vorliegen. In diesem Fall hatte das Gericht aber ein Arbeitsverhältnis festgestellt. Offenbar hat das Gericht mit diesem Hinweis lediglich die Haftungsvoraussetzung „bei Erfüllung der Arbeitspflichten" näher definiert, nicht aber unmittelbare Schädiger als Arbeitnehmer qualifiziert.

Bei einem zivilrechtlichen Vertrag mit dem Arbeitnehmer folgen aber die Gerichte dem Erfordernis des Auftrages und der Kontrolle seitens des Auftraggebers auch nicht immer.

1241 FAG des Volgo-Vjatskij Bezirks, Urt. v. 10. Dezember 2003, Nr. A79-2330/2003-CK2-2251, „Konsul'tantPlus".

1242 FAG des Volgo-Vjatskij Bezirks, Urt. v. 10. Dezember 2003, Nr. A79-2330/2003-CK2-2251, „Konsul'tantPlus".

So hat das Gericht im Urteil vom 23. September 2005 die Entscheidungen anderer Instanzgerichte über Verurteilung zum Schadensersatz für begründet gehalten. Zwischen dem Beklagten und dem Fahrer, durch dessen Handlungen der Schaden verursacht wurde, wurde ein Werkvertrag abgeschlossen. In diesem Zusammenhang sei der Fahrer der Arbeitnehmer des Beklagten im Sinne des Art. 1068 Ziff. 1 ZGB RF, für den der Beklagte hafte.[1243] Dieser Schlussfolgerung mangelt es jedoch an einer fundierten Begründung. Der Auftraggeber haftet nach Art. 1068 Ziff. 1 Abs. 2 ZGB RF für seine Arbeitnehmer nur dann, wenn diese nach seinem Auftrag und unter seiner Kontrolle gehandelt haben oder hätten handeln müssen. In diesem Fall ist das Gericht auf diese Voraussetzungen gar nicht eingegangen. Folglich konnte es keine begründete Entscheidung fällen, ob alle Haftungsvoraussetzungen vorlagen und ob der Kläger nach Maßgabe des Art. 1068 ZGB RF einzustehen hatte.

(1) Handlung nach Auftrag der entsprechenden juristischen Person oder des Bürgers

Diese Haftungsvoraussetzung bereitet in der Regel keine Schwierigkeiten in der Praxis. Sie wird in Übereinstimmung mit den schriftlichen oder mündlichen Aufträgen bzw. Vorgaben des Auftraggebers festgestellt.

(2) Handlung unter Kontrolle des Geschäftsherrn über gefahrlose Arbeitsausführung

Der Inhalt der Voraussetzung der Kontrolle über eine gefahrlose Arbeitsausführung ruft in der Rechtsprechung mehrere Fragen hervor.

Am 15. Mai 2002 beschäftigte sich das föderale Arbitragegericht des Volgo-Vjatskij Bezirks mit einer Kassationsbeschwerde auf das Urteil über Schadensersatz nach Artt. 1064, 1068 ZGB RF.[1244] Die Klage wurde damit begründet, dass das Fahrzeug des Klägers gegen die auf einer Fahrbahn liegengelassenen Röhre des Beklagten gefahren ist. Es fehlte zudem an einer Kennzeichnung oder einem Notlichtsignal. Infolgedessen wurde ein Personenschaden den Helfern des Klägers zugefügt sowie dessen Fahrzeug beschädigt. Für die Beförderung und Ausladung von Röhren waren die Mitarbeiter des Beklagten verantwortlich.

Das Kassationsgericht hat die der Klage teilweise stattgegebene Entscheidung des Appellationsgerichts unterstützt. In seiner Kassationsbeschwerde hat sich

---

1243 FAG des Moskauer Bezirks, Urt. v. 23. September 2005, Nr. КГ-А40/7600-05, „Konsul'tantPlus".

1244 FAG des Volgo-Vjatskij Bezirks, Urt. v. 15. Mai 2002, Nr. А29-5579/01-2э, „Konsul'tantPlus".

der Beklagte auf die Erforderlichkeit der Feststellung der Kontrolle seitens des Auftraggebers nach Art. 1068 ZGB RF berufen, weil ein Werkvertrag zwischen ihm und seinem Helfer abgeschlossen worden war. Diese Kontrolle war jedoch nicht im Vertrag vorgesehen. Das Gericht hat diesen Einwand mit der Begründung abgelehnt, dass sich die Tatsache der Arbeitsausführung unter Kontrolle und nach dem Auftrag des Beklagten durch Erklärungsschreiben des Helfers selbst und durch Protokolle über den Verkehrsunfall bestätigen lasse.[1245]

Die Rechtmäßigkeit der Berufung des Beklagten auf das Erfordernis der Kontrolle als zusätzliche Haftungsvoraussetzung ist nicht abzustreiten. Das Gericht hat der Auffassung des Beklagten in dieser Hinsicht zugestimmt. Allerdings hat es den Einwand über die fehlende Vertragsklausel bezüglich der durchzuführenden Kontrolle zurückgewiesen. Die Festlegung dieser Kontrolle in den Vertragsbedingungen ist also nicht entscheidend. Dieser Meinung ist zuzustimmen, weil die andere Ansicht zu dem Schluss geführt hätte, dass die Auftraggeber solche Klauseln in Verträgen bewusst vermeiden würden, um sich der Haftung zu entziehen. Dadurch könnten sie selbst bestimmen, wann ihre Haftung eintreten sollte. Trotz alledem hat das Gericht in diesem Urteil keine näheren Ausführungen zu der Formulierung „unter Kontrolle über gefahrlose Arbeitsausführung" gemacht.

In den weit verbreiteten Fällen der Haftung des Geschäftsherrn für die schädigenden Handlungen seines Fahrers stellt ein Indiz der Kontrolle über gefahrlose Arbeitsausführung die Pflicht zur Prüfung der Fahrtüchtigkeit des Fahrzeuges und dessen Zulassung für den Straßenverkehr dar.

In einem Fall nach der Subrogationsklage einer Aktiengesellschaft auf Schadensersatz infolge eines durch den Fahrer des Beklagten verursachten Verkehrsunfalls hat das Gericht der Klage stattgegeben. Die Richtigkeit der gefällten Entscheidung wurde später auch vom Kassationsgericht bestätigt. In der Begründung hat das Gericht betont, dass der Verpächter auf eigene Kosten die technische Wartung des Fahrzeuges, Reparaturarbeiten und den Ersatz verschiedener Teile des Fahrzeuges durchführte sowie einen Parkplatz für das gepachtete Fahrzeug zur Verfügung stellte. Der Fahrer seinerseits war verpflichtet, die Fahrgäste nach festgesetzten Tarifen zu befördern. Außerdem hatte der Fahrer die Arbeitsordnung zu beachten, die vom Verpächter aufgestellt worden war. Diese Umstände haben dem Gericht erlaubt, das Rechtsverhältnis zwischen dem Beklagten und seinem Fahrer richtig zu beurteilen und das Haftungssubjekt

1245 FAG des Volgo-Vjatskij Bezirks, Urt. v. 15. Mai 2002, Nr. A29-5579/01-2э, „Konsul'tantPlus".

genau zu bestimmen, weil der Fahrer als Arbeitnehmer des Beklagten agierte.[1246] Das Gericht ging begründet nicht von der Vertragsbezeichnung, sondern von den faktischen Verhältnissen zwischen dem Geschäftsherrn und seinem Fahrer aus. Trotz des Abschlusses eines Vertrages über die Pacht eines Fahrzeugs ohne Besatzung ist das Gericht nach der Sachlagebeurteilung zu dem Schluss gekommen, dass der Fahrer als Arbeitnehmer des Beklagten nach Art. 1068 ZGB RF angesehen werden kann.

Bei der Beurteilung der Arbeitsausführung unter Kontrolle des Auftraggebers orientieren sich die Gerichte im Zweifel am Kriterium der Ausführung der Arbeiten „*mit eigenen Kräften*".[1247] Dabei spielt nicht nur die Möglichkeit, Anweisungen zu erteilen und die Arbeitsausführung zu kontrollieren, eine große Rolle, sondern auch die Pflicht, die jeweiligen Arbeiten von entsprechenden Organen (Organe der Staatsgewalt und Organe der Kommunalverwaltung) genehmigen zu lassen. Die genannte Pflicht dient als eines der Merkmale für die Qualifikation der Selbstständigkeit des Helfers nach Art. 1068 Ziff. 1 ZGB RF.

Bei der Voraussetzung der „Kontrolle über gefahrlose Arbeitsausführung" ist außerdem nicht auf die tatsächlich durchgeführte Kontrolle, sondern auf die Möglichkeit der Durchführung der Kontrolle abzustellen. Die Formalitäten (Vertragsbezeichnung, keine Vertragsklausel über die Kontrolle) sind dabei nicht von entscheidender Bedeutung. Vielmehr ist die Analyse des Inhaltes der jeweiligen Rechtsverhältnisse erforderlich.

Unter der Voraussetzung der „Kontrolle über gefahrlose Arbeitsausführung" ist somit Folgendes zu verstehen. Diese Voraussetzung schließt die Möglichkeit der obligatorischen Anweisungen an den Helfer ein. Dabei ist darauf zu achten, wem die Pflicht der Beantragung der staatlichen Genehmigung für die Arbeitsausführung auferlegt ist. Wenn der Geschäftsherr mit der Erlangung dieser Genehmigungen betraut ist, so bestimmt gerade er den Anfang der Arbeiten. Folglich handelt der Helfer in diesen Fällen nicht selbstständig. Die Grenzlinie der selbstständigen Arbeitsausführung nach Art. 1068 ZGB RF liegt bei den mit eigenen Kräften durchgeführten Arbeiten.

1246 FAG des Moskauer Bezirks, Urt. v. 6. November 2003, Nr. КГ-А40/8610-03, „Konsul'tantPlus".

1247 FAG des West-Sibirischen Bezirks, Urt. v. 20. April 2004, Nr. Ф04/2029-294/А70-2004, „Konsul'tantPlus".

c. *Verhältnis zwischen dem Geschäftsherrn und dem Helfer*

aa. *Unterordnungsverhältnis*

Für die Erfüllung des Tatbestandes des Art. 1068 ZGB RF ist ferner erforderlich, dass der Geschäftsherr und sein Helfer in einem bestimmten Zusammenhang zueinander stehen. In der juristischen Literatur wird für die Qualifizierung dieses Verhältnisses auf das Kriterium der Dienstunterordnung oder einer anderen Art der Unterordnung abgestellt.[1248] Diese Unterordnung kann sich aus einem Arbeitsverhältnis ergeben. In Bezug auf die Helfer aufgrund eines zivilrechtlichen Vertrages ist diese Besonderheit des Verhältnisses durch die Erforderlichkeit eines Auftrages des Geschäftsherrn und seiner Kontrolle über gefahrlose Arbeitsausführung ausgedrückt. Deshalb ist die Behauptung zweifelhaft, dass die Arbeiten nach einem zivilrechtlichen Vertrag immer selbstständig und nach eigenem Ermessen der Person ausgeführt würden und dass diese Personen selbst die Bedingungen der Arbeitsausführung bestimmten.[1249] Somit schließt der Anwendungsbereich des Art. 1068 ZGB RF nur diejenigen Personen ein, die in einem gewissen Unterordnungsverhältnis gegenüber dem Geschäftsherrn stehen, das heißt die über keine ausreichende Selbstständigkeit und Unabhängigkeit in Bezug auf das eigene Verhalten bei der Arbeit verfügen.

bb. *Mehrere Geschäftsherren*

In der Rechtsprechung kommen auch Situationen vor, in denen mehrere Personen als Geschäftsherr im Sinne des Art. 1068 Ziff. 1 ZGB RF in Betracht kommen. In diesen Fällen ist für die Gerichte maßgeblich, aufgrund wessen Anweisungen der Helfer handelte oder handeln musste. Es wird also auf die faktische Möglichkeit der Erteilung eines Auftrags und der Durchführung der Kontrolle abgestellt.

Hat etwa ein Unternehmer (der Beklagte) seinen Bus in die Werkstatt des Staatsunternehmens (der Kläger) zum Austauschen des Motors geschickt und wurde vom Fahrer des Beklagten beim Ausfahren vom Werkstattgelände der am Bus noch befestigte Schlauch für die Abgasabsaugung beschädigt,[1250] spielt die entscheidende Rolle, nach wessen Anweisungen der Fahrer bei der Schadenszufügung gehandelt hat.

1248 *Fondaminskij*, Haftung, S. 37.

1249 *Orlovskij*, Kommentar zum ArbGB RF, Anm. 3 zu Art. 15.

1250 FAG des Volgo-Vjatskij Bezirks, Urt. v. 16. August 2006, Nr. A43-37441/2005-22-1156, „Konsul'tantPlus".

Das Kassationsgericht hat die Entscheidung des Gerichts der ersten Instanz, in der der Klage stattgegeben wurde, bestätigt. Das Gericht der ersten Instanz hat aufgrund der vom Kläger gelieferten Beweise festgestellt, dass der Fahrer des Beklagten nach der Beendigung der Reparaturarbeiten eigenmächtig die Stützen von den Rädern entfernt und den Bus gefahren hat, ohne dabei den Schlauch abzutrennen und sich der freien Fahrt zu vergewissern. Dadurch wurde der Schlauch (Eigentum des Klägers) infolge *der eigenmächtigen Handlungen* des Fahrers des Beklagten beschädigt. Er habe dabei ohne erforderliche Sorgfalt gehandelt.

Der Beklagte hat in der Kassationsbeschwerde als Einwand eingebracht, dass das Fahren des Busses, infolge dessen der Schaden zugefügt wurde, laut Dienstzettel eines Werkmeisters *nach der Anweisung der Fachkräfte des Klägers* erfolgt sei. Das Kassationsgericht hat jedoch keinen Grund für die Aufhebung der gefällten Entscheidung gesehen. Es hat diesen Einwand begründet abgelehnt, weil das Gericht der Kassationsinstanz nach Art. 286 ArbPO RF zu einer anderen Bewertung der in der Sache vorhandenen Beweise nicht befugt sei.[1251] Ungeachtet dessen ist aus diesem Urteil die Schlussfolgerung zu ziehen, dass die Möglichkeit der Anweisungserteilung bzw. die faktische Möglichkeit der Kontrolle bei mehreren in Betracht kommenden Geschäftsherren nach Art. 1068 ZGB RF als entscheidendes Kriterium für die Qualifikation gilt.

2. Persönlicher Anwendungsbereich nach Art. 1068 Ziff. 2 ZGB RF

Der persönliche Anwendungsbereich des Art. 1068 ZGB RF beschränkt sich nicht auf Helfer. Nach Art. 1068 Ziff. 2 ZGB RF[1252] haften ferner die Wirtschaftspersonengesellschaften und Produktionsgenossenschaften für die Schadenszufügung durch ihre Gesellschafter (Genossen) bei der Ausführung der Unternehmens-, Produktionstätigkeit oder einer anderen Tätigkeit der Gesellschaft oder Genossenschaft. Besonders zu betonen ist, dass diese Regelung eine Novelle im modernen Zivilgesetzbuch darstellt.[1253] Die Regelung des Art. 1068 Ziff. 2 ZGB RF wurde aus dem Grund in das ZGB RF eingeführt, weil diese Arten der juristischen Personen ihre Tätigkeit in der Regel durch ihre Gesellschafter oder Genossen ausübten, die mit diesen wirtschaftlichen Organisationen nicht in arbeitsrechtlichen Beziehungen stehen könnten.[1254] Vielmehr üben

1251 Zum Ganzen FAG des Volgo-Vjatskij Bezirks, Urt. v. 16. August 2006, Nr. A43-37441/2005-22-1156, „Konsul'tantPlus".

1252 In Bezug auf die Grenzen dieser Untersuchung näher unter Einleitung.

1253 *Medvedev*, Rossijskaja justicija 2002, Nr. 8, S. 20.

1254 Sadikov/*Fajzutdinov/Gljancev*, Teil 2, Anm. 6 zu Art. 1068.

diese Personen ihre Tätigkeit im Namen der Wirtschaftspersonengesellschaft oder Produktionsgenossenschaft aufgrund ihrer Teilnahme (Mitgliedschaft) ohne Abschluss eines Arbeitsvertrages aus.[1255]

a. Haftungssubjekt nach Art. 1068 Ziff. 2 ZGB RF

Nach Art. 1068 Ziff. 2 ZGB RF haften die Wirtschaftspersonengesellschaften sowie Produktionsgenossenschaften[1256] unter bestimmten Voraussetzungen. Aufgrund der Aufteilung von Personengesellschaften im russischen Zivilrecht in zwei Gruppen (offene Handelsgesellschaft – *polnoe tovariščestvo* und Kommanditgesellschaft – *tovariščestvo na vere*) und der Verwendung der Formulierung „Wirtschaftspersonengesellschaften und Produktionsgenossenschaften" im Text des Art. 1068 Ziff. 2 ZGB RF ist der Meinung schwer zuzustimmen, dass diese Vorschrift die Grundlagen der Haftung für den durch Gesellschafter der vollen Gesellschaften bei Erfüllung ihrer Pflichten nach dem Gesellschaftsvertrag zugefügten Schaden konkretisiere.[1257]

b. Gesellschafter und Genossen, für die nach Art. 1068 Ziff. 2 ZGB RF gehaftet wird

Obwohl Gesellschafter und Genossen in Art. 1068 Ziff. 2 ZGB RF nicht als „Arbeitnehmer" bezeichnet sind, lässt die Benutzung des Terminus „Arbeitnehmer" im Titel dieses Artikels den Schluss zu, dass sie auch zu der Kategorie der Arbeitnehmer im Sinne des Art. 1068 ZGB RF zählen.[1258] Es wird aber auch die Gegenansicht vertreten, nach der Gesellschafter und Genossen keine Arbeitnehmer der entsprechenden juristischen Personen seien, weil sie ihre unternehmerischen Tätigkeiten aufgrund zivilrechtlicher Gründungsunterlagen und nicht aufgrund eines Arbeitsvertrages ausführten.[1259] Leider wird dem Umstand keine Aufmerksamkeit geschenkt, dass Art. 1068 Ziff. 1 ZGB RF auch die Helfer nach einem zivilrechtlichen Vertrag ausdrücklich einbezieht. Außerdem wird die Rechtsnatur des Verhältnisses zwischen Gesellschaftern (Genossen) und den entsprechenden juristischen Personen nicht näher behandelt. In der juristischen Literatur wird es als korporatives Rechtsverhältnis bezeichnet, bei dem

---

1255 Karpovič/*Jarošenko*, Kommentar, S. 273.

1256 Zur Terminologie siehe näher unter Einleitung.

1257 *Medvedev*, Rossijskaja justicija 2002, Nr. 8, S. 20.

1258 Grišaev/Ėrdelevskij/*Gavrilov*, ZGB RF I, Abs. 3 zu Art. 402; Karpovič/*Jarošenko*, Kommentar, S. 273.

1259 *Medvedev*, Rossijskaja justicija 2002, Nr. 8, S. 20.

Gesellschafter (Genossen) im Namen einer juristischen Person auftreten und ihre Handlungen als Handlungen juristischer Personen anerkannt werden.[1260]

3. *Unterschiede des Art. 1068 Ziff. 1 ZGB RF und Art. 1068 Ziff. 2 ZGB RF*

Trotz äußerer Ähnlichkeit unterscheiden sich die Regelungen des Art. 1068 Ziff. 1 und Ziff. 2 ZGB RF erheblich voneinander. Zum einen liegt der Unterschied darin, für wessen Handlungen der Geschäftsherr haften muss. Gesellschafter einer offenen Handelsgesellschaft sowie Komplementäre einer Kommanditgesellschaft können nur Einzelunternehmer und wirtschaftliche Organisationen (Art. 66 Ziff. 5 Abs. 1 ZGB RF) und Genossen einer Produktionsgenossenschaft nur Bürger (Art. 106^1 Ziff. 1 ZGB RF) sein. Eine juristische Person kann dabei an der Tätigkeit einer Produktionsgenossenschaft in den durch Gesetz oder Satzung vorgesehenen Fällen teilnehmen. Daraus folgt, dass diese Rechtssubjekte nicht nur für Bürger, sondern auch für juristische Personen als ihre Gesellschafter bzw. Genossen nach Art. 1068 Ziff. 2 ZGB RF haften können. Währenddessen haftet der Geschäftsherr nach Art. 1068 Ziff. 1 ZGB RF lediglich für die schädigenden Handlungen einer natürlichen Person laut ausdrücklicher Gesetzesregelung. Zum anderen ist die Haftung unmittelbarer Schädiger unterschiedlich.[1261] Bei der Haftung des Geschäftsherrn nach Art. 1068 Ziff. 1 ZGB RF haften die Helfer im Rahmen einer Regressforderung entweder nach den Regelungen des russischen Zivilgesetzbuches über Regress oder nach denen des Arbeitsgesetzbuches über die materielle Haftung der Arbeitnehmer abhängig von der Art des Rechtsverhältnisses mit der Wirtschaftspersonengesellschaft bzw. Produktionsgenossenschaft. Im Falle der Schadenszufügung durch Gesellschafter oder Genossen haften sie mit den Gesellschaften oder Genossenschaften subsidiär. Die Gesellschafter der offenen Gesellschaft sowie die persönlich haftenden Gesellschafter der Kommanditgesellschaft tragen gesamtschuldnerisch die subsidiäre Haftung für die Verbindlichkeiten der Personengesellschaft mit eigenem Vermögen (Art. 75 Ziff. 1 ZGB RF, Art. 82 Ziff. 2 ZGB RF). Die Genossen haften für Verbindlichkeiten der Produktionsgenossenschaft auch subsidiär, allerdings im Umfang und in der Weise, die im Gesetz und in der Satzung der Genossenschaft festgelegt sind (Art. 106^1 Ziff. 2 ZGB RF). Das föderale Gesetz „Über Produktionsgenossenschaften“[1262] enthält leider keine näheren Bestimmungen dazu.

1260 Suchanov/*Korneev*, Zivilrecht II, S. 1095.

1261 *Medvedev*, Rossijskaja justicija 2002, Nr. 8, S. 20, 21.

1262 SZ RF 1996, Nr. 20, Pos. 2321, zuletzt geändert durch das Gesetz Nr. 362-FZ v. 30.11.2011.

Es verweist in seinem Art. 13 Ziff. 1 Abs. 2 auch auf die Satzung der Genossenschaft. Auf der Gesetzesebene wurde der minimale Haftungsumfang der Genossen auf 5% des Genossenschaftsanteils festgelegt, allerdings nur für eine Art der Produktionsgenossenschaft – für landwirtschaftliche Genossenschaft (Art. 37 Ziff. 2 des föderalen Gesetzes „Über Landwirtschaftskooperation“[1263]).

An der ausreichenden Gewährleistung von Vermögensinteressen der Geschädigten werden jedoch Zweifel gehegt, weil die Regelung der subsidiären Haftung der Genossen zur Zuständigkeit der Produktionsgenossenschaft selbst gehöre und die Auferlegung der zusätzlichen Haftung auf sich selbst nicht zu erwarten sei.[1264] Unstreitig verringert eine solche Kompetenzaufteilung im gewissen Maß die Gewährleistung der Geschädigteninteressen. Es ist aber der Umstand nicht außer Acht zu lassen, dass die Regelung des Umfanges und der Voraussetzungen der subsidiären Haftung der Genossen für Verbindlichkeiten der Produktionsgenossenschaft nach Art. 106^2 Ziff. 2 ZGB RF zu den Pflichtbestimmungen der Satzung gehört. Aus diesem Grund fehlt das Risiko der vollständigen Entziehung der Haftung der Genossen.

Die Haftung der Wirtschaftspersonengesellschaften und der Produktionsgenossenschaften nach Art. 1068 Ziff. 2 ZGB RF unterscheidet sich also von dieser nach Art. 1068 Ziff. 1 ZGB RF. Wichtig ist zu betonen, dass die Wirtschaftspersonengesellschaften und Produktionsgenossenschaften bei der Bestellung der Helfer im Sinne des Art. 1068 Ziff. 1 ZGB RF und bei der Schadenszufügung seitens dieser Helfer nach Maßgabe der Ziffer 1 dieses Artikels haften. Für ihre Gesellschafter (Genossen) tragen sie jedoch nach Ziffer 2 dieser Vorschrift die Haftung.[1265]

V. Haftungsvoraussetzungen

1. *Allgemeines*

Für die Haftung nach Art. 1068 Ziff. 1 ZGB RF müssen die Voraussetzungen dieser Vorschrift sowie die allgemeinen Haftungsvoraussetzungen des Art. 1064 ZGB RF erfüllt sein.[1266] Zu den allgemeinen Haftungsvoraussetzungen gehören Schaden, Rechtswidrigkeit, Kausalität und Verschulden.[1267] Außer

1263 SZ RF 1995, Nr. 50, Pos. 4870, zuletzt geändert durch das Gesetz Nr. 90-FZ v. 23.04.2018.

1264 *Medvedev*, Rossijskaja justicija 2002, Nr. 8, S. 20, 21.

1265 Zum Ganzen *Medvedev*, Rossijskaja justicija 2002, Nr. 8, S. 20, 21.

1266 Sadikov/*Fajzutdinov/Gljancev*, Teil 2, Anm. 1 zu Art. 1068.

1267 Dazu näher unter Kapitel 2, A.I.2.

diesen allgemeinen Haftungsvoraussetzungen sieht Art. 1068 Ziff. 1 ZGB RF zusätzliche Voraussetzungen vor, die für die Auferlegung der Haftung auf den Geschäftsherrn erforderlich sind und die es im Weiteren zu untersuchen gilt.

2. *„Bei Erfüllung der Arbeits- (Dienst-, Amts-) Pflichten"*

Eine weitere Haftungsvoraussetzung des Art. 1068 Abs. 1 ZGB RF besteht darin, dass der Schaden *„pri ispolnenii trudovych (služebnych, dolžnostnych) objazannostej"* (bei der Erfüllung der Arbeits- (Dienst-, Amts-) Pflichten) zugefügt worden sein muss.

Im Schrifttum konnte sich keine einhellige Meinung in Bezug darauf herausbilden, ob diese Haftungsvoraussetzung für alle Kategorien der in Art. 1068 ZGB RF genannten Arbeitnehmer anzuwenden ist.

Zweifel sind an der Ansicht zu hegen, nach der diese Haftungsvoraussetzung nur auf die Arbeitnehmer im Sinne des Arbeitsrechts ihre Anwendung findet und für Helfer aufgrund eines zivilrechtlichen Vertrages die Feststellung eines Auftrages und einer Kontrolle über gefahrlose Arbeitsausführung seitens des Geschäftsherrn genügen soll.[1268] Diese Auffassung lässt sich mit der systematischen Auslegung des Gesetzes nicht vereinbaren. Die Haftungsvoraussetzung der Handlungen der Arbeitnehmer bei Erfüllung ihrer Arbeits- (Dienst-, Amts-) Pflichten ist in Art. 1068 Ziff. 1 Abs. 1 ZGB RF festgelegt. Dieser Absatz enthält die allgemeinen Haftungsvoraussetzungen nach Art. 1068 Ziff. 1 ZGB RF. Im zweiten Absatz der ersten Ziffer dieser Vorschrift wird der Begriff des Arbeitnehmers konkretisiert. Gerade und nur an dieser Stelle erwähnt das Gesetz die Erforderlichkeit des Auftrags und der Kontrolle über gefahrlose Arbeitsausführung. Dabei ist diese Formulierung nach den Ausführungen zu den Arbeitnehmern aufgrund eines zivilrechtlichen Vertrages platziert. Daraus folgt, dass diese Voraussetzungen vom Gesetzgeber zusätzlich nur für diese Kategorie der Arbeitnehmer im Gegensatz zu der Voraussetzung „bei Erfüllung" eingeführt worden sind. Systematisch gesehen ist letztere für alle Kategorien der Helfer nach Art. 1068 Ziff. 1 ZGB RF vorgesehen. Anderenfalls befände sich diese Voraussetzung im zweiten Absatz der ersten Ziffer des Art. 1068 ZGB RF bei der Erläuterung des Begriffs des Arbeitnehmers im Sinne des Arbeitsrechts.

Somit werden durch das Erfordernis eines Auftrages und der Kontrolle über gefahrlose Arbeitsausführung eher die Besonderheit des Verhältnisses zwischen dem Geschäftsherrn und seinem Helfer aufgrund eines zivilrechtlichen Vertrags und nicht die Umstände der Schadenszufügung gekennzeichnet. Diese

---

1268 Abova/Kabalkin/*Vasil'eva*, Anm. 1 zu Art. 1068.

zusätzlichen Voraussetzungen können nicht die allgemeine Haftungsvoraussetzung „bei Erfüllung der Pflichten" ersetzen.

Bei der Schadenszufügung durch Gesellschafter oder Genossen der Wirtschaftspersonengesellschaften oder Produktionsgenossenschaften müssen ihre Handlungen nach Art. 1068 Ziff. 2 ZGB RF „bei Ausführung der Unternehmens-, Produktions- oder anderer Tätigkeit der Gesellschaft oder Genossenschaft" erfolgen.

Der Inhalt der Haftungsvoraussetzung „bei Erfüllung der Pflichten" wird im Gesetz nicht konkretisiert, was die Grundlage für Meinungsverschiedenheiten in der Lehre schafft und nicht zur einheitlichen Rechtsprechung beiträgt.

a. Pflichtenkreis des Helfers

Umstritten ist zunächst die Frage nach den Pflichten, bei deren Erfüllung und bei Schadenszufügung Art. 1068 Ziff. 1 ZGB RF zur Anwendung kommt. Nach einer Meinung haftet der Geschäftsherr für Handlungen seiner Helfer nur dann, wenn diese Handlungen in den Kreis der Arbeits- (Dienst-) Funktionen des Helfers einbezogen waren oder mit deren Ausführung der Arbeitnehmer vom Geschäftsherrn beauftragt worden war.[1269] Die Arbeitnehmerhandlungen, die aus der Rechtsstellung als Arbeitnehmer dieser Organisation nicht folgen, können nicht als Handlungen dieser Organisation angesehen werden. Eine andere Ansicht stützt sich dagegen auf ein weiteres Verständnis der Arbeitspflichten, die sich in Satzungstätigkeiten dieser juristischen Person ausdrücken müssen. Die Handlung muss nur im Zusammenhang mit der Satzungstätigkeit dieser juristischen Person möglich sein.[1270] Ersichtlich ist also, dass ein anderes Kriterium – der Zusammenhang mit der Tätigkeit einer juristischen Person – eingeführt wurde, allerdings mit Einschränkung auf die Satzungstätigkeiten. Nach einer weiteren Auffassung wird diese Einschränkung abgelehnt.[1271] Wichtig ist hervorzuheben, dass die Handlungen der Arbeitnehmer als Erfüllung der Dienstpflichten beurteilt werden, die trotz Fehlens einer entsprechenden Klausel in einer Dienstanweisung nach *allgemeinen Pflichten* dieses konkreten Arbeitnehmers erforderlich seien.[1272]

Die weitere Auslegung des Pflichtenkreises entspricht mehr der Entwicklungstendenz des Zivilrechts, die sich in der konsequenten Verstärkung der

---

1269 *Popel'skij*, Sovetskaja justicija 1965, Nr. 6, S. 19, 20.

1270 Zum Ganzen *Švarc*, Verpflichtungen aus der Schadenszufügung, S. 20.

1271 *Flejšic*, SGiP 1954, Nr. 8, S. 23, 30; *Ioffe*, Schadensersatzverpflichtungen, S. 42.

1272 *Malein*, Materielle Haftung, S. 61.

Garantien der Bürgerrechte ausdrückt. Offensichtlich ist, dass der Begriff der Arbeitspflichten nach Art. 1068 Ziff. 1 ZGB RF im engeren Sinne deren Kreis unbegründet einengt. Die Arbeitspflichten werden nicht immer, sogar viel häufiger nicht alle in einem Vertrag oder einer Dienstanweisung festgehalten. Der Arbeitnehmer kann mit der Ausführung von Arbeiten aufgrund von Unternehmensnotwendigkeit beauftragt werden. Außerdem sind die Aufträge manchmal nur allgemeiner Natur und der Arbeitnehmer führt sie entsprechend der konkreten Situation aus. Bei Annahme eines engeren Begriffs der Arbeitspflichten müssten die Gerichte viele Schadensersatzklagen mit der Begründung abweisen, dass die fraglichen Handlungen nicht zu den üblichen Arbeitspflichten des konkreten Helfers zählen.[1273] Diese Auffassung ist aber auch mit dem Gesetzestext des Art. 1068 Ziff. 1 ZGB RF nicht vereinbar. In dieser Vorschrift ist vom Schadensersatz wegen Handlungen der Helfer „bei Erfüllung" und nicht „infolge der Erfüllung" der Arbeitspflichten die Rede.[1274] Die bezeichnete wesentliche Einengung der Haftungsgrenzen nach Art. 1068 Ziff. 1 ZGB RF überzeugt nicht.

Unter Arbeitspflichten sind somit nicht nur die Pflichten zu verstehen, die in einem Arbeitsvertrag oder in einer Dienstanweisung festgelegt sind. Dazu müssen auch diejenigen gezählt werden, die aus dem Arbeitnehmerstatus als solchem und aus der Unternehmensnotwendigkeit folgen.

b. Auslegung der Voraussetzung „bei Erfüllung"

Nicht jede Handlung des unmittelbaren Schädigers kann als bei Erfüllung seiner Pflichten ausgeführt angesehen werden. Früher wurden in der Zivilgesetzgebung zwei verschiedene Formulierungen verwendet: „im Zusammenhang mit der Erfüllung"[1275] und „bei Erfüllung"[1276]. Aufgrund der unterschiedlichen Terminologie entstanden in der Literatur und in der Gerichtspraxis Meinungsstreitigkeiten bezüglich ihres Verhältnisses zueinander.

Ein Teil der Literatur hat darauf bestanden, dass der Gesetzgeber diesen Begriffen eine identische Bedeutung beigemessen habe.[1277] Als ein mit der Arbeit zusammenhängender Schaden wurde der Schaden angesehen, der auf dem

1273 *Jarošenko*, Haftung, S. 128.

1274 Ähnlich *Jarošenko*, Haftung, S. 128 in Bezug auf Art. 445 ZGB RSFSR 1964.

1275 Siehe etwa Art. 91 der Grundlagen der Zivilgesetzgebung der UdSSR und der Unionsrepubliken von 1961 (am 1.01.1992 außer Kraft getreten).

1276 Siehe etwa Art. 88 der Grundlagen der Zivilgesetzgebung der UdSSR und der Unionsrepubliken von 1961 (am 1.01.1992 außer Kraft getreten).

1277 *Jarošenko*, Haftung, S. 136 f. betonte, dass unterschiedliche Terminologie lediglich Ausdruck der „nicht ausreichend präzisen Gesetzgebungstechnik" darstellt.

Betriebsgelände sowie außerhalb dieses Geländes bei Erfüllung der Pflichten der Arbeitnehmer sowie auf dem Weg zur und von der Arbeit mit dem Betriebsverkehrsmittel zugefügt wurde.

Einer anderen Ansicht zufolge war der Begriff „im Zusammenhang mit der Arbeit" weiter als der Terminus „bei Erfüllung". Der erste schließe auch die Handlungen ein, die bei der Arbeit stattfanden, jedoch nicht durch Arbeitspflichten des Arbeitnehmers bedingt waren (z.B. Streitigkeiten, Schlägereien usw.). Für solche Handlungen hafte die Organisation nicht, weil sie auf Privatverhältnissen und Privatbeweggründen beruhten.[1278]

Einige Autoren haben beide Kriterien zugleich verwendet, indem sie über die Schadenszufügung durch Arbeitnehmer „bei Erfüllung *und* im Zusammenhang mit Erfüllung ihrer Arbeitspflichten" gesprochen haben.[1279]

Derzeit wird in Art. 1068 Ziff. 1 ZGB RF die Formulierung „bei Erfüllung der Arbeits- (Dienst-, Amts-) Pflichten" verwendet.

aa. Meinungsstand im Schrifttum

Zum einen wird diese Voraussetzung als Erforderlichkeit des Aufenthaltes des Arbeitnehmers auf dem Betriebsgelände, im Unternehmensgebäude oder an einem anderen Ort während der Arbeitszeit verstanden, auch wenn der Arbeitnehmer in dieser oder jener Minute keine Arbeiten ausgeführt habe, für die er auf das Unternehmensgelände oder ins Betriebsgebäude gekommen sei. Der Arbeitnehmer hat danach auch dann bei Erfüllung seiner Arbeitspflichten gehandelt, wenn er sich während der Arbeitszeit *in der Nähe des Arbeitsplatzes* befunden habe und dies der Arbeitsordnung nicht widerspräche.[1280] Als entscheidende Kriterien treten also der Arbeitsplatz und die Arbeitszeit auf.

Zum anderen wird aber mehr auf den Charakter der Handlungen geachtet[1281] sowie auf den Zusammenhang dieser Handlungen mit den Unternehmenstätigkeiten

---

1278 Zum Ganzen Bratus'/Sadikov/*Michajlič*, Kommentar ZGB RSFSR, Anm. 4 zu Art. 445 in Bezug auf das ZGB RSFSR 1964.

1279 *Smirnov*, Probleme des Zivil- und Verwaltungsrechts, S. 254, 267.

1280 Zum Ganzen *Flejšic*, Wissenschaftliche Beiträge des WASG, S. 143, 148 in Bezug auf die GZG 1961.

1281 *Jarošenko*, Haftung, S. 137. Der Autor bleibt jedoch nicht konsequent bei seiner Meinung. An anderer Stelle (S. 130 f.), bei der Analyse der Entscheidung des Obersten Gerichts der UdSSR über die Schadensersatzklage infolge eines durch den Kopfschlag von einem Arbeitnehmer als Reaktion auf die Anmerkung des anderen Arbeitnehmers zugefügten Schadens, stimmt der Autor der Entscheidung des Gerichts zu. Das Gericht hat der Klage stattgegeben. Als Begründung weist er auf folgende Kriterien hin: Schadenszufügung während der Arbeitszeit, am Arbeitsplatz und als Reaktion

abgestellt[1282]. Die Handlungen des Arbeitnehmers müssten danach *mit dem Arbeitsprozess verbunden* sein.[1283] Es sei erforderlich, dass die Funktion und die Tätigkeit der konkreten Organisation in den Handlungen des Arbeitnehmers zum Ausdruck kommen.[1284]

bb. Rechtsprechung

Unter „Erfüllung von Arbeits- (Dienst-, Amts-) Pflichten" wird in der Rechtsprechung in der Regel die Ausführung einer Arbeit verstanden, wenn der Helfer mit dieser Arbeit infolge der betrieblichen oder anderen, mit dem Arbeitsprozess verbundenen Notwendigkeit vom Geschäftsherrn beauftragt war.

Diese Formel wurde beispielsweise im Urteil vom 5. Dezember 2001 verwendet.[1285] Es handelte sich um den Ersatz des Schadens, der von einem Arbeitnehmer des Bauamtes, das zum Truppenteil gehörte, dem unitarischen staatlichen Unternehmen zugefügt wurde. Das Gericht hat festgestellt, dass der Eisenbahnwagen, der dem Beklagten zugestellt wurde, dem Frachtempfänger ohne Zollgenehmigung aufgrund der von einem Arbeitnehmer des Beklagten ausgeführten Hinzufügung der Nummer dieses Wagens auf der Zollresolution ausgeliefert worden war. Die Handlungen des Mitarbeiters des Beklagten wurden als Urkundenfälschung angesehen. Der Kläger hat eine Geldbuße wegen des Verstoßes gegen die Zollbestimmungen bezahlt. Dadurch ist dem Kläger ein Schaden entstanden. Das Gericht der ersten Instanz hat der Klage stattgegeben. Das Kassationsgericht hat diese Entscheidung in Kraft gelassen.

Der Beklagte hat sich in der Begründung seiner Kassationsbeschwerde unter anderem darauf berufen, dass das Arbitragegericht Art. 1068 ZGB RF missachtet

---

auf eine berechtigte Anmerkung des anderen Arbeitnehmers. Abgesehen von den großen Zweifeln bezüglich der Gerechtigkeit der Anmerkung des anderen Arbeitnehmers als Haftungsgrund ist nicht zu übersehen, dass der Autor in diesem Fall Ort und Zeit der Schadenszufügung für entscheidend hält. Außerdem behauptet der Autor, dass die Schadenszufügung durch den Arbeitnehmer außerhalb des Arbeitsplatzes und außerhalb der Arbeitszeit für den Haftungsausschluss einer juristischen Person genüge (S. 140).

1282 *Malein*, Materielle Haftung, S. 62; *Ioffe*, Ausgewählte Werke I, S. 187, 273; ähnlich *Ioffe*, Schadensersatzverpflichtungen, S. 41 f.; ähnlich *Bachrach*, SGiP 1968, Nr. 11, S. 19, 21; in diesem Sinne *Beljakova*, Zivilrechtliche Haftung, S. 39 f.

1283 Sadikov/*Fajzutdinov/Gljancev*, Teil 2, Anm. 3 zu Art. 1068; Bratus'/Sadikov/*Michajlič*, Kommentar ZGB RSFSR, Anm. 4 zu Art. 445 in Bezug auf das ZGB RSFSR 1964.

1284 *Smirnov*, Die Verpflichtungen aus der Schadenszufügung, S. 31.

1285 FAG des Ost-Sibirischen Bezirks, Urt. v. 5. Dezember 2001, Nr. A78-2893/01-C1-5/104-Ф02-2968/01-C2, „Konsul'tantPlus".

habe, weil der Truppenteil seinem Bediensteten keine Anweisungen für die Urkundenfälschung erteilt habe. Das Gericht hat diesen Einwand des Beklagten aber abgelehnt. Es hat dazu ausgeführt, dass unter Erfüllung der Arbeitspflichten nach Art. 1068 ZGB RF die Ausführung derjenigen Arbeit verstanden werde, mit der der Helfer vom Geschäftsherrn nach der betrieblichen oder anderen, mit dem Arbeitsprozess zusammenhängenden Notwendigkeit beauftragt wurde. In diesem Fall war der Arbeitnehmer vom Beklagten mit der Annahme der gelieferten Ladung betraut, als er die Rechtsverletzung begangen hat.[1286]

Das Gericht hat also gerade dem Merkmal des Zusammenhanges mit dem Arbeitsprozess entscheidende Bedeutung beigemessen. Obwohl dem Gericht in dieser Hinsicht zuzustimmen ist, hat es unbegründet auf Art. 1068 ZGB RF in seinem Urteil Bezug genommen. Bei der Begründung seiner Entscheidung hat es auf Artt. 402 und 1068 ZGB RF als juristische Grundlage des Schadensersatzanspruches hingewiesen. Der Hinweis auf die Bestimmungen des Art. 1068 ZGB RF ist dabei unbegründet, weil zwischen dem Kläger und dem Beklagten ein Vertrag bzw. ein vertragliches Schuldverhältnis bestand. Im russischen Zivilrecht wird in der Rechtsprechung und nach herrschender Lehre ein Ausschließlichkeitsverhältnis zwischen einem vertraglichen und außervertraglichen Anspruch anerkannt. Bei einem vertraglichen Schuldverhältnis kann also in der Regel nur ein vertraglicher Anspruch geltend gemacht werden. Die Ausnahmen können dabei durch ein Gesetz zugelassen werden. In diesem Zusammenhang müsste sich das Gericht in diesem Urteil nur auf Art. 402 ZGB RF beschränken, der eine *vertragliche* Haftung für Handlungen von Arbeitnehmern regelt, und auf die Anwendung des Deliktsrechts verzichten. Die Anwendung der Regelungen der Deliktshaftung kann auch nicht mit dem Hinweis auf Artt. 1084–1094 ZGB RF begründet werden, weil diese Normen nur im Fall des Personen- und Gesundheitsschadens eines Bürgers gelten.

In der Rechtsprechung wird also das Kriterium des Zusammenhanges mit dem Arbeitsprozess zugrunde gelegt. Die Gerichte legen dabei den Zusammenhang des zugefügten Schadens mit der Erfüllung entsprechender Pflichten im weiteren Sinne aus.

cc. Stellungnahme

Die Auffassung, die bei der Beurteilung der Handlungen von Helfern den Arbeitsort und die Arbeitszeit als maßgeblich ansieht, überzeugt nicht.

1286 Zum Ganzen FAG des Ost-Sibirischen Bezirks, Urt. v. 5. Dezember 2001, Nr. A78-2893/01-C1-5/104-Ф02-2968/01-C2, „Konsul'tantPlus".

Zunächst ist dem entgegenzuhalten, dass die Schadenszufügung am Arbeitsplatz und während der Arbeitszeit noch keine Handlung „bei Erfüllung" darstellt. Außerdem stelle eine Arbeitsausführung eine Tätigkeit und keinen „Aufenthalt am Territorium"[1287] dar.[1288] Die Unabhängigkeit der Beurteilung der Arbeitnehmerhandlungen davon, ob die Arbeitnehmer gerade mit denjenigen Arbeiten beschäftigt waren, für die sie zur Arbeit gekommen sind[1289], ermöglicht ferner in diesen Kreis auch die Handlungen der Arbeitnehmer aus Privatgründen einzuschließen. Dabei bleibt aber der Haftungsgrund rätselhaft.

Noch weniger erfolgreich ist der Versuch, in den „Arbeitsplatz" auch das Territorium „in der Nähe" des konkreten Unternehmens einzubeziehen.[1290] Die vollkommene praktische Untauglichkeit dieser Ansicht ist offensichtlich. Aufgrund der Anerkennung der Unmöglichkeit der Ausarbeitung von klaren Abgrenzungskriterien der „zulässigen Nähe" wurde diese Frage mit Stillschweigen übergangen.

Es darf ferner nicht außer Acht gelassen werden, dass der Schaden auch außerhalb des Betriebsgeländes zugefügt werden, dabei aber durchaus mit dem Arbeitsprozess zusammenhängen kann (z.B. während einer Dienstreise).[1291]

Weiterhin ist zu erwähnen, dass sich die Begriffe des Arbeitsplatzes und der Arbeitszeit in bestimmten Situationen sehr schwer definieren lassen. Große Schwierigkeiten entstehen beispielsweise bei der Ausführung der Arbeiten im Internet, weil sie von jedem über Internetzugang verfügenden Computer möglich ist.

Der örtliche und der zeitliche Zusammenhang lassen auf eine Schadenszufügung bei Erfüllung der Arbeitspflichten nur dann schließen, wenn gleichzeitig auch der Zusammenhang mit der Arbeit berücksichtigt wird. Diese Auffassung wird auch von der Rechtsprechung vertreten. Darauf wurde bereits zu sowjetischer Zeit aufmerksam gemacht.[1292]

Für die Qualifikation der Handlungen der Helfer spielt somit der Zusammenhang mit dem Arbeitsprozess[1293] eine entscheidende Rolle. Für Handlungen bei Erfüllung der Arbeitspflichten hat es keine Bedeutung, ob der Helfer in

---

1287 So aber *Flejšic*, Wissenschaftliche Beiträge des WASG, S. 143, 148.

1288 *Malein*, Materielle Haftung, S. 60.

1289 So *Flejšic*, Wissenschaftliche Beiträge des WASG, S. 143, 148.

1290 *Flejšic*, Wissenschaftliche Beiträge des WASG, S. 143, 148.

1291 In diesem Sinne *Beljakova*, Materielle Haftung, S. 34.

1292 In diesem Sinne *Baraš*, Sovetskaja justicija 1969, Nr. 3, S. 24, 25.

1293 Bratus'/Sadikov/*Michajlič*, Kommentar ZGB RSFSR, Anm. 4 zu Art. 445 in Bezug auf das ZGB RSFSR 1964.

Übereinstimmung mit dem Auftrag des Geschäftsherrn oder entgegen diesem gehandelt hat.[1294]

c. *Schaden auf dem Weg zur und von der Arbeit*

Hinsichtlich der Anerkennung des auf dem Weg zur und von der Arbeit zugefügten Schadens als Schaden „bei Erfüllung" entsprechender Pflichten herrscht keine Klarheit. Diese Frage ist im russischen Zivilgesetzbuch nicht geregelt. Allerdings finden sich einzelne Bestimmungen in anderen Rechtsakten. Nach Art. 37 Ziff. 1 lit. „з" und „и" des föderalen Gesetzes „Über Wehrpflicht und Wehrdienst"[1295] werden als bei Erfüllung der Dienstpflichten die Handlungen der Dienstpersonen auf dem Weg zum Arzt sowie zur Dienststelle und zurück angesehen. Auf den ersten Blick könnte diese Bestimmung für die Auslegung des Art. 1068 Ziff. 1 ZGB RF herangezogen werden. Bei näherer Betrachtung wird allerdings ersichtlich, dass die relevanten Regelungen nur auf die Fälle der Schadenszufügung einem Angehörigen der Organe für innere Angelegenheiten und des Schadensersatzes seitens dieser Organe für innere Angelegenheiten Anwendung finden. Sie sind also nicht auf die Schadenszufügung durch einen solchen Angehörigen den dritten Personen zugeschnitten. Diese Regelung ist somit in diesem Zusammenhang der Lage im Sektor der Sozialversicherung der Arbeitnehmer angenähert. Insoweit ruft es keine Einwände hervor. Allerdings entstehen Fragen hinsichtlich der Regressmöglichkeit beim unmittelbaren Schädiger. Im Rahmen der Behandlung der Regressfälle beurteilen die Gerichte den „Weg zur Dienststelle" manchmal auch als „Erfüllung der Dienstpflichten".[1296]

Diese Auffassung ist allerdings unbegründet. Auf dem Weg zur Arbeit oder von der Arbeit, sogar mit dem Betriebsverkehrsmittel, habe die Ausführung der Arbeiten vom Arbeitnehmer entweder noch nicht begonnen oder sei bereits beendet.[1297] Die Auslegung einzelner Rechtsakte im Fall der Schadensersatzklage ist also bezüglich der Haftungsvoraussetzungen nach Maßgabe der Regelungen

1294 Siehe etwa FAG des Fernöstlichen Bezirks, Urt. v. 5. Mai 2004, Nr. Ф03-А73/04-1/1012, „Konsul'tantPlus".

1295 SZ RF 1998, Nr. 13, Pos. 1475, zuletzt geändert durch das Gesetz Nr. 307-FZ v. 3.08.2018.

1296 Siehe etwa FAG des Volgo-Vjatskij Bezirks, Urt. v. 4. Januar 2001, Nr. A82-119/2000-Г/2, „Konsul'tantPlus".

1297 *Jarošenko*, Haftung, S. 139.

des russischen Zivilgesetzbuches zu begrüßen. Dafür wäre eine Plenarentscheidung des Obersten Gerichts der RF[1298] hilfreich.

d. Straftaten und Arbeitsausführung

Bei der Schadenszufügung infolge einer Straftat des Helfers richten sich die Gerichte ebenfalls nach dem Kriterium des Zusammenhangs der Handlungen mit dem Arbeitsprozess. Die Straftat an sich schließt die Möglichkeit der Handlung „bei Erfüllung der Arbeits- (Dienst-, Amts-) Pflichten" und entsprechend die Haftung des Geschäftsherrn nach Art. 1068 Ziff. 1 ZGB RF nicht aus.

Das Militärkollegium des Obersten Gerichts der RF hat zum Beispiel schädigende Handlungen infolge mehrerer Straftaten von Militärangehörigen eines Truppenteils als Handlungen „bei Erfüllung der Dienstpflichten" anerkannt und dementsprechend das Urteil in Bezug auf die Zivilklage über Kompensation des moralischen Schadens aufgehoben.[1299] Seine Entscheidung hat es mit dem Hinweis auf die Bestimmungen des Art. 1068 ZGB RF folgendermaßen begründet: „N. hat die Straftat während des Dienstes im Grenzposten mit der Waffe, die ihm für die Ausführung dieses Dienstes übergeben wurde, begangen. T. fungierte am [Tag des Verbrechens] als Unterstanddienstleiter, das heißt, er handelte auch bei Erfüllung seiner Dienstpflichten. Somit muss der Truppenteil, in dem die Verurteilten ihren Wehrdienst geleistet haben, den den Geschädigten zugefügten Schaden ersetzen".[1300] In diesem Fall hat das Gericht die schädigenden Handlungen als bei Erfüllung der Dienstpflichten getätigte Handlungen ungeachtet dessen anerkannt, dass der Schaden durch Straftaten von Militärangehörigen zugefügt worden war. Dabei hat das Gericht für die Beurteilung der den Schaden verursachten Handlungen die Kriterien des Ortes, der Zeit und deren Charakters herangezogen. Ein Teil der Waffen, mit deren Hilfe das Verbrechen verübt worden war, war von N. und T. gestohlen worden. Das hat jedoch

---

1298 Plenarentscheidungen des Obersten Gerichts der RF werden infolge der Analyse von Materialien und Verallgemeinerung der gerichtlichen Praxis erstellt und stellen Erklärungen für die Gerichte zu den Fragen der Gerichtspraxis zwecks Gewährleistung der einheitlichen Anwendung von russischen Gesetzen dar (vgl. Art. 5 Ziff. 3 Nr. 1 des föderalen Verfassungsgesetzes „Über das Oberste Gericht der RF" Nr. 3-FKZ v. 5.02.2014, SZ RF 2014, Nr. 6, Pos. 550, zuletzt geändert durch das Gesetz Nr. 1-FKZ v. 29.07.2018).

1299 OG RF, Beschluss v. 20. Mai 2003, Nr. 5н-37/03, abrufbar unter: http://sudrf.kodeks.ru/rospravo (letzter Aufruf: 1. Dezember 2018).

1300 OG RF, Beschluss v. 20. Mai 2003, Nr. 5н-37/03, abrufbar unter: http://sudrf.kodeks.ru/rospravo (letzter Aufruf: 1. Dezember 2018).

der Anerkennung der Haftung des Truppenteils nicht entgegengestanden. Ein anderer Teil der Waffen wurde für die Ausführung der Dienste übergeben. Diese Entscheidung spricht dafür, dass eine generelle Schlussfolgerung, ob eine Schadenszufügung durch Helfer infolge einer Straftat bei Erfüllung der Pflichten geschieht oder nicht, nicht möglich ist. Die Gerichte haben dabei die Umstände des konkreten Sachverhalts zu analysieren.

Die Begehung des Verbrechens mit Dienstwaffen bedeutet allerdings nicht zwingend, dass der Dienstleistende bei Erfüllung der Dienstpflichten gehandelt hat. In einem anderen Fall hat das Militärkollegium des Obersten Gerichts der RF darauf hingewiesen, dass das Gericht der ersten Instanz den Truppenteil unbegründet zum Schadensersatz verurteilt habe.[1301] Ein Militärangehöriger hatte während seines Dienstes als Diensthabender in der Parkanlage des Truppenteils alkoholische Getränke konsumiert und später den Untersergeant mit seiner Dienstpistole ermordet. Der Zivilklage der Geschädigten wurde vom Bezirksmilitärgericht stattgegeben, indem der Truppenteil zur Zahlung der Bestattungskosten und zur Kompensation des moralischen Schadens verurteilt wurde. Das Militärkollegium hat jedoch diese Entscheidung nicht bestätigt, das Urteil abgeändert und den unmittelbaren Schädiger – den Militärangehörigen – zur Zahlung der eingeklagten Summen verurteilt.

Seine Entscheidung hat das Gericht damit begründet, dass der Militärangehörige entgegen der Satzung des inneren Wehrdienstes der Streitkräfte der RF und der Dienstanweisung für den Diensthabenden in der Parkanlage seinen Dienstplatz eigenmächtig verlassen habe, faktisch die Erfüllung der ihm auferlegten Pflichten also beendet habe.[1302]

In diesem Fall wurde somit die Nutzung der Dienstwaffe für die Verübung des Verbrechens in Zusammenschau mit dem Ort und dem Charakter des Verbrechens betrachtet. Das Gericht hat hervorgehoben, dass die Straftat nicht am Dienstort begangen wurde. Außerdem hat es zu Recht darauf geachtet, dass der Militärangehörige seinen Dienstort nicht nach Anweisung oder nach Vorgabe der Leitung, sondern eigenmächtig verlassen hatte.

In einem anderen Fall hat das Oberste Gericht der RF in seinem Kassationsbeschluss vom 26. Juni 2003 auf einen Fehler des Gerichts der ersten Instanz hingewiesen, das den Truppenteil zum Schadensersatz infolge der von seinem

1301 Information zum Sachverhalt nach den Materialien des Beschlusses des Militärkollegiums des OG RF v. 14. Mai 1998 Nr. 6-040/98, „Konsul'tantPlus".

1302 Zum Ganzen: Information zum Sachverhalt nach den Materialien des Beschlusses des Militärkollegiums des OG RF v. 14. Mai 1998 Nr. 6-040/98, „Konsul'tantPlus".

Militärangehörigen begangenen Morde verurteilt hatte.[1303] Nach der Aktenlage hatte der Untersergeant, der sich im Kesselraum des Truppenteils befand, zusammen mit der in diesem Kesselraum arbeitenden Frau alkoholische Getränke konsumiert. Im Laufe des zwischen ihnen aus Privatgründen entstandenen Streites hat er ihr mehrmals mit dem Hammer auf den Kopf geschlagen. Sie verstarb infolgedessen. Später hat er noch eine andere Mitarbeiterin des Kesselraums ermordet.

Das Gericht hat betont, dass sich das Gericht der ersten Instanz an Art. 1064 ZGB RF hätte orientieren müssen. Nach dieser Vorschrift ist der Schaden von einer den Schaden verursachenden Person in vollem Umfang zu ersetzen. Der Untersergeant hatte nicht bei Erfüllung seiner Dienstpflichten gehandelt. Der Streit zwischen ihm und der Frau stand in keinem Zusammenhang mit der Erfüllung der Arbeitspflichten, sondern entstand *aus Privatgründen.*[1304]

In diesem Fall hat also das Gericht auf die Erforderlichkeit der Unterscheidung zwischen den Handlungen der Helfer aus Privatgründen und im Interesse einer entsprechenden juristischen Person oder eines Bürgers aufmerksam gemacht. Es hat zugleich zutreffend dem Ort und der Zeit der Schadenszufügung (im vorliegenden Fall – Kesselraum des Truppenteils) keine entscheidende Bedeutung bei der Qualifikation der Handlungen des Helfers beigemessen.

Einige Rechtsakte sehen allerdings die Regelung vor, dass die Straftaten nicht als Handlungen bei Erfüllung der Pflichten anerkannt werden können. Eine solche Regelung ist beispielsweise in Art. 37 Ziff. 2 lit. „в" des föderalen Gesetzes „Über Wehrpflicht und Wehrdienst"[1305] enthalten. Dementsprechend haben die Gerichte früher die Auffassung vertreten, dass der Truppenteil im Fall der Verübung eines Verbrechens durch einen Militärangehörigen nicht zum Schadensersatz verpflichtet sei.[1306] Diese Bestimmung widerspricht aber der Regelung des Art. 1068 Ziff. 1 ZGB RF. Die Notwendigkeit der Beseitigung dieses Widerspruchs im Verhältnis zu dem russischen Zivilgesetzbuch besteht weiterhin.

1303 OG RF, Kassationsbeschluss v. 26. Juni 2003, Nr. 1-037/03, „Konsul'tantPlus".
1304 OG RF, Kassationsbeschluss v. 26. Juni 2003, Nr. 1-037/03, „Konsul'tantPlus".
1305 Siehe Fn. 1295.
1306 Siehe etwa OG RF, Beschluss v. 28. Juli 1997, Nr. 23-B97-3, „Konsul'tantPlus".

e. *Schwarzfahrt und andere Fälle der Schadenszufügung durch eine Quelle erhöhter Gefahr*

aa. *Grundlagen*

Als Gefährdungshaftung ist die Haftung des Inhabers der Quelle erhöhter Gefahr nach Art. 1079 ZGB RF konzipiert. Juristische Personen und Bürger, deren Tätigkeit mit einer erhöhten Gefahr für die umgebenden Menschen verbunden ist (Verwendung von Transportmitteln, Mechanismen, Elektroenergie mit Hochspannung, Atomenergie, explosiven Stoffen, hochwirksamen Giften u.ä.; Ausübung einer Bautätigkeit und von anderen damit verbundenen Tätigkeiten u.a.), sind nach Art. 1079 Ziff. 1 ZGB RF verpflichtet, einen durch eine Quelle erhöhter Gefahr zugefügten Schaden zu ersetzen, wenn sie nicht nachweisen, dass der Schaden infolge von höherer Gewalt oder durch Vorsatz des Geschädigten entstanden ist. Eine solche Haftung findet ihre Begründung in der Risikotheorie.[1307]

Was *den Begriff einer „Quelle erhöhter Gefahr"* betrifft, existierten in der früheren Zivilrechtslehre mehrere Auffassungen dazu: als Gegenstand einer besonderen Art[1308]; als Tätigkeit[1309] und schließlich als Gegenstand, von dessen Nutzung eine Gefahr ausgeht[1310].[1311] Im modernen russischen Zivilrecht wird eine Quelle erhöhter Gefahr nicht nur als Gegenstand, sondern auch als Tätigkeit des Inhabers dieser Quelle verstanden.[1312] Die Tätigkeit, die unter Art. 1079 ZGB RF fällt, stellt also jede Tätigkeit dar, die eine erhöhte Schadensgefahr wegen der Unmöglichkeit der vollen Kontrolle durch den Menschen sowie bei der Nutzung, Beförderung, Verwahren der Gegenstände, Stoffe und anderer Objekte mit der Produktions-, wirtschaftlichen oder anderen Bestimmung, die über die gleichen Eigenschaften verfügen, schafft.[1313] Im Gesetzestext sind einige Beispiele aufgeführt. Diese Liste ist aber aufgrund der Unmöglichkeit der Berücksichtigung aller Lebenssituationen sowie angesichts der raschen Wissenschafts- und

---

1307 *Šiškin*, Haftung, S. 146.

1308 *Flejšic*, Verpflichtungen aus der Schadenszufügung, S. 132.

1309 *Antimonov*, Zivilhaftung, S. 46.

1310 *Majdanik/Sergeeva*, Materielle Haftung, S. 48.

1311 Dazu Mozolin/*Maleina*, Zivilrecht II, S. 887 f.; *Wölk*, Das Deliktsrecht Russlands, S. 320 ff.

1312 Abova/Kabalkin/*Vasil'eva*, Anm. 2 zu Art. 1079; in diesem Sinne Mozolin/*Maleina*, Zivilrecht II, S. 888.

1313 Ziff. 18 der Plenarentscheidung des OG RF v. 26. Januar 2010, Nr. 1, BVS RF 2010, Nr. 3, S. 2, 6.

Wirtschaftsentwicklung nicht abschließend[1314]. Ob ein Objekt oder eine Tätigkeit im konkreten Fall als Quelle erhöhter Gefahr angesehen werden kann, bleibt größtenteils Einzelfallentscheidung.[1315]

Ferner ist zu betonen, dass als *Inhaber der Quelle erhöhter Gefahr* nach Art. 1079 ZGB RF juristische oder natürliche Personen gelten, die diese Quelle aufgrund eines beliebigen gesetzlichen Grundes besitzen und nutzen (Eigentum, Recht auf wirtschaftliche Führung und operative Verwaltung, Pachtvertrag, aufgrund einer Vollmacht mit dem Recht auf Lenkung eines Transportmittels, kraft Verfügung eines entsprechenden Organs über deren Übergabe).[1316]

Bei der Untersuchung der Gehilfenhaftung ist besonders hervorzuheben, dass die Person, die die Quelle erhöhter Gefahr infolge der Erfüllung ihrer Arbeitspflichten aufgrund eines Arbeitsvertrags oder eines zivilrechtlichen Vertrags mit ihrem Inhaber besitzt, als Inhaber der Quelle erhöhter Gefahr nicht anerkannt wird[1317] und folglich nach Art. 1079 ZGB RF nicht haftet (beispielsweise Autofahrer, Lokführer und Flugzeugführer).

Für die Haftung nach Art. 1079 ZGB RF ist kein Verschulden erforderlich. Der Halter kann sich nur dann entlasten, wenn er nachweist, dass der Schaden infolge von höherer Gewalt oder durch Vorsatz des Geschädigten entstanden ist oder dass die Quelle erhöhter Gefahr infolge von rechtswidrigen Handlungen anderer Personen nicht mehr in seinem Besitz ist. Bei der Kollision der Quellen erhöhter Gefahr sind zwei Konstellationen denkbar: Schadenszufügung dritten Personen und den Inhabern der Quellen. Im ersten Fall haften die Inhaber der Quellen erhöhter Gefahr solidarisch (Art. 1079 Ziff. 3 Abs. 1 ZGB RF). Bei der zweiten Fallkonstellation tragen sie die Haftung nach den allgemeinen Bestimmungen des Art. 1064 ZGB RF, also nur bei Vorliegen des Verschuldens.

Der *Haftungsumfang* bestimmt sich nach den allgemeinen Regeln der Artt. 15, 1064 ZGB RF. Der moralische Schaden wird nach Maßgabe der Artt. 1100, 1101

1314 Ähnlich Ziff. 18 der Plenarentscheidung des OG RF v. 26. Januar 2010, Nr. 1, BVS RF 2010, Nr. 3, S. 2, 6.

1315 Eine Quelle erhöhter Gefahr: Kuh ohne ordnungsgemäße Überwachung (FAG des Zentralen Bezirks, Urt. v. 2. März 2006, Nr. A23-4006/04Г-8-303, „Konsul'tantPlus"). Keine Quelle erhöhter Gefahr: Jagdhund (Moskauer Gebietsgericht, Präsidiumsurteil v. 9. April 2008, Nr. 275, „Konsul'tantPlus").

1316 Ähnlich Ziff. 19 der Plenarentscheidung des OG RF v. 26. Januar 2010, Nr. 1, BVS RF 2010, Nr. 3, S. 2, 6 f.

1317 Ziff. 19 der Plenarentscheidung des OG RF v. 26. Januar 2010, Nr. 1, BVS RF 2010, Nr. 3, S. 2, 7.

Ziff. 2 ZGB RF unabhängig vom Verschulden des Inhabers der Quelle erhöhter Gefahr ersetzt.

bb. Verhältnis der Art. 1068 und Art. 1079 ZGB RF zueinander

Ungeachtet dessen, dass der Arbeitnehmer nicht als Inhaber einer Quelle erhöhter Gefahr nach den Bestimmungen des Art. 1079 ZGB RF angesehen werden kann, bleibt das Verhältnis des Art. 1068 ZGB RF und des Art. 1079 ZGB RF zueinander umstritten. Dabei sind mehrere Fallkonstellationen denkbar. Wenn der Helfer mit eigenem Auto, das als typisches Beispiel für eine Quelle erhöhter Gefahr dient, und nicht „bei Erfüllung" einen anderen schädigt, haftet er selbst. Ohne besondere Probleme wird auch die Situation behandelt, wenn der Helfer mit dem Auto seines Geschäftsherrn „bei Erfüllung" den Schaden verursacht. Dann haftet der Geschäftsherr verschuldensunabhängig.[1318] Komplizierter erscheinen jedoch die Fallkonstellationen, in denen die Merkmale des „Inhabers einer Quelle erhöhter Gefahr" und der „Erfüllung von Arbeitspflichten" auseinander fallen.

Es ist umstritten, ob der Geschäftsherr als Inhaber der Quelle erhöhter Gefahr auch dann haftet, wenn sein Helfer *nicht* bei Erfüllung, also nur bei Gelegenheit, jedoch mit dem Auto des Geschäftsherrn gehandelt hat.

In der Lehre besteht keine einhellige Meinung dazu. Nach der herrschenden Ansicht ist die Konkurrenz zwischen den Normen der Art. 1068 ZGB RF und Art. 1079 ZGB RF zugunsten der letzteren Vorschrift zu entscheiden, die keine Handlungen „bei Erfüllung der Arbeitspflichten" voraussetzt.[1319] Einer anderen Auffassung zufolge finden dagegen alle in Art. 1068 ZGB RF festgelegten Haftungsvoraussetzungen Anwendung, wenn der Verkehrsunfall unter Benutzung eines Dienstwagens erfolgte.[1320]

1318 Zu dem Vorschlag der Zulassung der solidarischen Haftung des Geschäftsherrn und des Helfers selbst in dieser Fallkonstellation siehe *Tebrjaev*, Außervertragliche Haftung, S. 114 f., 143; *Jaičkov*, Schadensersatzverpflichtungen, S. 15 f. (in Bezug auf das frühere Recht). Diese Frage betrifft jedoch bereits die allgemeine Frage nach der direkten Haftung des Helfers (dazu näher unter Kapitel 2, B.VII.1).

1319 Im Ergebnis Kraševinnikov/*Gongalo*, Kommentar, Anm. 4 zu Art. 1079; Sadikov/*Fajzutdinov/Gljancev*, Teil 2, Anm. 9 zu Art. 1069; *Astašov/Bugaenko/Kratenko*, Transportnoe pravo 2008, Nr. 1, S. 20, 22; *Poljakov*, Haftung, S. 88, der jedoch erstaunlicherweise auf das Verschulden der juristischen Person aufgrund der fehlenden Kontrolle abstellt. Bereits im sowjetischen Zivilrecht in diesem Sinne: *Antimonov*, Zivilhaftung, S. 270; *Beljakova*, Schadensersatz, S. 37 f.; *Krasavčikov*, Ersatz des Schadens, S. 73 f., 93 f.

1320 *Majorova*, Biznes-advokat 2004, Nr. 3, S. 5.

In der Rechtsprechung wurde dieser Frage in einigen Entscheidungen besondere Aufmerksamkeit geschenkt.

In einem Fall[1321] handelte es sich beispielsweise um die Kassationsbeschwerde einer Aktiengesellschaft (Klägerin) gegen das erstinstanzliche Urteil, durch welches ihre Klage auf Schadensersatz infolge eines Verkehrsunfalls gegen die Beklagte (eine munizipale Institution) abgewiesen worden war. Das erstinstanzliche Gericht hat dies damit begründet, dass die Beklagte für Handlungen ihres Fahrers, der das Auto außerhalb der Arbeitszeit zu Privatzwecken benutzt hatte, also sich *nicht bei Erfüllung* der Arbeitspflichten befand, nicht hafte. Das Kassationsgericht hat dem jedoch nicht zugestimmt. Es führte aus, dass die Schlussfolgerung des erstinstanzlichen Gerichts über das Erfordernis der Handlung „bei Erfüllung der Arbeitspflichten" fehlerhaft sei. Nach Art. 1079 ZGB RF habe es keine Bedeutung, ob der Arbeitnehmer die Quelle erhöhter Gefahr im Zusammenhang oder ohne Zusammenhang mit Erfüllung der Arbeits- (Dienst-) Pflichten geführt habe. Der Inhaber der Quelle erhöhter Gefahr und das Haftungssubjekt für den zugefügten Schaden sei in beiden Fällen die entsprechende Organisation. Der Schaden sei nach Auffassung der Kassationsinstanz nach Maßgabe der Artt. 1079, 1064 ZGB RF von der Beklagten zu ersetzen.[1322]

Das Gericht hat somit eine klare Stellung zu der Frage des Verhältnisses der Artt. 1068 und 1079 ZGB RF zueinander bezogen. Diese Auffassung wurde auch in der späteren gerichtlichen Praxis unterstützt.[1323] Die Gerichte haben dabei darauf hingewiesen, dass die Haftung für eine Schadenszufügung durch eine Quelle erhöhter Gefahr nur aufgrund der in Art. 1079 Ziff. 1 und 2 ZGB RF vorgesehenen Umstände ausgeschlossen werden kann.[1324] Die Bestimmungen des Art. 1068 ZGB RF, insbesondere die Voraussetzung „bei Erfüllung", müssten

---

1321 FAG des Volgo-Vjatskij Bezirks, Urt. v. 5. Dezember 2001, Nr. A11-3887/2001-K1-3/124, „Konsul'tantPlus".

1322 FAG des Volgo-Vjatskij Bezirks, Urt. v. 5. Dezember 2001, Nr. A11-3887/2001-K1-3/124, „Konsul'tantPlus".

1323 In diesem Sinne FAG des Zentralen Bezirks, Urt. v. 27. April 2007, Nr. A68-94ГП-1-06, „Konsul'tantPlus".

1324 In diesem Sinne Siebzehntes Appellationsarbitragegericht, Urt. v. 3. April 2007, Nr. 17АП-1322/2007-ГК in der Sache Nr. A60-30734/06-C7, „Konsul'tantPlus"; in diesem Sinne FAG des Uraler Bezirks, Urt. v. 28. März 2006, Nr. Ф09-1986/06-C6 in der Sache Nr. A47-6241/2005, „Konsul'tantPlus"; in diesem Sinne FAG des Volgo-Vjatskij Bezirks, Urt. v. 16. August 2005, Nr. A28-14880/2004-332/25, „Konsul'tantPlus"; FAG des Volgo-Vjatskij Bezirks, Urt. v. 26. März 1998, Nr. 153/8, „Konsul'tantPlus".

in diesem Zusammenhang unberücksichtigt bleiben. Die Rechtsprechung hat somit den Standpunkt eingenommen, dass das Handeln der Arbeitnehmer bei Erfüllung ihrer Arbeitspflichten für die Annahme der Haftung des Inhabers der Quelle erhöhter Gefahr nicht erforderlich sei.

Art. 1079 ZGB RF stellt also eine spezielle Rechtsnorm dar, die eine Gefährdungshaftung des Inhabers der Quelle erhöhter Gefahr normiert.[1325] Es ist folgerichtig anzunehmen, dass das Handeln des Helfers *nicht* bei Erfüllung seiner Arbeitspflichten, also bei bloßer Gelegenheit (Benutzen eines Dienstfahrzeugs zu Privatzwecken), keinen Einfluss auf die Haftung des Inhabers der Quelle erhöhter Gefahr nach Art. 1079 ZGB RF hat[1326]. Eine andere Schlussfolgerung würde auch dem Gesetzestext widersprechen. Der Fahrzeughalter haftet demzufolge nach Maßgabe des Art. 1079 ZGB RF unabhängig davon, ob sein Arbeitnehmer bei Erfüllung einer konkreten Arbeitspflicht oder nur bei Gelegenheit gehandelt hat. Das Oberste Gericht RF weist daraufhin, dass der Helfer nur dann hafte, wenn es nachgewiesen werde, dass er die Verfügungsmacht über das Transportmittel rechtswidrig erlangt habe (Art. 1079 Ziff. 2 ZGB RF).[1327]

Schließlich ist die Fallkonstellation zu erwähnen, in der der Helfer „bei Erfüllung" mit eigenem Auto handelt. Diese Situation wird in der Literatur wie auch in der Rechtsprechung kaum erwähnt. Der Grund mag darin liegen, dass bei einem „eigenen Auto" des Helfers seine Haftung nach Art. 1079 ZGB RF ohne weiteres angenommen werden kann.[1328] Die Frage stellt sich jedoch auch aus einer anderen Perspektive: ob es gerechtfertigt ist, in diesem Fall *nur* den Helfer haften zu lassen und somit den Geschäftsherrn der Haftung entgehen zu lassen, obwohl der Helfer bei Erfüllung der Arbeitspflichten gehandelt hat. Zum Teil wird dafür plädiert, auch in diesen Fällen lediglich den Geschäftsherrn als Inhaber einer Quelle erhöhter Gefahr haften zu lassen.[1329] Allerdings ist es folgerichtiger, den Helfer nach Art. 1079 ZGB RF und den Geschäftsherrn nach Art. 1068 ZGB RF als Gesamtschuldner haften zu lassen. Es ist kein Grund ersichtlich, warum der Geschäftsherr sich der Haftung entziehen können sollte. Die Handlungen des Helfers und somit auch die Vorteile der Arbeitsteilung

---

1325 In diesem Sinne *Astašov/Bugaenko/Kratenko*, Transportnoe pravo 2008, Nr. 1, S. 20, 22.

1326 *Astašov/Bugaenko/Kratenko*, Transportnoe pravo 2008, Nr. 1, S. 20, 22.

1327 Ziff. 19 der Plenarentscheidung des OG RF v. 26. Januar 2010, Nr. 1, BVS RF 2010, Nr. 3, S. 2, 7.

1328 *Astašov/Bugaenko/Kratenko*, Transportnoe pravo 2008, Nr. 1, S. 20, 22.

1329 In diesem Sinne *Soldatenko*, Zivilrechtliche Regulierung der Haftung, S. 8 mit dem Vorschlag entsprechender Änderungen des Art. 1079 ZGB RF.

kommen dem Geschäftsherrn auch in diesem Fall zugute. Außerdem widerspricht es dem Gerechtigkeitsgedanken, dass der Helfer dann strenger haften soll, wenn er großzügigerweise eigene „Mittel“ für Ziele der anderen Personen einsetzt. Darüber hinaus wäre es aus der Perspektive des Schutzes der Geschädigteninteressen nicht zu begründen. Der Geschädigte wäre in dieser Situation nur auf den Helfer verwiesen, wobei dessen Geschäftsherr nicht selten solventer sein wird. Andererseits sind aber auch die gegebenen Versicherungsmöglichkeiten nicht zu vergessen. Der Geschäftsherr wäre bei dieser Lösung ferner nicht benachteiligt, wenn er den Schaden ersetzt hätte und den Helfer in Regress nehmen müsste. Bei Regressforderung könnte er vom Helfer den Ersatz in voller Höhe verlangen, unabhängig davon, ob der Helfer sein Arbeitnehmer ist oder nicht. Dies ergibt sich daraus, dass der Arbeitnehmer bei der Schadenszufügung infolge einer durch ein staatliches Organ festgestellten Ordnungswidrigkeit nach Art. 243 Nr. 6 ArbGB RF in voller Höhe haftet. Beim Verkehrsunfall wird das in der Regel der Fall sein.

Somit verzichtet der Gesetzgeber in Art. 1079 ZGB RF sowie in mehreren Gesetzen auf das Verschulden als Haftungsvoraussetzung. Dadurch ist ersichtlich, dass der Raum für eine verschuldensabhängige Haftung nach Art. 1068 ZGB RF nur sehr beschränkt bleibt. Außerdem ist nicht zu verkennen, dass sich auch die Haftung nach Art. 1068 ZGB RF in der Praxis als eine verschuldensunabhängige Haftung erweist.

f. Zwischenergebnis

Somit sind die Handlungen bei Erfüllung der Arbeits- (Dienst-, Amts-) Pflichten folgendermaßen zu verstehen:

a) Handlungen des Helfers als eines solchen, das heißt Ausführung der Arbeiten, die entweder aus dem Vertrag oder aus dem Auftrag des Geschäftsherrn oder aus der Unternehmensnotwendigkeit folgen.
b) Handlungen des Helfers, zwischen dessen Arbeitsführung und der Schadenszufügung es einen unmittelbaren kausalen Zusammenhang gibt. Dabei wird der Schädiger nicht aufgrund des Ortes oder der Zeit der Schadenszufügung als Handelnder „bei Erfüllung“ beurteilt, sondern aufgrund des vorhandenen unmittelbaren kausalen Zusammenhanges.

Das bedeutet, dass die Handlungen des Helfers *mit dem Arbeitsprozess zusammenhängen müssen.* Anderenfalls haftet der Geschäftsherr nach Art. 1068 ZGB RF für seine Helfer nicht. Eine juristische oder natürliche Person ist in diesem Fall nicht in der Lage, die Handlungen des Helfers zu lenken.

Folglich fehlt die Haftungsgrundlage dieser Person. Der Schädiger ist in diesen Fällen allein verantwortlich. Entscheidend ist das Ziel der Handlungen des Helfers. Bei Verfolgung privater Zwecke und nicht der Interessen des Geschäftsherrn sind die Handlungen des Schädigers nicht als Handlungen des Helfers bei Erfüllung seiner Arbeitspflichten anzusehen.

Trotz der Wichtigkeit des Merkmals des „Zusammenhanges der Handlungen mit dem Arbeitsprozess" ist die Zweckmäßigkeit einer entsprechenden Gesetzesänderung diesbezüglich zweifelhaft.[1330] Die Erklärung der Haftungsvoraussetzung „bei Erfüllung der Pflichten" in einer Plenarentscheidung des Obersten Gerichts der RF zwecks richtiger Anwendung der Bestimmungen des Art. 1068 Ziff. 1 ZGB RF wäre ausreichend und auch empfehlenswert.

3. *Verschulden*

In Art. 1068 ZGB RF wie auch in den gesetzlichen Bestimmungen zur vertraglichen Gehilfenhaftung wird das Verschulden nicht erwähnt. Das Fehlen jeglichen Verweises auf das Verschulden in Art. 1068 ZGB RF hat dazu geführt, dass die Frage, ob eine juristische Person oder ein Bürger für Handlungen ihrer (seiner) Helfer nach Art. 1068 ZGB RF nur bei Verschulden oder verschuldensunabhängig haftet, höchst umstritten ist[1331] und sogar auf der Ebene des Verfassungsgerichts der RF diskutiert wurde.[1332] Dabei wurde die Verschuldenshaftung nach Art. 1068 ZGB RF bejaht und der verschuldensunabhängigen Haftung eine klare Absage erteilt.

Hervorzuheben ist, dass das Verschulden des Helfers, obwohl Art. 1068 Ziff. 1 ZGB RF es als Haftungsvoraussetzung nicht ausdrücklich erwähnt, nach der Rechtsprechung[1333] eine weitere Voraussetzung für eine Haftung des Geschäftsherrn darstellt. Der Helfer muss damit selbst den vollen Tatbestand einer unerlaubten Handlung gemäß Art. 1064 ZGB RF erfüllt haben. Es ist zu betonen, dass das Verschulden eines Helfers, der den Schaden bei der Erfüllung seiner Arbeitspflichten zugefügt hat, dabei als Verschulden des Geschäftsherrn betrachtet wird.[1334] Wenn der Helfer deliktsunfähig ist, so haftet der Geschäftsherr

---

1330 In diesem Sinne aber *Beljakova*, Zivilrechtliche Haftung, S. 40.

1331 *Drujinina*, Die Entwicklung des Russischen Haftungsrechts, S. 86 nimmt jedoch als gegeben an, dass sowohl Verschulden des Arbeitgebers als auch dieses des Arbeitnehmers nach Art. 1068 ZGB RF erforderlich sind.

1332 Verfassungsgericht der RF, Beschluss v. 16. Februar 2006, Nr. 12-O, „Konsul'tantPlus".

1333 So etwa FAG des Fernöstlichen Bezirks, Urt. v. 13. Juli 1999, Nr. Ф03-A59/99-1/883, „Konsul'tantPlus".

1334 Sadikov/*Fajzutdinov/Gljancev*, Teil 2, Anm. 8 zu Art. 1068.

nur dann, wenn er selbst die Deliktsunfähigkeit bei der Anstellung oder Überwachung des Helfers erkannt hat oder hätte erkennen müssen, also wenn ihn selbst ein Verschulden trifft. Das Verschulden des Helfers wird nach allgemeiner Regel gemäß Art. 1064 Ziff. 2 ZGB RF vermutet.

In Art. 1068 Ziff. 1 ZGB RF ist also die Verschuldenshaftung im Sinne einer Haftung für Verschulden des Helfers geregelt. Diese Voraussetzung ist weitgehend anerkannt.

Was die Frage des Entlastungsbeweises betrifft, kann der Geschäftsherr sich der Haftung dann entziehen, wenn er das Fehlen des eigenen Verschuldens und das Fehlen des Verschuldens des Helfers nachweist.[1335]

VI. Beweislastverteilung nach Art. 1068 Ziff. 1 ZGB RF

1. Grundsatz

Bei deliktischer Haftung legt Art. 1064 Ziff. 2 ZGB RF in Bezug auf die Beweislast für das Verschulden als Haftungsvoraussetzung eine Verschuldenspräsumtion[1336] fest. Die Beweislast bei der Klage auf Schadensersatz nach den Regeln des Deliktsrechts wird folgendermaßen verteilt. Der Geschädigte muss die Schadenszufügung, den Umfang des erlittenen Schadens und die Tatsache beweisen, dass der Beklagte der Schädiger oder diejenige Person ist, die kraft Gesetzes zum Schadensersatz verpflichtet ist.[1337]

Die Tatsache der Zufügung des Schadens durch Helfer einer juristischen Person oder eines Bürgers sowie die Auferlegung bestimmter Pflichten auf einen konkreten Helfer müssen vom Kläger bewiesen werden. So wurde eine Klage vom Gericht unter Bezugnahme auf den fehlenden Beweis des Klägers darüber abgewiesen, dass die Pflichten nach der Einlagerung des Kohls in die Fässer und der Prüfung der Dichtheit der Kunststoffeinlagen dem konkreten Arbeitnehmer

---

1335 Ähnlich in Bezug auf die vertragliche Haftung Sadikov/*Jakovlev*, Teil 1, Anm. 1 zu Art. 403; näher zur Befreiung von der vertraglichen Haftung für Dritte oder Arbeitnehmer *Koršunova*, Gosudarstvo i pravo: aktual'nye voprosy istorii i sovremennosti 2007, Nr. 5, S. 187, 189 ff.

1336 So ausdrücklich Ziff. 11 der Plenarentscheidung des OG RF v. 26. Januar 2010, Nr. 1, BVS RF 2010, Nr. 3, S. 2, 4; OG RF, Beschluss v. 23. März 2015, Nr. 32-КГ14-20, „Konsul'tantPlus“; OG RF, Beschluss v. 12. September 2014, Nr. 22-КГ14-15, BVS RF 2015, Nr. 6, S. 8; OG RF, Beschluss v. 27. Januar 2012, Nr. 18-B11-113, „Konsul'tantPlus“.

1337 Ziff. 11 der Plenarentscheidung des OG RF v. 26. Januar 2010, Nr. 1, BVS RF 2010, Nr. 3, S. 2, 4; Mozolin/*Maleina*, Zivilrecht II, S. 877.

zugeteilt worden waren.[1338] Der Geschädigte muss also in der Regel den konkret verantwortlichen Arbeitnehmer hinreichend individualisieren können.

Von der Verschuldensvermutung werden aber in einzelnen Fällen Ausnahmen zugelassen. Art. 1081 Ziff. 3 ZGB RF legt beispielsweise fest, dass die Russische Föderation, deren Subjekte oder eine munizipale Einrichtung eine Regressforderung gegen eine in diesem Artikel genannte Amtsperson hat, wenn deren Verschulden gerichtlich festgestellt wurde. Dies wird damit begründet, dass entsprechende Handlungen einer Amtsperson Ordnungswidrigkeiten oder eine Straftat darstellen können und in diesen Rechtsgebieten die Präsumtion der Nichtschuld gilt.[1339] Außerdem gilt die Verschuldensvermutung nicht beim Regress des Arbeitgebers gegen seine Arbeitnehmer.

2. *Überblick über die geschichtliche Entwicklung*

Es ist wichtig hervorzuheben, dass die Verschuldensvermutung als Prinzip im russischen Zivilrecht nicht immer galt.

a. XIX. – Anfang des XX. Jahrhunderts

Laut Art. 684 Svod Zakonov X/1 war jedermann verpflichtet, diejenigen Schäden zu ersetzen, die jemandem durch seine Tat oder sein Unterlassen zugefügt wurden, obwohl diese Tat oder das Unterlassen weder ein Verbrechen noch Vergehen darstellte, nur wenn bewiesen wurde, dass er dazu weder durch ein Gesetz noch durch die Regierung verpflichtet oder durch die Erforderlichkeit der persönlichen Verteidigung oder durch Umstände, die er nicht verhindern konnte, gezwungen war.[1340] Diese unklare Formulierung hat dazu geführt, dass sich in der vorrevolutionären Lehre zwei unterschiedliche Meinungen hinsichtlich der Verschuldensvermutung bei deliktischer Haftung herauskristallisiert hatten. Nach einer Ansicht wurde aus dieser Formulierung die Schlussfolgerung gezogen, dass das Verschulden des Rechtsverletzers nicht vermutet und der Geschädigte von der Pflicht des Beweises des Verschuldens nicht befreit wurde.[1341] Einer anderen Auffassung zufolge wurde diese gesetzliche Regelung als eine Festlegung der Verschuldensvermutung verstanden.[1342] Argumentiert wurde damit, dass ein

---

1338 FAG des Fernöstlichen Bezirks, Urt. v. 14. März 2000, Nr. Ф03-A51/00-1/250, „Konsul'tantPlus".

1339 Abova/Kabalkin/*Vasil'eva*, Anm. 2 zu Art. 1081.

1340 *Tjutrjumov*, Zivilgesetze, S. 477.

1341 *Sinajskij*, Russisches Zivilrecht, S. 469.

1342 *Pirvic*, Bedeutung des Verschuldens, S. 60.

entsprechender Beweis dem Schädiger einfacher fiele.[1343] Es wurde sogar eine einheitliche Regelung der Verschuldensvermutung für deliktische und vertragliche Verhältnisse aus den Gründen der Anstrebung der Haftungsverschärfung und der Erleichterung der Erlangung des Schadensersatzes vom Geschädigten befürwortet.[1344]

Im Entwurf von 1905 wurde die Verschuldensvermutung für die vertragliche Haftung normiert (Art. 1650 Entwurf von 1905).[1345] Für die deliktische Haftung wurde das Verschulden nur bei der Fahrlässigkeit vermutet. Der Vorsatz sollte hingegen nachgewiesen werden müssen.[1346] Diese Regel galt auch bei der deliktischen Haftung für Hilfspersonen.[1347] Daher kann nicht der Meinung zugestimmt werden, nach der das vorrevolutionäre russische Zivilrecht die Vermutung des Nichtverschuldens anerkannt hatte.[1348]

b. Sowjetische Zivilrechtskodifikationen

Allen sowjetischen Kodifikationen des Zivilrechts war die Verschuldensvermutung bekannt. Die Auferlegung der Beweislast für das Verschulden auf den Geschädigten wurde als Ausdruck des falschen Charakters der Demokratie des Bourgeoisierechts bezeichnet.[1349] Die Zweckmäßigkeit der Verschuldensvermutung wurde ähnlich wie bereits in der vorrevolutionären Zivilrechtslehre damit begründet, dass der Schädiger einfacher entsprechende Umstände nachweisen kann.[1350] Dabei wird die Auferlegung der Folgen eines non liquet auf den Schädiger abgelehnt, weil das Gericht eine aktive Rolle habe und dadurch die maximale Feststellung der Wahrheit gewährleistet werde.[1351]

Nichtsdestotrotz wurde die Kritik bezüglich der Verschuldensvermutung bereits zu sowjetischer Zeit geübt. Bei der Besprechung des Entwurfs der Grundlagen der Zivilgesetzgebung am Anfang sechziger Jahre des vergangenen Jahrhunderts wurde vorgeschlagen, die Präsumtion des Verschuldens nur für die außervertraglichen Verpflichtungen aufgrund ihrer äußersten Originalität und

---

1343 *Pirvic*, Bedeutung des Verschuldens, S. 61.

1344 *Pirvic*, Bedeutung des Verschuldens, S. 61.

1345 *Tjutrjumov*, Entwurf II, S. 242, 245.

1346 Zum Ganzen *Tjutrjumov*, Entwurf II, S. 1243 f.

1347 *Tjutrjumov*, Entwurf II, S. 1258.

1348 So *Li*, Vestnik Sankt-Peterburgskogo universiteta 2012, Serie 14, Vypusk 4, S. 32, 37.

1349 *Švarc*, Bedeutung des Verschuldens, S. 28.

1350 *Švarc*, Bedeutung des Verschuldens, S. 29; ähnlich *Novickij/Lunc*, Die allgemeine Lehre, S. 323.

1351 *Švarc*, Bedeutung des Verschuldens, S. 29.

aufgrund häufig auftretender Beweisschwierigkeiten seitens des Geschädigten festzulegen. Für vertragliche Verpflichtungen sollte das Grundprinzip der Beweislastverteilung beibehalten werden, nach dem jede Partei diejenigen Tatsachen zu beweisen hat, auf die sie ihren Anspruch stützt.[1352]

Trotz Kritik hat die Verschuldensvermutung ihre Bedeutung auch in der heutigen Zeit beibehalten. Sie hat ihren Niederschlag in den Vorschriften des russischen Zivilgesetzbuches gefunden. Sie ist außerdem im Modell-Zivilgesetzbuch der GUS-Staaten (Art. 396 Ziff. 2, Art. 990 Ziff. 2) festgelegt.

Dieser kurze historische Überblick zeigt, dass die Verschuldensvermutung bei deliktischer Haftung erstens nicht erst in der sowjetischen Zivilrechtslehre aufgrund der ideologischen Besonderheiten entstanden ist[1353] und dass dieses Prinzip zweitens immer umstritten war. Aufgrund der vorhandenen Regelung ist das russische Deliktsrecht einzigartig im Vergleich zu den ähnlichen Rechtsinstituten anderer Länder.[1354]

3. *Allgemeine Verschuldensvermutung im modernen russischen Zivilrecht und Fragen deren Beibehaltung* de lege ferenda

a. *Lehre*

In der Zivilrechtswissenschaft haben sich zwei gegensätzliche Meinungen bezüglich der Zweckmäßigkeit der Beibehaltung und der Begründetheit der Verschuldenspräsumtion herausgebildet.

Der größte Teil des Schrifttums hält diese Präsumtion für zweckmäßig[1355] und sieht sie als nicht ungerecht[1356] an.[1357] Ausgehend davon, dass die Verschuldensvermutung eine zentrale Vermutung des Zivilrechts sei[1358], wird sogar vorgeschlagen, sie in einem gesonderten Artikel des allgemeinen Teils des russischen Zivilgesetzbuches festzulegen.[1359] Bemerkenswert ist, dass sich in der modernen russischen Zivilrechtslehre kaum Stimmen gegen die geltende

---

1352 *Gurevič*, SGiP 1961, Nr. 3, S. 108, 109.

1353 So aber *Li*, Vestnik Sankt-Peterburgskogo universiteta 2012, Serie 14, Vypusk 4, S. 32, 40.

1354 *Li*, Vestnik Sankt-Peterburgskogo universiteta 2012, Serie 14, Vypusk 4, S. 32, 41.

1355 *Švarc*, Verpflichtungen aus der Schadenszufügung, S. 14.

1356 *Illarionova*, Wissenschaftliche Beiträge, S. 87, 94.

1357 In moderner Literatur in diesem Sinne *Kuznecova*, Präsumtionen im Zivilrecht, S. 181; *Murav'eva*, Zivilrechtliche Haftung, S. 126.

1358 *Kuznecova*, Präsumtionen im Zivilrecht, S. 181.

1359 *Baktimirova*, Verschuldensvermutung, S. 164; *Kuznecova*, Präsumtionen im Zivilrecht, S. 181.

Verschuldensvermutung finden lassen. Diese Vermutung wird entweder ohne nähere Begründung als selbstverständlich verstanden und gar nicht erst analysiert oder deren Bestehen *de lege ferenda* wird befürwortet.

Andererseits wird aber die allgemeine Verschuldensvermutung von einzelnen Rechtswissenschaftlern in den Fällen der deliktischen Haftung als nicht begründet empfunden[1360] oder sogar deren Existenz angezweifelt[1361].

b. Rechtsprechung

Möglicherweise ignorieren gerade aufgrund des fehlenden Gleichgewichtes der Interessen der Parteien im Gerichtsverfahren die russischen Gerichte nicht selten die Verschuldensvermutung in ihren Urteilen.[1362] Sie weisen die Schadensersatzklagen aus dem Grund ab, weil das Verschulden des Beklagten nicht bewiesen worden ist. In gerichtlichen Entscheidungen sind häufig solche Formulierungen anzutreffen wie „das Verschulden des Unternehmens ist nicht festgestellt“[1363], „das Verschulden wurde durch die Beweise nicht bestätigt“[1364] oder es ist sogar ein ausdrücklicher Hinweis darauf enthalten, dass ein Verschulden nach Art. 1064 ZGB RF vom Kläger nachzuweisen wäre[1365].

In einem Urteil vom 9. Juli 2004[1366] handelte es sich beispielsweise um die Schadensersatzklage eines Einzelunternehmers (Kläger). Der Schaden wurde infolge der Entzündung des Wärmeschutzes im Lagerraum des Klägers bei der Durchführung von Schweißarbeiten durch Arbeitnehmer des Beklagten zugefügt. Das Gericht erster Instanz hat die Klage aufgrund fehlenden Beweises des kausalen Zusammenhanges zwischen dem zugefügten Schaden und der Ausführung der Schweißarbeiten abgewiesen. Diese Entscheidung wurde aber vom Appellationsgericht abgeändert und der Klage mit dem Hinweis stattgegeben,

---

1360 *Agarkov*, Ausgewählte Werke II, S. 459, 466, 469 in Bezug auf das ZGB RSFSR 1922.

1361 *Judel'son*, Beweisführung, S. 288.

1362 Diese Rechtsprechungsentwicklung auch hervorhebend *Kuznecova*, Präsumtionen im Zivilrecht, S. 170; *Marmulenko*, Recht und Gegenwart, S. 242, 243.

1363 Siehe etwa FAG des Fernöstlichen Bezirks, Urt. v. 28. Juli 2003, Nr. Ф03-A16/03-1/1767, „Konsul'tantPlus“.

1364 Siehe etwa FAG des Fernöstlichen Bezirks, Urt. v. 15. Mai 2003, Nr. Ф03-A51/03-1/1007, „Konsul'tantPlus“.

1365 FAG des Fernöstlichen Bezirks, Urt. v. 27. Februar 2008, Nr. Ф03-A73/07-1/6465 in der Sache Nr. A73-12463/2006-31, „Konsul'tantPlus“ (im nachfolgenden Beschluss des OAG RF v. 29. April 2008, Nr. 5587/08 wird darauf nicht eingegangen).

1366 FAG des Volgo-Vjatskij Bezirks, Urt. v. 9. Juli 2004, Nr. A38-1392-3/59-2004, „Konsul'tantPlus“.

dass der Beklagte nicht Beweis für sein fehlendes Verschulden geführt habe. Das Kassationsgericht hat aber den Rechtsspruch des Gerichts erster Instanz aufrechterhalten.

In der Begründung des Urteils hat das Gericht darauf hingewiesen, dass das Verschulden des Beklagten dokumentarisch nicht bewiesen sei und es keine Rechtsgründe für die Auferlegung der Haftung für die Schadenszufügung gebe.[1367] Es ist aber schwierig, dieser Begründung angesichts des Art. 1064 Ziff. 2 ZGB RF zuzustimmen. Nach dieser Vorschrift ist das Fehlen des Verschuldens vom Beklagten zu beweisen. Der richterliche Hinweis auf die fehlenden Beweise des Verschuldens widerspricht somit offensichtlich den gesetzlichen Bestimmungen über die Verschuldensvermutung.

Ein ähnlicher gerichtlicher Hinweis hinsichtlich des Verschuldens der Arbeitnehmer ist auch im Fall einer Schadensersatzklage infolge eines Betrugs durch Bankangestellte zu finden.[1368]

Mit dem fehlenden Beweis des Verschuldens wurde ferner im Urteil vom 14. Oktober 2003 die Abweisung der Klage auf Ersatz des infolge eines Verkehrsunfalls verursachten Schadens begründet. Ursache des Verkehrsunfalls lag nach Meinung des Klägers im Verstoß des Arbeitnehmers des Beklagten gegen die Regeln der Instandsetzung der Straßen und zwar im Besonderen gegen das Erfordernis der Gewährleistung einer fristgerechten Straßenbestreuung. Das Kassationsgericht hat die erstinstanzliche Entscheidung in vollem Maße unterstützt.[1369] Diese richterliche Begründung widerspricht aber ebenfalls offensichtlich dem Gesetzestext.

Jedoch lassen die weiteren Ausführungen des Gerichts den Schluss zu, dass das Gericht in diesem Fall den nicht nachgewiesenen kausalen Zusammenhang zwischen dem verursachten Schaden und dem Verhalten des Arbeitnehmers des Beklagten gemeint hat. Insbesondere betonte das Gericht, dass die Verordnung über die Ordnungswidrigkeit die Verletzung von Regelungen der Instandsetzung der Straßen von Seiten des Arbeitnehmers des Beklagten als Grund des Verkehrsunfalls nicht nachweise.[1370] Daraus ist ersichtlich, dass die Gerichte nicht

---

1367 Zum Ganzen FAG des Volgo-Vjatskij Bezirks, Urt. v. 9. Juli 2004, Nr. A38-1392-3/59-2004, „Konsul'tantPlus".

1368 FAG des Ost-Sibirischen Bezirks, Urt. v. 27. November 2001, Nr. A78-2347/01-C1-23/94-Ф02-2840/01-C2, „Konsul'tantPlus".

1369 FAG des Nord-Westlichen Bezirks, Urt. v. 14. Oktober 2003, Nr. A52/1144/2003/1, „Konsul'tantPlus".

1370 FAG des Nord-Westlichen Bezirks, Urt. v. 14. Oktober 2003, Nr. A52/1144/2003/1, „Konsul'tantPlus".

selten mit dem Hinweis auf die Erforderlichkeit des Nachweises des Verschuldens eigentlich jenen der Kausalität meinen. Die Kausalität und das Verschulden sind aber zwei unterschiedliche Haftungsvoraussetzungen, wobei erstere nachzuweisen ist und zweitere vermutet wird.

Die in der Rechtsprechung vorkommenden Formulierungen weisen also keinesfalls auf den Ausnahmecharakter des Art. 1068 ZGB RF bezüglich der allgemein geltenden Verschuldensvermutung hin. Durch solche Formulierungen der Gerichte wird also kein Versuch der Aufhebung der Verschuldenspräsumtion unternommen, sondern ein richtiger Gedanke an sich nur falsch ausgedrückt.

Es ist wichtig zu betonen, dass die meisten Fehler den Gerichten gerade infolge einer falschen Beweislastverteilung in Schadensersatzfällen unterlaufen.[1371]

Zugleich ist aber eine positive Entwicklung in der Rechtsprechung hervorzuheben. In anderen Urteilen wird zwischen Verschulden und anderen Haftungsvoraussetzungen klar differenziert. Die Beweislastregeln werden dabei richtig angewendet. Im Urteil vom 26. Juli 2005 hat das Gericht beispielsweise eine Schadensersatzklage wegen fehlenden Beweises des kausalen Zusammenhangs zwischen dem Eintritt des Schadens und dem rechtswidrigen Verhalten des Schädigers abgewiesen.[1372]

In einem anderen Fall, bei dem ein Schaden infolge des Zusammenstoßes von zwei Fahrzeugen unter Führung des Fahrers des Klägers und des Beklagten verursacht wurde, ist das Gericht näher auf die Frage der Beweislastverteilung eingegangen und hat diese detailliert erklärt. Die Gerichte der ersten und der Appellationsinstanz haben die Klage aufgrund des nicht nachgewiesenen Verschuldens des Fahrers des Beklagten abgewiesen. Das Kassationsgericht korrigierte diesen Fehler der Gerichte. Es hat ausgeführt, dass diese Schlussfolgerung der Gerichte der Aktenlage und den Bestimmungen des Art. 1064 ZGB RF widerspreche. Der Beweis des Fehlens des Verschuldens habe der Beklagte in diesem Fall zu erbringen. Entsprechende Beweise habe der Beklagte jedoch nicht vorgelegt.[1373] In einigen Gerichtsentscheidungen ist ein expliziter Hinweis darauf vorhanden, dass die Beweislast für das Fehlen des Verschuldens der Beklagte trägt.[1374]

1371 *Osipova*, VVAS RF 2004, Nr. 9, S. 143.

1372 FAG des Ost-Sibirischen Bezirks, Urt. v. 26. Juli 2005, Nr. A33-16884/04-C2-Ф02-3474/05-C2, „Konsul'tantPlus".

1373 Zum Ganzen FAG des Uraler Bezirks, Urt. v. 27. Februar 2006, Nr. Ф09-954/06-C3 in der Sache Nr. A07-8862/05-Г-НАА, „Konsul'tantPlus".

1374 FAG des Povolžskij Bezirks, Urt. v. 12. April 2011, Nr. A55-13838/2010, „Konsul'tantPlus"; FAG des Moskauer Bezirks, Urt. v. 29. August 2005, Nr. КГ-А41/7899-05 (die Richtigkeit dieser Annahme im Ergebnis durch FAG

Die Abweisung der Schadensersatzklage unter Berufung auf die Nichtbewiesenheit des Verschuldens des Beklagten stellt also einen wesentlichen Verstoß gegen die Normen des Prozessrechts und eine falsche Auslegung der Normen des materiellen Rechts dar.

c. *Stellungnahme*

Die zivilrechtliche Verschuldensvermutung wurde mehrmals zum Gegenstand der Untersuchung in verschiedenen obersten Gerichtsinstanzen Russlands gemacht. Diese Verschuldensvermutung ist nach der Auffassung des Verfassungsgerichts RF auf die Gewährleistung des Ersatzes des Schadens und dadurch auf die Realisierung der Geschädigteninteressen gerichtet.[1375] Dies unterstützend führte ein anderes Gericht aus, dass Ziel der Verschuldenspräsumtion sei, die Wiederherstellung der Vermögensrechte des Geschädigten zu gewährleisten.[1376]

Der Geschädigte verfügt in der Regel nicht über alle Informationen zu den genauen Umständen der Schadenszufügung, weil sie im Bereich des Schädigers liegen. Deshalb ist der Geschädigte meistens nicht in der Lage, das Verschulden des Schädigers nachzuweisen. Auf der anderen Seite sei die Person, die ohne eigenes Verschulden den Schaden zugefügt habe, grundsätzlich imstande, ihre Unschuld darzulegen.[1377] Als Ziel der Verschuldensvermutung des Art. 401 Ziff. 2 ZGB RF wird die Erleichterung der prozessualen Lage des Gläubigers und die reale Gewährleistung des Schadensersatzes genannt.[1378]

Die Wichtigkeit der Gewährleistung der Geschädigteninteressen anerkennend, darf des Weiteren nicht die Tatsache in Vergessenheit geraten, dass der Beklagte bei der Verschuldensvermutung nicht selten auf für ihn unüberwindbare Schwierigkeiten beim Beweis der eigenen Unschuld stoße.[1379] Das Fehlen

des Moskauer Bezirks, Urt. v. 14./21. März 2006, Nr. КГ-А41/1598-06-П in der Sache Nr. A41-K1-11854/04 bestätigt), „Konsul'tantPlus".

1375 Verfassungsgericht der RF, Beschluss v. 29. März 2016, Nr. 641-O; Verfassungsgericht der RF, Beschluss v. 27. Oktober 2015, Nr. 2525-O; Verfassungsgericht der RF, Beschluss v. 4. Oktober 2012, Nr. 1833-O; Verfassungsgericht der RF, Beschluss v. 25. November 2010, Nr. 1533-O-O; Ziff. 2.2 Beschluss des Verfassungsgerichts RF v. 28. Mai 2009, Nr. 581-O-O, „Konsul'tantPlus".

1376 OAG RF, Entscheidung des Präsidiums v. 27. Juli 2010, Nr. 4515/10, VVAS RF 2010, Nr. 11, S. 153, 156.

1377 Zum Ganzen *Flejšic*, SGiP 1954, Nr. 8, S. 23, 28; ähnlich *Murav'eva*, Zivilrechtliche Haftung, S. 126; *Švarc*, Verpflichtungen aus der Schadenszufügung, S. 14; in diesem Sinne *Afonina*, Juristische Haftung, S. 152, 153.

1378 *Afonina*, Juristische Haftung, S. 152, 153.

1379 *Rabinovič*, Das Verschulden, S. 145.

klarer Kriterien der Unschuld im Gesetz erschwert die Beweisführung für den Beklagten noch mehr.

Diese Beweislastverteilung verschlechtert nicht nur die prozessuale Lage des Beklagten, sondern beeinflusst auch das Verhalten der Parteien im Gerichtsverfahren und im Allgemeinen auch ihre Aktivität im Rechtsverkehr. Angesichts der schwer widerlegbaren Präsumtionen zeigen die Prozessparteien im Gerichtsverfahren eine gewisse Gleichgültigkeit bezüglich der Beweisführung zum fehlenden Verschulden. Das ist im besonderen Maße in den Fällen zu beobachten, in denen es sich um kleinere, die wirtschaftliche Lage der juristischen oder natürlichen Person nicht ernsthaft beeinflussende Geldbeträge handelt. Nicht selten entstehen Situationen, in denen es für den Beklagten viel einfacher sei, den eingeklagten Geldbetrag zu zahlen als sein fehlendes Verschulden zu beweisen. Dadurch werde der Anwendungsbereich des Verursachungsprinzips als Haftungsgrund ausgedehnt.[1380]

Die Schwierigkeit der Beweisführung des fehlenden Verschuldens wird jedoch als Mittel der Aufrechterhaltung des tatsächlichen Gleichgewichts der prozessualen Lage der Parteien angesehen.[1381] Gerade durch den Ausgleich der prozessualen Lage der Parteien im Gerichtsverfahren werden die Beweislastumkehr und dadurch auch die klare Priorität der Geschädigteninteressen gerechtfertigt.

Die Verschuldensvermutung ist außerdem durch die objektiven Bedürfnisse der Entwicklung des Wirtschaftsverkehrs bedingt.[1382] Ohne dieses Prinzip wären die Realisierung und der Schutz vieler Rechte „schwierig und illusorisch“[1383].

Mit Hilfe der Verschuldenspräsumtion wird die aktive Rolle der Parteien im Prozess gefördert.[1384] Dabei werde die Aktivität der Parteien gerade in der Richtung gewährleistet, in der es jeder Partei einfacher sei, den Beweis zu führen.[1385]

1380 Zum Ganzen *Rabinovič*, Das Verschulden, S. 146.

1381 *Illarionova*, Wissenschaftliche Beiträge, S. 87, 94.

1382 *Baktimirova*, Verschuldensvermutung, S. 42.

1383 *Baktimirova*, Verschuldensvermutung, S. 44; in diesem Sinne auch Verfassungsgericht RF (z.B. Ziff. 2.2 Beschluss des Verfassungsgerichts RF v. 28. Mai 2009, Nr. 581-O-O, „Konsul'tantPlus“).

1384 *Ioffe*, Ausgewählte Werke I, S. 187, 355; ähnlich in Bezug auf die Verschuldensvermutung bei vertraglicher Haftung *Malein*, Materielle Haftung, S. 75.

1385 *Ioffe*, Ausgewählte Werke I, S. 187, 351.

Bei der großen prozessualen Bedeutung der zivilrechtlichen Verschuldensvermutung ist zugleich ihre wichtige materiell-rechtliche Rolle nicht zu verkennen.[1386] Bei Geltung dieser Präsumtion ist die Auferlegung der zivilrechtlichen Haftung auf einen schuldlosen Beklagten möglich, wenn er aus bestimmten Gründen keinen Beweis für sein fehlendes Verschulden erbringen kann. In diesen Fällen genügt die objektive Seite der Rechtsverletzung für die Auferlegung der zivilrechtlichen Haftung (Schaden, Rechtswidrigkeit und kausaler Zusammenhang). Die Widerlegung dieser zwingenden Schlussfolgerung mittels der Behauptung, dass das Zivilgesetzbuch in den Haftungsregelungen die juristische Bedeutung dem Vorhandensein des Verschuldens aber in der negativen Form beimesse[1387], gelingt nicht. Das russische Zivilgesetzbuch misst gerade dem Fehlen des Verschuldens eine juristische Bedeutung bei.

Die Begründung einer anderweitigen materiell-rechtlichen Bedeutung dieser Vermutung hält der Kritik ebenfalls nicht stand. Als Grundlage der gerichtlichen Entscheidung dienen danach die festgestellten Tatsachen, nicht jedoch die Verschuldensvermutung, die ohne Feststellung ihrer Voraussetzungen (Vorliegen einer Rechtsverletzung) nicht anwendbar ist.[1388] Dem ist aber insoweit zu widersprechen, als die Verschuldensvermutung an sich keine Anwendungsvoraussetzungen hat. Die Rechtsverletzung, die als solche Voraussetzung angesehen wird, indiziert per se noch nicht das Verschulden des Beklagten. Die Bewiesenheit der Rechtsverletzung schließt also die Möglichkeit der Haftung des Beklagten auch ohne eigenes Verschulden bei fehlendem Beweis nicht aus.

In diesem Zusammenhang ist die Behauptung, dass die Verschuldensvermutung im Zivilrecht keinesfalls der allgemeinen Präsumtion der Nichthaftung widerspreche[1389], höchst bedenklich.

Gewiss sind solche Folgen der Verschuldensvermutung denkbar. Die präventive Funktion der zivilrechtlichen Haftung besteht allerdings wohl kaum in der Auferlegung der Haftung einem Beklagten, der den Schaden nicht verschuldet hat, aber das Gegenteil nicht beweisen konnte. Als „Belohnung" für die Beobachtung der im Rechtsverkehr erforderlichen Sorgfalt wird der Beklagte in diesem Fall wegen der Verschuldensvermutung haften.

1386 *Ioffe*, Ausgewählte Werke I, S. 187, 353; *Malein*, Materielle Haftung, S. 75. Nur für prozessualen Charakter der Verschuldensvermutung aber *Samoščenko*, Rechtsverletzung, S. 133 in Bezug auf die GZG 1961.

1387 *Samoščenko*, Rechtsverletzung, S. 133 in Bezug auf die GZG 1961.

1388 *Ioffe*, Ausgewählte Werke I, S. 187, 354, 356.

1389 *Ioffe*, Ausgewählte Werke I, S. 187, 358.

Das erzieherische Ziel der zivilrechtlichen Haftung[1390] sowie die Stärkung der Disziplin und die Gewährleistung der Stabilität des Rechtsverkehrs[1391] dienen als wichtige Argumente zugunsten der Verschuldensvermutung im russischen Zivilrecht. Die Auferlegung der Beweislast für Verschulden dem Kläger würde eine allgemeine Annahme bedeuten, dass die Verpflichtungen aus objektiven Gründen nicht erfüllt werden.[1392] Das könnte seinerseits zur Störung des normalen Rechtsverkehrs und zu „der bekannten Undiszipliniertheit in der Wirtschaftspraxis, dem Gefühl der Verantwortungslosigkeit"[1393] führen. Die Verschuldensvermutung ist somit ein wichtiges anspornendes Mittel, um zu einem ordnungsgemäßen Verhalten zu motivieren.[1394] Ohne diese Vermutung bestünde eine große Gefahr, dass der jeweilige Rechtsverkehrsteilnehmer ohne Rücksicht auf die anderen agierte und keine Veranlassung sehen würde, sich rücksichtsvoll zu verhalten.

Fraglich ist, ob die Verschuldensvermutung *de lege ferenda* im russischen Zivilrecht beibehalten oder vielmehr an die allgemeinen Beweislastregelungen der prozessualen Gesetze angepasst werden soll. Neben den bereits aufgeführten Argumenten spricht für das Beibehalten dieser Verschuldensvermutung die Tatsache, dass die Verschuldenspräsumtion im Rahmen der jüngsten sehr umfangreichen Reform des russischen Zivilgesetzbuchs unangetastet geblieben ist.[1395] Das zeigt, dass der Gesetzgeber diese Regelung für befriedigend und annehmbar hält. Anderenfalls hätte eine Änderung zumindest zur Diskussion gestanden.

Ferner spricht für die Vermutung auch eine der bereits erwähnten Funktionen der zivilrechtlichen Haftung: die präventiv-erzieherische.

Gegen eine solche Verschuldensvermutung können neue Entwicklungen in der Rechtsprechung sprechen. In einer der jüngsten Plenarentscheidungen hat das Oberste Gericht der RF die Regelungen über die Haftung für nicht

1390 *Flejšic*, SGiP 1954, Nr. 8, S. 23, 28; dazu bereits unter Kapitel 2, A.I.1.

1391 In diesem Sinne *Smirnov*, Zivilhaftung der staatlichen Betriebe, S. 73; *Ioffe*, Ausgewählte Werke I, S. 187, 354 f.; ähnlich *Malein*, Materielle Haftung, S. 75.

1392 *Malein*, Materielle Haftung, S. 75; in diesem Sinne auch *Ioffe*, Ausgewählte Werke I, S. 187, 354.

1393 *Ioffe*, Ausgewählte Werke I, S. 187, 355; ähnlich *Malein*, Materielle Haftung, S. 75.

1394 *Bulaevskij*, Juristische Haftung, S. 57, 61.

1395 Im Jahr 2009 wurde nach einem Präsidentenerlass eine umfangreiche Konzeption der Entwicklung der Zivilgesetzgebung ausgearbeitet. Diese Konzeption betraf viele Teile des modernen Zivilgesetzbuches. Nach Fachdiskussionen und Änderungen wurden später umfangreiche Änderungen im russischen Zivilgesetzbuch vorgenommen. Die Verschuldensvermutung wurde jedoch mit keinem einzigen Wort in den diskutierten Bestimmungen angesprochen.

ordnungsgemäße Vertragsverhandlungen nach Art. 434[1] ZGB RF erläutert, auf die nach Auffassung des Gerichts in der Regel die Regelungen des Zivilgesetzbuches über deliktische Verhältnisse Anwendung finden. Es wurde aber ausdrücklich darauf hingewiesen, dass Art. 1064 Ziff. 2 ZGB RF dabei nicht anwendbar sei.[1396] Allerdings sind die Ausführungen dazu sehr knapp und es fehlt jegliche Begründung für diese Ausnahme. Deswegen bleibt unklar, ob die Verschuldensvermutung bei dieser Fallgruppe lediglich als Ausnahme geändert wurde oder ob Schlüsse auf andere Fallkonstellationen zulässig sind. Die Regelungen des Zivilgesetzbuchs über die Verschuldensvermutung bleiben bestehen und es bleibt abzuwarten, wie sich die Rechtsprechung weiter entwickeln wird.

Für die Verschuldensvermutung spricht auch das allgemeine Verständnis des Verschuldens im russischen Zivilrecht. Im Lichte der immer noch herrschenden sog. psychologischen Verschuldenstheorie wäre eine andere Regelung der Beweislast bei der zivilrechtlichen Haftung nicht denkbar. Der Grund liegt darin, dass das Verschulden als psychisches Verhältnis des Schädigers zu den Handlungen vom Kläger niemals nachgewiesen werden kann. Der Kläger kann in die psychischen Prozesse und in die Gedanken des Beklagten nicht hineinschauen. Daher entspricht die geltende Beweislastverteilung hinsichtlich des Verschuldens dem noch herrschenden Verschuldensverständnis im russischen Zivilrecht.

Ob die allgemeine Verschuldensvermutung *de lege ferenda* im russischen Zivilrecht ihre Position beibehält, ist ungewiss. Die Verschuldensvermutung ist jedenfalls in den Fällen der in dieser Arbeit untersuchten deliktischen Gehilfenhaftung gerechtfertigt und auch begründet. Der Kläger hat in solchen Fallkonstellationen in der Regel keinen Einblick in die interne Organisation des Geschäftsherrn, der den Schaden zu ersetzen hat. Eine andere Lösung würde zu unüberwindbaren Beweisschwierigkeiten auf der Seite des Geschädigten führen.

Somit stößt die Verschuldensvermutung im russischen Zivilrecht, wie aus der Analyse des Meinungsstandes in der Lehre und der Rechtsprechung folgt, auf Kritik. Ihre juristische Grundlage ist ganz und gar nicht „überzeugend bewiesen“[1397]. Nichtsdestotrotz wird jedoch die Verschuldensvermutung im russischen

1396 Ziff. 19 der Plenarentscheidung des OG RF „Über die Anwendung durch Gerichte einiger Bestimmungen des Zivilgesetzbuches RF über die Haftung für Verletzung von Verpflichtungen“ v. 24. März 2016, Nr. 7, BVS RF 2016, Nr. 5, S. 3, 6 (zuletzt geändert durch die Plenarentscheidung des OG RF v. 7.02.2017, Nr. 6).

1397 So aber *Bobrova*, Probleme der deliktischen Haftung, S. 196.

Zivilrecht anerkannt. Insofern ist sie ungeachtet aller Gegenargumente zu berücksichtigen.

VII. Verhältnis des Geschäftsherrn und des Helfers zueinander

1. Außenverhältnis

In den Fällen der Haftung nach Art. 1068 ZGB RF darf der Geschädigte einen Schadensersatzanspruch gegen den unmittelbaren Schädiger – gegen den Helfer – nicht erheben. Er darf nur Klage gegen den Geschäftsherrn einreichen, der seinerseits einen Regressanspruch gegen den Helfer gemäß Art. 1081 Ziff. 1 ZGB RF hat.

Eine direkte Haftung nach Art. 1064 ZGB RF tragen die Helfer nur, wenn die Schadenszufügung mit der Erfüllung der Arbeits- (Dienst-, Amts-) Pflichten nicht verbunden und somit Art. 1068 Ziff. 1 ZGB RF nicht anwendbar ist. Ob eine direkte Haftung des Helfers zu bejahen ist, wenn die Voraussetzungen der Haftung des Geschäftsherrn nach Art. 1068 Ziff. 1 ZGB RF vorliegen, ist umstritten.

a. Lehre

In der sowjetischen juristischen Literatur wurde eine Diskussion über die Möglichkeit der „Ausrichtung“[1398] des Weges der Haftung, das heißt über die Möglichkeit der direkten Klage gegen den Helfer, geführt.

Einige ließen diese Möglichkeit zu, wenn die Organisation selbst (der Geschäftsherr) von der Haftung befreit war.[1399] Eine direkte Haftung der dritten Person sei zweckmäßiger, weil die unmittelbare Einwirkung auf die Schuldigen wirkungsvoller sei. Außerdem habe der Regress bei Bedingungen ständig zunehmender Komplexität der wirtschaftlichen Beziehungen seine schwache Wirtschafts- und Rechtseffektivität demonstriert.[1400]

1398 *Rajcher*, Die rechtlichen Fragen, S. 257 in Bezug auf die vertragliche Haftung für Dritte.

1399 *Karinskij*, SGiP 1951, Nr. 9, S. 70, 73; *Dotova*, Sovetskaja justicija 1959, Nr. 2, S. 38, 39 (ohne einen ausdrücklichen Hinweis auf die Haftungsbefreiung der Organisation als Voraussetzung); *Malein*, Materielle Haftung, S. 44 in Bezug auf die vertragliche Haftung; *Majdanik*/Sergeeva, Materielle Haftung, S. 35 (in Bezug auf die Fälle der Haftung der Ermittlungs-, Voruntersuchungsstellen, Staatsanwaltschaft und Gerichte); differenziert *Fondaminskij*, Haftung, S. 58 – nur in den Fällen, wenn die Klage gegen eine juristische Person bereits abgewiesen wurde.

1400 Zum Ganzen *Rabinovič*, Das Verschulden, S. 40.

Als Begründung der direkten Haftung des Helfers wurde auf eine schnellere Erreichung des Schuldigen gegenüber den Regressklagen und auf die Beseitigung der überflüssigen Bewegungen der ausgezahlten und danach wieder erstatteten Mittel hingewiesen.[1401] Außerdem sollte eine solche Haftung als zusätzlicher Faktor dienen, der die Erhöhung des Verantwortungsbewusstseins anrege.[1402] Im Verfahren könne diese Haftung durch die Heranziehung des Dritten als Streitgenosse realisiert werden.[1403]

Ferner wurde eine besondere Ansicht bezüglich der direkten Haftung des Arbeitnehmers vertreten. Im Allgemeinen der Möglichkeit der direkten Haftung zustimmend, wurde vorgeschlagen, die Klärung dieser Frage den Gerichten zu überlassen. Sie müssten entscheiden, wer im konkreten Fall zu haften hat. Dabei sei diese Frage nicht nach der Streitart, sondern nach dem Charakter der jeweiligen Rechtsverhältnisse, nach Verschuldensart und -grad des Schuldners und der Dritten zu entscheiden.[1404]

Die der direkten Haftung des Helfers zustimmende Auffassung hat jedoch in der Lehre keine Anerkennung erfahren. Daran wurde ernsthafte Kritik geübt.[1405] Nach herrschender Lehre ist die direkte Haftung des unmittelbaren Schädigers auszuschließen.[1406] Als Hauptargument gegen solche Haftung tritt der Verlust der wichtigsten Garantie der Interessen des Arbeitnehmers nach dem Arbeitsrecht – die beschränkte Haftung – auf.[1407] Bei der Haftung des unmittelbaren Schädigers gegenüber dem Geschädigten müsste er den Schaden in vollem Umfang ersetzen. Die arbeitsrechtlichen Regelungen „sperren" im gewissen Maße das Prinzip des vollen Schadensersatzes. Durch ein Verbot der unmittelbaren Haftung des Helfers gegenüber dem Geschädigten wird es also unmöglich, das arbeitsrechtliche Prinzip der beschränkten Haftung nach Belieben des Geschädigten auszuschalten.

1401 *Rajcher*, Die rechtlichen Fragen, S. 253.

1402 *Rajcher*, Die rechtlichen Fragen, S. 251.

1403 *Rajcher*, Die rechtlichen Fragen, S. 256.

1404 Zum Ganzen *Abramov*, SGiP 1976, Nr. 4, S. 30, 32 f.

1405 *Jarošenko*, Haftung, S. 249 f.; *Fondaminskij*, Haftung, S. 58 ff.

1406 *Jarošenko*, Haftung, S. 250; *Sadikov*, SGiP 1982, Nr. 8, S. 16, 18; *Smirnov*, Regressklagen, S. 18; *ders.*, Die Verpflichtungen aus der Schadenszufügung, S. 31; *Matveev*, Die Gründe der zivilrechtlichen Haftung, S. 240 f., Fn. 2, merkt an, dass solche „Geradlinigkeit" die Prinzipien der materiellen Haftung der Arbeitnehmer und Bediensteten entstelle, weil sie durch Normen nicht des Zivil-, sondern des Arbeitsrechts zu regeln sei.

1407 *Jarošenko*, Haftung, S. 249.

b. Rechtsprechung

In der Rechtsprechung wird in der Regel die direkte Haftung der Helfer nicht zugelassen. Nicht selten korrigieren höhere Gerichte diesbezüglich die Fehler der Instanzgerichte.

So hat das Gericht eine Klage mit der Begründung abgewiesen, dass der Beklagte hinsichtlich des Sachverhaltes nicht passiv legitimiert sei.[1408]

Ein Einzelunternehmer (der Kläger) hat einen Anspruch auf Schutz seines Geschäftsrufes und auf Kompensation des moralischen Schadens gegen den Bürger (den Beklagten) erhoben.

Der Beklagte als Verwaltungsleiter des Pokrovskij Bezirks hatte bei dem ersten Stellvertreter des Gouverneurs des Orlovskij Gebiets einen Antrag auf die Überprüfung der Tätigkeit des Klägers hinsichtlich der unrechtmäßigen Eigentumsveräußerung und der mehrfachen eigenmächtigen Aneignung des Eigentums auf dem Territorium des Pokrovskij Bezirks gestellt. Die Überprüfung hatte ergeben, dass die Handlungen des Klägers rechtmäßig waren. Der Kläger hatte einen Anspruch erhoben, weil er die Antragsangaben für rufschädigend gehalten hatte.

Das Urteil der ersten Instanz, das der Klage stattgab, wurde von den höheren Gerichten abgeändert und die Klage letztlich abgewiesen. Das Gericht ging dabei davon aus, dass der Bürger als Beklagter nicht passiv legitimiert sei. Die Überprüfung wurde also nicht vom Beklagten als Bürger, sondern von der Verwaltung des Pokrovskij Bezirks beantragt. Werden entsprechende Angaben von einem Arbeitnehmer im Zusammenhang mit seiner beruflichen Tätigkeit im Namen der Organisation, in der er arbeitet, verbreitet, muss die juristische Person, deren Arbeitnehmer die Angaben verbreitet hat, nach Art. 1068 ZGB RF haften.[1409]

In anderer Sache beschäftigte sich das Gerichtskollegium für Zivilsachen des Moskauer Gebietsgerichts mit einer Kassationsbeschwerde in Bezug auf Gerichtsentscheidung über Schadensersatz infolge eines Verkehrsunfalls.[1410] Der Kläger hat einen Anspruch gegen den ersten Beklagten (eine GmbH) und den zweiten Beklagten (Bürger) auf gesamtschuldnerischen Ersatz des Schadens erhoben. Der Verkehrsunfall geschah infolge des Zusammenstoßes von drei

---

1408 FAG des Zentralen Bezirks, Urt. v. 26. März 2007, Nr. A48-1014/06-10, „Konsul'tantPlus".

1409 FAG des Zentralen Bezirks, Urt. v. 26. März 2007, Nr. A48-1014/06-10, „Konsul'tantPlus".

1410 Moskauer Gebietsgericht, Beschluss v. 16. Mai 2006, Nr. 33-4172, „Konsul'tantPlus".

Autos: das Auto unter der Führung des Fahrers des ersten Beklagten und das Auto unter der Führung des zweiten Beklagten, das infolgedessen das Auto des Klägers erfasste.

Das Kassationsgericht hat das Urteil der ersten Instanz aufgehoben und die Klage abgewiesen. Der erste Beklagte hatte sich darauf berufen, dass er nicht passiv legitimiert sei. Der Anspruch sei direkt gegen den Fahrer zu richten. Jedoch hat das Gericht diesen Einwand richtigerweise nicht berücksichtigt, weil der Fahrer des ersten Beklagten die Arbeit nach dem Auftrag des Beklagten erfüllt hatte. Das zwischen dem ersten Beklagten und seinem Fahrer entstandene Rechtsverhältnis fällt also unter Art. 1068 ZGB RF, der die Haftung der juristischen Person für einen durch ihre Helfer verursachten Schaden vorsieht.[1411]

Somit haben die Gerichte in diesen Fällen konsequent die Auffassung vertreten, dass die Haftung des die Arbeits- (Dienst-, Amts-) Pflichten erfüllenden Helfers selbst durch die Haftung seines Geschäftsherrn verdrängt wird.

Mit der Frage, ob durch ein Verbot der direkten Haftung des Helfers bei der Schadenszufügung durch ihn die Verfassungsrechte verletzt sind, hat sich sogar das Verfassungsgericht RF in jüngster Zeit beschäftigt.[1412] Dabei hat der Beschwerdeführer, dessen Sohn infolge eines Stromschlags bei der Ausführung von Anstricharbeiten getötet wurde, eine Verfassungsbeschwerde wegen Verletzung seiner Verfassungsrechte durch Art. 1068 Ziff. 1 ZGB RF eingereicht. Unter anderem ging es darum, dass die Gerichte den Anspruch des Beschwerdeführers bei früheren Verfahren in dieser Sache gegen einen anderen Arbeitnehmer, der die Arbeiten geleitet hatte, abgelehnt haben. Sie haben darauf hingewiesen, dass der richtige Beklagte in dieser Sache der Arbeitgeber sei. Der Beschwerdeführer hat auf eine Klage gegen die entsprechende juristische Person (Arbeitgeber) jedoch verzichtet. Das Verfassungsgericht RF hat die Verletzung der Verfassungsrechte abgelehnt und ausgeführt, dass die Regelungen des Art. 1068 Ziff. 1 ZGB RF mit anderen gesetzlichen Vorschriften auf die Gewährleistung der Balance der Rechte des Arbeitgebers, Arbeitnehmers und Geschädigten gerichtet seien und nicht als die in der Beschwerde genannten Verfassungsrechte verletzend betrachtet werden können.[1413]

1411 Zum Ganzen Moskauer Gebietsgericht, Beschluss v. 16. Mai 2006, Nr. 33-4172, „Konsul'tantPlus“.

1412 Verfassungsgericht der RF, Beschluss v. 26. April 2016, Nr. 788-O, „Konsul'tantPlus“.

1413 Zum Ganzen Verfassungsgericht der RF, Beschluss v. 26. April 2016, Nr. 788-O, „Konsul'tantPlus“.

Die Klage gegen den unmittelbaren Schädiger – den Helfer selbst – ist somit nicht zulässig. Der Helfer kann hingegen als eine dritte Person ohne selbstständige Ansprüche in Bezug auf den Streitgegenstand dem Geschäftsherrn im Rechtsstreit beitreten.[1414]

c. *Stellungnahme*

Es ist anzuerkennen, dass die Argumente gegen die direkte Haftung des Helfers der Logik und des Sinnes nicht entzogen sind. Sie halten jedoch der Gegenargumentation nicht stand.[1415]

Der Meinung, nach der der Arbeitnehmer für den von ihm bei Erfüllung der Arbeits- (Dienst-, Amts-) Pflichten zugefügten Schaden im Falle der Haftungsbefreiung seines Arbeitgebers ebenfalls nicht hafte[1416], ist zu widersprechen. Dabei wird auf die Schadenszufügung bei Erfüllung entsprechender Pflichten als Haftungsbefreiungsgrund hingewiesen, was die Handlungen der Arbeitnehmer als Handlungen der Organisation selbst anzusehen ermöglicht.[1417]

Dieser Behauptung sind folgende Einwände entgegenzuhalten. Erstens gibt es im russischen Zivilrecht Gründe für einen Haftungsausschluss. Dazu gehören zum Beispiel das Fehlen des Verschuldens, höhere Gewalt und in bestimmten Fällen ein Verschulden des Geschädigten. Die „Erfüllung der Arbeits- (Dienst-) Pflichten" zählt aber nicht dazu und passt folglich in das Haftungssystem des russischen Zivilgesetzbuches nicht. Die Frage des Ausschlusses der Haftung des unmittelbaren Schädigers ist unter Berücksichtigung der allgemeinen Haftungsausschlussgründe zu entscheiden. Sofern der unmittelbare Schädiger alle

---

1414 Siehe etwa Ziff. 5 der Plenarentscheidung des OG RF „Über die Gerichtspraxis zu Fällen über den Schutz der Ehre und der Würde der Bürger sowie des geschäftlichen Rufs der Bürger und der juristischen Personen" v. 24. Februar 2005, Nr. 3, BVS RF 2005, Nr. 4, S. 2, 4; FAG des Fernöstlichen Bezirks, Urt. v. 8. Juli 2002, Nr. Ф03-А73/02-1/1227 in der Sache Nr. А73-410/2002-13, „Konsul'tantPlus". Im letzten Urteil spricht das Gericht sogar davon, dass der Streit dem Arbeitnehmer *zu* verkünden *sei*.

1415 In diesem Sinne *Koršunova*, Traditionen und Neuerungen 2010, S. 207, 208.

1416 *Jarošenko*, Haftung, S. 243; anders aber *Fondaminskij*, Haftung, S. 57 f. (wenn die Klage gegen eine juristische Person abgewiesen wurde); *Karinskij*, SGiP 1951, Nr. 9, S. 70, 73; *Majdanik*/Sergeeva, Materielle Haftung, S. 35 (in Bezug auf die Fälle der Haftung der Ermittlungs-, Voruntersuchungsstellen, Staatsanwaltschaft und Gerichte) betont, dass der Ausschluss der Haftung der schuldigen Arbeitnehmer durch irgendwelche Überlegungen juristischer Natur nicht begründet werden könne.

1417 *Jarošenko*, Haftung, S. 243.

Haftungsvoraussetzungen erfüllt, gibt es keinen ersichtlichen Grund, ihn von der Haftung zu befreien.

Zweitens ist es dem Geschädigten gleichgültig, aus welchen Beweggründen, nach wessen Anweisungen oder bei Erfüllung welcher Pflichten der Schädiger gehandelt hat, wenn dabei ein *Schaden* durch *seine schuldhaften* Handlungen verursacht worden ist.

Das Verbot der direkten Haftung bleibt ferner auch angesichts des Verweises auf die „Auflösung" des Arbeitnehmers in der Organisation unklar, das heißt angesichts der Anerkennung seiner Handlungen als Handlungen der Organisation selbst[1418]. Bei der Regresshaftung nach einer Klage des Arbeitgebers „erwacht er jedoch wieder zum Leben" als selbstständiges Rechtssubjekt. Es ist unverständlich, warum eine solche Verdoppelung der Rechtsstellung (als die Organisation selbst und als selbstständiges Rechtssubjekt) im Verhältnis „Arbeitgeber - Arbeitnehmer" möglich und im Verhältnis „Arbeitnehmer als unmittelbarer Schädiger - Geschädigter" ausgeschlossen sein soll.

Weiterhin behält der Geschädigte die Möglichkeit, einen Anspruch gegen den Geschäftsherrn zu richten. Dadurch wird dem Einwand widersprochen, dass eine zu große finanzielle Last auf den Helfer fiele. Das finanzielle Risiko auf der Seite des Helfers ist bei der Zulassung seiner direkten Haftung gegenüber dem Geschädigten zweifellos größer. Dabei bleibt aber unverdienterweise der Umstand ohne Berücksichtigung, dass der Geschädigte bei der Auswahl des Beklagten seine Entscheidung nicht zuletzt unter dem Aspekt der Realität der Zwangsvollstreckung des gerichtlichen Urteils trifft. Das bedeutet, dass er in der Regel ein solventeres Haftungssubjekt als Beklagten auswählt. Dadurch verringert sich das befürchtete übermäßige finanzielle Risiko des Helfers.

Außerdem ist der Hinweis auf das fehlende Rechtsverhältnis zwischen dem unmittelbaren Schädiger und dem Geschädigten[1419] unbegründet. Zwischen ihnen gibt es kein vertragliches Schuldverhältnis. Es wird jedoch ein unmittelbares außervertragliches Schuldverhältnis begründet. Der Umstand, dass dem Geschädigten eine konkrete, den Schaden verursachende Person unbekannt sein kann, ist unbedeutend. Der Geschädigte bleibt berechtigt, eine Klage gegen den Geschäftsherrn selbst einzureichen.

1418 *Jarošenko*, Haftung, S. 243.

1419 So *Abramov*, SGiP 1976, Nr. 4, S. 30, 34; in diesem Sinne auch *Smirnov*, Pravovedenie 1960, Nr. 1, S. 62, 67.

Der Einwand des Verlustes der privilegierten Rechtslage ist nicht universell. Er erstreckt sich nicht auf diejenigen Personen, die aufgrund eines zivilrechtlichen Vertrages ihre Arbeiten ausführen.

Bei der Begründung der direkten Haftung des Helfers darf auch nicht unerwähnt bleiben, dass eine solche Haftung dem russischen Zivilrecht nicht fremd ist. Sie wurde bereits bei der Haftung der Herren für ihre Diener nach Art. 687 Svod Zakonov X/1[1420] und später nach Art. 2611 des Entwurfes von 1905[1421] zugelassen.

Letztendlich hält die Behauptung, dass der Staat bei der Zulassung der Haftung des unmittelbaren Schädigers im Fall des Ausschlusses der Haftung des Geschäftsherrn die Umwälzung des Haftungsrisikos auf den Arbeitnehmer selbst anstrebe[1422], der Kritik nicht stand. Wenn alle Haftungsvoraussetzungen bei dem Helfer vorliegen, wäre es nicht gerechtfertigt, das Schadensrisiko dem Geschädigten aufzuerlegen. Außerdem trägt letztlich gerade der Helfer das Risiko eines durchsetzbaren Regressanspruches des Geschäftsherrn, sofern er selbst schuldhaft gehandelt hat.

Das Recht des Geschädigten, den Beklagten bei Ansprüchen auf Ersatz des durch den Helfer bei Erfüllung seiner Pflichten zugefügten Schadens auszuwählen, trägt zur Beweglichkeit des Rechtsverkehrs bei. Der Anerkennung eines solchen Rechts stehen also keine zwingenden Einwände entgegen.

Als juristische Grundlage der unmittelbaren Haftung des Helfers gegenüber dem Geschädigten könnte Art. 1064 Ziff. 1 ZGB RF in Betracht kommen. Der Geschäftsherr und sein Helfer sind dabei als Gesamtschuldner zu behandeln. Die Einschränkung des Haftungsumfangs zwecks des Schutzes der Interessen der Arbeitnehmer nach arbeitsrechtlichen Vorschriften wäre gemäß Art. 15 Ziff. 1 ZGB RF möglich. Nach dieser Vorschrift kann die Person, deren Recht verletzt wurde, den Ersatz des Schadens in vollem Umfang verlangen, es sei denn, durch ein Gesetz oder durch Vertrag ist ein Schadensersatz in nur geringerer Höhe vorgesehen. Die Vorschriften des russischen Arbeitsgesetzbuches stellen solche gesetzlichen Regelungen ähnlich wie in Art. 1081 Ziff. 1 ZGB RF dar. Art. 15 ZGB RF ist im allgemeinen Teil des russischen Zivilgesetzbuches

---

1420 *Tjutrjumov*, Zivilgesetze, S. 507 (Anm. 5); zu Art. 687 Svod Zakonov X/1 siehe näher unter Kapitel 2, B.I.3.

1421 *Tjutrjumov*, Entwurf II, S. 1262; zum Entwurf von 1905 siehe näher unter Kapitel 2, B.I.4.

1422 *Jarošenko*, Haftung, S. 244.

platziert, so dass er sowohl auf vertragliche als auch auf deliktische Schuldverhältnisse Anwendung findet.

Es ist somit zweckmäßig und gerechtfertigt, das Recht des Geschädigten zur Auswahl des Anspruchsgegners im Fall der Schadenszufügung durch Helfer bei Erfüllung ihrer Arbeits- (Dienst-, Amts-) Pflichten anzuerkennen.

2. *Innenverhältnis*

Die Person, die den Schaden nach Art. 1068 Ziff. 1 ZGB RF ersetzt hat, erhält gemäß Art. 1081 Ziff. 1 ZGB RF einen Regressanspruch gegen den Schädiger in Höhe der gezahlten Entschädigung, soweit durch Gesetz nicht eine andere Höhe bestimmt ist. Solche gesetzlichen Spezialregelungen finden sich zum Beispiel im Arbeitsrecht. Der Regress bei Arbeitnehmern im arbeitsrechtlichen Sinne richtet sich nach den Vorschriften des Arbeitsgesetzbuches RF, nach dessen Artt. 238–250 die Höhe des Schadensersatzes, den der Arbeitnehmer dem Arbeitgeber zu zahlen hat, beim Vorliegen bestimmter Voraussetzungen beschränkt ist.

Unter einem Regressanspruch (Rückgriffsanspruch) wird eine Forderung des Gläubigers (des Rückgriffnehmers) gegenüber dem Schuldner (dem unmittelbaren Schädiger) auf Rückzahlung des aufgrund dessen Verschuldens an den Geschädigten gezahlten Ersatzes verstanden.[1423]

Die Frage, welche Normen auf die Regressansprüche anwendbar sind, ist unter Berücksichtigung des Rechtsverhältnisses zwischen dem Geschäftsherrn und seinem Helfer zu entscheiden. Bei Ausführung der Arbeiten auf Basis eines Arbeitsvertrages werden arbeitsrechtliche Vorschriften und auf Basis eines zivilrechtlichen Vertrages die Bestimmungen des russischen Zivilgesetzbuches gelten.[1424] Die Spezialrechtsakte können ferner besondere Regelungen zu der Regresshaftung der Helfer enthalten.[1425]

Das Regressrechtsverhältnis ist mit dem Grundrechtsverhältnis verbunden. Sie sind aber nicht gleichartig. Aus diesem Grund muss in jedem einzelnen Fall des Regresses der haftungsbegründende Tatbestand erfüllt sein und der konkrete

---

1423 Sadikov/*Fajzutdinov/Gljancev*, Teil 2, Anm. 1 zu Art. 1081; ausführliche Definition siehe etwa bei *Judel'son*, Wissenschaftliche Schriften, S. 178, 189.

1424 In diesem Sinne zum Ganzen *Judel'son*, Wissenschaftliche Schriften, S. 178, 217; a.A. Karpovič/*Jarošenko*, Kommentar, S. 272 begründet die Haftung beim Regress nach den arbeitsrechtlichen Normen mit dem Hinweis, dass eine juristische Person oder ein Bürger für eigene Handlungen haftet.

1425 Z.B. Art. 10 des föderalen Gesetzes „Über materielle Haftung der Militärangehörigen" vom 12.07.1999 Nr. 161-FZ, SZ RF 1999, Nr. 29, Pos. 3682, zuletzt geändert durch das Gesetz Nr. 170-FZ v. 18.07.2017.

Umfang der Regressforderung bestimmt werden. Einer der wichtigsten Unterschiede der Regresshaftung des Helfers aufgrund eines zivilrechtlichen Vertrages und des Arbeitnehmers nach einem Arbeitsvertrag besteht darin, dass im letzten Fall das Verschulden des Arbeitnehmers vom Geschäftsherrn nachgewiesen werden muss.

Außerdem unterscheiden sie sich dadurch, dass die materielle Haftung des Arbeitnehmers nach den arbeitsrechtlichen Regelungen beschränkt ist. Nach Art. 238 Abs. 1 ArbGB RF hat der Arbeitnehmer nur den direkten realen Schaden, nicht jedoch den entgangenen Gewinn zu ersetzen. Der Schadensersatzumfang ist ferner der Höhe nach begrenzt. Der Arbeitnehmer haftet gemäß Art. 241 ArbGB RF im Rahmen seines durchschnittlichen Monatsverdienstes, sofern nichts anderes durch Gesetz bestimmt ist.

Bei einem Regressanspruch nach den Regelungen des russischen Zivilgesetzbuches ist auch die Vorschrift des Art. 1083 ZGB RF zu berücksichtigen. Nach Art. 1083 Ziff. 3 ZGB RF kann die Schadensersatzpflicht eines Bürgers aufgrund seiner Vermögenslage begrenzt sein. Diese Entscheidung liegt im Ermessen des Gerichts. Allerdings darf sich der unmittelbare Schädiger aus diesem Grunde der Haftung nicht völlig entziehen. Im Fall der vorsätzlichen Schädigung wird aber die Vermögenslage des Bürgers nicht mehr berücksichtigt. Außerdem ist nach dieser Vorschrift auch das Verschulden des Geschädigten bei der Festlegung des zu ersetzenden Schadens zu berücksichtigen.

Der Regressanspruch des Geschäftsherrn nach Art. 1081 Ziff. 1 ZGB RF entsteht erst ab dem Zeitpunkt der tatsächlichen Zahlung an den Geschädigten des Betrags, der im Zusammenhang mit der Schadenszufügung ersetzt werden muss. Daraus ergibt sich die wichtige Schlussfolgerung, dass das Gericht der Regressklage nicht stattgeben darf, wenn der Kläger zum Zeitpunkt der Entscheidungsfällung den zugefügten Schaden nicht ersetzt hat.[1426]

Die Verjährungsfrist bei Regressansprüchen beträgt nach Art. 196 Ziff. 1 ZGB RF drei Jahre. Sie beginnt ab dem Tag der Erfüllung der Hauptverpflichtung (Art. 200 Ziff. 3 ZGB RF). Diese Berechnung der Verjährungsfrist entspricht auch der Rechtsprechung.[1427]

Schließlich ist anzumerken, dass der Regressanspruch heutzutage in Russland an Bedeutung verliert. Durch diesen könnten nicht in vollem Umfang die Interessen des Geschäftsherrn bewahrt werden. Diese negativ zu bewertende Entwicklung hängt nicht mit den rechtlichen Regelungen des Regresses, sondern

1426 OG RF, Beschluss v. 23. September 1993, BVS RF 1994, Nr. 8, S. 10 f.

1427 Sadikov/*Rozenberg*, Teil 1, Anm. 7 zu Art. 200.

mit der aktuellen Wirtschaftssituation in Russland zusammen. Der Grund der niedrigen Effektivität der Regresshaftung liegt darin, dass der Lohn des Helfers in Verträgen und anderen offiziellen Unterlagen zwecks Steuerhinterziehung nicht selten bewusst herabgesetzt wird. Der Umfang des Regressanspruches gegen den Helfer-Arbeitnehmer ist aber von der Vergütung abhängig.

In diesem Zusammenhang mindert sich der Schadensersatz infolge des Regressanspruchs. Zurzeit beschäftigt sich die Regierung der RF intensiv mit der Bekämpfung des sog. „Briefumschlaglohnes“. Wenn sich die Lage diesbezüglich verbessert, ist auch mit einer Steigerung der Effektivität und Bedeutung der Regressklagen von Geschäftsherren gegen eigene Arbeitnehmer nach den arbeitsrechtlichen Vorschriften zu rechnen.

Es wird die Meinung vertreten, dass die Regressmöglichkeit die einzige Chance des Arbeitgebers sei, sein Geld zurückzubekommen, falls ihn an der Schadensverursachung kein Verschulden treffe, weil es in Russland – im Gegensatz zum deutschen Recht – für den Arbeitgeber keine Exkulpationsmöglichkeit gebe.[1428] Dieser Ansicht ist insoweit zu widersprechen, als sie die Versicherungsmöglichkeiten für den Geschäftsherrn nicht in ausreichendem Maße berücksichtigt.

VIII. Unterschiede vertraglicher und deliktischer Gehilfenhaftung nach russischem Recht

Angesichts des Ausschließlichkeitsverhältnisses[1429] zwischen vertraglicher und deliktischer Haftung ist die Frage nach ihren Unterschieden in Bezug auf Fälle der Gehilfenhaftung von besonderer Bedeutung. Zunächst ist auf diejenigen Unterschiede einzugehen, die sich aus den allgemeinen Differenzen im Verhältnis vertraglicher und deliktischer Haftung zueinander ergeben.

Die Regelungen über deliktische Haftung sind grundsätzlich imperativ. Die Bestimmungen über vertragliche Haftung sind dagegen hauptsächlich dispositiv konzipiert. Daher spielt das Ermessen der Vertragsparteien weitgehend eine überragende Rolle. Das wirkt sich bei mehreren Aspekten entscheidend aus (Haftungsvoraussetzungen, Haftungsumfang).

Vor allem ist den Haftungsvoraussetzungen Aufmerksamkeit zu schenken. Die vertragliche und deliktische Haftung sind grundsätzlich als Verschuldenshaftung, auch wenn als Haftung nur für vermutetes Verschulden, konzipiert. Erheblich an Bedeutung gewinnt in diesem Zusammenhang der Umstand,

1428 *Drujinina*, Die Entwicklung des Russischen Haftungsrechts, S. 127.
1429 Dazu unter Kapitel 2, A.I.3.d.

dass die Haftung der Unternehmer im Vertragsrecht weitgehend als verschuldensunabhängige Haftung geregelt ist (Art. 401 Ziff. 3 ZGB RF), wobei diese Bestimmung einen dispositiven Charakter hat. Das Gesetz lässt davon einige Ausnahmen als Rückkehr zum Verschuldensprinzip zu. Diese Ausnahmen sind jedoch selten. Der Anwendungsbereich der verschuldensunabhängigen Haftung für Unternehmer (juristische oder natürliche Personen) beschränkt sich nur auf das Vertragsrecht. Diese Regeln finden also keine Anwendung, wenn die Frage nach der deliktischen Haftung eines Unternehmers im Raum steht. Allerdings sind bei der Deliktshaftung andere gesetzliche Ausnahmen von dem Verschuldensprinzip zu berücksichtigen. Zu den bedeutendsten Ausnahmen gehört die Haftung für die Schäden, die durch eine Quelle erhöhter Gefahr verursacht wurden (Art. 1079 ZGB RF).

Daraus ist zu folgern, dass wenn es um die Gehilfenhaftung von Unternehmern geht, die deliktischen Regelungen für sie günstiger wären, sofern sich keine Quelle erhöhter Gefahr ausgewirkt hat. Danach wäre der Unternehmer bei Nachweis des fehlenden eigenen Verschuldens und bei der Haftung für Helfer auch bei Nachweis des fehlenden Verschuldens des Helfers von der Haftung entlastet. Nach vertraglichen Vorschriften hingegen hätten die Unternehmer verschuldensunabhängig einzustehen. Für die Haftungsentlastung wäre demnach die Auswirkung höherer Gewalt sowohl auf eigener als auch auf der Seite des Mitarbeiters darzulegen. Bei einer Quelle erhöhter Gefahr sind aber die deliktischen Regelungen für den Schädiger, der kein Unternehmer ist, strenger als jene im Vertragsbereich. Somit ergeben sich gewisse Überschneidungen beim Verschuldensprinzip bei vertraglicher und deliktischer Gehilfenhaftung, abhängig vom Status des Schuldners oder von der Schadensquelle. In dieser Hinsicht könnte die eine oder die andere gesetzliche Regelung aus der Sicht des Haftenden günstiger erscheinen.

Ferner ist auf den Schaden als Haftungsvoraussetzung einzugehen. Dessen Erfordernis wird als Haftungsvoraussetzung im Rahmen der vertraglichen Haftung, wenn sie sich in einer Vertragsstrafe ausdrückt, abgelehnt. Somit entfällt die Beweispflicht des Klägers für den eingetretenen Schaden, wodurch er zweifellos gegenüber den deliktischen Schadensersatzansprüchen besser gestellt wird.

Ein weiterer wichtiger Aspekt besteht darin, dass der Personenschaden nur nach den deliktischen Regeln ersetzt wird.[1430] Diese Regel ist dadurch zu begründen, dass ein Mensch immer ein Subjekt und niemals dagegen ein Objekt der Rechtsverhältnisse sei. Die Persönlichkeit eines Bürgers, sein Leben und seine

1430 *Smirnov/Sobčak*, Die allgemeine Lehre, S. 101.

Gesundheit könnten nicht Vertragsgegenstand sein.[1431] Diese Schlussfolgerung ist auch den Artt. 2, 46 Ziff. 1 der Verfassung der RF[1432] zu entnehmen. Die ausdrückliche Bestimmung darüber, dass die Personenschäden eines Bürgers innerhalb eines Vertragsverhältnisses nach den Regeln über Deliktshaftung zu ersetzen sind, enthält Art. 1084 ZGB RF. Somit stellt diese Bestimmung eine Ausnahme zu dem von der herrschenden Meinung bejahten Ausschließlichkeitsverhältnis zwischen vertraglichen und deliktischen Ansprüchen dar.

In der sowjetischen Literatur wurde ferner besonders hervorgehoben, dass dem deliktischen Bereich die Haftung für fremdes Verschulden unbekannt sei.[1433] Sie sei nur in speziellen, gesetzlich geregelten Fällen möglich.[1434] Im Gegensatz dazu ist im vertraglichen Bereich die Haftung für fremdes Verschulden in bestimmten Fällen, zu denen auch die Haftung für Dritte bei Erfüllung der Verpflichtungen des Schuldners gehört, festgelegt. An dieser Schlussfolgerung lassen sich aber wegen der aktuellen Rechtsprechungsentwicklung Zweifel hegen.

Was den Haftungsumfang angeht, wäre der deliktische Anspruch in den Fällen zu bevorzugen, in denen die Haftung im Vertrag oder durch spezielle gesetzliche Regelungen begrenzt ist. Im deliktischen Bereich gilt das Verbot der vertraglichen Minderung des Umfangs des Schadensersatzes.[1435]

Im Rahmen der gesetzlich festgelegten Möglichkeiten der Schadensersatzminderung ergeben sich weitere Unterschiede. Die leichte Fahrlässigkeit des Gläubigers bzw. des Geschädigten wirkt beispielsweise nur im vertraglichen Bereich schadensersatzmindernd (Artt. 404 Ziff. 1 und 1083 Ziff. 2 ZGB RF).[1436] Außerdem ist die Haftung für den durch mehrere Personen zugefügten Schaden bei einer Vertragsverletzung in der Regel als Anteilshaftung (Art. 321 ZGB RF) und bei Delikt grundsätzlich als Gesamthaftung (Art. 1080 ZGB RF) konzipiert. Somit ist der Kläger beim deliktischen Anspruch hinsichtlich der Durchsetzung seiner Interessen in eine günstigere Lage versetzt.[1437]

Bei der Beurteilung der besonderen Voraussetzungen der Haftung für Helfer ist anzumerken, dass sich die vertraglichen und deliktischen Ansprüche bei

---

1431 Zum Ganzen *Smirnov/Sobčak*, Die allgemeine Lehre, S. 101.

1432 Verfassung der RF vom 12. Dezember 1993, SZ RF 2014, Nr. 31, Pos. 4398 (mit Änderungen), zuletzt geändert durch das föderale Verfassungsgesetz Nr. 11-FKZ v. 21.07.2014.

1433 *Smirnov/Sobčak*, Die allgemeine Lehre, S. 104.

1434 *Novickij/Lunc*, Die allgemeine Lehre, S. 350.

1435 Sadikov/*Fajzutdinov/Gljancev*, Teil 2, Anm. 4 zu Art. 1064.

1436 *Drujinina*, Die Entwicklung des Russischen Haftungsrechts, S. 85.

1437 Zum Ganzen *Smirnova*, Juristische Personen, S. 167, 169.

der Haftung für Helfer nach der gesetzgeberischen Konzeption im persönlichen Anwendungsbereich unterscheiden.

Der Begriff des Arbeitnehmers in Art. 402 ZGB RF und in Art. 1068 ZGB RF unterscheidet sich wesentlich dadurch, dass dieser in deliktischen Schuldverhältnissen auch die Arbeitnehmer aufgrund eines sog. zivilrechtlichen Vertrages mit einschließt. Somit gibt es im Rahmen des russischen Zivilgesetzbuches keine einheitliche Herangehensweise an eine Definition dieses Begriffs. Dies ruft berechtigterweise in der juristischen Literatur Kritik hervor. Diese nicht eindeutige Herangehensweise trage nicht zu einer Vereinheitlichung der Gesetzgebung bei.[1438]

Es wird auch vorgeschlagen, den Begriff „Arbeitnehmer" im weiteren Sinne, also im Sinne des Art. 1068 ZGB RF, analog in Art. 402 ZGB RF anzuwenden.[1439] Dieser Vorschlag ist jedoch vereinzelt geblieben und wurde von der Lehre und von der Rechtsprechung zu Recht nicht unterstützt. Bei Realisierung dieses Vorschlags wäre die Abgrenzung zwischen den Bestimmungen der Artt. 402 und 403 ZGB RF nicht mehr durchführbar. Außerdem würde die Regelung des Art. 403 ZGB RF leer laufen. Schließlich werden die Unterschiede im Begriffsverständnis durch die Regelung des Art. 403 ZGB RF ausgeglichen. Trotz der Kritik daran ändert sich also am praktischen Ergebnis nichts.

Ferner hat der Gesetzgeber unterschiedliche Formulierungen bezüglich der Voraussetzung der Handlung des Helfers bei Erfüllung seiner Verpflichtungen verwendet. In diesem Zusammenhang ist eine Vereinheitlichung wünschenswert. Außerdem ist nach Art. 1068 Ziff. 1 ZGB RF ein Abhängigkeitsverhältnis zwischen dem Geschäftsherrn und seinem Helfer erforderlich. Aus der Regelung des Art. 403 ZGB RF folgt dieses Erfordernis hingegen nicht.

Die Außenhaftung des konkreten Helfers bei Erfüllung aller Haftungsvoraussetzungen in seiner Person ist weiterhin nach den deliktischen Regelungen ausgeschlossen, wobei die Außenhaftung nach Art. 403 ZGB RF in den gesetzlich geregelten Fällen zugelassen wird.

Der Regressanspruch des Geschäftsherrn ist bei der deliktischen Haftung in Art. 1081 Ziff. 1 ZGB RF geregelt. Im Bereich der Vertragshaftung ist eine gesonderte Regelung nicht vorhanden, so dass die allgemeinen Vorschriften des Kapitels 25 des ersten Teils des russischen Zivilgesetzbuches über zivilrechtliche Haftung auf den Regressanspruch Anwendung finden.

1438 Mozolin/*Maleina*, Teil 1, Anm. 1 zu Art. 402.

1439 Grišaev/Ėrdelevskij/*Gavrilov*, ZGB RF I, Abs. 4 zu Art. 402.

Infolge der Gegenüberstellung der vertraglichen und deliktischen Haftung für Gehilfenhandlungen ist die Schlussfolgerung zu ziehen, dass deren gesetzliche Konzeption im Grunde genommen gleich ist. Infolgedessen können sich insoweit keine Privilegien für den Haftenden oder für den Geschädigten ergeben. Äußerst wichtig und daher nicht außer Acht zu lassen sind jedoch die gesetzlichen Ausnahmen vom Verschuldensprinzip im Bereich der vertraglichen und deliktischen Haftung. Außerdem dürfen auch weitere Abweichungen in Bezug auf einzelne Haftungsvoraussetzungen nicht unberücksichtigt bleiben.

C. Besonderheiten der deliktischen Haftung juristischer Personen nach russischem Zivilrecht

In diesem Kapitel werden die Grundfragen sowie einzelne Sonderprobleme der Haftung der juristischen Person nach russischem Zivilrecht, die für diese Untersuchung relevant sind, beleuchtet.

I. Grundlegende Bestimmungen

Im russischen Zivilrecht lassen sich alle Rechtssubjekte nach Art. 2 Ziff. 1 Abs. 2 ZGB RF in zwei Gruppen aufteilen: natürliche Personen oder Bürger (Kapitel 3 des Unterabschnitts 2 des ersten Teils des ZGB RF) und juristische Personen (Kapitel 4 des Unterabschnitts 2 des ersten Teils des ZGB RF). Es gibt also keine Gruppe von Gesellschaften, die nicht zu den juristischen Personen gehören. Die Personengesellschaften[1440] (OHG – „*polnoe tovariščestvo*“[1441] und KG – „*tovariščestvo na vere*“[1442]) zählen nach russischem Zivilrecht ebenfalls zu den juristischen Personen. Dies spiegelt sich auch in der gesetzlichen Systematik wider, indem sich die Vorschriften über diese Gesellschaften im Kapitel über die juristischen Personen befinden. Die GbR („*prostoe tovariščestvo*“[1443]) ist dagegen lediglich ein schuldrechtlicher Vertragstyp.

1. Juristische Personen im russischen Zivilrecht

a. Gesetzgeberische Konzeption

Aus der Legaldefinition einer juristischen Person in Art. 48 Ziff. 1 ZGB RF lassen sich deren Wesensmerkmale ableiten. Die erste notwendige Eigenschaft einer

1440 Zur Terminologie siehe näher unter Einleitung.
1441 Artt. 69–81 ZGB RF.
1442 Artt. 82–86 ZGB RF.
1443 Artt. 1041–1054 ZGB RF.

juristischen Person ist die organisatorische Einheit, die ihren Ausdruck in einer bestimmten organisatorischen Struktur findet. Dadurch sind auch Leitungsorgane einer juristischen Person erfasst. Eine Organisation verfolgt als einheitliches Ganzes einen gemeinsamen Zweck.

Ferner erwähnt das Gesetz die Vermögensabsonderung dieser Organisation.[1444] Das Fehlen eines eigenen Vermögens schließt für sie also die Teilnahme am Rechtsverkehr aus.

Unmittelbar mit der Vermögensabsonderung hängt das nächste Merkmal einer juristischen Person – die selbstständige Vermögenshaftung für ihre Verpflichtungen – zusammen. Eine juristische Person haftet für ihre Verpflichtungen nach Art. 56 Ziff. 1 Abs. 1 ZGB RF mit ihrem ganzen Vermögen. Schließlich tritt eine juristische Person im Rechtsverkehr und vor Gericht im eigenen Namen auf.

Eine juristische Person gilt als gegründet ab dem Zeitpunkt der Eintragung mit den Angaben über ihre Errichtung in das einheitliche staatliche Register der juristischen Personen. Bei der Eintragung der Angaben über ihre Beendigung in dieses Register gilt sie als beendet (Art. 49 Ziff. 3 Abs. 1 ZGB RF). Was die Arten juristischer Personen angeht, folgen sie direkt aus dem Gesetzestext. Abhängig davon, ob die Gründer (Gesellschafter) das Recht der Teilnahme (Mitgliedschaft) haben, wird nach Art. 65^1 ZGB RF zwischen korporativen und unitären juristischen Personen differenziert. Nach dem Zweck der eingerichteten juristischen Person sind ferner kommerzielle und nichtkommerzielle juristische Personen (Art. 50 ZGB RF) zu unterscheiden. Die Unterscheidung wird danach durchgeführt, ob eine Organisation als Hauptzweck ihrer Tätigkeiten die Erwirtschaftung von Gewinn verfolgt und den erzielten Gewinn zwischen ihren Gesellschaftern verteilt.

Schließlich ist zu erwähnen, dass die Russische Föderation selbst als Staat, Subjekte der Russischen Föderation und kommunale Gebilden besondere Rechtssubjekte nach Artt. 124 ff. ZGB RF, also Rechtssubjekte *sui generis*[1445], sind. Obwohl sie keine juristischen Personen nach russischem Zivilrecht darstellen, werden auf sie die Bestimmungen über juristische Personen nach Art. 124 Ziff. 2 ZGB RF angewendet, soweit sich nicht etwas anderes aus dem Gesetz oder aus den Besonderheiten dieser Rechtssubjekte ergibt.

1444 Kritisch zu diesem gesetzlich festgelegten Merkmal: Sadikov/*Levšina/Rachmilovič*, Teil 1, Anm. 1 zu Art. 48.

1445 *Suchanov*, Zivilrecht I, S. 286.

b. Lehre

Im russischen Zivilrecht wurden zu unterschiedlichen Zeiten mehrere Theorien entwickelt, die das Wesen einer juristischen Person erklärten. Ein Überblick über einige davon[1446] hat nicht nur theoretische Bedeutung, sondern spielt eine wichtige Rolle für das Verständnis des Phänomens des Verschuldens einer juristischen Person.

Bereits zu sowjetischer Zeit wurde die sog. *Kollektivtheorie* herrschend, nach der eine juristische Person als ein organisiertes Kollektiv von Arbeitern und Angestellten mit einem verantwortlichen Leiter an der Spitze definiert wurde. Sie spiegelte sich sogar in zivilrechtlichen Kodifikationen wider. Juristische Personen verfügten danach über ein subjektives Interesse und einen eigenen Willen.[1447] Daraus folgt auch, dass sie nur bei Vorliegen der subjektiven Grundlage – des Verschuldens – haften sollten.[1448] Die *Kollektivtheorie* spiegelt sich bis heute in einigen Bestimmungen des modernen Zivilgesetzbuchs wider.

Ferner wird die *Theorie der Personifizierung des Vermögens* begründet. Nach dieser Theorie stelle eine juristische Person nichts anderes dar, als eine besondere Art der Organisation der wirtschaftlichen Tätigkeit, die in der Absonderung, Personifizierung des Vermögens, d.h. in Verleihung diesem Vermögen durch Gesetz der Eigenschaften einer „Person" (eines Subjekts) und in der Anerkennung dieses Vermögens als einen besonderen, selbstständigen Warenbesitzer, bestehe.[1449] Dabei vollzieht sich nach dieser Theorie ein gewisser Wandel des Rechtsobjekts zu einem Rechtssubjekt. Das wird dadurch erklärt, dass das Recht auch eigene Kategorien und Konstruktionen schaffen und verwenden kann.[1450]

Diese Theorie weicht erfolgreich einem der wichtigen Gegenargumente gegen die Kollektivtheorie aus. Die Anhänger der *Kollektivtheorie* erklärten eine juristische Person ausgehend von der Prämisse, dass ohne Menschen die Tätigkeit und Existenz einer juristischen Person selbst nicht möglich wären.[1451] Diese Betrachtungsweise führt jedoch zur Verneinung der juristischen Person als

1446 An dieser Stelle wird nur ein kurzer Überblick über einige der Theorien gegeben. Eine ausführliche und vollständige Auseinandersetzung mit den Theorien, die das Wesen einer juristischen Person erklären, überschreitet die Grenzen des Themas dieser Arbeit.

1447 *Malein*, Materielle Haftung, S. 53; zustimmend *Rabinovič*, Das Verschulden, S. 59.

1448 *Malein*, Materielle Haftung, S. 53; zustimmend *Rabinovič*, Das Verschulden, S. 59.

1449 *Suchanov*, Zivilrecht I, S. 176.

1450 In diesem Sinne *Suchanov*, Zivilrecht I, S. 177 f.

1451 *Malein*, Materielle Haftung, S. 53; in diesem Sinne *Ioffe*, Ausgewählte Werke I, S. 187, 240.

selbstständiges Rechtssubjekt und führt folglich auch zu einer gewissen Verdoppelung des Rechtssubjekts.[1452] Die *Theorie der Personifizierung des Vermögens* ist diesem Kritikpunkt nicht ausgesetzt, jedoch wirft sie andere Fragen auf.

Der Meinungsstand zeigt, dass ein einhelliges Verständnis der juristischen Person in weiter Ferne liegt. Es würde den Rahmen dieser Untersuchung sprengen, umfassend auf die einzelnen Argumente und ihre Widerlegung einzugehen. Der Zweck dieses theoretischen Überblicks ist es lediglich, den Meinungsstand in der modernen russischen Zivilrechtslehre sowie historisch bedeutsame Aspekte aufgrund deren überragenden Bedeutung für die Frage nach der Haftung juristischer Personen für Helfer zu schildern. Die Theorien spielen nämlich eine Rolle bei der Frage, für wessen Handlungen und mit welcher Begründung die juristische Person haftet.

2. Rechtsfähigkeit und Handlungsfähigkeit juristischer Personen

Wie jedes Rechtssubjekt ist eine juristische Person rechts- und handlungsfähig. Die juristische Person entsteht mit der Eintragung ins Register. Die Rechtsfähigkeit einer juristischen Person erstreckt sich sowohl auf Vermögensrechte als auch auf persönliche Nichtvermögensrechte. Zu solchen persönlichen Nichtvermögensrechten gehört beispielsweise der geschäftliche Ruf einer juristischen Person nach Art. 152 Ziff. 11 ZGB RF.[1453]

Die Rechts- und Handlungsfähigkeit der juristischen Person werden nach Art. 53 Ziff. 1 Abs. 1 ZGB RF durch ihre Organe realisiert. Handlungen von Organen juristischer Personen werden dabei als Handlungen einer juristischen Person selbst betrachtet. Früher war die Frage nach der möglichen Anwendung von Bestimmungen über die Stellvertretung auf Organe umstritten. Dieses in der Praxis große Problem forderte eine schnelle und eindeutige Lösung, worauf die obersten russischen Gerichte mit einer Stellungnahme reagiert haben. Nach deren Auffassung stellen Organe einen Teil der juristischen Person dar und können deshalb nicht als selbstständige Rechtssubjekte im Rechtsverkehr agieren.[1454] Darin liegt ein wesentlicher Unterschied zwischen Organen und Vertretern einer juristischen Person.

1452 Darauf hat bereits *Čerepachin*, Pravovedenie 1958, Nr. 2, S. 43, 45, hingewiesen.

1453 In der Rechtsprechung ist die Rede vom Ersatz des sog. „Reputationsschadens“: OAG RF, Beschluss v. 19. Dezember 2007, Nr. 16699/07 in der Sache Nr. A40-17493/06-93-142, „Konsul'tantPlus“; OAG RF, Beschluss v. 24. September 2007, Nr. 11424/07 in der Sache Nr. A40-37863/06-110-305, „Konsul'tantPlus“.

1454 Ständige Rechtsprechung: OG RF, Beschluss v. 13. Januar 2015, Nr. 305-ЭС14-2575 in der Sache Nr. A40-167382/2012, „Konsul'tantPlus“; ähnlich OAG RF, Entscheidung

In Bezug auf die Deliktsfähigkeit der juristischen Person ist hervorzuheben, dass die russischen Zivilrechtswissenschaftler die Deliktsfähigkeit der juristischen Person nicht in Frage stellen.[1455] Aufgrund dessen, dass Handlungen von Organen juristischer Personen eigene Handlungen der juristischen Person darstellen, durch die ihr Wille zum Ausdruck kommt, wird die Haftung der juristischen Person daraus abgeleitet. Diese Haftung erstreckt sich sogar auf Arbeitnehmer einer juristischen Person. Dies folgt aus der Kollektivtheorie. In dieser Ausweitung wird ein Bruch mit dem Verschuldensprinzip gesehen.[1456] Ob diese Kritik berechtigt ist, ist im Rahmen einer weiteren Untersuchung des Verschuldens einer juristischen Person festzustellen.[1457]

Allgemeine Regelungen zur Haftung juristischer Personen sind in der Vorschrift des Art. 56 Ziff. 1 ZGB RF enthalten, nach der eine juristische Person grundsätzlich mit ihrem gesamten Vermögen haftet. Die Haftung „für" Organe ergibt sich aus dem Grundsatz, dass eine juristische Person nicht anders handeln kann als durch ihre Organe (Art. 53 Ziff. 1 Abs. 1 ZGB RF). Das Verhalten der Organe und der Angestellten einer juristischen Person wird unmittelbar als solches der juristischen Person angesehen. Das folgt aus der in der russischen Zivilrechtslehre herrschenden *Kollektivtheorie* der juristischen Person. Allerdings bleibt bis heute umstritten, wessen Handlungen als Handlungen einer juristischen Person zu betrachten sind und insbesondere wessen Verschulden als jenes der juristischen Person einzustufen ist.

II. Verschulden juristischer Personen

Die Frage des Verschuldens einer juristischen Person hat eine große Bedeutung im Rahmen der untersuchten Thematik und wird im Folgenden näher untersucht.

---

des Präsidiums v. 8. Oktober 2002, Nr. 6113/02, „Konsul'tantPlus"; OAG RF, Entscheidung des Präsidiums v. 30. Mai 2000, Nr. 9507/99, VVAS RF 2000, Nr. 9, S. 52, 53; OAG RF, Entscheidung des Präsidiums v. 9. Februar 1999, Nr. 6164/98, VVAS RF 1999, Nr. 5, S. 65, 66.

1455 *Kozlova*, Die Rechtssubjektivität der juristischen Person, S. 60.

1456 Zum Ganzen *Solotych*, ZGB RF I, S. 33.

1457 Zum Verschulden juristischer Personen näher unter Kapitel 2, C.II.

1. Allgemeines Verständnis des Begriffs des Verschuldens juristischer Personen

Der Begriff des Verschuldens einer juristischen Person bleibt wie auch der allgemeine Verschuldensbegriff streitig. Zu der Frage, was grundsätzlich unter einem Verschulden juristischer Personen zu verstehen ist, gelten alle dargestellten Verschuldenstheorien[1458]. Als eine Besonderheit gegenüber den bereits beleuchteten wissenschaftlichen Auffassungen gibt es ferner den Vorschlag, die Anwendung der objektiven Definition des Verschuldens nur auf juristische Personen zu beschränken. Auf natürliche Personen soll dabei die klassische psychologische Konzeption Anwendung finden.[1459] Dies lässt sich allerdings, wie zutreffend angemerkt wird, nur schwer mit dem Prinzip der Gleichheit der Subjekte der Zivilrechtsverhältnisse gemäß Art. 1 Ziff. 1 ZGB RF vereinbaren.[1460]

Das Problem des Verschuldens einer juristischen Person lösen auch die Gerichte nicht. In der aktuellen Rechtsprechung finden sich sowohl subjektive als auch objektive Definitionsansätze.

In einer der jüngeren Entscheidungen, in der es um einen Schadensersatzanspruch gegen eine GmbH aufgrund eines gesetzeswidrigen Baus des Mehrfamilienwohnhauses auf dem sich im föderalen Eigentum befindenden Grundstück ging, hat das Gericht wörtlich ausgeführt, dass das Verschulden ein subjektives psychisches Verhältnis einer Person zu eigener rechtswidriger Handlung und ihren schädigenden Folgen sei. Das Verschulden einer juristischen Person finde seinen Ausdruck in der Regel im Verschulden ihrer Helfer, die in Ausführung ihrer Arbeits- (Dienst-, Amts-) Pflichten handeln. Außerdem könne sich das Verschulden der juristischen Person in den Handlungen ihrer Gesellschafter, Vertreter sowie auch Personen, die zu den Leitungsorganen der juristischen Person gehören, ausdrücken.[1461] Daraus könnte die Schlussfolgerung gezogen werden, dass das Gericht der weit verbreiteten, sog. psychologischen Theorie des Verschuldens der juristischen Person folgt. Überraschenderweise führt das Gericht im Weiteren Folgendes aus. Die Beklagte hat sich darauf berufen, dass der Auftraggeber am Anfang der Bauarbeiten über alle erforderlichen Unterlagen und

1458 Dazu unter Kapitel 2, A.I.2.

1459 Zum Ganzen in diesem Sinne *Puginskij*, SGiP 1979, Nr. 10, S. 63, 64 ff., 67.

1460 *Kozlova*, Die Rechtssubjektivität der juristischen Person, S. 70.

1461 Zum Ganzen FAG des Ost-Sibirischen Bezirks, Urt. v. 11. Januar 2008, Nr. A78-3157/07-Ф02-9558/07, „Konsul'tantPlus" (die Übergabe dieses Falls ins Präsidium des OAG RF für die Verhandlung im Rahmen eines Aufsichtsverfahrens wurde abgelehnt, dazu OAG RF, Beschluss v. 21. Mai 2008, Nr. 4355/08, „Konsul'tantPlus").

Baugenehmigungen verfügte. Bei solchen Tatumständen komme das Gericht zum Schluss, dass die Beklagte das Fehlen ihres Verschuldens in der Schadenszufügung nachgewiesen habe.[1462] Das Gericht hat mit dieser Feststellung praktisch auf das kurz davor ausgesprochene subjektive Verschuldensverständnis verzichtet. Wäre es dieser Theorie treu geblieben, sollte es sich an dieser Stelle mit den Fragen des psychischen Verhältnisses der jeweiligen Organmitglieder oder Mitarbeiter dieser GmbH zu der Verletzung und den eingetretenen Folgen näher befassen. Stattdessen hat das Gericht an dem Standpunkt festgehalten, dass die beklagte GmbH alle möglichen Maßnahmen ergriffen hat, um die Verletzung zu vermeiden und die erforderliche Sorgfalt beobachtet hat, indem sie die Bauunterlagen geprüft hatte.

Diese Entscheidung zeigt also, dass die Interpretation des Begriffs „Verschulden" als subjektive Haftungsvoraussetzung von Gerichten mit der Untersuchung konkreter Möglichkeiten einer bestimmten juristischen Person verbunden wird. Die Entscheidung über das Vorliegen eines Verschuldens und dementsprechend über die Haftung beruht auf den Ergebnissen dieser Untersuchung. Diese Entscheidung sieht nach dem kraftlosen Versuch aus, an der subjektiven Verschuldenskonzeption festzuhalten, die jedoch den praktischen Anforderungen nicht standhalten kann. Der Versuch, die subjektive Verschuldenstheorie ebenfalls in der Praxis „am Leben zu halten", scheiterte somit.

Darauf, dass unter einem Verschulden in der Rechtsprechung die Nichtnutzung durch eine Organisation aller zur Verfügung stehenden Rechte und Möglichkeiten für die ordnungsgemäße Erfüllung der Verpflichtung, Nichtgeben aller gesetzlich zulässigen Mühe, die die Verletzung zu vermeiden erlaubten, gemeint war, wurde bereits in der sowjetischen Literatur aufmerksam gemacht.[1463]

In der anderen Entscheidung handelte es sich um eine Auszahlung der Versicherungsentschädigung für den Untergang eines versicherten Schiffes. Das beklagte Versicherungsunternehmen hatte sich darauf berufen, dass der Untergang des fraglichen Schiffes durch grob fahrlässige Handlungen der Klägerin (GmbH) verursacht worden war. Das Gericht befasste sich in diesem Zusammenhang näher mit dem Begriff der groben Fahrlässigkeit einer juristischen Person. Es hat festgestellt, dass der Begriff der groben Fahrlässigkeit sowie des

---

1462 Zum Ganzen FAG des Ost-Sibirischen Bezirks, Urt. v. 11. Januar 2008, Nr. A78-3157/07-Ф02-9558/07, „Konsul'tantPlus" (die Übergabe dieses Falls ins Präsidium des OAG RF für die Verhandlung im Rahmen eines Aufsichtsverfahrens wurde abgelehnt, dazu OAG RF, Beschluss v. 21. Mai 2008, Nr. 4355/08, „Konsul'tantPlus").

1463 *Puginskij*, Haftung, S. 24; *Rachmilovič*, Wissenschaftliche Beiträge des AFI, S. 117, 119.

Verschuldens der juristischen Person kein Institut oder keinen Terminus irgendeines einzelnen Rechtszweigs darstelle. Sie seien vielmehr Schätzungskategorien der Handlungen und Ereignisse, die sich aus Handlungen des Personenkreises einer juristischen Person zusammensetzten. Als es weiter um die Konkretisierung dieser Formel ging, hieß es, dass der verantwortliche Personenkreis keine adäquaten Maßnahmen nach der Meldung über das Auslaufen des Schiffes in See ergriffen habe.[1464] Die Klägerin – eine juristische Person – hatte somit schuldhaft gehandelt. Es ist ersichtlich, dass das Gericht in dieser Entscheidung wiederum auf das Kriterium des Nichtergreifens bestimmter Maßnahmen abgestellt hat.

Somit hat sich keine einhellige Meinung in Bezug auf den Begriff des Verschuldens einer juristischen Person sowohl in der Lehre als auch in der Rechtsprechung herausgebildet.

2. *Eigenes Verschulden juristischer Personen*

Die Zivilrechtslehre und die Gerichtspraxis haben unterschiedliche Antworten auf die Frage geliefert, für wessen Handlungen und aufgrund welchen Prinzips eine juristische Person haftet.

a. *Lehre*

Nach einer Ansicht haftet die juristische Person lediglich für schuldhafte Handlungen ihrer Organe.[1465] Sie beruht darauf, dass die juristische Person ihre Rechte und Pflichten durch Organe erwirbt und ausübt. Daraus folgt, dass lediglich Organhandlungen und Organverschulden als Handlungen und Verschulden der juristischen Person selbst gelten können.

Die Haftung für die Mitarbeiter wird dabei nur bei Organverschulden begründet, das im Auswahl- oder Aufsichtsverschulden besteht.[1466] Wenn die Verletzungshandlungen von Mitarbeitern nicht durch dieses Organverschulden bedingt sind, haftet also eine juristische Person für diese Handlungen nicht.

1464 Zum Ganzen Dreizehntes Arbitrageappellationsgericht, Urt. v. 30. April 2008, in der Sache Nr. A56-17928/2007, „Konsul'tantPlus". In der nächsthöheren Instanz wurde jedoch dieses Urteil unter anderem aufgrund fehlender Beweise der groben Fahrlässigkeit des Klägers aufgehoben (FAG des Nord-Westlichen Bezirks, Urt. v. 31. Juli 2008 in der Sache Nr. A56-17928/2007, „Konsul'tantPlus") und vom OAG RF zum Aufsichtsverfahren nicht angenommen (OAG RF, Beschluss v. 18. Dezember 2008, Nr. 15602/08 in der Sache Nr. A56-17928/2007, „Konsul'tantPlus").

1465 *Flejšic*, Haftung der staatlichen Organe, S. 10 in Bezug auf deliktische Haftung.

1466 *Agarkov*/Genkin, Zivilrecht I, S. 332 (in Bezug auf das ZGB RSFSR 1922).

Diese Betrachtungsweise kommt der deutschen Konzeption des dezentralisierten Entlastungsbeweises nahe. Sie wird jedoch aufgrund der in ihr enthaltenen Exkulpationsmöglichkeit scharf kritisiert.[1467] Außerdem entsteht auch das Problem der Haftungsbegründung bei der weiteren Delegation der Pflichten im Rahmen der inneren Organisationsstruktur der juristischen Person. Die daraus folgende Schlussfolgerung über die praktische Untauglichkeit dieser Konzeption (Haftung der juristischen Person für Auswahl- und Aufsichtsverschulden) führt zu ihrer Ablehnung.

Gerade die Voraussetzung des Organverschuldens löst Kritik aus. Auch bei der Feststellung des Verschuldens eines Mitarbeiters wäre die Haftung der juristischen Person ohne einen Zusammenhang zwischen den schuldhaften Handlungen des Mitarbeiters und dem Auswahl- und Aufsichtsverschulden eines Organs unmöglich.[1468] Dadurch werden die Fälle des Schadensersatzes durch eine juristische Person wesentlich eingeschränkt, was seinerseits die Interessen des Geschädigten sowie des Mitarbeiters selbst beeinträchtigt.[1469] Bei fehlendem Verschulden des Organs kann nur der Mitarbeiter selbst zur Haftung gezogen werden, wodurch der arbeitsrechtliche Schutz umgangen werden könnte.

Unvermeidbar bei der Annahme des Verschuldens der juristischen Person als solches lediglich ihres Organs ist die Frage, aus welchem Grund die juristische Person zur Haftung gezogen wird, wenn kein Verschulden der Organe, sondern nur Verschulden ihrer Mitarbeiter vorliegt. In dieser Situation wäre denkbar, das Verschulden der Organe bei nicht ordnungsgemäßer Auswahl oder Aufsicht über diese Mitarbeiter zu konstruieren. Dann bliebe diese Konstruktion im Rahmen des Organverschuldens. Allerdings wäre dies ein rein formales Kriterium, weil dieses Verschulden in jedem Fall einer rechtswidrigen Handlung der Mitarbeiter fingiert werden könnte. Tatsächlich wäre es folgerichtiger, von der objektiven Zurechnung zu sprechen.

Daraus folgt, dass die Unmöglichkeit der Feststellung eines schuldhaft handelnden Helfers die Haftung der juristischen Person noch nicht ausschließt. Vielmehr wird hervorgehoben, dass es immer konkrete Schuldige gebe. Sie müssten nur gefunden werden.[1470] Diese Frage sei aber lediglich ein prozessuales Problem der Beweisführung.[1471] Die Bestätigung einer gewissen Objektivierung

1467 *Smirnov*, Probleme des Zivil- und Verwaltungsrechts, S. 254, 259 f. Eingehende Kritik bei *Ioffe*, Ausgewählte Werke I, S. 187, 236 ff.

1468 *Ioffe*, Ausgewählte Werke I, S. 187, 266.

1469 *Jarošenko*, Haftung, S. 38.

1470 Zum Ganzen *Militareva*, Beitragssammlung, S. 5, 31.

1471 *Matveev*, SGiP 1988, Nr. 8, S. 36, 40, Fn. 17.

des Verschuldens der juristischen Person ist auch darin zu sehen, dass die Feststellung konkreter Schuldiger nach der Lehre die Sache des inneren Organisierens der Tätigkeiten der juristischen Person sei.[1472]

Etwas abweichend wird das Verschulden der juristischen Person bei der Haftung für Handlungen ihrer Mitarbeiter als Verschulden für die Tätigkeit und für die fehlende Gewährung deren ordnungsmäßigen Organisation charakterisiert.[1473]

Nach anderer Auffassung ist das *eigene* Verschulden der juristischen Person nicht nur in den Handlungen ihrer Organe, sondern auch in denen ihrer Mitarbeiter zu sehen.[1474] Nach dieser Meinung ist die Haftung der juristischen Person damit zu begründen, dass die Handlungen einzelner Mitarbeiter, die ihre Dienstpflichten erfüllen, die Tätigkeit der juristischen Person als ein einheitliches Ganzes bildeten.[1475] Von Bedeutung sind dabei sowohl organisatorische als auch produktive Tätigkeiten. Juristische Personen haften sowohl für Verschulden der Organe (nicht ordnungsgemäße Auswahl oder Aufsicht) als auch für Verschulden ihrer Mitarbeiter bei Erfüllung der Arbeitsfunktionen.[1476] Diese Interpretation der Haftung der juristischen Personen entspreche den hohen Anforderungen an die Unternehmen und dem Wesen der Tätigkeit der juristischen Person.[1477]

Diese Auffassung wurde insbesondere von den Anhängern der Kollektivtheorie der juristischen Person unterstützt.[1478] Im Zusammenhang mit der weiten Popularität der Kollektivtheorie hat dementsprechend auch diese Auffassung die Mehrheit der Stimmen in der Lehre gewonnen.[1479]

1472 *Gjurdžan*, Die außervertraglichen Schadensersatzverpflichtungen, S. 120.

1473 *Petrov*, Haftung der Wirtschaftsorgane, S. 115 f.

1474 So etwa Mozolin/*Maleina*, Zivilrecht I, S. 760; Suchanov/*Korneev*, Zivilrecht II, S. 1091; *Antimonov*, Zivilhaftung, S. 218 ff.; *Bratus'*, Subjekte, S. 207, 209, 211 f.; *Flejšic*, Verpflichtungen aus der Schadenszufügung, S. 112; *Malein*, Materielle Haftung, S. 59; *Novickij/Lunc*, Die allgemeine Lehre, S. 352; *Ojgenzicht*, Juristische Person und Arbeitskollektiv, S. 88, 103; *Smirnov*, Probleme des Zivil- und Verwaltungsrechts, S. 254, 259, 269.

1475 *Malein*, Materielle Haftung, S. 59.

1476 *Jarošenko*, Haftung, S. 114 f. in Bezug auf das ZGB RSFSR 1964.

1477 *Flejšic*, Verpflichtungen aus der Schadenszufügung, S. 112.

1478 Kritisch dazu *Fondaminskij*, Haftung, S. 67.

1479 *Braginskij*, Autorreferat, S. 5 f.; *Majdanik/Sergeeva*, Materielle Haftung, S. 30; *Novickij/Lunc*, Die allgemeine Lehre, S. 352; *Rachmilovič*, Wissenschaftliche Beiträge des AFI, S. 117, 124; *Sadikov*, SGiP 1966, Nr. 9, S. 15 ff.

Ein Mitarbeiter stehe der juristischen Person bei Erfüllung seiner Pflichten nicht gegenüber.[1480] Das Ziel der Tätigkeiten der juristischen Person sei nicht nur das Organisieren der Tätigkeit, sondern auch die Tätigkeit selbst.[1481]

Die schuldhaften Handlungen der Mitarbeiter der juristischen Person seien ihre *eigenen* schuldhaften Handlungen.[1482] Eine juristische Person habe einen Willen, weil ihre Organe willensfähig seien, d.h. die Organe könnten rechtlich bedeutende Handlungen ausführen. Allerdings, obwohl der Wille der juristischen Person aus psychologischer Sicht ein Wille der Organe darstelle, liege sozial und juristisch ein Wille der kollektiven Bildung vor, der auf die Summe des Willens ihrer Organe nicht reduziert werden könne.[1483] Daher besteht das eigene Verschulden der juristischen Person in den schuldhaften Handlungen des gesamten Kollektivs, in der Gesamtheit schuldhafter Handlungen mehrerer ihrer Mitglieder oder im Verschulden des einzelnen Mitarbeiters.[1484]

Auf welchem Weg das Verschulden einzelner Mitarbeiter zu einem solchen der juristischen Person selbst wird, wird folgendermaßen begründet. Es ist von der Verwandlung der Willensmängel der Mitarbeiter in solche des Unternehmens die Rede. Diese Verwandlung sei nur dann möglich, wenn die Arbeitnehmer im Rahmen ihrer Befugnisse die Kompetenz des Unternehmens realisierten.[1485]

Manchmal wird aber auf die Begründung verzichtet und einfach vom „Verschulden der Organisation" als einem Axiom gesprochen. Es sei offensichtlich, dass das Verschulden der Organisation nichts anderes als das Verschulden der Mitarbeiter der Organisation bei rechtswidrigen Handlungen bei Erfüllung ihrer Arbeitspflichten darstellt. Die Stellung des Arbeitnehmers innerhalb der Organisation spielt dabei keine Rolle.[1486]

Ferner ist die Ansicht zu erwähnen, die vorsichtig nicht vom eigenen Verschulden der juristischen Person spricht, sondern den Ausdruck „*wie für eigenes* Verschulden" bei schuldhaften Handlungen der Mitarbeiter für die juristische Person verwendet.[1487] Allerdings wird dieser Standpunkt nicht immer

---

1480 *Bratus'*, Subjekte, S. 211.

1481 *Bratus'*, Subjekte, S. 211 f., Fn. 1; zustimmend *Antimonov*, Grundlagen, S. 80.

1482 *Jarošenko*, Haftung, S. 48.

1483 Zum Ganzen *Bratus'*, Subjekte, S. 201.

1484 *Malein*, Materielle Haftung, S. 66; ähnlich *Ioffe*, Ausgewählte Werke III, S. 47, 182; ähnlich *Illarionova*, Sammelband der Doktorandenschriften, S. 213, 215.

1485 Zum Ganzen *Rabinovič*, Das Verschulden, S. 55; ähnlich *Beljakova*, Materielle Haftung, S. 27.

1486 Zum Ganzen *Flejšic*, Wissenschaftliche Beiträge des WASG, S. 143, 146.

1487 *Suchanov*, Zivilrecht I, S. 194 spricht von der Haftung *wie für eigene* Handlungen; *Tebrjaev*, Außervertragliche Haftung, S. 69 f.; *Kozlova*, Die Rechtssubjektivität der

konsequent durchgehalten. So wird von der Haftung wie für eigenes Verschulden gesprochen, an einer anderen Stelle wird aber erklärt, dass das Verschulden des Arbeitnehmers das Verschulden der juristischen Person sei und dass diese nicht für fremde, sondern für eigene Handlungen hafte.[1488]

Darüber hinaus wird vertreten, dass das Verschulden der Mitglieder oder Mitarbeiter der juristischen Person genauso wie ihr eigenes Verschulden angesehen werden könne.[1489] Diese Auffassung sieht von der Anerkennung des Verschuldens der Mitarbeiter als eigenes Verschulden der juristischen Person selbst ab. Somit wäre dieses Verschulden nur durch Zurechnung und gesetzliche Anordnung wie ein eigenes der juristischen Person zu berücksichtigen. In diesem Sinne ist ferner vom „fremden Verschulden" die Rede.[1490]

Somit wurde die gewünschte einheitliche Konzeption des Verschuldens der juristischen Person[1491] in der russischen Zivilrechtslehre immer noch nicht erreicht. Das Verschulden einer juristischen Person wird trotz der aufgezeichneten Uneinigkeiten von der herrschenden russischen Zivilrechtslehre als Verschulden ihrer Organe, das in der Organisation der Tätigkeit dieser juristischen Person besteht, und als das Verschulden des Kollektivs bzw. des Mitarbeiters, die die Betriebstätigkeit ausführen, bestimmt.

b. *Rechtsprechung*

In der Rechtsprechung wird die Haftung der juristischen Person zum Teil als Haftung für eigenes Verschulden der juristischen Person im Sinne des Verschuldens eines Mitarbeiters[1492], zum Teil als Haftung für eigenes Verschulden der juristischen Person im Sinne des Verschuldens auch ihrer Organe eingeordnet[1493]. Manchmal wird aber gesondert darauf hingewiesen, dass die Haftung

---

juristischen Person, S. 74. So ausdrücklich auch *Matveev*, Die Gründe der zivilrechtlichen Haftung, S. 230; *ders.*, SGiP 1988, Nr. 8, S. 36, 40; ähnlich *Ioffe*, Ausgewählte Werke I, S. 187, 271 spricht von der Haftung *wie für eigene* Handlungen.

1488 *Bobrova*, Probleme der deliktischen Haftung, S. 204.

1489 *Matveev*, Das Verschulden, S. 222.

1490 *Agarkov*, Ausgewählte Werke II, S. 244, 258.

1491 *Flejšic*, SGiP 1954, Nr. 8, S. 23, 30.

1492 FAG des Nord-Westlichen Bezirks, Urt. v. 26. Januar 2010, in der Sache Nr. A21-10392/2008, „Konsul'tantPlus".

1493 Darauf hinweisend FAG des Ost-Sibirischen Bezirks, Urt. v. 11. Januar 2008, Nr. A78-3157/07-Ф02-9558/07 in der Sache Nr. A78-3157/07 (die Übergabe dieses Falls ins Präsidium des OAG RF für die Verhandlung im Rahmen eines Aufsichtsverfahrens wurde abgelehnt, dazu OAG RF, Beschluss v. 21. Mai 2008, Nr. 4355/08, „Konsul'tantPlus"), „Konsul'tantPlus".

nach Art. 1068 Ziff. 1 ZGB RF vom eigenen Verschulden der juristischen Person nicht abhinge. So hatte das Gericht einen Fall über die Schadensersatzklage nach Art. 1068 ZGB RF des Vertreters des Staatsanwalts des Primorskij Kreises im Interesse der speziellen Seeinspektion zu einer GmbH (die Beklagte) zu entscheiden.[1494] Der Kapitän der Beklagten, dessen Verschulden durch Strafurteil festgestellt worden war, hatte am Prozess als Nebenintervenient teilgenommen. In dem Fall wurden von dem Schiff, das der beklagten GmbH gehörte und vom Kapitän geführt wurde, Krabben und Shrimps gefischt und verarbeitet, obwohl die beklagte GmbH keine Erlaubnis für den Fang dieser Fischarten hatte. Die Beklagte wurde zum Ersatz des entstandenen Schadens verurteilt. In der Begründung hat das Gericht ausdrücklich ausgesprochen, dass eine juristische Person laut Art. 1068 Ziff. 1 ZGB RF den von ihrem Mitarbeiter bei der Erfüllung der Arbeitspflichten verursachten Schaden zu ersetzen habe, *unabhängig vom Verschulden oder vom Fehlen des Verschuldens einer juristischen Person selbst.*[1495]

Das Gericht machte leider keine weiteren Ausführungen dazu. Vor allem ist unklar, was unter dem Verschulden „einer juristischen Person selbst" zu verstehen ist. Allerdings ergibt sich das Verschulden des Mitarbeiters aus dem Sachverhalt, das auch von der beklagten GmbH anerkannt wurde. Deshalb liegt der Schluss nahe, dass das Gericht das Verschulden des Mitarbeiters nicht als ein Verschulden der juristischen Person selbst ansehen wollte. Somit bleibt die Frage des Verschuldens einer juristischen Person in der Rechtsprechung offen.

c. *Stellungnahme*

Es ist der Meinung zuzustimmen, dass das Verschulden der juristischen Person untrennbar mit dem Begriff des Organisierens ihrer Tätigkeiten verbunden ist. Das Organisieren ihrer Tätigkeiten, das die rechtswidrige Schadenszufügung ausschließt, gehört zu den Verpflichtungen der juristischen Person.[1496] Andererseits aber ist es folgerichtig, dass die Aufgabe der juristischen Person ebenfalls die Tätigkeit selbst nebst deren Organisieren darstellt.[1497]

Die Vertreter der Auffassung über Kollektivverschulden der juristischen Person kamen zwingend zum Schluss, dass auf die Fälle der Haftung der juristischen

---

1494 FAG des Fernöstlichen Bezirks, Urt. v. 21. Juli 2003, Nr. Ф03-А51/03-1/1373, „Konsul'tantPlus".

1495 FAG des Fernöstlichen Bezirks, Urt. v. 21. Juli 2003, Nr. Ф03-А51/03-1/1373, „Konsul'tantPlus".

1496 Kritisch dazu *Jarošenko*, Haftung, S. 49.

1497 *Bratus'*, Subjekte, S. 211 f., Fn. 1.

Person für Handlungen ihrer Mitarbeiter nicht spezielle, sondern die allgemeinen Vorschriften über eine Haftung des Schuldners bzw. Schädigers anwendbar sind.[1498] Diese Schlussfolgerung ist, ausgehend von der Prämisse des eigenen Verschuldens der juristischen Person, nicht zu vermeiden. Allerdings ist dieser entgegenzuhalten, dass die speziellen Regelungen der Haftung für Handlungen von Mitarbeitern dabei leer laufen würden. Es bleibt ihnen kein Anwendungsbereich außer in den Fällen, in denen eine natürliche Person als Geschäftsherr auftritt. Dies widerspricht aber dem Wortlaut des Gesetzes, wonach die Haftung „des Bürgers und der juristischen Person" festgelegt ist. Offensichtlich ist, dass es zu keiner Zeit vom Gesetzgeber bezweckt wurde, den Anwendungsbereich dieser Regelungen nur auf die natürlichen Personen zu beschränken. Somit entspricht die erwähnte Auffassung weder dem Wortlaut noch dem Sinn und Zweck der entsprechenden gesetzlichen Bestimmungen.

Außerdem tritt hier wiederum das Problem der Begründung des Regressanspruchs gegenüber dem einzelnen Helfer auf. Der Arbeitnehmer gerät insofern in eine sog. Doppelstellung, als er zugleich Schuldner - durch sein Aufgehen in der juristischen Person - und Gläubiger der Regressforderung sei.[1499] Dieses Problem ist weder den westlichen noch den russischen Rechtswissenschaftlern unbekannt geblieben.[1500] Bei konsequenter Fortführung des Gedankens führe diese Konstruktion zur Konfusion und damit zum Erlöschen der Forderung.[1501] Der Schuldner bzw. Schädiger erhebt also einen Anspruch gegen sich selbst.

Die sowjetische Zivilrechtslehre hat sich intensiv darum bemüht, eine überzeugende, diesen Widerspruch beseitigende Argumentation zu entwickeln.

Beim Verschulden eines Arbeitnehmers handelt es sich nicht um das gleiche Verschulden doppelt (einmal als Verschulden des Unternehmens und einmal als individuelles Verschulden des Arbeitnehmers selbst), sondern um ein

1498 *Braginskij*, Autorreferat, S. 6 in Bezug auf damals geltende Vorschriften des ZGB RSFSR 1922. Im Sinne des heutigen Zivilgesetzbuches handelt es sich um Artt. 401, 1064 ZGB RF.

1499 *Heidemann*, Unternehmenshaftung, S. 65.

1500 *Heidemann*, Unternehmenshaftung, S. 65; *Ojgenzicht*, Juristische Person und Arbeitskollektiv, S. 107 spricht von dem Zusammenfallen der Subjekte bei der Haftung der Organisation für den dem Arbeitnehmer zugefügten Schaden. Das Verschulden des Arbeitnehmers trete dabei gleichzeitig als Verschulden des Betriebs und des Geschädigten auf, worin der Autor einen offensichtlichen Widerspruch sieht. Als Lösung schlägt er vor, in diesem Fall nicht vom Verschulden des Betriebes, sondern vom Verschulden der Verwaltung zu sprechen (S. 106 f.).

1501 *Heidemann*, Unternehmenshaftung, S. 65.

unterschiedliches Verschulden: um Verschulden des Kollektivs und um individuelles Verschulden. Das Verschulden des Kollektivs, obwohl es sich aus dem individuellen Verschulden der Organe und der Arbeitnehmer zusammensetze, werde nicht auf ihre Summe reduziert.[1502] Der Unterschied zwischen dem sog. Kollektiv- und dem Individualverschulden wird jedoch nicht näher konkretisiert.

Einige Autoren, die sich offensichtlich dem Problem der Regressbegründung in diesem Zusammenhang bewusst sind, treten von der Ansicht des eigenen Verschuldens der juristischen Person zurück, sobald es sich um Regressansprüche der juristischen Person gegen ihre Organe und Mitarbeiter handelt. Nur in diesem Sinne sei eine Haftung der juristischen Person für Schäden, die durch Organe zugefügt wurden, eine Haftung für fremde Handlungen. Die Rechtsfähigkeit eines Arbeitnehmers verschmelze nie mit dieser der juristischen Person.[1503]

Nach einem anderen Erklärungsversuch sei der Regressanspruch nur dann möglich, wenn der Mitarbeiter gleichzeitig die zivilrechtlichen Pflichten der juristischen Person und seine eigenen Arbeitspflichten gegenüber der juristischen Person verletze.[1504]

Deshalb erscheint die Tätigkeit der juristischen Person vor den dritten Personen als „entpersonalisierte Tätigkeit ihrer Mitarbeiter"[1505]. Somit sei eine sog. „Idealrechtsverletzungskonkurrenz" erforderlich. Sie diene als Grundlage zweier Ansprüche: gegen die juristische Person von Seiten des Gläubigers und gegen den konkreten Arbeitnehmer seitens der juristischen Person. Wenn diese Idealrechtsverletzungskonkurrenz fehle, sei der Regressanspruch ausgeschlossen.[1506]

Dem wird jedoch entgegengehalten, dass die Beurteilung des Verschuldens der Mitarbeiter als fremdes Verschulden der juristischen Person zur Unterbewertung des Kollektivs der juristischen Person führe.[1507] Diesem Argument ist eher ein ideologischer Charakter zuzuschreiben.

1502 Zum Ganzen *Matveev*, Die Gründe der zivilrechtlichen Haftung, S. 234; *ders.*, Das Verschulden, S. 227 f.; im Ergebnis auch *Antimonov*, Grundlagen, S. 77, der allerdings keinerlei den Unterschied zwischen dem Verschulden der juristischen Person und der Summe von Verschulden ihrer Arbeitnehmer erklärt.

1503 Zum Ganzen *Flejšic*, Verpflichtungen aus der Schadenszufügung, S. 102.

1504 *Ioffe*, Ausgewählte Werke I, S. 187, 270 f., der der Meinung zur Haftung der juristischen Person für Mitarbeiter als dieser für fremde Handlungen widerspricht (S. 269 f.), an späterer Stelle (S. 271) kommt aber genau zu diesem Ergebnis.

1505 *Malein*, Materielle Haftung, S. 69.

1506 Zum Ganzen *Ioffe*, Ausgewählte Werke I, S. 187, 271.

1507 *Jarošenko*, Haftung, S. 14.

Weiterhin wird darauf hingewiesen, dass das Zivilrecht nur die Tätigkeiten der Organisation als einzelnes Rechtssubjekt berücksichtige. Die Berücksichtigung des Verschuldens des Mitarbeiters sei hingegen die Aufgabe des Arbeitsrechts.[1508] Anschließend wird Bezug darauf genommen, dass die Haftung jedermanns gegenüber dem Kollektiv und die Haftung des Kollektivs für jeden Arbeitnehmer ein unabdingbarer Teil unserer Lebensart sei.[1509] Diese Argumentation überzeugt jedoch nicht.

Hinsichtlich der Meinung über das Kollektivverschulden einer juristischen Person als Begründung ihrer Haftung lässt sich ferner folgendes Argument einbringen. Es bleibt unklar, welche Besonderheit dieses Verschulden von seinen individuellen Bestandteilen unterscheidet. Die Suche nach dieser Besonderheit ist nicht nur vom theoretischen Interesse zur Abgrenzung dieser Begriffe, sondern hat einen wichtigen praktischen Grund. Wenn von einem Kollektivverschulden die Rede ist, das sich vom Verschulden einzelner Personen zugleich unterscheiden soll, entsteht die Frage, was der Beklagte für den Haftungsausschluss nachweisen muss. Wenn er sich auf den Nachweis des schuldlosen Verhaltens aller Mitarbeiter beschränkt, wäre das aus Sicht dieser Theorie nicht ausreichend. Welche Umstände noch von Bedeutung sein könnten, wird jedoch nicht erläutert.

Aus diesem Grund ist der Meinung zuzustimmen, wonach das Verschulden der juristischen Person zumindest im Bereich der deliktischen Haftung keinen spezifischen, vom Verschulden des konkreten Mitarbeiters unterschiedlichen Inhalt hat.[1510]

Die Umstände der Transformation des verwerflichen Bewusstseins und des Willens der Mitarbeiter zum verwerflichen Willen des Kollektivs sind ferner unklar.[1511] Weiterhin ist zu betonen, dass die Zuschreibung dem Kollektiv einer eigenen Fähigkeit zur Willensbildung und einer eigenen Psyche der Natur dieses Gebildes widerspricht.

Andererseits ist aber anzumerken, dass die Figur des Kollektivverschuldens in den Fallkonstellationen nützlich ist, in denen der konkrete Schuldige nicht

---

1508 Zum Ganzen *Antimonov*, Grundlagen, S. 77.

1509 *Rabinovič*, Das Verschulden, S. 57 (aus den Materialien des XXIV. Parteitages der Kommunistischen Partei der UdSSR).

1510 *Smirnov*, Probleme des Zivil- und Verwaltungsrechts, S. 254, 274, der das Verschulden der juristischen Person aus diesem Grund als einen „*juristisch-technischen Begriff*" bezeichnet, der hauptsächlich eine angewandte Bedeutung zwecks richtiger Lösung der Haftungsfrage der juristischen Person habe.

1511 *Bobrova*, Probleme der deliktischen Haftung, S. 206 f.

festgestellt werden kann.[1512] Trotz dieses Vorteils ist der Meinung zuzustimmen, wonach die Anerkennung des Verschuldens der juristischen Person als eine besondere, vom individuellen Verschulden abzugrenzende Konstruktion das Problem des Verschuldens der juristischen Person nicht löse. Der Grund liegt darin, dass hinter diesem „qualitativ unterschiedlichen" Verschulden der juristischen Person keine positive Konstruktion stehe.[1513]

Der Konstruktion des eigenen Verschuldens der juristischen Person ist weiterhin entgegenzusetzen, dass auch einer strafrechtlichen Haftung von ihr in diesem Fall nichts im Wege stehen sollte. Dies wird aber in russischer Jurisprudenz abgelehnt.[1514]

Ferner ist anzumerken, dass die Annahme der Haftung der juristischen Person bei Handlungen ihrer Helfer als Haftung für fremdes Verschulden ihren Vorteil darin hat, dass keine Widersprüche bei Regressforderungen der juristischen Person gegenüber ihrem Helfer entstehen. Das Erfordernis des Nachweises, dass Handlungen von Mitarbeitern „fremde" für die juristische Person sind, ist für die Entstehung des Regressrechts unbegründet. Berechtigterweise wird aber eingewandt, dass der Regressanspruch auch gegen den Organwalter möglich sei, bei dessen Handlungen eine juristische Person jedoch für eigenes Verschulden hafte.[1515] Daraus folgt, dass auch beim eigenen Verschulden der Regress nicht ausgeschlossen ist und somit kein entscheidendes Argument gegen diese Ansicht darstellt. Dem ist aber entgegenzusetzen, dass die Haftung der juristischen Person für ihre Organe eine Haftung für fremde Handlungen darstellt, indem der Regress gegenüber den einzelnen Bürgern – den Mitgliedern der Organe – zulässig ist.[1516] Es ist schließlich nicht zu verkennen, dass die Einordnung der Haftung juristischer Personen nach Art. 1068 Ziff. 1 ZGB RF als eine Haftung für fremdes Verschulden der Gerichtspraxis entspricht. Es wird nämlich in der Rechtsprechung darauf hingewiesen, dass eine juristische Person nach Art. 1068 Ziff. 1 ZGB RF unabhängig vom eigenen Verschulden dieser juristischen Person haftet.[1517]

Trotz der vorgebrachten Gegenargumente und des Verlierens an Bedeutung ist zu berücksichtigen, dass die Konstruktion des Verschuldens der juristischen

1512 *Matveev*, Die Gründe der zivilrechtlichen Haftung, S. 236.
1513 Zum Ganzen *Smirnov*, Die Verpflichtungen aus der Schadenszufügung, S. 43.
1514 Siehe etwa *Kozlova*, Die Rechtssubjektivität der juristischen Person, S. 82.
1515 *Smirnov*, Probleme des Zivil- und Verwaltungsrechts, S. 254, 263.
1516 *Flejšic*, Verpflichtungen aus der Schadenszufügung, S. 102.
1517 FAG des Fernöstlichen Bezirks, Urt. v. 21. Juli 2003, Nr. Ф03-A51/03-1/1373, „Konsul'tantPlus".

Person nach der Kollektivtheorie immer noch in der Praxis angewendet wird und sogar im Gesetz noch ihren Ausdruck findet. Insofern darf sie nicht völlig unberücksichtigt bleiben.

Im Rahmen der heutigen gesetzlichen und wissenschaftlichen Konzeption des Verschuldens der juristischen Person ist es folgerichtig, die Haftung der juristischen Person für ihre Organe nach Artt. 401 bzw. 1064 ZGB RF zu beurteilen.[1518] Die Handlungen von Organen sind wie solche der juristischen Person selbst zu beurteilen. Die Handlungen der Helfer im Zusammenhang mit der Ausführung der Dienstpflichten sind dabei nach Artt. 402, 403 bzw. 1068 ZGB RF der juristischen Person zuzurechnen.[1519] Dabei wird in der Literatur zutreffend hervorgehoben, dass willentliche und schuldhafte Handlungen der natürlichen Personen als Handlungen der juristischen Person selbst nur *angesehen* werden können, nicht aber solche *sein* können und dies auch nur in den Fällen, wenn die entsprechende Rechtsnorm dies vorschreibe.[1520]

III. Folgen des allgemeinen Verständnisses des Verschuldens einer juristischen Person für die deliktische Gehilfenhaftung

Aus dem Verständnis des Verschuldens einer juristischen Person als Verschuldens ihrer Organe für fehlende Gewährung der ordnungsgemäßen Organisation ihrer Tätigkeit und ihrer Arbeitnehmer sind folgende wichtige Schlussfolgerungen zu ziehen.

Ein derartiges Verständnis des Verschuldens einer juristischen Person führt dazu, dass juristische Personen nach Art. 1068 Ziff. 1 ZGB RF, um „eigenes Verschulden" auszuschließen, das Fehlen des Verschuldens nicht nur ihrer Organe, sondern auch ihrer Arbeitnehmer und anderer Beschäftigter nachzuweisen haben. Zutreffend wird angemerkt, dass eine Organisation ein Ganzes sei und sie nur dann von der Haftung frei werde, wenn die Verpflichtung ohne Verschulden *jeglichen* Teils dieses Ganzen verletzt wurde.[1521] Offensichtlich ist, dass jeder

1518 Zu der Notwendigkeit der Differenzierung zwischen den Handlungen einer juristischen Person selbst und ihrer Arbeitnehmer Grišaev/Ėrdelevskij/*Sumskoj*, ZGB RF I, Anm. 3 zu Art. 53; a.A. *Egorov*/Sergeev, Teil 1, Anm. 1 zu Art. 402; *Otnjukova*, Civilist 2005, Nr. 1, S. 50, 53, die sich darauf beruft, dass sich diese Schlussfolgerung aus dem Gesetz nicht ergebe.

1519 Zum Ganzen ähnlich *Koršunova*, Traditionen und Neuerungen 2009, S. 193, 194 (nur in Bezug auf Artt. 1064 und 1068 ZGB RF).

1520 *Ėrdelevskij*, Kompensation des moralischen Schadens, S. 123; zustimmend *Kozlova*, Die Rechtssubjektivität der juristischen Person, S. 76.

1521 *Flejšic*, Wissenschaftliche Beiträge des WASG, S. 143, 155.

Arbeitnehmer ein „Teil des Ganzen" ist. Dabei kommt man gezwungenermaßen zum Schluss, dass die juristische Person dabei den Entlastungsbeweis für alle Hierarchieebenen der Unternehmensstruktur zu führen hat. Dies würde dem Geschäftsherrn – einer natürlichen Person – grundsätzlich keine großen Schwierigkeiten bereiten. Bei einer juristischen Person ist dies dagegen nicht der Fall. Je größer die juristische Person und je komplizierter ihr Tätigkeitsbereich ist, desto schwieriger fällt ihr dann dieser Entlastungsbeweis. Es ist offensichtlich, dass ein derartiger Nachweis für größere Unternehmen beinahe unmöglich sein wird. Wenn das Unternehmen aber keine extrem große Anzahl der Beschäftigten hat, ist die Situation denkbar, dass der Nachweis fehlenden Verschuldens einer juristischen Person trotz des großen Aufwandes gelingen kann.

Allerdings wird das Erfordernis für die Widerlegung des Verschuldens einer juristischen Person auch darin gesehen, dass die Organisation alles Mögliche für die ordnungsgemäße Erfüllung der Verpflichtung getan habe.[1522] Dabei müssen diejenigen Aufgaben, die Mitarbeiter einer juristischen Person nicht in der Lage waren zu erfüllen, auf andere Beschäftigte dieser juristischen Person übertragen werden. Darin ist eine gewisse Ähnlichkeit mit der Figur des *körperschaftlichen Organisationsverschuldens* im Sinne des deutschen Rechts zu sehen. An dieser Stelle können aber alle Argumente gegen diese Rechtsfigur angewendet werden, die gegen die Rechtsfigur des körperschaftlichen Organisationsverschuldens nach deutschem Recht aufgeführt worden waren. Vor allem ist hervorzuheben, dass der Geschäftsherr *ex ante* nicht wissen kann, dass einer seiner Helfer eine bestimmte Aufgabe nicht erfüllen können wird. Der Geschäftsherr kann daher überhaupt nicht auf den Gedanken kommen, die Aufgabe einer anderen Person zu überlassen. Bei Kenntnis des Geschäftsherrn von der Untauglichkeit des konkreten Helfers haftet er bereits für eigenes Auswahlverschulden.

Was das Verständnis des Verschuldens der juristischen Person als Verschulden einer mangelhaften Organisation ihrer Tätigkeiten betrifft, kann dieser Vorwurf in der Praxis kaum entkräftet werden.

Zum einen sind in der russischen Zivilrechtswissenschaft wie auch in der Rechtsprechung keine detaillierten Anforderungen an die jeweiligen Organisationspflichten herausgearbeitet worden. Das birgt die Gefahr der unvermeidbaren Haftung der juristischen Person infolge des stets möglichen Vorwurfs des schlechten Organisierens der eigenen Tätigkeiten.

Zum anderen ist nicht zu verkennen, dass die gerichtliche Beurteilung der Situation immer *ex post* erfolgt. Aus dieser Perspektive ist der Hinweis, dass

1522 So *Flejšic*, Wissenschaftliche Beiträge des WASG, S. 143, 155.

diese oder jene Organisationsvorkehrungen hätten getroffen werden müssen, stets leicht. Die Überprüfung deren Kausalität für den Schadeneintritt ist aber in der Wirklichkeit kaum möglich.

Somit läuft diese Lösung *de facto* auf eine deliktische Haftung der juristischen Person für ihre Helfer ohne Entlastungsmöglichkeit hinaus. Interessant ist zudem die Beantwortung der Frage, ob dies bestehen bleibt, wenn sich die russische Zivilrechtslehre von der geltenden Theorie des Verschuldens einer juristischen Person distanzieren würde, was künftig durchaus nicht ausgeschlossen ist. An dem Ergebnis der heutigen Entwicklung dieser Haftung scheint jedoch auch die Abkehr von dieser Theorie nichts zu ändern. Die russische Rechtsprechung und Literatur haben für diesen Fall „vorgesorgt", indem sie dem Geschäftsherrn eine Organisationspflicht auferlegt haben. Der verschwommene Begriff der ordnungsgemäßen Organisation bietet dabei eine Möglichkeit zur Auferlegung der Haftung bei allen Fallgruppen. Die Ergebnisse, die von der Rechtsprechung und Gesetzgebung in Russland nicht intendiert sind und durch die erfolgreiche Führung eines Entlastungsbeweises erreicht werden, werden auf diesem Weg somit vermieden.

Theoretisch stellt die deliktische Haftung einer juristischen Person nach Art. 1068 Ziff. 1 ZGB RF also eine Verschuldenshaftung dar. In Wirklichkeit haftet jedoch die juristische Person für ihre Helfer beinahe ohne reale Entlastungsmöglichkeit. Die tatsächliche Unmöglichkeit der Widerlegung des vermuteten Verschuldens einer juristischen Person lässt es gerechtfertigt erscheinen, in diesen Fällen von einer „strikten" Haftung in der Praxis zu sprechen.

KAPITEL 3. RECHTSVERGLEICHENDE AUSWERTUNG DER LÄNDERBERICHTE

A. Vergleichender Ausblick auf die Grundlagen der deliktischen Gehilfenhaftung nach deutschem und russischem Recht

I. Grundsätzliche Gemeinsamkeiten und Unterschiede des deutschen und russischen Haftungsrechts

Von zentraler Bedeutung ist es zunächst, allgemeine Fragen des deutschen und russischen Haftungsrechts zu beantworten. Mögliche Ähnlichkeiten und Unterschiede der Regelungen deliktischer Gehilfenhaftung lassen sich lediglich unter Berücksichtigung des allgemeinen Haftungsrechts richtig einschätzen. Einige von ihnen werden dadurch relativiert.

Zwischen dem Schadensersatzrecht des deutschen Bürgerlichen Gesetzbuches und des russischen Zivilgesetzbuches besteht eine *systematische* Ähnlichkeit. Beide Zivilkodifikationen behandeln das Schadensersatzrecht an verschiedenen Stellen im Gesetz: zum einen im allgemeinen Teil und zum anderen im besonderen Teil des Schuldrechts.

Ein wesentlicher Unterschied zwischen beiden Rechtsordnungen ist jedoch in der Gesetzgebungstechnik zu sehen. Der deutsche Gesetzgeber hat sich für das System von drei sog. „kleinen" Generalklauseln[1523] und einer Reihe von Spezialdelikten entschieden. Das russische Zivilgesetzbuch geht hingegen von einem konträren Ansatz aus, nämlich dass jeder Schaden grundsätzlich zu ersetzen ist.[1524] Nach dem Vorbild des französischen Code Civil enthält Art. 1064 ZGB RF eine Art Generalklausel.[1525] Der Verzicht auf eine solche Generalklausel im deutschen Recht wird mit der Möglichkeit der freien Entfaltung der Persönlichkeit und mit dem Wettbewerb erklärt.[1526] Die ausgewählte Lösung des Bürgerlichen

---

1523 *Canaris*, FS Larenz, S. 27, 35; *v. Bar*, Gemeineuropäisches Deliktsrecht, Band I, Rn. 17 spricht von „Gattungstatbeständen".

1524 Allgemein zu diesem Unterschied *Koršunova*, Traditionen und Neuerungen 2008, S. 172.

1525 Kritisch dazu *Wölk*, Das Deliktsrecht Russlands, S. 76 ff. Sie verwendet die Bezeichnung „kleine Generalklausel" (S. 77) und „Grundtatbestand" (S. 78).

1526 *Canaris*, FS Larenz, S. 27, 36 f.

Gesetzbuches wird als ein durchdachtes und überzeugendes Modell charakterisiert, das den Antagonismus von Bestandsschutz und Handlungsfreiheit zu einem ausgewogenen Ausgleich bringe.[1527] Zu betonen ist aber zugleich, dass die Ansicht für die Einführung der Generalklausel im deutschen Recht stark vertreten war und nur mit zwei Stimmen bei Beratungen über das Bürgerliche Gesetzbuch abgelehnt wurde.[1528] Die Generalklausel verdecke laut des Beschlusses der Mehrheit nur die vorhandenen Schwierigkeiten und lade deren Lösung auf den Richter ab, was allerdings der im deutschen Volke herrschenden Auffassung nicht entspreche und durch das Gesetz erfolgen müsse.[1529] Das Bürgerliche Gesetzbuch hat somit einen Mittelweg eingeschlagen. Trotz des unterschiedlichen Ausgangspunktes wurden § 823 Abs. 1 BGB und Art. 1064 ZGB RF im Laufe ihrer historischen Entwicklung den Bedürfnissen der Wirklichkeit angepasst. Zwecks Umgehung des engen Schutzbereichs des § 823 Abs. 1 BGB wurde beispielsweise sein Anwendungsbereich ausgeweitet. Der Schutzbereich des Art. 1064 ZGB RF wurde im Gegensatz dazu mittels Kausalitäts- und zum Teil auch Verschuldensfragen eingeschränkt.

Ein weiterer Aspekt, den es an dieser Stelle zu erwähnen gilt, ist die Frage der *Anspruchskonkurrenz*. In den Fällen, in denen eine Schädigung sowohl eine Vertragsverletzung als auch eine unerlaubte Handlung im Sinne des Deliktsrechts darstellt, ergibt sich die Frage nach dem Verhältnis der Vertrags- und Deliktsansprüche zueinander. Diese Frage gewinnt zunehmend an Bedeutung, wenn das Spannungsverhältnis zwischen § 278 BGB und § 831 BGB in Erinnerung gerufen wird. Doch – wie verhält es sich hier im russischen Recht? Das russische Zivilrecht entscheidet grundsätzlich im Sinne des Ausschlusses der Anspruchskonkurrenz.[1530] Diese Auffassung findet ihre Anerkennung auch in der Rechtsprechung.[1531] Die Vertragsansprüche verdrängen also in der Regel die deliktischen Ansprüche. Ausnahmen sind nur in den gesetzlich geregelten Fällen zulässig. Das deutsche Recht hingegen lässt die Anspruchskonkurrenz uneingeschränkt zu. Bezüglich des Unterschieds zwischen vertraglichen und

---

1527 *Canaris*, FS Larenz, S. 27, 39.

1528 Protokolle bei *Mugdan* II, S. 1073.

1529 Protokolle bei *Mugdan* II, S. 1075.

1530 Dazu näher unter Kapitel 2, A.I.3.d.

1531 Etwa FAG des Ost-Sibirischen Bezirks, Urt. v. 28. September 2007, Nr. A19-2856/07-26-Ф02-6670/07, „Konsul'tantPlus" (im Ergebnis bestätigt durch den nachfolgenden Beschluss des OAG RF v. 6. Februar 2008 Nr. 596/08 in der Sache Nr. A19-2856/07-26, „Konsul'tantPlus"); FAG des Moskauer Bezirks, Urt. v. 16. Juni 2005, Nr. КГ-А40/4930-05, „Konsul'tantPlus".

deliktischen Ansprüchen ist außerdem zu erwähnen, dass die vertragliche Haftung im unternehmerischen Bereich gemäß Art. 401 Ziff. 3 ZGB RF als eine verschuldensunabhängige Haftung ausgestaltet ist. Das wiederum wirkt sich auch auf die vertragliche Gehilfenhaftung aus. Eine gänzlich verschuldensunabhängige Haftung des Unternehmers ist dem deutschen Recht hingegen nicht bekannt.

Ferner ist hervorzuheben, dass das Verschulden eine Voraussetzung der deliktischen Haftung in beiden Rechtsordnungen darstellt. Das russische Zivilgesetzbuch hat aber eine bedeutende generelle Ausnahme von dieser Regel zugelassen, sofern der Schaden durch die die erhöhte Gefahr schaffenden Tätigkeiten zugefügt wurde (Art. 1079 ZGB RF). Es hat damit von der Möglichkeit Gebrauch gemacht, eine Generalklausel für die Gefährdungshaftung zu schaffen. Eine ähnliche Generalklausel ist im deutschen Bürgerlichen Gesetzbuch nicht enthalten.[1532] Die Fragen der *Gefährdungshaftung* sind in einzelnen speziellen Vorschriften geregelt.[1533]

Bezüglich des Schadensersatzes für *immaterielle Schäden* ist zu betonen, dass solche Schäden bei der Verletzung der materiellen Rechte nur dann anerkannt werden, wenn es im Gesetz ausdrücklich angeordnet ist. Das russische Zivilgesetzbuch (Art. 1099 Ziff. 2 ZGB RF) wie auch das Bürgerliche Gesetzbuch (§ 253 Abs. 1 BGB) gehen somit nicht von einem generellen Ersatz immaterieller Schäden aus.

Letztlich ist auch auf die *Beweislastverteilung* einzugehen. Die Geltung des Verschuldensprinzips im deutschen und russischen Deliktsrecht darf nicht darüber hinwegtäuschen, dass ihm in Deutschland und in Russland durch Beweisregelungen unterschiedliche Bedeutungen zukommen. Grundsätzlich gilt die Regel, nach der jeder diejenigen Tatbestandsmerkmale zu beweisen hat, auf die er seinen Anspruch stützt. Im russischen Zivilrecht wird allerdings eine allgemeine Verschuldensvermutung für jede Art der zivilrechtlichen Haftung festgelegt.[1534] Diese allgemeine Beweislastumkehr für das Verschulden ist dem deutschen Recht hingegen unbekannt. Nach § 823 Abs. 1 BGB hat der Kläger das Verschulden des Schädigers nachzuweisen. Das beruht wiederum auf dem Gedanken der Ermöglichung der freien Entfaltung der Industrie und der

---

1532 *Deutsch/Ahrens*, Deliktsrecht, Rn. 529; zur Diskussion über die Gestaltung der Gefährdungshaftung im deutschen Recht: *Deutsch/Ahrens*, Deliktsrecht, Rn. 532; *Leser*, AcP 183 (1983), 568, 597 ff. m.w.N.

1533 Dazu näher unter Kapitel 1, A.IV.1.

1534 Dazu näher unter Kapitel 2, A.I.3.a und B.VI.

Handlungsfreiheit. Das Risiko des „non liquet" bleibt somit bei dem Geschädigten. Das russische Zivilrecht hat durch die allgemeine Verschuldensvermutung jedoch das Risiko auf den Schädiger verlagert. Nichtsdestotrotz bleibt das Verschulden eine subjektive Haftungsvoraussetzung nach Art. 1064 ZGB RF, welches allerdings vermutet wird. Somit zeigt sich ein wesentlicher Unterschied im Vergleich zum deutschen Recht, der in einer Besserstellung des Geschädigten bezüglich der Beweislast zum Ausdruck kommt.

Zusammenfassend ist also festzuhalten, dass das allgemeine Haftungs- und Deliktsrecht in Deutschland und Russland Gemeinsamkeiten haben. Sie weisen aber auch bedeutende Unterschiede auf, die für die weitere rechtsvergleichende Analyse von großer Bedeutung sind.

II. Systematischer Überblick über die gesetzliche Regelung der deliktischen Gehilfenhaftung im deutschen und russischen Recht

1. Gesetzliche Regelung der deliktischen Gehilfenhaftung

Die deliktische Gehilfenhaftung ist im deutschen Recht in § 831 Abs. 1 BGB und im russischen Recht in Art. 1068 Ziff. 1 ZGB RF normiert. Diese Regelungen unterscheiden sich wesentlich in ihren Formulierungen und ihrer strukturellen Gestaltung. Es ist aber auch eine Reihe von Ähnlichkeiten in beiden Vorschriften festzustellen.

Art. 1068 Ziff. 1 ZGB RF enthält im Gegensatz zu § 831 Abs. 1 Satz 2 BGB keine ähnliche ausdrückliche Regelung über die Exkulpationsmöglichkeit des Geschäftsherrn. Der russische Gesetzgeber legt lediglich fest, dass eine juristische Person oder ein Bürger den Schaden zu ersetzen hat, der durch ihren (seinen) Arbeitnehmer bei der Erfüllung seiner Arbeits- (Dienst-, Amts-) Pflichten zugefügt wurde.

Bei der haftenden juristischen oder natürlichen Person nach Art. 1068 Ziff. 1 ZGB RF handelt es sich im Sinne des deutschen Rechts um den Geschäftsherrn. Hervorzuheben ist in diesem Zusammenhang, dass die Personengesellschaften des Handelsrechts im russischen Recht im Vergleich mit Deutschland auch zu den juristischen Personen gehören. Die Gesellschaft bürgerlichen Rechts (*prostoe tovariščestvo*) wird hingegen nicht als eigenes Rechtssubjekt – und damit rechtsfähig, sondern als spezieller schuldrechtlicher Vertragstyp eingeordnet.

Das Pendant zur Figur des Verrichtungsgehilfen im Sinne des § 831 Abs. 1 BGB ist im russischen Recht die des Helfers (laut Gesetz „Arbeitnehmer"). Der im russischen Gesetzestext verwendete Begriff „Arbeitnehmer" ist aber insoweit ungenau, als er nicht zwangsläufig ein Arbeitsverhältnis im engeren Sinne voraussetzt. Das folgt aus der Legaldefinition des Arbeitnehmers nach

Art. 1068 Ziff. 1 Abs. 2 ZGB RF. Anerkennend die Tatsache, dass Arbeitsverhältnisse zwischen dem Geschäftsherrn und seinem Helfer einer der bedeutsamsten Anwendungsfälle des Art. 1068 Ziff. 1 ZGB RF darstellen[1535], ist zugleich nicht zu verkennen, dass darunter auch andere Arten vertraglicher Beziehungen zwischen Haftendem und Helfer fallen, insbesondere solche, bei denen die Arbeit aufgrund eines zivilrechtlichen Vertrages erbracht wird, soweit die Helfer dabei im Auftrag der entsprechenden juristischen Person oder eines Bürgers und unter ihrer (seiner) Kontrolle über die gefahrlose Arbeitsausführung handeln oder hätten handeln müssen.

Ferner sprechen beide gesetzliche Regelungen in vergleichbarer Weise von einem Schaden, der *in Ausführung der Verrichtung* oder *bei der Erfüllung* der Arbeits- (Dienst-, Amts-) Pflichten zugefügt wurde. Insoweit wird ein Bezug zum jeweiligen Tätigwerden in beiden Rechtsordnungen verlangt, um die Gehilfenhaftung zu begründen. Inwieweit sich diese Formeln auch inhaltlich decken, wird im Rahmen der späteren Analyse untersucht.[1536] § 831 Abs. 1 BGB ist darüber hinaus der Vorschrift des Art. 1068 Ziff. 1 ZGB RF in seiner gesetzlichen Ausgestaltung insoweit ähnlich, als er das Gehilfenverschulden als Haftungsvoraussetzung nicht vorsieht. Es ist lediglich eine tatbestandliche, rechtswidrige Handlung des Gehilfen erforderlich.

Schließlich ist anzumerken, dass die Beweislastumkehr zugunsten des Geschädigten ähnlich der Regelung des § 831 Abs. 1 Satz 2 BGB in Art. 1064 Ziff. 2 ZGB RF ihre gesetzliche Normierung gefunden hat.

2. *Historische Entwicklung der deliktischen Gehilfenhaftung*

Der zweite Teil des russischen Zivilgesetzbuches, in dem die Verhältnisse aus unerlaubten Handlungen geregelt sind, ist seit dem 1. März 1996 in Kraft. Das Bürgerliche Gesetzbuch kann hingegen auf eine mehr als hundertjährige Geschichte zurückblicken. Dementsprechend sind die literarischen Stellungnahmen zu § 831 Abs. 1 BGB ebenso wie die Rechtsprechung wesentlich differenzierter als die zu Art. 1068 Ziff. 1 ZGB RF im russischen Recht. Allerdings darf nicht übersehen werden, dass die deliktische Gehilfenhaftung im russischen Zivilrecht bereits in früheren Kodifikationen geregelt war. So sind vergleichbare Vorschriften in Svod Zakonov von 1851 zu finden. Politische Ereignisse haben

---

1535 In diesem Sinne bezüglich der Geschäftsherrenhaftung in den anderen Ländern *v. Bar*, Gemeineuropäisches Deliktsrecht, Band I, Rn. 179, Fn. 1061 und Rn. 191.

1536 Dazu unter Kapitel 3, B.I.2.a.

jedoch die konstante Entwicklung der Rechtsprechung auf diesem Gebiet nicht zugelassen.[1537]

Aus rechtsvergleichender Sicht ist besonders zu betonen, dass einerseits der Gedanke der deliktischen Haftung des Geschäftsherrn für sein eigenes Auswahl- und Überwachungsverschulden – ähnlich der Regelung des § 831 Abs. 1 BGB – dem russischen Recht auch bekannt ist (vgl. Art. 2610 des Entwurfes von 1905[1538]).

Andererseits ist die strenge Haftung des Geschäftsherrn auch dem deutschen Recht nicht fremd. Die Haftungskonzeption der unbedingten Einstandspflicht des Geschäftsherrn konnte sich beispielsweise bis zur BGB-Entstehung am Juristentag 1886 durchsetzen.[1539] Außerdem waren die Regelungen der bayerischen, hessischen sowie preußischen Entwürfe nach dem Vorbild der strikten Haftung aufgebaut.[1540] Schließlich ist die strikte Gehilfenhaftung in mehreren modernen spezialgesetzlichen Regelungen enthalten.[1541] Nicht zu verkennen ist darüber hinaus, dass die deutsche Rechtsprechung in den Fällen der deliktischen Gehilfenhaftung *de facto* meistens genau zu diesem Ergebnis kommt.[1542]

Der geschichtliche Überblick hat also gezeigt, dass die Verschuldenshaftung als Prinzip der deliktischen Haftung des Geschäftsherrn sowie dessen verschuldensunabhängige Haftung beiden Rechtsordnungen bekannt ist. Im Ergebnis lässt sich also festhalten, dass die historische Entwicklung der Gehilfenhaftung im deutschen wie auch im russischen Recht keine zwingenden Gründe für die Annahme des Verschuldensprinzips als einzig mögliches Prinzip erkennen lässt. Somit spricht die Analyse der geschichtlichen Entwicklung der deliktischen Gehilfenhaftung im deutschen und im russischen Recht nicht eindeutig für die geltende Fassung des § 831 Abs. 1 BGB und nicht für die Auslegung des Art. 1068 Ziff. 1 ZGB RF durch einige russische Gerichte.

3. *Strikte Haftung und Verschuldenshaftung*

Die Geschäftsherrenhaftung nach § 831 Abs. 1 BGB und die Haftung für Handlungen der Helfer nach Art. 1068 Ziff. 1 ZGB RF werden dogmatisch als

1537 Dazu unter Kapitel 2, B.I.

1538 Zum Entwurf von 1905 näher unter Kapitel 2, B.I.4.

1539 Dazu näher unter Kapitel 1, A.I.2.

1540 *Seiler*, JZ 1967, 525, 529.

1541 Dazu unter Kapitel 1, A.IV.1.

1542 *v. Bar*, Gemeineuropäisches Deliktsrecht, Band I, Rn. 187 bezeichnet zutreffend diese Rechtsprechungsentwicklung als „Geschichte einer Aufholjagd".

Verschuldenshaftung eingeordnet.[1543] Im deutschen Recht handelt es sich dabei um eine Haftung für eigenes vermutetes Verschulden des Geschäftsherrn. Das folgt unmittelbar aus dem Gesetzestext des § 831 Abs. 1 Satz 2 BGB. Im russischen Recht ist die dogmatische Einordnung der deliktischen Gehilfenhaftung dagegen nicht eindeutig. Im Text des Art. 1068 Ziff. 1 ZGB RF ist keinerlei Verschulden erwähnt. Das Verfassungsgericht der RF hat aber neulich ausdrücklich bestätigt, dass es sich dabei um die Verschuldenshaftung handelt.[1544] Die Hinweise auf das Erfordernis des Verschuldens als konstitutiver Haftungsvoraussetzung sind auch in den Entscheidungen der Instanzgerichte zum Teil zu finden.[1545]

Soweit könnte von einer parallelen Konstruktion der deliktischen Gehilfenhaftung im deutschen und im russischen Recht ausgegangen werden. Allerdings bleibt die Einordnung der Haftung nach Art. 1068 Ziff. 1 ZGB RF als Haftung für eigenes oder für fremdes vermutetes Verschulden umstritten. Zum Teil wird dabei vom *Auswahlverschulden*, zum Teil aber allgemeiner vom *Organisationsverschulden* gesprochen. Ferner wird aber auch auf das Verschulden des Helfers hingewiesen. In dieser Ausprägung läge demnach der Gedanke der strikten Haftung nahe. Hervorzuheben gilt es aber, dass das Verschulden von Arbeitnehmern in der russischen Zivilrechtslehre nicht selten als eigenes Verschulden der juristischen Person verstanden wird.[1546]

Der Ausgang dieses Streits kann insoweit dahinstehen, als es sich jedenfalls um eine Verschuldenshaftung handelt, die auch beim fremden Verschulden angenommen werden kann. Die Frage, ob es sich dabei um eigenes oder fremdes Verschulden handelt, gewinnt jedoch dann an Bedeutung, wenn in einem zweiten Schritt fraglich ist, welche Umstände die Person nachweisen muss, um von der Haftung befreit zu werden.

Diese Frage wird später näher untersucht.[1547] An dieser Stelle ist lediglich anzumerken, dass sich die gegebene Möglichkeit der Widerlegung der Verschuldensvermutung im russischen Recht in der Praxis für große Unternehmen aufgrund des besonderen Verständnisses des Verschuldens einer juristischen Person als nahezu unmöglich erweist. In solchen Fällen kann von einer unwiderlegbaren Verschuldensvermutung und somit von einer fiktiven Verschuldenshaftung

1543 *Koršunova*, Traditionen und Neuerungen 2009, S. 193.
1544 Verfassungsgericht der RF, Beschluss v. 16. Februar 2006, Nr. 12-O, „Konsul'tantPlus".
1545 Dazu näher mit den Nachweisen aus der Rechtsprechung unter Kapitel 2, B.V.3.
1546 Dazu unter Kapitel 2, C.II.2.
1547 Dazu unter Kapitel 3, B.I.3.

gesprochen werden. Die Ergebnisse der gesetzlichen Lösung des § 831 Abs. 1 BGB als Haftung für eigenes vermutetes Verschulden werden aber auch „korrigiert", indem die deutsche Rechtsprechung unterschiedliche spezielle Rechtskonstruktionen anwendet, um die Entlastungsmöglichkeit des § 831 Abs. 1 Satz 2 BGB auszuschließen.

B. Vergleichende Auswertung der Regelungen der deliktischen Gehilfenhaftung nach deutschem und russischem Recht

I. Deliktische Haftung für Hilfspersonen

Im Weiteren wird untersucht, inwieweit sich einzelne Gemeinsamkeiten und die dargestellten Abweichungen der Regelungen der deliktischen Gehilfenhaftung im deutschen und russischen Recht auf die praktische Rechtsanwendung auswirken.

1. Persönlicher Anwendungsbereich der deliktischen Gehilfenhaftung

a. Person des Haftenden

Die Gehilfenhaftung trifft denjenigen, der im eigenen Interesse einen anderen zur Erfüllung einer Aufgabe herangezogen hat. Der persönliche Anwendungsbereich des Art. 1068 Ziff. 1 ZGB RF wurde ausgeweitet, so dass er mit dem Anwendungsbereich des § 831 Abs. 1 BGB weitgehend übereinstimmt. Art. 1068 Ziff. 1 ZGB RF erstreckt sich im Gegensatz zu den früheren Kodifikationen nicht nur auf juristische, sondern auch auf natürliche Personen. Die haftende Person tritt dabei nicht als ein unmittelbarer Schädiger, sondern als die hinter ihm stehende juristische oder natürliche Person auf.

Im Vergleich zum deutschen Recht stellt die Regelung des russischen Rechts, nach dem auch *eine natürliche Person* als Haftungssubjekt nach Art. 1068 Ziff. 1 ZGB auftreten kann, eine Novelle dar. Bezüglich der Deliktsfähigkeit natürlicher Personen stellt das russische Zivilgesetzbuch auf die Vollendung des vierzehnten Lebensjahres ab (Art. 1074 Ziff. 1 ZGB RF). Das Bürgerliche Gesetzbuch hingegen stellt hinsichtlich der deliktischen Verantwortlichkeit von Personen von sieben bis achtzehn Jahren darauf ab, ob entsprechende Person bei der Begehung der schädigenden Handlung die zur Erkenntnis der Verantwortlichkeit erforderliche Einsicht gehabt hat (§ 828 Abs. 3 BGB). Eine Ausnahme ist nach § 828 Abs. 2 BGB für Personen im Straßen- und Schienenverkehr zugelassen.

Was *eine juristische Person* als Geschäftsherr nach § 831 Abs. 1 BGB und Art. 1068 Ziff. 1 ZGB RF angeht, ist hervorzuheben, dass darunter auch

Personenhandelsgesellschaften im Sinne des deutschen Rechts erfasst sind. Zur Anwendung kann die Haftung nach Art. 1068 Ziff. 1 ZGB RF auch in den Fällen kommen, in welchen an Stelle des Geschäftsherrn keine juristische Person, sondern ein anderes Kollektivsubjekt auftritt, das jedoch nach speziellen gesetzlichen Regelungen als juristische Person zu behandeln ist. Somit wird der Begriff „juristische Person" im Rahmen des Art. 1068 Ziff. 1 ZGB RF sehr weit ausgelegt.

Der Vergleich der Regelungen des Art. 1068 ZGB RF und des § 831 Abs. 1 BGB ergibt, dass letztere die Haftung der Personengesellschaften des Handelsrechts (die OHG und KG) für ihre Gesellschafter, die als verfassungsmäßig berufene Vertreter zu beurteilen sind oder denen bedeutsame, wesensmäßige Funktionen der Gesellschaft zur selbstständigen, eigenverantwortlichen Erfüllung zugewiesen sind, nicht umfasst. Diese Fallkonstellation ist nach § 31 BGB zu beurteilen, wonach der Verein für den durch seine verfassungsmäßig berufenen Vertreter zugefügten Schaden ohne Entlastungsmöglichkeit verantwortlich ist. Das russische Zivilgesetzbuch macht dagegen in dieser Hinsicht keinerlei Differenzierungen und unterstellt diese Situationen vollständig dem Tatbestand des Art. 1068 Ziff. 2 ZGB RF. Ob daraus unterschiedliche Ergebnisse in der Praxis folgen, wird an späterer Stelle erörtert.[1548]

In beiden Rechtsordnungen kann sich die Abgrenzung der Person, die für Handlungen ihres Verrichtungsgehilfen bzw. Helfers zu haften hat, als problematisch gestalten, wenn *mehrere Geschäftsherren* in Betracht kommen. Die Schwierigkeiten treten besonders bei *Leiharbeitsverhältnissen* zutage. Sowohl im deutschen als auch im russischen Recht wird dabei als Abgrenzungskriterium die faktische Möglichkeit in Betracht gezogen, das Verhalten des unmittelbaren Schädigers zu steuern. Bei der Beurteilung dieser Frage wird dabei eine einzelfallabhängige Entscheidung getroffen.

b. Begriff der Hilfsperson

Ferner ist auf die Frage einzugehen, wer nach deutschem und russischem Recht als Verrichtungsgehilfe bzw. Helfer vom Geschäftsherrn angesehen werden kann.

Der Begriff des Arbeitnehmers ist in Art. 1068 Ziff. 1 Abs. 2 ZGB RF legal definiert. Im Gegensatz dazu ist eine Legaldefinition des Verrichtungsgehilfen im Sinne des § 831 Abs. 1 BGB nicht vorhanden. Dieser Begriff wurde aber detailliert von der Rechtsprechung ausgearbeitet.

Infolge der Erweiterung des Begriffsverständnisses im russischen Recht im Vergleich zu früheren russischen zivilrechtlichen Kodifikationen wurde dieser

1548 Dazu unter Kapitel 3, B.II.

Begriff an den Begriff des Verrichtungsgehilfen im deutschen Recht angenähert. Somit ähnelt der Begriff des Helfers dem des Verrichtungsgehilfen insoweit, als er sowohl Arbeitnehmer im Sinne des Arbeitsrechts als auch die Personen, die aufgrund eines zivilrechtlichen Vertrags tätig sind, mit einschließt. Die Art und Weise der Beschäftigung des unmittelbaren Schädigers spielen in beiden Rechtsordnungen keine Rolle.[1549]

Nach russischem Zivilrecht kann eine juristische Person als Helferin im Sinne des Art. 1068 Ziff. 1 ZGB RF nicht angesehen werden. Dies würde dem Gesetzestext widersprechen, weil aus der Legaldefinition des Arbeitnehmers folgt, dass als solcher nur eine natürliche Person auftreten kann (Art. 1068 Ziff. 1 Satz 2 ZGB RF). Im Rahmen der Ziffer 2 dieses Artikels ist die Haftung für eine juristische Person aber möglich. In Art. 1068 Ziff. 2 ZGB RF ist jedoch eine besondere Fallkonstellation geregelt. Im Gegensatz dazu ist im deutschen Recht die Möglichkeit der Anerkennung einer juristischen Person als Verrichtungsgehilfin nach § 831 Abs. 1 BGB grundsätzlich nicht ausgeschlossen.[1550]

Der Geschäftsherr haftet jedoch nicht für alle Personen, die für ihn tätig sind. In beiden Rechtsordnungen werden zusätzliche Kriterien eingeführt, die den Kreis der Personen, für deren schädigende Handlungen der Geschäftsherr zu haften hat, einschränken. Im Rahmen des § 831 Abs. 1 BGB müssen folgende Merkmale für die Anerkennung als Verrichtungsgehilfe kumulativ vorliegen: willentliche Übertragung von Tätigkeiten durch den Geschäftsherrn und Weisungsgebundenheit des Gehilfen.[1551] Der russische Gesetzgeber hat die Merkmale des Arbeitnehmers im Sinne des Art. 1068 Ziff. 1 ZGB RF ausdrücklich in der Legaldefinition normiert und dabei deren Bestimmung lediglich auf die Personen, die aufgrund eines zivilrechtlichen Vertrages tätig sind, erstreckt. Für die Zurechnung des Verhaltens des Helfers genügen nach russischem Recht folgende Kriterien: Tätigkeiten nach einem Auftrag des Geschäftsherrn und unter seiner Kontrolle zur Gewährleistung einer gefahrlosen Ausführung der Arbeiten. Daraus eine Schlussfolgerung über die Bestimmung des Kreises der Hilfspersonen im deutschen oder im russischen Recht zu ziehen, wäre aber an dieser Stelle voreilig. Vielmehr ist der Analyse einzelner Merkmale Aufmerksamkeit zu schenken.

1549 RGRK/*Steffen*, § 831, Rn. 16 m.w.N.; Abova/Kabalkin/*Vasil'eva*, Anm. 3, 4 zu Art. 1068.

1550 Dazu näher unter Kapitel 1, A.III.1.a.

1551 In diesem Sinne PWW/*Schaub*, § 831, Rn. 8 f.

aa. Mit Wissen und Wollen

Ähnlich wie im deutschen Recht setzt die Einbeziehung des Helfers zwecks Erfüllung bestimmter Aufgaben im russischen Recht ebenfalls ein Handeln mit Wollen des Geschäftsherrn voraus. Diese Schlussfolgerung kann vor allem aus dem Text des Art. 1068 Ziff. 1 Abs. 2 ZGB RF gezogen werden, nach dem der Helfer „nach Auftrag des Geschäftsherrn" tätig wird. Für Arbeitsverträge sieht Art. 16 ArbGB RF ausdrücklich vor, dass ein Arbeitsverhältnis nicht nur beim Abschluss eines formgerechten Arbeitsvertrages, sondern auch bei einer faktischen Arbeitsaufnahme mit *Wissen* oder im Auftrag des Arbeitgebers oder dessen Vertreters angenommen werden kann.

Zweifel können diesbezüglich nur entstehen, wenn das Argument der deutschen Rechtswissenschaftler bezüglich der Organe einer juristischen Person in Betracht gezogen wird. Die Tätigkeit der Organe beruht demnach unmittelbar auf dem Gesetz, was nicht erlaubt, vom Willen des Geschäftsherrn und folglich von einem Organ als Verrichtungsgehilfen im Sinne des § 831 Abs. 1 BGB zu sprechen.[1552] Die Organe juristischer Personen sind daher regelmäßig keine Verrichtungsgehilfen im Sinne des § 831 Abs. 1 BGB. Eine ähnliche Differenzierung wird im russischen Zivilrecht im Fall der Anwendung des Art. 1068 Ziff. 1 ZGB RF nicht immer durchgeführt.[1553] Dem kann jedoch entgegengehalten werden, dass die entsprechenden Organe auch mit Wissen und Wollen des Geschäftsherrn ernannt oder bestellt werden. Lediglich die Arten dieser Organe werden gesetzlich festgelegt, wer aber genau als Organwalter nach deutschem Begriffsverständnis in Betracht kommt, wird trotzdem willentlich entschieden. Andererseits jedoch ist die bisher herrschende Meinung in der russischen Zivilrechtswissenschaft in Erinnerung zu rufen, nach der das Verschulden von Organen sowie aller Arbeitnehmer dem Verschulden einer juristischen Person gleich zu stellen ist. Daraus wäre dogmatisch folgerichtiger, die Haftung einer juristischen Person, wenn eine schädigende Handlung von einem Organwalter begangen wurde, nach Maßgabe des Art. 1064 ZGB RF zu beurteilen, der eine Haftung für *eigenes* Fehlverhalten vorsieht.

Es ist ferner hervorzuheben, dass das russische Recht bei der Beurteilung der Bestellung einer konkreten Person zum Helfer im Sinne des Art. 1068 Ziff. 1 ZGB RF auf das Erfordernis einer vertraglichen Beziehung abstellt.

1552 Dazu unter Kapitel 1, A.III.1.b.

1553 Abova/Kabalkin/*Vasil'eva*, Anm. 1 zu Art. 1064; *Ioffe*, Schadensersatzverpflichtungen, S. 41 (in Bezug auf das ZGB RSFSR 1922).

Im deutschen Recht ist hingegen ein vertragliches Verhältnis zwischen dem Geschäftsherrn und seinem Verrichtungsgehilfen nicht erforderlich.

bb. Tätigsein im Interessenkreis des Geschäftsherrn

Ferner ist Aufmerksamkeit auf das Erfordernis der „Einbeziehung in den Interessenkreis des Geschäftsherrn" zu richten. Auf den ersten Blick erstreckt der russische Gesetzgeber den Kreis der Helfer im Sinne des Art. 1068 Ziff. 1 ZGB RF nicht so weit, weil er lediglich von dem Schaden bei der Erfüllung bestimmter *Pflichten* spricht. Dieser Begriff ist aber *weit* zu verstehen. Die maßgeblichen Tätigkeiten des Helfers nach Art. 1068 Ziff. 1 ZGB RF beschränken sich nicht auf den Pflichtenkreis gegenüber dem Geschäftsherrn. Sie werden vielmehr nach den Interessen des Geschäftsherrn bestimmt. Entscheidend ist, dass der Geschäftsherr dem Helfer bestimmte Aufgaben zugewiesen hat. Deshalb kann insoweit eine Ähnlichkeit mit dem Kriterium der willentlichen Tätigkeit im Interessenkreis des Geschäftsherrn nach deutschem Recht gesehen werden.

cc. Abhängigkeitsverhältnis zwischen dem Geschäftsherrn und der Hilfsperson

Weiterhin stellt sich die Frage, ob das russische Recht ähnlich dem deutschen Recht die selbstständigen Hilfspersonen aus dem Anwendungsbereich des Art. 1068 Ziff. 1 ZGB RF ausschließt.

Während sich die Definition der Weisungsgebundenheit des Verrichtungsgehilfen im deutschen Recht als Möglichkeit des Geschäftsherrn, die Tätigkeit des Handelnden jederzeit zu beschränken, zu entziehen oder nach Zeit und Umfang zu bestimmen[1554], in der Rechtsprechung gefestigt hat, gestaltete sich die Herausarbeitung konkreter Kriterien des Verhältnisses zwischen dem Geschäftsherrn und Helfer im russischen Zivilrecht schwieriger. Es ist festzuhalten, dass das russische Zivilrecht zwar ebenfalls ein Abhängigkeitsverhältnis verlangt. Ob es aber der Weisungsgebundenheit im deutschen Sinne gleicht, ist fraglich. Bei einem Helfer nach Art. 1068 Ziff. 1 ZGB RF handelt es sich in der Praxis zum größten Teil um einen Beschäftigten im arbeitsrechtlichen Sinne, so dass die Qualifikation als Helfer gar nicht zur Diskussion steht. Hinsichtlich der Beschäftigten aufgrund eines zivilrechtlichen Vertrages bereitet diese Frage aber doch einige Schwierigkeiten.

Bei den Beschäftigten nach einem zivilrechtlichen Vertrag hat der russische Gesetzgeber auf die Erforderlichkeit einer Kontrolle durch den Geschäftsherrn

---

1554 BGH, Urt. v. 30. Juni 1966 – VII ZR 23/65, BGHZ 45, 311, 313.

über gefahrlose Arbeitsausführung hingewiesen. Dabei könnte das Erfordernis der Kontrolle über die gefahrlose Ausführung der Arbeit nach Art. 1068 Ziff. 1 ZGB RF dem Kriterium der Weisungsgebundenheit im deutschen Recht nahekommen. Allerdings folgt aus dieser Formulierung nicht automatisch die Unselbstständigkeit des Handelnden. Vom Wortlaut her lässt sich somit behaupten, dass das „Wie" und das „Ob" der Arbeitsausführung nicht umfasst sind. Das russische Recht scheint auf den ersten Blick damit weiter als das deutsche Recht zu gehen.

Es kommt im russischen Recht bei der Qualifikation als Helfer somit entscheidend auf das Verständnis der „Kontrolle über gefahrlose Arbeitsausführung" an. Die Beantwortung dieser Frage wurde der russischen Rechtsprechung überlassen. Wenn damit nur die allgemeine Kontrolle gemeint ist, ohne die Möglichkeit der jederzeitigen Beschränkung oder Entziehung der Tätigkeit einer Hilfsperson im Sinne des deutschen Rechts zu fordern, würde dies in der Konsequenz bedeuten, dass auch selbstständige Hilfspersonen des Geschäftsherrn unter den Anwendungsbereich des Art. 1068 Ziff. 1 ZGB RF fielen. Dafür spricht der Umstand, dass die Beschäftigten nach einem zivilrechtlichen Vertrag vom Anwendungsbereich dieser Norm mit umfasst sind. Einer der Hauptunterschiede zwischen einem zivilrechtlichen und einem arbeitsrechtlichen Vertrag wird dabei ausgerechnet in der Selbstständigkeit des Beauftragten gesehen, der nach eigenem Ermessen handeln sowie die Art und Weise seiner Arbeitsausführung selbst bestimmen kann.[1555] Die russischen Gerichte haben aber die gesetzliche Formel „unter Kontrolle über gefahrlose Arbeitsausführung" weit ausgelegt. Als Abgrenzungskriterium dient die Ausführung der Arbeiten *„mit eigenen Kräften"*.[1556] Diese Formel schließt offensichtlich nicht nur die Kontrolle über die sichere Ausführung der Arbeiten ein, sondern den gesamten Bereich des „Wie" der Arbeitsausführung durch eine Hilfsperson. Dadurch wird die Selbstständigkeit der Arbeitsausführung beträchtlich eingeschränkt.

Als Indiz der Unselbstständigkeit des Helfers hat sich in der Gerichtspraxis folgendes Merkmal herauskristallisiert: die Pflicht des Geschäftsherrn zur Beantragung der Genehmigung für die Arbeitsausführung bei den staatlichen oder kommunalen Organen, wenn eine solche erforderlich ist. Bei einer solchen Pflichtenverteilung liegt es im Machtbereich des Geschäftsherrn den Anfang, also das „Ob", sowie die weitere Ausführung der Arbeiten zu bestimmen. Dies

---

1555 *Orlovskij*, Kommentar zum ArbGB RF, Anm. 3 zu Art. 15.

1556 FAG des West-Sibirischen Bezirks, Urt. v. 20. April 2004, Nr. Ф04/2029-294/A70-2004, „Konsul'tantPlus".

deutet zweifellos auf eine Einschränkung des Anwendungsbereichs des Art. 1068 Ziff. 1 ZGB RF hinsichtlich unselbstständiger Gehilfen hin. Als weitere Indizien des Abhängigkeitsverhältnisses sind nach der russischen Gerichtspraxis folgende Kriterien zu berücksichtigen: Wartung der vom Helfer verwendeten Geräte durch den Geschäftsherrn, Eigentum des Geschäftsherrn an den Produktionsmitteln und eine Berichterstattungspflicht des Helfers gegenüber seinem Geschäftsherrn.

Somit wird das Unterordnungsverhältnis zwischen einem Helfer und seinem Geschäftsherrn nach Art. 1068 Ziff. 1 ZGB RF unter Berücksichtigung der Entwicklung der Rechtsprechung nicht auf die Kontrolle über die Gefahrlosigkeit der Arbeitsausführung beschränkt, sondern auch auf die Art der Arbeitsausführung ausgeweitet.

Die deutsche und die russische Rechtsordnung stimmen darin überein, dass eine Hilfsperson im Sinne des § 831 Abs. 1 BGB und Art. 1068 Ziff. 1 ZGB RF diejenige ist, die in einem *Unterordnungsverhältnis* zu ihrem Geschäftsherrn steht. Für die Beurteilung des Verhältnisses zwischen dem Geschäftsherrn und seiner Hilfsperson ist in beiden Rechtsordnungen die faktische Weisungsunterworfenheit des Gehilfen dem Geschäftsherrn ausschlaggebend.[1557] Darüber hinaus ist nicht erforderlich, dass der Geschäftsherr seine Weisungsmöglichkeit tatsächlich ausgeübt hat. Von Bedeutung ist vielmehr die gegebene tatsächliche Möglichkeit der Erteilung entsprechender Anweisungen. Allerdings bewahrt das nicht vor der möglichen künftigen Wandlung der russischen Rechtsprechung in die Richtung des Einbeziehens auch selbstständiger Hilfspersonen in den Anwendungsbereich des Art. 1068 Ziff. 1 ZGB RF. Vor allem ist hervorzuheben, dass das Gesetz diese Möglichkeit angesichts seines Wortlauts durchaus zulässt. Wenn der unmittelbare Schädiger die erforderlichen Voraussetzungen für die Anerkennung als Verrichtungsgehilfe im Sinne des § 831 Abs. 1 BGB oder als Helfer nach Art. 1068 Ziff. 1 ZGB RF nicht erfüllt, so bleibt eine Haftung der Hilfsperson für eigenes Verschulden nach § 823 Abs. 1 BGB und Art. 1064 ZGB RF denkbar.

1557 Zum deutschen Recht etwa: BGH, Urt. v. 30. Juni 1966 – VII ZR 23/65, BGHZ 45, 311, 313. Zum russischen Recht: etwa FAG des Zentralen Bezirks, Urt. v. 12. November 2008, Nr. Ф10-5035/08 in der Sache Nr. A36-536/2007, „Konsul'tantPlus".

2. Voraussetzungen der deliktischen Gehilfenhaftung

a. Zusammenhang zwischen der Gehilfenhandlung und Gehilfenfunktion

Nach der vergleichenden Analyse des persönlichen Anwendungsbereichs der jeweiligen Gesetzesvorschriften stellt sich die Frage nach den Haftungsvoraussetzungen gemäß § 831 Abs. 1 BGB und Art. 1068 Ziff. 1 ZGB RF.

Sowohl das deutsche als auch das russische Recht setzen im Fall der deliktischen Haftung einen *gewissen Zusammenhang* zwischen der schädigenden Gehilfenhandlung und der Funktion der Hilfsperson als solche voraus. Die sprachliche Ausdrucksweise unterscheidet sich aber deutlich. Der deutsche Gesetzgeber bedient sich für diese Zwecke des Ausdrucks *„in Ausführung der Verrichtung"*. Der russische Gesetzestext spricht etwas abweichend von den Handlungen *„bei der Erfüllung der Arbeits- (Dienst-, Amts-) Pflichten"*. Ob diese gesetzlichen Formeln des deutschen und russischen Rechts inhaltlich übereinstimmen, ist im Folgenden zu analysieren.

Während der Geschäftsherr nach § 831 Abs. 1 BGB nur dann haftet, wenn die schädigende Handlung des Gehilfen noch in den Kreis der Tätigkeiten fällt, welche die Ausführung der aufgetragenen Verrichtung darstellen, also wenn ein *innerer Zusammenhang* zwischen den übertragenen Aufgaben und der Schadenszufügung vorhanden ist[1558], hat sich im russischen Recht keine einhellige Meinung dazu gebildet[1559].

Bei der Bestimmung, was unter Arbeitspflichten und andere für Art. 1068 Ziff. 1 ZGB RF relevante Pflichten fällt, wird nicht auf das formale Kriterium der Festlegung des Pflichtenkatalogs im Arbeitsvertrag abgestellt. Auch wenn eine Tätigkeit außerhalb der im Arbeitsvertrag vorgesehenen Arbeitsleistung liegt, aber infolge der betrieblichen oder anderer Notwendigkeit, die mit dem Arbeitsprozess zusammenhängt, erforderlich ist, wird sie wohl diese Voraussetzung erfüllen können. Das von der russischen Rechtsprechung nicht erfolgte Festhalten am Gesetzestext ist folgerichtig und begrüßenswert.[1560] Die russische Rechtsprechung knüpft vielmehr an die Ausführung einer Aufgabe durch einen Helfer an, die im Zusammenhang mit seinen Aufgaben oder mit der Betriebsnotwendigkeit steht. Die Rechtsprechung Russlands hat also bei der Bestimmung der haftenden Personen nach Art. 1068 Ziff. 1 ZGB RF den Gesetzeswortlaut weit ausgelegt. Aus dem Blickwinkel des deutschen Rechts kann sodann vom erforderlichen inneren Zusammenhang gesprochen werden.

1558 Dazu näher unter Kapitel 1, A.III.2.

1559 Dazu näher unter Kapitel 2, B.V.2.b.

1560 Dazu näher unter Kapitel 2, B.V.2.b.cc.

Im Gegensatz zur deutschen juristischen Literatur[1561] lässt ein Teil der russischen Zivilrechtswissenschaftler den örtlichen und zeitlichen Zusammenhang zwischen der dem Helfer übertragenen Aufgabe und der schädigenden Gehilfenhandlung genügen[1562]. Diese Auffassung findet zu Recht keine Unterstützung in der Gerichtspraxis.[1563] Ein Blick auf die russische Rechtsprechung zeigt, dass die russischen Gerichte für die Abgrenzung der einer juristischen oder natürlichen Person zurechenbaren Handlungen das Kriterium des Zusammenhanges dieser Handlungen mit dem Arbeitsprozess, also mit dem Prozess der Erfüllung bestimmter Aufgaben, aufstellen.[1564]

Ähnlich wie im deutschen Recht wird die Abgrenzung zwischen den Handlungen „bei Erfüllung der Verrichtung" und „bei Gelegenheit" danach vorgenommen, ob der Helfer im Interesse des Geschäftsherrn oder im eigenen Interesse, im privaten Bereich agiert. Als Abgrenzung dienen dabei das Ziel und das Motiv der Handlung. Dadurch ist ersichtlich, dass die subjektiven Kriterien in dieser Hinsicht ausschlaggebend sind.

In beiden Ländern wird also vorausgesetzt, dass der Schaden beim Handeln in Ausführung der Verrichtung bzw. der Erfüllung entsprechender Pflichten zugefügt wird. Zur Abgrenzung wird in beiden Rechtsordnungen ein ähnliches Kriterium – der innere Zusammenhang – angewendet.

1561 RGRK/*Steffen*, § 831, Rn. 23.

1562 *Flejšic*, Wissenschaftliche Beiträge des WASG, S. 143, 148 (in Bezug auf die GZG 1961).

1563 Viertes Appellationsarbitragegericht, Urt. v. 7. März 2012, Nr. A58-2812/2011 (durch Urteil des FAG des Ost-Sibirischen Bezirks v. 21. Juni 2012, Nr. A58-2812/2011, und Beschluss des OAG RF v. 19. Oktober 2012, Nr. BAC-13098/12, wurde nicht geändert), „Konsul'tantPlus"; Zwanzigstes Appellationsarbitragegericht, Urt. v. 13. November 2006, Nr. A68-ГП-25/4-06 (durch Urteil des FAG des Zentralen Bezirks v. 28. Februar 2007, Nr. A68-ГП-25/4-06, wurde nicht geändert), „Konsul'tantPlus"; Bezirksgericht von Nowosibirsk, Appellationsbeschluss v. 5. August 2014, Nr. 33-6702/2014, „Konsul'tantPlus".

1564 OG RF, Beschluss v. 14. März 2014, Nr. 64-КГ14-1, „Konsul'tantPlus"; Gebietsgericht von Perm, Appellationsbeschluss v. 28. April 2014 in der Sache Nr. 33-3487-2014, „Konsul'tantPlus"; Neuntes Appellationsarbitragegericht, Urt. v. 5. März 2014, Nr. 09АП-2977/2014-ГК in der Sache Nr. A40-129828/13, „Konsul'tantPlus"; Achtzehntes Appellationsarbitragegericht, Urt. v. 2. Februar 2012, Nr. 18АП-13150/2011 in der Sache Nr. A76-14865/2011, „Konsul'tantPlus"; FAG des Ost-Sibirischen Bezirks, Urt. v. 5. Dezember 2001, Nr. A78-2893/01-C1-5/104-Ф02-2968/01-C2, „Konsul'tantPlus".

Interessant ist ein Blick auf die Beurteilung dieser Haftungsvoraussetzung im deutschen und russischen Recht *nach einzelnen Fallgruppen.*

aa. Weg zur und von der Arbeit

Bei der Zufügung des Schadens durch einen Verrichtungsgehilfen bzw. Helfer, der sich zu diesem Zeitpunkt noch auf dem Weg zur Arbeit oder bereits auf dem Weg nach Hause befand, ist ein wesentlicher Unterschied zwischen der deutschen und russischen Rechtsprechung zu verzeichnen. Nach deutschem Recht werden diejenigen unerlaubten Handlungen, die ein Verrichtungsgehilfe auf dem Wege zwischen seinem Haus und seiner Arbeitsstelle verursacht hat, dem Geschäftsherrn nicht zugerechnet.[1565] Die russischen Gerichte nehmen dagegen nicht selten in ähnlichen Fallkonstellationen eine Haftung des Geschäftsherrn an.[1566] Diese Schlussfolgerung der russischen Gerichte ist nicht folgerichtig und abzulehnen.[1567]

bb. Straftaten

Die vorsätzlich begangenen Handlungen, insbesondere die Begehung von Straftaten, schließen nach der übereinstimmenden Auffassung des deutschen und russischen Rechts die Handlung des Verrichtungsgehilfen oder Helfers in Ausführung seiner Verrichtung oder bei Erfüllung seiner Pflichten nicht aus. Im deutschen Recht wird die deliktische Haftung des Geschäftsherrn gemäß § 831 Abs. 1 BGB bei vorsätzlichen Gehilfenhandlungen in dem Fall bejaht, in dem der Verrichtungsgehilfe einer besonderen Verpflichtung zuwiderhandelt.[1568] Die russische Rechtsprechung richtet sich auch in diesen Fällen nach dem Kriterium des Zusammenhangs der Handlungen mit dem Arbeitsprozess.[1569]

cc. Schwarzfahrten

Die Fälle der Schwarzfahrten stellen eine praktisch sehr wichtige und weit verbreitete Fallgruppe dar, bei der die Umstände eines konkreten Falls ausschlaggebend sind. Als mögliches Differenzierungskriterium wird im deutschen Recht der Grad der Abweichung von dem erteilten Auftrag verwendet.[1570] In

---

1565 Dazu bereits unter Kapitel 1, A.III.2.
1566 Dazu unter Kapitel 2, B.V.2.c.
1567 Dazu näher unter Kapitel 2, B.V.2.c.
1568 Dazu unter Kapitel 1, A.III.2.
1569 Dazu unter Kapitel 2, B.V.2.d.
1570 Dazu unter Kapitel 1, A.III.2.

der russischen Rechtsprechung werden diese Fallkonstellationen in der Regel nach Art. 1079 ZGB RF ohne Berücksichtigung der Voraussetzung „bei Erfüllung" beurteilt. Teilweise wird jedoch auf dem Erfordernis der Handlungen des Helfers bei Erfüllung seiner Pflichten gegenüber dem Inhaber der Quelle erhöhter Gefahr im Sinne des Art. 1068 Ziff. 1 ZGB RF bestanden. Die näheren Abgrenzungskriterien lassen sich lediglich auf dem Wege der weiteren Rechtsprechungsentwicklung herausarbeiten. Die Kasuistik in Russland ist allerdings noch nicht so umfangreich wie die deutsche.

Die Schwierigkeiten bei der Differenzierung der Gehilfenhandlungen sind somit grundsätzlich in der Praxis beider Länder nicht ausgeschlossen. Das deutsche und russische Recht versuchen diese aufgrund einzelner Kriterien durchzuführen. Eine genaue Abgrenzung der Handlungen, die unter die einschlägige gesetzliche Formel fallen, gibt es aber weder in Deutschland noch in Russland. Dies ist jedoch entgegen einigen Meinungen[1571] nicht negativ zu bewerten. Eine genaue Definition ist aufgrund der großen Anzahl der möglichen Lebenssituationen auch schwerlich möglich. Außerdem ist es nicht die Aufgabe des Gesetzgebers, alle möglichen Situationen in abschließender Art und Weise im Gesetz aufzulisten. Im russischen Zivilrecht ist die nähere Erklärung der Haftungsvoraussetzung *„bei Erfüllung der Pflichten"* in einer Plenarentscheidung des Obersten Gerichts der RF zu empfehlen. In einigen Fallgruppen gehen die Auffassungen der deutschen und russischen Gerichte auseinander. Das ist zum Beispiel bei der Fallgruppe der Schadenszufügung auf dem Weg zur und von der Arbeit zu beobachten.

b. Widerrechtliches Handeln des Verrichtungsgehilfen oder Helfers

Die Frage, ob der Geschäftsherr für widerrechtliche Handlungen des Geschäftsherrn haftet, findet in Deutschland und in Russland eine übereinstimmend positive Antwort.

Art. 1068 Ziff. 1 ZGB RF spricht insofern lediglich von „Handlungen", ohne dabei ausdrücklich auf ihre Widerrechtlichkeit hinzuweisen. § 831 Abs. 1 BGB dagegen erwähnt ausdrücklich den von einem Verrichtungsgehilfen „widerrechtlich" zugefügten Schaden. Dieser Unterschied im Gesetzeswortlaut spielt aber keine Rolle, weil er sich durch eine systematische Auslegung des Art. 1068 Ziff. 1 ZGB RF beseitigen lässt. Art. 1064 Ziff. 3 Satz 1 ZGB RF sieht vor, dass der durch rechtmäßige Handlungen zugefügte Schaden nur in gesetzlich vorgesehenen Fällen zu ersetzen ist. Aus dem *argumentum e contrario* folgt, dass die

1571 In diesem Sinne zum deutschen Recht *Kauffmann*, Die Gehilfenhaftung, S. 106 f.

Widerrechtlichkeit auch im Fall des Art. 1068 Ziff. 1 ZGB RF aufgrund seines Spezialitätsverhältnisses zu Art. 1064 ZGB RF eine Haftungsvoraussetzung darstellt.

Die beiden Haftungsnormen stimmen somit in Bezug auf das Erfordernis der Widerrechtlichkeit der Handlungen der Hilfsperson überein.

c. *Verschulden als Haftungsvoraussetzung*

Ein gewichtiger Unterschied zwischen der deutschen und der russischen Gesetzesnorm über die deliktische Gehilfenhaftung, der allerdings formeller Natur ist, liegt darin, dass § 831 Abs. 1 BGB ausdrücklich das Verschulden des Geschäftsherrn bei der Auswahl der bestellten Person und bei der Beschaffung von Vorrichtungen oder Gerätschaften oder bei der Leitung, sofern der Geschäftsherr dies zu besorgen hat, erwähnt. Art. 1068 Ziff. 1 ZGB RF legt hingegen ausdrücklich nicht fest, dass der Helfer oder Geschäftsherr schuldhaft gehandelt haben muss. In der russischen Vorschrift ist bloß von „Handlungen des Arbeitnehmers" die Rede, für die der Geschäftsherr einzustehen hat. Der in diesem Zusammenhang entfachte Streit darüber, ob die Haftung nach Art. 1068 Ziff. 1 ZGB RF das Verschulden voraussetzt oder verschuldensunabhängig eintritt, führte sogar zum Verfassungsgericht der Russischen Föderation. Dabei wurde die Verschuldenshaftung nach Art. 1068 ZGB RF bejaht.[1572]

Umstritten bleibt aber, *wessen* Verschulden als Haftungsvoraussetzung nach Art. 1068 ZGB RF erforderlich ist. Obwohl weder der Gesetzgeber in Art. 1068 Ziff. 1 ZGB RF noch das Verfassungsgericht der RF eine Aussage darüber treffen, ob die Haftung des Geschäftsherrn vom *Verschulden des Helfers* abhängt, betrachtet die russische Rechtsprechung es zu Recht als eine weitere Haftungsvoraussetzung.[1573] Hervorzuheben ist, dass das Verschulden eines schädigenden Helfers als Verschulden des Geschäftsherrn – einer juristischen Person – angesehen wird.[1574] Dabei gilt auch für das Verschulden des Helfers die Verschuldensvermutung gemäß Art. 1064 Ziff. 2 Satz 1 ZGB RF.

Der Wortlaut des § 831 Abs. 1 BGB sieht ebenfalls kein Gehilfenverschulden als Haftungsvoraussetzung vor. Dies darf jedoch nicht zu dem voreiligen Schluss verleiten, dass das russische Recht an das Verhalten der Helfer nach Art. 1068 Ziff. 1 ZGB RF höhere Anforderungen stellen würde. Auch nach § 831

1572 Dazu unter Kapitel 2, B.III.1.

1573 FAG des Fernöstlichen Bezirks, Urt. v. 13. Juli 1999, Nr. Ф03-A59/99-1/883, „Konsul'tantPlus".

1574 Sadikov/*Fajzutdinov/Gljancev*, Teil 2, Anm. 8 zu Art. 1068.

Abs. 1 BGB wird das Verschulden des Gehilfen im Hinblick auf die teleologische Auslegung dieser Vorschrift und die Rechtsprechungsentwicklung zum verkehrsrichtigen Verhalten des Verrichtungsgehilfen hineininterpretiert.[1575] Somit ergibt sich insoweit kein Unterschied der Regelungen des deutschen und russischen Rechts.

Bezüglich des Verschuldens der Hilfsperson als Haftungsvoraussetzung lässt sich also festhalten, dass dies beide Rechtsordnungen im Laufe der Rechtsprechungsentwicklung übereinstimmend als erforderlich angesehen haben. Der Gesetzestext erwähnt dies jedoch weder in Deutschland noch in Russland. Was das Verschulden des Geschäftsherrn angeht, kann nur bedingt davon gesprochen werden, dass dieses im russischen Recht im Gegensatz zum deutschen Recht keine Bedeutung hat. Das beruht vor allem darauf, dass auch das Verschulden der Arbeitnehmer als eines der juristischen Person *selbst* angesehen wird. Außerdem ist in manchen Urteilen ein Hinweis auf das Organisationsverschulden des Geschäftsherrn zu finden. Entscheidende Rolle spielt diese Frage bei der Beurteilung derjenigen Umstände, die der Geschäftsherr für seine Entlastung nach deutschem und russischem Recht nachzuweisen hat.

3. *Entlastungsmöglichkeit des Geschäftsherrn*

Bei erfolgreicher Durchführung des Entlastungsbeweises ist der Geschäftsherr in beiden Rechtsordnungen von der Haftung frei.

An dieser Stelle sind zunächst ein paar allgemeine Anmerkungen erforderlich. Der in der westeuropäischen Literatur geäußerten Ansicht bezüglich der weit gefassten deliktischen Gehilfenhaftung in Russland aufgrund der fehlenden Exkulpationsmöglichkeit des Geschäftsherrn[1576] kann nur mit Vorbehalt beigepflichtet werden.

Dabei ist das *Verständnis des Begriffs der Exkulpationsmöglichkeit* ausschlaggebend. Der Geschäftsherr hat nach Art. 1068 Ziff. 1 ZGB RF keine Exkulpationsmöglichkeit, die der deutschen nach § 831 Abs. 1 Satz 2 BGB gleichkäme. Das bedeutet, dass der Nachweis des Geschäftsherrn einer ordnungsgemäßen Auswahl seiner Helfer und deren Überwachung nicht genügt, um eine Haftung nach Art. 1068 Ziff. 1 ZGB RF auszuschließen.

Wenn dagegen die Exkulpationsmöglichkeit als generelle Möglichkeit, sich von der Haftung durch Nachweis bestimmter Umstände zu entlasten, verstanden

---

1575 Dazu näher unter Kapitel 1, A.III.3.

1576 In diesem Sinne wohl *Bergmann*, ZGB RF II, S. 31, 37; ähnlich *Solotych*, ZGB RF I, S. 59.

wird, wäre die Aussage bezüglich der fehlenden Exkulpationsmöglichkeit des Geschäftsherrn im russischen Zivilrecht nicht zutreffend. Der Geschäftsherr kann von der Haftung nach Art. 1068 Ziff. 1 ZGB RF befreit werden, sofern er nachweist, dass ihn und seine Arbeitnehmer kein Verschulden trifft.

Diese Schlussfolgerung mag aus dem Blickwinkel des deutschen Rechts zunächst verwirren und bei den Großunternehmen zwangsläufig zu dem Gedanken geleiten, dass sich auch für die russische Jurisprudenz das Problem des sog. dezentralisierten Entlastungsbeweises stellen müsste. Allerdings lauern genau hier die „Eingeborene[n] mit Pfeilen“[1577], die bei einem Rechtsvergleich nicht außer Acht gelassen werden dürfen.

Im russischen Zivilrecht ist eine juristische Person eigenen Verschuldens fähig. Eine entscheidende Bedeutung kommt dabei dem *Verständnis des eigenen Verschuldens einer juristischen Person* zu. Auf die Frage, was genau darunter zu verstehen ist, gibt es bis heute keine eindeutige Antwort. Nach herrschender Auffassung wird das Verschulden einer juristischen Person als Verschulden ihrer Organe und aller für sie tätigen Personen, insbesondere auch ihrer Arbeitnehmer, verstanden.[1578] Angesichts dieses besonderen Verständnisses des Verschuldens einer juristischen Person kommt das russische Zivilrecht zu dem Ergebnis, dass es sich im Fall des Art. 1068 Ziff. 1 ZGB RF um die Haftung für *eigenes* (!) Verschulden handelt.

Daraus sind folgende wichtige Schlussfolgerungen zu ziehen. In Übereinstimmung mit der skizzierten Theorie des Verschuldens einer juristischen Person hat der Geschäftsherr den Entlastungsbeweis für alle Hierarchieebenen der Unternehmensstruktur zu führen. Die Begründung wird darin gesehen, dass die Handlungen und das Verschulden der Arbeitnehmer unabhängig von ihrer Stellung mit den Handlungen und dem Verschulden einer juristischen Person gleich sind.[1579] Aus diesem Grund tritt das Problem des dezentralisierten Entlastungsbeweises im russischen Recht nicht in Erscheinung. Die russische Zivilrechtslehre und auch die Praxis entgehen also erfolgreich diesem Problem, wenn auch auf andere Art und Weise als die deutsche Rechtsprechung.

Außerdem ist besonders zu betonen, dass die ausdrückliche Normierung einer Entlastungsmöglichkeit des Geschäftsherrn im Rahmen des Art. 1068 Ziff. 1 ZGB RF dem Gesetzgeber vorbehalten bleibt. Für die Befreiung einer

---

1577 *Rabel*, RabelsZ 16 (1951), 340.

1578 Näher zum Verschulden juristischer Personen im russischen Recht unter Kapitel 2, C.II.

1579 Dazu näher unter Kapitel 2, C.II.2.

juristischen oder natürlichen Person von der deliktischen Haftung für ihre Helfer sind im Rahmen des Art. 1068 Ziff. 1 ZGB RF das Fehlen des eigenen Verschuldens des Haftenden sowie das Fehlen eines Verschuldens des unmittelbaren Schädigers nachzuweisen.[1580] Erfolgreich ist die Führung des Entlastungsbeweises also nur in den Fällen, in denen dem Geschäftsherrn der Nachweis von beiden genannten Umständen gelingt. Im deutschen Recht stellt § 831 Abs. 1 Satz 2 BGB dagegen deutlich geringere Anforderungen an den Entlastungsbeweis des Geschäftsherrn.

Schließlich ist zu betonen, dass das erwähnte Verständnis des Verschuldens einer juristischen Person im russischen Zivilrecht dazu führt, dass sie als Geschäftsherr nach Art. 1068 Ziff. 1 ZGB RF, um eigenes Verschulden auszuschließen, das Fehlen des Verschuldens nicht nur ihrer Organe, sondern auch aller (!) Arbeitnehmer nachzuweisen hat. Es ist offensichtlich, dass die Möglichkeit der Entlastung für größere Unternehmen beinahe unmöglich wird.[1581] Wenn das Unternehmen aber keine große Anzahl von Arbeitnehmern beschäftigt, ist die Situation denkbar, dass der Nachweis fehlenden Verschuldens dem Geschäftsherrn trotz des großen Aufwandes bei jedem einzelnen Mitarbeiter gelingen wird. Allerdings wird das Verschulden der juristischen Person nicht selten darin gesehen, dass diese ihre Tätigkeiten mangelhaft organisiert hat. Dieser Vorwurf kann in der Praxis kaum entkräftet werden. Es liegt also auf der Hand, dass die gegebene Entlastungsmöglichkeit nach Art. 1068 Ziff. 1 ZGB RF nur auf dem Papier steht. Die tatsächliche Unmöglichkeit der Widerlegung des vermuteten Verschuldens gemäß Art. 1068 Ziff. 1 ZGB RF erlaubt es, von der *objektiven* oder *strikten Haftung* in der Praxis zu sprechen.

Noch schärfer stellt sich das Problem der Haftung des Geschäftsherrn im deutschen Recht. Ein ähnliches Ergebnis wird dabei auf einem anderen Weg in der Praxis erreicht. Die Exkulpationsmöglichkeit des § 831 Abs. 1 Satz 2 BGB, die nicht selten zu den unerwünschten Ergebnissen führt, wird in der Praxis mit Hilfe von vielfältigen, in der deutschen Rechtsprechung entwickelten Hilfskonstruktionen umgangen. Dazu gehören beispielsweise die Rechtsfigur des betrieblichen und körperschaftlichen Organisationsverschuldens sowie auch die Ausdehnung der vertraglichen Haftungsgrundsätze.

Was *die Haftung wegen betrieblichen Organisationsverschuldens* angeht, ist hervorzuheben, dass die Rechtsfigur des betrieblichen Organisationsverschuldens

1580 Dazu unter Kapitel 2, B.V.3.

1581 In diesem Sinne zum Ganzen allgemein *Koršunova*, Traditionen und Neuerungen 2009, S. 193, 194.

im Sinne des deutschen Rechts dem russischen Zivilrecht nicht bekannt ist. Allerdings sind die Pflichten, die ihrem Inhalt nach den betrieblichen Organisationspflichten nach deutschem Recht entsprechen, in den russischen Gerichtsurteilen durchaus zu finden. Die Haftung des Geschäftsherrn für den Schaden, der durch seine Helfer zugefügt wird, wird in Gerichtsurteilen zum Teil auf das eigene Verschulden des Geschäftsherrn gestützt. Dabei sprechen die Gerichte vom *Aufsichtsverschulden*[1582] und vom *Verschulden wegen nicht ordnungsgemäßer Organisation der wirtschaftlichen Betriebstätigkeit des Arbeitgebers* selbst[1583]. In diesem Fall liegt es nahe, eine Art betriebliche Organisationspflicht aus dem Blickwinkel des deutschen Rechts anzunehmen.

Im russischen Schrifttum wird in Bezug auf die Haftung der juristischen Personen für ihre Arbeitnehmer auch von ihrem eigenen Verschulden, das bei der mangelhaften Auswahl und Aufsicht über die Hilfspersonen besteht[1584], sogar ausdrücklich vom Verschulden durch „mangelhafte Organisation der Produktions- und Wirtschaftstätigkeit“[1585] gesprochen. Detaillierte Anforderungen an diese Pflichten sind aber im russischen Recht nicht ausgearbeitet worden.

Somit kann festgehalten werden, dass die Rechtsfigur des betrieblichen Organisationsverschuldens im russischen Recht in verschiedenen Pflichten gesehen werden kann. Diese Pflichten werden aber nicht ausdrücklich als Organisationspflichten des Geschäftsherrn bezeichnet.

Aufgrund der Unzulänglichkeiten der Regelung des § 831 Abs. 1 Satz 2 BGB ist ferner ein *Ausweichen auf die Regelungen der vertraglichen Gehilfenhaftung* im deutschen Recht weit verbreitet. Im russischen Recht ist dagegen der Rückgriff auf die vertraglichen Regelungen der Gehilfenhaftung nicht notwendig. Die vertraglichen und deliktischen Vorschriften über die Gehilfenhaftung sind bezüglich der Entlastungsmöglichkeit weitgehend gleich konzipiert. Aus diesem Grund ist ein Rückgriff auf die Vertragshaftung im russischen Recht überflüssig.

Ferner stellt sich die spannende Frage, ob die objektiv gewordene Haftung nach Art. 1068 Ziff. 1 ZGB RF bestehen bleibt, wenn die russische Zivilrechtslehre

---

1582 So etwa OG RF, Beschluss v. 16. März 1998, Nr. 1-B97-8, „Konsul'tantPlus“ (in Bezug auf die Regelung des Art. 445 ZGB RSFSR 1964).

1583 So etwa FAG des West-Sibirischen Bezirks, Urt. v. 20. Juli 2007, Nr. Ф04-4905/2006(36033-A70-11) in der Sache Nr. A70-3372/24-2005, „Konsul'tantPlus“.

1584 Grišaev/Ėrdelevskij/*Gavrilov*, ZGB RF I, Abs. 5 zu Art. 402 (nur bezüglich des Auswahlverschuldens und ohne Stellungnahme zu der Frage, ob das Verschulden der Arbeitnehmer ein eigenes Verschulden juristischer Personen darstellt); Sergeev/*Ševčenko*, Zivilrecht I, S. 1006.

1585 Sergeev/*Ševčenko*, Zivilrecht I, S. 1006.

von der geltenden Theorie des Verschuldens einer juristischen Person Abstand nehmen würde, was künftig angesichts der heutzutage sehr intensiven Behandlung gerade der Fragen des Gesellschaftsrechts nicht ausgeschlossen ist. Dann würde auch im russischen Zivilrecht das Problem des dezentralisierten Entlastungsbeweises auftreten. Das Ergebnis scheint aber auch bei der Distanzierung von dieser Theorie des Verschuldens einer juristischen Person gleich zu bleiben. Es wurde insofern „Vorsorge" getroffen, als die russische Rechtsprechung und Literatur dem Geschäftsherrn eine allgemeine Organisationspflicht auferlegt haben. Hinsichtlich der Maßnahmen, die der Geschäftsherr zu ergreifen hat, werden Maßnahmen bezüglich der Auswahl, Kontrolle und Anweisung der Mitarbeiter für erforderlich gehalten. Es handelt sich dabei um die Folgen der mangelnden Organisation des Geschäftsherrn, deren Begriff im russischen Recht verschwommen bleibt und folglich eine Möglichkeit zur Auferlegung der Haftung in allen Fallgruppen bietet. Bei stichhaltiger richterlicher Begründung lässt sich fast immer diejenige Organisationsmaßnahme finden, deren Erfüllung die Zufügung eines Schadens hätte verhindern können. Die unerwünschten Ergebnisse eines erfolgreichen Entlastungsbeweises werden auf diesem Weg somit vermieden.

Darüber hinaus steht den russischen Gerichten noch eine Möglichkeit zur Verfügung, den eventuellen Nachweis fehlenden Verschuldens nach Art. 1068 Ziff. 1 ZGB RF zu umgehen. Die Aktualität der Frage der Entlastungsmöglichkeit gemäß Art. 1068 Ziff. 1 ZGB RF ist insoweit gering, als Art. 1079 ZGB RF einen weiten Anwendungsbereich hat und dadurch eine gewisse „Flucht" in dessen Tatbestand ermöglicht wird, nach dem das Verschulden keine Haftungsvoraussetzung darstellt.

Die Analyse hat also gezeigt, dass das deutsche und russische Recht erfolgreich die unerwünschten Folgen der jeweiligen deliktischen Gehilfenhaftungstatbestände umgehen. Das russische Zivilrecht erzielt dieses Ergebnis auf eine auf den ersten Blick unbemerkbare Art und Weise – durch das Verständnis des Verschuldens einer juristischen Person. Außerdem ist die Bedeutung des Art. 1079 ZGB RF nicht zu verkennen. Das deutsche Recht bedient sich zu diesem Zweck mehrerer Hilfskonstruktionen, insbesondere der Ausweitung der Anwendung der vertraglichen Vorschriften sowie des Organisationsverschuldens. In der Praxis gestaltet sich die deliktische Gehilfenhaftung im deutschen und im russischen Recht somit als strikte Haftung.

Außerdem ist zu erwähnen, dass die Bedeutung der Exkulpationsmöglichkeit im deutschen Recht sowie die allgemeine Bedeutung der deliktischen Haftung des Geschäftsherrn im russischen Recht aufgrund vieler versicherungsrechtlicher

Regelungen[1586] deutlich gemindert ist. Im Einzelnen ergeben sich einige Unterschiede, wie beispielsweise bezüglich der Zulassung des Schmerzensgeldanspruchs bzw. des Anspruchs auf Kompensation des moralischen Schadens bei Arbeitsunfällen. Diese Abweichungen ändern jedoch im Allgemeinen nichts daran, dass die Versicherung im Zusammenhang mit der deliktischen Gehilfenhaftung in beiden Rechtsordnungen von großer Relevanz ist.

4. Beweislastverteilung

Aus rechtsvergleichender Sicht ist die Beweislage nach Art. 1068 Ziff. 1 ZGB RF der des § 831 Abs. 1 Satz 2 BGB ähnlich. In beiden Rechtsordnungen hat der Geschäftsherr das *Fehlen des Verschuldens nachzuweisen*. Der Geschädigte wird also von der Pflicht befreit, das Verschulden des Schädigers darzulegen und somit werden seine Interessen vom Gesetzgeber geschützt.

Trotz dieser Ähnlichkeit darf jedoch nicht verkannt werden, dass eine solche Beweislastverteilung im russischen Recht auf der allgemeinen Verschuldensvermutung (Art. 401 Ziff. 2 ZGB RF und Art. 1064 Ziff. 2 Satz 1 ZGB RF) fußt. Im deutschen Recht wird dabei aber eine Ausnahme bezüglich der Beweislastverteilung durch eine Beweislastumkehr im Rahmen des § 831 Abs. 1 Satz 2 BGB zugelassen.

Beide Rechtsordnungen sind sich ferner insoweit einig, als der Geschädigte für die Eigenschaft des Schadensverursachers als Verrichtungsgehilfe im Sinne des § 831 Abs. 1 BGB oder als Helfer nach Art. 1068 Ziff. 1 ZGB RF den Beweis zu führen hat.[1587] Dabei braucht der Geschädigte nach deutschem Recht den konkret verantwortlichen Verrichtungsgehilfen nicht zu individualisieren. Nach russischem Recht muss er im Gegensatz dazu in der Regel den konkret verantwortlichen Helfer genügend individualisieren können.[1588] Die beweisrechtliche Lage des Geschädigten im russischen Zivilrecht ist also im Vergleich mit dem deutschen Recht schwieriger.

Somit lässt sich festhalten, dass die Stellung des Geschädigten im Fall der Gehilfenhaftung nach deutschem sowie nach russischem Recht durch die Beweislastumkehr für Verschulden gestärkt ist.

1586 Allgemein zur Versicherung als Mittel zur Gewährleistung der Geschädigteninteressen in beiden Rechtsordnungen *Koršunova*, Traditionen und Neuerungen 2010, S. 207, 209.

1587 Dazu näher unter Kapitel 1, A.III.6 und Kapitel 2, B.VI.1.

1588 Dazu näher unter Kapitel 2, B.VI.1.

5. *Verhältnis des Geschäftsherrn und der Hilfsperson zueinander*

a. *Außenverhältnis*

Die Analyse im Rahmen der jeweiligen Länderberichte hat gezeigt, dass das deutsche und russische Recht bei der Frage des Verhältnisses des Geschäftsherrn und seines Gehilfen gegenüber dem geschädigten Dritten erheblich voneinander abweichen.[1589]

Nach deutschem Recht bleibt der Verrichtungsgehilfe beim Vorliegen aller Haftungsvoraussetzungen im Außenverhältnis neben dem Geschäftsherrn als Gesamtschuldner verantwortlich. Die Eigenhaftung des Verrichtungsgehilfen nach § 823 Abs. 1 BGB wird also nicht dadurch beeinträchtigt, dass der Geschäftsherr für das gleiche Verhalten des Verrichtungsgehilfen möglicherweise nach § 831 Abs. 1 BGB haftet. Im russischen Recht tritt dagegen deutlich die Haftungsvergünstigung des Helfers zutage, nach der die direkte Haftung des Helfers gegenüber dem Geschädigten bei der Begründung der Haftung des Geschäftsherrn ausgeschlossen ist.

Der Zweck des Schutzes des Arbeitnehmers im Außenverhältnis, soweit er bei der Ausführung der Verrichtung Schaden zufügt, bleibt aber auch im deutschen Recht nicht unberücksichtigt. Er wird jedoch auf einem anderen Weg als im russischen Recht erreicht[1590] – mittels eines arbeitsrechtlichen Freistellungsanspruchs, der zwar im Innenverhältnis besteht, aber durchaus auch auf das Außenverhältnis zum Geschädigten durchschlägt. Mit Hilfe dieses Mechanismus „nichtdeliktsrechtlicher Art"[1591] werden die Interessen des Gehilfen geschützt. Außerdem wird ein gewisser Schutz des Verrichtungsgehilfen dadurch erreicht, dass der Geschädigte in der Regel einen solventeren Beklagten, also den Geschäftsherrn, auswählt, so dass sich das Risiko des Verrichtungsgehilfen, verklagt zu werden, in der Praxis auf die Fälle der Zahlungsunfähigkeit des Geschäftsherrn beschränkt.[1592]

Somit lässt sich festhalten, dass der Gehilfe im Außenverhältnis nach der russischen Regelung stärker geschützt ist. Ein Restrisiko der Schadenstragung bleibt aus der Sicht der deutschen Regelung beim Verrichtungsgehilfen. Der russische

---

1589 Dazu näher unter Kapitel 1, A.III.7.a und Kapitel 2, B.VII.1.

1590 Allgemein zu diesem Unterschied *Koršunova*, Traditionen und Neuerungen 2010, S. 207, 208.

1591 *v. Bar*, Gemeineuropäisches Deliktsrecht, Band I, Rn. 193, Fn. 1143.

1592 So auch in Bezug auf Arbeitnehmer und Arbeitgeber *v. Bar*, Gemeineuropäisches Deliktsrecht, Band I, Rn. 188.

Gesetzgeber erlegt dieses Risiko aber dem Geschädigten auf, indem er ihm die Möglichkeit der Klageerhebung gegen den Helfer vollständig entzieht.

b. Innenverhältnis

Weder § 831 Abs. 1 BGB noch Art. 1068 Ziff. 1 ZGB RF sehen vor, wie es sich im Innenverhältnis zwischen dem Schädiger und seinem Geschäftsherrn verhält. Der Regressanspruch ist vielmehr Gegenstand der Regelung des § 840 Abs. 2 BGB und des Art. 1081 Ziff. 1 ZGB RF sowie besonderer arbeitsrechtlicher Vorschriften.

aa. Arbeitsrechtliches Verhältnis zwischen dem Geschäftsherrn und seinem Gehilfen

Aufgrund dessen, dass diese Fallgruppe eine der in der Praxis am häufigsten auftretenden und daher eine der sehr bedeutsamen ist, ist zunächst ein Blick auf deren Besonderheiten zu werfen. Das deutsche sowie das russische Recht haben zum Zweck des Schutzes des Arbeitnehmers dessen Haftung im Innenverhältnis gegenüber dem Arbeitgeber stark eingeschränkt.

Im russischen Recht wird der Schutz des Arbeitnehmers im Innenverhältnis dadurch verstärkt, dass der Regressanspruch des Arbeitgebers gemäß Art. 238 ArbGB RF auf bestimmte Schadensarten und laut Art. 241 ArbGB RF der Höhe nach beschränkt ist. Der Arbeitnehmer haftet im Rahmen seines durchschnittlichen Monatsverdienstes, sofern nichts anderes durch ein Gesetz bestimmt ist. Die Einschränkung des Haftungsumfangs ist aber auch im deutschen Recht möglich. Die Rechtsprechung wiegt die Gesamtumstände bei der Beurteilung ab: beim Arbeitgeber – Betriebsrisiko, Wert des geschädigten Wirtschaftsguts, Organisationsverschulden, Versicherbarkeit des betrieblichen Risikos; beim Arbeitnehmer – Verschuldensgrad, Stellung im Betrieb, Höhe des Arbeitsentgelts, persönliche Umstände.[1593]

In beiden Rechtsordnungen werden die Grundsätze der beschränkten Regresshaftung des Arbeitnehmers in bestimmten Fallkonstellationen wiederum durchbrochen. Eine Ausnahme stellt im deutschen Recht unter bestimmten Voraussetzungen die sog. *Mankohaftung* dar, also die Haftung für den Fehlbetrag eines anvertrauten Bestandes an Gegenständen, und die Haftung für

---

1593 Palandt/*Weidenkaff*, § 611, Rn. 157; beispielsweise ähnlich BAG, Urt. v. 18. April 2002 – 8 AZR 348/01, BAGE 101, 107, 113; ähnlich BAG, Urt. v. 17. September 1998 – 8 AZR 175/97, BAGE 90, 9, 18; BAG, Beschluss v. 27. September 1994 – GS 1/89, BAGE 78, 56, 67.

Fehlbestände aus Verwahrung, wenn der Arbeitnehmer Alleinbesitz hatte.[1594] Ähnlich werden diese Fälle auch im russischen Recht beurteilt. Die Zahl der Ausnahmen vom Grundsatz der beschränkten Regresshaftung des Arbeitnehmers ist jedoch im russischen Recht wesentlich höher (Art. 243 ArbGB RF). Daraus ist zu folgern, dass der Arbeitnehmer im russischen Recht in Bezug auf die Regresshaftung in einigen Fällen schlechter im Vergleich zum deutschen Recht gestellt ist.

Nichtsdestotrotz ist der Schutz des Arbeitnehmers im russischen Recht sehr weit gefasst. Dies hat auch erhebliche Nachteile für den Arbeitgeber als Regressgläubiger, die allerdings nicht auf der gesetzlichen Regelung, sondern auf den Besonderheiten der russischen Rechtswirklichkeit beruhen. Die Einschränkung des Regressanspruchs durch Anknüpfung an den monatlichen Verdienst kann dem Arbeitgeber in den Fällen zum Verhängnis werden, in denen er versucht, der hohen Steuerlast zu entgehen. Zu diesen Zwecken wird nicht selten der Lohn der Arbeitnehmer in den Arbeitsverträgen und anderen offiziellen Unterlagen bewusst herabgesetzt. Die Differenz zwischen dem offiziellen und tatsächlichen Lohn wird dem Arbeitnehmer bar in einem Briefumschlag ausgezahlt. Dadurch wird aber zugleich das Risiko des Arbeitgebers erhöht, bei einem eventuellen Regressanspruch gegen den Arbeitnehmer eine niedrigere Schadensersatzsumme zugesprochen zu bekommen. Das Inkaufnehmen welcher finanziellen Last (Steuern oder Schadensrisiko) vorteilhafter ist, entscheidet jedes Unternehmen für sich selbst, abgesehen von der rechtlichen Beurteilung der entsprechenden Handlung. Angesichts dessen ist die Bedeutung der Regressklagen gegen den Arbeitnehmer im russischen Recht eher gering. Die Relevanz der versicherungsrechtlichen Lösungen steigt dagegen.

Somit ist der Schutz des Arbeitnehmers gegen den Regressanspruch des Geschäftsherrn im russischen Recht stark ausgeprägt, obwohl das russische Recht mehr Ausnahmen als das deutsche Recht von der beschränkten Haftung eines Arbeitnehmers zulässt. Die Beweislastverteilung beim Regressanspruch ist in beiden Rechtsordnungen identisch. In Arbeitsverhältnissen privilegiert das deutsche Recht den Arbeitnehmer im Vergleich zu § 280 Abs. 1 Satz 2 BGB, indem es die Beweislast für dessen Verschulden gemäß § 619a BGB dem Arbeitgeber auferlegt. Im russischen Recht wird das gleiche Ergebnis über eine Anwendung des Art. 233 ArbGB RF erzielt.

1594 Palandt/*Weidenkaff*, § 611, Rn. 158.

bb. *Zivilrechtliches Verhältnis zwischen dem Geschäftsherrn und seinem Gehilfen*

Wenn jedoch zwischen dem Geschäftsherrn und seinem Helfer kein arbeitsrechtliches Verhältnis besteht, stimmen die beiden Rechtsordnungen miteinander insoweit überein, als sie die Hilfsperson als allein verpflichtet im Innenverhältnis ansehen (§ 840 Abs. 2 BGB, Art. 1081 Ziff. 1 ZGB RF). Nach russischem Verständnis handelt es sich dabei um Arbeitnehmer nach einem zivilrechtlichen Vertrag. Für einen Regressanspruch gegen den Helfer, der aufgrund eines zivilrechtlichen Vertrages seine Arbeiten ausführt, sind die Bestimmungen des Zivilgesetzbuches der RF einschlägig. Danach haftet der Helfer in der Regel in vollem Umfang. Die Berücksichtigung des Mitverschuldens des Geschäftsherrn ist jedoch nach Art. 1083 Ziff. 2 ZGB RF möglich. Außerdem kann die Schadensersatzpflicht eines Bürgers – eines unmittelbaren Schädigers – im russischen Recht aufgrund seiner Vermögenslage gemindert werden (Art. 1083 Ziff. 3 ZGB RF).

Bei der Behandlung der Rückgriffsproblematik zwischen dem Geschäftsherrn und seinem Helfer nach einem zivilrechtlichen Vertrag ist besonders zu betonen, dass das Verschulden solcher Helfer im Gegensatz zu diesen im arbeitsrechtlichen Sinne beim Regressanspruch im russischen Recht aufgrund allgemeiner zivilrechtlicher Verschuldensvermutung immer präsumiert wird.

cc. *Zwischenergebnis*

Sowohl im deutschen als auch im russischen Recht hat der Geschäftsherr eine Rückgriffsmöglichkeit gegen den Verrichtungsgehilfen bzw. gegen den Helfer. Eine weitere Übereinstimmung besteht darin, dass der Regress im arbeitsrechtlichen Bereich eingeschränkt ist. Allerdings ist festzustellen, dass die analysierten Rechtsordnungen bei den Einschränkungskriterien und beim Haftungsumfang des Gehilfen voneinander abweichen.

6. *Regelung der Verjährung*

Die Verjährung und alle damit zusammenhängenden Fragen spielen in der Praxis, insbesondere bei der Wahl des anwendbaren Rechts bei grenzüberschreitenden Sachverhalten, eine sehr wichtige Rolle. Ist der Anspruch verjährt, so hat der Geschäftsherr einen an sich begründeten Anspruch nicht zu erfüllen. Die Verjährung ist im russischen Zivilgesetzbuch[1595] ebenso wie im deutschen Recht als

1595 Vgl. Art. 199 Ziff. 2 ZGB RF.

Einrede[1596] ausgestaltet. Somit wenden die Gerichte die Verjährungsvorschriften nach deutschem sowie nach russischem Recht nur bei Berufung darauf durch die jeweilige Partei an.

Des Weiteren ist hervorzuheben, dass sich *die Verjährungsfristen* nach deutschem und russischem Recht erheblich unterscheiden. Während der deutsche Gesetzgeber die allgemeine dreijährige Verjährungsfrist aufstellt, verfährt das russische Recht großzügiger mit den Verjährungsfristen, zumindest was die Schadensersatzansprüche wegen Personenschäden betrifft.

Die allgemeine Verjährungsfrist von drei Jahren (Art. 196 Ziff. 1 ZGB RF) stimmt mit der deutschen Regelung überein. Zu beachten sind aber auch die Ausnahmen, die in Art. 208 ZGB RF und anderen speziellen gesetzlichen Regelungen genannt sind. Dabei wird zwischen Personen- und Sachschäden unterschieden. Die Besonderheit des russischen Rechts liegt darin, dass Schadensersatzansprüche wegen Personenschäden nach Art. 208 ZGB RF nicht der Verjährung unterliegen. Ansprüche, die nach Ablauf von drei Jahren ab dem Zeitpunkt der Entstehung des Rechts auf Schadensersatz erhoben werden, können jedoch mit einigen Ausnahmen für die Vergangenheit nicht länger als lediglich für drei Jahre vor der Klageerhebung befriedigt werden.

Das Verfassungsgericht der RF hat besonders hervorgehoben, dass die Beschränkung der Ersatzmöglichkeit für die vergangene Zeitperiode eine Schutzmaßnahme darstelle, die ermögliche, den Schuldner vor der Unredlichkeit des Gläubigers zu schützen, dessen Anspruchserhebung für eine lange Zeitperiode faktisch einen Rechtsmissbrauch bedeuten würde.[1597] Allerdings hat das Verfassungsgericht der RF einige Ausnahmen von Art. 208 ZGB RF diesbezüglich zugelassen. Dazu gehören zum einen die Fälle des Ersatzes des Schadens, der dem Leben oder der Gesundheit des Versicherten (des Arbeitnehmers) bei Erfüllung seiner Pflichten nach einem Arbeitsvertrag zugefügt wurde. Das Recht auf die Auszahlungen der Schadensersatzsummen *für die ganze vergangene Zeit ohne Einschränkung durch irgendeine Frist* wurde vom Verfassungsgericht der RF für diejenigen Arbeitnehmer bestätigt, die als Geschädigte in Folge von Arbeitsunfällen und Berufskrankheiten anerkannt worden sind und diese Schadensersatzsummen aufgrund des Verschuldens des Arbeitgebers rechtzeitig

---

1596 Jauernig/*Mansel*, § 194, Rn. 4; Palandt/*Ellenberger*, § 214, Rn. 2; PWW/*Deppenkemper*, § 214, Rn. 1.

1597 Verfassungsgericht der RF, Beschluss v. 3. November 2006, Nr. 445-O, SZ RF 2007, Nr. 2, Pos. 408.

nicht erhalten haben.[1598] Zum anderen betrifft die Ausnahme Klagen auf Ersatz des Gesundheitsschadens, der durch die Katastrophe auf dem Černobyl' Kernkraftwerk entstanden ist.[1599]

Außerdem unterliegen Ansprüche, die auf den Schutz persönlicher Nichtvermögensrechte und anderer immaterieller Güter gerichtet sind, nicht der Verjährung, es sei denn, das Gesetz sieht etwas anderes vor. Trotz der Behauptung, dass sich Verletzungen unkörperlicher Persönlichkeitsgüter schneller als andere Schäden verflüchtigten und daher auch kürzere Verjährungsfristen rechtfertigten[1600], hat sich im russischen Recht der Gedanke des besonderen Schutzes gerade dieser Rechtsgüter durchgesetzt. Gerade aus diesem Grund ist besondere Vorsicht bei der Auswahl des anwendbaren Rechts im Fall des Schadensersatzes mit Auslandsbezug geboten.[1601]

Somit ergeben sich bei der Analyse verjährungsrechtlicher Vorschriften bedeutende Abweichungen zwischen deutscher und russischer Konzeption. Die Lage des Geschädigten in Bezug auf die Verjährungsfristen ist also im russischen Recht im Vergleich zum deutschen Recht besser.

7. Umfang der deliktischen Gehilfenhaftung

Aus rechtsvergleichender Perspektive stellt sich ferner die Frage, wie weit sich der Schutz des § 831 Abs. 1 BGB und Art. 1068 Ziff. 1 ZGB RF erstreckt.

Beim Ausweichen in den Haftungstatbestand des § 823 Abs. 1 BGB ergibt sich im deutschen Recht neben dem erwünschten Ausschluss der Exkulpationsmöglichkeit nach § 831 Abs. 1 Satz 2 BGB auch ein wesentlicher Nachteil. § 823

1598 Verfassungsgericht der RF, Beschluss v. 1. Dezember 2005, Nr. 460-O, „Konsul'tantPlus".

1599 Verfassungsgericht der RF, Beschluss v. 3. November 2006, Nr. 445-O, SZ RF 2007, Nr. 2, Pos. 408.

1600 *v. Bar*, Gemeineuropäisches Deliktsrecht, Band II, Rn. 548.

1601 Nach den deutschen sowie nach den russischen Bestimmungen des internationalen Privatrechts unterliegen die Verjährungsfristen dem Recht, das auf entsprechendes Schuldverhältnis anwendbar ist, also in der untersuchten Fallkonstellation – grundsätzlich dem Deliktsstatut (Art. 15 lit. „h" Rom II-Verordnung, Art. 1208 ZGB RF). Das verkennt offensichtlich *Wölk* (*Wölk*, Das Deliktsrecht Russlands, S. 105), indem sie die Regelung der Verjährung im russischen internationalen Privatrecht lediglich aufgrund des nicht abschließenden Charakters der Liste des Art. 1220 ZGB RF dem Deliktsstatut unterstellen will. Auf die besondere Rolle des Internationalen Privatrechts bei den Verjährungsfristen macht auch *v. Bar*, Gemeineuropäisches Deliktsrecht, Band II, Rn. 548, aufmerksam.

Abs. 1 BGB schützt nur die in dieser Vorschrift aufgelisteten Rechte und Rechtsgüter. Im Gegensatz dazu hat der russische Gesetzgeber keine Einschränkungen bezüglich bestimmter Haftungsmerkmale festgelegt.

Aus dem Blickwinkel des deutschen Rechts ist ferner die Ersatzfähigkeit der sog. „reinen Vermögensschäden" von besonderem Interesse. Im deutschen Recht werden reine Vermögensschäden im außervertraglichen Bereich nur ausnahmsweise ersetzt. § 831 Abs. 1 BGB schließt sie dabei ein.[1602] Im russischen Zivilrecht findet grundsätzlich das Prinzip des vollen Schadensersatzes Anwendung. Nach Art. 1064 Ziff. 1 Abs. 1 ZGB RF hat der Schädiger einen einer Person oder einem Vermögen zugefügten Schaden zu ersetzen. Die Trennung zwischen reinen Vermögensschäden und anderen Schadensarten ist dem russischen Recht fremd.

Es wäre jedoch verfehlt zu behaupten, dass daraus ohne Weiteres die Ersatzfähigkeit aller Schäden im vollen Umfang folgen würde. Das Problem der Einschränkung von als zu weitgehend empfundenen Schadensfolgen für den Schädiger stellt sich auch im russischen Recht. Das russische Zivilrecht trägt diesem Problem aber mit Hilfe von anderen Mechanismen Rechnung, anders als es im deutschen Recht im Rahmen des § 823 Abs. 1 BGB geschieht.[1603]

Bei dem Umfang der Haftung des Geschäftsherrn nach Art. 1068 Ziff. 1 ZGB RF ist folglich kein einschneidender Unterschied zu der Regelung des § 831 Abs. 1 BGB zu sehen. Nichtsdestotrotz ergeben sich wesentliche Unterschiede beim Haftungsumfang zwischen § 823 BGB und Art. 1064 ZGB RF. Daher ist der Schutz des Geschädigten nach Maßgabe des allgemeinen deliktischen Haftungstatbestandes in Russland umfassender.

II. Besonderheiten der deliktischen Haftung juristischer Personen für ihre Organe

Weiterhin ist dem Vergleich der Besonderheiten der Haftung juristischer Personen für ihre Organe im deutschen und im russischen Recht Aufmerksamkeit zu schenken.

Die Organe einer juristischen Person und infolge der Rechtsprechungsentwicklung auch die Personen, die (nur) leitende Funktionen innehaben, fallen im deutschen Recht nicht unter den Begriff des Verrichtungsgehilfen im Sinne des § 831 Abs. 1 BGB. Deren Handlungen werden über § 31 BGB der juristischen Person zugerechnet. Die Besonderheit des Verständnisses dieser Frage im russischen Zivilrecht besteht darin, dass die Differenzierung zwischen

---

1602 *Larenz/Canaris*, Schuldrecht II/2, § 79 III 1 c.

1603 Dazu bereits oben unter Kapitel 3, A.I.

Arbeitnehmern nach Art. 1068 Ziff. 1 ZGB RF und Organen sowie zwischen leitenden und anderen Angestellten nicht vorgenommen wird.

Darüber hinaus ist die juristische Person nach russischem Zivilrecht zu eigenem Verschulden fähig. Insofern bedarf es rechtsdogmatisch überhaupt keiner Zurechnung. Die Handlungen der Organe und der Angestellten einer juristischen Person werden unmittelbar als solche der juristischen Person angesehen.[1604] Das Verschulden jeden Arbeitnehmers einer juristischen Person sowie auch ihrer Organe wird als solches der juristischen Person selbst anerkannt. Dagegen wird die Fähigkeit des eigenen Verschuldens der juristischen Person im deutschen Recht abgesprochen, insbesondere auch die Fähigkeit des Auswahl- oder Aufsichtsverschuldens.[1605]

Aufgrund dieses Unterschieds stellt sich berechtigterweise die Frage, inwiefern bei der Haftung einer juristischen Person für ihre Organe von einer Haftung *für andere* die Rede sein kann. Aus Sicht des russischen Rechts handelt es sich um eigene Handlungen einer juristischen Person. Daher klingt die Formulierung „Haftung einer juristischen Person *für* ihre Organe" nach russischem Verständnis etwas befremdlich. Wenn ein Organwalter schädigende Handlungen vornimmt, dann handelt die juristische Person selbst. Also ist es keine Haftung „für" Organe, sondern eine Haftung für eigene Handlungen einer juristischen Person. Daher wird der Ausdruck „Haftung einer juristischen Person für ihre Organe" in Bezug auf das russische Zivilrecht in dieser Untersuchung nur zwecks eines Rechtsvergleichs benutzt.

Das russische Zivilgesetzbuch kennt keine dem § 31 BGB ähnliche Zurechnungsnorm für juristische Personen, da diese dogmatisch auch nicht erforderlich ist. Angesichts dessen ist es im russischen Zivilrecht umstritten, nach welchen Vorschriften die juristische Person für ihre Organe zu haften hat: nach Art. 1064 ZGB RF oder nach Art. 1068 Ziff. 1 ZGB RF.[1606] Die Anwendung des Art. 1068 Ziff. 1 ZGB RF[1607], die damit begründet wird, dass die Organe einer juristischen Person als deren Arbeitnehmer anzusehen seien[1608], ist abzulehnen. Wenn diese Fallkonstellation dem Tatbestand des Art. 1068 Ziff. 1 ZGB RF unterstellt wird, entstehen insoweit Schwierigkeiten, als dieser Artikel dann sowohl Haftung für fremdes als auch für eigenes Verhalten bestimmt. Folgerichtiger ist

---

1604 Dazu unter Kapitel 2, C.II.

1605 *v. Bar*, Gemeineuropäisches Deliktsrecht, Band I, Rn. 168.

1606 Dazu näher unter Kapitel 2, B.IV.1.b.dd und C.II.

1607 So etwa Abova/Kabalkin/*Vasil'eva*, Anm. 1 zu Art. 1064.

1608 *Ioffe*, Schadensersatzverpflichtungen, S. 41, Fn. 1 (in Bezug auf das ZGB RSFSR 1922).

Art. 1064 ZGB RF in solchen Fallkonstellationen anzuwenden. Bei der Beurteilung solcher Fälle nach Art. 1064 ZGB RF ergeben sich keine entscheidenden Unterschiede zwischen Art. 1064 ZGB RF und Art. 1068 Ziff. 1 ZGB RF im Vergleich zur Rechtslage nach § 831 Abs. 1 BGB und §§ 823 Abs. 1 i.V.m. 31 BGB.

Was die Weite des Anwendungsbereichs der Haftung einer juristischen Person für ihre Organe betrifft, deutet allein der Ausdruck „juristische Person" auf Unterschiede zwischen deutschem und russischem Recht hin. Während das russische Zivilrecht die Personengesellschaften im Sinne des deutschen Rechts ebenfalls zu den juristischen Personen zählt, wird ihnen im deutschen Recht diese Qualifikation abgesprochen. Allenfalls eine analoge Anwendung der entsprechenden Vorschriften ist möglich. Diese Differenz wurde aber dadurch ausgeglichen, dass die analoge Anwendung des § 31 BGB auf Personengesellschaften im deutschen Recht infolge der Rechtsprechungsentwicklung anerkannt wurde.[1609] Die Bestimmung des Haftungssubjekts ist also in beiden Rechtsordnungen ähnlich. Sie bleibt dennoch insofern abweichend, als die Gesellschaft bürgerlichen Rechts nach russischem Rechtsverständnis nicht als Rechtssubjekt und somit auch nicht als juristische Person, sondern als bloßer Vertragstyp behandelt wird.

Ein anderer wichtiger Aspekt ist die Abgrenzung zwischen einem Organ und einem Gehilfen, die aus der Sicht des deutschen Rechts eine große Rolle spielt. Im deutschen Recht ist der Begriff des verfassungsmäßig berufenen Vertreters im Sinne des § 31 BGB sehr weit auszulegen. Zum einen wird auf das Erfordernis der satzungsmäßigen Bestellung verzichtet, zum anderen wird die Anwendung des § 31 BGB auf alle Vertreter, die bedeutsame, wesensmäßige Funktionen der juristischen Person zur selbstständigen Erfüllung innehaben, erstreckt.[1610] Dadurch wurde der Anwendungsbereich des § 831 Abs. 1 BGB und somit die Möglichkeit der juristischen Person, sich von der Haftung zu entlasten, wesentlich eingeschränkt. Anders verhalten sich aber die Dinge im russischen Zivilrecht, wo dieses Abgrenzungsproblem überhaupt nicht entsteht. Das liegt daran, dass die Abgrenzung und auch eine Ausweitung des Begriffs eines Organs bei der Unterstellung der Haftung einer juristischen Person für ihre Organe der Regelung des Art. 1068 Ziff. 1 ZGB RF überflüssig ist. Die Handlungen von Helfern aller Hierarchiestufen, unabhängig von der Art der übertragenen Aufgaben, werden nach Art. 1068 Ziff. 1 ZGB RF als Handlungen der juristischen Person selbst beurteilt. Aber auch wenn diese Fälle nach Art. 1064 ZGB RF betrachtet

1609 Dazu unter Kapitel 1, C.I.1.

1610 *v. Bar*, Gemeineuropäisches Deliktsrecht, Band I, Rn. 171 spricht von „eigene[m] Organbegriff" im Deliktsrecht.

werden sollten, gewinnt diese Frage nicht an Bedeutung, weil diese Vorschrift bezüglich der Entlastungsmöglichkeit in Bezug auf Verschulden keine Abweichungen von Art. 1068 Ziff. 1 ZGB RF im Gegensatz zu den Regelungen des § 823 BGB und des § 831 Abs. 1 BGB enthält.

Die Handlungen des Organs lösen ferner die Haftung einer juristischen Person nur dann aus, wenn sie in einem inneren Zusammenhang mit den übertragenen Aufgaben stehen.

Angesichts der Tatsache, dass eine juristische Person nach russischem Zivilrecht zu eigenem Verschulden fähig ist, stellt sich die Frage nach einer Entlastungsmöglichkeit. Um diese Frage beantworten zu können, ist entscheidend, was unter dem Verschulden einer juristischen Person verstanden wird: nur ein Verschulden ihrer Organe oder aber ein Verschulden ihrer Mitarbeiter. Teilweise wird das eigene Verschulden einer juristischen Person nach Art. 1068 Ziff. 1 ZGB RF für nicht erforderlich erklärt.[1611] In der russischen Rechtsprechung bleibt die Frage des Verschuldens einer juristischen Person offen. Trotz der bestehenden Uneinigkeiten wird das Verschulden einer juristischen Person von der herrschenden russischen Zivilrechtslehre als das Verschulden der Organe und das Verschulden der Mitarbeiter, die die Betriebstätigkeit ausführen, bestimmt.[1612]

Es ist zu betonen, dass das russische Recht keine Rechtsfigur des körperschaftlichen Organisationsverschuldens ähnlich dem deutschen Recht kennt.[1613] Das ist zum einen auf die andere Ausgestaltung der Gehilfenhaftung in Art. 1068 Ziff. 1 ZGB RF im Vergleich zu § 831 Abs. 1 BGB und zum anderen auf das besondere Verständnis des Verschuldens der juristischen Person zurückzuführen. Die strikte Haftung der juristischen Person im russischen Zivilrecht wird also mit anderen Mitteln erreicht. An dieser Stelle ist diesbezüglich auf die obigen Ausführungen zu verweisen.[1614]

Als Ergebnis der rechtsvergleichenden Analyse der Besonderheiten der Haftung juristischer Personen für ihre Organe ist somit festzuhalten, dass die Haftung juristischer Personen nach russischem Recht gesetzlich schärfer konzipiert ist. Das liegt vor allem daran, dass das Verschulden jedes Angestellten, nicht nur in leitender Position, als Verschulden der juristischen Person angesehen wird

1611 FAG des Fernöstlichen Bezirks, Urt. v. 21. Juli 2003, Nr. Ф03-A51/03-1/1373, „Konsul'tantPlus".

1612 So etwa Mozolin/*Maleina*, Zivilrecht I, S. 760; Suchanov/*Korneev*, Zivilrecht II, S. 1091.

1613 *Koršunova*, Traditionen und Neuerungen 2009, S. 193, 194.

1614 Dazu näher unter Kapitel 3, B.I.3.

und sie für dieses nach Art. 1068 Ziff. 1 ZGB RF haftet. Im deutschen Recht ist demgegenüber die Zurechnung über § 31 BGB und somit auch die Haftung ohne Exkulpationsmöglichkeit auf leitende Angestellte beschränkt. Es ist aber dabei an den möglichen Vorwurf des betrieblichen Organisationsverschuldens zu denken. Außerdem ergibt sich im russischen Recht keine Ungleichbehandlung von juristischen Personen und Einzelunternehmern nach dem Vorbild des deutschen Rechts, weil alle einheitlich nach Art. 1068 Ziff. 1 ZGB RF für ihre Helfer zu haften haben.

In der Praxis wird aber ein ähnliches Ergebnis erzielt: die Haftung der juristischen Person für ihre Organe ohne Entlastungsmöglichkeit.[1615] Im deutschen Recht geschieht dies mit Hilfe der Ausdehnung des Organbegriffs im Sinne des § 31 BGB und mittels der Rechtsfigur des körperschaftlichen Organisationsverschuldens. Im russischen Recht wirken sich die fehlende Differenzierung zwischen Organen und Angestellten und das Verständnis des Verschuldens der juristischen Person funktionsäquivalent aus.

III. Spannungsverhältnis zwischen dem allgemeinen deliktischen Haftungstatbestand und dem deliktischen Gehilfenhaftungstatbestand

Ähnlich wie im deutschen Recht stellt sich im russischen Recht die Frage nach dem Verhältnis von Art. 1064 ZGB RF zu Art. 1068 ZGB RF. Sowohl § 831 BGB als auch Art. 1068 ZGB RF sind in entsprechenden Kapiteln des BGB bzw. des ZGB RF über das Recht der unerlaubten Handlungen platziert. Allgemein ist festzuhalten, dass diese Vorschriften in ihrer Grundkonzeption den allgemeinen deliktsrechtlichen Normen (§ 823 BGB und Art. 1064 ZGB RF) nachfolgen. Deshalb könnte in beiden Fällen daran gedacht werden, dass die deliktische Gehilfenhaftung als *lex specialis* gegenüber der allgemeinen deliktischen Haftung konzipiert wurde. Diese Schlussfolgerung ist aber voreilig.

Im russischen Recht wird im Gegensatz zum deutschen Recht das Spezialitätsverhältnis des Haftungstatbestands des Art. 1068 ZGB RF gegenüber Art. 1064 ZGB RF einhellig bejaht.[1616] Zum einen spricht dafür die systematische Stellung des Art. 1068 ZGB RF hinter Art. 1064 ZGB RF. Zum anderen bedarf es für die Haftungsbegründung nach Art. 1068 ZGB RF wegen seiner inhaltlichen Unvollständigkeit stets eines Rückgriffs auf Art. 1064 ZGB RF. Die

---

1615 Ähnlich *Koršunova*, Traditionen und Neuerungen 2009, S. 193, 195; *dies.*, Traditionen und Neuerungen 2010, S. 207, 208.

1616 Allgemein dazu *Koršunova*, Traditionen und Neuerungen 2008, S. 172.

letztgenannte Vorschrift wird in allen Fällen angewendet, soweit kein Spezialtatbestand im Deliktsrecht vorgesehen ist. Im Gegensatz dazu gilt § 823 Abs. 1 BGB nach deutschem Recht nur für die in dieser Vorschrift ausdrücklich normierten Rechts(guts)verletzungen. Die Haftungsvoraussetzungen und die Beweislastverteilung in § 823 Abs. 1 BGB im Vergleich zu § 831 Abs. 1 BGB sind unterschiedlich geregelt.

Weiterhin ist eine Gemeinsamkeit des deutschen und russischen Rechts zu betonen. § 831 Abs. 1 BGB sowie Art. 1068 Ziff. 1 ZGB RF sind als eigene *Haftungstatbestände* und Anspruchsgrundlagen konzipiert. Die inhaltliche Unvollständigkeit des Art. 1068 Ziff. 1 ZGB RF kann irritieren und auf den ersten Blick fälschlicherweise auf eine Zurechnungsnorm schließen lassen.[1617]

Was die Frage der *Beweislastverteilung* angeht, ergeben sich im russischen Recht keine Unterschiede zwischen Art. 1064 ZGB RF und Art. 1068 ZGB RF. Dies ist im deutschen Recht im Verhältnis zwischen § 823 Abs. 1 BGB und § 831 Abs. 1 BGB anders. Das hat zur Folge, dass der Geschädigte nach deutschem Recht in eine ungünstigere beweisrechtliche Lage gerät, sobald das Gericht in den Haftungstatbestand des § 823 Abs. 1 BGB ausweicht. Dies ist im russischen Recht nicht der Fall. Der Grund liegt darin, dass das Verschulden auch nach Art. 1064 ZGB RF vermutet wird. § 823 Abs. 1 BGB verlangt dagegen ein nachgewiesenes Verschulden.[1618]

Der Unterschied, der sich hinsichtlich der Beweislastverteilung beim allgemeinen Deliktstatbestand des § 823 Abs. 1 BGB und des Art. 1064 ZGB RF ergibt, wird in der Praxis dadurch abgemildert, dass sich die deutsche Rechtsprechung in den Fallgruppen, in denen ein besonderes Schutzbedürfnis gegeben ist, des sog. Anscheinsbeweises bedient. Trotz des bestehenden Unterschiedes zwischen Beweislastumkehr und Anscheinsbeweis werden mit Hilfe des Letzteren befriedigende Ergebnisse in der deutschen Rechtsprechung erreicht. Damit wird zugleich der Kritik entgangen, die Handlungsfreiheit der Teilnehmer des Rechtsverkehrs werde durch eine generelle Beweislastumkehr zu stark eingeschränkt. Gerade dies wird häufig dem russischen Gesetzgeber vorgeworfen. Es ist aber hervorzuheben, dass der russische Gesetzgeber die geltende Regel der allgemeinen Beweislastumkehr in einigen Fällen durchbrochen hat. Dies gilt in der Regel

---

1617 So etwa *Drujinina*, Die Entwicklung des Russischen Haftungsrechts, S. 125; ähnlich *Heidemann*, Unternehmenshaftung, S. 61 in Bezug auf die frühere Regelung des Art. 445 ZGB RSFSR 1964, die die deliktische Haftung für Helfer regelte.

1618 Zu diesem Unterschied ganz allgemein *Koršunova*, Traditionen und Neuerungen 2008, S. 172.

beim Regress gegen den Arbeitnehmer im Sinne des Arbeitsrechts. Allerdings handelt es sich dabei bereits um Arbeitsrecht, wo das Prinzip der Verschuldensvermutung in der Regel keine Geltung beansprucht.[1619]

Außerdem mildern die russischen Gerichte die Wirkung der Beweislastumkehr im russischen Zivilrecht ab, indem sie zum Teil einen Beweis des Verschuldens des Schädigers vom Kläger verlangen. Die Anwendung des Gesetzes *contra legem* ermöglicht in gewissem Maße unerwünschte Ergebnisse in der Praxis und eine übermäßige Einschränkung der Handlungsfreiheit in einigen Fällen zu vermeiden. Bestimmte Fallgruppen, in denen die russischen Gerichte von der gesetzlich festgelegten Beweislastverteilung abweichen, lassen sich jedoch nicht herauskristallisieren, so dass diese Entscheidung des Richters mehr oder weniger zufällig ist. Sie führt aber zur Aufhebung einer Entscheidung durch höhere Instanzen. Darüber hinaus stellt die russische Rechtsprechung nicht selten entweder keine hohen Anforderungen an den Nachweis fehlenden Verschuldens oder sehr hohe Anforderungen an den Kausalitätsnachweis.

Somit ergeben sich im russischen Recht im Unterschied zur deutschen Regelung keine Bedenken und keine beweisrechtlichen Vorteile für den Geschäftsherrn oder den Helfer bei der Verwendung des einen oder anderen Haftungstatbestandes. Ein ähnliches Ergebnis könnte im deutschen Recht durch eine Beweislastumkehr in allen Fällen des Organisationsverschuldens erreicht werden.[1620]

Bei der *Frage des Haftungsumfangs* ergeben sich einige Unterschiede.[1621]

Die Analyse des Verhältnisses der § 823 Abs. 1 BGB und § 831 Abs. 1 BGB einerseits sowie Art. 1064 ZGB RF und Art. 1068 Ziff. 1 ZGB RF andererseits hat ergeben, dass einige Abweichungen hinsichtlich der Beweislastverteilung und des Haftungsumfangs zwischen russischem Recht und den deutschen Regelungen vorhanden sind.

IV. Funktionaler Rechtsvergleich an einigen Beispielen

Im Weiteren wird die deliktische Gehilfenhaftung anhand von einigen Fallbeispielen, welche von deutschen und russischen Gerichten in ähnlich gelagerten Sachverhalten entschieden worden sind, dargestellt. Die Ähnlichkeit der

---

1619 Vgl. z.B. Ziff. 4 der Plenarentscheidung des OG RF v. 16. November 2006, Nr. 52, BVS RF 2007, Nr. 1, S. 2 (zuletzt geändert durch Plenarentscheidung des OG RF v. 28. September 2010, Nr. 22).

1620 Dazu näher unter Kapitel 1, B.II.5.c.

1621 Dazu unter Kapitel 3, B.I.7.

ausgewählten Sachverhalte erhöht die Notwendigkeit, der Argumentation der Gerichte besondere Aufmerksamkeit zu schenken und die gerichtlichen Lösungen einer kritischen Überprüfung zu unterziehen.

1. „Baumumsturz"-Fall

Als Grundlage des Vergleichs dienen zunächst eine Entscheidung des Bundesgerichtshofs und eine Entscheidung eines russischen Gerichts, in denen es um die Schäden infolge des Umsturzes eines verfaulten Baumes ging.[1622]

a. Sachverhalt

In beiden Fällen war ein Schaden eingetreten, der durch einen vom Wind umgerissenen und auf einen Pkw umgestürzten Baum entstanden war. Trotz grüner Baumkrone war der Stammfuß des Baumes vermorscht.

Die Schadensersatzklage gegen das beklagte Land wurde vom deutschen Gericht mit der Verletzung einer Straßenverkehrssicherungspflicht begründet. Die Kläger haben vorgetragen, dass die Bediensteten des Landes bei Anwendung der erforderlichen Sorgfalt hätten erkennen müssen, dass der Baum vermorscht und deshalb nicht mehr standfest gewesen sei.[1623] Der Beklagte hat dies bestritten und darauf hingewiesen, dass die ständig entsprechend belehrten und überwachten Straßenwärter alle Bäume mehrmals im Jahre weisungsgemäß überprüft hätten.[1624]

Der russische Kläger hat seine Klage mit einer ähnlichen Argumentation zu begründen versucht. Die Beklagten seien für den ordnungsgemäßen Zustand der Grünpflanzen in diesem Gebiet verantwortlich. Eine der Beklagten hielt dem klägerischen Vortrag entgegen, dass der Baum infolge von höherer Gewalt umgestürzt sei, was ein Verschulden der Gesellschaft ausschließe.[1625]

b. Theoretische Lösungsansätze nach deutschem und russischem Recht

Nach deutschem Recht steht dem Kläger der Schadensersatzanspruch nach § 831 Abs. 1 BGB zur Verfügung. Voraussetzung ist, dass die mit Erfüllung der

---

1622 BGH, Urt. v. 21. Januar 1965 – III ZR 217/63, VersR 1965, 475 ff.; Arbitragegericht des Gebiets Rostow, Urt. v. 3. Februar 2009, Nr. A53-21806/2008, abrufbar unter: https://ras.arbitr.ru (letzter Aufruf: 1. Dezember 2018).

1623 BGH, Urt. v. 21. Januar 1965 – III ZR 217/63, VersR 1965, 475, 476.

1624 BGH, Urt. v. 21. Januar 1965 – III ZR 217/63, VersR 1965, 475, 476.

1625 Zum Ganzen Arbitragegericht des Gebiets Rostow, Urt. v. 3. Februar 2009, Nr. A53-21806/2008, abrufbar unter: https://ras.arbitr.ru (letzter Aufruf: 1. Dezember 2018).

Straßenverkehrssicherungspflicht betraute Person ein Verrichtungsgehilfe im Sinne dieser Vorschrift ist. Außerdem ist es erforderlich, dass sie widerrechtlich in Ausführung der Verrichtung gehandelt hat. Aufgrund des Vorbringens des Beklagten über die ständige Belehrung und Überwachung seiner Straßenwärter könnte die Haftung infolge des geführten Exkulpationsbeweises gemäß § 831 Abs. 1 Satz 2 BGB ausgeschlossen sein. Als weitere Möglichkeit kommt die Haftung des beklagten Landes wegen betrieblichen Organisationsverschuldens nach §§ 823 Abs. 1 i.V.m. 31 BGB in Betracht. Das beklagte Land hat dabei nachzuweisen, dass es zur Vermeidung des Schadens alle erforderlichen Anweisungen getätigt sowie regelmäßig die von ihm geschaffene betriebliche Organisation überwacht und kontrolliert hat. Falls es sich um einen leitenden Angestellten des Beklagten handelt, wäre auch der Vorwurf der Verletzung einer körperschaftlichen Organisationspflicht denkbar.

Nach russischem Recht sind für die Begründung des deliktischen Schadensersatzanspruchs grundsätzlich folgende Voraussetzungen erforderlich: Schaden, Rechtswidrigkeit der Handlungen, kausaler Zusammenhang und zuletzt Verschulden des Schädigers. Die Erfüllung der Pflicht, für den ordnungsgemäßen Zustand der Grünpflanzen zu sorgen und dadurch Schäden zu vermeiden, wurde den Arbeitnehmern der Beklagten übertragen. Daher kommt die Haftung für Handlungen eigener Arbeitnehmer nach Art. 1068 Ziff. 1 ZGB RF in Betracht. Neben den allgemeinen Haftungsvoraussetzungen muss der Schaden dementsprechend infolge der Handlungen der Arbeitnehmer bei der Erfüllung ihrer Pflichten zugefügt worden sein. Die Beklagten können sich von der Haftung dann entlasten, wenn sie das fehlende Verschulden ihrer Arbeitnehmer und der juristischen Person selbst nachweisen.

c. *Analyse der gerichtlichen Lösungen*

Der Bundesgerichtshof hat den Anspruch dem Grunde nach als gerechtfertigt angesehen.[1626] Das russische Gericht hat hingegen trotz ähnlicher Sachlage die Klage aufgrund des fehlenden Verschuldens der Beklagten abgewiesen.[1627]

1626 BGH, Urt. v. 21. Januar 1965 – III ZR 217/63, VersR 1965, 475 ff.

1627 Arbitragegericht des Gebiets Rostow, Urt. v. 3. Februar 2009, Nr. A53-21806/2008, abrufbar unter: https://ras.arbitr.ru (letzter Aufruf: 1. Dezember 2018); abgewiesen wurde die Klage auch in einem ähnlichen Fall unter anderem mit Hinweis auf fehlende Kausalität, wobei Art. 1069 ZGB RF als Anspruchsgrundlage galt (FAG des Povolžskij Bezirks, Urt. v. 11. März 2004, Nr. A65-11831/2003-СГ3-33, „Konsul'tantPlus").

Beide Gerichte gingen in diesem Fall zu Recht von einem *Deliktsverhältnis* aus. Folglich haben die Gerichte in ihrer Begründung auf die deliktsrechtlichen Vorschriften verwiesen. Obwohl die entsprechenden Kontrollfunktionen den Beschäftigten des Beklagten übertragen wurden, hat jedoch der Bundesgerichtshof seine Begründung nicht auf § 831 Abs. 1 BGB, sondern auf ein Organverschulden (sic) nach §§ 823, 89, 31 BGB gestützt.[1628]

Das russische Gericht nahm ausdrücklich nur auf Art. 1064 ZGB RF Bezug.[1629] Daraus kann aber nicht automatisch auf die Verlagerung der Haftung im Sinne des deutschen Rechts in den allgemeinen Tatbestand des Art. 1064 ZGB RF geschlossen werden. Das kann mehrere Gründe haben, wie beispielsweise die Knappheit der gerichtlichen Argumentation sowie eine Konzentration des Gerichts nur auf den zu führenden Entlastungsbeweis, der seinerseits aus Art. 1064 Ziff. 2 Satz 1 ZGB RF folgt.

Bei der Begründung der Haftung hat das deutsche Gericht die Rechtskonstruktion der *Straßenverkehrssicherungspflicht* des Beklagten benutzt. Dem Beklagten oblag die Pflicht, die Gefahren durch Straßenbäume zu beseitigen. Explizit bestand diese Straßenverkehrssicherungspflicht darin, die Bäume laufend auf trockenes Laub, dürre Äste, Beschädigungen zu untersuchen.[1630] Im russischen Urteil wurde auch auf die Verletzung der Pflicht abgestellt, die grüne Anpflanzung in einem ordnungsgemäßen Zustand zu erhalten.[1631] Sie wurde aber nicht als „*Verkehrssicherungspflicht*" bezeichnet und nicht weiter präzisiert.

Zur *Handlung der in Frage kommenden Arbeitnehmer* enthält das russische Urteil sehr knappe Ausführungen. Es erwähnt lediglich, dass die Kommission einschließlich des Ingenieurs der beklagten Gesellschaft bei einer Überprüfung der Grünpflanzen bezüglich des später gestürzten Baumes einen „lebensfähigen Zustand" festgestellt habe.[1632] Daraus kann gefolgert werden, dass die dafür verantwortlichen Personen ihrer Kontrollpflicht nachgegangen sein müssen. Ähnlich hat der Bundesgerichtshof ausdrücklich darauf hingewiesen, dass die Haftung nicht auf dem Versagen des Straßenwärters beruht, für den der

1628 BGH, Urt. v. 21. Januar 1965 – III ZR 217/63, VersR 1965, 475, 477.

1629 Arbitragegericht des Gebiets Rostow, Urt. v. 3. Februar 2009, Nr. A53-21806/2008, abrufbar unter: https://ras.arbitr.ru (letzter Aufruf: 1. Dezember 2018).

1630 Zum Ganzen BGH, Urt. v. 21. Januar 1965 – III ZR 217/63, VersR 1965, 475, 476.

1631 Arbitragegericht des Gebiets Rostow, Urt. v. 3. Februar 2009, Nr. A53-21806/2008, abrufbar unter: https://ras.arbitr.ru (letzter Aufruf: 1. Dezember 2018).

1632 Arbitragegericht des Gebiets Rostow, Urt. v. 3. Februar 2009, Nr. A53-21806/2008, abrufbar unter: https://ras.arbitr.ru (letzter Aufruf: 1. Dezember 2018).

Entlastungsbeweis angetreten war.[1633] Dies ist ein entscheidender Moment für das deutsche Gericht, weil es nach der Bejahung der Exkulpation im Rahmen des § 831 Abs. 1 Satz 2 BGB für die Auferlegung der Haftung lediglich auf einige „Hilfskonstruktionen" zurückgreifen kann.

Das deutsche Gericht führte aus, dass die Straßenverwaltung ihre Straßenwärter darauf hätte hinweisen müssen, dass eine grüne Baumkrone für sich genommen noch kein sicheres Zeichen für die Standfestigkeit eines Baumes sei. Diese Kenntnis sollte durch eine entsprechende Anweisung gewährleistet werden. Das Gericht hat die allgemeine Anweisung, Kontrollen durchzuführen, für nicht ausreichend erklärt. Vielmehr hat es konkrete Anweisungen insoweit verlangt, als die Straßenwärter den Stammfuß bis zum Erdboden kontrollieren müssen.[1634] An dieser Stelle ist jedoch einzuwenden, dass dies einen hypothetischen Geschehensablauf darstellt und es unklar bleibt, ob diese Anweisungen den eingetretenen Schaden in Wirklichkeit verhindern könnten. Darüber hinaus wäre auch denkbar, dass das Gericht bei einer anders gelegenen Schadensursache eine andere Anweisung vermisst hätte. Wie der Anweisungspflicht vor dem Schadensereignis mit Sicherheit allgemein nachgekommen werden kann, bleibt aber offen.

Gerade in dieser Hinsicht hat das russische Gericht dagegen die Einwendung der Beklagten berücksichtigt, dass keiner die Mängel des Kerns des Baumstammes vor dem Fall des Baumes bei dessen Untersuchung feststellen und dadurch den eingetretenen Schaden verhindern könnte.[1635] Das russische Gericht hat dabei den Beklagten keinerlei weitere Pflichten auferlegt. Es wäre zum Beispiel an eine nähere Kontrolle zu denken, die nicht nur eine rein äußerliche Besichtigung der Pflanzen zum Inhalt gehabt hätte. An keiner Stelle wurde die Qualität oder die ausreichende Intensität der Anweisungen an die Arbeitnehmer bezüglich der Kontrolle in Frage gestellt. Wobei es gerade hier auf der Hand läge, weil das Gericht seine Begründung auf Art. 1064 ZGB RF gestützt hatte, wo es um das eigene Fehlverhalten der juristischen Person geht. Aus dem Blickwinkel des deutschen Rechts könnte die Verletzung einer betrieblichen Organisationspflicht der Beklagten in diesem Fall angenommen werden. Die Klage wurde aber aufgrund des fehlenden Verschuldens abgewiesen.

Das Ergebnis ist somit in beiden Rechtsordnungen unterschiedlich. Das beklagte Land haftet nach deutschem Recht wegen seines Organverschuldens (sic)

1633 BGH, Urt. v. 21. Januar 1965 – III ZR 217/63, VersR 1965, 475, 477.

1634 Zum Ganzen BGH, Urt. v. 21. Januar 1965 – III ZR 217/63, VersR 1965, 475, 477.

1635 Arbitragegericht des Gebiets Rostow, Urt. v. 3. Februar 2009, Nr. A53-21806/2008, abrufbar unter: https://ras.arbitr.ru (letzter Aufruf: 1. Dezember 2018).

gemäß §§ 823 Abs. 1, 89, 31 BGB, wohingegen das russische Gericht die Widerlegung der Verschuldensvermutung der Beklagten gemäß Art. 1064 Ziff. 2 ZGB RF für erfolgreich hielt.

Die beiden Entscheidungen geben allerdings Anlass zur Kritik. Der Entscheidung des Bundesgerichtshofs ist entgegenzuhalten, dass es unmöglich ist, alle denkbaren Lebenssituationen von der Instruktionspflicht im Rahmen des Organisationsverschuldens zu erfassen. Dieses Beispiel zeigt, dass sich die deutschen Gerichte in manchen Fällen mit den allgemeinen Anordnungen nicht zufrieden geben und dabei die Anforderungen an die Sorgfaltspflichten überspannen. Das russische Gericht hat hingegen entsprechende Anweisungen und durchgeführte Kontrollmaßnahmen für ausreichend erachtet und insofern die Anforderungen recht niedrig gesetzt. Allerdings erscheinen die Anforderungen des russischen Gerichts an die Widerlegung der Verschuldensvermutung als zu niedrig. Es entsteht der Eindruck, dass das Gericht den von den Beklagten vorgebrachten Einwendungen vorschnell zugestimmt hat, ohne dabei zu hinterfragen, welche Maßnahmen außer einer rein äußerlichen Besichtigung hätten getroffen werden können oder müssen, um den Schaden zu vermeiden. Vor allem war die Rede von einem älteren Baum, bei dem das Erfordernis einer besonderen Kontrolle auf der Hand läge. Außerdem hat das russische Gericht nicht geprüft, wie genau die Kontrollüberprüfung, die es seiner Argumentation zugrunde gelegt hat, abgelaufen ist; ob die Beteiligten beispielsweise auch den ganzen Baum ausreichend inspiziert haben. Darüber hinaus darf nicht unerwähnt bleiben, dass diese Überprüfung seitens der Arbeitnehmer der Beklagten bereits fast einen Monat zurücklag. Es bleibt also festzuhalten, dass das russische Gericht den Nachweis des fehlenden Verschuldens der Beklagten ohne Weiteres als erbracht ansah. Dies ist aber hinsichtlich der aufgeführten Gründe höchst zweifelhaft.

Sowohl im deutschen als auch im russischen Recht haftet somit eine juristische Person für die Nichterfüllung der Pflicht, bei ihren Tätigkeiten die Entstehung von Schäden für Dritte zu vermeiden, auch wenn sie konkrete Tätigkeiten von Hilfspersonen durchführen lässt. Die Höhe der konkreten Anforderungen an diese Pflicht bleibt aber eine Einzelfallentscheidung.

2. *„Tiefbauunternehmen"-Fall*

Bei einer anderen Fallgruppe kommen hingegen die deutschen und russischen Gerichte im Ergebnis in der Regel zu einer übereinstimmenden Lösung. Es handelt sich um die Schadensersatzklagen infolge der Beschädigung von Gas-, Wasser- und Stromleitungen durch Handlungen von Angestellten.

a. Sachverhalt

Dem Fall[1636] lag folgender Sachverhalt zugrunde. Die vom Beklagten eingesetzte Person erfasste bei der Durchführung der Erdarbeiten mit dem Bagger die Gasleitung und beschädigte sie. Im russischen Fall ging es um die Beschädigung einer Wasserleitung. Infolge der durch die Beschädigung der Leitung entstandenen Schäden erhob der Kläger eine Klage zur Geltendmachung von Schadensersatzansprüchen.

b. Theoretische Lösungsansätze nach deutschem und russischem Recht

Im deutschen Recht ergeben sich zum vorher erörterten Fall keine Unterschiede in der rechtlichen Bewertung.

Was das russische Recht angeht, ergibt sich eine Abweichung im Zusammenhang mit der *Art* der schädigenden Handlungen. Die Durchführung der Erdarbeiten mit dem Bagger stellt eine Tätigkeit dar, die eine erhöhte Gefahr für andere mit sich bringt (im Sinne des Art. 1079 Ziff. 1 ZGB RF). Daher ist das Verschulden als Haftungsvoraussetzung nicht erforderlich. Es handelt sich vielmehr um eine Gefährdungshaftung. Die Haftung des Arbeitgebers kann dabei gemäß Art. 1079 Ziff. 1 ZGB RF nur dann ausgeschlossen werden, wenn der Schaden infolge von höherer Gewalt oder infolge von Vorsatz des Geschädigten entstanden ist. Die Beweislast dafür trägt der Arbeitgeber. Wenn der Kläger also den Schaden (einschließlich der Schadenshöhe) sowie den kausalen Zusammenhang nachweist, ist er berechtigt, den entstandenen Schaden in voller Höhe gemäß Artt. 15, 1082 ZGB RF ersetzt zu verlangen, sofern keine schadensmindernden Umstände vorliegen (Art. 1083 Ziff. 2 ZGB RF).

c. Analyse der gerichtlichen Lösungen

Das deutsche Berufungsgericht hat die Klage abgewiesen, weil es den Entlastungsbeweis nach § 831 Abs. 1 Satz 2 BGB als erbracht ansah. Der Bundesgerichtshof hat jedoch dem Berufungsgericht nicht zugestimmt und der Klage stattgegeben, allerdings mit Hinweis auf ein Organisationsverschulden des Beklagten.[1637] Stattgegeben wurde der Klage auch im russischen Fall.[1638]

1636 BGH, Urt. v. 20. April 1971 – VI ZR 232/69, NJW 1971, 1313 ff.; Zweites Arbitrageappellationsgericht, Urt. v. 3. Februar 2009, Nr. A17-4683/2008, „Konsul'tantPlus".

1637 BGH, Urt. v. 20. April 1971 – VI ZR 232/69, NJW 1971, 1313 ff.

1638 Zweites Arbitrageappellationsgericht, Urt. v. 3. Februar 2009, Nr. A17-4683/2008, „Konsul'tantPlus".

Wie auch im „Baumumsturz-Fall"[1639] gingen die deutschen und russischen Gerichte von *einem deliktischen Schuldverhältnis* aus. Laut Urteil des Bundesgerichtshofs wirkte sich das „Organverschulden" (sic)[1640] nach §§ 823 Abs. 1 i.V.m. 31 BGB haftungsbegründend aus. Das russische Appellationsgericht hat die Haftung der Beklagten aufgrund Art. 1079 ZGB RF anerkannt.[1641] Hervorzuheben ist, dass sowohl deutsche als auch russische Gerichte die jeweiligen Beklagten nicht aufgrund der haftungsentlastenden Umstände bei der Gehilfenhaftung von der Haftung befreit haben. Der Bundesgerichtshof hat den Entlastungsbeweis nach § 831 Abs. 1 Satz 2 BGB als nicht geführt angesehen und betonte, dass die Beklagte sogar ein eigenes Organisationsverschulden treffe.[1642] Also bediente er sich für die Begründung der Haftung der Figur des Organisationsverschuldens. Das russische Gericht beurteilt diesen Fall völlig zu Recht nach Maßgabe des Art. 1079 ZGB RF, der eine strenge Haftung für Quellen erhöhter Gefahr vorsieht.[1643] Die Entlastung der Beklagten aufgrund fehlenden Verschuldens ist nach dieser Norm nicht möglich. Haftungsbefreiend wirken sich lediglich höhere Gewalt oder Vorsatz des Geschädigten aus. Die Erdarbeiten mit einem Bagger gehören zu den Tätigkeiten, die eine erhöhte Gefahr schaffen und somit dem Tatbestand des Art. 1079 ZGB RF unterliegen.[1644] Bemerkenswert ist, dass auch der Bundesgerichtshof eine „unverhältnismäßig große Gefahr" und „besonders große Gefährdung Dritter" bei derartigen Tätigkeiten anerkannt hat.[1645] Allerdings enthält das Bürgerliche Gesetzbuch keine dem Art. 1079 ZGB RF ähnliche Generalklausel für eine Gefährdungshaftung. Das große Gefahrenpotential berücksichtigt der Bundesgerichtshof aber ebenfalls, indem er besonders hohe Anforderungen an die Gefahrenabwendungsmaßnahmen stellt.

1639 Dazu unter Kapitel 3, B.IV.1.

1640 BGH, Urt. v. 20. April 1971 – VI ZR 232/69, NJW 1971, 1313, 1315.

1641 Zweites Arbitrageappellationsgericht, Urt. v. 3. Februar 2009, Nr. A17-4683/2008, „Konsul'tantPlus".

1642 BGH, Urt. v. 20. April 1971 – VI ZR 232/69, NJW 1971, 1313, 1314.

1643 Zweites Arbitrageappellationsgericht, Urt. v. 3. Februar 2009, Nr. A17-4683/2008, „Konsul'tantPlus".

1644 Ähnlich auch Arbitragegericht des Uraler Bezirks, Urt. v. 18. August 2014, Nr. Ф09-4943/14 in der Sache Nr. A60-30013/2013 (Beschädigung des Hochspannungskabels bei Erdarbeiten), „Konsul'tantPlus".

1645 BGH, Urt. v. 20. April 1971 – VI ZR 232/69, NJW 1971, 1313, 1314 f.

Zur verletzten Pflicht der Beklagten hat der Bundesgerichtshof ausgeführt, dass es im Falle der Übertragung der Erkundigung auf Angestellte einer klaren, eindringlichen Anweisung des Tiefbauunternehmens an die örtlichen Bauleiter und aufsichtsführenden Poliere bedürfe, wann und wie sie sich über Lage und Verlauf der Versorgungsleitungen anhand zuverlässiger Unterlagen der in Betracht kommenden Versorgungsunternehmen zu vergewissern haben.[1646] An diesen Anweisungen fehlte es aber im vorliegenden Fall. Das russische Gericht hat der Beklagten eine Verletzung ihrer Erkundigungspflicht vorgeworfen. Das Gericht hat betont, dass die Leiter der Organisationen, die entsprechende Arbeiten nach Projektierungsunterlagen durchführen, nach städtischen Regelungen verpflichtet seien, drei Tage vor Beginn der Arbeiten die Vertreter betroffener Versorgungsbetriebe zur Feststellung des Verlaufs unterirdischer Versorgungsleitungen zu dem geplanten Arbeitsort einzuladen.[1647] Die Beklagte hat diese Pflicht nicht erfüllt. Allerdings berief sie sich auf die fehlende Kausalität zwischen ihren Handlungen und dem eingetretenen Schaden. Sie wendete ein, dass sie diese Arbeiten aufgrund eines Vertrages mit einer anderen Gesellschaft ausführte, die ihr ein von allen betroffenen Versorgungsunternehmen (einschließlich des Klägers) ordnungsgemäß unterschriebenes Bauprojekt vorgelegt habe.[1648] Aus der Sicht der Beklagten hätte daher auch die Einladung des Vertreters des Klägers zur Feststellung des Verlaufs der Versorgungsleitungen den Schaden nicht vermeiden können. Das Vertrauen auf die Angaben über den Verlauf der Leitungen anderer Unternehmen hat das russische Gericht jedoch als unzureichend angesehen.[1649] Der Bundesgerichtshof hat hingegen ausdrücklich offen gelassen, ob dabei die Erkundigungspflicht als erfüllt angesehen werden kann.[1650] Das russische Gericht ist in seinen Feststellungen noch einen Schritt weitergegangen. Der Beklagten wurde vorgeworfen, dass sich die Dienstperson der Gesellschaft vor dem Beginn der Arbeiten nicht selbst über ein Vorhandensein einer Wasserleitung informiert habe.[1651] Die Einwendungen der Beklagten

---

1646 BGH, Urt. v. 20. April 1971 – VI ZR 232/69, NJW 1971, 1313, 1315.

1647 Zweites Arbitrageappellationsgericht, Urt. v. 3. Februar 2009, Nr. A17-4683/2008, „Konsul'tantPlus".

1648 Zum Ganzen Zweites Arbitrageappellationsgericht, Urt. v. 3. Februar 2009, Nr. A17-4683/2008, „Konsul'tantPlus".

1649 Zum Ganzen Zweites Arbitrageappellationsgericht, Urt. v. 3. Februar 2009, Nr. A17-4683/2008, „Konsul'tantPlus".

1650 BGH, Urt. v. 20. April 1971 – VI ZR 232/69, NJW 1971, 1313, 1314.

1651 Zweites Arbitrageappellationsgericht, Urt. v. 3. Februar 2009, Nr. A17-4683/2008, „Konsul'tantPlus".

wurden somit vom russischen Gericht nicht berücksichtigt. Beide Gerichte haben die Nichterfüllung entsprechender Pflicht als *kausal* für den Schaden angesehen.

Ein Unterschied bei der Beurteilung des vorliegenden Falls durch die deutschen und russischen Gerichte ist darin zu sehen, dass der Bundesgerichtshof auf *das eigene Organisationsverschulden* des Unternehmens abgestellt hat. Der widerrechtliche Charakter der Gehilfenhandlungen spielt im Rahmen des § 823 Abs. 1 BGB im Vergleich zu § 831 Abs. 1 BGB keine Rolle. Das russische Gericht spricht im Gegensatz dazu von fehlerhaftem Verhalten der Dienstpersonen der Beklagten. Dabei darf aber nicht vergessen werden, dass das Verschulden der Arbeitnehmer im russischen Zivilrecht eines der juristischen Person *selbst* ist. Daher ist auch in diesem Fall vom eigenen Verschulden auszugehen.

Schließlich ist zu betonen, dass es sich im russischen Fall um *die Leiter der Organisation* handelte, deren Verletzung der Erkundigungspflicht zum Schaden geführt hat. Die Leiter der Organisationen unterscheiden sich von allen anderen Angestellten durch ihre hervorgehobene Funktion und einen hohen Verantwortungsgrad. Aus der Sicht des deutschen Rechts könnte von *verfassungsmäßig berufenen Vertretern* gesprochen werden. Nichtsdestotrotz hat das russische Gericht weder weitere Ausführungen dazu gemacht noch dies auf irgendeine Weise zur anderweitigen Haftungsbegründung herangezogen. Daraus ist ersichtlich, dass im russischen Zivilrecht bei der Beurteilung der deliktischen Gehilfenhaftung zwischen leitenden und nicht leitenden Angestellten nicht differenziert wird.[1652] Beide Fallgruppen fallen unter Art. 1068 Ziff. 1 ZGB RF.

Somit haben die Gerichte in Deutschland und in Russland ähnliche Ergebnisse erzielt. Sie haben die deliktische Haftung für Gehilfenverhalten den beklagten Unternehmen auferlegt, ohne dass sie eine Entlastungsmöglichkeit zugelassen haben. Jedoch weichen die deutsche und die russische Lösung in ihrer dogmatischen Begründung voneinander ab. Die Ähnlichkeit der erzielten Ergebnisse zeigt, dass das Haftungsrisiko bei schädigenden Handlungen eines Gehilfen in beiden Rechtsordnungen einer juristischen Person auferlegt wird.

1652 Z.B. im Ergebnis auch FAG des Zentralen Bezirks, Urt. v. 12. November 2008, Nr. Ф10-5035/08 in der Sache Nr. A36-536/2007, „Konsul'tantPlus“.

C. Überblick über die verfahrensrechtlichen und rechtskulturellen Aspekte der deliktischen Gehilfenhaftung nach deutschem und russischem Recht

Für die Einschätzung der praktischen Bedeutung der Regelung der deliktischen Gehilfenhaftung sind auch prozessuale Fragen sowie der rechtskulturelle Hintergrund von erheblicher Relevanz. Gerade diese Kategorien ermöglichen eine weitere Beurteilung hinsichtlich der Frage, ob die Regelung der deliktischen Gehilfenhaftung im russischen Recht lediglich „law in the books" darstellt oder sich als eine wirklich auch in der Praxis funktionierende Vorschrift erweist. Außerdem beeinflussen diese Aspekte häufig in erheblichem Maße die Entscheidung über die Wahl des anwendbaren Rechts. Aufgrund des begrenzten Rahmens dieser Untersuchung werden in diesem Abschnitt nur einzelne, besonders bedeutsame Gesichtspunkte beleuchtet.

Zunächst ist die Aufmerksamkeit auf die *Durchsetzbarkeit* der gerichtlichen Entscheidungen im Stadium der Zwangsvollstreckung zu richten. Bei der Durchsetzung gerichtlicher Entscheidungen in Russland ist ein spezielles Problem nicht aus den Augen zu verlieren. Es besteht darin, dass nicht alle Entscheidungen vollstreckt werden. Im Jahr 2017 belief sich der Anteil der Vollstreckungsverfahren, die tatsächlich durch Vollstreckung abgeschlossen wurden, auf nur 46,5%.[1653] Noch weniger ist dabei der Prozentsatz der erfolgreich eingezogenen Geldsummen. Dies mag verschiedene Gründe haben, wie beispielsweise Mängel des Systems der Vollstreckung in Russland, aber auch die Vermögenslage der Beklagten. Allerdings ändert das nichts an der Situation in der Praxis.

Eine große Rolle spielen darüber hinaus die *Höhe der unpfändbaren Bezüge sowie unpfändbare Sachen*, die sowohl im deutschen als auch im russischen Recht durch den Gesetzgeber festgelegt worden sind. Solche Regelungen sind in den §§ 811, 850 c ZPO sowie in den Artt. 79, 98 ff. des föderalen Gesetzes der RF „Über das Vollstreckungsverfahren"[1654] und in Art. 446 ZPO RF enthalten. Die unpfändbaren Bezüge sind im russischen Recht ihrer Höhe nach deutlich niedriger als im deutschen Recht.[1655] Das hängt in erster Linie mit dem Lebensniveau

1653 http://fssprus.ru (letzter Aufruf: 1. Dezember 2018).

1654 SZ RF 2007, Nr. 41, Pos. 4849, zuletzt geändert durch das Gesetz Nr. 307-FZ v. 3.08.2018.

1655 Die Pfändungsgrenze bei natürlichen Personen bemisst sich in Russland nach der Höhe des Existenzminimums (Art. 446 Ziff. 1 Abs. 8 ZPO RF) und belief sich im 3. Quartal 2018 auf 10451 Rubel (ca. 138 Euro), wobei diese Summe bei arbeitsfähigen Personen, Rentnern und Kindern etwas abweicht (Anordnung des Ministeriums für Arbeit und sozialen Schutz der RF vom 12. November 2018 Nr. 695н)

und mit dem durchschnittlichen Verdienst der Bevölkerung Russlands zusammen. Dies mag zunächst zu dem Schluss verleiten, dass dieser Umstand keine große Bedeutung hat, weil die Verdienste in Russland in der Regel niedriger als in Deutschland sind. Daraus folgt, dass der Kläger nur eine geringe Chance hat, den Schaden in voller Höhe ersetzt zu bekommen. Wenn man sich jedoch den gravierenden Unterschied der Verdiensthöhen in den verschiedenen Regionen Russlands vor Augen führt und dabei die gesetzliche Vollstreckungsgrenze, die im gesamten Raum der Russischen Föderation einheitlich festgesetzt ist, im Hinterkopf behält, erweist sich diese Regelung im Zusammenspiel mit den Besonderheiten der Praxis als vorteilhaft. Im Vergleich zu Deutschland kann der Kläger unter Berücksichtigung der niedrigeren Vollstreckungsgrenze nach russischem Recht in Wirklichkeit mehr von seinem Schaden ersetzt bekommen, weil die Differenz zwischen der Vollstreckungsgrenze und den tatsächlichen Vermögensverhältnissen in einigen russischen Regionen enorm ist.[1656] Voraussetzung ist aber natürlich, dass der Beklagte solvent ist.

Eine große Bedeutung haben ferner *die Kosten des Verfahrens*, die in Deutschland in der Regel höher sind. Wichtig ist außerdem *die Länge des Gerichtsprozesses* im jeweiligen Staat. Die gerichtlichen Verfahren laufen in Russland im Vergleich zu Deutschland relativ schnell ab.[1657]

Für ein realistisches Bild der Regelung der deliktischen Gehilfenhaftung im russischen Zivilrecht und Relativierung der Ergebnisse der rechtsvergleichenden Analyse ist schließlich Aufmerksamkeit auf *eine rechtskulturelle Besonderheit* Russlands zu richten, die vor den falschen Schlussfolgerungen bewahren und eine gewisse Weite des Blicks bei der Beurteilung der sich eventuell ergebenden

---

(Stand: 1. Dezember 2018). In Deutschland liegt die Pfändungsgrenze für Arbeitseinkommen dagegen nach § 850 c ZPO ab dem 1.07.2017 bei 1133,80 Euro im Monat (Stand: 1. Dezember 2018).

1656 Im 2. Quartal 2018 war der durchschnittliche Monatsverdienst in Russland beispielsweise 44.435 Rubel (ca. 577 Euro), im gleichen Zeitraum in der Stadt Moskau – 86.825 Rubel (ca. 1127 Euro) oder im Jamal-Nenzen Autonomen Kreis – 109.644 Rubel (ca. 1424 Euro); in der Republik Dagestan – 25.610 Rubel (ca. 332 Euro) und im Bezirk Altai – 25.442 Rubel (ca. 330 Euro) (www.gks.ru, letzter Aufruf: 1. November 2018).

1657 Im Jahr 2017 wurden die meisten zivilrechtlichen Verfahren in den ordentlichen Gerichten der 1. Instanz Russlands innerhalb von drei Monaten abgeschlossen (www.cdep.ru, letzter Aufruf: 1. Dezember 2018). In Deutschland dauerte ein Verfahren im Jahr 2017 vor Amtsgerichten etwa 4,9 Monate, vor Landgerichten (als Berufungsinstanz) – 19 Monate (ab erstem Eingang in der ersten Instanz) und vor Oberlandesgerichten – 27,6 Monate (ab erstem Eingang in der ersten Instanz) (www.destatis.de, letzter Aufruf: 1. Dezember 2018).

Unterschiede[1658] geben könnte. Sie besteht darin, dass das Recht in Russland im Gegensatz zu Deutschland von Teilen der Bevölkerung nicht als Ordnungsfaktor und freiheitssicherndes Element angesehen wird. Vielmehr bestehen eine eher ablehnende Haltung und eine tendenziell negative Einstellung gegenüber dem Recht in weiten Teilen des Landes.[1659] Daher wird dessen Beachtung nicht als bedeutsam empfunden. Außerdem ist eine gewisse Skepsis bezüglich des gerichtlichen Rechtsschutzes zu verzeichnen.[1660]

Somit ist zu betonen, dass es in Russland mehrere prozessuale sowie andere Besonderheiten gibt, die für die richtige Einschätzung der Effektivität der Regelung der deliktischen Gehilfenhaftung von großer Bedeutung sind.

1658 Sehr treffend *Kischel*, ZVglRWiss 104 (2005), 10, 17.

1659 *Nußberger*, ROW 1998, 81, 84 spricht vom Rechtsnihilismus.

1660 Der Vorsitzende des Verfassungsgerichts der RF hat in seinem Interview vom 15. Juni 2009 ausdrücklich hervorgehoben, dass das Niveau des Vertrauens ins Gerichtssystem (in Russland) niedrig sei, http://www.consultant.ru/law/interview/zorkin3.html (letzter Aufruf: 1. Dezember 2018).

ZUSAMMENFASSUNG

Als Ergebnis dieser Untersuchung sind folgende Schlussfolgerungen zusammenfassend festzuhalten.

1. Die deliktische Gehilfenhaftung ***im deutschen Recht*** findet ihre Grundlage in § 831 Abs. 1 BGB, der eine Haftung für eigenes vermutetes Verschulden des Geschäftsherrn normiert. Die geschichtliche Analyse hat gezeigt, dass das Verschuldensprinzip bei der außervertraglichen Gehilfenhaftung nicht immer Priorität hatte. Als haftungsbegründende Voraussetzungen sind die Bestellung eines Verrichtungsgehilfen sowie die widerrechtliche Schadenszufügung durch den Verrichtungsgehilfen in Ausführung der Verrichtung erforderlich, haftungsausschließend wirken sich ein fehlendes Verschulden des Geschäftsherrn sowie fehlende Kausalität aus.[1661]
2. Was *die Figur des Verrichtungsgehilfen* nach § 831 Abs. 1 BGB betrifft, bleibt streitig, ob diese Vorschrift auf diejenigen Verrichtungsgehilfen Anwendung findet, die keine natürlichen Personen sind. Die Anwendung des § 831 Abs. 1 BGB auch auf juristische Personen als Verrichtungsgehilfen ist anzuerkennen, sofern die erforderlichen Voraussetzungen, insbesondere die Weisungsgebundenheit, im konkreten Fall vorliegen.[1662]
3. Zum *Verhältnis zwischen dem Geschäftsherrn und seinem Verrichtungsgehilfen* ist festzuhalten, dass nicht jede Gefälligkeit für die Anwendung des § 831 Abs. 1 BGB ausreichend ist. Als mögliches Abgrenzungskriterium ist die Besonderheit der anvertrauten Verrichtungen heranzuziehen.[1663]
4. Außerdem kann *das Gehilfenverschulden*, obwohl es nach dem Wortlaut des § 831 Abs. 1 BGB keine Haftungsvoraussetzung ist, aufgrund teleologischer Auslegung dieser Norm und der Rechtsprechungsentwicklung zum verkehrsrichtigen Verhalten des Gehilfen als weitere Haftungsvoraussetzung angesehen werden.[1664]
5. Die Zulassung des dezentralisierten Entlastungsbeweises des Geschäftsherrn im Rahmen dieser Vorschrift hat zur unbegründeten haftungsrechtlichen Privilegierung von Großbetrieben geführt. Eine der bedeutsamsten und in

1661 Dazu siehe näher unter Kapitel 1, A.I–III.
1662 Dazu siehe näher unter Kapitel 1, A.III.1.a.
1663 Dazu siehe näher unter Kapitel 1, A.III.1.c.
1664 Dazu siehe näher unter Kapitel 1, A.III.3.

der Praxis äußerst relevanten Rechtskonstruktionen für die Umgehung dieser Ergebnisse stellt *das Organisationsverschulden* dar. Zur Haftung wegen Organisationsverschuldens im Allgemeinen führt eine Verletzung der jeweiligen Organisationspflichten (Organisationsmangel), die ihrerseits beim Vorliegen zusätzlicher Merkmale als Organisationsverschulden qualifiziert wird. Der Organisationsmangel ist somit mit dem Organisationsverschulden nicht gleichzusetzen. Das sog. betriebliche und körperschaftliche Organisationsverschulden ist nach folgenden Kriterien zu unterscheiden: nach den Adressaten der Organisationspflichten, nach dem Inhalt dieser Pflichten und nach den möglichen Rechtsfolgen.[1665]

6. Unter *einer betrieblichen Organisationspflicht* ist eine Pflicht des Geschäftsherrn zu verstehen, durch geeignete Anweisungen, regelmäßige und stichprobenartige Kontrollen sowie Koordinierung des Funktionierens einer von ihm geschaffenen betrieblichen Organisation zu gewährleisten, dass kein Dritter zu Schaden kommt.[1666]
   Die Organisationspflicht kann ihrer Rechtsnatur nach als Verkehrspflicht qualifiziert werden und zeichnet sich durch einen abgeleiteten Charakter aus, weil sie bei der Delegation einer Verkehrspflicht des Geschäftsherrn auf eine Hilfsperson entsteht.[1667]
   Die Haftung wegen betrieblichen Organisationsverschuldens ist folgerichtig dem Haftungstatbestand des § 823 Abs. 1 BGB zuzuordnen. Der geschaffenen Rechtsfigur des betrieblichen Organisationsverschuldens sind jedoch Grenzen zu setzen. Die betriebliche Organisationspflicht ist in diesem Zusammenhang auf die allgemeinen Anordnungen, stichprobenartigen Kontrollen und regelmäßiges Unterrichten vom Ablauf der jeweiligen Betriebsvorgänge zu begrenzen. Was die Beweislastverteilung betrifft, ist es geboten, die Beweislastumkehr hinsichtlich des Verschuldens für alle Fälle der Haftung wegen betrieblichen Organisationsverschuldens nach § 823 Abs. 1 BGB zuzulassen.[1668]
7. In Bezug auf die Haftung der juristischen Personen und Personengesellschaften für ihre Organe und verfassungsmäßig berufenen Vertreter nach deutschem Recht wurde von der Rechtsprechung zwecks der Ausschaltung negativer Folgen des Entlastungsbeweises nach § 831 Abs. 1 Satz 2 BGB

1665 Dazu siehe näher unter Kapitel 1, B und C.II.2.b.
1666 Dazu siehe näher unter Kapitel 1, B.II.2.a.cc.
1667 Dazu siehe näher unter Kapitel 1, B.II.2.b.
1668 Dazu siehe näher unter Kapitel 1, B.II.2.b.dd und B.II.5.c.

einerseits die Rechtsfigur des körperschaftlichen Organisationsverschuldens geschaffen, andererseits der persönliche Anwendungsbereich des § 31 BGB weit ausgedehnt.[1669]

Unter *einer körperschaftlichen Organisationspflicht* ist *de lege lata* eine Pflicht zu verstehen, der für bestimmte Aufgabenbereiche beauftragten Hilfsperson eine Organstellung im Sinne der §§ 30, 31 BGB zu verschaffen. Sie unterscheidet sich von der betrieblichen Organisationspflicht insoweit entscheidend, als die Verletzung der körperschaftlichen Organisationspflicht im Gegensatz zu der betrieblichen Organisationspflicht niemals kausal für den Schaden sein kann. Ein körperschaftlicher Organisationsmangel allein führt nur zu einer Zurechnung des Schadensereignisses der juristischen Person oder Personengesellschaft über § 31 BGB und ist deshalb lediglich als Zurechnungsgrund zu betrachten. Bei § 31 BGB handelt es sich dementsprechend um eine lediglich haftungszuweisende Norm.[1670]

Auf die Lehre vom körperschaftlichen Organisationsverschulden ist aufgrund mehrerer Bedenken *de lege ferenda* zu verzichten. Die Haftung einer juristischen Person für ihre leitenden Angestellten ist auf dem Weg einer analogen Anwendung des § 31 BGB zu erzielen.[1671]

8. Was *die künftige Ausgestaltung* des § 831 Abs. 1 BGB betrifft, hat die Untersuchung gezeigt, dass die deliktische Haftung des Geschäftsherrn ohne eigenes Verschulden, aber für schuldhaftes Gehilfenverhalten gerechtfertigt ist.[1672]
9. Der Regelung der Haftung für Helfer ***im russischen Recht*** sind die Artt. 402, 403 und 1068 ZGB RF gewidmet. *Die vertragliche Haftung für Helfer* ist in Art. 402 ZGB RF (Haftung des Schuldners für Arbeitnehmer) und in Art. 403 ZGB RF (Haftung für Dritte) geregelt. Die Haftung für Arbeitnehmer wird weitgehend als Haftung für eigenes Verschulden und Haftung für Dritte als Haftung für fremdes Verschulden angesehen. Darin liegt einer der wichtigsten Unterschiede dieser Regelungen. Folgerichtig sind aber beide Haftungstatbestände als Haftung für fremdes Verschulden einzuordnen.[1673]

1669 Dazu siehe näher unter Kapitel 1, C.I.
1670 Dazu siehe näher unter Kapitel 1, C.II.
1671 Dazu siehe näher unter Kapitel 1, C.IV.
1672 Dazu siehe näher unter Kapitel 1, D.III.
1673 Dazu siehe näher unter Kapitel 2, A.III.

10. Bezüglich *der deliktischen Gehilfenhaftung* nach Art. 1068 Ziff. 1 ZGB RF lässt sich im russischen Zivilrecht eine Ausweitung des persönlichen Anwendungsbereichs dieser Norm als deutliche Entwicklungstendenz aufzeichnen. Art. 1068 Ziff. 1 ZGB RF stellt eine der gesetzlichen Bestimmungen dar, die gemäß Art. 1064 Ziff. 1 Abs. 2 ZGB RF eine besondere Regelung vorsieht, nach der die Schadensersatzpflicht der Person auferlegt wird, die den Schaden nicht zugefügt hat. Die deliktische Haftung nach Art. 1068 Ziff. 1 ZGB RF ist als Haftung für fremdes Verschulden einzuordnen.[1674]
11. Ein *Geschäftsherr* im Sinne des Art. 1068 Ziff. 1 ZGB RF kann sowohl eine juristische als auch eine natürliche Person sein. An Stelle der Letzteren können dabei Einzelunternehmer nach Art. 23 ZGB RF wie auch natürliche Personen, ohne dabei Einzelunternehmer zu sein, auftreten. Zu der *Figur des Helfers* im Sinne des Art. 1068 Ziff. 1 ZGB RF ist festzuhalten, dass darunter lediglich natürliche Personen – Bürger nach einem Arbeitsvertrag sowie nach einem zivilrechtlichen Vertrag (z.B. Werkvertrag, Vertrag über die Ausführung von Arbeiten im Bereich der wissenschaftlichen Forschung, Versuchs- und Konstruktionstätigkeit und Technologie, Auftrag, Agenturvertrag u.a.) – unabhängig von der Art der rechtlichen Beziehung mit dem Geschäftsherrn und der Art der Aufgaben zu verstehen sind. Das Erfordernis eines vertraglichen Verhältnisses zwischen dem Geschäftsherrn und seinem Helfer schließt die Gefälligkeiten des alltäglichen Lebens als mögliche Handlungen des Helfers im Rahmen des Art. 1068 Ziff. 1 ZGB RF aus. Das Organ einer juristischen Person ist kein Arbeitnehmer im Sinne des Art. 1068 Ziff. 1 ZGB RF.

    Bei der deliktischen Haftung des Geschäftsherrn für Personen, die aufgrund eines zivilrechtlichen Vertrags tätig sind, sind zwei zusätzliche Voraussetzungen aufgestellt: zum einen ist es erforderlich, dass der Helfer nach einem Auftrag des Geschäftsherrn, zum anderen – unter seiner Kontrolle über gefahrlose Arbeitsausführung – gehandelt hat oder hätte handeln müssen.[1675] Bei der letzteren Voraussetzung ist dabei die Arbeitsausführung mit eigenen Kräften entscheidend.
12. Der Anwendungsbereich des Art. 1068 Ziff. 1 ZGB RF schließt nur diejenigen Personen als Helfer ein, die in einem *Unterordnungsverhältnis* gegenüber dem Geschäftsherrn stehen. Für die deliktische Haftung nach Art. 1068 Ziff. 1 ZGB RF ist außerdem erforderlich, dass der Helfer *bei der Erfüllung*

1674 Dazu siehe näher unter Kapitel 2, B.III.

1675 Dazu siehe näher unter Kapitel 2, B.IV.

seiner Arbeits- (Dienst-, Amts-) Pflichten gehandelt hat. Unter Arbeitspflichten sind nicht nur Pflichten zu verstehen, die in einem Arbeitsvertrag oder in einer Dienstanweisung festgelegt sind. Dazu zählen auch diejenigen, die aus dem Arbeitnehmerstatus als solchem und aus der Unternehmensnotwendigkeit folgen. Die Tätigkeit des Helfers beschränkt sich also nicht auf den Pflichtenkreis des Geschäftsherrn. Entscheidend ist, dass der Geschäftsherr dem Helfer bestimmte Aufgaben auferlegt hat. Auch wenn eine Tätigkeit außerhalb der im Vertrag vorgesehenen Arbeitsleistung liegt, aber infolge der betrieblichen oder anderer Notwendigkeit, die mit dem Arbeitsprozess zusammenhängt, erforderlich ist, wird sie wohl diese Voraussetzung erfüllen.[1676]
Außerdem ist zu berücksichtigen, dass die Schadenszufügung durch den Arbeitnehmer auf dem Weg zur oder von der Arbeit nicht als solche bei der Erfüllung der Arbeitspflichten anerkannt werden kann.[1677] Handelt der Helfer nicht bei Erfüllung seiner Arbeitspflichten, ist er als unmittelbarer Schädiger allein verantwortlich.
Die Begehung einer strafbaren Handlung schließt die Möglichkeit der Handlung „bei der Erfüllung der Arbeits- (Dienst-, Amts-) Pflichten" nach Art. 1068 Ziff. 1 ZGB RF nicht aus. Die Fälle der Schadenszufügung infolge einer Straftat des Arbeitnehmers sind von Gerichten nach dem Kriterium des Zusammenhangs entsprechender Handlungen mit dem Arbeitsprozess zu beurteilen.[1678]

13. Der Anwendungsbereich des Art. 1068 Ziff. 1 ZGB RF wird durch die Regelungen der Haftung für eine Quelle erhöhter Gefahr (Art. 1079 ZGB RF) wesentlich eingeschränkt. Bei der Schadenszufügung durch Handlungen eines Arbeitnehmers infolge der Auswirkung einer Quelle erhöhter Gefahr haftet der Inhaber dieser Quelle erhöhter Gefahr nach den Bestimmungen des Art. 1079 ZGB RF verschuldensunabhängig. Die Schadensersatzpflicht des Inhabers der Quelle erhöhter Gefahr tritt nur dann nicht ein, wenn er nachweist, dass der Schaden infolge von höherer Gewalt oder durch Vorsatz des Geschädigten entstanden ist oder dass die Quelle erhöhter Gefahr infolge von rechtswidrigen Handlungen anderer Personen nicht mehr in seinem Besitz und damit in seinem Herrschaftsbereich stand. Die Beweislast für die haftungsentlastenden Umstände trägt die haftende Person. Ein Arbeitnehmer des Inhabers einer Quelle erhöhter Gefahr kann nicht

1676 Dazu siehe näher unter Kapitel 2, B.V.2.a und b.
1677 Dazu siehe näher unter Kapitel 2, B.V.2.c.
1678 Dazu siehe näher unter Kapitel 2, B.V.2.d.

als Inhaber der Quelle erhöhter Gefahr im Sinne des Art. 1079 ZGB RF anerkannt werden.[1679]

14. Im russischen Zivilrecht gilt eine allgemeine *Verschuldensvermutung*, die im Bereich der deliktischen Gehilfenhaftung geboten und angemessen ist.[1680]
15. Im *Außenverhältnis* ist die direkte Haftung des Helfers gegenüber dem Geschädigten nach russischem Zivilrecht vollständig ausgeschlossen. Es ist gerechtfertigt, die direkte Außenhaftung des Arbeitnehmers selbst *de lege ferenda* zuzulassen, sofern er in seinem Verhalten selbst alle Voraussetzungen der deliktischen Haftung nach Art. 1064 ZGB RF erfüllt. Der Geschädigte wird somit die Auswahl zwischen dem Geschäftsherrn und dem unmittelbaren Schädiger als Anspruchsgegner haben. Im *Innenverhältnis* steht dem Geschäftsherrn ein Regressanspruch zu, der allerdings im arbeitsrechtlichen Bereich eingeschränkt ist.[1681]
16. Die *Gegenüberstellung der vertraglichen und deliktischen Gehilfenhaftung* im russischen Recht hat gezeigt, dass sie im Grunde genommen, insbesondere in Bezug auf die Entlastungsmöglichkeit, gesetzlich gleich konzipiert ist und sich insoweit keine haftungsrechtlichen Privilegien ergeben können. Allerdings haben die gesetzlich zugelassenen Ausnahmen vom Verschuldensprinzip im jeweiligen Bereich (verschuldensunabhängige Haftung der Unternehmer im vertraglichen Bereich und verschuldensunabhängige Haftung für Quellen erhöhter Gefahr im deliktischen Bereich) entscheidende Bedeutung. Aufgrund des bestehenden Ausschließlichkeitsverhältnisses zwischen den vertraglichen und deliktischen Ansprüchen sind außerdem auch weitere Unterschiede, die sich im Zusammenhang mit einzelnen Haftungsvoraussetzungen ergeben, zu berücksichtigen.[1682]
17. Was *die deliktische Haftung der juristischen Person für ihre Helfer* nach russischem Zivilrecht betrifft, ist sie nach Art. 1068 Ziff. 1 ZGB RF als Verschuldenshaftung konzipiert. *De facto* haftet jedoch die juristische Person für ihre Helfer beinahe ohne reale Entlastungsmöglichkeit. Dieses Ergebnis folgt aus dem besonderen Verständnis des eigenen Verschuldens einer juristischen Person im russischen Zivilrecht.[1683]

1679 Dazu siehe näher unter Kapitel 2, B.V.2.e.
1680 Dazu siehe näher unter Kapitel 2, B.VI.
1681 Dazu siehe näher unter Kapitel 2, B.VII.
1682 Dazu siehe näher unter Kapitel 2, B.VIII.
1683 Dazu siehe näher unter Kapitel 2, C.

Bei der weiteren Entwicklung der deliktischen Haftung für Helfer im russischen Zivilrecht ist es empfehlenswert, eine Plenarentscheidung des Obersten Gerichts der RF mit Erklärungen zu den einzelnen Fragen der Haftung nach Art. 1068 ZGB RF zu verabschieden.

18. Im Lichte ***der rechtsvergleichenden Analyse der materiellrechtlichen Regelungen*** der deliktischen Gehilfenhaftung im deutschen und im russischen Recht ist zu betonen, dass beide Rechtsordnungen von einer Verschuldenshaftung ausgehen. Allerdings setzt die deutsche Regelung eine Haftung für eigenes vermutetes Verschulden des Geschäftsherrn fest. Im Gegensatz dazu bleibt die Einordnung dieser Haftung als Haftung für eigenes oder für fremdes Verschulden im russischen Recht umstritten. Der geschichtliche Überblick hat gezeigt, dass sowohl die Verschuldenshaftung als auch verschuldensunabhängige Haftung als Gestaltungsmöglichkeiten der deliktischen Gehilfenhaftung beiden Rechtsordnungen bekannt sind.[1684]
19. *Der persönliche Anwendungsbereich* der einschlägigen Gehilfenhaftungstatbestände bezüglich des Haftenden erstreckt sich in beiden Rechtsordnungen sowohl auf juristische als auch auf natürliche Personen. Bei der Bestimmung der Person des Geschäftsherrn wird auf die tatsächliche Steuerungsmöglichkeit abgestellt.

    Der Begriff *des Helfers* im russischen Zivilrecht ähnelt jenem *des Verrichtungsgehilfen* im deutschen Recht insoweit, als er sich auf die Arbeitnehmer im Sinne des Arbeitsrechts nicht beschränkt. Der Vergleich einzelner Merkmale des Verrichtungsgehilfen und Helfers hat ergeben, dass die Ähnlichkeit in Bezug auf das Erfordernis der Tätigkeit im Interessenkreis des Geschäftsherrn festgestellt werden kann. Übereinstimmend ist außerdem ein Abhängigkeitsverhältnis zwischen dem Geschäftsherrn und seinem Gehilfen für die Eröffnung des persönlichen Anwendungsbereichs entsprechender Vorschriften erforderlich. Wenn der unmittelbare Schädiger die erforderlichen Voraussetzungen für eine Anerkennung als Verrichtungsgehilfen oder als Helfer nicht erfüllt, bleibt eine Haftung der Hilfsperson selbst nach § 823 Abs. 1 BGB und Art. 1064 Ziff. 1 ZGB RF für eigenes Verschulden möglich.[1685]
20. Die vergleichende *Analyse der einzelnen Haftungsvoraussetzungen* hat darüber hinaus ergeben, dass beide Rechtsordnungen im Laufe der Rechtsprechungsentwicklung das Gehilfenverschulden als weitere Haftungsvoraussetzung angesehen haben. Neben dieser Annäherungstendenz ist auch

1684 Dazu siehe näher unter Kapitel 3, A.II.2 und 3.
1685 Dazu siehe näher unter Kapitel 3, B.I.1.

hervorzuheben, dass ein funktioneller Zusammenhang zwischen dem von einem Gehilfen angerichteten Schaden und den ihm übertragenen Aufgaben übereinstimmend gefordert wird. Dabei stellen das deutsche sowie das russische Recht nicht auf formale Kriterien ab. Die russische deliktische Gehilfenhaftung ist dem deutschen Recht auch insofern ähnlich, als sie die schädigenden Handlungen des Helfers „bei Gelegenheit" der Ausführung der Tätigkeiten dem Geschäftsherrn nicht zurechnet. Allerdings verfahren die russischen Gerichte mit dieser Haftungsvoraussetzung in einzelnen Fallgruppen (etwa bei Handlungen auf dem Weg zur und von der Arbeit) großzügiger.[1686]

21. Beide Rechtsordnungen stimmen insoweit überein, als die deliktische Gehilfenhaftung als Verschuldenshaftung gilt. Im deutschen Recht werden allerdings an den Entlastungsbeweis wesentlich geringere Anforderungen gestellt. Die Untersuchung hat weiterhin ergeben, dass die Konzeption der Vorschriften über die vertragliche und deliktische Gehilfenhaftung bezüglich der Entlastungsmöglichkeit im russischen Zivilrecht den Rückgriff auf die vertraglichen Regelungen der Gehilfenhaftung im russischen Recht im Gegensatz zum deutschen Recht entbehrlich macht.[1687]
22. Was die *Beweislastverteilung* betrifft, lässt sowohl das deutsche als auch das russische Recht bei der deliktischen Gehilfenhaftung die Beweislastumkehr für Verschulden zu. Allerdings sieht das deutsche Recht diese Regelung als Ausnahme vor, währenddessen das russische Zivilgesetzbuch von einer allgemeinen Verschuldensvermutung bei der Haftung ausgeht. Die Diskrepanz, die sich hinsichtlich der Beweislastverteilung nach § 823 Abs. 1 BGB und Art. 1064 ZGB RF ergibt, wird aber in der Praxis abgemildert. Die deutsche Rechtsprechung lässt in bestimmten Fallgruppen den sog. Anscheinsbeweis zu. Die russischen Gerichte versuchen dagegen in einigen Fällen, die Beweispflicht für das Verschulden dem Geschädigten aufzuerlegen.[1688]
23. Zum Zweck des Schutzes des Arbeitnehmers schränken beide Rechtsordnungen dessen Haftung im *Außenverhältnis* ein. Eine wesentliche Abweichung liegt allerdings darin, dass nach russischem Zivilrecht eine eigene Haftung des Helfers dem Geschädigten gegenüber bei der Begründung der Haftung des Geschäftsherrn *de lege lata* stets vollständig ausgeschlossen ist. *De lege ferenda* ist allerdings die Zulassung der direkten Haftung des Helfers

1686 Dazu siehe näher unter Kapitel 3, B.I.2.
1687 Dazu siehe näher unter Kapitel 3, B.I.3.
1688 Dazu siehe näher unter Kapitel 3, B.I.4 und B.III.

bei Erfüllung aller Haftungsvoraussetzungen nach russischem Zivilrecht zu begrüßen. Im *Innenverhältnis* gilt allgemein die Regel, dass der Geschäftsherr den Anspruch auf dem Regresswege grundsätzlich auf den vollen Schadensersatz erheben kann. Im arbeitsrechtlichen Bereich werden aber Einschränkungen vorgenommen.[1689]

24. Im Fall der *Haftung der juristischen Personen* unterscheiden sich das deutsche und russische Recht dadurch, dass die juristische Person im russischen Zivilrecht selbst als verschuldensfähig angesehen wird. Das russische Zivilgesetzbuch kennt keine dem § 31 BGB ähnliche Zurechnungsnorm für juristische Personen. Ein weiterer wesentlicher Unterschied besteht darin, dass das russische Recht im Gegensatz zu den deutschen Regelungen keine Differenzierung zwischen Organen, leitenden und nicht leitenden Angestellten vornimmt. Die Haftung juristischer Personen ist aber im russischen Recht schärfer als im deutschen Recht ausgestaltet, so dass es einer Rechtskonstruktion des Organisationsverschuldens nicht bedarf.[1690]
25. Diese Divergenzen führen in der Praxis nicht zu unterschiedlichen Ergebnissen. Im deutschen sowie im russischen Recht haftet die juristische Person bei den schädigenden Handlungen ihrer leitenden Organe ohne tatsächliche Entlastungsmöglichkeit. Im deutschen Recht wird dies mit Hilfe der Erweiterung des Anwendungsbereichs des § 31 BGB und mittels der Rechtsfigur des körperschaftlichen und betrieblichen Organisationsverschuldens erreicht. Im russischen Zivilrecht folgt ein vergleichbares Ergebnis aus der fehlenden Differenzierung zwischen Organen und Angestellten und aus dem Begriffsverständnis des eigenen Verschuldens der juristischen Person.
26. Ferner ist hervorzuheben, dass die Unterscheidung und die Anwendung im konkreten Fall des § 831 Abs. 1 BGB oder des § 823 Abs. 1 BGB im deutschen Recht eine große Rolle spielt. Im Gegensatz dazu sind keine Abweichungen hinsichtlich der Beweislast und des Haftungsumfangs im Verhältnis des Art. 1064 Ziff. 1 ZGB RF und des Art. 1068 Ziff. 1 ZGB RF im russischen Recht zu beobachten. Daher ist die Privilegierung einer bestimmten Partei aufgrund eventueller Unterschiede zwischen diesen Vorschriften im russischen Recht ausgeschlossen.[1691]
27. Was die deliktische Gehilfenhaftung nach § 831 Abs. 1 BGB *de lege ferenda* und die künftige Auslegung des Art. 1068 Ziff. 1 ZGB RF betrifft, hat die

1689 Dazu siehe näher unter Kapitel 3, B.I.5.
1690 Dazu siehe näher unter Kapitel 3, B.II.
1691 Dazu siehe näher unter Kapitel 3, B.III.

Untersuchung gezeigt, dass die deliktische Haftung des Geschäftsherrn als Haftung für schuldhaftes Gehilfenverhalten ohne Berücksichtigung des eigenen Verschuldens des Geschäftsherrn auszugestalten ist. Im Hinblick auf die in der Praxis heutzutage erzielten Ergebnisse erfolgt dabei keine Verschärfung der Haftung des Geschäftsherrn.

Aus dem Blickwinkel der Praxis ist hervorzuheben, dass die Besonderheiten der deliktischen Gehilfenhaftung nach russischem Zivilrecht und die damit zusammenhängenden wirtschaftlichen Risiken von den auf dem russischen Markt tätigen Geschäftspartnern nicht außer Acht gelassen werden dürfen. Im Allgemeinen ist aber die deliktische Gehilfenhaftung nach deutschem Recht unter Berücksichtigung der Rechtsprechungsentwicklung dieser nach russischem Recht vergleichbar. Sowohl im deutschen als auch im russischen Recht gestaltet sich somit die deliktische Gehilfenhaftung als eine strikte Haftung, obwohl die Mittel dafür unterschiedlich sind. Bemerkenswert ist, dass dies auch die Entwicklung auf der europäischen Ebene unter Berücksichtigung der Vorschläge zur Rechtsangleichung der deliktischen Gehilfenhaftung widerspiegelt. Die Ähnlichkeit der erzielten Ergebnisse lässt keinen Zweifel daran, dass die Frage, wem das Risiko der Schadenstragung im Fall der schädigenden Handlungen eines Gehilfen aufzuerlegen ist, im deutschen und im russischen Recht gleich beantwortet wird.

Anhang 1

Zivilgesetzbuch der Russischen Föderation

(Auszug in deutscher Übersetzung)*

Artikel 401. Grundlagen für die Haftung wegen der Verletzung einer Verpflichtung

(1) Eine Person, die eine Verpflichtung nicht oder nicht ordnungsgemäß erfüllt hat, haftet bei Verschulden (Vorsatz oder Fahrlässigkeit), abgesehen von den Fällen, in denen durch Gesetz oder Vertrag andere Grundlagen für die Haftung vorgesehen sind.
Eine Person gilt als schuldlos, wenn sie bei dem Maß an Sorgfalt und Umsicht, das von ihr nach Art der Verpflichtung und den Bedingungen des Verkehrs gefordert war, alle Maßnahmen für die ordnungsgemäße Erfüllung der Verpflichtung ergriffen hat.

(2) Das Fehlen von Verschulden ist von der Person nachzuweisen, die die Verpflichtung verletzt hat.

(3) Sofern durch Gesetz oder durch Vertrag nichts anderes vorgesehen ist, haftet die Person, die eine Verpflichtung bei Ausübung einer unternehmerischen Tätigkeit nicht oder nicht ordnungsgemäß erfüllt hat, wenn sie nicht nachweist, dass die ordnungsgemäße Erfüllung infolge höherer Gewalt, das heißt infolge außerordentlicher und unter den gegebenen Bedingungen nicht abwendbarer Umstände, nicht möglich war. Zu diesen Umständen gehören insbesondere nicht die Verletzung von Verpflichtungen von Seiten der Kontrahenten des Schuldners, das Fehlen von für die Erfüllung notwendigen Waren auf dem Markt und das Fehlen der notwendigen Geldmittel bei einem Schuldner.

---

* Zivilgesetzbuch der Russischen Föderation. Die deutsche Übersetzung ist angelehnt an Breidenbach/*Lenga/Wipplinger/Rommel*, Handbuch Wirtschaft und Recht in Osteuropa III, RUS 200 und RUS 200 II. Der erste Teil des ZGB RF ist in der Fassung zitiert, die zuletzt durch das Gesetz Nr. 339-FZ vom 3.08.2018 geändert wurde. Der zweite Teil des ZGB RF ist in der Fassung zitiert, die zuletzt durch das Gesetz Nr. 225-FZ vom 29.07.2018 geändert wurde.

(4) Eine im Voraus getroffene Vereinbarung über die Beseitigung oder Beschränkung der Haftung für die vorsätzliche Verletzung einer Verpflichtung ist nichtig.

Artikel 402. Haftung eines Schuldners für seine Beschäftigten

Handlungen von Beschäftigten eines Schuldners zur Erfüllung seiner Verpflichtung gelten als Handlungen des Schuldners. Der Schuldner haftet für diese Handlungen, wenn sie die Nichterfüllung oder nicht ordnungsgemäße Erfüllung einer Verpflichtung zur Folge hatten.

Artikel 403. Haftung eines Schuldners für Handlungen Dritter

Ein Schuldner haftet für die Nichterfüllung oder die nicht ordnungsgemäße Erfüllung einer Verpflichtung durch Dritte, auf die die Erfüllung übertragen wurde, wenn durch Gesetz nicht festgelegt wurde, dass der Dritte haftet, der unmittelbar Erfüllender ist.

Artikel 1064. Allgemeine Grundlagen der Haftung für die Zufügung eines Schadens

(1) Ein Schaden, der der Person oder dem Vermögen eines Bürgers zugefügt wurde, sowie ein Schaden, der dem Vermögen einer juristischen Person zugefügt wurde, ist in vollem Umfang durch die Person zu ersetzen, die den Schaden zugefügt hat.
Durch Gesetz kann die Schadensersatzpflicht einer Person auferlegt werden, die nicht der Schadensverursacher ist.
Durch Gesetz oder durch einen Vertrag kann die Pflicht eines Schadensverursachers festgelegt werden, den Geschädigten eine Kompensation über den Schadensersatz hinaus zu zahlen. Durch Gesetz kann die Pflicht einer Person festgelegt werden, die nicht der Schadensverursacher ist, den Geschädigten eine Kompensation über den Schadensersatz hinaus zu zahlen.

(2) Eine Person, die einen Schaden zugefügt hat, wird vom Schadensersatz befreit, wenn sie nachweist, dass der Schaden nicht durch ihr Verschulden zugefügt wurde. Durch ein Gesetz kann Schadensersatz auch bei fehlendem Verschulden des Schadensverursachers vorgesehen werden.

(3) Ein Schaden, der durch rechtmäßige Handlungen zugefügt wurde, ist in den durch Gesetz vorgesehenen Fällen zu ersetzen.
Der Schadensersatz kann verweigert werden, wenn ein Schaden auf Bitte oder mit Zustimmung des Geschädigten zugefügt wurde und wenn die Handlungen des Schadensverursachers die ethischen Grundsätze der Gesellschaft nicht verletzen.

Artikel 1068. Haftung einer juristischen Person oder eines Bürgers für einen Schaden, der durch ihren (seinen) Mitarbeiter zugefügt wurde

(1) Eine juristische Person oder ein Bürger ersetzt einen Schaden, der durch ihren (seinen) Mitarbeiter bei der Erfüllung der Arbeits- (Dienst-, Amts-) Pflichten zugefügt wurde.
Im Hinblick auf die durch das vorliegende Kapitel vorgesehenen Regelungen werden als Mitarbeiter Bürger angesehen, die eine Arbeit auf der Grundlage eines Arbeitsvertrags (Kontrakts) ausführen, sowie Bürger, die eine Arbeit auf der Grundlage eines bürgerlich-rechtlichen Vertrags ausführen, wenn sie dabei nach Vorgabe der entsprechenden juristischen Person oder des entsprechenden Bürgers und unter ihrer (seiner) Kontrolle über die sichere Durchführung der Arbeiten gehandelt haben oder hätten handeln müssen.

(2) Wirtschaftspersonengesellschaften und Produktionsgenossenschaften ersetzen einen Schaden, der durch ihre Teilhaber (Mitglieder) bei deren Ausübung einer unternehmerischen, produzierenden oder anderen Tätigkeit der Personengesellschaft oder Genossenschaft zugefügt wurde.

Artikel 1079. Haftung für einen Schaden, der durch eine Tätigkeit zugefügt wurde, die für die umgebenden Menschen eine erhöhte Gefahr schafft

(1) Juristische Personen und Bürger, deren Tätigkeit mit einer erhöhten Gefahr für die umgebenden Menschen verbunden ist (Verwendung von Transportmitteln, Mechanismen, Elektroenergie mit Hochspannung, Atomenergie, explosiven Stoffen, hochwirksamen Giften u.a.m.; Ausübung einer Bautätigkeit und einer anderen damit verbundenen Tätigkeit u.a.), sind verpflichtet, einen durch eine Quelle erhöhter Gefahr zugefügten Schaden zu ersetzen, wenn sie nicht nachweisen, dass der Schaden infolge von höherer Gewalt oder durch Vorsatz des Geschädigten entstanden ist. Der Inhaber der Quelle erhöhter Gefahr kann durch ein Gericht auch aus den durch Artikel 1083 Ziffern 2 und 3 des vorliegenden Gesetzbuches vorgesehenen Gründen vollständig oder teilweise von der Haftung befreit werden.
Die Schadensersatzpflicht wird einer juristischen Person oder einem Bürger auferlegt, die eine Quelle erhöhter Gefahr mit dem Recht auf Eigentum, dem Recht auf wirtschaftliche Verwaltung oder dem Recht auf operative Leitung oder aus einem anderen gesetzlichen Grund besitzen (mit dem Recht auf Pacht, auf Grund einer Vollmacht mit dem Recht auf Lenkung eines Transportmittels, kraft der Verfügung eines entsprechenden Organs, diesem die Quelle erhöhter Gefahr zu übergeben, u.a.m.).

(2) Der Inhaber einer Quelle erhöhter Gefahr haftet nicht für einen Schaden, der durch diese Quelle zugefügt wurde, wenn er nachweist, dass die Quelle im Ergebnis von rechtswidrigen Handlungen anderer Personen nicht mehr in seinem Besitz ist. Für einen durch eine Quelle erhöhter Gefahr zugefügten Schaden haften in solchen Fällen die Personen, die die Quelle rechtswidrig in Besitz genommen haben. Liegt ein Verschulden des Inhabers der Quelle erhöhter Gefahr an der rechtswidrigen Wegnahme dieser Quelle aus seinem Besitz vor, kann die Haftung sowohl dem Inhaber als auch der Person auferlegt werden, die die Quelle erhöhter Gefahr rechtswidrig in Besitz genommen hat.

(3) Die Inhaber von Quellen erhöhter Gefahr haften für einen Schaden, der im Ergebnis der Wechselwirkung dieser Quellen (Zusammenstoß von Transportmitteln u.a.m.) Dritten zugefügt wurde, solidarisch aus den in Ziffer 1 des vorliegenden Artikels vorgesehenen Gründen.
Ein Schaden, der im Ergebnis der Wechselwirkung von Quellen erhöhter Gefahr deren Inhabern zugefügt wurde, wird auf allgemeinen Grundlagen ersetzt (Artikel 1064).

Artikel 1081. Regressrecht gegenüber einer Person, die einen Schaden zugefügt hat

(1) Eine Person, die einen Schaden ersetzt hat, der durch eine andere Person (durch einen Mitarbeiter bei der Erfüllung seiner Dienst-, Amts- oder anderen Arbeitspflichten, durch eine Person, die ein Transportmittel lenkt, u.a.m.) zugefügt wurde, hat gegenüber dieser Person ein Rückforderungsrecht (Regress) in Höhe der gezahlten Erstattung, wenn nicht durch Gesetz eine andere Höhe festgelegt wurde.
[…]

Anhang 2

Einige relevante Vorschriften bei der Haftung für Helfer

Deutsches Recht	Russisches Recht
§ 278 BGB Verantwortlichkeit des Schuldners für Dritte	Art. 402 ZGB RF Haftung eines Schuldners für seine Beschäftigten Art. 403 ZGB RF Haftung eines Schuldners für Handlungen Dritter
§ 823 BGB Schadensersatzpflicht	Art. 1064 ZGB RF Allgemeine Grundlagen der Haftung für die Zufügung eines Schadens
§ 831 BGB Haftung für den Verrichtungsgehilfen	Art. 1068 ZGB RF Haftung einer juristischen Person oder eines Bürgers für einen Schaden, der durch ihren (seinen) Mitarbeiter zugefügt wurde
§ 840 BGB Haftung mehrerer	Art. 1080 ZGB RF Haftung für einen gemeinschaftlich zugefügten Schaden Art. 1081 ZGB RF Regressrecht gegenüber einer Person, die einen Schaden zugefügt hat

Deutsches Recht	**Russisches Recht**
§ 1 ProdHaftG Haftung	Art. 1095 ZGB RF Grundlagen des Ersetzens eines Schadens, der infolge von Mängeln einer Ware, Arbeit oder Dienstleistung zugefügt wurde
	Art. 14 des Gesetzes „Über den Schutz der Verbraucherrechte" Materielle Haftung für einen Schaden, der infolge von Mängeln einer Ware (Arbeit oder Dienstleistung) zugefügt wurde
§ 7 StVG §§ 1–3 HaftPflG	Art. 1079 ZGB RF Haftung für einen Schaden, der durch eine Tätigkeit zugefügt wurde, die für die umgebenden Menschen eine erhöhte Gefahr schafft

www.ingramcontent.com/pod-product-compliance
Ingram Content Group UK Ltd.
Pitfield, Milton Keynes, MK11 3LW, UK
UKHW021828290926
8980IPUK00004B/330

9 783631 795279